# Das
# Bürgerliche Gesetzbuch

## mit Erläuterungen

für

das Studium und die Praxis

von

**Dr. H. Rehbein,**
Reichsgerichtsrath.

I. Band.

**Allgemeiner Theil.**

**Berlin, 1899.**
Verlag von H. W. Müller.
(SW.) Luckenwalderstraße 2.

# Vorwort und Einleitung.

**I.** Der vorliegende Kommentar soll dem Studium und der Praxis dienen. Darauf beruht seine Methode. Ich habe schon an anderer Stelle, in dem Vorwort zur zweiten Auflage meiner Entscheidungen des vormaligen Preuß. Obertribunals, erwähnt, daß das BGB. kein neues, gemachtes Recht, sondern das Ergebniß eines geschichtlichen Entwickelungsprozesses ist. Wie das Preuß. Landrecht aus dem Boden des gemeinen Rechts in organischer Verbindung mit einer Fülle deutschrechtlicher Anschauungen erwuchs, so ist das BGB. aus dem gemeinen und Preuß. Recht erwachsen. Ohne Kenntniß beider Rechte ist es nicht zu verstehen. Die Nothwendigkeit tiefen Eindringens in das gemeine und das deutsche Recht, auf die Savigny für das Verständniß des Preuß. Landrechts hinwies, besteht unverändert für das BGB.

Wenn die erste Anforderung an sein Verständniß die genaue Kenntniß seines Systems und des inneren Zusammenhanges seiner weitverzweigten Rechtsgrundsätze voraussetzt, so ist die zweite Anforderung die Erkenntniß seines Zusammenhanges mit dem bisherigen Recht. Dies ist der erste Gesichtspunkt, von dem bei der Bearbeitung ausgegangen wurde.

Auch darauf ist bereits hingewiesen, daß der Wissenschaft und Praxis dem BGB. gegenüber eine außerordentlich schwierige Aufgabe gestellt ist. Auch der vorurtheilsfreie Beurtheiler des Gesetzes wird darüber nicht lange im Zweifel sein, daß das BGB. weder ein einfaches noch ein überall klares Recht bietet. Auf mehr als einem Gebiete sind die großen, leitenden Grundsätze verhüllt geblieben. Wissenschaft und Praxis werden sie aufzudecken und lebendig zu gestalten haben. Der Praxis wird die große Aufgabe erwachsen, das Gesetz mit Leben zu erfüllen. Und es wäre ungerecht, zu leugnen, daß das BGB. bewußt dem Richter dazu freien Raum und freie Hand läßt. Zu diesem Zwecke die Ergebnisse der bisherigen Rechtsprechung, die fortwerfen einen Schatz fortwerfen hieße, zu verwerthen, hat sich der Kommentar an zweiter Stelle zur Aufgabe gestellt. Damit soll der Praxis gedient werden.

Die Aufgabe ist schwierig und verlangt Nachsicht. Wird sie auch nur theilweise gelöst, so ist die schwere Arbeit gelohnt.

**II.** Zur Entstehungsgeschichte des BGB. ist hier nur daran zu erinnern, daß die Rechtszersplitterung die territoriale Zerrissenheit noch überwog, als Deutschland zuerst im Norddeutschen Bund und dann im Deutschen Reich seine politische Einigung fand. Gemeinschaftliches, nicht gemeines Recht war nur das Handelsgesetzbuch, die Wechselordnung und ein Theil des Urheberrechts. Der schon im 16. Jahrhundert, demnächst von Thibaut angeregte, von Savigny in seiner epochemachenden Schrift „Vom Berufe unserer Zeit für Gesetzgebung und Rechtswissenschaft" 1814 bekämpfte, 1862 in der vormaligen Bundesversammlung wieder aufgenommene Gedanke, auf dem Gebiete des Privatrechts durch Kodifikation ein gemeines deutsches Recht zu schaffen, hatte zu nichts geführt, als zu dem bekannten Dresdener Entwurf eines Gesetzes über Rechtsgeschäfte und Schuldverhältnisse, 1863. Im Königreich Sachsen wurde das allgemeine Privatrecht unter Beseitigung aller früheren Rechte durch das Bürgerliche Gesetzbuch vom 2. Januar 1863 (1. März 1865) kodificirt. Aber in den drei großen Rechtsgebieten des gemeinen Rechts, des Preußischen Allgem. Landrechts und des französischen Rechts (Baden, Rheinbayern, Rheinhessen, Birkenfeld, dem größten Theil der Preuß. Rheinprovinz) bestanden neben dem allgemeinen Recht mehr als hundert Landrechte, Provinzialrechte, Stadtrechte, Stammrechte, Statuten. Was der große König in seiner denkwürdigen Kabinetsordre vom 14. April 1780 als ungereimt und unschicklich bezeichnet hatte, daß einem Volk sein Recht in einer ihm fremden und unverständlichen Sprache gegeben werde, wurde, ein Beispiel ohne gleichen in der Geschichte eines großen Volks, von der Mehrheit des deutschen Volks geduldet und ertragen.

Noch der Art. 4 Nr. 13 der Verfassung des Norddeutschen Bundes vom 25. Juni 1867 (BGBl. S. 1) und der Verfassung des Deutschen Reichs vom 16. April 1871 (RGBl. S. 63) überwies der Gesetzgebung des Bundes nur die gemeinsame Gesetzgebung über das Obligationenrecht, das Strafrecht, Handels- und Wechselrecht und das gerichtliche Verfahren. Erst durch das Gesetz vom 20. Dezember 1873 (RGBl. S. 379) erhielt der Art. 4 Nr. 13 seine jetzige Fassung: die gemeinsame Gesetzgebung über das gesammte bürgerliche Recht, das Strafrecht und das gerichtliche Verfahren.

Im März 1874 trat die vom Bundesrath zu gutachtlichen Vorschlägen über Plan und Methode des Gesetzgebungswerks berufene Vorkommission zusammen. Ihr von Goldschmidt verfaßtes höchst lesenswerthes Gutachten (Goldschmidt, Zeitschr. Bd. 20 S. 137) ist die Richtschnur für die weitere langjährige Arbeit geworden. Es ist namentlich bestimmend geworden für den Umfang der Kodifikation, die Ausschließung einer Reihe von Materien aus derselben, die Entschließung, keins der geltenden Gesetzbücher als Vorlage zu benutzen, sondern durch eine Kommission einen selbstständigen Entwurf aufstellen und berathen zu lassen.

Diese Kommission von 11 Mitgliedern, der Pape vorsaß und u. A. Windscheid bis Oktober 1883 angehörte, wurde noch 1874 durch den Bundesrath gewählt und trat im September desselben Jahres zusammen. Nach ihrem Plane sollten fünf Theilentwürfe von fünf dazu ernannten Redaktoren mit Motiven hergestellt, vom Plenum berathen und zu einem Ganzen zusammengearbeitet werden. Vier dieser Entwürfe (Allgem. Theil, Sachenrecht, Familienrecht, Erbrecht) wurden bis Ende 1881 fertiggestellt; der des Obligationsrechts blieb unvollendet und wurde durch den Dresdener Entwurf ersetzt. Die Fassung dieser Entwürfe wurde durch Beschlüsse der Kommission festgestellt und durch einen Redaktionsausschuß der Entwurf erster Lesung redigirt, der Ende 1887 dem Bundesrath überreicht wurde. Die später publicirten Motive zu demselben sind von den der Kommission beigegebenen Hülfsarbeitern nach den Motiven der Redaktoren der Theilentwürfe und den Ergebnissen der Plenarberathungen abgefaßt, von der Kommission selbst aber nicht geprüft und nicht genehmigt.

Gleichzeitig mit dem Entwurf und den Motiven wurde der von derselben Kommission hergestellte Entwurf eines Einführungsgesetzes publicirt, 1888. Hergestellt hat die Kommission bis Ende März 1889 außerdem den Entwurf eines Gesetzes, betreffend Bestimmungen über das internationale Privatrecht, den Entwurf einer Grundbuchordnung und eines Gesetzes über die Zwangsvollstreckung in das unbewegliche Vermögen. Das Schicksal des Entwurfs erster Lesung (I), die harte Kritik, die er namentlich von Baehr und Gierke erfuhr, ist bekannt. (Vgl. Petersen in Gruchot Bd. 34 S. 82 ff. und die höchst werthvolle, vom Reichsjustizamt veranlaßte „Zusammenstellung der gutachtlichen Aeußerungen zu dem Entwurf." 6 Bde., Berlin 1889, 1891.) Was an ihm auch bei ruhigem Urtheil zu tadeln, die stark dogmatische Färbung, die Schwerfälligkeit in der Fassung, die verdrießliche Methode der Verweisung von einer Vorschrift auf die andere, vor Allem aber der Mangel an großen und weiten Gesichtspunkten, die über das nackte Dogma hinaus auf die Bedürfnisse des Lebens und einer gesunden, dem Rechtsbewußtsein entsprechenden Handhabung des Rechts zielen, darf nicht hindern, ihn als ein höchst bedeutsames Werk deutscher Gründlichkeit, Gelehrsamkeit und gesetzgeberischer Kunst zu würdigen. Er ist die Grundlage des BGB. geblieben und für die Erkenntniß der Rechtsgedanken des Gesetzes und ihres Zusammenhangs mit dem früheren Recht von entscheidender Bedeutung und unentbehrlich.

Der Bundesrath beschloß im Dezember 1890, den Entwurf mit dem Entwurf des Einführungsgesetzes einer zweiten Lesung durch eine Kommission von ständigen und nichtständigen Mitgliedern unterziehen zu lassen, die aus Männern der Wissenschaft und Praxis, der Landwirthschaft, des Handels, des Gewerbes und der Volkswirthschaft gewählt wurden. Sie hat ihre Arbeit im April 1891 begonnen und im Dezember 1895 abgeschlossen, seit dem Oktober 1893 unter dem Vorsitz von Küntzel. Zu Grunde gelegt mußte der erste Entwurf werden, aber es wurde beschlossen, das internationale Privatrecht und die Angelegenheiten der freiwilligen Gerichtsbarkeit mit in den Kreis der Arbeit zu ziehen. Der Entwurf zweiter Lesung (II) wurde im Oktober 1895, der des Einführungsgesetzes im Januar 1896 dem Bundesrath vorgelegt.

Der erste Entwurf war nicht neu gestaltet, aber an der Hand des unvergleichlichen Materials, das der Kommission zu Gebote stand, so von Grund aus umgearbeitet, daß das Ergebniß vielfach als neue Schöpfung erscheint. Das System war geblieben, den fünf Büchern aber ein sechstes, „Anwendung ausländischer Gesetze" hinzugefügt. Ueber den Fortgang der Arbeit waren fortlaufend Berichte veröffentlicht und die Ergebnisse durch den Druck publicirt. Die Arbeit der Kommission fand im Allgemeinen die Anerkennung, daß sie eine wesentliche Verbesserung des ersten Entwurfs darstelle. Sie verdient diese Anerkennung mit vollem Recht. Nicht bloß Form und Sprache war verbessert. Abgestreift war die starre Dogmatik, die im ersten Entwurf zu Rechtssätzen geführt hatte, die wie z. B. der Satz „Kauf bricht Miethe", wenn auch vielleicht in Ueberschätzung ihrer Bedeutung, in weiten Gebieten geradezu Anstoß erregt hatten, weil sie der Anschauung von dem, was Recht und wirthschaftliches Bedürfniß, widersprachen. Die Kommission hatte sich auf einen freieren und weiteren Standpunkt gestellt. Ihr verdankt das BGB. nicht bloß die weite Durchführung deutschrechtlicher Anschauungen besonders auf dem Gebiete des Sachenrechts (Eigenthumsanspruch, Bolze im Archiv f. die civil. Praxis Bd. 74

S. 97) und die Beachtung wirthschaftlicher Bedürfnisse, sondern namentlich das, was als ein Glanzpunkt des BGB. zu gelten hat, den weiten Schutz von Treu und Glauben und die reiche Ausgestaltung des in seinem innersten Wesen sozialen Gedankens, daß das formale Recht seine Schranke an der ethischen Seite des Rechts zu finden hat, ein Gedanke, der von der Vermischung von Recht und Moral weit ab liegt. Man vergleiche z. B. die §§ 559 ff. Entw. I mit den §§ 551 ff. Entw. II über den Dienstvertrag. BGB. §§ 611 ff.

Der Bundesrath nahm an dem Entwurf eingreifende Aenderungen nur im Vereinsrecht und darin vor, daß er das sechste Buch stark beschnitten in das Einführungsgesetz verwies. Bemerkenswerth ist die Hinzufügung des Chikaneverbots in § 887 Abs. 2 des im Januar 1896 dem Reichstage vorgelegten Bundesrathsentwurfs (III). Vgl. zu § 226 BGB. Die Vorlage war von einer im Reichsjustizamt entworfenen erläuternden Denkschrift begleitet, die nebst einer Uebersicht des in Deutschland geltenden bürgerlichen Rechts in einer Anlage die wichtigsten Aenderungen und Ergänzungen der CPO. und der KonkO. brachte, die in Verbindung mit dem BGB. in Aussicht genommen waren.

Der Reichstag überwies im Februar 1896 die Entwürfe einer Kommission, die ihren Bericht am 11. Juni 1896 erstattete. Im Plenum des Reichstages wurden die Entwürfe in zweiter und dritter Lesung im Juni 1896 berathen und am 1. Juli 1896 mit Aenderungen angenommen, die namentlich das Vereinsrecht, die Zulassung der Klage auf Aufhebung der ehelichen Gemeinschaft an Stelle der Scheidung, § 1575, der Ehescheidung wegen Geisteskrankheit, § 1569, den Wildschadenersatz, § 835, die Zulassung des eigenhändigen (holographischen) Testaments, § 2231, betrafen und den Satz des § 1588 einfügten, daß die kirchlichen Verpflichtungen in Ansehung der Ehe durch die Vorschriften des Gesetzes nicht berührt werden.

Der Bundesrath ertheilte seine Sanktion am 9. Juli 1896, der Kaiser fertigte das Gesetzbuch und das Einführungsgesetz am 18. August, dem Tage der Schlacht bei Gravelotte, aus, die Verkündigung erfolgte durch Nr. 21 des Reichsgesetzblattes am 24. August 1896.

**III.** Als Kodifikation kann sich das BGB. weder nach dem äußeren Umfang noch nach der inneren Bedeutung mit dem Preuß. Allgem. Landrecht messen.

Das ALR. ordnet in seinem ersten Hauptheil das gesammte Privatrecht auf dem Gebiete des Sachenrechts im weiteren Sinn einschließlich des Jagd- und Fischereirechts, in seinem zweiten Hauptheil (Personenrecht im weiteren Sinne) nach dem Recht der Familie im engeren und weiteren Sinne, in welchem es zu derselben nach seiner dem sittlichen Gehalt des Rechtsverhältnisses entsprechenden Auffassung das Gesinde rechnet, das Recht der bürgerlichen Gesellschaft in Genossenschaften, Korporationen, Städten, Gemeinden, Ständen (Bauernstand, Bürgerstand, Adelsstand), im Zusammenhang damit das Handelsrecht, Seerecht, Wechselrecht, Gewerberecht, das Recht der Diener des Staats im Civildienst und Militärdienst, das Kirchenrecht (Religionsgesellschaften, Kirchengesellschaften, geistliche Gesellschaften, Patronat), den öffentlichen Unterricht, das Rechtsverhältniß des Staats im Verhältniß zu seinen Bürgern in seinen verschiedenen Verzweigungen nach Rechten und Pflichten (Majestätsrechte, Vermögensrechte, fiskalische Rechte, Regalien des Staats in Bezug auf Landstraßen, Ströme, Häfen, Meeresufer, Zollgerechtigkeit, Postregal, Mühlengerechtigkeit, Deichrecht, Jagdregal, herrenlose Güter, Bergrecht, Schutzpflicht des Staates in der Gerichtsbarkeit), das Vormundschaftsrecht, die Armenpflege und das Strafrecht.

Namentlich im zweiten Haupttheil sind eine Reihe von großen Grundsätzen enthalten, die dem Preußischen Staate für lange Zeit geradezu ihr Gepräge aufgedrückt haben.

1. Die im BGB. enthaltene Kodifikation beschränkt sich grundsätzlich auf das reine Privatrecht. Nach Art. 55 EG. treten nur die privatrechtlichen Vorschriften der Landesgesetze außer Kraft, soweit nicht im BGB. und im EG. ein anderes bestimmt ist; soweit in Reichs- oder Landesgesetzen auf so außer Kraft gesetzte Vorschriften verwiesen ist, treten die entsprechenden Vorschriften des BGB. oder des EG. an deren Stelle, und zwar als prinzipales, nicht als subsidiäres Recht. EG. Art. 4. Vgl. z. B. Gesetz über die Konsulargerichtsbarkeit vom 10. Juli 1879 § 3. Als Landesgesetz ist nach Art. 2 EG. nicht bloß das geschriebene Recht, sondern auch das Gewohnheitsrecht im weitesten Sinne anzusehen.

Ausgeschlossen von der Kodifikation ist das gesammte bürgerliche Recht, das bereits durch die Reichs-Spezialgesetze geordnet ist, das Handels-, Wechsel-, Seerecht, das Binnenschifffahrtsrecht, das Gewerberecht, das Recht der Erwerbs- und Wirthschaftsgenossenschaften, das Urheber- und Erfinderrecht, Marken- und Musterschutz. Ueberlassen ist den Landesgesetzen das Versicherungs- und Verlagsrecht, EG. Art. 75, 76, allerdings nur vorläufig, bis zur Regelung durch die Reichsgesetzgebung, deren Kompetenz natürlich nach Art. 4 Nr. 13 der RVerf. durch die Art. 75, 76 EG. nicht beseitigt ist. Nach Art. 32 EG. bleiben die Vorschriften der Reichsgesetze überhaupt in Kraft, soweit ihre Aufhebung sich nicht aus dem BGB. oder dem EG. ergiebt. Vgl. EG. Art. 33, Art. 34—51, Art. 54, durch welche das Gesetz über die vertragsmäßigen Zinsen vom 14. November 1867, der Art. 3 (bzw. Art. II) der Wuchergesetze aufgehoben und einzelne zum Theil sehr wichtige Abänderungen des StGB., des Reichshaftpflichtgesetzes getroffen, die materiellrechtlichen Bestimmungen des Personenstandsgesetzes vom 6. Februar 1875, die durch das BGB. ersetzt, gestrichen, die über das Standesregister modificirt sind, das Gesetz über Eheschließung im Auslande vom 4. Mai 1870 dem BGB. angepaßt ist. Wieweit sich sonst die Aufhebung einer reichsgesetzlichen Vorschrift aus dem BGB. ergiebt, ist nur durch Auslegung zu finden.

2. Den Gegensatz zu den außer Kraft gesetzten privatrechtlichen Vorschriften der Landesgesetze bilden die öffentlichrechtlichen Vorschriften. Damit ist die Nothwendigkeit der Abgrenzung beider Kategorien gegeben, wie sie sich schon aus § 13 des Gerichtsverfassungsgesetzes ergiebt, der den ordentlichen Gerichten alle bürgerlichen Rechtsstreitigkeiten überweist, wie der Art. 6 EG. dem Reichsgericht die bürgerlichen Rechtsstreitigkeiten in letzter Instanz überweist, in denen ein Anspruch auf Grund des BGB. geltend gemacht wird. CPO. § 549 (511); EG. z. GVG. § 8.

Sicher ist demnach nur, daß alle Normen, die das BGB. selbst aufstellt, dem Privatrecht angehören, und daß alle Rechtsinstitute, die das BGB. behandelt, bürgerlichen Rechts sind. Im Uebrigen fehlt es an jeder gesetzlichen Norm für die Abgrenzung der beiden Kategorien. Vgl. über diese Abgrenzung Gierke 1 § 4. Schon jetzt bestehen aus diesem Mangel Kontroversen der unleidlichsten Art. Das BGB. ordnet das Namensrecht und giebt eine Reihe von Vorschriften über den Erwerb des Familiennamens, aber die Frage, wie der adlige Familienname erworben wird, soll, auch wo es sich nicht um verliehenen Adel handelt, dem öffentlichen Recht angehören und deshalb nach Landesrecht zu entscheiden sein, konsequent natürlich auch z. B. ob die bürgerliche Ehefrau den Namen des adligen Mannes erwirbt.

Die Vorschriften des EG. zeigen auch sonst, daß man ängstlich bemüht gewesen ist, alles aus dem gemeinen Recht des Reichs auszuscheiden, was nur irgendwie an das öffentliche Recht streift.

Die §§ 839, 841 BGB. statuiren die Verpflichtung des Beamten zum Schadensersatz aus Verletzung der Amtspflicht, aber Art. 77 EG. läßt die landesgesetzlichen Vorschriften über die Haftung des Staats ꝛc. für den vom Beamten in Ausübung der ihm anvertrauten öffentlichen Gewalt zugefügten Schaden (ALR. II 10 §§ 89 ff.) unberührt. Vgl. aber GrBO. § 12. Aehnlicher Art sind die Vorbehalte für die Landesgesetze im EG. Art. 80, 81, 82, 84, 85, 86, 87, 88, 90, 91, 92, 104, 106, 108, 109, 111, 138. Das BGB. enthält keinen dem wichtigen Grundsatz des § 75 Einl. ALR. entsprechenden Satz, daß der Staat denjenigen entschädigen muß, der sein Recht dem Wohl des gemeinen Wesens zu opfern genöthigt wird. EG. Art. 109. Das BGB. enthält ferner keine Bestimmungen über die res publicae, sacrae, religiosae, über Grabstätten, Kirchenstühle, EG. Art. 133, über Kirchen- und Schulbaulast, Art. 132, die religiöse Erziehung der Kinder, Art. 134, die Zwangserziehung, Art. 135. Andererseits erhält es ausdrücklich aufrecht nicht bloß die Bestimmungen der Staatsverträge, die vom BGB. abweichenden Bestimmungen der Hausverfassungen oder Landesgesetze in Ansehung der Landesherren, der Mitglieder der landesherrlichen Familien, der Fürstlichen Familie Hohenzollern, des vormaligen Hannoverschen, Kurhessischen, Nassauischen Hauses, EG. Art. 56, 57, sondern auch in Ansehung der Familienverhältnisse und Güter der früher reichsständischen und selbst zu Gunsten des vormaligen Reichsadels und der ihm gleichgestellten Familien des landsässigen Adels die Vorschriften der Landesgesetze und die Vorschriften der Hausverfassungen nach Maßgabe der Landesgesetze, EG. Art. 58, der Art. 216 EG., sogar gewisse landesgesetzliche erbrechtliche Vorschriften für die Mitglieder ritterschaftlicher Familien.

3. Die Kodifikation ist auch auf dem Gebiete des reinen Privatrechts keine vollständige, so daß auch hier eine Reihe von Vorschriften selbst des Code civil in Geltung bleiben, art. 538, 556 ff., 640 ff., 671, 672, 674 ff., 714.

Ausgeschieden sind durch das EG. und dem Landesrecht im Sinne des Art. 3 EG. überlassen: die Familienfideikommisse, Lehn, Stammgüter, Art. 59, 60, 61, die Rentengüter, Art. 62, Erbpacht, Büdnerrecht, Häuslerrecht, Art. 63, das gesammte Berg-, Wasser-, Mühlen-, Flötz-, Flößerei-, Deich-, Siel-, Jagd-, Fischereirecht, Art. 65, 66, 67, 68, 69. Aufrecht erhalten sind die Landesgesetze über Bewässerung, Entwässerung, Anlandungen, entstehende Inseln, verlassene Flußbette, Art. 65, an der Grenze stehende Bäume, Art. 122, über Regalien, Art. 73, Waldgenossenschaften, Gemeinheitstheilungen, Zusammenlegung, Ablösungen, Regulirung besonders der Wege, Art. 83, 113, über Wildschaden mit gewissen Einschränkungen, Art. 70, 71, 72, über Zwangs- und Bannrechte, Realgewerbeberechtigungen, Art. 74, über Privatpfändung zum Schutz von Grundstücken, Art. 89, über Ausgedinge und Altentheil, Art. 96.

Ausgeschieden ist endlich neben zahlreichen anderen weniger wichtigen Materien und Einzelvorschriften das Gesinderecht, dieses vorsichtig mit einem Vorbehalt in Abs. 2 Art. 95, der wenigstens dafür sorgt, daß im Gesindedienstverhältniß die Herrschaft nicht lediglich die Stelle des Arbeitgebers erhält, BGB. §§ 617, 618, ohne daß damit der hohe sittliche Standpunkt des ALR. auch nur entfernt erreicht ist. Vgl. ALR. II 5 §§ 84, 85; GesindeO. vom 8. November 1810 §§ 84, 85. Das BGB. hat hier eine seiner wichtigsten socialen Aufgaben ebenso aus der Hand gegeben, wie es durch seine ängstliche Scheu vor dem Eingriff in die Grenzgebiete des privaten und öffentlichen Rechts vielfach die Aufgabe der Herstellung der Rechtsgleichheit verfehlt hat, die dem französischen Gesetz selbst in rein deutschem Land seinen festen Boden gewonnen hat.

Durch die zahlreichen (95) Vorbehalte des EG. ist die durch den Art. 4 Nr. 13 der Reichsverfassung in seiner jetzigen Fassung beabsichtigte Rechtseinheit nur theilweise erreicht. Neben dem BGB. werden nach dem 1. Januar 1900 zahlreiche Specialgesetze bestehen bleiben. Die Vorbehalte sind vielfach so weit gefaßt, daß ihr Umfang und ihre Tragweite zweifelhaft sein kann. Dies und die mangelnde Grenzziehung zwischen privatrechtlichen und öffentlichrechtlichen Vorschriften wird vielfach zu Kontroversen und zur Rechtsunsicherheit führen.

**IV.** Das BGB. behandelt das Privatrecht in den Grenzen, die es sich gesteckt hat, in fünf Büchern, die in Abschnitte und Titel eingetheilt, 2385 Paragraphen umfassen. Die systematische Ordnung des Rechtsstoffes weicht ebenso von dem geistvollen, aber künstlichen System des ALR. wie von dem unlogischen System des Code civil (titre préliminaire, drei Bücher Personen- und Familienrecht, Sachenrecht, différentes manières dont on acquiert la propriété: Erbfolge, Schenkungen, Testamente, Obligationen, Schutz der Rechte, Verjährung) ab und schließt sich im Wesentlichen dem üblichen Schema der Pandektenlehrbücher an, dem die Logik in der Scheidung des Allgemeinen vom Besonderen und der Sonderung und Unterordnung des Einzelnen nicht abzusprechen ist.

**1.** Das erste Buch des BGB. bezeichnet sich selbst als den „Allgemeinen Theil"; die anderen vier Bücher stellen den besonderen Theil dar. Dem Wesen des allgemeinen Theils entsprechend behandelt das erste Buch als die Subjekte aller Rechte die natürliche und die juristische Person (Vereine, Stiftungen), letztere soweit sie privatrechtlich in Betracht kommt. Die natürliche Person ist Rechtssubjekt, rechtsfähig, ipso jure. Geordnet wird Geburt und Tod, Verschollenheit, Todeserklärung, Wohnsitz, Namensrecht, der Unterschied von Alter und geistiger Gesundheit und seine rechtliche Bedeutung für die praktische Bethätigung der Rechtsfähigkeit (Geschäftsfähigkeit). Behandelt wird ferner die Sache (körperliche) als das allgemeine Rechtsobjekt nebst ihren verschiedenen juristischen Eigenschaften (Vertretbarkeit, Verbrauchbarkeit, Bestandtheil, Zubehör, Frucht), mit Ausscheidung der Sachen, die nicht lediglich privaten Rechts sind (res publicae, extra commercium). Behandelt wird sodann das Rechtsgeschäft als der allgemeinste Grund des Erwerbs und des Verlustes der Rechte, der für alle Gebiete des besonderen Theils gilt, und in Verbindung damit die allgemeinen Voraussetzungen, Erfordernisse, Mängel, Gegenstand, Inhalt des Rechtsgeschäfts überhaupt (Scherz, Schein, Irrthum, Zwang, Betrug, Anfechtbarkeit, Nichtigkeit, Bedingung, Zeitbestimmung, contra bonos mores, Verbot), und des Vertrages insbesondere (Offerte und Annahme, Form). Als für alle Rechtsgebiete gleichmäßig bedeutsam wird sodann geordnet die Stellvertretung (Vollmacht, Einwilligung, Genehmigung) und das Rechtsinstitut der Verjährung in seiner Gestaltung als Anspruchsverjährung plastisch geschieden von der nur für das Sachenrecht geltenden Ersitzung.

Der Allgemeine Theil schließt mit allgemeinen Vorschriften über den Schutz der

Rechte durch Selbstvertheidigung, Selbsthülfe, Sicherheitsleistung. Der Schutz der Rechte durch Klage, die Wirkung von Prozeß und Urtheil, die Beweislast (Entw. I §§ 190–192, 193—198) sind in das Prozeßrecht verwiesen. Ueber die Beweislast giebt das BGB. theils direkt, theils indirekt durch seine Fassung Vorschriften. Das Rechtsinstitut der Restitution ist ganz beseitigt.

Keine Bestimmungen giebt der Allgemeine Theil über das objektive Recht, seine Entstehung durch Gesetz und Gewohnheit, und über seine Auslegung. Die Vorschriften über die zeitliche und örtliche Herrschaft des Gesetzes sind in das EG. verwiesen.

Die Entstehung des objektiven Rechts durch Gesetz ist durch die Reichsverfassung geregelt, Art. 2—5, 17. Art. 2 enthält den Satz, daß die Reichsgesetze den Landesgesetzen vorgehen. Ueber Gewohnheitsrecht sagen die Reichsverfassung und das BGB. nichts. Der § 2 Entw. I sagte, daß gewohnheitsrechtliche Normen nur insoweit gelten, als das Gesetz auf Gewohnheitsrecht verweist, der Entw. verwies aber selbst nirgends auf Gewohnheitsrecht. Im Entw. II ist dieser nutzlose Satz ebenso gestrichen, wie der Satz des § 1 Entw. I, daß auf Verhältnisse, für die das Gesetz keine Vorschrift enthält, die für rechtsähnliche Verhältnisse gegebenen Vorschriften, beim Mangel solcher die aus dem Geiste der Rechtsordnung sich ergebenden Grundsätze entsprechend anzuwenden (Analogie).

Aus der Streichung des § 2 Entw. I ist nicht zu folgern, daß das BGB. das Gewohnheitsrecht als Rechtsquelle überhaupt ausschließt. Der Art. 2 EG. stellt dem Gesetz im Sinne des BGB. jede Rechtsnorm gleich. Damit ist auch die Möglichkeit der Existenz einer Rechtsnorm neben dem Gesetz anerkannt. In § 919 Abs. 2 ist auf Ortsüblichkeit verwiesen, wenn die Landesgesetze über die Art der Abmarkung und das Verfahren dabei nichts bestimmen. Ausgeschlossen ist jene Möglichkeit indessen, wo das Gesetz durch den absolut verbietenden Charakter einer Rechtsnorm sich selbst ausschließliche, alleinige Macht beilegt. Keine gewohnheitsrechtliche Rechtsnorm kann z. B. einem Anspruch Klagbarkeit verleihen, die das BGB. absolut versagt, und der absolute Satz der Reichsverfassung, daß das Reichsgesetz dem Landesgesetz vorgeht, läßt nicht zu, daß eine partikuläre gewohnheitsrechtliche Norm dem Reichsgesetz vorgeht. Im Uebrigen hat das BGB. das Gewohnheitsrecht seiner eigenen Kraft und Macht überlassen, unbeschränkt zur Ergänzung des Gesetzes. Für die der Landesgesetzgebung überlassenen Gebiete bestimmt sich diese Macht und Kraft nothwendig nach den Normen der Landesrechte; diese allein können für ihre Gebiete dem Gewohnheitsrecht den den Einzelnen auch bei mangelndem Willen der Unterwerfung zwingenden Charakter der objektiven Rechtsnorm verleihen.

Für das neue Handelsgesetzbuch müssen dieselben Sätze gelten. Nach Art. 2 des EG. v. 10. Mai 1897 kommen in Handelssachen die Vorschriften des BGB. nur insoweit zur Anwendung, als nicht ein Anderes im HGB. oder seinem EG. bestimmt ist. Die Vorschriften der Reichsgesetze werden durch das HGB. nicht berührt. Der § 1 des alten HGB., wonach, soweit es keine Bestimmungen enthielt, in Handelssachen, an erster Stelle die Handelsgebräuche, d. h. das Handelsgewohnheitsrecht, nicht die bloßen Geschäftsgebräuche, erst an zweiter Stelle das allgem. bürgerliche Recht zur Anwendung kommen sollte, ist gestrichen. Danach kommt für das neue HGB. an erster Stelle dieses, an zweiter Stelle das Handelsgewohnheitsrecht so weit, als das BGB. Gewohnheitsrecht zuläßt, an dritter Stelle das BGB. zur Anwendung. (Vgl. die Denkschrift zu dem Entwurf.)

Alles dies ist aber überaus kontrovers. Vgl. Cosack, Handelsrecht § 5 II; Lehrbuch des D. BR. 1 § 10. Endemann 1 § 12. Kuhlenbeck „von den Pandekten zum BGB." S. 12 und abweichend davon in seinem BGB. 1 S. 10 (Einleitung). Eck, Vorträge § 7. Damit wäre ein neues Moment der Rechtsunsicherheit gegeben, wenn nicht mit Sicherheit anzunehmen wäre, daß sich die Rechtsprechung in der Abweisung der Zulassung partikulären Gewohnheitsrechts gegenüber dem BGB. zum Schutz der mühsam errungenen Rechtseinheit nicht beirren lassen wird. Die Bildung eines gemeinen Gewohnheitsrechts gegen das BGB. ist entweder nicht zu fürchten oder, wo es sich als nothwendig herausstellen sollte, nur zu wünschen.

Da das BGB. über seine Auslegung keine Vorschriften giebt, kommen dafür die Grundsätze zur Anwendung, die von der Wissenschaft namentlich des gem. Rechts herausgearbeitet sind. Vgl. Savigny, System 1 §§ 32 ff., Regelsberger, Pand. 1 §§ 35 ff.; Endemann, 1 § 10; Cosack, 1 § 11; Hoelder, die Auslegung des D. BGB. 1898 (Festschrift). Hier soll nur bemerkt werden: das BGB. ist keine Novelle, sondern eine selbständige Schöpfung in organischer Entwicklung und Fortbildung aus dem bisherigen Recht. Aus den Worten des Gesetzes ist sein Wille, Rechtsgedanke und Rechtssatz, zu entnehmen, an der Hand des Sprachgebrauchs des Gesetzes selbst, der im BGB. in Einzelheiten konsequent innegehalten ist (soll, muß, kann, darf, es sei denn, daß), und an der Hand des Zweckes des Gesetzes (ratio). Für die Erkenntniß der ratio ist die Aufdeckung der Entwicklung aus dem bisherigen Recht und der Fortbildung desselben bedeutsam. Darum ist die Kenntniß des bisherigen Rechts so wenig zu entbehren wie die fortschreitende Gestaltung des neuen Rechts in den vorangegangenen Entwürfen unbeachtet zu lassen. Die publicirten Motive zum Entw. I geben ein reiches und lehrreiches Material für die Auffassung des bisherigen Rechts und für das, was man daraus machen wollte, aber sie sind die unkontrollirt gebliebene Arbeit Einzelner und deshalb nur mit äußerster Vorsicht zu benutzen, am besten gar nicht. Bedeutsam sind dagegen die Protokolle der zweiten Kommission, insofern sie den Kampf der Auffassungen und vielfach ihren Ausgleich und das erkennen lassen, was mit der Bestimmung des zweiten Entwurfs abweichend vom ersten Entwurf gewollt ist. Die Denkschrift ist nicht ohne Bedeutung für die Beurtheilung der Abweichungen der Bundesrathsvorlage (III) von dem zweiten Entwurf. Der Bericht der Reichstagskommission und die Verhandlungen des Reichstags haben Bedeutung nur für wenige Fragen und kleine Gebiete.

Der Wissenschaft ist in der Auslegung des BGB. ein reiches Feld gegeben. Die Befürchtung Baehr's, ein Gesetzbuch auf der Grundlage des ersten Entwurfs werde den Ruin der Rechtswissenschaft herbeiführen, theilt wohl kaum Jemand mehr. Die Hauptaufgabe wird der Praxis zufallen. Sie wird sie nur erfüllen, wenn sie das Wort des BGB. in seinem Geiste auslegt, der überall erkennbar dahin geht, Recht zu schaffen, das dem Leben, seinen Bedürfnissen und dem gesunden Rechtsbewußtsein entspricht.

2. Dem Allgemeinen Theil folgt der Besondere Theil in den vier Büchern von den Schuldverhältnissen, dem Sachenrecht, Familienrecht, Erbrecht.

Im zweiten Buch von den Schuldverhältnissen wird das Obligationenrecht behandelt, d. h. die Summe der Rechtsnormen für diejenigen Verhältnisse zwischen

**Person und Person, die Recht und Pflicht zu einer Leistung im vermögensrechtlichen Sinne zum Inhalt haben, BGB. § 241, ein Gläubigerrecht und eine Schuldnerpflicht zwischen den Personen, die in dem Verhältniß stehen, begründen, nie eine direkte Beziehung zur Sache herstellen; weder im Sinne des jus ad rem, des landrechtlichen Rechts zur Sache, das dem BGB. unbekannt, noch des jus in re,** obwohl sie in ihrem praktischen Endziel auf das sachenrechtliche Haben und Geldwerthe gerichtet sind.

Auch hier schreitet das Gesetz logisch vom Allgemeinen zum Besonderen. Die Abschnitte 1—6 stellen den allgemeinen Theil des Obligationenrechts dar:

**a.** Inhalt und Gegenstand der Obligation (generische und altern. Obligation; Geld, Zinsen, Rechnungslegung, Schadensersatz; Offenlegung.) **Grundsätzlich ist die Obligation klagbar, civilis obligatio. Wo sie nicht klagbar, ist es ausdrücklich bestimmt, ebenso ob sie völlig wirkungslos oder ob sie eine Wirkung übrig läßt, natur. oblig. Als solche Wirkung kennt das BGB. nur die soluti retentio;**

**b.** Ort, Zeit und Art der Leistung, in Verbindung damit Zurückbehaltungsrecht und jus offerendi;

**c.** Veränderung des Inhalts durch Verschulden (culpa in contractu) mora debitoris und creditoris. Die Gewährleistung als allgemeiner Inhalt der Obligation ist ausgeschieden und wird im besonderen Theil im Zusammenhang mit dem Kauf behandelt;

**d.** Vertrag als Hauptentstehungsgrund der Obligation nebst allgemeinen Vorschriften über seinen Gegenstand, Inhalt, seine Wirkung bei den gegenseitigen Verträgen, Verträge zu Gunsten Dritter, Draufgabe und Vertragsstrafe, Rücktritt vom Vertrage. 2. Abschnitt. Die allgemeinen Vorschriften über Perfektion und Form des Vertrages befinden sich im Allgemeinen Theil §§ 145 ff.;

**e.** Aufhebung der Obligation durch Erfüllung (solutio, datio in solutum), Hinterlegung, Aufrechnung, Erlaß, ohne Erwähnung der Novation und Konfusion. 3. Abschnitt;

**f.** Uebergang der Obligation auf andere Personen nach ihrer aktiven und passiven Seite (Cession, Schuldübernahme, expromissio, delegatio), abweichend vom röm. Recht, entsprechend dem deutschen und den daraus entwickelten modernen Rechten. 4. und 5. Abschnitt;

**g.** Mehrere Personen als Subjekte der Obligation. 6. Abschnitt. (Solidar- und Korrealobligation. Gesammtschuld, Gesammtforderung, ohne ersichtliche Scheidung von Solidar- und Korrealobligation).

In dem besonderen Theil des Obligationenrechts, Abschnitt 7, werden die einzelnen Schuldverhältnisse, wie sie schon im röm. Recht entwickelt, in 25 Titeln behandelt, im Allgemeinen geordnet nach den Entstehungsgründen Vertrag, Titel 1 bis 19, und Delikt (unerlaubte Handlung), Titel 25. Die Schuldverhältnisse aus Verträgen sind nach Fortfall des Unterschiedes zwischen Konsensual- und Realverträgen im Wesentlichen nach dem ökonomischen Zweck und Inhalt (Veräußerung mit und ohne Entgelt ohne Unterschied von Sache und Recht: Kauf, Tausch, Schenkung, — Gebrauch: Miethe, Pacht, Leihe, Darlehn, Dienste: Dienst- und Werkvertrag, Auslobung, Mäklervertrag, Auftrag, Verwahrung, — Gesellschaft) geordnet. Dazu treten ohne rechte systematische Einordnung Leibrente, Spiel und Wette, die accessorische Bürgschaft nebst dem Vergleich, die beide im Allgemeinen Theil des Obligationsrechtes hätten behandelt werden sollen, ferner die vertragsähnlichen Obligationen des gem. Rechts (obl. quasi ex contr.) Geschäftsführung ohne Auftrag im Anschluß an den Auftrag, die Gemeinschaft (communio) im Anschluß an die Gesellschaft, das receptum im Anschluß an das Depositum, endlich der wichtigste und umfassendste, in alle Rechtsgebiete eingreifende Fall, die ungerechtfertigte (grundlose) Bereicherung, Bereicherung ohne causa, mit der Lehre von den Kondiktionen causa data non secuta, ob turpem causam, ex injusta causa, indebiti, sine causa. 24. Titel. §§ 812 ff.

Dazwischen eingestreut sind in Titel 20, 21, 22 die abstrakten Schuldversprechen ohne Angabe des Grundes, die Litteralkontrakte des röm. Rechts, Schuldversprechen, Schuldanerkenntniß, Schuldverschreibung auf den Inhaber, die Anweisung (§§ 783 ff.; HGB. vom 10. Mai 1897 § 363. Art. 21 Satz 2 EG. z. HGB. vom 10. Mai 1897).

Der Tit. 23, §§ 809—811, giebt Vorschriften über die Obligation des Besitzers einer Sache oder einer Urkunde zur Vorlegung, die Exhibitionspflicht, wie sie schon das röm. Recht kannte.

Die Obligation zur Alimentation (Unterhaltungspflicht) ist in das Familienrecht Buch 4 Abschn. 2 Tit. 3, §§ 1601 ff., verwiesen, weil sie eine besondere Natur nur da hat, wo sie nicht auf Vertrag oder Legat beruht, sondern ex lege stammt. Vgl. §§ 1351, 1360, 1361, — 1578, 1579, 1583, — 1703, 1709 (uneheliche Kinder); §§ 1963, 1969, 2141.

Die im röm. Recht behandelte Beerdigungspflicht wird, verstreut in § 1968 (Erbe), § 844, EG. Art. 42 § 3 (bei Tödtung), §§ 528 (Schenker, Beschenkter), 1713 (unehelicher Vater), §§ 1615, 1580 (Unterhaltspflichtiger), geordnet. Die actio funeraria des röm. Rechts, mit der die Kosten verzögerter Beerdigung jeder, der sie besorgt hat, von dem Verpflichteten fordern konnte, ist für das BGB. aus § 679 abzuleiten.

Der 25. Titel von den unerlaubten Handlungen umfaßt in weitem Rahmen die gesammten Delikts- und deliktsähnlichen Obligationen auf Schadensersatz wegen **a.** widerrechtlichen Handelns gegen Leben, Körper, Gesundheit, Freiheit der Person (Drohung, Erpressung); **b.** wegen Verleumdung, Täuschung der Person, § 824, wegen Verführung einer Frauensperson, § 825; **c.** wegen dolus generalis, § 826 (Schadenszufügung in einer gegen die guten Sitten verstoßenden Weise), actio doli im weitesten Sinne; **d.** wegen Verletzung von Amtspflichten, §§ 839, 841; **e.** die actio de pauperie, §§ 833, 834, 835, Wildschadenersatz; **f.** die Schadensersatzpflicht wegen widerrechtlichen Handelns gegen fremdes Eigenthum, fremde Sachen durch Beschädigung, Zerstörung, Entziehung, Aneignung, §§ 823, 848 ff.; **g.** die Ersatzpflicht für Schaden, den Gebäude (Anlagen) durch Einsturz oder mangelhafte Beschaffenheit anrichten, §§ 836, 837, 838.

Für das Handeln zum Nachtheil der Gläubiger, actio Pauliana, ist es bei dem Reichsges. v. 21. Juli 1879 (Text des EG. z. Konk.O. vom 17. Mai 1898, RGBl. 1898 S. 709) verblieben.

Zu bemerken ist zu dem Abschnitt im Allgemeinen, daß grundsätzlich ohne Verschulden eine Schadensersatzpflicht nicht besteht. Ausnahme in §§ 829, 833, 835. Nicht aufgenommen ist die actio de effusis, ejectis, positis, suspensis. Privatstrafen kennt das BGB. nicht; solche ist auch die Buße des StGB., §§ 181, 231, nicht. Grundsätzlich wird Ersatz nur für realen, nicht für ideellen (moralischen) Schaden geleistet, § 253, mit den wichtigen Ausnahmen in § 847.

**3.** Im dritten Buch vom Sachenrecht behandelt das BGB. in neun Abschnitten **a.** den Besitz als die rechtlich durch Selbsthülfe und richterliche Hülfe geschützte thatsächliche Gewalt über körperliche Sachen unter fast gänzlicher Ausscheidung der juris quasi possessio, § 1029, wesentlich abweichend vom röm., gem. und Preuß. Recht, auf wesentlich deutschrechtlicher Grundlage, Abschn. 1; b. das Eigenthum, ebenfalls unter strenger Beschränkung der übermäßigen Ausdehnung des Begriffs im ALR. auf die rechtliche Herrschaft an Sachen in Abschn. 3 in fünf Titeln mit Bestimmungen über den Inhalt des Eigenthums, Erwerb und Verlust des Eigenthums an Grundstücken und an beweglichen Sachen durch Auflassung, Uebertragung, Ersitzung (bei beweglichen Sachen), Verbindung, Vermischung, Verarbeitung, Fruchterwerb, Okkupation, Fund und Schatz, die Eigenthumsverfolgungsklage (§ 1004 negatoria, § 1007 actio Publiciana), das Miteigenthum.

Im vierten Abschnitt folgt das Erbbaurecht (superficies) unter Ablehnung des Stockwerkeigenthums, § 1014, vgl. EG. Art. 131, 182.

Ueber die dinglichen Rechte an Grundstücken giebt Abschn. 2 allgemeine Vorschriften, die Abschnitte 5—9 behandeln die Dienstbarkeiten (Grundgerechtigkeiten, Servituten), Vorkaufsrecht, die Reallasten, Hypothek, Grundschuld, Rentenschuld, endlich das Faustpfand und das Pfandrecht an Rechten.

Auf dem Gebiete des Sachenrechts ist das deutsche Recht durch das BGB. zur vollen Herrschaft gelangt. Namentlich ist der Eigenthumserwerb an beweglichen Sachen in Uebereinstimmung mit den Vorschriften des alten HGB., die deshalb im neuen HGB. gestrichen (vgl. aber § 366 Abs. 1), für den gesammten bürgerlichen Verkehr nach den deutschen Grundsätzen (Hand wahre Hand) geordnet. §§ 932 ff. Der Eigenthumserwerb an Grundstücken und das Pfandrecht an beweglichen Sachen ist rein deutsches Recht. Diesem entspricht auch in der Hauptsache die Ordnung der Eigenthumsklage bei beweglichen Sachen. Hypothek und Grundschuld sind wesentlich auf der Grundlage des Preuß. Rechts gebildet.

4. Das vierte Buch über das Familienrecht ordnet in drei Abschnitten die Bürgerliche Ehe (Abschn. 1 Titel 1—4: Verlöbniß, Eheschließung, Nichtigkeit und Anfechtbarkeit der Ehe, Wiederverheirathung bei Todeserklärung, Tit. 5 und 6: Wirkung der Ehe in persönlicher und vermögensrechtlicher Beziehung, ehel. Güterrecht, Titel 7: Ehescheidung), die Verwandtschaft nebst ihren rechtlichen Wirkungen (Abschn. 2 in 8 Titeln über Unterhaltspflicht, Rechtsverhältniß zwischen Eltern und Kindern, elterliche Gewalt, uneheliche Kinder, Legitimation, Adoption), die Vormundschaft (Abschn. 3 in 3 Titeln, Vormundschaft über Minderjährige, Volljährige, Pflegschaft).

Hervorzuheben ist: Das Verlöbniß giebt keine Klage auf Eingehung der Ehe. Die Form der Eheschließung ist nicht geändert. Die Ehemündigkeit beginnt mit dem 21. bezw. 16. Lebensjahre. Das 21jährige Kind bedarf der Einwilligung der Eltern nicht. Unterschieden werden wie bisher trennende und aufschiebende Ehehindernisse, Nichtigkeit und Anfechtbarkeit der Ehe; Irrthum und Täuschung über Vermögensverhältnisse begründen keine Anfechtung. Ehebruch ist trennendes Ehehinderniß. Die nach Todeserklärung des Ehegatten von dem anderen geschlossene neue Ehe löst, wenn die Todeserklärung erfolgt, obwohl der Ehegatte noch lebte, die frühere Ehe auf, wenn auch nur einer der neuen Ehegatten in gutem Glauben.

Die Ehescheidungsgründe sind weise eingeschränkt, nicht zu weit, unheilbare Geisteskrankheit ist nach hartem Kampf als Ehescheidungsgrund anerkannt.

Die Ehe stellt die Frau nicht unter die Vormundschaft des Mannes und macht sie nicht geschäftsunfähig, aber auch nicht mündig. Die Frau hat die deutschrechtliche

Schlüsselgewalt, für die Gläubiger des Mannes besteht die praesumptio Muciana. Das Verbot der Schenkungen unter Eheleuten ist gestrichen. Für das eheliche Güterrecht gilt als gesetzliche Regel die alte sächsische Verwaltungsgemeinschaft mit Nießbrauch des Mannes und Ausschließung der Dispositionsfähigkeit der Frau über das Eingebrachte. Durch Vertrag kann das Güterrecht zum System der getrennten Güter (das in einzelnen Fällen auch ex lege eintritt), zur allgemeinen Gütergemeinschaft zur gesammten Hand in deutschrechtlichem Sinn, Errungenschafts- oder Fahrnißgemeinschaft gestaltet werden, aber der gutgläubige Dritte darf vertrauen, daß Eheleute in dem gesetzlichen Güterrecht leben, wenn das Güterrechtsregister nicht anderes ergiebt.

Ehelich ist das Kind, das in der Ehe empfangen und geboren; wenn in der Ehe geboren, falls erwiesen, daß der Mann der Frau in der Empfängnißzeit vom 181. bis 302. Tage vor der Geburt beigewohnt hat, oder der Mann es anerkennt oder die Ehelichkeit nicht in Jahresfrist anfechtet.

Die väterliche Gewalt ist durch die elterliche ersetzt; sie dauert nicht über die Volljährigkeit hinaus; Emancipation, auch die emancip. germanica kennt das BGB. nicht. Die elterliche Gewalt enthält die Sorge für Person und Vermögen des Kindes und dessen Vertretung, in einzelnen Fällen unter Mitwirkung des Vormundschaftsgerichts. Der Inhaber hat Nießbrauch am nicht freien Vermögen des Kindes, der mit der Verheirathung des Kindes fortfällt.

Die rechtliche Stellung des unehelichen Kindes ist, abweichend vom C. c. im Wesentlichen geordnet wie im gemeinen und Preußischen Recht. Es hat gegen den Vater Anspruch auf den der Lebensstellung der Mutter entsprechenden Unterhalt bis zum vollendeten 16. Lebensjahre, unter Umständen einen beschränkten Anspruch darüber hinaus, aber kein Erbrecht. Nur zur Mutter und deren Familie hat es die Stellung eines ehelichen Kindes. Die Empfängnißzeit ist verständigerweise wie bei dem ehelichen Kinde normirt; die exceptio plurium ist zugelassen, wird aber durch Anerkennung in öffentlicher Urkunde ausgeschlossen. Der Anspruch der Mutter gegen den Vater auf Entbindungs- und Sechswochenkosten und weitere nothwendige Kosten ist geblieben, daneben für die Mutter schon vor der Geburt durch die schöne, humane Vorschrift des § 1716 gesorgt. Einen weitergehenden Anspruch hat die Mutter im Falle des § 825 und der §§ 176—179 des StGB., aber die Braut so wenig wie das Brautkind.

Besondere Vorschriften sind getroffen über die rechtliche Stellung der Kinder aus nichtigen Ehen, Legitimation (per subsequ. matrim. und Akt der Staatsbehörde), Adoption. Alimentationspflicht (Unterhaltspflicht) haben nur Verwandte in gerader Linie, nicht Geschwister, § 1601.

Der Ordnung der Vormundschaft liegt im Wesentlichen die Preuß. Vormundschaftsordnung vom 5. Juli 1875 zu Grunde.

5. Das fünfte Buch vom Erbrecht behandelt den Uebergang des Vermögens eines Verstorbenen als Universalsuccession (Uebergang als Ganzes, § 1922) unter Ausscheidung der Succession in Familienfideikommisse, Lehn und Stammgüter und des Anerbenrechts bei land- und forstwirthschaftlichen Grundstücken, EG. Art. 59, 64, in neun Abschnitten über Erbfolge, Erwerb und Inhalt des Erbrechts (2. Abschn.), Testament (3. Abschn. Form und Inhalt, Aufhebung, Vermächtniß, Auflage, Testamentsexekution, gemeinschaftliches Testament), Erbvertrag (4. Abschn.), Pflichttheil (5. Abschn.), Erbunwürdigkeit, Erbverzicht, Erbschein, Erbschaftskauf.

Als eine Glanzseite des BGB. läßt sich dies Buch weder nach Form noch Inhalt bezeichnen. Römisches und deutsches Recht sind in seltsamer Weise vermischt.

Bezeichnend ist, daß schon jetzt eine lebhafte Kontroverse über die Frage, über die ein Erbgesetz vor Allem keine Zweifel aufkommen lassen darf, besteht, ob der Erbe nur mit dem Nachlaß oder persönlich haftet.

Jeder Nachlaß *muß* einen Erben haben, an letzter Stelle ist es nothwendig der Fiskus, Staats-, Reichsfiskus (vgl. aber EG. Art. 138). Ist weder durch Testament noch durch Vertrag ein Erbe ernannt, so tritt gesetzliche Erbfolge ein, ebenfalls, wenn der so bestimmte Erbe fortfällt oder wenn er nur für einen Theil der Erbschaft bestimmt, oder unter aufschiebender oder unter resolutiver Bedingung bestimmt ist. Die bekannten Sätze semel heres semper heres, nemo pro parte testatus, pro parte intestatus decedere potest, sind deutscher Rechtsanschauung gemäß beseitigt. Gesetzliche Erben sind die Verwandten *ohne Beschränkung auf Grade*, neben ihnen stets, unter Umständen vor ihnen der *überlebende Ehegatte*, ev. der Fiskus. Die Verwandten erben altem deutschen Recht entsprechend nach Parentelen (Sippen, Ordnung, Linie), so daß die spätere Parentel erst eintritt, wenn aus der früheren Niemand erbt. Die erste Parentel bilden die Abkömmlinge, in der zweiten, der der Eltern, tritt der deutsche Schoßfall nur ein, wenn beide Eltern leben.

Die ordentliche Form des Testaments ist die der Errichtung vor Richter oder Notar (mündlich oder durch Uebergabe) oder, was erst im letzten Moment unter starkem Widerspruch durchgedrungen, durch eigenhändige ge- und unterschriebene und datirte Erklärung (holographisches Testament). Unter besonderen Umständen ist eine erleichterte außerordentliche Testamentsform zugelassen, §§ 2249 ff. Das Militärtestament, § 44 Reichsmilitärgesetz, EG. Art. 44, ist aufrecht erhalten. Die Testamentsmündigkeit beginnt mit dem vollendeten 16. Lebensjahre. Das Testament braucht abweichend vom römischen und gemeinen Recht *Erbeseinsetzung* nicht zu enthalten, kann jeden Inhalt haben, insbesondere Substitution (für *einen* Fall), Ausschließung, Pflichttheilsentziehung, Bestimmungen über Ausgleichung (Kollation), Vermächtniß, Auflagen, Testamentsexekution, die eine neue sorgsame und vielfach wichtige Regelung erfahren hat, §§ 2197 ff. *Das gemeinschaftliche Testament ist gegen den Entwurf I unter Eheleuten zugelassen.*

Der deutschrechtliche *Erbvertrag* ist beibehalten; er kann Erbeinsetzung, Vermächtniß, Auflagen betreffen, § 2278, hindert grundsätzlich Verfügung unter Lebenden nicht, aber Verfügung von Todeswegen zum Nachtheil des vertragsmäßig Berechtigten. Rücktritt vom einseitigen und zweiseitigen Erbvertrag ist nur bei Vorbehalt und aus besonderen Gründen zulässig.

Ein formelles *Notherbenrecht* kennt das BGB. deutscher Rechtsanschauung entsprechend nicht. Abkömmlinge, Eltern und der überlebende Ehegatte haben ein materielles *Pflichttheilsrecht*, das nur aus bestimmten gesetzlichen Gründen entzogen werden kann, aber klar und durchsichtig ohne Unterschied zwischen dem Anspruch auf den vollen Pflichttheil und dessen Ergänzung als Forderung gegen den Nachlaß und Schuld des Nachlasses auf eine der Hälfte des gesetzlichen Erbtheils entsprechende Summe gestaltet ist, ebenso wie das Vermächtniß nur ein Gläubigerrecht begründet (*kein Vindikationslegat*), § 1967.

*Erworben wird die Erbschaft* ipso jure mit dem Recht der Ausschlagung wie nach ALR. und C. civil; anders als nach SBGB. § 1942. Eine ruhende Erbschaft giebt es nicht. Die Ordnung der Nachlaßpflegschaft sorgt für Nachlaß und Erben, wenn dieser unbekannt oder ungewiß. *Mehrere Erben stehen wie im Preußischen Recht zur gesammten Hand*, § 2032, wenn auch mit einzelnen inkonsequenten Modifikationen. Das Institut des Erbscheins, den jeder Erbe ohne Unterschied des Grundes der Berufung erlangen kann, § 2353, ist wesentlich aus dem Preuß. Recht, Ges. v. 12. März 1869, übernommen und weiter ausgebildet. Vgl. §§ 2366 ff.

Der Inhalt des Erbrechts ist von dem Princip der Universalsuccession aus geordnet. Der Erbe tritt ein in die vermögensrechtlichen Rechte und Pflichten als Ganzes. Wo Recht und Pflicht zwischen Erblasser und Erben bestanden, findet Konfusion statt, die aber rückgängig werden kann, §§ 1976, 1991, 2183, 2377. Die conditio usucapiendi geht nur bei eigener bona fides des Erben über, nach § 857 abweichend vom bisherigen Recht auch der Besitz. Die Gläubiger des Erben haben kein Separationsrecht, aber die Gläubiger des Erblassers, der Erbe darf seine Gläubiger aus dem Nachlaß nicht befriedigen. KonkO. § 234 (206 d).

Ueber die wichtige Frage, ob der Erbe principiell unbedingt mit seinem Vermögen über den Nachlaßbestand hinaus oder nur mit dem Nachlaß haftet (in vires, cum viribus) giebt das BGB., wie bereits hervorgehoben, keine völlig klare Auskunft. Deutscher Rechtsanschauung entspricht die unbedingte Haftung nicht und davon ist bei Auslegung des § 1967 Abs. 1, § 1994, auszugehen. CPO. §§ 779 (693) ff., KonkO. §§ 214 ff., 220 (205 c). Das Verhältniß mehrerer Erben gegenüber den Nachlaßgläubigern ist in den §§ 2058 ff. für die Zeit vor und nach der Theilung des Nachlasses abweichend vom römischen und gemeinen Recht in wesentlicher Uebereinstimmung mit dem Preußischen Recht, wenn auch mit Modifikationen, geordnet.

Die Erbschaftsklage ist wie die römische hereditatis petitio als Anspruch des wahren Erben gegen den Erbschaftsbesitzer, d. h. gegen den, der pro herede besitzt, konstruirt, mag er auf die Erbschaft, einen Theil derselben, oder einzelne Erschaftsgegenstände gerichtet sein, §§ 2018 ff. In § 2031 wird nach denselben Regeln der Anspruch desjenigen behandelt, der für todt erklärt ist, den Zeitpunkt, der als Todestag gilt, aber überlebt hat.

Der Erbschaftskauf, §§ 2371 ff. hat, abweichend vom ALR., nicht das Erbschaftsrecht zum Gegenstand, macht den Käufer nicht zum Erben, hebt auch die Erbqualität des Verkäufers nicht auf, sondern bewirkt nur Recht und Pflicht des Käufers, so zu stehen, wie wenn er Erbe geworden wäre, und dem Nachlaßgläubiger gegenüber Eintritt in die Nachlaßschuld ohne Befreiung des Erben.

**V.** Das BGB. tritt am 1. Januar 1900 in Kraft. Gleichzeitig mit ihm treten in Kraft die Grundbuchordnung für das Deutsche Reich vom 24. März 1897, das Gesetz über die Zwangsversteigerung und die Zwangsverwaltung vom 24. März 1897 nebst dem zugehörigen Einführungsgesetz, das Gesetz über die Angelegenheiten der freiwilligen Gerichtsbarkeit vom 17. Mai 1898, die Gesetze betreffend Aenderungen der Konkursordnung und der Civilprozeßordnung nebst den zugehörigen Einführungsgesetzen vom 17. Mai 1898, das Handelsgesetzbuch vom 10. Mai 1897 nebst dem zugehörigen Einführungsgesetz, das den Art. 80 der Wechselordnung aufhebt und zahlreiche Abänderungen von Vorschriften der Gew.O., des Genossenschafts-, des Binnenschiffahrts- und des Börsengesetzes bringt. Durch Gesetz vom 17. Mai 1898 (RGBl. S. 342) ist der Reichskanzler ermächtigt, die Texte der Konk.O. und der CPO. (gleichzeitig die einer Reihe anderer Gesetze), wie sie sich aus den Aenderungen durch die Gesetze vom 17. Mai 1898 ergeben, unter fortlaufender Nummernfolge der Paragraphen bekannt zu machen. Diese Bekanntmachung ist in Nr. 25 des RGBl. 1898 S. 410 ff. erfolgt.

In gleicher Weise sind auf Grund Ermächtigung durch dasselbe Gesetz die Texte des Ges. über die Zwangsversteigerung und Zwangsverwaltung, der Grundbuchordnung und des Ges. über die Angelegenheiten der freiwilligen Gerichtsbarkeit durch dieselbe Nummer des RGBl. in der Weise bekannt gemacht, daß die darin enthaltenen Verweisungen auf die Vorschriften der CPO., der Konk.O. und der in Art. 13 Abs. 1 des EG. z. HGB. vom 10. Mai 1897 bezeichneten Gesetze durch Verweisungen auf die neuen Texte ersetzt sind.

Die Gesetze über die freiwillige Gerichtsbarkeit, die Zwangsversteigerung und Zwangsverwaltung, die Grundbuchordnung und die Gesetze über die Abänderungen der CPO. und der Konk.O. dienen zur Ergänzung des BGB., indem sie das Verfahren für die Entmündigung, die Volljährigkeits-, die Todeserklärung, in Vormundschaftssachen, bei Annahme an Kindesstatt, in Nachlaß- und Theilungssachen, die Aufnahme gerichtlicher und notarieller Urkunden ordnen. Die Gesetze betr. die CPO. und Konk.O. enthalten zugleich bedeutsame materiell-rechtliche Grundsätze, die CPO. namentlich in § 865 (757a) den wichtigen Satz, daß Zubehör von Grundstücken, Berechtigungen und Schiffen, auf das sich die Hypothek bezw. das eingetragene Pfandrecht erstreckt, nicht Gegenstand der Pfändung ist, und in den §§ 717 (655), 945 (822a) den bis dahin kontroversen Grundsatz der Schadensersatzpflicht ohne Rücksicht auf Verschulden oder Nichtverschulden, wenn ein für vorläufig vollstreckbar erklärtes Urtheil, oder die Anordnung eines Arrestes, oder einer einstweiligen Verfügung aufgehoben wird.

Auch das neue HGB. darf bei der Erörterung des BGB. nicht unbeachtet bleiben. Das BGB. hat eine Reihe von Rechtssätzen des Handelsrechts als Regeln des bürgerlichen Rechts übernommen; sie sind im neuen HGB. gestrichen; für sie ist das Ergebniß der bisherigen handelsrechtlichen Wissenschaft und Praxis zu verwerthen. Andere besondere Regeln des Handelsrechts hat das neue HGB. aufgegeben und sich dem bürgerlichen Recht gefügt. Im Allgemeinen ist dadurch das Handelsrecht dem bürgerlichen Recht mehr genähert, der Zusammenhang beider stärker geworden als früher. Auf diesen Zusammenhang hinzuweisen, ist für die Erkenntniß der Bedeutung und Tragweite der Vorschriften des BGB. von Belang.

---

Dem vorliegenden ersten Buch ist ein Sachregister beigefügt, ein Werk des Herrn Amtsgerichtsraths Magunna in Schwetz. Es ist eine ebenso fleißige wie einsichtige Arbeit von praktischem und wissenschaftlichem Werthe, für die dem Herrn Verfasser besonderer Dank gebührt, den ich auch hier aussprechen möchte.

Leipzig, im Juli 1899.

H. Rehbein.

# Inhaltsübersicht.

## Erstes Buch.

## Allgemeiner Theil.

# Abkürzungen.

AGO. = (Preuß.) Allgem. Gerichtsordnung.
AKO. = Allerhöchste Kabinets-Ordre.
ALR. = (Preuß.) Allgemeines Landrecht
BGB. = Bürgerl. Gesetzbuch.
Bolze = Die Praxis d. Reichsger. in Civils. Von Bolze.
C. c. = Code civil.
C. de pr. = Code de procédure.
Cosack = Lehrb. d. dtschn. bürg. Rechts. Von Cosack. I. Bd.
CPO. = Civilprozeßordnung.
Crome 1 = Crome, Allg. Theil der französ. Privatrechtsw.
Crome 2 = Crome, die Grundlehren des französ. Obligationenrechts.
D. P. = Dernburg, Pandekten. 5. Aufl.
D. Pr. Pr. = Dernburg, Preuß. Privatrecht I. u. II. Bd. in 5. Aufl., III. Bd. in 4. Aufl.
E. I, II, III = Entwurf e. BGB. Erste, zweite, dritte Lesung (letztere = Reichstagsvorlage).
Eccius = Preuß. Privatrecht. Auf der Grundlage des Werkes von Förster bearb. von Eccius. 7. Aufl.
EEG. = (Preuß.) Ges. über den Eigenthumserwerb rc. v. 5. Mai 1872.
EG. = Einführungsgesetz.
Endemann = Einführung in das Studium des BGB. Von Endemann. I. Bd. 3. u. 4. Aufl.
GG. = Gütergemeinschaft.
Gierke = Deutsches Privatrecht von Gierke. I. Bd.
GrBO. = Reichs-Grundbuchordnung v. 24. März 1897.
Grützmann = Lehrb. des sächs. Privatrechts von Grützmann.
HGB. = Handelsgesetzbuch.
Hachenburg = Das Bürgerliche Gesetzbuch. Vorträge von Hachenburg.
JW. = Juristische Wochenschrift.
Kuhlenbeck = Von den Pandekten zum BGB. Von Kuhlenbeck.
LR. = Landrecht (badisches, bayerisches rc.).
Mot. = Motive zu dem Entwurfe e. BGB.
ObTr. = Entscheid. d. Preuß. Obertribunals.
OHG. = Entscheid. d. Reichs-Oberhandelsgerichts.
Planck = BGB. erläutert von G. Planck in Verbindung mit Achilles, André, Greiff, Ritgen, Unzner.
RE. = Entscheid. des Preuß. Obertribunals. Von Rehbein.
RG. = Entscheid. des Reichsgerichts in Civilsachen.
RGes. = Reichs-Gesetz.
RR. = Römisches Recht.
RTK. = Bericht der Reichstagskommission über den Entwurf e. BGB.
SBGB. = Sächs. Bürgerl. Gesetzbuch.
StGB. = Strafgesetzbuch.
StPO. = Strafprozeßordnung.
StrA. = Archiv f. Rechtsfälle von Striethorst.
V. = Verordnung.
VO. = (Preuß.) Vormundschaftsordnung v. 5. Juni 1875.
W. = Windscheid, Lehrb. des Pandektenrechts. 7. Aufl.
WO. = Allg. Deutsche Wechselordnung.
Z-Cr. = Handb. des französ. Civilrechts, begründet v. Zachariä v. Lingenthal, bearbeitet von Crome. 8. Aufl.
ZwVG. = RGes. über die Zwangsversteigerung und die Zwangsverwaltung vom 24. März 1897.

# Nachträge und Berichtigungen.

S. **5 unter 1**. Der § 50 Abs. 1 der CPO. (§ 49a Ges. v. 17. Mai 1898) sagt: parteifähig ist, wer rechtsfähig ist.

„ **7 Zeile 2 v. oben**: jetzt CPO. §§ 86, 239, 243, 246, 727, 779 ff., 241, 244, 471, 1031, 1033 (Ges. v. 17. Mai 1898).

„ **9 unter d**: Das Aufgebotsverfahren zum Zweck der Todeserklärung ist jetzt durch die §§ 960 bis 976 CPO. (§§ 836a—r Ges. v. 17. Mai 1898) geordnet, zu denen die allgemeinen Vorschriften der §§ 946 ff. (823 ff.) treten. Geregelt ist die Zuständigkeit, §§ 961, 972, die Antragsberechtigung, §§ 962, 967, die Glaubhaftmachung, § 963, der Inhalt des Aufgebots, § 964, die Aufgebotsfrist, § 965 (950), die Voraussetzungen des Urtheils und dessen Inhalt mit Rücksicht auf § 18 Abs. 2 BGB., und die Anfechtungsklage. In den Fällen der §§ 15 bis 17 BGB. und wenn seit der Geburt des Verschollenen hundert Jahre verstrichen, kann die Bekanntmachung des Aufgebots durch öffentliche Blätter, § 948 (825), unterbleiben; es genügt die Anheftung an die Gerichtstafel und eine Aufgebotsfrist von 6 Wochen, § 966 (836g). Von besonderer Bedeutung sind die aus der materiellrechtlichen Natur der Todeserklärung folgenden §§ 968, 970 CPO. Vgl. unter e.

„ **10, 11**. An die Stelle der §§ 836b, e, i, o ff. Entw. CPO. treten die §§ 961 ff., 973 ff. CPO. (Ges. v. 17. Mai 1898), an die Stelle des § 264a Entw. der § 292 CPO., an die Stelle der §§ 833, 834 CPO. die §§ 956, 957 CPO. (Ges. v. 17. Mai 1898).

„ **12**. Der § 259 CPO. ist durch § 286 CPO. (Ges. v. 17. Mai 1898) ersetzt. Die im Entw. CPO. §§ 836o ff., § 836r vorgeschlagenen Vorschriften sind Gesetz geworden durch die §§ 973 ff., 976 CPO. (Ges. v. 17. Mai 1898).

„ **13, II**. Hinzuzufügen ist: Ges. über die Angelegenheiten der freiw. Gerichtsbark. v. 17. Mai 1898 (RGBl. S. 189, 771) §§ 56, 196.

„ **14, 15 unter 3**. Der § 56 des Ges. über die Angelegenheiten der freiw. Gerichtsbark. v. 17. Mai 1898 bestimmt, daß die V. nur auf Antrag des Minderjährigen oder desjenigen gesetzlichen Vertreters des Minderjährigen erfolgen soll, dem die Sorge für die Person zusteht. Das Vormundschaftsgericht soll demnach ohne solchen Antrag nicht eingreifen; nichtig ist die V. ohne Antrag aber nicht. Das Erforderniß der Einwilligung, § 4, ist natürlich nicht beseitigt. Die V. ohne die erforderliche Einwilligung ist unzulässig und unwirksam, solange sie nicht rechtskräftig geworden ist. Rechtskräftig wird sie nach § 60 Nr. 6, § 16 Abs. 2, §§ 22, 29 des Ges. über die Angelegenheiten der freiw. Gerichtsbark., wenn die Verfügung den Betheiligten, dem Minderjährigen und dem, dessen Einwilligung nach § 4 sonst erforderlich, bekannt gemacht und kein Rechtsmittel (sofortige Beschwerde) eingelegt oder solches ohne Erfolg eingelegt ist. Vgl. § 60 a. a. O. über das Beschwerderecht des Minderjährigen. Antragsberechtigt ist nach § 56 Abs. 1 auch der Vormund, wenn auch seine Einwilligung nicht erforderlich ist, aber nicht z. B. die wiederverheirathete und die uneheliche Mutter, §§ 1697, 1707 BGB., weil beide nicht gesetzliche Vertreter sind.

S. **15 unter 4. a.** Nach § 56 Abs. 2 des Ges. über die Angelegenheiten der freiw. Gerichtsbark. tritt die Verfügung, durch welche der Minderjährige für volljährig erklärt wird, nicht mit der Bekanntmachung (§ 16 Abs. 2, 3 a. a. O.), sondern erst mit der Rechtskraft in Wirksamkeit. Nach § 196 Abs. 2 a. a. O. cessirt dies aber da, wo nach Landesgesetz für die V. die Zentralstelle des Bundesstaates zuständig ist, EG. z. BGB. Art. 147. Die V. tritt hier mit der Bekanntmachung an den Minderjährigen in Wirksamkeit, da nach § 196 Abs. 1 die allgemeinen Vorschriften des Ges. v. 17. Mai 1898 keine Anwendung finden, nur § 56 Abs. 1.

**b.** Der § 28 Ges. v. 6. Februar 1875 ist durch EG. Art. 46 I aufgehoben.

„ **17 Zeile 10 v. o.** CPO. § 858 Abs. 3 ist jetzt CPO. § 1032 Abs. 3.

„ **18 unter 2 a. E.** muß es statt § 104 Nr. 3 heißen: § 105 Abs. 2.

„ **18 unter 3.** Zu vgl. ist jetzt CPO. §§ 648, 676 (§§ 596a, 617 Ges. v. 17. Mai 1898). Statt EG. Art. 212 muß es heißen: EG. Art. 211. Nach Art. 155 EG. steht der vor dem BGB. wegen Geisteskrankheit Entmündigte dem nach dem BGB. wegen Geisteskrankheit Entmündigten gleich, d. h. er wird rechtlich ebenso behandelt, § 104 Nr. 3, ohne daß untersucht wird, ob er nach BGB. nur wegen Geistesschwäche zu entmündigen gewesen wäre. Nach Art. 210 EG. sollen die vor dem BGB. wegen körperlicher Gebrechen oder wegen Geistesschwäche ohne Entm. unter Vormundschaft gestellten Personen gemäß § 1910 Abs. 1, 2 behandelt werden.

„ **18 unter 4.** Das Entmündigungsverfahren wegen Geisteskrankheit und Geistesschwäche ist jetzt durch die §§ 645 bis 679 CPO. (§§ 593—620 Ges. v. 17. Mai 1898) in der dargestellten Art geordnet.

„ **20 unter 7.** Das Verfahren der Entm. wegen Verschwendung ist jetzt durch die §§ 680 bis 687 CPO. (§§ 621—627 Ges. v. 17. Mai 1898) in der dargestellten Weise geordnet. Vgl. CPO. § 680 Abs. 4, §§ 683, 682, 684 ff., 672, 665, 667, 669, 672—674. Die §§ 815—822 der alten CPO. sind jetzt die §§ 936 ff. CPO.

„ **20 unter 8.** Das Verfahren ist jetzt durch die §§ 680 ff. CPO. (Ges. v. 17. Mai 1898) so geordnet wie bei der Entm. wegen Verschwendung; in § 680 Abs. 5 sind abweichend vom Entw. landesgesetzliche Vorschriften unberührt gelassen, die Gemeinden, Verbänden, Armenverbänden das Recht geben, die Entm. auch wegen Trunksucht zu beantragen.

„ **22, 23 unter 3.** Die §§ 14, 15 der CPO. (alte Fassung) sind durch § 9 BGB.

erübrigt und deshalb in der Fassung des Ges. v. 17. Mai 1898 fortgefallen. CPO. § 21 Abs. 2 ist jetzt CPO. § 20 Abs. 2.

S. 23 **unter 4.** CPO. § 17 der alten Fassung ist durch § 10 BGB. erübrigt und in der Fassung des Ges. v. 17. Mai 1898 fortgefallen.

„ 23 **unter 5.** CPO. § 17 Abs. 2 der alten Fassung ist durch § 11 BGB. erübrigt und in der Fassung des Ges. v. 17. Mai 1898 fortgefallen. Der § 21 (§ 55 Abs. 2) CPO. ist der § 20, § 57 Abs. 2 der Fassung des Ges. v. 17. Mai 1898.

„ 24 **unter 6.** Der § 15 Nr. 5 CPO. alte Fassung ist in der Fassung des Ges. v. 17. Mai 1898 mit Rücksicht auf Art. 157 EG. z. BGB. fortgefallen. Der § 18 CPO. ist durch § 16 der neuen Fassung ersetzt, der § 16 durch § 15.

„ 25 **unter 3.** Gegen die Staatsbehörde, die auf Grund § 360 Nr. 8 StGB. einschreitet, giebt der § 12 ein Klagerecht nicht. Vgl. RG. 39 S. 302.

„ 26 **unter 4.** Vgl. RG. 40 S. 61 (Uebertragung des Rechts, den Namen Liebig im Geschäftsbetriebe zu führen).

„ 27 **unter 4.** von Bülow will, wie berichtigend zu bemerken, nicht vom Landeseinführungsgesetz eine abhelfende Bestimmung, was unmöglich, sondern von einem Zusatz zum Reichseinführungsgesetz.

„ 27 **unter 6.** Vgl. RG. 40 S. 61, § 23 Ges. v. 12. Mai 1894 und § 20 Ges. v. 30. November 1894. Auch einen gewerblichen Rechtsschutz, den der Ausländer für einen Namen in seinem Heimathsstaat nicht hat, kann er im Inlande nicht beanspruchen.

„ 32. Vgl. noch Endemann, Lehrb. des bürgerl. Rechts (Einführung in das Studium des BGB. 1 §§ 43—49).

„ 33 **unter a.** Vgl. noch RG. 39 S. 183, 31 S. 249.

„ 35 **Abs. 1.** Der Inhalt der Vorschrift des § 12 der GBO. ist korrekter dahin zu fassen, daß der Staat (Körperschaft) dem Beschädigten an Stelle des Beamten gemäß § 839 BGB. haftet, d. h. also bei Vorsatz an erster Stelle unbedingt, bei Fahrlässigkeit für den Fall, daß der Beschädigte den Ersatz nicht auf andere Weise erlangen kann.

„ 35 **Abs. 1** am Schluß hinzuzufügen: sowie jetzt die Telegraphen-O. für das Deutsche Reich v. 15. Juni 1891 (Geltung vom 1. Juli 1891) §§ 23 ff. (CBl. S. 163).

„ 36 **unter b.** Der Inhalt des § 194a Entw. der KO. ist in den Art. 4 des EG. der Novelle zur KO. v. 17. Mai 1898 aufgenommen.

„ 36 **unter c.** Die §§ 45 Nr. 1, 54 Nr. 2, 3 KO. sind ersetzt durch die §§ 49 Nr. 1, 61 Nr. 2, 3 der neuen Fassung v. 17. Mai 1898.

„ 38 **unter 3** lies: 1. Januar 1900 statt 1890.

„ 38 **unter 4.** Die §§ 49a, 668a Entw. CPO. sind ersetzt durch § 50 Abs. 2, § 735 der neuen Fassung der CPO. (Ges. v. 17. Mai 1898). Vgl. auch § 213 KO. in neuer Fassung.

„ 42 **unter b Zeile 19** muß es heißen: wenn auch nicht zu verschenken, doch . . .

„ 43 **unter c.** Der § 49a Abs. 2, § 668a (670a) Entw. sind durch § 50 Abs. 2, § 735 der neuen Fassung der CPO. (Ges. v. 17. Mai 1898) ersetzt. Der § 50 Abs. 2 sagt, daß ein Verein, der nicht rechtsfähig, verklagt werden kann und in dem Rechtsstreit die Stellung eines rechtsfähigen Vereins hat, d. h. wie ein solcher behandelt wird. Vgl. auch RG. 39 S. 287 und zu Zeile 6 v. u. RG. 39 S. 25.

S. **44 unter 3.** § 19 CPO. ist durch § 17 der neuen Fassung ersetzt.

„ **44 letzte Zeile** lies: erblose statt erbliche.

„ **45 unter 4.** Die §§ 157 ff., 169 CPO. sind ersetzt durch die §§ 171 ff., 184 der neuen Fassung. In Bezug auf Gewahrsam und Besitz des Vereins vgl. zu §§ 854 ff., 855, 868. Der unmittelbare Besitz des Vereinsvorstandes wird rechtlich als unmittelbarer Besitz des Vereins behandelt werden müssen; weder § 855, noch § 868 ist anwendbar.

„ **10 Abs. 2.** Nach § 160 Ges. über die freiw. Gerichtsbark. v. 17. Mai 1898 soll das Amtsgericht im Falle des § 37 vor seiner Beschlußfassung den Vorstand des Vereins hören, soweit thunlich. Gegen die Verfügung, durch die die nachgesuchte Ermächtigung gewährt oder abgelehnt wird, findet sofortige Beschwerde, §§ 22, 29 Abs. 3 des Ges., statt.

„ **49 unter 5a Abs. 1.** Vgl. außer RG. 30 S. 95, 35 S. 185 noch RG. 40 S. 46.

„ **51 unter c a. E.** lies: begründet statt beschränkt.

„ **52 unter b.** An Stelle § 194a Entw. KO. tritt § 213 KO. der neuen Fassung. Danach finden die §§ 207, 208 KO. auf das Konkursverfahren über das Vermögen einer jur. Person sowie eines Vereins Anwendung, der als solcher verklagt werden kann.

„ **53 Abs. 1.** § 105 KO. ist durch § 116 KO. der neuen Fassung ersetzt, §§ 188 ff. durch §§ 202 ff., § 151 durch § 163, § 175 durch § 190.

„ **53 Abs. 2.** Nach §§ 207, 213 KO. neuer Fassung findet die Konkurseröffnung bei Zahlungsunfähigkeit und Ueberschuldung statt. Nach § 102 Abs. 2 KO. ist Zahlungsunfähigkeit insbesondere bei Zahlungseinstellung anzunehmen.

„ **53 unter c.** § 540 CPO. ist ersetzt durch § 577 CPO. neuer Fassung.

„ **54 unter b.** § 695 Entw. CPO. ist ersetzt durch § 780 Abs. 2 CPO. neuer Fassung.

„ **55 Abs. 1.** §§ 202 ff. KO. sind ersetzt durch §§ 214 ff. KO. neuer Fassung.

„ **57 Zeile 2 v. oben.** § 219 CPO. ist ersetzt durch § 241 CPO. neuer Fassung.

„ **58 Abs. 3.** § 55 CPO. ist ersetzt durch § 57 CPO. neuer Fassung.

„ **61 unter 1.** Nach § 159 des Ges. über die Angelegenheiten der freiw. Gerichtsbark. v. 17. Mai 1898 finden die Vorschriften der §§ 127 bis 130, 142, 143 dieses Gesetzes auf die Eintragungen in das Vereinsregister, und die §§ 127, 132 bis 139 des Gesetzes auf das Verfahren bei der Verhängung von Ordnungsstrafen gegen Vorstand und Liquidatoren eines eingetr. V. entsprechende Anwendung. Die Einrichtung des Vereinsregisters ist nicht geordnet, sondern der Landesgesetzgebung oder Landesjustizverwaltung überlassen.

„ **63 Abs. 1.** Die §§ 90a, b des Art. 10 EG. z. HGB. und die §§ 75a—c des Art. 11 daselbst sind in die §§ 94—97 bzw. §§ 75—77 der beiden Gesetze in der Fassung des Ges. v. 17. Mai 1898 aufgenommen. Die nach § 157 des Ges. über die Angelegenheiten der freiw. Gerichtsbark. auf das Vereinsregister anzuwendenden §§ 142, 143 dieses Gesetzes bestimmen, daß eine Eintragung in das Vereinsregister von Amtswegen durch das Registergericht gelöscht und die Löschung von dem vorgesetzten Landgericht verfügt werden kann, wenn sie wegen Mangels einer wesentlichen Voraussetzung unzulässig war. Die Betheiligten sind vorher unter Bestimmung angemessener Frist zu hören. Wird Widerspruch erhoben, so entscheidet das Registergericht; die Löschung darf nicht erfolgen, wenn kein Widerspruch erhoben oder die Entscheidung auf Löschung ꝛc., gegen die sofortige **Beschwerde**, **§§ 19 ff. des Ges.**, stattfindet, **rechtskräftig geworden** ist. **Auch das Landgericht muß vor der Löschungsverfügung die Betheiligten hören und darf** erst löschen, wenn seine **Entscheidung rechtskräftig geworden**, **§ 143 Abs. 2.**

S. **65.** Stiftungen. **Vgl. noch Endemann 1 § 49 und Stintzing im Archiv** f. civ. **Praxis Bd.** 88 S. 392.

„ **66 unter 1.** Vgl. noch RG. 39 S. 175 über den Begriff des Familien-Fideikommisses.

„ **73.** Sachen. Vgl. noch Endemann 1 §§ 50—56.

„ **75 Abs. 1** lies: 33 I 8 statt I 2.

„ **76 unter 2.** An die Stelle der §§ 712, 745, 746, 810 Abs. 3 CPO. treten die §§ 808, 846, 847, 930 CPO. neuer Fassung.

„ **77 unter 6 Abs. 2.** An die Stelle des § 737 Abs. 2 CPO. tritt § 836 Abs. 3 CPO. neuer Fassung.

„ **78 Abs. 1.** Entw. CPO. § 731 ist ersetzt durch § 830 CPO. neuer Fassung.

„ **78 Abs. 2.** CPO. §§ 722, 723, 724 sind ersetzt durch die §§ 821, 822, 823 CPO. neuer Fassung, der § 732 durch § 831.

„ **80 Abs. 2.** Entw. CPO. § 230a ist ersetzt durch § 254 CPO. neuer Fassung.

„ **84 Abs. 1.** Die §§ 714, 725 CPO. sind ersetzt durch die §§ 810, 824 CPO. neuer Fassung.

„ **84 Abs. 2.** Vgl. noch RG. 39 S. 205 (Röhrenleitung einer Gasanstalt als Bestandtheil der Gasanstalt).

Zeile 2 von unten lies statt der Satz: des Satzes.

„ **87 Abs. 1.** Durch § 865 Abs. 2 CPO. in der Fassung des Ges. v. 17. Mai 1898 ist jetzt der materiellrechtlich bedeutsame Rechtssatz festgestellt, daß Gegenstände, auf welche sich bei Grundstücken und Berechtigungen die Hypothek (Grundschuld), bei Schiffen das eingetragene Pfandrecht erstreckt, nicht gepfändet werden können, soweit sie Zubehör sind. Vgl. § 1120 (§ 1192).

„ **88 unter d.** Vgl. noch RG. 39 S. 292 (die für den gewöhnlichen Gebrauch des Wirths bestimmten Möbel sind nicht Zubehör des Gasthofs).

„ **89.** Vgl. noch RG. 39 S. 205 (Röhrnetz einer Gasanstalt als Bestandtheil nicht Zubehör).

„ **90 unter e.** Landgut. Das Preuß. Ges. betr. das Anerbenrecht bei Landgütern in der Provinz Westfalen 2c. v. 2. Juli 1898 (GS. S. 139) definirt im § 2 als Landgut „jede ihrem Hauptzwecke nach zum Betriebe der Land- oder Forstwirthschaft bestimmte und zur selbständigen Nahrungsstelle geeignete Besitzung, die mit einem, wenn auch räumlich von ihr getrennten Wohnhause versehen ist."

„ **91 unter 5a.** § 714 CPO. ist durch § 810 CPO. neuer Fassung ersetzt.

„ **93 unter d.** Vgl. noch RG. 40 S. 13 (Mehl und andere Erzeugnisse einer Mühle nicht Frucht).

„ **95 unter 7a.** Die §§ 555, 628, 702 Nr. 5, 770 CPO. sind ersetzt durch die §§ 592, 688, 794 Nr. 5, 884 CPO. neuer Fassung.

„ **100** zu §§ 104—115 vgl. EG. Art. 95.

„ **103 unter 1.** Der § 51 CPO., § 51 Abs. 2 Entw. ist ersetzt durch § 52 CPO. neuer Fassung.

**S. 105 unter 2.** Nach § 59 des Ges. über die Angelegenheiten der freiw. Gerichtsbark. v. 17. Mai 1898 kann ein unter elterlicher Gewalt oder Vormundschaft stehendes Kind in allen seine Person betreffenden Angelegenheiten das Beschwerderecht ohne Mitwirkung seines gesetzlichen Vertreters ausüben, ebenso in Angelegenheiten, in denen der Mündel vor der Entscheidung des Vormundschaftsgerichts gehört werden soll, wenn er nicht geschäftsunfähig und nicht unter 14 Jahren.

Der § 51 CPO., §§ 573a, 592a, b Entw. CPO. sind ersetzt durch die §§ 52, 612, 640, 641 CPO. neuer Fassung.

Nach § 2237 Nr. 1 BGB. und § 173 Nr. 1 Ges. über die Angelegenheiten der freiw. Gerichtsbark. soll der Minderjährige bei der Errichtung des Testaments und bei der Beurkundung eines Rechtsgeschäfts als Zeuge nicht mitwirken.

Nach § 65 StGB. in der Fassung des Art. 34 III EG. ist der Verletzte, der das 18. Lebensjahr vollendet hat, selbständig zur Stellung des Strafantrags berechtigt.

„ **107 Abs. 3.** Die §§ 542, 435 CPO. sind ersetzt durch die §§ 579, 473 CPO. neuer Fassung. Statt § 54 Entw. Ges. über die freiw. Gerichtsbark. lies: § 59 Ges. über die freiw. Gerichtsbark.

„ **108 Abs. 1.** Nach § 55 Ges. über die Angelegenheiten der freiw. Gerichtsbark. können Verfügungen, durch welche die Genehmigung zu einem Rechtsgeschäft ertheilt oder verweigert wird, von dem Vormundschaftsgericht insoweit nicht mehr geändert werden, als die Genehmigung oder Verweigerung einem Dritten gegenüber wirksam geworden ist. Vgl. zu §§ 1630, 1643 ff., 1795, 1821, 1828—1832.

„ **112 unter 5 und S. 113 unter b.** Der § 51 Abs. 1 CPO. ist ersetzt durch § 52 CPO. neuer Fassung.

„ **115 a. E. und S. 116.** Nach § 661 CPO. neuer Fassung (§ 603a Ges. v. 17. Mai 1898) tritt die Entm. wegen Geisteskrankheit in Wirksamkeit mit der Zustellung des Beschlusses an den gesetzlichen Vertreter, dem die Sorge für die Person zusteht, wenn der Entmündigte unter elterlicher Gewalt oder Vormundschaft steht, andernfalls mit der Bestellung des Vormundes.

„ **116 Abs. 2, 3.** Die §§ 605 ff., 613, 616 ff. CPO. sind ersetzt durch die §§ 664 ff., 672, 675 ff. CPO. neuer Fassung.

„ **117 unter c.** CPO. § 435 Abs. 3 ist ersetzt durch § 473 Abs. 3 CPO. neuer Fassung.

„ **118 Abs. 2.** § 603a Abs. 2 Entw. CPO. ist ersetzt durch § 661 Abs. 2 CPO. neuer Fassung.

„ **118 unter 4.** Die §§ 623, 624 ff. CPO. sind ersetzt durch die §§ 683, 684 ff. CPO. neuer Fassung.

„ **118 unter 5.** CPO. Entw. § 627 ist ersetzt durch §§ 680, 683 CPO. neuer Fassung.

„ **119.** Der § 51 Abs. 2 CPO. ist durch § 52 Abs. 2 CPO. neuer Fassung ersetzt.

„ **122 unter 2.** Der § 779 CPO. ist ersetzt durch § 895 Abs. 1 CPO. neuer Fassung. Die im Entw. CPO. §§ 779a, b, c in Aussicht genommenen Vorschriften sind in die §§ 895—897 CPO. neuer Fassung übernommen. Danach gilt bei **vorläufig** vollstreckbarem Urtheil zur Abgabe einer Willenserklärung die Eintragung einer Vormerkung oder eines Widerspruchs als bewilligt, wenn auf Grund des Urtheils eine Eintragung in das Grundbuch oder das Schiffsregister erfolgen soll; der § 792 CPO. neuer Fassung findet Anwendung; bei Verurtheilung zur Uebertragung von Eigenthum oder zur Bestellung eines Rechts an einer beweglichen Sache (z. B. Pfand, Nießbrauch) gilt die Uebergabe der Sache als bewirkt, wenn der Gerichtsvollzieher sie zum Zweck der Ablieferung an den Gläubiger wegnimmt; das Gleiche gilt für die Uebergabe von Hypotheken-, Grundschuld-, Rentenschuldbriefen, bei Verurtheilung zur Bestellung, Abtretung, Belastung von Hypothek, Grundschuld, Rentenschuld und § 898 CPO. giebt die wichtige Vorschrift, daß der Erwerb, der sich so nach §§ 894, 897 vollzieht, den Vorschriften des BGB. zu Gunsten desjenigen unterliegt, der Rechte von einem Nichtberechtigten herleitet.

S. **123 Abs.** 1 Zeile 23 v. u. muß es statt „nach“ „mit“ heißen. Vgl. über § 130 auch zu § 153.

„ **123 unter 4.** Die §§ 152 ff. CPO. sind ersetzt durch die §§ 166, 167, 169 ff., 180 ff., 193 ff., 203 ff. CPO. neuer Fassung.

„ **126 unter 5 Abs.** 2. Der Satz ist vorsichtiger zu fassen, wie sich übrigens aus S. 127 unter 6 ergiebt. Der Kaufvertrag kann simulirt und deshalb nichtig, die Auflassung ernstlich gemeint sein, z. B. in dem Falle, wo die Form des Kaufs gewählt, um zu schenken.

„ **128 Abs.** 2. Vgl. l. 29 D. 1, 3 über das Schleichgeschäft.

„ **129 unter** 8. Vgl. noch RG. 40 S. 216.

„ **130 unter 9** Abs. 3 a. E. muß es „gutgläubig“ statt „Gutgläubigen“ heißen.

„ **131 Abs.** 1. Die §§ 762 ff. CPO. sind ersetzt durch die §§ 876 ff. CPO. neuer Fassung.

„ **131 Abs.** 2. Vgl. noch RG. 39 S. 166 (Einrede des deb. c., daß der unter der Form der Cession ertheilte Auftrag zur Einziehung erloschen, zulässig). RG. 40 S. 216 (Abrede zwischen Cedenten und Cessionar, daß der Cedent weiter als Gläubiger auftreten soll).

„ **132 Abs.** 1. Vgl. noch RG. 40 S. 80.

„ **150 Abs.** 2. Vgl. RG. 40 S. 243 (auf Schadensersatz kann B nicht belangt werden).

„ **152 unter I.** Vgl. noch GenossGes. § 15 Abs. 1.

„ **154 Abs.** 1. Der § 763 CPO., § 142 KO. ist durch § 877 bzw. § 144 neuer Fassung ersetzt.

„ **154 unter III 1.** Vgl. noch § 33 Abs. 1 Satz 2 BGB.

„ **155 unter 4.** Vgl. noch § 81 ZwVG. v. 24. März 1897.

„ **156 Zeile 1 oben**: CPO. § 381 ist ersetzt durch § 416 CPO. neuer Fassung, § 405 Abs. 2 CPO. durch § 440.

„ **158, 159.** Vgl. noch Preuß. Landgemeindeordnung v. 3. Juli 1891 §§ 49, 74, 88 Abs. 4 Nr. 7.

„ **159 unter V Abs.** 2. Vgl. RG. 40 S. 46 zu § 15 Abs. 1 GenossGes.

„ **161 zu § 131** vgl. EG. Art. 95.

„ **192 zu 4** vgl. RG. 41 S. 281 (Nichtigkeit des ganzen Geschäfts wegen Nichtigkeit eines Theils).

„ 210 Abs. 2, S. 224 Abs. 2. § 95 HGB. v. 10. Mai 1897 bestimmt, daß wenn eine Partei eine Schlußnote annimmt, in der sich der Mäkler die Bezeichnung der anderen Partei vorbehalten („Aufgabe vorbehalten"), sie an das Geschäft gebunden ist, es sei denn, daß sie gegen die bezeichnete Person begründete Einwendungen hat, daß die Bezeichnung in ortsüblicher oder angemessener Frist zu erfolgen hat, und daß bei Unterbleiben derselben oder bei Existenz begründeter Einwendungen der Mäkler auf Erfüllung haftet.

# Bürgerliches Gesetzbuch.

Vom 18. August 1896.

(RGBl. S. 195.)

---

## 1. Buch. Allgemeiner Theil.

### 1. Abschnitt. Personen.

#### 1. Titel. Natürliche Personen.

§ 1. Die Rechtsfähigkeit des Menschen beginnt mit der Vollendung der Geburt.

§ 2. Die Volljährigkeit tritt mit der Vollendung des einundzwanzigsten Lebensjahrs ein.

§ 3. Ein Minderjähriger, der das achtzehnte Lebensjahr vollendet hat, kann durch Beschluß des Vormundschaftsgerichts für volljährig erklärt werden.

Durch die Volljährigkeitserklärung erlangt der Minderjährige die rechtliche Stellung eines Volljährigen.

§ 4. Die Volljährigkeitserklärung ist nur zulässig, wenn der Minderjährige seine Einwilligung ertheilt.

Steht der Minderjährige unter elterlicher Gewalt, so ist auch die Einwilligung des Gewalthabers erforderlich, es sei denn, daß diesem weder die Sorge für die Person noch die Sorge für das Vermögen des Kindes zusteht. Für eine minderjährige Wittwe ist die Einwilligung des Gewalthabers nicht erforderlich.

§ 5. Die Volljährigkeitserklärung soll nur erfolgen, wenn sie das Beste des Minderjährigen befördert.

§ 6. Entmündigt kann werden:

1. wer in Folge von Geisteskrankheit oder von Geistesschwäche seine Angelegenheiten nicht zu besorgen vermag;
2. wer durch Verschwendung sich oder seine Familie der Gefahr des Nothstandes aussetzt;
3. wer in Folge von Trunksucht seine Angelegenheiten nicht zu be-

sorgen vermag oder sich oder seine Familie der Gefahr des Nothstandes aussetzt oder die Sicherheit Anderer gefährdet.

Die Entmündigung ist wiederaufzuheben, wenn der Grund der Entmündigung wegfällt.

§ 7. Wer sich an einem Orte ständig niederläßt, begründet an diesem Orte seinen Wohnsitz.

Der Wohnsitz kann gleichzeitig an mehreren Orten bestehen.

Der Wohnsitz wird aufgehoben, wenn die Niederlassung mit dem Willen aufgehoben wird, sie aufzugeben.

§ 8. Wer geschäftsunfähig oder in der Geschäftsfähigkeit beschränkt ist, kann ohne den Willen seines gesetzlichen Vertreters einen Wohnsitz weder begründen noch aufheben.

§ 9. Eine Militärperson hat ihren Wohnsitz am Garnisonorte. Als Wohnsitz einer Militärperson, deren Truppentheil im Inlande keinen Garnisonort hat, gilt der letzte inländische Garnisonort des Truppentheils.

Diese Vorschriften finden keine Anwendung auf Militärpersonen, die nur zur Erfüllung der Wehrpflicht dienen oder die nicht selbständig einen Wohnsitz begründen können.

§ 10. Die Ehefrau theilt den Wohnsitz des Ehemanns. Sie theilt den Wohnsitz nicht, wenn der Mann seinen Wohnsitz im Ausland an einem Orte begründet, an den die Frau ihm nicht folgt und zu folgen nicht verpflichtet ist.

Solange der Mann keinen Wohnsitz hat oder die Frau seinen Wohnsitz nicht theilt, kann die Frau selbständig einen Wohnsitz haben.

§ 11. Ein eheliches Kind theilt den Wohnsitz des Vaters, ein uneheliches Kind den Wohnsitz der Mutter, ein an Kindesstatt angenommenes Kind den Wohnsitz des Annehmenden. Das Kind behält den Wohnsitz, bis es ihn rechtsgültig aufhebt.

Eine erst nach dem Eintritte der Volljährigkeit des Kindes erfolgende Legitimation oder Annahme an Kindesstatt hat keinen Einfluß auf den Wohnsitz des Kindes.

§ 12. Wird das Recht zum Gebrauch eines Namens dem Berechtigten von einem Anderen bestritten oder wird das Interesse des Berechtigten dadurch verletzt, daß ein Anderer unbefugt den gleichen Namen gebraucht, so kann der Berechtigte von dem Anderen Beseitigung der Beeinträchtigung verlangen. Sind weitere Beeinträchtigungen zu besorgen, so kann er auf Unterlassung klagen.

§ 13. Wer verschollen ist, kann nach Maßgabe der §§ 14 bis 17 im Wege des Aufgebotsverfahrens für todt erklärt werden.

§ 14. Die Todeserklärung ist zulässig, wenn seit zehn Jahren keine Nachricht von dem Leben des Verschollenen eingegangen ist. Sie darf nicht vor dem Schlusse des Jahres erfolgen, in welchem der Verschollene das einunddreißigste Lebensjahr vollendet haben würde.

Ein Verschollener, der das siebzigste Lebensjahr vollendet haben würde, kann für todt erklärt werden, wenn seit fünf Jahren keine Nachricht von seinem Leben eingegangen ist.

Der Zeitraum von zehn oder fünf Jahren beginnt mit dem Schlusse des letzten Jahres, in welchem der Verschollene den vorhandenen Nachrichten zufolge noch gelebt hat.

§ 15. Wer als Angehöriger einer bewaffneten Macht an einem Kriege Theil genommen hat, während des Krieges vermißt worden und seitdem verschollen ist, kann für todt erklärt werden, wenn seit dem Friedensschlusse drei Jahre verstrichen sind. Hat ein Friedensschluß nicht stattgefunden, so beginnt der dreijährige Zeitraum mit dem Schlusse des Jahres, in welchem der Krieg beendigt worden ist.

Als Angehöriger einer bewaffneten Macht gilt auch derjenige, welcher sich in einem Amts- oder Dienstverhältniß oder zum Zwecke freiwilliger Hülfeleistung bei der bewaffneten Macht befindet.

§ 16. Wer sich bei einer Seefahrt auf einem während der Fahrt untergegangenen Fahrzeuge befunden hat und seit dem Untergange des Fahrzeugs verschollen ist, kann für todt erklärt werden, wenn seit dem Untergang ein Jahr verstrichen ist.

Der Untergang des Fahrzeugs wird vermuthet, wenn es an dem Orte seiner Bestimmung nicht eingetroffen oder in Ermangelung eines festen Reiseziels nicht zurückgekehrt ist und wenn

bei Fahrten innerhalb der Ostsee ein Jahr,

bei Fahrten innerhalb anderer europäischer Meere, mit Einschluß sämmtlicher Theile des Mittelländischen, Schwarzen und Azowschen Meeres, zwei Jahre,

bei Fahrten, die über außereuropäische Meere führen, drei Jahre

seit dem Antritte der Reise verstrichen sind. Sind Nachrichten über das Fahrzeug eingegangen, so ist der Ablauf des Zeitraums erforderlich, der verstrichen sein müßte, wenn das Fahrzeug von dem Orte abgegangen wäre, an dem es sich den Nachrichten zufolge zuletzt befunden hat.

§ 17. Wer unter anderen als den in den §§ 15, 16 bezeichneten Umständen in eine Lebensgefahr gerathen und seitdem verschollen ist, kann für todt erklärt werden, wenn seit dem Ereignisse, durch welches die Lebensgefahr entstanden ist, drei Jahre verstrichen sind.

§ 18. Die Todeserklärung begründet die Vermuthung, daß der Verschollene in dem Zeitpunkte gestorben sei, welcher in dem die Todeserklärung aussprechenden Urtheile festgestellt ist.

Als Zeitpunkt des Todes ist, sofern nicht die Ermittelungen ein Anderes ergeben, anzunehmen:

in den Fällen des § 14 der Zeitpunkt, in welchem die Todeserklärung zulässig geworden ist;

in den Fällen des § 15 der Zeitpunkt des Friedensschlusses oder der Schluß des Jahres, in welchem der Krieg beendigt worden ist;

in den Fällen des § 16 der Zeitpunkt, in welchem das Fahrzeug untergegangen ist oder von welchem an der Untergang vermuthet wird;

in den Fällen des § 17 der Zeitpunkt, in welchem das Ereigniß stattgefunden hat.

Ist die Todeszeit nur dem Tage nach festgestellt, so gilt das Ende des Tages als Zeitpunkt des Todes.

§ 19. Solange nicht die Todeserklärung erfolgt ist, wird das Fortleben des Verschollenen bis zu dem Zeitpunkte vermuthet, der nach § 18 Abs. 2 in Ermangelung eines anderen Ergebnisses der Ermittelungen als Zeitpunkt des Todes anzunehmen ist; die Vorschrift des § 18 Abs. 3 findet entsprechende Anwendung.

§ 20. Sind Mehrere in einer gemeinsamen Gefahr umgekommen, so wird vermuthet, daß sie gleichzeitig gestorben seien.

---



**I. Leben und Tod.** §§ 1, 13—20. EG. Art. 9, 158—162. E. I §§ 3, 4, 5—24; II §§ 1, 2—10; III §§ 1, 13—20. ALR. I §§ 1 ff., 34 ff.; II §§ 18, 823 ff. SBGB. §§ 30—45, 2007. C. c. Art. 112—143, 718 ff., 725, 906, 1983, 314, 323. Windscheid I §§ 49 ff., 52 ff. Dernburg, Pand. I §§ 49-51; Pr. Pr. I §§ 40 ff. Eccius I § 19. RE. I Nr. 30, 31, 32. Z-Er. I §§ 40 ff., 86 ff. Er. I §§ 14, 15. Grützmann I §§ 18, 19. — Der Abschnitt 1 behandelt die Person als Rechtssubjekt. Person ist nach BGB. die natürliche Person, der Mensch, §§ 1—20, und die juristische Person, §§ 21—89, d. h. die rechtsfähigen Vereine, die Stiftungen und die juristischen Personen des öffentlichen Rechts. Art. 82, 87, 163 EG. Andere Rechtssubjekte kennt das BGB. nicht. Auch nach BGB. ist das Publikum als die unbestimmte und unbestimmbare Mehrheit von rechtlich nicht verbundenen Personen (weder Gesellschaft, noch Gemeinschaft, noch Gemeinde, noch Korporation) kein Rechtssubjekt. RE. I Nr. 30. Auch für das BGB. ist aber anzuerkennen, daß für ein Rechtssubjekt ein Recht in dem Umfange begründet werden kann, daß einer unbestimmten und unbestimmbaren Mehrheit von Personen der Genuß desselben eingeräumt werden kann durch den Berechtigten. RG. 14 S. 214 (Begründung einer Servitut für eine Gemeinde an einem Park mit der Befugniß der Gemeinde, ihn dem Publikum zu öffnen). RG. 19 S. 257 (Stiftung für Arme und Alte).

1. Nach § 1 ist der Mensch als solcher rechtsfähig. Daß die Rechtsfähigkeit, die Fähigkeit, Rechte zu haben, im Prozeß sich als Parteifähigkeit darstellt, soll nach Entw. der CPO. § 49a Abs. 1 ausdrücklich bestimmt werden. Der Begriff der Person und der Rechtsfähigkeit fällt zusammen, ohne Unterschied zwischen In- und Ausländern, nicht so der der Person und der Handlungsfähigkeit (Geschäftsfähigkeit), §§ 104 ff. Das EG. sagt in den Vorschriften über das Anwendungsgebiet fremder Rechte, Art. 7 ff., über die Rechtsfähigkeit überhaupt nichts und giebt dadurch zu erkennen, daß es rechtsunfähige Menschen, Sklaven, Unfreie, nicht kennt. Der Art. 88 läßt nur die landesges. Vorschriften bestehen, die den Erwerb von Grundstücken durch Ausländer an staatliche Genehmigung binden. ALR. II 5 §§ 196 ff. sprechen die Unzulässigkeit der Sklaverei ausdrücklich aus und das Preuß. Ges. v. 9. März 1857 (GS. S. 160) verordnet, daß Sklaven mit dem Augenblick frei werden und das Eigenthumsrecht des Herrn erlischt, wo sie das Preuß. Gebiet betreten, während das LR. dem Herrn, der mit Sklaven vorübergehend sich in Preußen aufhält, das Eigenthumsrecht vorbehielt. Die Motive zu E. I verweisen auf die Grundsätze des internationalen Privatrechts. Für das BGB. würde Art. 30 des EG. anzuwenden sein, es hätte sich aber für das Gesetzbuch des deutschen Volkes wohl geziemt, den Satz des Pr. Ges. aufzunehmen, wenn es auch nicht bedenklich sein kann, daß er dem BGB. innewohnt. Vgl. auch RGes. v. 28. Juli 1895 (RGBl. S. 425) betr. Sklavenraub und Sklavenhandel. Der § 30 des SBGB. sagt ausdrücklich, daß jeder Mensch rechtsfähig, und § 31 spricht die Unzulässigkeit der Leibeigenschaft und der Ausübung jeder sich darauf beziehenden Gewalt aus.

2. Die Rechtsfähigkeit des Menschen beginnt nach § 1 wie nach allen Rechten mit der vollendeten Geburt, d. h. mit der Geburt eines lebenden Menschen. Todtgeburt ist nicht Geburt eines Menschen, SBGB. § 32. Die lebendige Geburt muß, wo es darauf ankommt, von dem bewiesen werden, der daraus Rechte herleitet. Vermuthungen, wie der Sachsenspiegel I Art. 33 u. ALR. I 1 § 13, stellt das BGB. nicht auf, ebensowenig giebt es Bestimmungen über die Feststellung der Zeitfolge der Geburt bei Zwillingsgeburten. ALR. I §§ 14—16. Wichtig dafür sind die §§ 15, 22 Abs. 2, § 23 des Gesetzes v. 6. Febr. 1875 über die Beurkundung des Personenstandes, wonach die Eintragung in das Geburtsregister Beweis für die lebendige Geburt und deren Zeitpunkt liefert, die Eintragung in das Sterberegister nur den Beweis des Todes, nicht des Lebens vorher, was zur Folge hat, daß der Beweis des Lebens in diesem Falle nicht den Nachweis der Fälschung, unrichtiger Eintragung, unrichtiger Anzeige voraussetzt. Lebensfähigkeit ist abweichend vom C. c. Art. 725, 906 nicht gefordert und damit eine bekannte gemeinr. Kontroverse entschieden. Sachsenspiegel I Art. 33. Mißgeburten kennt das BGB. so wenig wie Zwitter. ALR. I 1 §§ 17, 19. SBGB. § 46. Ob der Mensch männlich oder weiblich, ist für die privatrechtliche Rechtsfähigkeit unerheblich; soweit das Geschlecht für einzelne Rechtsverhältnisse in Betracht kommt, muß das Geschlecht festgestellt werden und das Geschlecht entscheiden, welches überwiegt.

Aus § 1 folgt negativ, daß vor der Geburt keine rechtsfähige Person, die Leibesfrucht nicht rechtsfähig ist. Der Rechtssatz nasciturus pro jam nato habetur, ist nicht ausgesprochen, indessen hat das BGB. wie alle Rechte — ALR. I 1 §§ 10 ff.; 9 §§ 371 ff.; 12 § 527; II 1 §§ 93, 100; BO. § 88. SBGB. §§ 32, 1995 ff., 2008, 2293, 2344, 2535. C. c. art. 393, 725, 906 — durch eine Reihe von Spezialvorschriften nicht bloß Fürsorge für den künftigen Menschen getroffen, wie das StrGB. §§ 217, 218 ff., StrPO. § 485 Abs. 2, sondern bethätigt auch den Rechtssatz, daß der Geborene die Rechte hat, die er gehabt hätte, wenn er zur Zeit der Erzeugung geboren wäre. Die Leibesfrucht wird insofern als Rechtssubjekt behandelt. Dahin gehören die §§ 1912, 1918 (Pflegschaft für die L.), der § 844 Abs. 2, wonach bei Tödtung des Unterhaltungspflichtigen die Ersatzpflicht des Thäters auch dem erzeugten, aber ungeborenen Kinde gegenüber besteht, vgl. OHG. 23 S. 197, RG. in JW. 1895 S. 304 Nr. 40, EG. Art. 42 unt. I zu § 3 des Haftpflichtges. v. 7. Juni 1871, die §§ 1716, 1963, 2141 (Sorge für die schwangere Mutter und das ungeborene Kind im Interesse des Kindes) und besonders § 1923 Abs. 2 (vgl. 2043), wonach der zur Zeit des Erbfalls Erzeugte noch bei Geburt als vor dem Erbfall geboren gilt. Noch weiter gehen die §§ 2601 Abs. 2, 2162 Abs. 2 (§ 2106 Abs. 2), wonach auch der zur Zeit des Erbfalls nicht-erzeugte künftige Mensch zum Erben (Nacherben) und Legatar berufen werden kann. Auch in § 2109 wird dem Leben die Empfängniß gleichzustellen sein. Mit Rücksicht auf § 2101 muß angenommen werden, daß nach BGB. auch andere als Erbrechte für den noch nicht erzeugten künftigen Menschen für den Fall seiner Erzeugung und Geburt begründet werden können. ObTr. 47 S. 113 (Schenkung für künftige Descendenz, Lebensversicherung zu Gunsten künftiger Descendenz). Vgl. § 1913. ALR. II 4, §§ 44, 45, § 95. Bolze 6 Nr. 75, 8 Nr. 63 b. Wo es auf die Zeit der Erzeugung ankommt, ist der Beweis derselben zu führen unter Anwendung der §§ 1592, 1717 (Empfängnißzeit 302.—181. Tag. GemR.: 300.—182. ALR. II 1 § 2, Ges. v. 24. April 1854: 302.—210. bezw. 281.—210. (unehel. K.). SBGB. §§ 1771, 1859: 302.—182. C. c. art. 312: 300.—180.).

Ueber die Bedeutung der Geburt für die Staatsangehörigkeit vgl. Ges. v. 1. Juni 1870 §§ 3, 4.

3. Die Rechtsfähigkeit wird durch den Tod aufgehoben, was E. I § 3, E. II § 1 ausdrücklich sagte, im E. III u. BGB. als selbstverständlich fortgelassen ist, und nur durch den Tod aufgehoben. Verzicht ist als gegen die guten Sitten verstoßend nichtig, wie der auf die Geschäftsfähigkeit, § 138 Abs. 1, RG. 4 S. 162. Der bürgerliche Tod ist schon vor dem BGB. im ganzen Reich beseitigt, Preuß. Verf. Art. 10, EG. z. StGB. § 6; die Vorschriften des StGB. über die Ehrenstrafen, §§ 31 ff., Art. 34 EG. heben die Rechtsfähigkeit nicht auf. Auch den sog. Klostertod kennt das BGB. nicht. Sowohl der kanonischrechtliche und gemeinr. Satz, daß die vermögensrechtliche Persönlichkeit des Ordensgeistlichen auf das Kloster übergeht, wie der landrechtliche (deutsche) Grundsatz, daß Mönche und Nonnen nach abgelegtem Klostergelübde für das weltliche Recht als verstorben gelten, also beerbt werden und nicht mehr rechtsfähig sind, Sachsenspiegel I Art. 25, ALR. II 11 §§ 1199 ff. (§ 1167), 2 § 270, StrA. 40 S. 230, 65 S. 181, 39 S. 233, ist mit dem BGB. unvereinbar und muß als beseitigt gelten. Der Art. 87 EG. hält nur die landesgesetzlichen Erwerbsbeschränkungen der Mitglieder religiöser Orden oder ordensähnlicher Kongregationen in beschränktem Umfange aufrecht. Danach und nach Art. 30 EG. wird auch dem ausländischen R. bezüglich der Rechtsfähigkeit der Religiosen in Zukunft nur eine beschränkte Anwendung im Inlande zugestanden werden können. RG. 32 S. 173 (russ. Nonne).

Mit dem Tode und der Rechtsfähigkeit hört die Möglichkeit auf, für den Verstorbenen Rechte zu begründen. Darum kann grundsätzlich Erbe nur werden und ein Vermächtniß erwerben, wer beim Erbfall lebte (oder empfangen war). § 1923 Abs. 1, § 2160. Dadurch ist aber natürlich nicht ausgeschlossen, daß Rechtshandlungen des Verstorbenen vor dem Tode nach demselben für und gegen seine Successoren weiter wirken. Nach § 857 geht der Besitz auf die Erben über. Vgl. ferner §§ 130 Abs. 2, 153 (Offerte), §§ 672, 673 (Auftrag, Tod des Auftraggebers und des Beauftragten), § 791 (Anweisung), § 794 (Papier auf Inhaber). In einzelnen Fällen knüpfen sich an den Tod der Untergang des Rechts, §§ 1061, 1424 (Nießbrauch), § 1301 (condictio des Verlobten), §§ 1338, 1342 (Anfechtungsrecht bei Ehe), §§ 1615, 1712, 1713 (Unterhaltungsanspruch), § 331 (Tod des Versprechensempfängers bei Vertr. zu Gunsten eines Dritten), und abgesehen von der Universalsuccession besondere Rechte für die Successoren und die sonst Betheiligten, § 569 (Kündigungsrecht bei Miethe), § 596, § 605 (Leihe), § 532 (Tod des Beschenkten schließt den Widerruf aus), § 727 Abs. 1, § 736 (Tod des socius), § 750 (bei Gemeinschaft), HGB. v. 10. Mai 1897 § 139 (Eintritt der Erben in die Gesellschaft, wenn bedungen), BGB. §§ 1482 ff., 1490, 1494 (bei GG.). Vgl. auch §§ 1683, 1684, 1733, 1753, 1952,

1998, 2225, 2290, 2297. Vgl. ferner über den Einfluß des Todes in bürgerl. Rechtsstreitigkeiten CPO. §§ 82, 217, 220, 223, 665, 693 ff., 219, 221, 433, 857, 859.

4. Die Frage, ob eine Person lebt oder verstorben, oder zu einer bestimmten Zeit gelebt hat, ist hiernach nach den verschiedensten Richtungen von praktischer Bedeutung für sie und die Rechte Dritter. Hinzuweisen ist auf Ges. v. 11. Juni 1870 § 8, v. 9. Januar 1876 § 9, wonach der Schutz des Urheberrechts für die Lebensdauer des Autors und dreißig Jahr nach seinem Tode gewährt wird. Vgl. OHG. 23 S. 68. Der Beweis des Todes ist auf Grund der Eintragung in das Sterberegister, Preuß. Ges. v. 9. März 1874, §§ 1, 11; RGes. v. 6. Febr. 1875 §§ 1, 15, 23, 56 ff. zu führen, und durch jedes Beweismittel. Darüber besteht nach keinem R. ein Streit, daß wer aus der Thatsache, daß eine Person gestorben oder zu einer bestimmten Zeit gestorben, ein Recht herleitet, diese Thatsache beweisen muß. RG. 8 S. 173. ALR. I 1 § 34. C. c. art. 130, 135. SBGB. § 2007. Entw. I § 4 Abs. 1 sprach dies ausdrücklich aus. Für den Fall, daß mehrere Personen in derselben Gefahr umgekommen und es erheblich, wer zuerst verstorben, stellt § 20 in Uebereinstimmung mit ALR. I 1 § 39, SBGB. § 2007 Satz 2, und abweichend vom gem. R. (Eltern und unmündige und mündige Kinder) und C. c. art. 720—722, die Vermuthung auf, daß alle gleichzeitig verstorben, keine die andere überlebt hat, so daß ohne den Beweis des Gegentheils Rechte nicht entstehen, die von dem Ueberleben des Einen für den Andern oder Dritte abhängen. Bei Verschollenen, d. h. solchen Personen, deren Leben oder Tod ungewiß, stellte weder das röm., noch stellt das französ. R. Vermuthungen für Leben oder Tod auf. Beide Rechte kennen auch keinen Ersatz des Beweises des Todes durch Todeserklärung, das französ. R. ordnet nur neben der Fürsorge für den Abwesenden eine Verschollenheitserklärung, C. c. art. 112—143, C. de pr. art. 859, 860, die wesentlich von der Todeserklärung in der Wirkung verschieden und namentlich nicht etwa zu einer Lebensvermuthung für den Fall führt, daß dem Verschollenen eine Erbschaft anfiel, wohl aber die vorläufige Einweisung der vermuthlichen Erben des Verschollenen in das Vermögen nach deutschrechtlicher Art zuläßt. Vgl. RG. 26 S. 363, 365. In der sächsischen und zum Theil in der gemeinrechtlichen Praxis bildete sich bekanntlich seit dem Anfang des 17. Jahrh. der Satz aus, daß bei Verschollenen das 100. oder das 70. Lebensjahr als das Ende des Lebens anzunehmen sei, aber streitig blieb, ob der Verschollene mit diesem Zeitpunkt nur als todt, oder bis dahin auch als lebend gelte. RG. 25 S. 143. Eine Todeserklärung mit Aufgebotsverfahren wurde erst seit der Mitte des 18. Jahrh. ausgebildet. Das ALR. stellt in §§ 37, 38 I 1, §§ 452, 453 II 2 die Vermuthung auf, daß der Verschollene nur 70 Jahr geworden, d. h. nur bis dahin gelebt und aus einem Erbfall bis dahin erworben hat, ObTr. 17 S. 67, RE. I Nr. 31, und giebt eine Reihe von Vorschriften, die den Beweis des Todes erleichtern und die Todeserklärung mit und ohne Aufgebot durch richterliches Erkenntniß ordnen. Es scheidet den Fall, wo über die Rechte eines Menschen verfügt werden soll, I 1 § 34, und den, wo es darauf ankommt, ob Jemand einen Erbanfall erlebt hat, § 38, fordert in jenem den Beweis des Todes, vermuthet in diesem Leben bis zum 70. Lebensjahr, aber nicht drüber hinaus. RE. I Nr. 31. Das SBGB. §§ 37 ff. vermuthet das Leben des Verschollenen bis zur Todeserklärung, §§ 43, 44, und vermuthet den Tod nur im Falle des § 45 mit dem zurückgelegten 90. Lebensjahre.

5. Das BGB. regelt diese Materie wesentlich abweichend vom Entw. I und vom gem., französ. u. preuß. R. Es stellt außer der Vermuthung des § 20 (gleichzeitiger Tod bei Umkommen in gemeinsamer Gefahr) zwei Vermuthungen auf: a. die Lebensvermuthung des § 19, daß der Verschollene lebt, bis er für todt erklärt ist oder der Zeitpunkt gekommen ist, der nach § 18 Abs. 2 als Zeitpunkt des Todes gilt; b. die Todesvermuthung des § 18, daß der Verschollene in dem Zeitpunkt gestorben ist, welcher in dem Todeserklärungsurtheil als Todeszeit festgestellt ist.

a. Eine Vermuthung des Lebens bis zu einem bestimmten Alter ist nicht aufgestellt. Der Entw. I § 4 Abs. 2 statuirte noch eine solche bei der Frage, ob eine Person einen Erbanfall erlebt, für Leben und Tod und für die güterr. Verhältnisse von Eheleuten für das 70. Lebensjahr. Das BGB. hat dies aufgegeben. Es läßt aber mit Rücksicht auf die oft vorhandene Schwierigkeit, Leben oder Tod zu beweisen, mit Rücksicht auf das praktische für zahlreiche Rechtsverhältnisse bestehende Bedürfniß, die Ungewißheit über Leben und Tod zu beseitigen, und unter Berücksichtigung zugleich, daß für das Vermögen eines Verschollenen gesorgt werden muß, die gerichtliche Todeserklärung eines Verschollenen durch Urtheil mit der Wirkung zu, daß eine Vermuthung dafür begründet wird, daß der Verschollene bis zu dem durch das Urtheil festzustellenden Zeitpunkt des Todes gelebt hat, §§ 13, 19.

**b.** Verschollen ist der, von dessen Leben seit solcher Zeit die Kunde fehlt, daß sein Leben oder Tod unsicher ist. Das BGB. definirt den Begriff nicht, er ergiebt sich aber aus §§ 14, 17, und ist so auch in dem § 927 (Aufgebot eines Grundstücks), § 1884 (verschollene Mündel) zu nehmen. Bloße Entfernung, Abwesenheit, Unbekanntheit des Aufenthalts genügt nicht; vgl. § 1567 (bösliche Verlassung) ALR. II 1 §§ 689, 692. Es muß hinzukommen, daß Nachricht vom Leben erwartet werden kann und ausbleibt. Wie lange Zeit dazu gehört, um Verschollenheit anzunehmen, sagt das BGB. abweichend vom ALR., C. c. und SBGB. nicht; es kommt alles auf die konkrete Sachlage an. Wer auf seinem Gehöft unbemerkt in einen Brunnen stürzt, ist von dem Augenblick verschollen, wo er vermißt wird. Wer sich auf eine Reise um die Welt oder eine Entdeckungsreise oder Vergnügungsreise begiebt, ist sicherlich nicht von dem Augenblick der Abreise verschollen, auch wenn er nichts wieder von sich hören läßt. In solchen Fällen ist die konkrete Sachlage für die Frage entscheidend, von welchem Zeitpunkte ab Verschollenheit anzunehmen, und sind dem Richter für die Todeserklärung die erforderlichen Thatsachen darzulegen und nachzuweisen. Die Fristen der §§ 14 ff. bestimmen nicht den Begriff der Verschollenheit, sondern die Zulässigkeit der Todeserklärung des Verschollenen nach der Dauer der Verschollenheit. Für den Verschollenen wird wie für den Abwesenden durch Bestellung eines Pflegers gesorgt, wenn er großjährig ist und keinen Beauftragten oder Bevollmächtigten hat oder die Umstände den Widerruf des Auftrags, der Vollmacht räthlich machen, § 1911. Ist er minderjährig, so erhält er unter der Voraussetzung des § 1773 einen Vormund; die bestehende Vormundschaft hört nicht mit der Verschollenheit auf, § 1884. Der Pfleger wird für die Vermögensangelegenheiten des Verschollenen bestellt, nicht bloß für das Vermögen, und bleibt es bis zur Aufhebung oder Todeserklärung. §§ 1919, 1921 Abs. 3. Auf diese Pflegschaft finden die Vorschriften über die Vormundschaft Anwendung, § 1915, soweit sich nicht aus dem Gesetz etwas anderes ergiebt. Danach finden alle Vorschriften in §§ 1793 ff. Anwendung, soweit sie sich nicht auf die Person des Mündels beziehen, namentlich die §§ 1802 ff., 1821, 1822. Der Verschollene gilt als lebend, kann Vermögen haben und erwerben, auch Erbschaften, die der Pfleger für ihn antritt, § 19. Der Beweis des Todes kann natürlich von jedem Interessirten geführt werden und endet Vormundschaft und Pflegschaft. Nachtheile für den Verschollenen statuiren aus praktischem Lebensbedürfniß die §§ 1305, 1418 Nr. 5, 1726, aber auch diese Vorschriften beruhen auf der Lebensvermuthung, ebenso wie § 1420. Der Pfleger macht alle Rechte des Verschollenen geltend, wie dieser selbst sie hätte geltend machen können. Vgl. Bolze 17 S. 1 Nr. 2, S. 7 Nr. 12 (österr. R.). Dies kann modificirt werden, wo nach der Natur des Rechts, wie z. B. bei Altentheilspräftationen, nicht über die Schwelle, oder nur für den persönlichen Unterhalt des Abwesenden zu leisten ist. Vgl. ObTr. 54 S. 93, StrA. 69 S. 163, und wo positiv die Ausübung des Rechts an den Beweis des Lebens geknüpft, kann der Beweis durch die Vermuthung des Gesetzes nicht ersetzt werden. Aber es darf nicht gesagt werden, daß die Vermuthung nicht durchgreift, wo das Recht durch das Leben suspensiv bedingt, §§ 2074, 2301. So wird Lebensvermuthung und Todeserklärung auch für den Rechtsnachfolger des Urhebers durchgreifen. Vgl. aber OHG. 23 S. 68. Bedenklich ist dies nicht, weil nach BGB. der Beweis des Todes nicht ausschließlich durch Sterbeurkunde oder Todeserklärung, sondern gemäß §§ 259, 264 CPO. durch jedes Beweismittel zu führen ist.

**c.** Die Todeserklärung ist erst zulässig, wenn die Verschollenheit eine gewisse Zeit gedauert hat, §§ 14–17. Der Satz, daß der Tod mit einem bestimmten Lebensalter vermuthet wird, ist aufgegeben. Auf das Alter des Verschollenen wird nur in § 14 Gewicht gelegt, wo kein anderer Thatbestand vorliegt, als daß der Verschollene sich entfernt hat, abwesend oder verschwunden ist, ohne daß man weiß, ob er lebt oder nicht lebt, während in den §§ 15, 16, 17 (Kriegsverschollenheit, Seeverschollenheit, Lebensgefahr in andern Fällen) die besonderen Umstände eine Erklärung für den Mangel der Kunde ergeben und darauf schließen lassen, daß der Mangel auf dem eingetretenen Tode beruht. Im Falle des § 14 darf die Todeserklärung vor dem Ablauf des 31. Lebensjahres nie erfolgen, auch wenn die Verschollenheitsfrist abgelaufen ist. Damit ist die Verlängerung der Verschollenheitsfrist bei minderjährigen Verschollenen, ALR. II 18 §§ 829, 831, erübrigt. Die Verschollenheitsfrist beträgt, wie nach ALR., regelmäßig 10 Jahr, ausnahmsweise 5 Jahr, falls der Verschollene das 70. Jahr vollendet haben würde, d. h. 70 Jahr gewesen wäre, wenn er bei Beginn der Verschollenheit noch gelebt hätte, oder vor Ablauf der 5 Jahre das 70. Lebensjahr vollendet haben würde. Das ergiebt sich klar aus dem Zusammenhang von Abs. 2 und 3 § 14, wonach die Fristen mit dem Schlusse des Jahres beginnen, in welchem der Verschollene nach den letzten Nachrichten noch gelebt hat. In Abs. 3 ist zu beachten, daß die Kunde vom Leben des Verschollenen auf eigener Nachricht und Nachricht Dritter beruhen kann. In den Fällen der §§ 15, 16, 17 ist die überall nach §§ 187, 188 zu bemessende Frist verkürzt mit Rücksicht auf die Art der Verschollenheit. Der § 15 ist wesentlich aus § 35 I 1 ALR., vgl. §§ 40, 41 S. BGB., entnommen, erweitert denselben aber in angemessener Weise und wird in Zukunft Specialgesetze vermeiden, wie sie nach den Feldzügen von 1813—1815, 1864, 1866, 1870—1871 in Preußen und Sachsen haben erlassen werden müssen. Daß der Verschollene der deutschen bewaffneten Macht angehört hat, ist nicht erforderlich. Theilnahme am Kriege ist nicht nothwendig aktive vor dem Feinde, sondern Betheiligung jeder Art, wie sich aus Abs. 2 § 15 ergiebt. Die Angehörigkeit zur bewaffneten Macht und das Amtsverhältniß wird für das deutsche Heer konkret ohne Bedenken festzustellen sein; es sind die Militärpersonen und Militärbeamten des Mil. StGB. v. 20. Juni 1872 § 4 u. Anlage, RMilGes. v. 2. Mai 1874 § 38. Bei dem Dienstverhältniß in Abs. 2 ist an das des § 155 des Mil. StGB. zu denken, der daneben des Vertragsverhältnisses erwähnt. Beides fällt vielfach zusammen, das Dienstverhältniß erfordert nur Vertragsverhältniß von einiger Dauer. (Fahrpark-, Kolonnenkutscher, Marketender.) Die Thatsache, daß der Betreffende vermißt, d. h. für die bewaffnete Macht verschollen, wird durch den Truppentheil leicht festzustellen sein. Der § 16 beruht auf § 41 SBGB. u. dem Preuß. Ges. v. 24. Febr. 1851 (GS. S. 23). Seine Vorschriften bieten der Auslegung keine Schwierigkeiten. Wo es sich nicht um Seefahrt handelt, kommt § 17 zur Anwendung. (Flußschifffahrt.) Seefahrt kann immer nur angenommen werden, wenn nach Antritt der Reise das Meer mit seinen Gefahren erreicht ist. Durch § 17 ist in angemessener Weise durch eine clausula generalis (Lebensgefahr) eine Lücke der bisherigen Gesetzgebung ausgefüllt; nur § 41 SBGB. beachtete den Fall „dringender Todesgefahr". Zu denken ist an Brand (Wiener Theaterbrand), Explosion, Ueberschwemmung, Hauseinsturz, Bergtouren u. a. Die Frist erscheint für einzelne Fälle zu lang.

**d.** Die Todeserklärung setzt in allen Fällen einen Antrag, ein Aufgebotsverfahren und richterliches Urtheil voraus. Alle an eine bestimmte Lebensgrenze geknüpften Todesvermuthungen sind beseitigt. Vgl. ALR. I 1 § 38: Preuß. Ges. v. 12. März 1869 § 3 Abs. 3. SBGB. § 40. Das Verfahren, vgl. ALR. II 18 §§ 823 ff., Preuß. Ausf.Ges. z. CPO. §§ 22, 24—26, Pr. Ges. v. 5. Juni 1895 (GS. S. 185), CPO. §§ 823 ff., Sächs. Ges. v. 4. März 1879 §§ 15 ff., und andere Ausf.Ges., ist abweichend von Entw. I ganz in die CPO. verwiesen. Der Entw. der CPO. sieht die Vorschriften in den §§ 836a—836r vor, zu denen die allgem. Vorschriften in §§ 823 ff. treten. Dieselben regeln die Zuständigkeit, die Antragsberechtigung (gesetzlicher Vertreter und jeder, der ein rechtliches Interesse hat, vgl. § 1847), die Glaubhaftmachung der zur Begründung des Antrags erforderlichen Thatsachen, die Form und Bekanntmachung des Aufgebots, die Voraussetzungen des Urtheils und dessen Inhalt mit Rücksicht auf § 18 Abs. 2 des BGB. und die Anfechtungsklage. Welche Thatsachen glaubhaft zu machen ergiebt sich aus den §§ 14—17 des BGB.; wie sie glaubhaft zu machen, aus § 266 CPO. In § 14 BGB. ist das Alter, die Verschollenheit, der Ablauf der Fristen darzulegen. Das genügt für das Aufgebot, das Urtheil kann erst nach dem 31. Lebensjahr erlassen werden. In den §§ 15, 16, 17 ergeben sich die glaubhaft zu machenden Thatsachen von selbst. Es sind überall die thatsächlichen Voraussetzungen der Todeserklärung. Für die Bekanntmachung des Aufgebots ist Anheftung an die Gerichtstafel stets nöthig, in den Fällen der §§ 15, 16, 17 und wenn der Verschollene 100 Jahr alt wäre, reicht sie aus. Beweis ist zu erheben, soweit es zum Beweise der Thatsachen erforderlich, an welche das Gesetz die Todesvermuthung knüpft, und nicht die Vermuthung des § 16 Abs. 2 den Beweis erübrigt.

Von eingreifender Bedeutung ist der Art. 9 EG. der mit dem § 836 b Entw. der CPO. in Zusammenhang steht. Nach den Grundsätzen des internationalen Privatr. kann der Gesetzgeber über die Persönlichkeit einer ihm fremden Person durch Todeserklärung nur verfügen, wenn das Interesse der eigenen Angehörigen es erfordert. Nach ALR. Einl. § 23 war die Todeserklärung von Ausländern statthaft, wenn sie im Inlande Wohnsitz hatten. Nach Art. 9 EG. ist grundsätzlich im Inlande nach dem BGB. und mit dessen Wirkungen die Todeserklärung nur eines Deutschen zulässig, als solcher gilt aber der Verschollene, wenn er zur Zeit des Beginns der Verschollenheit Deutscher war, wodurch zweckmäßig Erörterungen darüber abgeschnitten werden, ob er nachher die Reichsangehörigkeit verloren hat. Gleichgiltig ist, ob der Verschollene im Inlande oder Auslande seinen Wohnsitz hatte. Vgl. § 836 b Entw. der CPO. Ein Ausländer kann im Inlande, mag er im In- oder Auslande gewohnt haben, nur ausnahmsweise für todt erklärt werden, wenn es für Rechtsverhältnisse, die nach D. R. zu beurtheilen, erforderlich ist, oder wenn der Ausländer im Inlande Vermögen hat, § 2369. Der Gesichtspunkt ist der des inländischen Interesses an der Ordnung von Rechtsverhältniß und Vermögen. Das liegt z. B. vor, wenn der Ausländer an einem inländischen Nachlaß betheiligt, seine Todeserklärung im Auslande aber nicht mit der erforderlichen Wirkung zu erreichen, wenn er eingetragener Eigenthümer eines Grundstücks, § 927 u. a. Das Gesetz läßt die T. aber konsequent auch nicht über den Zweck und das Interesse hinaus wirken, dem sie dienen soll. Abs. 2. Vgl. § 2369 Abs. 1, der auf demselben Gedanken beruht. Weiter greift der vom Bundesrath eingefügte Abs. 3, der darauf abzielt und erreicht, daß die Deutsche eine zweite Ehe mit der Wirkung der §§ 1348, 1350 eingehen kann. Die Voraussetzungen der Abs. 2, 3, die ebenso wie die des Abs. 1 (Deutsche) glaubhaft zu machen und ev. zu beweisen, sind klar. Aus Abs. 1 ergiebt sich, daß grundsätzlich ein Deutscher im Auslande nicht mit Wirkung für das Inland für todt erklärt werden kann. Es entspricht aber dem Grundgedanken der Abs. 2, 3 auch für das D. R., daß die Todeserklärung eines Deutschen im Auslande unter den gleichen Voraussetzungen und mit der gleichen Tragweite auch im Inlande anzuerkennen ist, und es versteht sich von selbst, daß der inländische Richter nach § 259 CPO. auf das ausländische Urtheil selbst die Feststellung des Todes gründen kann. Ob ein Ausländer im Auslande für todt erklärt werden kann und wie solche T. wirkt, bestimmt sich natürlich nach dem Recht des Ausländers. Bolze 17 S. 1 Nr. 2. RG. 25 S. 142 (Erbfähigkeit eines Verschollenen).

e. Das Todeserklärungsurtheil ergeht nach § 836 e Entw. der CPO., wenn die Thatsachen, an die das BGB. die Vermuthung des Todes knüpft, für erwiesen erachtet werden und das Verfahren vorschriftsmäßig stattgefunden hat. Ohne dies muß der Antrag durch das Urtheil abgewiesen, bez. der Mangel des Verfahrens nachgeholt werden. Zugleich ergiebt sich aber, daß für die Todeserkl. genügt, wenn ihre Voraussetzungen auch nur zur Zeit des Urtheils vorliegen. Nach § 18 Abs. 1 BGB. u. § 836 b Abs. 2 Entw. der CPO. muß das Urtheil den Todestag feststellen. Das entspricht dem § 43 SBGB. u. dem gem. R. u. enthält dem ALR. gegenüber, das den Tag der Rechtskraft des Urtheils unterschiedslos als Todestag konstituirt, ebenso wie dem Entw. I gegenüber einen wesentlichen Fortschritt. Nach § 18 Abs. 1, § 836 i Entw. der CPO., hat der Richter den Todestag selbständig zu ermitteln und zu diesem Behufe alle erforderlichen Erhebungen ohne Beschränkung auf das Vorbringen des Antragstellers zu veranstalten. Erst wenn diese Ermittelungen nichts anderes ergeben, treten die gesetzlichen Regeln des § 18 Abs. 2, 3 ein, nach welchen als Todestag das Ende des letzten Tages der Verschollenheitsfrist oder des 31. Lebensjahres, des Tages des Friedensschlusses, des letzten Tages des Jahres, in dem der Krieg beendigt, des festgestellten oder zu vermuthenden Tages des Unterganges des Schiffs, des Tages der Lebensgefahr gilt. In Betracht kommt dabei auch der § 20, dessen Vermuthung natürlich fortfällt, wenn das Ergebniß der Ermittelungen ein anderes, was vielfach möglich. Das Urtheil deklarirt hiernach den Tod. Es ist immer Ausschlußurtheil, muß verkündet werden, die Verkündung genügt aber auch, die öffentliche Bekanntmachung, § 833 CPO., ist fakultativ, öffentliche Zustellung giebt es nicht, Rechtsmittel finden nicht statt, § 834 Abs. 1 CPO., nur die in CPO. Entw. §§ 836 o ff. u. in § 834 Abs. 2 ff. näher geregelte Anfechtungsklage.

Die allgemeine Wirkung des Urtheils ist nach § 18 Abs. 1 die Vermuthung, daß der Verschollene an dem durch das Urtheil festgestellten Tage gestorben ist, und bis zum Ende dieses Tages gelebt hat. § 19, § 18 Abs. 3. Die Thatsache des Todes und des Lebens bedarf danach keines Beweises weiter. Entw. der CPO. § 264 a Satz 1. Das BGB. zieht daraus konsequent für alle Rechtsverhältnisse die Rechtsfolgen des natürlichen Todes. Das ergiebt sich theils aus ausdrücklichen Vorschriften, theils aus den Schlußfolgerungen, zu denen diese führen. Die Pflegschaft hört mit Erlaß des Urtheils auf, § 1921 Abs. 3, ebenso die Vormundschaft, § 1884. Das Amt des für todt erklärten Vormundes erlischt. § 1885 (1878). Mit dem festgestellten Todestage endet die elterliche Gewalt des für todt Erklärten, Verwaltung und Nießbrauch des todt erklärten Ehemannes, die Gütergemeinschaft in allen Formen. §§ 1679, 1684, 1420, 1494, 1544. Für die Errungenschaftsgemeinschaft und die fortgesetzte GG. ist es ausdrücklich gesagt, für die allgem. GG. versteht es sich danach von selbst. Es versteht sich aus von selbst, daß jeder Nießbrauch mit dem festgestellten Todestage endet, § 1061, ebenso wie jedes andere Recht, das an das Leben geknüpft, und daß die Rechte, die an den Tod geknüpft, zur Entstehung gelangen (Lebensversicherung). Nach §§ 23, 24 GrBO. erfolgt die Löschung eines auf die Lebenszeit oder ein bestimmtes Lebensalter des Berechtigten eingetragenen Rechts nach der Todeserklärung, bei Möglichkeit von Rückständen nicht vor Ablauf eines Jahres. Daß in das Vermögen des Todterklärten die Erbfolge eröffnet wird, ALR. II 18 §§ 834, 839, und zwar am festgestellten Todestage, ex tunc, daß mit der Todeserklärung die Eröffnung des Testaments zu erfolgen hat, §§ 1922, 2259 ff., ist nicht ausdrücklich gesagt, aber es folgt direkt aus den §§ 2031, 2370 über die Wirkungen der Rückkehr des für todt Erklärten und seine und seiner wahren Erben Rechte. Man muß demnach annehmen, daß auf dem ganzen Gebiete des Vermögensrechts und des Familienrechts die Todeserklärung wie der natürliche Tod wirkt, auch z. B. in den obenerwähnten Fällen der §§ 672, 673, 569, 596, 605, 582 u. a. Vgl. auch § 2252 Abs. 4. Von besondrer Bedeutung und besondrem Interesse sind die Vorschriften des BGB. über die Wirkung der T. für die Ehe. Vgl. ALR. II 1 §§ 665 ff., SBGB. §§ 1708 ff., C. c. art. 139. Hamb. Ges. v. 14. Juli 1879 § 14. Nach § 1348 kann der eine Ehegatte nach der Todeserklärung des anderen eine neue Ehe eingehen und mit der Schließung der neuen Ehe wird die frühere Ehe aufgelöst, wenn der für todt erklärte Ehegatte noch lebt. Die neue Ehe ist nur dann nichtig, wenn ihre **beiden** Ehegatten bei der Eheschließung wußten, daß der für todt erklärte Ehegatte zur Zeit der Todeserklärung lebte. §§ 1326, 1565. Die Aufhebung der Todeserklärung auf Anfechtungsklage allein stellt die frühere Ehe nicht wieder her. Der § 1350 räumt nur dem **gutgläubigen** Ehegatten der neuen Ehe, ev. also beiden das Recht ein, diese Ehe binnen bestimmter Frist und bevor sie durch den Tod getrennt, anzufechten und ihre Nichtigkeit herbeizuführen. Die frühere Ehe lebt dadurch aber nicht wieder auf und muß von Neuem geschlossen werden, da sie an sich gültig bestand und aufgelöst ist. Nur wenn beide Ehegatten der neuen Ehe bei der Eheschließung wußten, daß der für todt erklärte Ehegatte zur Zeit der Todeserklärung lebte, ist die neue Ehe von Anfang an nichtig und berührt die Existenz der alten Ehe nicht, §§ 1309, 1326. Der § 171 StGB. wird durch die Vorschriften des BGB. nicht berührt. Wer wissend, daß der für todt erklärte Ehegatte lebt, die Ehe schließt, begeht Bigamie, auch wenn der andere Ehegatte es nicht weiß und die Ehe deshalb gültig geschlossen und durch ihre Schließung die frühere Ehe aufgelöst ist. § 1348 Abs. 2. Es wäre unrichtig, zu sagen, daß die Strafbarkeit der Eheschließung fortfällt, weil die Schließung der neuen Ehe die frühere auflöst. Das innere Moment der Strafbarkeit der Handlung wird dadurch nicht beseitigt. Vgl. § 1565.

f. Die Todeserklärung begründet nach § 18 nur die Vermuthung des Todes in dem festgestellten Zeitpunkt; deshalb ist § 58 Abs. 2 des Personenstands-Ges. v. 6. Februar 1875 unanwendbar; eine Eintragung des Sterbefalls in das Sterberegister kann nicht stattfinden. Die Vermuthung gilt gegen Jeden, kann aber auch von Jedem ohne Beseitigung des formalen Urtheils durch Beweis, sei es des wirklichen Todes, sei es des Lebens oder doch des Ueberlebens der festgestellten Todeszeit beseitigt werden, und nach § 259 CPO. wird ein so geführter Beweis auch von Dritten für die Ueberzeugung des Richters benutzt werden können, wenn er auch grundsätzlich nur inter partes wirkt. Vgl. den Fall ObTr. 55 S. 196, Erk. b Nr. 31 RE. ALR. II 18 §§ 842, 847. SBGB. § 44. Bayer. Ausf.Ges v. 23. Febr. 1879 Art. 119. Außerdem soll nach Entw. der CPO. §§ 836 o ff. die Anfechtungsklage in weiterem Umfange als bisher und mit der Wirkung geordnet werden, daß das darauf ergehende Urtheil für und gegen Jeden wirkt, wenn es die Todeserkl. aufhebt oder einen anderen Todestag feststellt. § 836 r Abs. 3. Daneben besteht aber, wie bereits hervorgehoben, der wichtige Satz des § 19. Das Fortleben des Verschollenen wird vor der und ohne T. vermuthet bis zu dem Zeitpunkt, der nach § 18 Abs. 2, 3 beim Mangel anderen Beweises als Todestag gilt; mit diesem Zeitpunkt fällt die Lebensvermuthung fort, obwohl die Todesvermuthung erst mit der T. eintritt. Der Satz ist von weittragender praktischer Bedeutung. Der Fall ObTr. 17 S 87, Erk. a Nr. 31 RE. I würde danach ganz so wie damals zu entscheiden sein. Eheleute hatten testirt, daß der Ueberlebende im Falle der Wiederverheirathung die Hälfte des gemeinschaftlichen Vermögens an die nächsten Blutsverwandten des Erstverstorbenen zur Zeit der Wiederverheirathung herauszugeben habe. Der Fall trat ein. Der verstorbene Ehemann hatte eine Schwester, die verschollen und der ein Abwesenheitskurator bestellt war. Der Kurator drang mit dem Anspruch auf Offenbarung und Herausgabe der Hälfte des Vermögens durch. Für das ALR. war dabei von Bedeutung, daß die Schwester unstreitig noch nicht 70 Jahr war. Das würde nach BGB. fortfallen, aber auch nach BGB. würde der Anspruch gegenüber § 19 durch den Nachweis zu beseitigen sein, daß die Voraussetzungen vorhanden, unter denen nach §§ 14 ff., 18, 19 die Lebensvermuthung fortfällt. Denn die Lebensvermuthung prävalirt nach § 19 und die Todesvermuthung tritt erst mit der Todeserkl. ein. Der Fall Johann Orth (Erzherzog Johann von Oesterreich) in Bolze 17 Nr. 2 u. 12 würde nach BGB. sich danach anders gestalten können.

g. Die Wirkung der Todeserkl. fällt fort mit der Aufhebung des Urtheils in Folge Anfechtung, mit der bereits erwähnten bemerkenswerthen Ausnahme für die neue Ehe, § 1348 Abs. 2 Satz 2. Wird auf die Anfechtung nur der Todestag anders festgestellt, so werden die Wirkungen rückgängig, die mit der Feststellung des früheren Todestages zusammenhängen. Dasselbe gilt, wenn der Tod zu einem bestimmten Zeitpunkt, oder das Leben zu einem bestimmten Zeitpunkt anderweit erwiesen wird, zwischen den bei dieser Beweisführung Betheiligten. Derjenige, der Erbe sein würde, wenn der anderweit nachgewiesene Todestag zu Grunde gelegt wird, hat die Erbschaftsklage gegen den, der auf Grund der irrigen Todesannahme als Erbe im Besitz des Nachlasses, §§ 2362, 2018 ff. Kehrt der für todt Erklärte zurück, so fällt das Todeserklärungsurtheil von selbst fort; eines anderen Urtheils bedarf es nicht. Er setzt seine Ehe fort, wenn keine neue giltige Ehe dazwischen getreten. ALR. II 1 § 667 sagt das ausdrücklich und für das BGB. versteht es sich von selbst. Des Einflusses auf eine neue Ehe ist bereits gedacht. Die erloschene väterl. Gewalt lebt durch Erklärung gegenüber dem Vormundschaftsgericht wieder auf. § 1679 Abs. 2. Nießbrauch und Verwaltung am Frauengut bei gesetzlichem Güterrecht leben nicht ohne Weiteres auf, sondern werden nur auf Klage wiederhergestellt vom Tage der Rechtskraft des Urtheils, § 1425, ebenso die Errungenschaftsgemeinschaft, § 1547 Abs. 1 Satz 2, aber weder die allgem. GG., noch die fortgesetzte GG. Bezüglich beider fehlt wenigstens eine Vorschrift, nicht ohne guten Grund. Der § 2031, vgl. § 2370 Abs. 2 u. § 2362, giebt endlich dem Zurückgekehrten die Klage auf Rückforderung seines als Erbschaft behandelten Vermögens mit einer der Erbschaftsklage, §§ 2018 ff., entsprechenden, der Verjährung mit einer Beschränkung unterliegenden Klage. Das

Einzelne dieser Vorschriften kann nur bei den betreffenden Abschnitten behandelt werden. Vgl. ALR. II 18 §§ 842 ff., 847 ff. C. c. art. 137, 138, 549, 1005, 1014.

**6.** Verhältniß der §§ 1, 13—20 zum früheren Recht. Der § 1 des BGB. ist ein Rechtssatz, der nach seiner absoluten Natur sofort auf jeden Menschen anwendbar ist. Eine beim Inkrafttreten des BGB. vorhandene Leibesfrucht ist deshalb nach dem BGB. zu behandeln und hat alle Rechte, die sie gehabt hätte, wenn sie zur Zeit der Erzeugung oder des Inkrafttretens des BGB. geboren wäre. Rechte, die Dritte erworben haben, weil die Leibesfrucht vor dem BGB. noch nicht geboren war, bleiben unberührt. Von praktischer Bedeutung ist die Frage nach Lage der Gesetze vor dem BGB. nicht. Von praktischer Bedeutung ist die Frage betr. die Wirkung von Tod und Todeserklärung. Die Wirkung des Todes als juristische Thatsache ist, wenn sie nach dem BGB. eingetreten, nach diesem, wenn sie vor dem BGB. eingetreten und soweit daraus Rechte für Dritte erwachsen, nach dem frühern Recht zu beurtheilen. In Bezug auf die Todeserklärung geben die Art. 158—162 EG. Vorschriften, aus denen sich in ihrem Zusammenhange folgendes ergiebt: Ein anhängiges Verfahren auf Todeserkl., Verschollenheitserkl. oder Einweisung in das Vermögen eines Verschollenen ist nach den bisherigen Gesetzen zu erledigen; ob es anhängig, bestimmt sich nach dem früheren R. Art. 161 Abs. 1 EG. Ist die Verschollenheitserkl. oder die event. Einweisung vor dem BGB. bereits erfolgt, so bestimmt sich die Frage, ob eine Todeserkl. oder definitive Einweisung statthaft und die Wirkungen einer solchen (mit einer Ausnahme bezüglich der Todeserkl.) nach dem frühern R., Art. 161 Abs. 2, 3. Bedeutung hat diese Vorschrift wesentlich nur für die Gebiete des französ. R. Soweit nach dem bisherigen R. aber nur eine Einweisung in das Vermögen vor oder nach dem Inkrafttreten des BGB. erfolgt ist, soll nach Art. 162 die Todeserklärung, auch wenn sie nach dem bisherigen R. nicht statthaft, nach dem BGB., d. h. unter dessen Voraussetzungen, mit der Wirkung zulässig sein, daß sie für die Rechtsverhältnisse wirkt, für welche die Einweisung nach dem bisherigen R. nicht wirkte, wohl aber die Vorschriften des BGB. eine Einwirkung statuiren. Auch dies ist von Bedeutung nur für die Gebiete des französ. R. und bezweckt insbesondere, die Wiederverheirathung des Ehegatten gemäß den §§ 1348 ff. BGB. zu ermöglichen, die nach art. 139 C. c. nicht möglich war. Ist vor dem BGB. die Todeserklärung eines Verschollenen bereits erfolgt, d. h. das Urtheil ergangen, und zwar das Urtheil auf Todeserkl., nicht bloß auf Verschollenheitserklärung oder Einweisung, so bestimmen sich die Wirkungen derselben grundsätzlich nach dem bisherigen R., Art. 158. Davon machen die Art. 159, 160 Ausnahmen im Interesse des praktischen Lebensbedürfnisses, von denen namentlich die in Art. 159 bedeutsam. Die §§ 1348 ff. sollen Anwendung finden, auch wenn die Todeserkl. vor dem BGB. erfolgt, und nach Art. 161 Abs. 3 gilt dies auch für Urtheile auf Todeserklärung, die auf Grund des bisherigen R. gemäß Art. 161 Abs. 1 nach dem Inkrafttreten des BGB. ergangen. Darnach bedarf es in diesem Falle des in § 1708 SBGB. vorgesehenen Urtheils auf Erklärung oder Beendigung der Ehe nicht mehr. Dazu tritt die Ausnahme in Art. 160, die einer Erklärung nicht bedarf, und in gleichem Umfange gilt.

Ist vor dem BGB. weder ein Verfahren auf Todeserkl., noch auf Verschollenheitserkl., noch ein sonstiges Verfahren anhängig geworden, so kann die Todeserklärung unter den Voraussetzungen der §§ 13 ff. BGB. beantragt werden, auch wenn der Verschollene schon vor dem BGB. verschollen ist und unabhängig davon, ob er vor dem BGB. unter Vormundschaft, Pflegschaft, Kuratel gestellt ist oder nicht. Dieser Satz ist nicht ausgesprochen, ergiebt sich aber aus dem Zusammenhang der Art. 158 ff. u. der §§ 13 ff. BGB., die keinerlei Anhalt dafür bieten, daß sie Verschollenheit vor dem BGB. voraussetzen.

**II. Volljährigkeitserklärung.** §§ 2—5. EG. Art. 7, 153, 154, 147. E. I §§ 25—27, II §§ 11—13, III §§ 2—5. ALR. I 1 §§ 25, 26, Ges. v. 9. Dez. 1869 (GS. S. 1177); II 18 §§ 713 ff.; Preuß. VO. v. 5. Juli 1875 §§ 61, 97, 98, 99. SBGB. §§ 47, 1967—1971; C. c. art. 476 ff. Windscheid I § 54. D. P. I

§§ 53, 54. Pr. Privatr. I §§ 72, 73. Eccius I § 19. Grützmann I § 19. Z=Cr. I §§ 47, 48. Cr I § 15.

1. Die Rechtsfähigkeit ist vom Lebensalter ebenso unabhängig wie vom Geschlecht, Krankheit, Konfession (Deutsche Bundesakte Art. 16. Preuß. Verf. Art. 12. RGes. v. 3. Juli 1869, BGBl. S. 292). Von Bedeutung ist das Lebensalter nur für die Handlungsfähigkeit, §§ 104 ff., die Ehemündigkeit, § 1303, das Recht zur Adoption, § 1744 (50. Jahr), und die Ablehnung der Vormundschaft (§ 1786 Nr. 2). Die §§ 2—5, 6 hätten, da sie von Bedeutung nur für die Handlungsfähigkeit, deshalb ebensogut in Zusammenhang mit den §§ 104 ff. gebracht werden können, nach denen neben der Altersstufe der Volljährigkeit, Minderjährigkeit, noch das siebente Lebensjahr als Altersstufe rechtlich bedeutsam ist, während der Begriff der Mündigkeit, Unmündigkeit (ALR. I 1 § 25, 14. Lebensjahr) ganz verschwunden ist. Ueber andere Altersstufen und ihre theilweise rechtliche Bedeutung vgl. zu §§ 104 ff. Der § 2 (Volljährigkeit) ist nicht neues Recht. RGes. v. 17. Febr. 1875. Preuß. Ges. v. 9. Dez. 1869. SBGB. § 47. C. c. art. 388, 488. Vgl. Sachsenspiegel I Art. 42 § 1. ALR. I 1 § 26 (24. Jahr). Der § 2 des RGes. v. 17. Febr. 1875 erhält die hausverfassungsmäßigen oder landesges. Bestimmungen über den Beginn der Großj. der Landesherren, der Mitglieder der landesherrl. Familien und der Fürstl. Familie Hohenzollern aufrecht. Vgl. Preuß. Verf.=Urk. Art. 54 Abs. 1 (für den König 18. Jahr). Sächs. Hausges. v. 30. Dez. 1837 § 61. Gierke, D. Privatr. I § 44[27]. An die Stelle des § 2 ist der Art. 57 EG. getreten, der materiell mit der Aufrechterhaltung des Haus= und Landesrechts dasselbe besagt, die besonderen Vorschriften der Hausverf. und Landesgesetze aber auch für die Mitglieder des vorm. Hannoverschen Königshauses und des vorm. Kurhessischen u. Herzogl. Nassauischen Fürstenhauses aufrecht erhält, womit eine Lücke ausgefüllt ist. Vgl. auch EG. z. GVG. § 5, EG. z. CPO. § 5, z. StPO. § 4, z. KO. § 7. In Bezug auf die standesherrlichen Häuser, und den vormaligen Reichsadel, soweit jener und dieser vor dem BGB. anerkannt, erhält Art. 58 EG. die Hausgesetze nach Maßgabe der Landesgesetze aufrecht, soweit sie sich auf die Familienverhältnisse und die Güter beziehen. Die Kontroverse, vgl. Dernburg Pr. Pr. I § 737, ob durch die Hausverf. des hohen Adels der Volljährigkeitstermin mit allgemeiner Geltung abgeändert werden darf, ist damit wohl erledigt. Für Preußen war solche Befugniß schon nach der V. v. 21. Juni 1815 und der Instruktion v. 30. Mai 1820 nicht anzunehmen.

2. Nach § 187 Abs. 2 Satz 2 ist bei Berechnung des Lebensalters der Tag der Geburt mitzurechnen. Die Volljährigkeit beginnt danach mit dem 21. Geburtstage. ALR. I 4 §§ 20, 21; 5 § 18.

3. Dem Minderjährigen kann das Recht des Volljährigen durch Volljährigkeitserklärung verschafft werden. (Jahrgebung, venia aetatis.) Das französischr. Institut der Emancipation (Gewaltsentlassung), C. c. art. 476 ff., das nur eine erweiterte Geschäftsfähigkeit verschaffte, und für Preußen schon durch die VO. v. 5. Juli 1875 § 97 Abs. 2 (§ 98) beseitigt, ist ganz beseitigt. Vgl. EG. Art. 154. Das BGB. kennt auch keine Entlassung aus der v. G. Vorausgesetzt ist ohne Unterschied von bevorm. und nicht bevormundeten Minderjährigen, übereinstimmend mit Pr. VO. § 61 u. SBGB. § 1968, das vollendete 18. Lebensjahr, die Einwilligung des Minderjährigen, wenn er unter elterlicher Gewalt steht, auch die des Gewalthabers mit Ausnahme des Falls, daß eine minderjährige Wittwe für großjährig erklärt werden soll, aber nicht die des Vormundes, endlich Beförderung des Besten des Minderjährigen durch die Volljährigkeitserkl.; letzteres ist aber nur als Ordnungsvorschrift aufgestellt, §§ 3, 4, 5. Sie erfolgt durch Beschluß des Vormundschaftsgerichts, § 3 Abs. 1, vgl. Art. 147 EG., das nach § 1847 Verwandte oder Verschwägerte hören soll, wenn es ohne erhebliche Verzögerung und unverhältnißmäßige Kosten möglich, und selbstverständlich den Minderjährigen über seine Einwilligung hören muß, ebenso den Gewalthaber, dessen Einwilligung erforderlich, und den Beschluß nicht fassen kann, wenn die Einwilligung zur Zeit des Beschlusses nicht erklärt ist. Hören wird das Gericht naturgemäß auch den Vormund oder Pfleger des Kindes. Nach Art. 147 EG. bestimmt sich nach dem Landesgesetz, welche Behörde die Funktion des Vormundschaftsgerichts hat, da das GVG. sich auf diesen Akt freiwilliger Gerichtsbarkeit nicht be=

zieht. Damit erscheinen die Bestimmungen aufgehoben, die, wie z. B. in Sachsen, BGB. § 1987, in Bayern, Braunschweig und nach gem. R., Cod. 2, 44, — die Volljährigkeitserkl. dem Landesherrn vorbehalten, während für Lübeck der Senat zuständig bleiben wird. Die Ordnung des Verfahrens einschließlich der Antragsberechtigung ist dem Ges. über die Angelegenheiten der freiwilligen Gerichtsbarkeit EG. Art. 1, vorbehalten.

Was die Einwilligung des Gewalthabers betrifft, so fällt nach § 4 Abs. 2 die Erforderniß fort, „wenn demselben die Sorge weder für die Person noch für das Vermögen des Kindes zusteht", oder das Kind minderjährige Wittwe ist. Der gesetzliche Grund der letzeren Ausnahme ist klar. Die Einwilligung des Inhabers der elterlichen Gewalt ist gefordert, weil von ihm anzunehmen ist, daß er an erster Stelle das Beste des Minderjährigen weiß und will, sein Recht, auch das der Nutznießung, nicht als selbstnütziges Recht gedacht ist. Dieser gesetzliche Grund fällt fort, wenn der Gewalthaber weder für Person, noch für Vermögen zu sorgen hat. Nach den §§ 1626 ff., 1684 ff. kann Gewalthaber der eheliche Vater oder die eheliche Mutter sein, nie beide zusammen, auch bei nichtigen und geschiedenen Ehen. §§ 1635, 1700, 1701, 1707. Sie hört ganz auf mit dem Verlust, der Entziehung oder Verwirkung. §§ 1666, 1680, 1765, auch im Falle § 1697, da die elterl. G. verloren ist, die Sorge für das Kind nur ein Residuum ist. Die Mutter kann statt des Vaters die elterl. G. haben, § 1684 Abs. 1 Nr. 2, § 1685 Abs. 2, §§ 1686 ff.; ist es der Fall, so ist sie der Gewalthaber im Sinne des § 4 Abs. 2; daß ihr ein Beistand bestellt ist, §§ 1687 ff, ist unerheblich, berührt die e. G. nicht. Der Ausnahmefall, den der § 4 im Auge hat, kann nur der des Ruhens der e. G. sein §§ 1676—1678. Nach § 1678 kann sie der Vater während des Ruhens nicht ausüben, und zur Ausübung gehört die Einwilligung des § 4; im Falle des § 1685 Abs. 2 steht sie der Mutter zu. Auch im Falle des § 1676 Abs. 2 fehlt ihm nach § 1678 die volle Ausübung der e. G., da er das Kind nicht vertreten kann und sein Vertreter überwiegt. Im Falle des § 1685 Abs. 1 ist die Mutter thatsächlich und rechtlich Inhaberin der e. G. In den Fällen der §§ 1633, 1635, 1647, 1670 liegt der Ausnahmefall des § 4 wortdeutlich nicht vor, auch nicht im Falle des § 1666.

**4.** Nach § 3 Abs. 2 erlangt der Minderjährige durch die Volljährigkeitserklärung, d. h. durch die Zustellung oder Eröffnung des sie aussprechenden Beschlusses, OHG. 6 S. 318, die rechtliche Stellung des Volljährigen. Das weicht vom gem. R., Preuß. LR. u. SBGB. § 1969 ab, die den für vollj. Erklärten in einzelnen Rechtshandlungen (Immobilien) beschränkten, während § 98 Abs. 1 der Pr. VO. ihm alle Rechte des Vollj. giebt. Nach LR. u. VO. beseitigte die V. aber nicht die Rechte der väterl. G., und nach § 28 Abs. 2 des RGes. v. 6. Febr. 1875 tritt die Ehemündigkeit des Mannes ohne Unterschied mit dem vollendeten 20. Jahre ein. Das BGB. hat nach den §§ 1626, 1303 diese Beschränkungen beseitigt. Anders E. I § 1233 Abs. 4. Da der für volljährig Erklärte rechtlich volljährig ist, kann in § 1303 unter dem „Eintritt der Volljährigkeit" nur der Rechtsbegriff der V. verstanden werden, und da der volljährig Erklärte nicht minderjährig ist, steht er nach § 1626 auch nicht unter elterlicher G., auch nicht unter Vormundschaft, § 1773, und auch § 1602 Abs. 2 trifft auf ihn nicht zu. Der Ehekonsens des Vaters (Mutter) ist in § 1305 für das Kind bis zum 21. Lebensjahr gefordert, ohne Rücksicht auf das Bestehen oder Nichtbestehen der elt. G., aber in § 1308 kann bei Verweigerung des Ehekonsenses das volljährige, also auch das vollj. erklärte Kind die Supplirung durch das Vormundschaftsgericht beantragen. Auch die Vorschriften über Vormundschaft und Pflegschaft über Volljährige finden Anwendung, §§ 1896 ff., 1910, 1911.

In ALR. I 21 § 339 ist bestimmt, daß bei einem bis zur Volljährigkeit des Vermiethers geschlossenen Miethsvertrage der Vertrag bis zur Volljährigkeit dauert, auch wenn der Vermiether vorher für volljährig erklärt. Dies gilt auch ohne ausdrückliche Bestimmung für das BGB., da der Vermiether einseitig Vertragsrechte nicht ändern kann. Grundsätzlich gilt dies für alle Vertragsrechte, wenn nicht die besondere Sachlage eine andere Vertragsauslegung begründet, § 564 Abs. 1. In § 1822 Nr. 5 (Mieths-Pachtvertrag für länger als 1 Jahr nach Vollendung des 21. Lebensjahres des Mündels) kann nicht zweifelhaft sein, daß die Volljährigkeitserklärung an dem Vertragsverhältniß nichts ändert. (Preuß. VO. § 42 Nr. 7.)

**5.** Anders als durch Volljährigkeitserklärung wird nach BGB. die Volljährigkeit vor dem 21. Lebensjahre nicht herbeigeführt, weder durch Anstellung im öffentl. Dienst, noch durch Verheirathung. „Heirath macht nicht mündig." §§ 1633, 1661, §§ 1665 ff. (Pr. VO. § 99 Abs. 1. C. c. art. 372, 476.)

**6.** Oertliche und zeitliche Herrschaft des BGB. Nach Art. 7 EG. ist die Frage, ob eine Person volljährig oder minderjährig, abweichend vom gem., preuß. u. bayer. R. (ALR. Einl. §§ 23 ff.; Bayer. LR. I 2 § 17; ebenso übrigens das Engl. u. Amerk. R.), aber übereinstimmend mit dem C. c. art. 3, 13, 17 u. SBGB. § 7, nach dem Recht der Staatsangehörigkeit, nicht des Wohnsitzes, als dem Personalstatut zu entscheiden, folgerecht auch die Frage, ob eine Person für vollj. erklärt werden kann und mit welchen Wirkungen. Art. 29 giebt eine Aushülfevorschrift. Art. 23 über die Zulässigkeit von Vorm und Pflegschaft über Ausländer begründet die Zuständigkeit des inländ. Vormundschaftsgerichts zur Vollj. des Ausländers nicht. Für das frühere R. vgl. RG. 31 S. 190. Der Abs. 2 Art. 7 erhält aber die von dem Ausländer erworbene Volljährigkeit aufrecht, wenn er nachher Deutscher wird, und in diesem Falle müssen dann auch die Wirkungen der V. nach dem BGB. beurtheilt werden. Der Grundsatz des Art. 153 EG. findet hier analoge Anwendung. Nach Art. 153 bleibt volljährig, wer vor dem BGB. für vollj. erklärt ist oder rechtlich, z. B. in Folge Verheirathung, als großjährig galt, auch wenn er es nach BGB. nicht sein würde, und er gilt nunmehr als großjährig im Sinne des BGB., d. h. mit allen Wirkungen desselben. Nach Art. 154 gilt dasselbe für solche, nach dem C. c. oder dem Badischen LR. Emancipirte oder aus der Gewalt Entlassene, die z. Z. des Inkrafttretens des BGB. das 18. Lebensjahr vollendet haben. Dagegen soll die Rechtsstellung solcher Personen, wenn sie noch nicht 18 Jahr, lediglich nach dem BGB. beurtheilt werden, d. h. sie gelten als Minderjährige in jeder Beziehung. Das hängt damit zusammen, daß, wie oben bereits erwähnt, das Rechtsinstitut der Emancipation und Gewaltentlassung beseitigt ist, und statuirt eine grundsätzlich zulässige Rückwirkung Von selbst versteht sich, daß vorher erworbene Rechte bestehen bleiben. Das EG. stellt hier nicht den Grundsatz auf, daß ein anhängiges Verfahren auf Volljährigkeitserklärung nach dem bisherigen R. zu erledigen ist. Solch Verfahren kann danach zu Volljährigkeitserkl. nur unter den Voraussetzungen des BGB. führen.

**III. Entmündigung.** § 6. EG. Art. 8, 155, 156. E. I §§ 28, 29; II § 14; III § 6. ALR. I 1 §§ 27—30; 4 §§ 23 ff., 28—30, 91 ff.; 5 §§ 15—17, 24—25. Preuß. VO. v. 5. Juli 1875 §§ 81, 90. SBGB. §§ 81, 81 a, 81 b, §§ 1981 ff., 2069, 2545. Ges. v. 20. Febr. 1882. C. c. art. 490 ff., 505—510, 512, 513, 936. Windscheid I §§ 54, 71, 147 Anm. 1. Dernburg, Pand. I §§ 56, 57. Preuß. Privatr. I §§ 75, 76. Eccius I 19 unter 3. RE. I Nr. 54, 55, 56. Grützmann I § 19 III. Z-Cr. I § 49. III §§ 581 ff., 596. Cr. I § 15 unter 3, 4. Ihering, Jahrb. Bd. 37 S. 95 ff.

**1.** Körperliche Gebrechen berühren wie nach bisherigem R. die Rechtsfähigkeit so wenig wie die Geschäftsfähigkeit. (Anders das ältere deutsche R. Sachsenspiegel I Art. 4, II F. 36: Lehnrecht). Nach ALR. I 5 §§ 24, 25 sind namentlich Blinde, Taube, Stumme handlungsfähig, können aber unter Vormundschaft gestellt werden, VO. § 81 Nr. 3, und gelten dann den Unmündigen gleich, sind also beschränkt handlungsfähig. Fürsorge wurde für sie durch eine Reihe von Vorschriften über die Form ihrer Verträge und Testamente, I 5 § 171 (gerichtlich), I 12 §§ 113, 114, 123, Notariatsges. v. 15. Juli 1890 §§ 4, 6, getroffen. Nach § 90 Pr. VO. ist es möglich, für Gebrechliche aller Art, wenn sie selbst zu handeln außer Stande und nicht unter v. G. oder Vormundschaft stehen, durch Bestellung eines Pflegers für einzelne oder einen Kreis von Angelegenheiten zu sorgen, ohne daß dadurch ihre Handlungsfähigkeit betroffen würde. RG. 14 S. 269 (hohes Alter und Schwerhörigkeit). Auf gleichem Standpunkte stehen das gem. R., das SBGB. §§ 81, 1981 ff., Ges. v. 20. Febr. 1882 § 4, und das französ. R., C. c. art. 936, 978, 979.

Das BGB. läßt eine Vormundschaft über Großjährige, die körperlich gebrechlich, nicht zu, §§ 1896 ff. Nach § 1910 kann aber ein Volljähriger, der nicht unter Vormundschaft steht, einen Pfleger für Person und Vermögen erhalten, wenn er in Folge körperlicher Gebrechen, insbesondere von Blindheit, Taubheit, Stummheit, seine Angelegenheiten nicht zu besorgen vermag, ebenso für einzelne Angelegenheiten oder einen bestimmten Kreis derselben, aber immer nur mit seiner Einwilligung, sobald eine Verständigung mit ihm möglich. Zu beachten ist, daß diese Pflegschaft die Geschäftsfähigkeit nicht berührt. Vgl. §§ 104 ff., § 1781 Nr. 2. RG. 14 S. 269 zu § 90 PrVO. Im Uebrigen enthält das BGB. keine fürsorglichen Vorschriften, weder für die Form der Verträge, noch für die Form der Testamente; aus den §§ 2229 ff., 2243 geht nur hervor, daß kein Testament errichten kann, wer weder schreiben, noch sprechen kann. (Ebenso nach früherem R. ObTr. 32 S. 64 (StrA. 20 S. 231). RG. 18 S. 301. RE. II Nr. 226.) Vgl. RG. 31 S. 229. Der körperlich Gebrechlichen gedenkt noch § 1786 Nr. 4 (Ablehnungsgrund für Vormundschaft). Vgl. auch CPO. § 858 Abs. 3.

2. Geistige Gebrechen behandelt das BGB. in § 1910 Abs. 2. Rechtsunfähig machen auch sie nicht. Ein Volljähriger, der in Folge geistiger Gebrechen einzelne seiner Angelegenheiten oder einen bestimmten Kreis derselben, insbesondere seine Vermögensangelegenheiten, nicht besorgen kann, erhält für diese Angelegenheiten einen Pfleger. Geschäftsunfähig ist dieser geistig Gebrechliche nicht. Das ALR. gedenkt dieser Gebrechlichen nicht besonders. Das SBGB. kennt geistesschwache Personen, § 1982, Ges. v. 20. Febr. 1882 § 4, die nicht entmündigt, nicht handlungsunfähig, nur zu ihrem Besten ganz oder theilweise unter Vormundschaft gestellt werden. Der C. c. art. 499 läßt in geringeren Fällen von Geisteskrankheit die Bestellung eines Beistandes zu, der für bestimmte Rechtshandlungen mitwirken muß, so daß sie ohne diese Mitwirkung nicht vorgenommen werden können. Nach § 10 EG. z. CPO. erfolgte diese „Verbeistandung“ im Verfahren der §§ 593 ff. CPO. und der Prozeßrichter bestellte den Beistand. Darauf bezieht sich Art. 211 EG., wonach die nach den französ. oder badischen Gesetzen angeordnete Bestellung eines Beistandes für einen Geistesschwachen mit dem Ablauf von 6 Monaten nach dem Inkrafttreten des BGB. ihre Wirksamkeit verlieren soll, d. h. dann nur noch § 1910 BGB. anzuwenden ist.

Außer für die geistig Gebrechlichen giebt das BGB. Vorschriften über Geisteskranke und Geistesschwache. Nach § 6 Nr. 1 kann, d. h. darf entmündigt werden, wer in Folge von Geisteskrankheit oder Geistesschwäche seine Angelegenheiten nicht zu besorgen vermag. Wer wegen Geisteskrankheit entmündigt ist, ist geschäftsunfähig, § 104 Nr. 3. Wer wegen Geistesschwäche entmündigt, ist in der Geschäftsfähigkeit beschränkt, wie ein Minderjähriger über 7 Jahr, § 114. Beide, Geisteskranke und Geistesschwache, die entmündigt, erhalten nach § 1896 einen Vormund, wenn sie volljährig. Danach ist es von der größten praktischen Bedeutung, was unter geistigen Gebrechen, Geisteskrankheit und Geistesschwäche zu verstehen ist. Die Zulässigkeit der Entm., die Geschäftsunfähigkeit, beschränkte Geschäftsfähigkeit, unbeschränkte Geschäftsfähigkeit hängen davon ab. Vgl. auch § 1569 (Ehescheidung wegen Geisteskrankheit). Das BGB. enthält keine Begriffsbestimmung, so wenig wie das RR. für furor und insania (mente captus, demens, fatuus). Vgl. RG. 14 S. 129. Das ALR. I 1 §§ 27, 28 scheidet Rasende und Wahnsinnige, die des Gebrauchs der Vernunft ganz beraubt, und Blödsinnige, die außer Stande, die Folgen ihrer Handlungen zu überlegen; jene sind geschäftsunfähig, diese beschränkt geschäftsfähig. Das SBGB. §§ 81, 81a, 1981 läßt Entmündigung zu, wenn in Folge Geistesgebrechen der Vernunftgebrauch verloren ist. Der C. c. stellt gleich: „un état d'imbécillitée, de démence ou de fureur“, und stellt nach Entmündigung alle dem mineur gleich, art. 509. Der Entw. I ließ die Entm. wegen Geisteskrankheit zu bei Personen, die des Vernunftgebrauchs beraubt, Entw. II wenn der Geisteskranke seine Angelegenheiten nicht zu besorgen vermag, Entw. III stimmt mit § 6 BGB. Definirt danach das BGB. Geisteskrankheit und Geistesschwäche nicht, so darf doch nicht gesagt werden, daß beides nur medicinische Begriffe. Zu Rechtsbegriffen werden Geisteskrankheit und Geistesschwäche dadurch, daß § 6 Nr. 1 die Entmündigung an die Voraussetzung knüpft, daß der zu Entmündigende in Folge ihrer seine Angelegenheit nicht zu besorgen vermag, und daß das BGB. eine Reihe von rechtlichen Folgen mit der Entmündigung und in § 104 Nr. 2 ohne Entm. damit verbindet, daß eine Person sich „in einem die freie Willensbestimmung ausschließenden nicht blos vorübergehenden Zustande krankhafter Störung der Geistesthätigkeit“

befindet. Vgl. StGB. § 51, in dem die Ausschließung der strafrechtlichen Zurechnungsfähigkeit ebenfalls an „die Ausschließung der freien Willensbestimmung durch krankhafte Störung der Geistesthätigkeit" geknüpft ist. Wird erwogen, daß § 6 Nr. 1 für die Entm. wegen Geisteskrankheit und Geistesschwäche die Unfähigkeit, seine, d. h. alle Angelegenheiten zu besorgen, voraussetzt, in § 104 den wegen Geisteskrankheit Entmündigten dem Kinde vor vollendetem 7. Lebensjahre aus dem rechtlich gleich behandelt, dessen freie Willensbestimmung durch krankhafte Störung der Geistesthätigkeit ausgeschlossen ist, in § 114 dagegen den wegen Geistesschwäche Entmündigten dem Minderjährigen rechtlich gleich behandelt, so ergiebt sich einmal, daß Geistesschwäche im Sinne des BGB. nur eine leichtere Form der Geisteskrankheit ist, wie in § 4 des Sächs. Ges. v. 20. Febr. 1882, und sodann, daß Geisteskrankheit im Rechtssinne voraussetzt, daß der Kranke in Folge der Krankheit der freien Willensbestimmung und der Fähigkeit, alle seine Rechtsangelegenheiten zweckentsprechend zu besorgen, ganz ermangelt, Geistesschwäche vorliegt, wenn Beides nicht mangelt, aber beeinträchtigt ist. Hinzuweisen ist noch darauf, daß nach § 1569 die Ehe wegen Geisteskrankheit geschieden werden kann, wenn sie den Grad erreicht hat, daß sie die geistige Gemeinschaft zwischen den Ehegatten aufhebt, was darauf deutet, daß dieser Grad für die Geisteskrankheit nicht durchaus erforderlich. Hinzuweisen ist ferner darauf, daß auch der entmündigte Geistesschwache nicht zum Vormund bestellt werden darf, § 1780, daß dies auch im Falle des § 1910 nicht geschehen soll, daß zwar jeder Entmündigte unter Vormundschaft zu stellen, § 1896, aber nur der Geisteskranke ganz geschäftsunfähig, der Geistesschwache beschränkt geschäftsfähig, der geistig Gebrechliche geschäftsfähig, und daß namentlich der Geisteskranke ein Testament nie, der Geistesschwache es jedenfalls nach der Entmündigung nicht errichten, §§ 2229 (2230), ein früher errichtetes Testament aber widerrufen kann, § 2253 Abs. 2, die Pflegschaft die Testamentsfähigkeit nicht nimmt. Vgl. RG. 23 S. 140 zu §§ 104 ff. Ueber lucida intervalla vgl. zu §§ 104 ff. Aus diesen rechtlichen Folgen in Verbindung mit den sich aus § 6 und § 104 Nr. 2 ergebenden Voraussetzungen hat der Richter für sich bei Prüfung des medicinischen Gutachtens und für die Direktive des Sachverständigen den erforderlichen Anhalt zu entnehmen. Entscheidend ist stets, ob und in welchem Maße die freie Willensbestimmung (Motiv und Inhalt) und die Fähigkeit, seine Angelegenheiten zu besorgen, durch die Krankheit beeinflußt wird. Entmündigung kann immer nur erfolgen unter der Voraussetzung, die § 6 Nr. 1 ausdrücklich statuirt. Daneben bleibt § 104 Nr. 3 bestehen, soweit es sich um die Geschäftsunfähigkeit für eine einzelne Handlung handelt. Vgl. Bolze 21 Nr. 23, 4 Nr. 41 (wahnsinnige Eifersucht).

3. Die Entmündigung wegen Geisteskrankheit oder Geistesschwäche erfolgt bei Minderjährigen und Großjährigen, auch wenn sie unter elterl. G. oder Vormundschaft stehen, weil die Entmündigung andere u. weitergehende rechtliche Wirkungen hat, als die Stellung unter einen gesetzlichen Vertreter. Nach Art. 8 EG. kann grundsätzlich nur ein Inländer im Inlande und der Ausländer nur im Auslande entmündigt werden, der Ausländer im Inlande nur, wenn er im Inlande seinen Wohnsitz oder beim Mangel eines Wohnsitzes (im Auslande oder Inlande) seinen Aufenthalt hat. Damit ist dem praktischen Lebensbedürfniß nachgegeben. Unter derselben Voraussetzung wird auch der Entm. des Inländers im Auslande rechtliche Wirkung im Inlande nicht zu versagen sein. Vgl. § 617 CPO. (Entw.). Nach Art. 155, 210 EG. wirkt die vor dem BGB. angeordnete Entmündigung wegen Geisteskrankheit, Vormundschaft und Pflegschaft wegen körperl. und geistiger Gebrechen nach § 1910 Abs. 1, 2 des BGB. Schwebende Entmündigungsverfahren können zur Entm. nur unter den Voraussetzungen des BGB. führen. Des Art. 212 EG. ist bereits gedacht.

4. Das Verfahren der Entm. ist in den §§ 593 ff. der CPO. geordnet, das durch die in dem Entw. der CPO. vorgesehenen Abänderungen und Zusätze die sehr dringend erforderlichen Verbesserungen erfahren wird. Aus diesen Vorschriften ist hier nur zu bemerken: Die Entm. wegen Geisteskrankheit oder Geistesschwäche erfolgt durch Beschluß des Amtsgerichts, § 593. Der Beschluß muß ergeben, ob wegen Geisteskrankheit oder Geistesschwäche entmündigt ist, und dies begründen. Geregelt ist die Zuständigkeit und die Antragsberechtigung (Ehegatte, Vertreter, Verwandte,

Staatsanwalt), §§ 594, 595, in den §§ 596—603 das Verfahren im Einzelnen, die Beweisaufnahme, die Mittheilung an die Vormundschaftsbehörde (Art. 147 EG.), die Kosten, die Zustellung des Beschlusses, wobei hervorzuheben, daß der abweisende und der Beschluß auf Entm. wegen Geistesschwäche auch dem zu Entmündigenden und dem Entmündigten zuzustellen ist, § 603. Wichtig ist § 603 Abs. 2 (neu), wonach die Entmündigung wegen Geisteskrankheit mit der Zustellung an den vorhandenen gesetzlichen Vertreter, sonst mit der Bestellung des Vormundes, die Entm. wegen Geistesschwäche mit der Zustellung an den Entmündigten in Wirksamkeit tritt, eine materiellrechtliche Vorschrift, die in das BGB. gehört hätte. Die §§ 604, 605 ff. ordnen die Beschwerde bei Ablehnung, und die Anfechtungsklage, die auch dem Entmündigten selbst zusteht, dem nach § 609 auf Antrag vom Prozeßgericht (Landgericht) ein Rechtsanwalt als Vertreter beizuordnen ist. Wird die Entm. auf die Klage aufgehoben, so tritt die Aufhebung mit der Rechtskraft des Urtheils in Wirksamkeit. Der § 613 Abs. 2, der die Folge der Aufhebung bestimmt, ist durch § 115 BGB. ersetzt. Vgl. das. Die §§ 616 ff., 620 ordnen das Verfahren auf Wiederaufhebung der Entm. durch Beschluß des Amtsgerichts auf Antrag und die Klage auf Wiederaufhebung.

5. Verschwender. Der § 6 Nr. 2 läßt die Entm. wegen Verschwendung zu, wenn der Verschwender sich oder seine Familie der Gefahr des Nothstandes aussetzt. Dies entspricht altem deutschen R., dem RR., dem gem., Preuß. R. und dem SBGB. Das französ. R. läßt diese Entm. nicht zu, sondern nur die Bestellung eines Beistandes für bestimmte Rechtshandlungen, C. c. art. 513, EG. z. CPO. § 10, das bad. R., LR. Satz 513a, gestattet die Entm. nur subsidiarisch. Damit hängt Art. 156 Abs. 2 EG. zusammen, wonach derjenige, dem nach französ. oder bad. Gesetz vor dem BGB. ein Beistand beigeordnet ist, von dem Inkrafttreten des BGB. ab dem nach den Vorschriften des BGB. Entmündigten gleichsteht, d. h. rechtlich wie dieser zu behandeln ist, also auch nach § 1896 einen Vormund erhält, wenn er großjährig ist. Eine Begriffsbestimmung des Verschwenders giebt das BGB. nicht, es deutet sie nur durch die Voraussetzung für die Entm. an, daß die Person oder ihre Familie der Gefahr des Nothstandes ausgesetzt ist. Das ALR. I 1 § 30 definirt: „wer durch unbesonnene und unnütze Ausgaben oder durch muthwillige Vernachlässigung sein Vermögen beträchtlich vermindert oder sich in Schulden steckt", wozu aber nicht erforderlich, daß die Vermögensverminderung oder Ueberschuldung bereits eingetreten, wenn nur das Verhalten diesen Ausgang droht. RG. 36 S. 238. Vgl. auch StrA. 29 S. 20 (in Schulden stecken. Berechnung des Vermögenszustandes). Bolze 21 Nr. 26. Das SBGB. §§ 81b, 1987 nennt Verschwender, die ihr Vermögen auf leichtsinnige Weise durchbringen und hierdurch sich und ihre Familie der Gefahr eines Nothstandes aussetzen. Im französ. R. wird Aergernißerregung durch unverständige und muthwillige Vernachlässigung und Verschleuderung gefordert. Gemeinrechtlich ist der Begriff streitig. SA. 12 Nr. 2, 13 Nr. 81, 40 Nr. 219, 220; 47 Nr. 205. RG. 7 S. 346 (keine krankhafte geistige Disposition erforderlich; Gefahr der Verarmung durch unnützes, unsinniges Verthun und Vergeuden). RG. 21 S. 167 (l. 12 § 2 D. 26, 5 qui bona sic tractant, ut, nisi subveniatur, deducatur in egestatem. Lebensweise, die zur Verarmung führt). Bolze 4 Nr. 39, 40 (keine Verschwendung bei Aufopferung für in Vermögensverfall gerathenen Schwiegersohn). Der Entw. I § 29 forderte verschwenderische Lebensweise oder Geschäftsführung mit Gefahr des Nothstandes. Das BGB. setzt den Begriff der Verschwendung als einen Begriff des täglichen Lebens und der Erfahrung voraus und fordert für die Entmündigung wegen ihres starken Eingriffs in die persönliche Freiheit einen solchen Grad, daß die Gefahr des Nothstandes für die eigene Person oder die Familie droht. Zu beachten ist, daß nach § 1468 Nr. 4 die Verschwendung, wenn sie das Gesammtgut erheblich gefährdet, auch ohne Entm. die Frau zu Klage auf Aufhebung der GG. befugt, ebenso Verschwendung mit erheblicher Gefährdung späteren Erwerbs nach § 2338 zur Enterbung in guter Absicht. Danach ist öffentliches Aergerniß für das BGB. gewiß nicht zu fordern, noch weniger, daß die Verschwendung auf geistigem Defekt beruht; wo dies der Fall, helfen die Vorschriften über Entm. wegen Geisteskrankheit und Geistesschwäche. Im Sinne des Lebens und des BGB. beruht die Verschwendung auf

einem Mangel des Charakters, Leichtsinn, Liederlichkeit, Unverstand, nicht auf opfermuthigem Eintreten für fremde Noth. Vgl. Bolze 4 Nr. 40 oben. Letzteres kann Thorheit sein, aber nicht zur Entm. führen, wenn die rechtlichen Folgen der Entm. beachtet werden, die nach § 114 den Entmündigten dem Minderj. über 7 Jahr gleich- und nach § 1896 unter Vormundschaft stellt, wenn er großjährig, nach §§ 1780, 1865 zum Vormund und Mitglied des Familienraths unfähig macht, und nach § 2229 Abs. 3 die Testamentsfähigkeit nimmt. Vgl. weiteres zu § 114. Auch nach BGB. genügt leichtsinniges, unverständiges Leben dokumentirt durch Vergeudung, Trunksucht, Vernachlässigung bei Wirthschaft, unsinniges Wirthschaften und Gefährdung der künftigen Existenz, auch wenn zur Zeit noch bedeutendes Kapitalvermögen vorhanden, ferner auch bei Mangel an Kapitalvermögen die Vergeudung des Einkommens, der Einkünfte. Bolze 5 Nr. 40, 6 Nr. 21, 81, 30; 21 Nr. 25, 26. Auch Verschenken kann den Begriff der Verschwendung herstellen, sofern es auf Leichtsinn, Muthwillen, Unverstand beruht. Solchen Fall behandelt Bolze 21 Nr. 25 (Verschenken beträchtlicher Summen an eine Krankenpflegerin). Dieser Fall lehrt aber auch, wie alles auf die konkrete Sachlage ankommt, die in diesem Falle auch zu einem anderen Ergebniß hätte führen können.

6. Die Entmündigung erfolgt bei Minderjährigen und Großjährigen, weil die Wirkung der Entm. weiter reicht, als die der Minderjährigkeit, § 2229 Abs. 1, Abs. 3. Sie ist nach Art. 8 EG. ebenfalls grundsätzlich nur gegen Inländer und nur im Inlande gegen Inländer zulässig, gegen Ausländer im Inlande nur, wenn sie im Inlande Wohnsitz oder, falls sie Wohnsitz weder im Inlande noch im Auslande haben, im Inlande Aufenthalt haben. Unter derselben Voraussetzung wird die Entm. des Inländers im Auslande mit Wirkung auch im Inlande bestehen. Nach Art. 156 Abs. 1 EG. wirkt die vor dem BGB. erfolgte Entm. nachher wie die des BGB. Vgl. Art. 210 EG. Ein anhängiges Verfahren auf Entm. kann danach auch hier nur unter den Voraussetzungen des BGB. zur Entmündigung führen. Des Art. 156 Abs. 2 ist bereits gedacht. Vgl. auch § 2229: Art. 215 EG.

7. Das Verfahren der Entm. wegen Verschwendung ist in den §§ 621—627 CPO. geordnet und im Entw. der CPO. zum Theil geändert. Hervorzuheben ist hier, daß die Entm. durch Beschluß des Amtsgerichts erfolgt, ohne Mitwirkung des Staatsanwalts, nur auf Antrag des Ehegatten, eines Verwandten, gesetzlichen Vertreters. Aufrechterhalten sind aber in Abs. 4 § 621 (Entw.) die landesgesetzlichen Vorschriften, nach denen eine Gemeinde, ein Gemeindeverband, ein Armenverband antragsberechtigt ist. Dahin gehört § 81 b SBGB. und das Lippesche AusfG. z. CPO. § 8. RG. 7 S. 346. Nach § 623 tritt der Entmündigungsbeschluß mit der Zustellung des Beschlusses in Wirksamkeit. Vgl. aber § 2229 Abs. 3 Satz 2. In den §§ 622, 624 ff. ist das Verfahren unter Bezug auf CPO. §§ 596, 597, 600, 604, die Anfechtungsklage, der Antrag auf Wiederaufhebung und die Klage auf Wiederaufhebung geregelt. Nach § 613 tritt die Aufhebung der Entm. auch hier mit der Rechtskraft des Beschlusses in Kraft. Der § 115 BGB. gilt auch hier. Vgl. zu §§ 104 ff. Dazu tritt § 1906, wonach der volljährige Verschwender, dessen Entm. beantragt, unter vorläufige Vormundschaft gestellt werden kann. Außerdem sind auch einstweilige Verfügungen nach §§ 815—822 CPO. nicht ausgeschlossen.

8. Die in § 6 Nr. 3 vorgesehene Entm. Trunksüchtiger fehlte im Entw. I. Sie setzt Trunksucht und als Folge derselben entweder a. die Unfähigkeit, seine Angelegenheiten zu besorgen, oder b. Gefahr des Nothstandes, oder c. Gefährdung der Sicherheit Anderer voraus. Eins von diesen drei Momenten muß der Trunksucht hinzutreten, um die Entm. zu rechtfertigen. Trunksucht aber ist begrifflich das Kennzeichen des Trunkenboldes, die eingewurzelte, unüberwindliche Neigung zu übermäßigem Trinken, die in ihrem Verlauf und Ende zu körperlichem und geistigem Ruin, Willensunfreiheit höheren und geringeren Grades führt und zur Gefahr für den Trunkenbold und Dritte wird, auch, wenn sie nur periodisch wiederkehrt. Dadurch rechtfertigt sich die Entm. im Interesse des Kranken und im öffentlichen Interesse mit den Wirkungen, die sich aus §§ 114, 1906 ff., 2229 Abs. 3 ergeben, die auch hier zum Theil so eingreifend sind, daß große Vorsicht bei der Prüfung der konkreten Sachlage geboten erscheint. Vgl. das Nähere zu § 114. Der früher behandelte Art. 8 EG. gilt in demselben Umfange auch hier. Nach Entw. der CPO. § 627 a sollen die Vorschriften über die Entm. wegen Verschwendung auf diesen Fall

der Entm. angewendet werden, nur das in § 621 Abs. 5 statuirte Antragsrecht von Gemeinde, Gemeindeverband, Armenverband ist aus gutem Grunde hier gestrichen.

Das ALR. enthält in I 4 §§ 28, 91 ff. Bestimmungen über den Fall, daß eine Person durch Trunkenheit des Gebrauchs der Vernunft beraubt, und unterscheidet davon den Fall, in welchem Jemand so trunken gemacht, daß er die Folgen der Handlung nicht mehr richtig überlegen konnte. Das BGB. enthält darüber nichts; beide Fälle sind nach § 104 zu behandeln. Vgl. dort. Das LR. läßt ferner Ehescheidung wegen Trunkenheit nach vorangegangenem fruchtlosen Besserungsmandat zu, II 1 §§ 708 ff., ebenso das SBGB. § 1733. Im BGB. ist dies fortgefallen.

**IV. Wohnsitz.** §§ 7—11. E. I §§ 34—40; II §§ 17—21; III §§ 7—11. ALR. Einl. §§ 24, 27. AGO. I 2 §§ 9 ff., 87 ff. C. c. art. 102—111. Windscheid I §§ 35, 36. Dernburg, Pand. I § 46; Pr. Pr. I § 27. Eccius 1 § 11. Grützmann I § 17 VII. Z-Cr. I §§ 80-85. Cr. I § 12.

1. Der Rechtsbegriff des Wohnsitzes der natürlichen Person ist für ihre Rechtsverhältnisse von mannigfacher allgemeiner Bedeutung. Daher die Stellung im Allgem. Theil in Verbindung mit der Person. Vgl. §§ 24, 80 (jur. P.). Für das BGB. ist die Bedeutung dadurch herabgemindert, daß es abweichend vom gem. Deutschen, dem Preuß. u. Bayr. R., RG. 31 S. 189, ALR. Einl. §§ 23 ff., Bayr. LR. I 2, § 17, auch vom Englisch-Amerik. R., aber übereinstimmend mit dem C. c. art. 3, 13, 17, dem SBGB. § 7, dem Art. 84 WO. (OHG. 6 S. 354), und einer Reihe von Staatsverträgen (Rußland, Griechenland, Brasilien, RG. 26 S. 117) als Personalstatut nicht das Recht des Wohnsitzes, sondern das der Staatsangehörigkeit bestimmt und demgemäß Geschäftsfähigkeit, Familienrecht, Eherecht, namentlich das ehel. Güterr., und das Erbrecht nach diesem Recht beurtheilt, wenn die Rechtsquellen zusammenstoßen. EG. Art. 7, 13—15, 17—22, 24, 25 (29). Von Bedeutung ist der Begriff aber noch jetzt einmal für den Gerichtsstand, der nach § 13 der CPO. an erster Stelle durch den Wohnsitz bestimmt wird, ohne daß die CPO. eine Begriffsbestimmung giebt, so daß der Begriff nach dem Bürgerl. R. zu bestimmen, RG. 22 S. 386, und für die Art. 8, 9 Abs. 3, 15, 16, 24, 25, 29 EG., die §§ 132, 269, 270, 1433, 1944, 1954, in denen der Wohnsitz rechtlich in Betracht kommt, im Gegensatz zu § 1354, wo vom Wohnort und der Wohnung die Rede, ebenso wie es sich bei dem Unterstützungswohnsitz des Ges. v. 6. Juni 1870 (12. März 1894) § 9, und der Wohnung des § 1 Abs. 2 des RGes. v. 13. Mai 1870 betr. die Doppelbesteuerung, nicht um Wohnsitz im Sinne des § 7 handelt. RG. 29 S. 23. Vgl. auch Preuß. Landgemeinde-O. v. 3. Juli 1891 § 7 Abs. 3 (Wohnung zu dauerndem Aufenthalt). Nach § 12 Ges. v. 1. Juni 1870 wird durch den Wohnsitz im Deutschen Reich allein die Staatsangehörigkeit nicht begründet.

2. Für das Preuß. R. ist in AGO. I 2 §§ 9 ff. der Begriff des Wohnsitzes in wesentlicher Uebereinstimmung mit dem gem. R. und dem französ. R., C. c. art. 102, festgestellt, während das SBGB. keine Definition enthält. Wohnsitz setzt im Gegensatz zu Aufenthalt und bloßer Wohnung den manifestirten Willen voraus, an einem bestimmten Ort dauernden Aufenthalt für alle Lebensverhältnisse zu nehmen. C. c. art. 102: „l'intention d'y fixer son principal établissement". RG. 22 S. 385. Manifestirt wird der Wille durch ausdrückliche Erklärung, oder stillschweigend durch Thatsachen, namentlich durch vollständige Einrichtung einer Wirthschaft in eigener Wohnung in Verbindung mit einer Lebensthätigkeit, nicht durch Gewerbebetrieb allein ohne solche Wirthschaftseinrichtung, wenn diese an anderem Ort. ObTr. 37 S. 356. StrA. 86 S. 53, OHG. 12 S. 217, 225. RG. 8 S. 146, 15 S. 367, 22 S. 385, 30 S. 247. Vorübergehender Aufenthalt in einem Hotel behufs späterer Uebersiedelung nach einem anzukaufenden und dann angekauften Gut, das sodann auch bezogen wird, begründet Wohnsitz nicht, Bolze 3 Nr. 38, so wenig wie der unausgeführte, oder halb ausgeführte Wille, zu übersiedeln, genügt. RG. 15 S. 367, Bolze 5 Nr. 3, 7 Nr. 30, 17 Nr. 14. Durch die Umstände gebotener Aufenthalt kann den Willen der Begründung eines Wohnsitzes ausschließen, Bolze 5 Nr. 1524, Wohnsitz aber unter der Voraussetzung vollständiger Einrichtung doch begründet werden, wenn auch seine baldige Aufgabe in Aussicht genommen. Bolze 3 Nr. 39. Nicht erforderlich ist, daß der Aufenthalt im Wohnsitz ununterbrochen, wenn er nur mehr oder weniger regelmäßig wiederkehrend,

der Berufsthätigkeit entsprechend. Bolze 10 Nr. 25 (Karoussellbesitzer). Die Aufgabe der Wohnung ohne Begründung eines neuen Wohnsitzes ändert an der rechtlichen Bedeutung nichts, RG. 31 S. 190; es ist möglich, ohne Wohnung im Inlande Wohnsitz im Inlande zu haben, wenn man mit Auslandspaß, der ständig erneuert wird, ins Ausland geht. ObTr. 66 S. 270. Das ALR. Einl. § 27, AGO. I 2 § 15 läßt doppelten Wohnsitz bei vollständiger Wirthschaftseinrichtung an beiden Orten zu, wogegen der C. c. dies auszuschließen scheint. Nach AGO. I 2 §§ 9, 11 ist Amtssitz ohne ständige Einrichtung am Amtssitz als Wohnsitz nicht anzusehen, obwohl für den Wohnungsgeldzuschuß nach den Ges. v. 12. Mai 1873, 30. Juni 1873 der Amtssitz entscheidet, RG. 26 S. 267, wenn auch eine Verpflichtung für den Beamten bestehen sollte, am Amtssitz zu wohnen, da der Wohnsitz vom Wohnrecht nicht abhängt. RG. 8 S. 146. Nach C. c. art. 105 dagegen ist der Amtssitz gesetzlich der Wohnsitz. Vgl. RE. 1 Nr. 15, 24. In § 7 Abs. 1, 3 BGB. ist der Begriff daraus zu entnehmen, daß gesagt, wie der Wohnsitz begründet und aufgehoben wird. Da die Begründung und Aufgabe ein Rechtsakt ist, kann sie nach § 3, wie nach bisherigem R., wirksam nur von dem Geschäftsfähigen vorgenommen werden. Der Wille ständiger Niederlassung ist entscheidend, ebenso für die Aufgabe des Wohnsitzes der Wille, die Niederlassung aufzuheben. Der Wille muß erkennbar gemacht und ausgeführt sein. Das ist wesentlich das bisherige R. Vgl. auch l. 203 D. 50, 16. l. 7 C. 10, 40. Ob ständige Niederlassung vorliegt, ist nur konkret zu entscheiden; das Merkmal des „Mittelpunkts für alle Lebensverhältnisse" ist nicht aufrechtzuerhalten, wo, wie auch nach § 7 Abs. 2, gleichzeitiger Wohnsitz an mehreren Orten rechtlich zugelassen ist. Ohne das Merkmal vollständiger Wirthschaftseinrichtung, § 15 AGO. I 2, ist die „Niederlassung" im Sinne des BGB. nicht denkbar. Insoweit sind auch die Ergebnisse der bisherigen Rechtsprechung für das BGB. zu verwerthen. Amtssitz ist ohne thatsächliche Niederlassung nach BGB. nicht Wohnsitz, der art. 105 C. c. beseitigt. Vgl. über dienstlichen Wohnsitz § 9 Abs. 2 RGes. v. 1. Juni 1870, §§ 21, 22 RBeamtenges. v. 31. März 1873, § 347 Abs. 1 CPO. (Amtssitz). Vom Wohnrecht macht auch das BGB. den Wohnsitz nicht abhängig. Auch nach BGB. ist denkbar, daß die Niederlassung thatsächlich aufgegeben wird, aber nicht rechtlich, d. h., daß der Wohnsitz trotzdem bleibt, weil die Niederlassung nicht ständig aufgegeben werden soll. (Längere Reise in das Ausland.) Vgl. oben ObTr. 66 S. 270, Bolze 5 Nr. 1524. Daß Untersuchungshaft und Strafhaft, Unterbringung in eine Anstalt zur Heilung oder Besserung Wohnsitz nicht begründet, versteht sich von selbst nach dem Begriff. Entw. I § 35 sagte es ausdrücklich. Begrifflich muß der Wille des Untergebrachten oder seines gesetzlichen Vertreters, § 8 (Vater, Mutter, Vormund), hinzutreten. Selbst bei lebenslänglicher Haft oder Detention kann der Wille des Detinirten oder seines Vertreters, wenn er minderjährig oder entmündigt, dahin gehen, den Wohnsitz beizubehalten; das kann sogar geboten sein, wenn er ein Geschäft, Gewerbe, Besitzthum hat und das Geschäft, das Gewerbe, den Betrieb durch Angehörige oder Dritte, oder der Vertreter durch Dritte weiterbetreibt. Natürlich kann die Sache sich konkret auch anders gestalten, z. B. wenn der Detinirte seine Familie nach dem Detentionsort übersiedeln läßt. Bei Geisteskranken sieht sich das Vormundschaftsgericht vielleicht veranlaßt, einen anderen Vormund am Ort der Detention zu bestellen oder die Vormundschaft dorthin abzugeben. Auch hier können also lediglich die Umstände entscheiden. Festzuhalten ist immer, daß der Wille der Niederlassung bezw. der Aufgabe der Niederlassung und die Ausführung dieses Willens erhellen muß und daß z. B. die vorübergehende Aufgabe der Wohnung rechtlich nichts besagt. Der Satz des art. 108 C. c. am E., daß der Entmündigte den Wohns. des Vormunds theilt, ist dem BGB. fremd.

3. Der § 9 reproduzirt in Bezug auf den gesetzlichen Wohnsitz der Militärpersonen das bisherige Recht. AGO. I 2 §§ 48 ff., CPO. §§ 14, 15. Er bezieht sich wie das bisherige R. auf deutsche Militärpersonen und nach Abs. 2 wie bisher nur auf den Berufssoldaten und Berufsmilitärbeamten, nicht auf den Wehrpflichtigen, auch nicht auf den zu Uebungen oder zum Kriege Eingezogenen, auch nicht auf den berufsmäßig Dienenden, der nach § 8 selbständig keinen Wohnsitz begründen kann. Vgl. RMilGes. v. 2. Mai 1874 § 39 Abs. 2. Preuß. Dekl. v. 31. März 1839 zu ALR. II 10 § 7; OHG. 21 S. 330, 11 S. 177. Wer Militär=

person ist, ergiebt sich aus § 4 des MilStrGB. für das D. Reich v. 20. Juni 1872 und der Anlage dazu (Personen des Soldatenstandes und die Militärbeamten von Heer und Marine). Die Offiziere à la suite kommen nicht in Betracht, weil sie entweder nicht zum Soldatenstande gehören oder doch keinen Garnisonort haben. Vgl. Gruchot 26 S. 119. Nach Abs. 1 Satz 2 handelt es sich immer nur um den inländischen Garnisonort. CPO. § 21 Abs. 2 hat es nur mit dem Gerichtsstand zu thun, ebenso RMilGes. § 39 Abs. 3. Neben dem gesetzlichen Wohnsitz des Garnisonorts giebt es keinen anderen (doppelten) W. Möglich ist, daß der minderjährige Berufssoldat mit Genehmigung des gesetzlichen Vertreters seinen Wohnsitz am Garnisonort begründet. Die §§ 14, 15 CPO. sind durch § 9 erübrigt und sollen deshalb nach Entw. der CPO. gestrichen werden.

4. Wesentlich bisheriges R. enthält auch der § 10 über den gesetzlichen Wohnsitz der Ehefrau am Wohnsitz des Mannes. ALR. II 1 § 175. C. c. art. 108. SBGB. § 1636. CPO. § 17 (der gestrichen werden soll). Auch für das BGB. folgt dieser Wohnsitz aus den Vorschriften in §§ 1353, 1354 über die ehel. Lebensgemeinschaft, dem R. des Mannes, Wohnort und Wohnung zu bestimmen und der Pflicht der Frau zur ehel. Folge. So lange diese Pflicht besteht, theilt die Frau den Wohnsitz des Mannes von Rechtswegen, § 10 Abs. 1 Satz 2, und kann selbstständig neuen Wohnsitz nicht begründen, § 10 Abs. 2. Faktische Trennung der Frau vom Manne hebt den Wohnsitz nicht auf, § 1361. Die Pflicht zur ehelichen Folge hört mit der Wirkung, daß die Frau selbständig einen Wohnsitz begründen kann, nur auf 1. wenn der Mann im Auslande Wohnsitz nimmt und ihm die Frau nicht folgt, weil sie nach § 1353 Abs. 2 Satz 1, § 1354 dazu nicht verpflichtet, indem das Verlangen der ehel. Folge einen Mißbrauch des Rechts des Mannes enthalten würde, was auch vorliegen kann, wenn die Frau ins Ausland folgt, dann aber wieder zurückkehrt; 2. wenn der Mann keinen oder keinen bekannten Wohnsitz hat (vagabundirt, verschollen, uneingerichtete Wohnung), 3. wenn gemäß §§ 1575 ff. auf Aufhebung der ehel. Gemeinschaft erkannt ist, § 1586. Der § 10 sagt das nicht besonders, es folgt aber aus § 1586 und § 10 Abs. 2. Durch Vertrag kann der Frau das Recht, selbständigen Wohnsitz zu begründen, nicht eingeräumt werden. Vgl. zu §§ 1353 ff. Bolze 5 Nr. 31. Von selbst versteht sich, daß nach der Trennung der Ehe, durch Tod oder Scheidung die geschäftsfähige Frau selbständigen Wohnsitz begründen kann. Es darf aber nicht gesagt werden, daß mit der Trennung der Ehe der W. von selbst fortfällt, die Frau nur noch Aufenthalt am bisherigen Wohnsitz hat (Planck, BGB.). Das widerspricht der Lebensanschauung und dem Lebensbedürfniß und folgt auch nicht daraus, daß nach § 11 Abs. 1 Satz 2 das Kind den Wohnsitz des Vaters behält, der § 10 dies für die Ehefrau nicht ausdrücklich sagt. Soll das Kind den Wohnsitz behalten, die Mutter keinen Wohnsitz haben? Nicht die Ehe begründet den Ehewohnsitz, sondern der Wille des Ehemannes, dem die Ehefrau sich zu fügen hat; ist der Wohnsitz für sie dadurch rechtlich begründet, so kann er nur durch einen contrarius actus aufgehoben werden, d. h. durch ihren Willen; durch diesen kann faktischer Aufenthaltsort vor der Trennung rechtlich zum Wohnsitz werden, aber was rechtlich begründet, kann nur durch Rechtsakt aufgehoben werden. Für nichtige oder ungültige Ehe kann nichts anderes gelten, als für getrennte Ehe. Solange die formell gültige Ehe nicht aufgehoben, besteht sie, §§ 1329, 1343; wird sie aufgehoben, so hat die Frau die Befugniß, ihren Wohnsitz selbständig zu begründen, aber der begründete Wohnsitz fällt nicht von selbst fort.

5. Auch der § 11, gesetzl. W. des Kindes, enthält in der Hauptsache kein neues R. AGO. I 2 §§ 17 ff., 87. C. c. art. 108. CPO. § 17 Abs. 2 (soll gestrichen werden). Daß das ehel. K., d. h. das ehelich geborene, legitimirte, von einem Mann adoptirte oder rechtlich als ehel. geltende Kind, §§ 1591, 1719, 1736, 1757, 1699, den Wohnsitz des Vaters, das unehel. oder das von einer Frau adoptirte K., §§ 1705, 1757, den der Mutter theilt, beruht auf der naturgemäß regelmäßig vorhandenen häuslichen Gemeinschaft, nicht auf der elterl. Gewalt, und ist nach § 11 unabhängig auch von der Minderjährigkeit oder Großj. des K. Nur bei Legitimation und Adoption eines Großjährigen bleibt Legitimation und Adoption für den W. des K. ohne rechtlichen Einfluß, es erhält dadurch keinen W., verliert ihn nicht, sie begründet ihn nicht und läßt dem K. die Begründung

offen, wie jedem Großjährigen. Danach hat der minderj. und großjährige Sohn, so lange der Vater lebt, den Wohnsitz des Vaters z. B., wenn er studirt oder sich im amtlichen Vorbereitungsdienst mit wechselndem Aufenthalt befindet, oder in Dienst oder auf Arbeit geht, ebenso die minderj. oder großj. Tochter, die in Dienst oder auf Arbeit geht, oder sich zu ihrer Ausbildung außerhalb des Vaterhauses aufhält. Der § 21 der CPO. (§ 55 Abs. 2) behält *für den Gerichtsstand* seine Bedeutung. *Während der Minderjährigkeit kann das Kind einen anderen, als den ges. W. nur mit Genehmigung des gesetzlichen Vertreters begründen, nach der Großjährigkeit selbständig*, § 8. Das Kind, dessen Eltern leben, nicht anders, als das elternlose. Das kann namentlich auch bei dauerndem Arbeits- und Dienstverhältniß sich so gestalten; auch hier kommt alles auf die Umstände des einzelnen Falles an. Die Vorschrift in § 11 Abs. 1 Satz 2 trifft den Fall, wo der Vater des ehel. oder die Mutter des unehelichen Kindes stirbt, oder den Wohnsitz ohne Gründung eines neuen aufgiebt. Ist der ehel. Vater zur Zeit der Geburt ohne W., so ist das Kind ohne Wohnsitz wie das unehel. K., wenn die Mutter ohne W., und erlangt einen Wohnsitz erst, wenn ein solcher nach dem Gesetz, §§ 7, 8, begründet wird.

6. *Der erwählte Wohnsitz*, domicil élu, C. c. art. 111, ist kein Wohnsitz im Sinne des Civilrechts, enthält einen Gerichtsstand, gilt nach § 15 Nr. 5 EG. z. CPO. besonders noch für Zustellungen und bleibt nach Art. 157 EG., *wenn er vor dem BGB. gewählt*, für Rechtsverhältnisse in Kraft, die sich nach dem früheren R. bestimmen. In Zukunft fällt er fort. Im Uebrigen ist die Frage, ob eine Person an einem bestimmten Orte Wohnsitz hat oder gehabt hat, grundsätzlich nach dem R. dieses Ortes zu der Zeit zu beurtheilen, um die es sich handelt. Vgl. Bolze 5 Nr. 17, 13 Nr. 27 (ob ein Erblasser am Sterbeort Wohnsitz gehabt, entscheidet sich nach dem R. des Sterbeorts). Vgl. RG. 26 S. 490 zu § 18 CPO. (letzter bekannter W.). Der § 16 CPO. (vgl. Entw. der CPO. § 16) bezieht sich ebenso wie der § 112 StPO. (vgl. Art. 35 EG.) nur auf den Gerichtsstand.

**V. Namensrecht.** § 12. Entw. II § 22, III. § 12. Windscheid I §§ 39, 40. Dernburg, Pand. I § 22 Anm. 9. Eccius I § 19 Anm. 34a. Z-Cr. I § 101 Anm. 9, III §§ 515, 521, 455. Gierke, D. Privatr. I §§ 83, 84. — 1. Der Name, Familienname und Vorname, ist ein Stück der natürlichen Person, die er individualisirt, und ein Stück der Rechtspersönlichkeit, insofern er für sie rechtlich von Bedeutung ist. Wegen seiner rechtlichen Bedeutung ordnet das RG. v. 6. Febr. 1875 in Uebereinstimmung mit dem früheren Recht (vgl. ALR. II 11 §§ 481 ff., C. c. art. 34 ff.) die Eintragung von Vor- und Zunamen in das Geburtsregister an, bei neugeborenen Findelkindern die des ihnen (von der Behörde oder mit deren Genehmigung) *beigelegten Namens*. §§ 22, 24. Die rechtliche Bedeutung des Namens beruht im Wesentlichen darauf, daß *die Rechtsfähigkeit* sich an *jeden Menschen, die einzelnen Rechte* an die einzelne Person, das durch den Namen bezeichnete Individuum knüpfen, daß der Uebergang der Rechte von Person zu Person erfolgt, und daß die durch den Namen äußerlich gekennzeichnete Verwandtschaft und Familienzugehörigkeit die Universalsuccession wesentlich bestimmen. Schriftliche Verträge erfordern die Namensunterschrift, § 126. Der strafrechtl. Thatbestand der Urkundenfälschung hängt eng mit der Namensschrift zusammen. StGB. § 267. Vgl. auch StGB. § 360 Nr. 8 (Bestrafung der unbef. Annahme von Adelsprädikaten und der Bedienung eines nicht zukommenden Namens gegenüber zuständigem Beamten). Alle neuern Kodifikationen des Privatrechts enthalten Vorschriften über *den Erwerb des Familiennamens* durch Geburt, Verheirathung, Adoption, Legitimation, und den Verlust durch die Scheidung der Ehe. Nach BGB. erhält die Ehefrau den Familiennamen des Mannes, § 1355, d. h. Recht und Pflicht, ihn zu führen, nach § 1616 ebenso das ehel. Kind den des Vaters, nach § 1706 das unehel. den der Mutter, nach § 1758 das adoptirte Kind den des Adoptirenden bezw. des Vaters, und darf dem neuen seinen früheren hinzufügen, wenn der Vertrag nichts anderes besagt, nach § 1772 verliert es den Namen mit der Aufhebung der Adoption, nach § 1719 wirkt die Legitimation gleich nachfolgender Ehe die Rechtsstellung des ehelichen Kindes, nach § 1726 ebenso die Ehelichkeitserklärung. Nach § 1577 behält die geschiedene Frau den Familiennamen des Mannes, kann durch Erklärung der Behörde gegenüber den ihrigen wieder annehmen; sobald sie aber für allein schuldig erklärt, kann der Mann durch Erklärung der Behörde gegenüber ihr die Fortführung seines Namens untersagen. Gleiche und ähnliche Bestimmungen enthalten das ALR. II 1 §§ 192, 193, 738 ff., 863; 2 §§ 58, 603, 640, 684 ff., SBGB. §§ 1578, 1628, 1632, 1748, 1801, 1796, 1780, 1783. C. c. art. 299 (Ges. v. 6. Febr. 1893, geschiedene Ehefrau), art. 347 (Adoptivkind). Damit ist der Erwerb und der Verlust des Namens zum Gegenstande privatrechtlicher Bestimmungen gemacht und indirekt anerkannt, daß der Name ein Individualrecht und als solches Gegenstand von Recht und Pflicht ist. Für das Preuß. R. ist in ObTr. 1 S. 1 auf Grund der §§ 738 ff. II 1 anerkannt, daß der geschiedene Ehemann im Falle § 742 II 1 ein Klagerecht gegen die geschiedene Frau zur Durchführung seines Rechts auf Unterlassung der Führung seines Namens hat, in ObTr. 46 S. 193, daß auf Grund der §§ 611, 639, 641 II 2, § 366 I 18, II 9 § 16 über die Frage, ob eine Person einen bestimmten adligen Namen führen darf, auf Klage eines Mitgliedes der bestimmten adligen Familie wie über ein Privatrecht im Rechtswege zu entscheiden ist, vgl. auch RG. 18 S. 10, JMBl. 1884 S. 37, ebenso für das gem. R. in RG. 2 S. 145 (Recht des Gliedes einer standesherrlichen Familie zur Klage auf Unterlassung der Führung von Namen und Wappen gegen die nach Privatfürstenrecht nicht in die Familie getretene unebenbürtige Frau eines Familiengliedes), 5 S. 171 (Klage des unehel. Vaters gegen das unehel. Kind, das seinen Namen führt), 29 S. 123 (Klage eines Familiengliedes gegen das Adoptivkind eines anderen Gliedes auf Ablegung des Namens, weil der Vertrag simulirt), 37 S. 164 (Klage gegen den Adoptirten wegen unbefugter Führung adligen Namens).

2. Eine Reihe reichsgesetzlicher Vorschriften, die nach Art. 32 EG. unberührt geblieben, gewährten schon vor dem BGB. dem Namen privatr. Schutz. Dahin gehört Art. 27 HGB. (HGB. v. 10. Mai 1897 § 36 Abs. 2) betr. den kaufmännischen Namen, die Firma, das Ges. v. 30. Nov. 1874 über Markenschutz § 13, welcher die negator. Klage gegen die Bezeichnung von Waaren 2c. mit dem Namen eines Dritten giebt, und Ges. v. 12. Mai 1894 zum Schutz der Waarenbezeichnungen §§ 13, 14, ferner das Ges. z. Bekämpfung des unlauteren Wettbewerbes v. 27. Mai 1896 § 8 (Mißbrauch fremden Namens im geschäftlichen Verkehr).

3. Der § 12 schließt diese Entwickelung durch Formulirung ihres Ergebnisses ab. Die frühere Rechtsprechung bleibt noch jetzt von Bedeutung. Er giebt eine Klage a. wenn dem zum Gebrauche eines Namens Berechtigten das Recht von einem Dritten bestritten wird; b. wenn das Interesse des zum Gebrauche eines Namens Berechtigten dadurch verletzt wird, daß ein Anderer den gleichen Namen unbefugt gebraucht. Die Klage zu a. ist Feststellungsklage, zu b. die negatorische Klage. Die Feststellungsklage fordert den Nachweis des rechtlichen Interesses nicht; solches wird in § 12 ohne Weiteres angenommen. Sie geht auf Feststellung, daß der Gegner nicht berechtigt, die Befugniß des Klägers zur Führung des Namens zu bestreiten, oder Anerkennung dieser Befugniß. Die Klage gegen den unbefugten Namensgebrauch hat negatorische Natur und wird ihrer Natur nach regelmäßig auch auf die Zukunft gehen, weil ohne die Befürchtung künftigen Gebrauchs im Allgemeinen das erforderliche Interesse fehlen wird. Satz 2 § 12. Verletzung des Interesses des Berechtigten ist gefordert, weil es ohnedies zu zwecklosen, unnützen, chikanösen Klagen wegen einmaligen Gebrauchs eines noch so allgemeinen, verbreiteten Namens (Müller, Schulze) kommen könnte, und die negatorische Klage ihrer Natur nach einen Eingriff in den eigenen Rechtskreis fordert, der bei körperlichem Eigenthum oder nutzbarem Recht immer klar sein wird, bei dem eigen gearteten Namensrecht aber stets besonders darzuthun ist. Das Interesse ist nicht nothwendig Vermögens- oder Geschäftsinteresse, sondern kann ein rein ethisches oder Affektionsinteresse sein. In § 1577 Abs. 3 wird das Interesse ohne Weiteres durch das Untersagungsrecht des Ehemannes gegeben, durch welches das Gesetz selbst das Interesse anerkannt hat. Dasselbe gilt für den Fall des § 1706, in § 1758 kann es durch den Vertrag ohne Weiteres gegeben sein, ebenso in § 1722 durch den Fortfall des Adoptionsvertrages. Auch nach § 12 ist nicht zu bezweifeln, daß eine Familie und jedes Mitglied einer solchen das Klagerecht aus eigenem Interesse gegen den nur zum Schein Adoptirten hat, dem nur der Name hat verschafft werden sollen. Vgl. RG. 29 S. 123. Schadensersatz kann nach §§ 823, 847 immer nur gefordert werden,

wenn *Vermögensschaden* vorliegt; das ethische Interesse wird nach § 847 nicht bezahlt.

4. Ueberall setzt die Verfolgung des Namensrechts den Nachweis des eigenen Rechts und der Nichtbefugniß des Gegners voraus. Letzteres ist für die negatorische Klage erheblich und folgt daraus, daß der Gebrauch eines bestimmten Namens sich nicht schon äußerlich wie bei der gewöhnlichen neg. Klage als Eingriff darstellt. Erheblich ist deshalb, wie das Namensrecht erworben wird. Erworben wird es auch nach BGB. wie nach bisherigem R. durch Geburt (ehel., unehel.), und durch Rechtsakt (Eheschließung, nachfolgende Ehe, Ehelichkeitserklärung, Adoption). Für Kinder aus nichtiger Ehe folgt aus § 1699 das Namensrecht soweit, als sie für eheliche gelten. Niemand kann seinen Namen einem Anderen durch Rechtsakte anderer Art, entgeltlich oder unentgeltlich, übertragen. Die Gestattung der Führung des Namens schließt die *unbefugte Führung* für die Vergangenheit aus, ist aber widerruflich. RG. 5 S. 171 (anders?). Auch das HGB. gestattet es für den kaufmännischen Namen *nur mit dem Handelsgeschäft*, nicht selbständig. HGB. Art. 23 (HGB. v. 10. Mai 1897 § 23). RG. 9 S. 1, 106; 6 S. 246; 29 S. 123, 133. ALR. II 20 § 1440 b. Ges. v. 30. Oct. 1816. Verlust des Namensrechts kann, wie erwähnt, bei Scheidung, bei Nichtigkeit der Ehe, bei Aufhebung des Adoptionsvertrages eintreten; selbstverständlich ist er, wenn das eheliche Kind für unehelich erklärt ist, §§ 1593 ff. *Erwerb des Namensrechts durch Verleihung behandelt das BGB. nicht*; insoweit sind die Vorschriften der Landesgesetze nicht berührt. Sie sind ebenso wie die Vorschriften über Aenderung des Namens öffentlich rechtlicher Natur. Vgl. z. B. ALR. II 9 § 9. Für die privatr. Natur des Namensrechts ist *die Art des Erwerbes* gleichgültig. Der § 12 findet Anwendung auch auf den Namen von Vereinen, § 57, den die Satzung (Statut) bestimmt, oder die staatliche Verleihung, § 22. Vgl. auch Genoss.Ges. v. 1. Mai 1889 §§ 3, 6; Ges. v. 1. April 1879 (Wassergenoss.) § 12 Nr. 1, § 56 Nr. 1. Der § 12 spricht von dem Berechtigten, nicht vom Menschen. Vom *Adel* sagt das BGB. nichts. Der Art. 58 EG. hält die Vorschriften der Landesgesetze und nach deren Maßgabe die der Hausverfassungen bezüglich der Familienverhältnisse und Güter für den hohen Adel und den vormaligen Reichsadel aufrecht. Der niedere Adel (d. h. der nicht zum hohen Adel nach Art. 58 gehörige) ist privatrechtlich ohne Bedeutung, nur Art. 216 EG. hält für gewisse adlige Familien die für sie landesgesetzlich bei Einführung des BGB. bestehende privilegirte Testirbefugniß aufrecht. Aber Name im Sinne des § 12 ist auch *der adlige Name, insofern er Familienname ist*, d. h. die Familienzugehörigkeit bezeichnet, nicht *bloßes Prädikat und Titel*, wie der persönliche Adel in Württemberg und Bayern, und vielfach, nicht immer, die Titel Freiherr, Graf, Fürst, Herzog, u. a. StGB. § 360 Nr. 8. Der adlige Familienname wird durch § 12 ebenso wie der bürgerliche Name geschützt. Vgl. ObTr. 46 S. 193, wo ausgeführt, daß die Frage, ob Jemand *adligen Standes*, öffentlichen Rechts, ob er *Mitglied einer adligen Familie*, privatrechtlich. Vgl. RG. 2 S. 145, 5 S. 171, 29 S. 123. Wie der Adel erworben wird, insofern er als Stand öffentlich rechtlich in Betracht kommt, bestimmt das öffentl. R., aber ob *der adlige Familienname* in Folge privatrechtlicher Verhältnisse und juristischer Thatsachen privatrechtlicher Natur, Ehe, Geburt, Rechtsakt erworben wird, ist lediglich nach dem BGB. zu beurtheilen, das auf dem Gebiete des Privatrechts, soweit nicht die Art. 58, 216 EG. vorbehalten, den Adel als Rechtsinstitut nicht kennt, und in Art. 55 EG. die privatr. Vorschriften der Landesgesetze außer Kraft setzt, soweit nicht ein Anderes bestimmt ist. Gehört der Familienname und die Familienangehörigkeit dem Privatr. an, so gelten alle Bestimmungen des BGB. darüber ohne Unterschied zwischen adligen und bürgerlichen Namen und Familien. Die Bemerkung in den Motiven (Bd. 4 S. 106, 937, 983. Protok. II S. 5059), daß die Bestimmungen über den Erwerb des Namens im publicistischen Sinne, insbesondere des Adelsstandes öffentl. Rechts, daß der Frage, ob die legitimirten und adoptirten Kinder den Adel erwerben, nicht präjudicirt werde, ist werthlos, die Verweisung auf das EG. durch Art. 58 EG. erledigt, die Folgerungen, die auch in *Plancks* Kommentar zu § 12 unter 3 daraus für die Frage gezogen, ob die Ehefrau und das ehel. Kind den Adel des Mannes und Vaters, d. h., wie sich aus den weiteren Bemerkungen ergiebt, den adligen Namen erwirbt, ganz unhaltbar. Damit ist in das klare Gesetz eine ebenso unschöne wie werthlose Controverse hinein=

getragen, werthlos auch für den Fall der Adoption und Legitimation, nachdem das öffentl. R. keinen Anstand genommen hat, auch dem mit Verlust der bürgerlichen Ehrenrechte bestraften Zuchthäusler den adligen Familiennamen zu belassen. Dem Vorschlag von Bülow's in der D. Juristenzeitung 1896 Nr. 22, im Landeseinführungsgesetze für Preußen darüber eine (abhelfende) Bestimmung zu treffen, steht entgegen, daß solche Bestimmung nach Art. 55, 58 EG. neben dem Reichsgesetz keine Bedeutung hätte. Festzuhalten ist nur, daß der der Person verliehene Adel keinen Familiennamen verschafft. Aber daß der adlige Familienname nicht Familienname sein soll, ist nicht verständlich. Einem Mißbrauch kann sowohl bei der Adoption wie bei der Legitimation auch nach BGB. entgegengetreten werden.

**5.** Pseudonym ist kein Name im Sinne des § 12, weil er die Person nicht bezeichnen, sondern verdecken soll. Daran hat das Gesetz kein Interesse; es kennt keine Art des Erwerbes eines solchen, zur Verdeckung bestimmten Namens. Die Sicherheit des Rechtsverkehrs fordert die Wahrheit des Namens. Ein Recht auf Pseudonyme als Namen kann nicht erworben und deshalb nicht verfolgt werden. Wenn die Ges. v. 11. Juni 1870 §§ 11, 28, und vom 9. Januar 1876 §§ 9, 26 pseudonyme literarische und künstlerische Erzeugnisse schützen, so schützen sie nur diese, nicht den Namen, d. h. ein Vermögensrecht, nicht ein Namensrecht. Vom Standpunkt dieses Vermögensrechts ist nicht ausgeschlossen, daß der wahre Autor oder der nach den obigen Gesetzen zur Verfolgung seiner Rechte Legitimirte den Gebrauch des Pseudonym durch einen Dritten als einen Eingriff in sein Vermögensrecht verfolgen kann, §§ 823, 826. Nur unter den § 12 ist dies nicht zu bringen. Die §§ 823, 826 reichen ohne besonderes Gesetz und ohne daß es nöthig, auf das Ges. v. 12. Mai 1894 zum Schutz der Waarenbezeichnungen oder das Ges. v. 27. Mai 1896 (unlauterer Wettbewerb) zurückzugreifen, aus, um den konkret erforderlichen Schutz zu gewähren.

**6.** Der Schutz des Namensrechts ist als Schutz der Person nach dem Personalstatut, d. h. nach dem R. der Staatsangehörigkeit zu beurtheilen. RG. 5 S. 171, 29 S. 127. Das EG. sagt darüber nichts. Dabei wird, wie in RG. 29 S. 123, 127 im Allgemeinen davon auszugehen sein, daß, beim Mangel entgegenstehender ausdrücklicher Rechtsnormen, anzunehmen, daß dieser Schutz der Person keinem Rechte fremd ist oder zuwiderläuft. Das kommt auch in Betracht, wenn es sich um die zeitliche Anwendung des § 12 handelt.

---

## 2. Titel. Juristische Personen.

### I. Vereine.

#### 1. Allgemeine Vorschriften.

**§ 21.** Ein Verein, dessen Zweck nicht auf einen wirthschaftlichen Geschäftsbetrieb gerichtet ist, erlangt Rechtsfähigkeit durch Eintragung in das Vereinsregister des zuständigen Amtsgerichts.

**§ 22.** Ein Verein, dessen Zweck auf einen wirthschaftlichen Geschäftsbetrieb gerichtet ist, erlangt in Ermangelung besonderer reichsgesetzlicher Vorschriften Rechtsfähigkeit durch staatliche Verleihung. Die Verleihung steht dem Bundesstaate zu, in dessen Gebiete der Verein seinen Sitz hat.

**§ 23.** Einem Vereine, der seinen Sitz nicht in einem Bundesstaate hat, kann in Ermangelung besonderer reichsgesetzlicher Vorschriften Rechtsfähigkeit durch Beschluß des Bundesraths verliehen werden.

**§ 24.** Als Sitz eines Vereins gilt, wenn nicht ein Anderes bestimmt ist, der Ort, an welchem die Verwaltung geführt wird.

**§ 25.** Die Verfassung eines rechtsfähigen Vereins wird, soweit sie nicht auf den nachfolgenden Vorschriften beruht, durch die Vereinssatzung bestimmt.

**§ 26.** Der Verein muß einen Vorstand haben. Der Vorstand kann aus mehreren Personen bestehen.

Der Vorstand vertritt den Verein gerichtlich und außergerichtlich; er hat die Stellung eines gesetzlichen Vertreters. Der Umfang seiner Vertretungsmacht kann durch die Satzung mit Wirkung gegen Dritte beschränkt werden.

**§ 27.** Die Bestellung des Vorstandes erfolgt durch Beschluß der Mitgliederversammlung.

Die Bestellung ist jederzeit widerruflich, unbeschadet des Anspruchs auf die vertragsmäßige Vergütung. Die Widerruflichkeit kann durch die Satzung auf den Fall beschränkt werden, daß ein wichtiger Grund für den Widerruf vorliegt; ein solcher Grund ist insbesondere grobe Pflichtverletzung oder Unfähigkeit zur ordnungsmäßigen Geschäftsführung.

Auf die Geschäftsführung des Vorstandes finden die für den Auftrag geltenden Vorschriften der §§ 664 bis 670 entsprechende Anwendung.

**§ 28.** Besteht der Vorstand aus mehreren Personen, so erfolgt die Beschlußfassung nach den für die Beschlüsse der Mitglieder des Vereins geltenden Vorschriften der §§ 32, 34.

Ist eine Willenserklärung dem Vereine gegenüber abzugeben, so genügt die Abgabe gegenüber einem Mitgliede des Vorstandes.

**§ 29.** Soweit die erforderlichen Mitglieder des Vorstandes fehlen, sind sie in dringenden Fällen für die Zeit bis zur Hebung des Mangels auf Antrag eines Betheiligten von dem Amtsgerichte zu bestellen, in dessen Bezirke der Verein seinen Sitz hat.

**§ 30.** Durch die Satzung kann bestimmt werden, daß neben dem Vorstande für gewisse Geschäfte besondere Vertreter zu bestellen sind. Die Vertretungsmacht eines solchen Vertreters erstreckt sich im Zweifel auf alle Rechtsgeschäfte, die der ihm zugewiesene Geschäftskreis gewöhnlich mit sich bringt.

**§ 31.** Der Verein ist für den Schaden verantwortlich, den der Vorstand, ein Mitglied des Vorstandes oder ein anderer verfassungsmäßig berufener Vertreter durch eine in Ausführung der ihm zustehenden Verrichtungen begangene, zum Schadensersatze verpflichtende Handlung einem Dritten zufügt.

**§ 32.** Die Angelegenheiten des Vereins werden, soweit sie nicht von dem Vorstand oder einem anderen Vereinsorgane zu besorgen sind, durch Beschlußfassung in einer Versammlung der Mitglieder geordnet. Zur Gültigkeit des Beschlusses ist erforderlich, daß der Gegenstand bei der Berufung bezeichnet wird. Bei der Beschlußfassung entscheidet die Mehrheit der erschienenen Mitglieder.

Auch ohne Versammlung der Mitglieder ist ein Beschluß gültig, wenn alle Mitglieder ihre Zustimmung zu dem Beschlusse schriftlich erklären.

**§ 33.** Zu einem Beschlusse, der eine Aenderung der Satzung enthält, ist eine Mehrheit von drei Viertheilen der erschienenen Mitglieder erforderlich. Zur Aenderung des Zweckes des Vereins ist die Zustimmung aller Mitglieder erforderlich; die Zustimmung der nicht erschienenen Mitglieder muß schriftlich erfolgen.

Beruht die Rechtsfähigkeit des Vereins auf Verleihung, so ist zu jeder Aenderung der Satzung staatliche Genehmigung oder, falls die Verleihung durch den Bundesrath erfolgt ist, die Genehmigung des Bundesraths erforderlich.

§ 34. Ein Mitglied ist nicht stimmberechtigt, wenn die Beschlußfassung die Vornahme eines Rechtsgeschäfts mit ihm oder die Einleitung oder Erledigung eines Rechtsstreits zwischen ihm und dem Vereine betrifft.

§ 35. Sonderrechte eines Mitglieds können nicht ohne dessen Zustimmung durch Beschluß der Mitgliederversammlung beeinträchtigt werden.

§ 36. Die Mitgliederversammlung ist in den durch die Satzung bestimmten Fällen sowie dann zu berufen, wenn das Interesse des Vereins es erfordert.

§ 37. Die Mitgliederversammlung ist zu berufen, wenn der durch die Satzung bestimmte Theil oder in Ermangelung einer Bestimmung der zehnte Theil der Mitglieder die Berufung schriftlich unter Angabe des Zweckes und der Gründe verlangt.

Wird dem Verlangen nicht entsprochen, so kann das Amtsgericht, in dessen Bezirke der Verein seinen Sitz hat, die Mitglieder, welche das Verlangen gestellt haben, zur Berufung der Versammlung ermächtigen und über die Führung des Vorsitzes in der Versammlung Bestimmung treffen. Auf die Ermächtigung muß bei der Berufung der Versammlung Bezug genommen werden.

§ 38. Die Mitgliedschaft ist nicht übertragbar und nicht vererblich. Die Ausübung der Mitgliedschaftsrechte kann nicht einem Anderen überlassen werden.

§ 39. Die Mitglieder sind zum Austritt aus dem Vereine berechtigt.

Durch die Satzung kann bestimmt werden, daß der Austritt nur am Schlusse eines Geschäftsjahrs oder erst nach dem Ablauf einer Kündigungsfrist zulässig ist; die Kündigungsfrist kann höchstens zwei Jahre betragen.

§ 40. Die Vorschriften des § 27 Abs. 1, 3, des § 28 Abs. 1 und der §§ 32, 33, 38 finden insoweit keine Anwendung, als die Satzung ein Anderes bestimmt.

§ 41. Der Verein kann durch Beschluß der Mitgliederversammlung aufgelöst werden. Zu dem Beschluß ist eine Mehrheit von drei Viertheilen der erschienenen Mitglieder erforderlich, wenn nicht die Satzung ein Anderes bestimmt.

§ 42. Der Verein verliert die Rechtsfähigkeit durch die Eröffnung des Konkurses.

Der Vorstand hat im Falle der Ueberschuldung die Eröffnung des Konkurses zu beantragen. Wird die Stellung des Antrags verzögert, so sind die Vorstandsmitglieder, denen ein Verschulden zur Last fällt, den Gläubigern für den daraus entstehenden Schaden verantwortlich; sie haften als Gesammtschuldner.

§ 43. Dem Vereine kann die Rechtsfähigkeit entzogen werden, wenn er durch einen gesetzwidrigen Beschluß der Mitgliederversammlung oder durch gesetzwidriges Verhalten des Vorstandes das Gemeinwohl gefährdet.

Einem Vereine, dessen Zweck nach der Satzung nicht auf einen wirthschaftlichen Geschäftsbetrieb gerichtet ist, kann die Rechtsfähigkeit entzogen werden, wenn er einen solchen Zweck verfolgt.

Einem Vereine, der nach der Satzung einen politischen, sozialpolitischen oder religiösen Zweck nicht hat, kann die Rechtsfähigkeit entzogen werden, wenn er einen solchen Zweck verfolgt.

Einem Vereine, dessen Rechtsfähigkeit auf Verleihung beruht, kann die Rechtsfähigkeit entzogen werden, wenn er einen anderen als den in der Satzung bestimmten Zweck verfolgt.

§ **44.** Die Zuständigkeit und das Verfahren bestimmen sich in den Fällen des § 43 nach den für streitige Verwaltungssachen geltenden Vorschriften der Landesgesetze. Wo ein Verwaltungsstreitverfahren nicht besteht, finden die Vorschriften der §§ 20, 21 der Gewerbeordnung Anwendung; die Entscheidung erfolgt in erster Instanz durch die höhere Verwaltungsbehörde, in deren Bezirke der Verein seinen Sitz hat.

Beruht die Rechtsfähigkeit auf Verleihung durch den Bundesrath, so erfolgt die Entziehung durch Beschluß des Bundesraths.

§ **45.** Mit der Auflösung des Vereins oder der Entziehung der Rechtsfähigkeit fällt das Vermögen an die in der Satzung bestimmten Personen.

Durch die Satzung kann vorgeschrieben werden, daß die Anfallberechtigten durch Beschluß der Mitgliederversammlung oder eines anderen Vereinsorgans bestimmt werden. Ist der Zweck des Vereins nicht auf einen wirthschaftlichen Geschäftsbetrieb gerichtet, so kann die Mitgliederversammlung auch ohne eine solche Vorschrift das Vermögen einer öffentlichen Stiftung oder Anstalt zuweisen.

Fehlt es an einer Bestimmung der Anfallberechtigten, so fällt das Vermögen, wenn der Verein nach der Satzung ausschließlich den Interessen seiner Mitglieder diente, an die zur Zeit der Auflösung oder der Entziehung der Rechtsfähigkeit vorhandenen Mitglieder zu gleichen Theilen, anderenfalls an den Fiskus des Bundesstaats, in dessen Gebiete der Verein seinen Sitz hatte.

§ **46.** Fällt das Vereinsvermögen an den Fiskus, so finden die Vorschriften über eine dem Fiskus als gesetzlichem Erben anfallende Erbschaft entsprechende Anwendung. Der Fiskus hat das Vermögen thunlichst in einer den Zwecken des Vereins entsprechenden Weise zu verwenden.

§ **47.** Fällt das Vereinsvermögen nicht an den Fiskus, so muß eine Liquidation stattfinden.

§ **48.** Die Liquidation erfolgt durch den Vorstand. Zu Liquidatoren können auch andere Personen bestellt werden; für die Bestellung sind die für die Bestellung des Vorstandes geltenden Vorschriften maßgebend.

Die Liquidatoren haben die rechtliche Stellung des Vorstandes, soweit sich nicht aus dem Zwecke der Liquidation ein Anderes ergiebt.

Sind mehrere Liquidatoren vorhanden, so ist für ihre Beschlüsse Uebereinstimmung aller erforderlich, sofern nicht ein Anderes bestimmt ist.

§ 49. Die Liquidatoren haben die laufenden Geschäfte zu beendigen, die Forderungen einzuziehen, das übrige Vermögen in Geld umzusetzen, die Gläubiger zu befriedigen und den Ueberschuß den Anfallberechtigten auszuantworten. Zur Beendigung schwebender Geschäfte können die Liquidatoren auch neue Geschäfte eingehen. Die Einziehung der Forderungen sowie die Umsetzung des übrigen Vermögens in Geld darf unterbleiben, soweit diese Maßregeln nicht zur Befriedigung der Gläubiger oder zur Vertheilung des Ueberschusses unter die Anfallberechtigten erforderlich sind.

Der Verein gilt bis zur Beendigung der Liquidation als fortbestehend, soweit der Zweck der Liquidation es erfordert.

§ 50. Die Auflösung des Vereins oder die Entziehung der Rechtsfähigkeit ist durch die Liquidatoren öffentlich bekannt zu machen. In der Bekanntmachung sind die Gläubiger zur Anmeldung ihrer Ansprüche aufzufordern. Die Bekanntmachung erfolgt durch das in der Satzung für Veröffentlichungen bestimmte Blatt, in Ermangelung eines solchen durch dasjenige Blatt, welches für Bekanntmachungen des Amtsgerichts bestimmt ist, in dessen Bezirke der Verein seinen Sitz hatte. Die Bekanntmachung gilt mit dem Ablaufe des zweiten Tages nach der Einrückung oder der ersten Einrückung als bewirkt.

Bekannte Gläubiger sind durch besondere Mittheilung zur Anmeldung aufzufordern.

§ 51. Das Vermögen darf den Anfallberechtigten nicht vor dem Ablauf eines Jahres nach der Bekanntmachung der Auflösung des Vereins oder der Entziehung der Rechtsfähigkeit ausgeantwortet werden.

§ 52. Meldet sich ein bekannter Gläubiger nicht, so ist der geschuldete Betrag, wenn die Berechtigung zur Hinterlegung vorhanden ist, für den Gläubiger zu hinterlegen.

Ist die Berichtigung einer Verbindlichkeit zur Zeit nicht ausführbar oder ist eine Verbindlichkeit streitig, so darf das Vermögen den Anfallberechtigten nur ausgeantwortet werden, wenn dem Gläubiger Sicherheit geleistet ist.

§ 53. Liquidatoren, welche die ihnen nach dem § 42 Abs. 2 und den §§ 50 bis 52 obliegenden Verpflichtungen verletzen oder vor der Befriedigung der Gläubiger Vermögen den Anfallberechtigten ausantworten, sind, wenn ihnen ein Verschulden zur Last fällt, den Gläubigern für den daraus entstehenden Schaden verantwortlich; sie haften als Gesammtschuldner.

§ 54. Auf Vereine, die nicht rechtsfähig sind, finden die Vorschriften über die Gesellschaft Anwendung. Aus einem Rechtsgeschäfte, das im Namen eines solchen Vereins einem Dritten gegenüber vorgenommen wird, haftet der Handelnde persönlich; handeln Mehrere, so haften sie als Gesammtschuldner.

**Juristische Personen. Vereine.** §§ 21—54, 89. EG. Art. 10, 82—87, 163—167. E. I §§ 41—63, II §§ 23—48, III §§ 21—51. ALR. II 6 §§ 1 ff., 25 ff.; 14 §§ 1 ff., SBGB. §§ 52—67. Sächs. Ges. v. 15. Juni 1868 betr. die jur. Personen. W. I §§ 57—62. D. P. I §§ 59—66, Pr. Pr. I §§ 49—59. Eccius IV §§ 280—284. Grützmann I §§ 20—23. Z-Cr. I §§ 38, 39. Cr. I § 17. Gierke, D. Privatr. I §§ 58 ff. Cosack, Lehrb. I §§ 28—35.

**I.** Das BGB. setzt den Begriff der jur. P. (moralischen, mystischen P.) als eines nicht fingirten, sondern sehr realen Rechtssubjekts, das weder natürliche Person, § 1, noch Gesellschaft, §§ 705 ff., noch Gemeinschaft, §§ 741 ff., 1438 ff., vom objektiven Recht zur Erreichung von Lebenszwecken geschaffen, die über das Können und die Lebensdauer des Einzelnen hinausgehen, voraus. Das BGB. regelt nur das

Privatrecht, nicht das öffentliche Recht, und scheidet deshalb aus 1. die juristischen P. des öffentlichen Rechts, § 89, den Staat (Fiskus, Reichs- und Landesfiskus, vgl. RG. 11 S. 65, 91, 96; 20 S. 148; 24 S. 36), 2. die öffentlichrechtlichen Körperschaften, Stiftungen und Anstalten des Reichs- und Landesrechts, deren wesentliches Merkmal darin besteht, daß im öffentl. Interesse ihr Verhältniß nach innen und außen durch Vorschriften geregelt, die den Charakter von Rechtsnormen, nicht gewillkürter Satzung haben, und ihnen oft, nicht nothwendig, öffentlichrechtliche Befugnisse, Funktionen, Pflichten verleihen. Dahin gehören in allen bestehenden Rechten die kommunalen Verbände, Stadt- und Landgemeinden, Kreise, Provinzen, die Schul-, Armen- und Wegeverbände, die kirchlichen Körperschaften der beiden christl. Konfessionen, ALR. II 11 § 12, die vielfach bestehenden ständischen Körperschaften, die Schulen und Universitäten als Anstalten, ebenso die Anwaltskammern (RGes. v. 1. Juli 1878 § 49), die Landwirthschaftskammern (Preuß. Ges. v. 30. Juni 1894), die neuen Innungen, GewO. §§ 97 ff., vielfach Sterbe- und Wittwenkassen, die reichsgesetzlich geordneten Krankenkassen, Hilfskassen, die Berufsgenossenschaften für Unfallversicherung und die Versicherungsanstalten des Invaliditäts- u. Altersversicherungsges. v. 22. Juni 1889, Hospize, Krankenanstalten, Siechenhäuser, Armenhäuser, insoweit sie öffentliche Anstalten, und nicht auf privater Stiftung beruhen und lediglich unter privater Verwaltung stehen, §§ 80, 86. GewO. § 30a. ALR. II 19 §§ 1 ff., 32 ff. Auch die Reichsbank, Ges. v. 14. März 1875, und der Reichs-Invalidenfonds, Ges. v. 23. Mai 1873, gehören als Anstalten oder als Stiftungen öffentl. R. hierher. Landesrechtlich bestehen eine große Anzahl juristischer P. öffentl. Rechts auf den durch die Art. 65, 66, 67, 69, 75 EG. dem Landesrecht überlassenen Rechtsgebieten (Wasserrecht, Deich- und Sielrecht, Bergrecht, Jagd- und Fischereirecht, Versicherungsrecht), in Preußen z. B. die Deichverbände nach §§ 11 ff. Deichges. v. 28. Januar 1848, die Fischereigenossenschaften nach §§ 9, 10 des Fischerei-Ges. v. 30. Mai 1874, die öffentl. Genossenschaften zu Be- und Entwässerungsanlagen, Ges. v. 28. Febr. 1843 §§ 56 ff., Ges. v. 11. Mai 1853, V. v. 28. Mai 1867, Ges. v. 1. April 1879. Für das Gebiet der SBGB. bestehen eine Reihe gleicher Gesetze. Ihre Rechts- und Handlungsfähigkeit wird vom BGB. vorausgesetzt. Ihre Organisation ist dem Landesrecht überlassen.

**a.** Für alle diese, als Körperschaften, Stiftungen und Anstalten bezeichneten j. P. des öffentl. R. bleiben die §§ 21–88 ebenso wie für den Fiskus außer Anwendung mit Ausnahme des § 31 (§ 89 Abs. 1). Danach haftet der Fiskus, d. h. der Staat, soweit er nicht völkerrechtlich oder staatsrechtlich, sondern als privatrechtliche Person, als Vermögenssubjekt, in Betracht kommt, ebenso wie jede andere öffentlich rechtliche Person gleich den privaten juristischen Personen für jeden Schaden, den ein verfassungsmäßig berufener Vertreter in Ausführung der ihm im privatrechtlichen Verkehr zustehenden Verrichtungen durch eine zum Schadensersatz verpflichtende Handlung (Unterlassung) einem Dritten zufügt. Damit sind grundsätzlich auf dem Gebiete des Privatrechts der Fiskus und alle juristischen Personen der natürlichen Person gleichgestellt, auch wenn die Handlung eine rechtswidrige oder auch ohne Rechtswidrigkeit zum Schadensersatz verpflichtet. Der Grundsatz entspricht deutschrechtlicher Auffassung, ist in allen Rechtsgebieten, auch im Gebiete des ALR. trotz § 82 II 6, bis in die neuste Zeit streitig gewesen, aber schon durch das Reichsgericht in ständiger Praxis herausgearbeitet. Diese Rechtsprechung bleibt deshalb auch in Zukunft von Bedeutung. Vgl. RG. 8 S. 149, 236; 19 S. 101, 348; 29 S. 233; 22 S. 259; 17 S. 105; 31 S. 209, 246; 33 S. 204, 206; 34 S. 294. Für kontraktliches Verschulden und die Ersatzverbindlichkeiten aus solchem ist der Satz kaum streitig gewesen. Vgl. OHG. 12 S. 312; 17 S. 126; ObTr. 61 S. 1, 10; RG. 8 S. 149; 19 S. 101, 348; 25 S. 354 (Fiskus als Verpächter). Vgl. BGB. §§ 164, 166, 278. Für außerkontraktliches Verschulden und Haftung ohne Verschulden, vgl. z. B. § 833, stellt § 31 den Satz fest. Festzuhalten für die Anwendung ist nur Folgendes: Jede juristische P. handelt durch ihre verfassungsmäßig berufenen Vertreter; nur das Handeln und Wollen dieser ist Wollen und Handeln der j. P., für das sie haftet, wie die natürliche P. für eigenes Handeln. Die verschiedenen stationes fisci sind nur eine Person. ObTr. 20 S. 19. RG. 2 S. 392, 25 S. 154. Sorgsam zu scheiden ist das Verhältniß der j. Person zu solchen Personen, durch die sie nicht vertreten wird, sondern durch sie wie durch Werkzeuge handelt. Für solche Werkzeuge haftet die j. Person nicht nach § 31, sondern nur soweit, als auch die natürliche P. für fremdes Verschulden oder aus der Bereicherung haftet. §§ 278, 664, 691, 812 ff., 831, 701. Vgl. RG. 19 S. 101, 106, 348; 22 S. 259, 34 S. 294, 29 S. 233. Ob eine Person als Vertreter, Willensorgan oder als Werkzeug anzusehen, ist nur konkret zu entscheiden. Keinenfalls ist erforderlich, daß die Person zur Vertretung der j. Person in allen Beziehungen berufen, es genügt, wenn die Person auch nur in einer oder einzelnen Beziehungen an die Stelle der j. Person tritt. So kann der Leiter eines staatlichen oder Gemeindeunternehmens (Fabrik, Anstalt) und der Beamte (Eisenbahnbaumeister, Betriebsinspektor), der Namens der j. Person zu befehlen und Weisungen zu treffen hat, sie insoweit vertreten und eigenes Verschulden der j. Person, z. B. durch Verletzung fremder Patente, Muster, Marken, Urheberrechte, vgl. RG. 37 S. 41, begründen, RG. 19 S. 348, 22 S. 259, 30 S. 241 (Kenntniß des Fiskus von einem Schaden durch Bergbau, bei Kenntniß des Beamten, der zur Ueberwachung und zum Schutz gegen Benachtheiligung des fiskalischen Guts gegen fremde Eingriffe berufen). Andererseits RG. 19 S. 101, 106 (Postbote zur Ausführung eines Postauftrags Werkzeug), 29 S. 233 (Sequester des landwirthschaftl. Kreditverbandes als Werkzeug). Vgl. auch ObTr. 45 S. 123 (StrA. 39 S. 360), wo einer Stadtgemeinde die Ausführung gewisser Arbeiten zur Sicherung einer Landstraße im öffentlichen Interesse aufgegeben war und sie die Arbeiten einem Rieselmeister übertragen hatte, der dabei so unzweckmäßig verfuhr, daß eine fremde Wiese überschwemmt wurde. RE. I Nr. 129, Erk. a. Wie nach LR., I 6 § 53, würde auch nach BGB. die Stadt für das Verschulden des Rieselmeisters nicht wie für eigenes Verschulden, sondern wie für fremdes Verschulden haften, § 831. Vgl. OHG. 10 S. 84 (Vorarbeiter), 18 S. 135 (?), 21 S. 284 (gem. u. Sächs. R.). Festzuhalten ist für den § 31 ferner, daß das Handeln des Vertreters als eigenes der j. Person insoweit gilt, als er innerhalb des ihm zugewiesenen Gebiets Dritten gegenüber rechtswidrig, schuldhaft, gehandelt hat. Pflichtverletzung, die eine solche nur der j. P. gegenüber ist, begründet allein kein Verschulden der j. P. Dritten gegenüber, RG. 29 S. 141, OHG. 20 S. 47, und noch weniger kann als eigenes Handeln der j. P. gelten, was der Vertreter nicht in seinem Gebiete, sondern außerhalb desselben thut, oder nur bei Gelegenheit seiner Funktion, nicht durch dieselbe. Selbstverständlich ist auch nach BGB., daß neben der j. P. auch der schuldige Vertreter persönlich für den angerichteten Schaden haftet, soweit es sich nicht lediglich um kontraktliches Verschulden handelt. RG. 28 S. 238, 242. Vgl. § 833 u. § 834. Festzuhalten ist endlich, daß der § 31 sich nur auf Handeln des Vertreters im privatrechtlichen Verkehr bezieht. Wo Vertreter (Beamte) der j. P. öffentlichen Rechts und des Fiskus öffentlichrechtliche Funktionen ausüben und in Verrichtung derselben Schaden stiften, entscheidet über die Haftung des Fiskus und der j. P. das Landesrecht, über die des Beamten die §§ 839, 841, 1674, 1848, 1872. Dies folgt direkt aus Art. 77 EG., wonach die landesgesetzlichen Vorschriften unberührt bleiben; über die Haftung des Staats, der Gemeinden und anderer Kommunalverbände für den von ihren Beamten in Ausübung der ihnen anvertrauten öffentlichen Gewalt zugefügten Schaden und über das Recht des Beschädigten, den Ersatz solchen Schadens von dem Beamten nur soweit zu verlangen, als der Staat oder der Verband nicht haftet. Vgl. § 11 Abs. 2 EG. z. GVG. In Ausübung der öffentlichen Gewalt handelt der Vertreter, Beamte des Staats oder einer öffentlich rechtlichen Korporation dann, wenn es sich um Ausübung von Rechten oder Erfüllung von Pflichten handelt, die ihre Quelle nicht im Privatrecht haben, bei denen der Staat nicht als Fiskus, die j. P. nicht als Subjekt von Privatrechten, sondern als Inhaber von Hoheitsrechten und der oder einer Regierungsgewalt in Betracht kommen. Im Gebiete des Preuß. Rechts wird ein privatrechtlicher Anspruch auf Schadensersatz gegen den Staat oder die j. P. (Gemeinden, andere öffentlichr. Verbände) aus ungehöriger Ausübung oder Nichtausübung behördlicher amtlicher Funktionen grundsätzlich verneint. AKO. v. 4. Dez. 1831 (GS. S. 255), die nach der V. v. 16. Sept. 1867 auch in den neuen Landestheilen gilt. §§ 1, 4, 85, 88—91, 127—145 II 10; § 344 II 20; §§ 12, 119 II 15 ALR. ObTr. 2 S. 119, 3 S. 37, besonders ObTr. 61 S. 1. RG. 28 S. 335 (Unschädlichkeitsattest durch Direktion einer Landschaft, keine Haftung der Landschaft); 32 S 145 (Zollkreuzer). Eine Ausnahme statuirt, abgesehen von der HinterlO. v. 14. März 1879 §§ 7, 8, 25 ff., 29 ff., 36 ff., § 29 der GrBO. v. 5. Mai 1872, wonach die Beamten des Grundbuchamtes an erster Stelle für jedes Versehen bei Wahrnehmung ihrer Amtspflichten dem Beschädigten hafteten, der Staat nur für den Fall des Unvermögens des Beamten. Diese Vorschrift wird ersetzt durch den § 12 der GrBO. für das D. Reich v. 24. März 1897, wonach nur der Staat oder die Körperschaft, in deren Dienst der Grundbuchbeamte steht, dem Beschädigten haftet, dem Staat nur der Regreß an den Beamten bleibt. Dazu treten die Vorschriften des Haftpflichtges. v. 7. Juni 1871, (vgl. Art. 32, 42 EG.), der durch Art. 105 EG. aufrecht erhaltene § 25 des Preuß. Eisenb.-Ges. v. 3. Nov. 1838 (GS S. 505) über die Eisenbahn-Unternehmungen und deren weitgehende Haftung für Schaden an Personen und Gütern bei Beförderung auf der Bahn, die §§ 6 ff. des RGes. über das Postwesen v. 28. Okt. 1871 (RGBl. S. 347), betr. die Garantie der Postverwaltung, die Telegraphen-O. v. 21. Juni 1872 (RGBl. S. 213) u. die ergänzende V. v. 24. Jan. 1876 (Post- u. Tel.-Amtsblatt S. 93) mit Bestimmungen über die Gewährleistung.

In der gemeinr. Theorie und Praxis ist die Haftung in diesem Falle durchaus nicht unstreitig, RG. 11 S. 206, 33 S. 204 (Unterschlagung durch Beamte, Gerichtsvollzieher, Depositalbeamte), im Gebiete des SBGB. wird sie unbeschränkt bejaht, vgl. §§ 1506, 1507, NotO. v. 5. Sept. 1892 § 77, Grützmann II § 190. Für das Gebiet des französ. Rechts kommt art. 1384 Satz 3 auch für die Haftung des Staats und anderer j. P. zur Anwendung. Vgl. RG. 10 S. 286. Der Staat, die j. P., gilt als commettant, der Beamte als préposé. RG. 7 S. 288, 19 S. 101. In den Ausführungsgesetzen der Bundesstaaten wird die Frage klar entschieden werden müssen, zweckmäßig nach dem Vorbilde des § 12 der GrBO. Erforderlich ist dies namentlich, weil nicht immer sicher ist, ob eine einzelne Funktion des Beamten aus dem öffentl. R. entspringt oder dem Privatrecht. Letzteres ist für das Gebiet des Preuß. R. angenommen, wo es sich um gesetzliche Pflichten handelt, die jeder Eigenthümer hat, also auch der Fiskus als Eigenthümer von Grundstücken oder als Bauherr, Bauunternehmer u. s. w. Durch die Uebertragung solcher Pflichten auf andere Personen kann sich auch die j. P. der eigenen Verantwortlichkeit nicht entziehen. So ist in ObTr. 14 S. 92 (PlPr. 1881) die Stadtgemeinde als Eigenthümerin einer Brücke für den Schaden verantwortlich gemacht, der beim Passiren der Brücke durch deren vorschriftswidrigen Zustand angerichtet, §§ 138, 139 II 15, ebenso der Eisenbahnfiskus in ObTr. 37 S. 32 (StrA. 27 S. 128) für das Scheitern eines Kahns bei einer Eisenbahnbrücke durch Aufrennen auf eine nicht signalisirte Verpfählung, ebenso in gleichen Fällen in ObTr. 61 S. 1 (Ueberschwemmung einer Wiese durch den unbefugten Wasserstau bei einer fiskalischen Mühle, Beschädigung durch Einsturz einer mangelhaft konstruirten Mauer auf fiskalischem Boden), OHG. 8 S. 201 (Beschädigung eines Menschen durch Sturz in eine vorschriftswidrig offen gelassene Grabenleitung auf einem Bahnhof des Eisenbahnfiskus), RG. 7 S. 288 (französ. R. Beschädigung durch Sturz in den offen gelassenen Wasserabzugskessel einer Provinzialchaussee), RG. 17 S. 105 (Haftung des Fiskus für Beschädigung durch Sprengungen bei Straßenbau), RG. 26 S. 300 (Haftung des Provinzialverbandes für unzulässige Deichanlage), RG. 31 S. 246 (Haftung des Fiskus für Beschädigung durch mangelhaften Zustand der Bedachung einer Badehalle). Vgl. andere Fälle in RE. I Nr. 129, StrA. 97 S. 166, 77 S. 203 (Verletzung eines Pferdes durch Mängel eines Eisenbahngeleises). Aus den §§ 138, 139 II 15, wonach auch der Privatinhaber des Rechts auf Zoll-, Brücken-, Fähr- oder Wegegeld dem Beschädigten direkt aus dem mangelhaften Zustand von Straßen, Wegen, Fähren und Brücken haftet, ist in StrA. 46 S 92 gefolgert, daß der schuldige Beamte nicht haftet, nur der Berechtigte. Nach § 11 II 15 ALR. soll der Staat gegen die Nutzungen von den Landstraßen für deren Unterhaltung und Sicherheit zu sorgen verpflichtet sein, nach § 12 aber der Beamte für Versehen verantwortlich sein, die er bei der ihm vom Staat aufgetragenen Sorge begangen hat. Daraus ist hergeleitet, daß der Staat überhaupt nicht für den Schaden haftet.

ObTr. 2 S. 119, StrA. 77 S. 103, 84 S. 151, eine Folgerung, die wesentlichen Bedenken unterliegt. Auf Gemeinden und andere Verbände bezieht sich das nach dem PlPr. ObTr. 14 S. 92 nicht, in RG. 7 S. 288 wird die Anwendung für das Gebiet des französ. R. gegenüber art. 1384 C. c. verneint, weil der Staat grundsätzlich die Rechte eines Privateigenthümers auch an Land= und Heerstraßen habe, §§ 1, 21, 24, 76 II 14, § 12 a. a. O. dem s. g. inneren Staatsrecht angehöre und in der Rheinprovinz nicht publizirt sei. Das Ausführungsgesetz wird auch hier die Rechtslage klarstellen müssen. Vgl. RG. 38 S. 183. Wo die natürliche Person ohne Verschulden haftet, haftet in gleicher Weise auch jede j. P., § 833.

b. Nach Abs. 2 § 89 findet die Vorschrift des § 42 Abs. 2, wonach der Vereinsvorstand im Falle der Ueberschuldung des Vereins bei eigener Verantwortlichkeit den Konkurs zu beantragen hat, auch bei Körperschaften, Anstalten und Stiftungen des öffentl. Rechts Anwendung, wenn der Konkurs über solche zulässig ist. Nach § 194 a eines Entw. betr. Aenderungen und Ergänzungen der Konk.O. sollen die landesges. Vorschriften unberührt bleiben, welche die Zulässigkeit des Konkursverfahrens über das Vermögen des Fiskus, der Gemeinden und sonstigen Kommunalverbände und solcher (öffentlich=rechtlicher) Korporationen, deren Vermögen von Staatsbehörden verwaltet wird (EG. z. CPO. § 15 Nr. 4), ausschließen oder beschränken. Das Nähere gehört in das Civilprozeß= und Konkursrecht.

c. Der Staat als Fiskus unterliegt ebenso wie die öffentlichrechtlichen j. P. grundsätzlich allen Vorschriften des Privatrechts. Vgl. §§ 1061, 2044, 2101, 2105, 2109, 2162, 2163. Privilegirt ist der Fiskus in den §§ 45, 46 insofern, als ihm das Vermögen eines aufgelösten Vereins oder erloschener Stiftung zufällt, vgl. aber Art. 85 EG., durch das Okkupationsrecht an herrenlosen, derelinquirten Grundstücken in § 928, wie im ALR. I 9 § 15; II 16 §§ 3, 8 ff., SBGB. §§ 294, 2618, 2620, C. c. art. 539, 713—717, und durch das Recht auf den Erlös von Fundsachen in § 981. Ein Privilegium giebt ihm ferner § 395 in Uebereinstimmung mit ALR. I 16 § 369, SBGB. § 994, insofern die Aufrechnung nur zulässig, wenn die Leistung an dieselbe Kasse zu erfolgen hat, aus der die Forderung des Aufnehmenden zu berichtigen ist. Dies Privilegium theilen Gemeinden und andere Kommunalverbände. Nach Art. 91 EG. sind ferner nicht berührt die landesgesetzlichen Vorschriften, nach denen Fiskus und öffentlichr. Körperschaften, Anstalten, Stiftungen wegen ihrer Forderungen ein Recht auf Eintragung einer Hypothek auf den Grundstücken ihrer Schuldner haben (SBGB. § 393. Bayr. Hyp.Ges. v. 1. Juni 1822 § 12. EG. z. Preuß. KonkO. Art. 11. Wegen der Gerichtskosten vgl. § 16 Preuß. Gerichtskostenges. v. 25. Juni 1895). Ein Privilegium enthält für Fiskus, Gemeinden und Kommunalverbände wegen öffentlicher Abgaben der § 41 Nr. 1 KonkO., das Vorzugsrecht für fiskalische und die Kassen der Gemeinden und Kommunalverbände in § 54 Nr. 2 und das Vorzugsrecht von Kirchen, Schulen, öffentl. Verbänden und Feuerversicherungsanstalten in § 54 Nr. 3 KonkO., die Befreiung von der Zahlung der Gerichtsgebühren für Fiskus und die öffentlichr. j. P., Anstalten, Stiftungen in § 8 des Preuß. Gerichtskostenges. vom 25. Juni 1895. D. Gerichtskostenges. v. 18. Juni 1878 (29. Juni 1881) § 98. Dahin gehört ferner, daß nach Art. 92 EG. die landesges. Vorschriften unberührt bleiben, nach denen Zahlungen aus öffentlichen Kassen an der Kasse in Empfang zu nehmen sind, § 270 (SBGB. § 709. ALR. I 16 § 53). Vgl. auch § 411 (Kenntniß der Abtretung nur durch urkundliche Benachrichtigung der Kasse von der Abtretung). Nach Art. 73 EG. sind unberührt geblieben die landesgesetzlichen Vorschriften über Regalien, d. h. die fiskalischen Nutzungsrechte, ALR. II 14 §§ 24 ff., II 15, II 16; Sächs. Berggeś. v. 16. Juni 1868 § 5, und nach den Art. 94, 97, 98, 99, 100, 101, 114, 118 eine Reihe von landesges. Vorschriften über Rechte des Fiskus und öffentlichr. Anstalten und Korporationen. Im Uebrigen sind die privilegia fisci und der s. g. privilegirten Korporationen beseitigt, namentlich der Satz, daß der fiscus ex suis contractibus usuras non dat, sed accipit, und die 44 jährige Verjährungsfrist in ALR. I 9 §§ 629 ff.

Aufrecht erhalten sind andrerseits durch Art. 86 EG. für alle j. P., auch die des öffentl. R., die landesgesetzlichen Vorschriften, die den Erwerb von Rechten durch sie beschränken oder von staatlicher Genehmigung abhängig machen, soweit es sich um Gegenstände von mehr als 5000 M.

Werth handelt. Dazu tritt Art. 88 EG., daß die landesges. Vorschriften unberührt bleiben, die den Erwerb von Grundstücken durch Ausländer, also auch durch ausländische j. P., von staatlicher Genehmigung abhängig machen. Für Preußen fordert das Ges. v. 4. Mai 1846 (GS. S. 235, AE. v. 14. Febr. 1882, GS. S. 18) die Kgl. Genehmigung für den Erwerb von Grundeigenthum Seitens ausländischer Korporationen und anderer j. P. des Auslandes. Der § 83 II 6 u. § 33 II 7 ALR. forderten die Einwilligung der vorgesetzten Behörde zum Erwerb **unbeweglicher** Sachen für Korporationen und Gemeinden (Dorfgemeinden), was inzwischen durch die Städte-O. und die Landgemeinde-O. fortgefallen ist. Alle kirchlichen Korporationen bedürfen der Genehmigung der staatlichen Aufsichtsbehörde zum Erwerb von Grundeigenthum nach dem Ges. v. 3. Juni 1876 (evangel. Kirchenverf.) u. dem Ges. v. 30. Juni 1875 (Vermögensverw. der kathol. Kirchengemeinde), Ges. v. 7. Juni 1876 (kathol. Diözesen). Nach dem Ges. v. 23. Febr. 1870 (GS. S. 118) endlich bedürfen Schenkungen und letztwillige Zuwendungen an inl. oder ausl. Korporationen und andere jurist. P. (mit Ausnahme der Familienstiftungen) der Kgl. Genehmigung bei Beträgen von mehr als 3000 M. (jetzt also 5000 M.), unbeschränkt, insoweit dadurch eine neue j. P. ins Leben gerufen werden soll, oder bei Widmung zu anderem als ihrem bisherigen Zwecke, was unberührt geblieben ist. Vgl. C. c. art. 910, 2045.

2. Auch die j. P. des Privatrechts regelt das BGB. nicht sämmtlich.

**a.** Nach Art. 32 EG. bleiben die Vorschriften der Reichsgesetze in Kraft, insoweit nicht aus dem BGB. oder dem EG. sich die Aufhebung ergiebt. Danach und nach § 22 BGB. (Vereine mit dem Zweck wirthschaftlichen Geschäftsbetriebes) werden nach dem bisherigen Reichsrecht beurtheilt die handelsrechtlichen Aktiengesellschaften, auch wenn sie nicht wirthschaftl. Natur sind, HGB. Art. 208, 174; HGB. v. 10. Mai 1897 § 210 Abs. 2, § 320 Abs. 3, die Gesellschaften mit beschr. Haftung, Ges. v. 20. April 1892 (RGBl. S. 477), auch wenn ihr Zweck kein wirthschaftlicher, § 1, die Erwerbs- und Wirthschaftsgenossenschaften, Ges. v. 1. Mai 1889, die freien Hilfskassen nach § 140 Gew.O. u. RGes. v. 7. April 1876 über die eingeschriebenen Hilfskassen §§ 1, 5 (Ges. v. 1. Juni 1884 Art. 19), ebenso die Kolonialgesellschaften nach §§ 8 ff. des RGes. betr. die Rechtsverhältn. der deutschen Schutzgebiete v. 17. April 1886 (15. März 1888). Entstehung, Verfassung und Rechtsverhältnisse dieser j. P. richten sich nach dem besonderen Reichsrecht. Das BGB. kommt daneben nur insoweit in Betracht, als es jenes ergänzt oder beseitigt. Als Ergänzungsvorschrift ist namentlich der § 31 von Bedeutung; außerdem finden alle Vorschriften des BGB Anwendung, die sich auf j. P. überhaupt beziehen.

**b.** Es ist oben bereits darauf hingewiesen, daß, soweit nach Art. 65 ff. EG. das Landesrecht auf bestimmten Rechtsgebieten aufrecht erhalten ist, es auch für die j. P. dieser Rechtsgebiete an erster Stelle weiter gilt, insbesondere für die des Deich- und Sielrechts, des Bergrechts, des Jagd- und Fischereirechts, Versicherungsrechts, des Wasserrechts, z. B. die Gewerkschaften, §§ 94 ff., 96, 99 Preuß. Berggeſ. v. 24. Juni 1865. Für Waldgenossenschaften bestimmt Art. 83, daß die landesges. Vorschriften unberührt bleiben; dies gilt auch für die privatr. Waldgenossenschaften. Preuß. Ges. v. 6. Juli 1875 betr. Schutzwaldungen u. Waldgenossenschaften, v. 1. April 1879 betr. die Bildung von Wassergenossenschaften, Fischereiges. v. 30. Mai 1874 §§ 9 ff. Dazu tritt Art. 82 EG., wonach über die Verfassung solcher Vereine, deren Rechtsfähigkeit auf staatlicher Verleihung beruht, die Vorschriften der Landesgesetze unberührt bleiben, und der Art. 84 EG., wonach die landesges. Vorschriften unberührt bleiben, nach denen eine Religionsgesellschaft (ALR. II 11 § 11) oder eine geistliche Gesellschaft (II 11 §§ 939 ff.) Rechtsfähigkeit nur im Wege der Gesetzgebung erlangen kann. Letzteres trifft nach Art. 13 der VerfUrk. v. 31. Jan. 1850 für Preußen zu, für Sachsen nach §§ 32, 56 der Verfassung. Ersteres bezieht sich auf die nach Partikularrecht staatlich konzessionirten Vereine, die zur Zeit des Inkrafttretens des BGB. bestehen, z. B. in Preußen die Freimaurerlogen und die auch in Zukunft privilegirten Religionsgesellschaften der Altlutheraner, Mennoniten und Baptisten, Herrnhuter, Gen.-Konzession v. 7. Mai 1746, 18. Juli 1762, 23. Juli 1845, Ges. v. 12. Juni 1874, 7. Juli 1875, ebenso die jüd. Synagogengemeinden, Ges. v. 23. Juli 1847, ObTr. 81 S. 324, u. v. 28. Juli 1876 (GS. S. 353). Vgl. auch §§ 18 ff. Sächs. Vereinsges. v. 22. Nov.

1850. Auch auf diese j. P. findet der § 31 BGB. ebenso Anwendung wie die sonstigen Vorschriften betreffend j. P., nur nicht die über die Verfassung. Wo die Landesgesetzgebung nach Art. 84 Rechtsfähigkeit verleiht, wird sie regelmäßig auch die Verfassung normiren, was ihr freisteht.

3. Nach Art. 163 EG. gelten die Vorschriften des BGB. in den Art. 25—53, 85—89, d. h. über Organisation, Haftung, die Rechte der Mitglieder, die Möglichkeit der Auflösung und deren Folgen, für die Stiftungen und die jur. Personen des öffentl. R. vom 1. Januar 1900 ab grundsätzlich sofort für alle, auch die früher entstandenen juristischen Personen, [illegible], soweit diese Geltung nicht nach den Art. 82 ff. EG. ausgeschlossen ist. Ob eine j. P. am 1. Januar 1900 zu Recht besteht, ist selbstverständlich nach dem früheren R. zu beurtheilen, ebenso ob eine vor dem 1. Januar 1900 eingetretene Thatsache ihr Erlöschen herbeigeführt hat. Ueber die Frage, ob eine vor dem 1. Januar 1890 den damaligen Formvorschriften entsprechend errichtete Stiftung trotz Mangels der Form des § 81 Abs. 1 nach dem 1. Januar 1900 bestätigt werden kann, vgl. zu §§ 80 ff. Ausnahmsweise bleiben die landesgesetzlichen Vorschriften in vollem Umfange in Kraft für die in den Art. 164, 165, 166, 167 EG. aufgeführten Realgemeinden, Verbände, Vereine und Anstalten, die am 1. Januar 1900 bestehen. Für sie tritt das BGB. nur ergänzend ein. Später entstehende Verbände, Vereine, Anstalten dieser Art sind lediglich nach dem BGB. zu beurtheilen. Die für solche Realgemeinden und ähnliche Verbände oft sehr zweifelhafte Frage, ob sie j. P. oder Gemeinschaften, ist bedeutungslos, da Satz 2 Art. 164 die Vorschrift ohne diese Unterscheidung für anwendbar erklärt. Zu den Realgemeinden, deren Wesen darin besteht, daß die Mitgliedschaft als Recht mit einem Grundstück verbunden ist, und die hauptsächlich wirthschaftliche Genossenschaften sind, gehören, abgesehen von den Wasser- und Waldgenossenschaften, die Holzungsgenossenschaften des Preuß. Ges. v. 14. März 1881 über gemeinschaftliche Holzungen (GS. S. 261) die in § 1 Z. 1 das. erwähnten Nutzungsgemeinden, Markgenossenschaften, Gehöferschaften, Erbgenossenschaften, die Realgemeinden in der Provinz Hannover, Preuß. Ges. v. 5. Juni 1888 (GS. S. 233), die Haubergsgenossenschaften, Preuß. Haubergs-O. v. 9. April 1890 (GS. S. 55). Nach Art. 113 EG. bleibt das Preuß. Ges. v. 2. April 1887 betr. die durch ein Auseinandersetzungsverfahren begründeten gemeinsch. Angelegenheiten (GS. S. 105) und die danach zulässige Begründung von wirthschaftlichen Verbänden auch nach dem 1. Januar 1900 wirksam, auch zur Begründung neuer Verbände dieser Art. Für Sachsen kommen die in § 2 des Ges. v. 15. Juni 1868 erwähnten Altgemeinden in Betracht. Zahlreiche Realgemeinden dieser Art bestehen auch in Württemberg, Kurhessen, Braunschweig. Vgl. Gierke, Deutsches Privatr. I §§ 73, 74. Zu den „ähnlichen Verbänden“ des Art. 164 gehören die in der Mark Brandenburg, im Kgr. Sachsen und in Bayern vorkommenden Braukommunen, Kommunbrauereien, Holzkommunen, und sind auch die innerhalb der Land- und Stadtgemeinden vorkommenden Gemeinheiten allmendeberechtigter Gemeindeangehöriger zu rechnen, die durch die Gemeinde- und Städteordnungen oft ihre besondere Regelung gefunden haben und in diesem Falle diesen Ordnungen für alle Zukunft unterworfen bleiben. Vgl. ALR. II 7 §§ 23 ff. Nach den Art. 165, 166 bleiben die am 1. Januar 1900 bestehenden Vereine und registrirten Gesellschaften der bezeichneten Bayrischen und Sächs. Gesetze den Vorschriften dieser Gesetze auch nachher unterworfen, ebenso nach Art. 167 die am 1. Januar 1900 bestehenden landschaftlichen und ritterschaftlichen Kreditanstalten, wobei Preußen und Sachsen in Betracht kommt. Nachher können solche Realgemeinden, Verbände, Vereine, Anstalten als privatr. j. P. nur nach den Vorschriften des BGB. entstehen und leben.

4. Aus Art. 10 EG. in Verbindung mit § 23 BGB. folgt, daß die Vorschriften des BGB. über j. P. des öffentl. und des Privatrechts grundsätzlich nur für solche j. P. gelten, die im Inlande ihren Sitz haben, und auf solche deutsche Vereine, die ihren Sitz im Auslande haben, aber durch Beschluß des Bundesraths Rechtsfähigkeit erlangt haben. Für deutsche Kolonialgesellschaften vgl. das bereits erwähnte RGes. v. 17. April 1886, 15. März 1888 § 8. Indirekt folgt daraus, daß die j. P. des Auslandes nach dem Recht ihres Sitzes im Auslande auch im Inlande zu beurtheilen sind, was ihre Rechtsfähigkeit betrifft, für ihre Handlungsfähigkeit muß Art. 7 EG. angewendet werden. Eine Ausnahme macht Art. 10 EG. für solche ausländische

Vereine, die, wenn sie ihren Sitz im Inlande hätten, in das Vereinsregister eingetragen werden müßten, oder der staatlichen Verleihung bedürften, d. h. für Vereine mit idealen Zwecken und Vereine mit wirthschaftlichen Zwecken, die nicht nach besonderem Reichsrecht zu beurtheilen sind. Solche Vereine sind im Inlande auch bei Rechtsfähigkeit im Auslande rechtsfähig nur durch Beschluß des Bundesrathes. Auf Aktiengesellschaften und andere Gesellschaften des Reichsrechts mit jur. Persönlichkeit bezieht sich das so wenig wie auf Stiftungen und die j. P. des öffentl. Rechts. Vgl. HGB. v. 10. Mai 1897 §§ 13, 201 Abs. 5. RG. 6 S. 134. Haben solche Vereine die Rechtsfähigkeit im Inlande nicht erlangt, so werden sie gemäß Satz 2 Art. 10 wie Gesellschaften (§§ 708 ff.) behandelt; auf sie findet Satz 2 § 54 Anwendung, und werden die §§ 49 a, 668 a Entw. der CPO. anzuwenden sein, d. h. sie werden im Inlande belangt und exequirt werden können, wie wenn sie rechtsfähig wären.

5. Da das BGB. nur die privatrechtliche Seite der j. P. behandelt, bleiben alle Vorschriften der Landesgesetze bestehen, die im Interesse der öffentlichen Ordnung und Sicherheit die Vereine einer Beaufsichtigung durch öffentliche Organe unterwerfen Im Art. 49 EG. Entw. I und Art. 80 EG. Entw. II war dies ausdrücklich gesagt; es ist später als selbstverständlich gestrichen; die Vorschrift im Entw. I Art. 49, daß die landesgesetzlichen Vorschriften auch insofern unberührt bleiben, als sie die Verwaltung betreffen, ist schon in Entw. II gestrichen, weil den Landesgesetzen ein solcher, in Wirklichkeit unübersehbarer Spielraum nicht überlassen werden sollte. Die Frage, ob eine landesgesetzliche Vorschrift die Beaufsichtigung oder die Verwaltung betrifft, und öffentl. Recht ist, wird oft nicht unbedenklich sein.

6. Aus allem Vorstehenden ergiebt sich, daß zu beurtheilen sind 1. die j. P. des öffentl. Rechts und der Fiskus grundsätzlich nach Landesrecht, soweit nicht das BGB. in § 89 etwas anderes besagt und privatrechtliche Vorschriften für alle j. P. giebt, §§ 1061, 2044, 2101, 2105, 2109, 2163; 2. die j. P. des Privatrechts (Personenvereine, Stiftungen, Anstalten) a) nach Landesrecht die Verfassung nach dem partikularen Landesrecht konzessionirter Körperschaften, Art. 82 EG., die Religionsgesellschaften und geistlichen Gesellschaften, soweit es sich um ihre Rechtsfähigkeit handelt, Art. 84 EG., die Berg-, Jagd-, Fischerei-, Wasser-, Waldgenossenschaften nach Art. 65, 66, 67, 69, 83 EG., soweit nicht das BGB. ergänzende Vorschriften giebt, die für alle j. P. gelten, z. B. § 31, ferner die am 1. Januar 1900 bestehenden Vereine, Verbände, Körperschaften, soweit sie in den Art. 164—167 EG. bezeichnet sind; b) nach Specialreichsrecht die Aktiengesellschaften ohne Rücksicht auf den Gegenstand ihres Unternehmens, die Erwerbs- und Wirthschaftsgenossenschaften, die Gesellschaften mit beschränkter Haftung, die freien Hilfskassen, die Kolonialgesellschaften; c) nach dem BGB., als gemeinem Reichsrecht, die nicht wirthschaftlichen Vereine (wohlthätige, wissenschaftliche, gemeinnützige, politische, religiöse, gesellige), § 21, und die wirthschaftlichen, die nicht unter specielles Reichsrecht oder gem. Landesrecht fallen, und die Stiftungen, § 80.

Eine hereditas jacens kennt das BGB. nicht, § 1942; damit ist sie auch als j. P. beseitigt.

**II. Vereine.** In Betracht kommen der Begriff, die Entstehung, die Rechtsfähigkeit, die Organisation, die Handlungsfähigkeit, das Rechtsverhältniß des Vereins und der Mitglieder innerhalb desselben, das Verhältniß der Mitglieder zu Dritten, die Auflösung.

1. Begriff. Das BGB. sagt darüber nichts; der § 54 setzt den Verein in Gegensatz zur Gesellschaft, §§ 705 ff. In die Natur des Endzwecks, in welcher RG. 9 S. 108, 16 S. 189, OHG. 21 S. 348 den Unterschied der landrechtlichen Gesellschaft in I 17 §§ 169 ff. und der erlaubten Privatgesellschaft in II 6 §§ 2, 11 ff., einer dem BGB. unbekannten Zwischenstufe zwischen Gesellschaft und Korporation fanden, kann der Unterschied nicht gesetzt werden. Der Zweck kann, wie sich aus §§ 21, 22, 708 BGB. ergiebt, bei Vereinen und Gesellschaften der gleiche, ideale oder wirthschaftliche, sein; die Subjektivität oder Objektivität des Zwecks und Interesses bietet kein sicheres Merkmal des Unterschiedes. Auch die Art der inneren Organisation ist nicht entscheidend. Das unterscheidende wesentliche Merkmal ist, das, was die römischrechtliche societas privata von der universitas personarum schied. Vgl. OHG. 18

S. 398, ObTr. 20 S. 328. Die Gesellschaft der §§ 705 ff. ist ein durch Vertrag zwischen mehreren bestimmten Personen begründetes obligatorisches Verhältniß zu einem bestimmten (meist wirthschaftlichen) Zweck dieser Personen. Subjekte von Recht und Pflicht im Verhältniß zu einander und zu Dritten sind diese bestimmten Personen. Das Gesellschaftsvermögen ist gemeinschaftliches Vermögen dieser Gesellschafter, § 718 (zur gesammten Hand), § 738. Neben dem Gesellschaftsvermögen haftet der Gesellschafter persönlich, §§ 735 ff. Die Zugehörigkeit zur Gesellschaft ist nicht übertragbar, § 717 Satz 1. Das Ausscheiden eines Gesellschafters durch Kündigung oder Tod hat grundsätzlich die Auflösung der Gesellschaft zur Folge. Die Gesellschaft kann durch Kündigung des Personalgläubigers eines Gesellschafters zur Auflösung gebracht werden und wird grundsätzlich durch den Konkurs eines Gesellschafters aufgelöst, §§ 723 ff. Die Gesellschaft kann immer nur bestehen zwischen den urspünglichen Gesellschaftern oder einem Theil derselben oder ihren Erben, ist also von diesen Personen abhängig.

Der Verein wird durch Vertrag begründet, stellt aber kein obligatorisches Verhältniß zwischen den Mitgliedern, sondern zwischen den Mitgliedern und dem Verein her. Subjekt von Recht und Pflicht ist der Verein, nicht die Gesammtheit der verbundenen Personen. Seine Rechtsfähigkeit, §§ 21, 22, bedeutet nichts anderes, als daß er Rechtssubjekt ist, sich erwirbt und sich verpflichtet, §§ 26, 31. Das Vereinsvermögen ist Vermögen des Vereins, nicht der Mitglieder, weder der einzelnen, noch der Gesammtheit, §§ 45, 51. Eine Haftung des Vereinsmitgliedes als solchen mit seinem Vermögen neben der Haftung des Vereinsvermögens besteht grundsätzlich nicht. Die Uebertragung, Vererbung der Mitgliedschaft ist zwar nicht verboten, §§ 38, 40, aber der Bestand des Vereins ist von Leben und Tod und dem Konkurse des einzelnen Mitgliedes und dem Wechsel der Mitglieder unabhängig. §§ 41 ff. Was das HGB. bezüglich der Aktiengesellschaften in Art. 207, 213 des alten, §§ 178, 210 des neuen, bezüglich der Gesellschaften mit b. H. der § 13 des Ges. v. 20. April 1892, bez. der Genossenschaften § 17 des Ges. v. 1. Mai 1889, der Innungen § 99 der GewO., der Gewerkschaften des Bergrechts §§ 96, 99 des Preuß. Bergges. v. 24. Juni 1865 dahin ausdrückt: „daß sie unter ihrem Namen Rechte (Eigenthum, dingliche Rechte) erwerben, Verbindlichkeiten eingehen, vor Gericht klagen und verklagt werden können, für ihre Verbindlichkeiten nur ihr Vermögen haftet", gilt für die rechtsfähigen Vereine nach dem Zusammenhange der §§ 21 ff., auch ohne daß es ausdrücklich gesagt ist. Vereinigungen von Personen, die sich Vereine nennen, denen aber diese wesentlichen Merkmale fehlen, können rechtlich nicht als Vereine gelten, als solche nicht eingetragen und nicht konzessionirt werden, und wenn ihre Eintragung erfolgen sollte, würde ihre Rechtsnatur als Gesellschaft doch nicht geändert werden. Wenn das Statut persönliche Haftung der Mitglieder den Vereinsgläubigern gegenüber, Antheile der Mitglieder am Vermögen des Vereins während der Dauer des Vereins bestimmt, oder bei geschlossener Mitgliederzahl den Bestand des Vereins von den Personen abhängig macht, wird regelmäßig Gesellschaft, nicht Verein, vorliegen. Vgl. unter 5 d.

2. Entstehung. Der Verein entsteht durch die Vereinigung der ihn gründenden Personen mittels eines rechtsgeschäftlichen Akts (Satzung), der Zweck, Name, Sitz des Vereins feststellen muß, § 57 Abs. 1, und zugleich seine Organisation ergeben soll, § 58. Aber Rechtssubjekt wird der Verein durch sein Dasein allein nicht (keine freie Körperschaftsbildung), §§ 21, 22, 23. Nach § 21 erlangt ein Verein, dessen Zweck nicht auf einen wirthschaftlichen Geschäftsbetrieb gerichtet ist, Rechtsfähigkeit erst durch Eintragung in das Vereinsregister gemäß den Vorschriften in §§ 55 ff. (System der Normativbestimmungen). Nach § 22 erlangt ein Verein mit wirthschaftlichem Geschäftsbetriebszweck Rechtsfähigkeit erst durch Verleihung Seitens des Bundesstaats, in dem er seinen Sitz hat (Konzessionssystem), soweit er nicht unter besondere reichsgesetzliche Vorschriften fällt.

**a.** Die Vereine des § 21 sind die Vereine zu idealen, gemeinnützigen, wohlthätigen, geselligen, wissenschaftlichen, künstlerischen, politischen, sozialpolitischen, religiösen Zwecken, §§ 55, 61 Abs. 2, die religiösen, soweit sie nicht Religionsgesellschaften oder geistl. Gesellschaften, Ressourcen, Berufs-, Fachvereine, kaufmännische, technische, juristische Gesellschaften, Armenvereine, Wohlthätigkeitsvereine, Bildungsvereine, Unterstützungsvereine, Art. 84 EG., ALR. II 11 §§ 11, 939. Das ALR., das wie SBGB. § 52, das französ. und gem. R. ohne Verleihung keine j. P. kannte, behandelt solche Vereine, wenn sie nicht ausnahmsweise Korporationsrechte verliehen erhalten, als s. g. erlaubte Privatgesellschaften, II 6 §§ 2, 11 ff., die nach innen körperschaftlich organisirt, nach außen aber nur als die Gesammtheit der jeweiligen Mitglieder berechtigt und verpflichtet waren. Vgl. ObTr. 20 S. 328, 75 S. 252 (Ressource, Harmonie), 15 S. 318 (jüd. Religionsgemeinde), StrA. 91 S. 126, 61 S. 44, 68 S. 341, 13 S. 299. In Sachsen und Bayern wurden ihre Verhältnisse durch die Gesetze v. 15. Juni 1868, 29. April 1869 nach wesentlich denselben Grundsätzen geregelt wie im BGB. Der Verein kann, wenn er gewisse Bedingungen erfüllt, seine Eintragung in das Vereinsregister verlangen und erlangt durch die Eintragung Rechtsfähigkeit. §§ 21, 55 ff. Die Staatsbehörde kann gegen die Eintragung Einspruch erheben, vor dessen Erledigung die Eintragung nicht erfolgen kann. Jede Anmeldung zum Vereinsregister ist deshalb der zuständigen Verwaltungsbehörde mitzutheilen, §§ 61 ff. Aber der Einspruch der Behörde kann regelmäßig nur darauf gestützt werden, daß der Verein nach dem öffentl. Recht unerlaubt ist oder verboten werden kann. Nur der Eintragung von Vereinen mit politischem, sozialpolitischem, religiösem Zweck kann von der Verwaltungsbehörde nach freiem Ermessen, ohne Begründung aus einem Gesetz, widersprochen werden, § 61 Abs. 2. Damit ist dem Staat ein sehr wirksames, aber auch zweischneidiges Repressivmittel gegen gefährliche, bedenkliche, unbequeme Vereinsbildungen gegeben und das Konzessionssystem für derartige Vereine mit dem Eintragungssystem verquickt. Ist der Einspruch erhoben, so unterbleibt die Eintragung, bis der Einspruch auf die Anfechtungsklage des Vereinsvorstandes durch den Spruch der berufenen Behörde (Verwaltungsgericht, Behörde der §§ 20, 21 Gew.O.) im geordneten Verfahren beseitigt ist, §§ 62, 63.

Die Bedingungen, die der Verein erfüllen muß, um die Eintragung zu erlangen, sind durch die §§ 55—66 normirt (Normativbestimmungen). Der Verein muß mindestens 3 und soll mindestens 7 Mitglieder haben, §§ 56, 73. (Aktiengesellschaften: 5 Mitglieder, HGB. Art. 209, jetzt § 182. Genossenschaften: 7 Mitglieder, Gen.Ges. v. 1. Mai 1889 § 4. Ges. mit beschr. Haftung: 2 Mitglieder, Ges. v. 20. April 1892 § 1. Vgl. auch Krankenversich.Ges. v. 10. April 1892 (15 Juni 1883) §§ 16, 60: 100 bezw. 50 Mitglieder. Bergges. § 94, für Gewerkschaften: 2 Mitglieder. l. 85 D. d. v. s. 3 Mitglieder.)

Der Verein muß eine Satzung (Statut) aufstellen, die von den 7 Mitgliedern unterzeichnet werden soll, von mindestens 3 Mitgliedern unterzeichnet werden muß und enthalten muß: Zweck, Namen, Sitz des Vereins und daß er eingetragener V. sein will, § 57. Das Statut soll die in § 58 angegebenen Bestimmungen über die Organisation des Vereins enthalten. Aus §§ 59, 60 ergiebt sich ferner, daß ein Vorstand bestellt werden muß, da durch ihn die Anmeldung zur Eintragung zu erfolgen hat.

Im Wesentlichen stimmen diese Normativbestimmungen in Verbindung mit den Vorschriften der §§ 66 ff. über die Bekanntmachung der Eintragung mit den Vorschriften über Aktiengesellschaften, Genossenschaften, Gesellschaften mit beschr. H., den Vorschriften des Sächs. Ges. v. 15. Juni 1868 und des Bayr. Ges. v. 29. April 1869 über Personenvereine überein. Die Eintragung ist für die bezeichneten Vereine derart obligatorisch, daß sie ohne dieselbe als rechtsfähige Vereine nicht bestehen, wie die Aktiengesellschaft nach Art. 211 des alten, § 200 des neuen HGB. vor der Eintragung als solche nicht besteht, nach § 11 Ges. v. 20. April 1892 auch die Gesellschaft mit beschr. H. nicht. Aber ebenso wie nach § 2101 Abs. 2 eine j. P. für den Fall ihrer Entstehung zum Erben eingesetzt werden kann, so können für und gegen den Verein durch das Gründungsgeschäft oder ein mit demselben verbundenes spezielles Rechtsgeschäft Rechte und Pflichten begründet werden, die mit der Entstehung des Vereins wirksam werden. Das gilt z. B. für die Verpflichtung der Mitglieder zur Zahlung gezeichneter Beiträge, die im Errichtungsvertrage oder einem gültigen Vorvertrage übernommen, und auch andere Rechte können aus dem Gründungshergange für den künftigen Verein entstehen. Vgl. RG 5 S. 21, 19 S. 125, 18 S. 56, 26 S. 37, 28 S. 75, 24 S. 14, 21; 32 S. 97 (Vorvertrag). Durch solchen Vorvertrag kann selbst die Verpflichtung zum Beitritt begründet werden, vorausgesetzt, daß der

Vertrag alle wesentlichen Theile der künftigen Satzung fixirt und die Satzung des zu Stande gekommenen Vereins dem entspricht. Vgl. RG. 30 S. 55, 35 S. 185. Handelt der designirte Vorstand für den Verein und Namens desselben vor der Eintragung, ohne dazu beauftragt zu sein und ohne die Genehmigung des Vereins vorbehalten zu haben, so haftet er ebenso wie das einzelne Vorstandsmitglied im gleichen Falle nach § 54 dem Dritten persönlich, wenn es zur Eintragung nicht kommt. Kommt es zur Eintragung, so genügt auftragsloses Handeln des Vorstandes vor der Eintragung allein auch nicht, um den Verein zu verpflichten. Vgl. RG. 32 S. 97. Genehmigung und Bereicherung, §§ 812 ff., können aber Verpflichtung des Vereins herbeiführen, dessen Bestand als solcher dadurch allein nicht aufhört, daß er nicht eingetragen wird.

b. Vereine mit dem Zwecke eines wirthschaftlichen Geschäftsbetriebes erlangen nach § 22 Rechtsfähigkeit nur durch staatliche Verleihung, wenn sie nicht unter das früher erwähnte spezielle Reichsrecht oder unter Landesrecht fallen. Wirthschaftlicher Geschäftsbetrieb als Zweck kann nur angenommen werden, wo er Hauptzweck ist oder doch gleichwerthig neben dem idealen Zweck. Von Bedeutung ist der Begriff des wirthschaftlichen Geschäftsbetriebszweckes, weil bei Vorhandensein eines solchen die Eintragung eines Vereins die Rechtsfähigkeit nicht verschaffen kann, während es nach der historischen Entwickelung der Lehre von der j. P. und der Bedeutung der staatlichen Verleihung als unbedenklich erscheint, daß die staatliche Verleihung die Rechtsfähigkeit stets giebt, auch wenn der Zweck des wirthschaftlichen Geschäftsbetriebs fehlen sollte. Wirthschaftlicher Geschäftsbetrieb liegt überall vor, wo durch wirthschaftliche Mittel (Produktion, Fabrikation, Verarbeitung, Vertrieb) wirthschaftliche Zwecke (Vermögensvermehrung, -Erhaltung, -Sicherung, -Erwerb) bezweckt werden. Gewerbebetrieb, d. h. Betrieb zu dauerndem Erwerbe, ist nicht erforderlich und das Motiv des Geschäftsbetriebs, ob eigener oder fremder Vortheil und Gewinn oder Hebung und Beförderung der sozialen Lage, ist nicht wesentlich. Ein Bibelverein, der eine eigene Druckerei betreibt, um Bibeln zu verschenken oder zum Selbstkostenpreise zu vertreiben, betreibt ein wirthschaftliches Geschäft, obwohl er nicht gewinnen will und nur idealen Zweck verfolgt; wenn er aus den Beiträgen seiner Mitglieder Bibeln kauft und verschenkt, fehlt der Geschäftsbetrieb. Ein gemeinnütziger Bau-Verein, der zur Beschaffung billiger Wohnungen Häuser baut und vermiethet, dazu Darlehen aufnimmt, oder eigene Kapitalien verwendet, die Miethen zu Verzinsung und Amortisation verwendet, hat einen wirthschaftlichen Geschäftsbetrieb, ebenso wie Versicherungsgesellschaften auf Gegenseitigkeit, oder Vereine zur Hebung der Pferdezucht oder Viehzucht, oder ein landwirthschaftlicher Verein, der die Ernten seiner Mitglieder sammelt, lagert und verkauft, um die Preise zu sichern und den Zwischenhandel zu hindern. Eine Ressource, ein Kasino, ein Lese-, ein Bildungsverein muß regelmäßig Anschaffungen machen, wird für seine Zwecke ein- und oft auch verkaufen, hat aber keinen Geschäftsbetrieb zum Zweck oder doch Hauptzweck oder gleichwerthigen Nebenzweck, wenn nicht besondere Umstände hinzutreten.

Nach den §§ 25 ff. muß auch ein Verein dieser Art eine Satzung (Statut) haben. Ohne eine solche kann die Prüfung zum Zwecke der Verleihung nicht erfolgen. Die Verleihung steht nach § 22 dem Bundesstaate zu, in dessen Gebiet der Verein seinen Sitz hat; durch welche Behörde, in welchem Verfahren, bestimmt das Landesrecht. Für Vereine, die ihren Sitz nicht in einem Bundesstaat, d. h. im Auslande oder den Kolonieen haben, steht die Verleihung nach § 23 dem Bundesrath zu, übrigens ohne Unterschied zwischen Vereinen des § 21 oder § 22. Neben Art. 10 EG., vgl. oben unter I 4, hat der § 23 Bedeutung nur für Vereine Deutscher für Deutsche in den Kolonieen, in den Schutzbezirken und Konsulatsbezirken.

Dadurch, daß die Rechtsfähigkeit von der Verleihung abhängig gemacht, ist der verleihenden Behörde ein starker Einfluß auf die Gestaltung des Vereins gegeben. Von selbst versteht sich, daß die genehmigte Satzung ohne Genehmigung der Behörde (Bundesrath) nicht geändert werden darf, § 33 Abs. 2. Dabei darf nur nicht von den Vorschriften der §§ 25 ff. abgewichen werden, von denen die Vereinssatzung nicht abweichen darf, § 40.

Für die Rechtsverhältnisse des Vereins vor der Verleihung gilt dasselbe wie für Vereine, die eingetragen werden müssen.

c. Vereine, die nicht eingetragen und die Rechtsfähigkeit auch sonst nicht nach Reichs- oder Landesrecht haben, werden nach § 54 nach den Vorschriften über die Gesellschaft beurtheilt, §§ 705 ff., Entw. II § 676, natürlich mit den Modifikationen, die sich ergeben, wenn nach den Vereinssatzungen Mitglieder ein- und austreten können, ohne daß sich der Verein dadurch ändert. Abs. 2 § 54 bestimmt außerdem, daß wer im Namen eines solchen Vereins rechtlich handelt, daraus persönlich haftet, mehrere als Gesammtschuldner. Vgl. Art. 10 EG. Satz 2, HGB. Art. 211 Abs. 2, HGB. v. 10. Mai 1897 § 200 Satz 2, Ges. v. 20. April 1892 § 11 Abs. 2. Das gilt vom 1. Januar 1900 ab auch für Vereine, die damals schon bestanden. Im § 49a Abs. 2 Entw. der CPO. ist die Bestimmung vorgesehen, daß ein nicht rechtsfähiger Verein verklagt werden kann, wie wenn er rechtsfähig wäre, d. h. unter seinem Namen, vertreten durch seinen Vorstand, und im § 670a dess. Entw. die Vorschrift, daß zur Zwangsvollstr. in das Vermögen eines solchen Vereins ein gegen den Verein erlassenes Urtheil genügt. Im Princip ist dies schon bisher im gem. u. preuß. R. für Privatvereine (erlaubte Privatges.) angenommen. Vgl. RG. 4 S. 156, 202, 211; 7 S. 164, 8 S. 123, 27 S. 183. ObTr. 15 S. 318, StA. 13 S. 299, 42 S. 66, 61 S. 44, 68 S. 314, 70 S. 75, OHG 4 S. 202, 8 S. 180, 18 S. 398.

Solch Verein besteht ohne schriftlichen Vertrag, aber auch nur bis zur Auflösung in irgend welcher Form, und nach der Auflösung kann er auch nicht verklagt werden, vgl. RG. 8 S. 121, 34 S. 169, sondern nur die Mitglieder, die es zur Zeit der Auflösung waren und dann als Theilhaber des zu dieser Zeit vorhandenen Vermögens des früheren Vereins gelten müssen, §§ 731, 741 ff. Als Theilhaber an diesem Vermögen können sie auch aus dem Gesichtspunkt der Bereicherung haften, §§ 812 ff. Vgl. ObTr. 15 S. 318. Im Uebrigen haften die Mitglieder eines solchen Vereins dem Dritten aus Rechtsgeschäften, die den Verein, wenn er rechtsfähig wäre, als solchen verpflichten und nur das Vereinsvermögen treffen würden, als Gesellschafter persönlich, §§ 713, 714, 420, 427, aber immer nur, so lange sie Mitglieder des Vereins sind. Gegen ausgeschiedene Mitglieder kann der Dritte Rechte nur aus dem Rechte der ihm verhafteten Mitglieder geltend machen. Die persönliche Haftung der Mitglieder aus Geschäften des Vereins kann nur durch Vertragsabrede mit dem anderen Kontrahenten ausgeschlossen werden. Die Bestimmung in den Statuten eines solchen nicht rechtsfähigen Vereins, daß die Mitglieder nur mit ihrem Antheil am Vereinsvermögen haften, genügt nicht, um die persönliche Haftung zu beseitigen, ebenso wenig etwa die Bestimmung, daß der Vorstand des Vereins nur so kontrahiren darf. Wollte man dies zulassen (Planck, BGB. Anm. h zu § 54; vgl. Eccius IV § 281 S. 675; Cr. I § 17; Kuhlenbeck, Von den Pandekten zum BGB. I S. 239 § 7), so würden unter der Form eines nicht rechtsfähigen Vereins Gesellschaften mit beschränkter Haftung errichtet werden können, ohne die Vorschriften des Ges. v. 20. April 1892 zu erfüllen. Schreibt das Gesetz vor, daß der nicht rechtsfähige Verein rechtlich als Gesellschaft zu behandeln, so bleiben alle Bestimmungen des Vereinsstatuts außer Anwendung, die dieser Vorschrift des Gesetzes widersprechen. Auch die Kenntniß des Dritten davon, daß der Verein nicht eingetragen oder nicht konzessionirt ist, kann die Vorschrift des Gesetzes nicht beseitigen. Vertragsmäßige Vereinbarungen unter den Vereinsmitgliedern wirken nach außen nur soweit, als solche unter Socien nach außen wirken. Socien können durch Abrede unter sich eine beschränkte Haftung Dritten gegenüber nur in den Formen des Ges. v. 20. April 1892 begründen, die bloße Kenntniß des Dritten von solcher Abrede genügt deshalb nicht zur Ausschließung der persönlichen Haftung. Solche kann nur durch Vertrag mit dem Dritten herbeigeführt werden, durch den die Haftung auf das Vermögen ausdrücklich oder stillschweigend beschränkt wird. Vgl. RG. 12 S. 229 (Ausstellungskomitee). Ohnedies tritt nach § 427 regelmäßig solidarische, ev. Haftung pro rata ein, wie sie das ALR. für Mitglieder erlaubter Privatges. allgemein statuirte, II 6 § 12. ObTr. 20 S. 328. Daneben haftet derjenige, der im Namen des Vereins mit einem Dritten handelt, persönlich, § 54 Satz 2, wenn er dazu Auftrag gehabt, oder Vertreter des Vereins war; er haftet allein nach §§ 177 ff., wenn er ohne Auftrag oder Vertretungsbefugniß gehandelt hat. Die Haftung ist ausgeschlossen, wenn er unter Vorbehalt der Genehmigung kontrahirt hat oder der Dritte wußte, daß er ohne Genehmigung nicht kontrahiren konnte, § 179 Abs. 3. Unerheblich ist dagegen, ob der Dritte wußte oder wissen mußte, daß der Verein nicht rechtsfähig; das Gesetz knüpft daran nicht die Beschränkung der Haftung mit dem Vereinsvermögen und konnte dies auch bei der Behandlung des Vereins als Gesellschaft nicht.

Unter den Mitgliedern des Vereins bestimmen an erster Stelle die Vereinsstatuten, wenn solche vorhanden, das Rechtsverhältniß. Aber das Vereinsvermögen ist rechtlich Gesellschaftsvermögen der Mitglieder zur gesammten Hand, nicht Vermögen eines von den Mitgliedern verschiedenen Rechtssubjekts, das eben nur bei dem rechtsfähigen Verein besteht. Von Bedeutung ist dies besonders für das Grundbuchrecht. Eintragungen sind immer nur für die Mitglieder möglich. GrBO. § 48. Berechtigt sind und als Berechtigte auftreten, namentlich klagen können deshalb nur die Vereinsmitglieder gemeinschaftlich wie bei der Societät, nicht der Verein als solcher, unter seinem Namen, da er nicht parteifähig ist. Die oben erwähnte in Aussicht genommene Vorschrift in § 49a CPO. ist lediglich zu Gunsten und zum Schutz Dritter gegeben, und stellt die passive Parteifähigkeit der nicht rechtsfähigen Vereine her. Der statutenmäße Vorstand des Vereins klagt wie der geschäftsführende Gesellschafter als Vertreter der einzelnen Vereinsmitglieder, die kollektiv unter dem Namen des Vereins bezeichnet werden mögen, aber einzeln jedenfalls benannt werden müssen, wenn das Gericht oder der Gegner es verlangt. Das weitergehende gemeine Gewohnheitsrecht (OHG. 4 S. 202, RG. 4 S. 156, 8 S. 121) ist nicht anerkannt. Selbstverständlich ist, daß solche Vereine nicht erbfähig sind und durch Schenkungen nicht erwerben können. Vgl. ALR. II 6 §§ 13, 16 ff., 21; Gruchot Bd. 28 S. 928 (Vermächtniß). Vgl. ObTr. 53 S. 62, StrA. 53 S. 328, SBGB. § 2075.

3. Die Rechtsfähigkeit der Vereine, begründet durch die Eintragung oder die Verleihung, beruht darauf, daß der Gesammtheit eine von der Person des Einzelnen verschiedene Rechtspersönlichkeit eingelegt ist. Diese wird wie jede andere j. P. der natürlichen P. gleich behandelt, soweit die Natur der Rechte nicht entgegensteht. Vgl. ALR. II 6 § 82. Der Verein hat einen Namen und muß einen solchen zur Individualisirung gegenüber anderen haben; für eingetragene Vereine ist es in § 57 ausdrücklich vorgeschrieben; für konzessionirte versteht es sich von selbst. Für diesen Namen hat der Verein den Schutz des § 12 wie die natürliche P. Der Name ist eben Personenname, wie die Firma des Kaufmanns. RG. 9 S. 104. Wie diese hat der Verein einen Wohnsitz (Domizil, Sitz), der für eingetr. V. durch das Statut, § 57, bestimmt werden muß, nach § 24 sonst durch den Ort der Verwaltung bestimmt wird. Vgl. § 80. Der Sitz bestimmt nach § 19 CPO. den allgem. Gerichtsstand, RG. 27 S. 421, und die Zugehörigkeit zu Staat und anderen Verbänden. Anders als durch den Sitz kann Staatsangehörigkeit nicht begründet werden, soweit von solcher bei j. P. überhaupt zu reden. RGes. v. 1. Juni 1870. Vgl. § 2 Ges. v. 25. Okt. 1867 (BGBl. S. 35) betr. das Recht zur Führung der Flagge. Der Sitz bestimmt auch im Sinne des § 269 BGB. den Erfüllungsort. Die Rechtsfähigkeit äußert sich naturgemäß wesentlich auf dem Gebiete des Vermögensrechts als Vermögensfähigkeit und Parteifähigkeit. Der Verein kann für sich Eigenthum und andere Rechte erwerben und besitzen; auf seinen Namen erfolgen die Eintragungen im Grundbuch. Vgl. GrBO. §§ 33, 90. Rechte aus Waarenzeichen, Erfindungen, Mustern, musikalischen und litterarischen Werken kann der V. wie jede jurist. P. haben. Vgl. Ges. v. 11. Juni 1870 (Nachdruck) § 13 (Urheberr. von Akademien, Universitäten, sonstigen j. P., Unterrichtsanstalten, gelehrten und anderen Gesellschaften als Herausgeber. Dauer: 30 Jahre nach dem Erscheinen). Der Verein steht wie jede j. P. der natürl. P. auch darin gleich, daß er zwar nicht ab intestato, aber aus Verfügung von Todeswegen erwerben, Erbe und Legatar sein kann. Dieser abweichend vom röm. R. durch gemeinr. Gewohnheitsr. geschaffene, in allen modernen Rechten anerkannte Satz geht für das BGB. aus den §§ 2044, 2101 (2105), 2109, 2163 hervor; selbst für den Fall der Entstehung kann die j. P. danach bedacht werden. Vgl. ObTr. 30 S. 50 (gem. R.). ObTr. 40 S. 78. Des Nießbrauchs der j. P. erwähnt § 1061. Nach Art. 138 EG. sind die nach Landesgesetz bestehenden Rechte von Körperschaften, Stiftungen oder Anstalten nur des öffentl. Rechts, also nicht von Privatvereinen, Stiftungen und Anstalten, auf erbliche

Güter aufrecht erhalten. Beschränkt ist die Erwerbsfähigkeit der Vereine wie aller j. P. durch die oben unter I 1 c bereits erwähnten, durch Art. 86, 87, 88 EG. aufrecht erhaltenen landesgesetzlichen, gegen den Erwerb der s. g. todten Hand gerichteten Vorschriften. Die Rechtsfähigkeit zeigt sich ferner darin, daß der Verein als solcher Rechte und Pflichten gegen seine Mitglieder und Dritte und gegenüber dem Staate und den Kommunen hat, z. B. die Steuerpflicht, und als Grundbesitzer die mit solchem verknüpften öffentlichen Rechte haben kann, auch Wahlrecht, soweit dasselbe nicht an die einzelne natürliche Person geknüpft ist.

4. Handlungsfähigkeit und Organisation. a. Die Rechtsfähigkeit hätte ohne Handlungsfähigkeit keine Bedeutung. Denkbar ist die Handlungsfähigkeit rechtsfähiger Personenvereine durch die Gesammtheit der Mitglieder, §§ 32, 27 Abs. 1, § 40, regelmäßig aber wird sie vermittelt durch die gerade zu ihren Zwecken vom Gesetz vorgeschriebenen Organe des Vereins. Der Verein muß deshalb einen Vorstand haben, der aus einer oder mehreren Personen bestehen kann, § 26 Abs. 1, § 28 Abs. 1, und durch die Mitgliederversammlung oder sonst nach der Satzung bestellt wird, § 27 Abs 1, § 40. In § 29 ist der Fall vorgesehen, daß ein Vorstand oder ein vollständiger Vorstand zeitweilig fehlt. Das Statut kann für solchen Fall vorsorgen, event. bestellt das Amtsgericht des Vereinssitzes auf Antrag eines Betheiligten, d. h. der Mitglieder, eines Mitgliedes, eines Gläubigers, interimistisch einen Vorstand oder das fehlende Mitglied, wenn es dringlich. Bis zur Bestellung oder Ergänzung des Vorstandes besteht der Verein rechtlich unverändert weiter, sein Handeln ist nur thatsächlich, wenn überhaupt, gehindert, der § 206 BGB. (§ 939) kann deshalb nie zur Anwendung kommen, so wenig wie bei einer kranken oder sonst thatsächlich verhinderten natürlichen Person. Andere Fälle der Bestellung eines Vertreters für den Verein, etwa durch die Aufsichtsbehörde, kennt das BGB. nicht. Vgl. RG. 15 S. 44 zu § 95 GewO. Der Vorstand ist der gesetzliche Vertreter des Vereins, § 26 Abs 2, und Vorstand ist deshalb nur das Organ, das diese Stellung hat, mag es auch anders genannt sein. Als gesetzlicher Vertreter ist er grundsätzlich wie der der natürlichen Person die Person selbst. Willenserklärungen ihm oder einem Mitgliede gegenüber gelten nach § 28 Abs. 2 als dem Verein gegenüber abgegeben, und nach § 40 kann das Statut dies so wenig ändern, wie CPO. §§ 157 ff., § 169 geändert werden kann. Er ist gesetzlicher Vertreter, nicht Bevollmächtigter, § 30; Abs. 3 § 27, der nach § 40 dispositiv, betrifft nur das Verhältniß des Vorstandes zum Verein, nicht nach außen. Das Wollen, Wissen, Handeln des Vorstandes ist das des Vereins, wie bei jeder j. P., daher auch seine bona oder mala fides. Vgl. ALR. I 7 §§ 26 ff. OHG. 23 S. 73. RG. 30 S. 241 (Kenntniß, Wissen). RG. 25 S. 145 (Wissenmüssen, verschuldete Unkenntniß bei Ersitzung). OHG. 18 S. 153, RG. 1 S. 198, 13 S. 28, 30 S. 203 (Irrthum, cond. indeb.). RG. 18 S. 116 (dolus einer Aktienges.). Kontraktliches Verschulden des Vorstandes ist das des Vereins, § 278. Der Umfang der gesetzlichen Vertretungsmacht reicht grundsätzlich so weit, als die Rechtsfähigkeit des Vereins reicht, d. h. nicht über die dem Verein durch Statut oder Verleihung gegebenen Zwecke hinaus. Innerhalb derselben hat der Vorstand nach innen die ihm durch das Statut zugewiesenen Rechte; er beruft namentlich die Mitgliederversammlung, §§ 36, 37; nach außen vertritt er den Verein gerichtlich und außergerichtlich, § 26 Abs 2, nimmt die Rechtsgeschäfte vor, wobei er die ihm vorgeschriebene Form zu beachten hat, zeichnet Urkunden, auch Wechsel, OHG. 14 S. 245, giebt Erklärungen ab, ausdrücklich und stillschweigend, übt die Rechte des Vereins aus, hat Gewahrsam und Besitz, RG. 14 S 358, und durch ihn ist der Verein im Prozeß prozeßfähig. Nach § 33 HGB. v. 10. Mai 1897 hat der Vorstand eines Vereins, der nach Art u Umfang seines Geschäftsbetriebes in das Handelsregister einzutragen, den Verein zur Eintragung anzumelden. Auch im Prozeß ist der Vorstand mit der Partei identisch, kann deshalb nicht als Zeuge vernommen werden, RG. 2 S. 400, er ist der Schwurpflichtige, §§ 433, 435, 436 CPO., ihm wird zugestellt, § 157 CPO., er bestellt den Prozeßbevollmächtigten. Weil er die Partei selbst ist, versteht sich von selbst, daß der Vorstand, wie er kein Rechtsgeschäft für den Verein mit sich selbst abschließen, so auch nicht zugleich Gegenpartei sein kann, sich nicht eine eigene Klage gegen den Verein zustellen kann. RG. 7 S. 404. § 181. Will der Vorstand gegen den Verein klagen, so ist § 29 anzuwenden, im Fall der Klage des

Vereins gegen den Vorstand hat die Mitgliederversammlung den Vertreter zu bestellen, wenn das Statut nicht anders bestimmt. Vgl. Genoss.Ges. v. 1. Mai 1889 § 37 Abs. 1 u. 3, Ges. v. 20. April 1892 § 47 Nr. 8.

*Grundsätzlich ist die Vertretungsbefugniß unbeschränkt.* Nach § 26 Abs. 2 Satz 2 kann sie durch das Statut mit Wirkung gegen Dritte eingeschränkt werden, sei es durch Begrenzung auf bestimmte Geschäfte oder die Art ihrer Vornahme, sei es dadurch, daß die Genehmigung anderer Organe gefordert wird. Vgl. indeß HGB. Art. 231, HGB. v. 10. Mai 1897 § 235 Abs. 2, Genoss.Ges. v. 1. Mai 1889 § 27, Ges. v. 20. April 1892 § 37. *Bei eingetragenen Vereinen müssen solche Beschränkungen eingetragen und publizirt werden,* um Wirkung gegen Dritte zu erlangen, der sie nicht kennt oder kennen muß, und selbst bei Eintragung kann entschuldbare Unkenntniß sie unwirksam machen. §§ 64, 68, 70. *Für konzessionirte Vereine* fehlt eine solche Sicherung des Dritten, wodurch ohne genügenden Grund im Interesse solcher Vereine die Sicherheit des Rechtsverkehrs gefährdet ist. Dem Dritten helfen nur die §§ 177 ff.

**b.** Nach § 31, *der nach § 40 zwingendes Recht und durch Statut nicht abzuändern,* ist der Verein wie jede j. P. *deliktsfähig.* Der Verein ist für Handlungen seiner Organe (Vorstand, Mitglied des Vorstandes, spezieller Vertreter), die zum Schadensersatz verpflichten, ebenso verantwortlich, wie wenn er die Handlung vorgenommen. Sie gilt rechtlich als seine Handlung, wenn sie sein Organ *in Ausführung der ihm zugewiesenen Verrichtungen* vorgenommen hat. Oben unter I 1a ist die Bedeutung dieser Vorschrift, ihre Voraussetzung, ihre praktische Tragweite bereits erörtert und betont, daß bei der Anwendung festzuhalten der Unterschied zwischen *den Organen* des Vereins, die in allen oder einzelnen Angelegenheiten *an seiner Stelle stehen,* RG. 19 S. 350, S. 101, 22 S. 259, 31 S. 246, JW. 1886 S. 21, 1888 S. 212, und solchen Personen (Angestellten, Beamten, Bediensteten), *die nur zu einer Verrichtung bestellt sind,* § 831, RG. 29 S. 234, 19 S. 350, und daß von einer Haftbarkeit des Vereins für eigenes Verschulden nur die Rede, wenn diese Organe eine *innerhalb ihrer Zuständigkeit liegende Handlung* rechtswidrig vornehmen oder rechtswidrig unterlassen. *Durch* diese Vornahme oder Unterlassung muß der Schade angerichtet sein, nicht bloß *bei Gelegenheit* derselben. In allen diesen Punkten ist die konkrete Sachlage entscheidend, die namentlich oft darüber Zweifel lassen wird, ob die Person Organ oder Werkzeug, ob der Schade durch oder bei Gelegenheit der zuständigen Thätigkeit angerichtet. Beispiele sind früher angeführt. Der Portier eines Vereinshauses ist sicherlich nicht Organ, sondern Werkzeug, und der Verein haftet weder, wenn er einen Dritten beschädigt, der in das Haus eindringen will, noch wenn er einen solchen der Freiheit beraubt, indem er ihn in das Haus einsperrt (*Cosack*). Der Kassirer vertritt den Verein bei Empfangnahme von Zahlungen und unterschlägt dem Verein oder zu dessen Schaden, aber der Verein haftet nicht, wenn er beim Wortwechsel mit einem Zahler denselben beschädigt. Der Arzt des Krankenhauses eines Vereins ist nicht Organ, der Verein haftet nur nach § 831 und auch nur, wenn der Arzt bei seinen ärztlichen oder ihm sonst obliegenden Verrichtungen Schaden stiftet, nicht z. B., wenn er im Dienst fahrlässig mit dem Feuer umgeht und Schaden stiftet (*Kuhlenbeck*). Auch darauf ist früher schon aufmerksam gemacht, daß die j. P. für nicht verschuldeten Schaden haftet, wenn die natürliche Person dafür haftet. (Der Kettenhund des Vereinshauses beschädigt, § 833.)

**c.** Nach § 30 kann *das Statut* neben dem Vorstande besondere Vertreter für einzelne Geschäfte oder eine Klasse derselben bestellen, z. B. Kassirer, Syndikus. Vgl. RG. 24 S. 82. Vgl. HGB. Art. 234, 235, HGB. v. 10. Mai 1897 § 238, Genoss.Ges. v. 1. Mai 1889 § 40 Abs. 2, Ges. v. 20. April 1872 § 47 Nr. 7. Diese Vertreter sind nicht Organe, aber Vertreter im Sinne des § 31 für die in ihren Geschäftskreis fallenden Rechtsgeschäfte; *insoweit stehen sie an Stelle des Vereins,* §§ 164 ff., 278. Der Satz 2 § 30 giebt eine Auslegungsregel, anders als Art. 47 HGB., § 54 HGB. v. 10. Mai 1897, und setzt voraus, daß das Statut keine näheren Bestimmungen enthält. *Bevollmächtigte* kann der Vorstand gemäß § 27 Abs. 3, § 664 bestellen.

**d.** Nach § 664 bestimmt sich auch die Verantwortlichkeit des Vorstandes für Bevollmächtigte und Gehülfen, § 278, *und seine Verantwortlichkeit für* seine Geschäftsführung dem Vereine gegenüber überhaupt, wenn nicht das Statut darüber Bestimmungen enthält. § 40. Danach und nach § 276 haftet der Vorstand grundsätzlich für jedes Versehen, ist nach §§ 665, 666, 667, 668 zur Ausführung der ordnungsmäßigen Beschlüsse des V., zur Anzeige, Mittheilung, Auskunft und Rechenschaft verpflichtet, hat bei Vermögensverwaltung Rechnung gemäß § 259 zu legen, dem Verein herauszugeben, was er aus der Geschäftsführung und zu derselben erhalten hat. Er darf Gelder des Vereins nicht für sich verwenden, sonst verzinst er sie nach §§ 668, 246. Der Vorstand braucht nicht in Vorschuß zu gehen, § 669, und kann deshalb gemäß §§ 669, 670, 257 Ersatz für Aufwendungen und Befreiung und Sicherheitsleistung fordern. Ebenso fordert er die bedungene Vergütung für seine Geschäftsführung, § 27 Abs. 2. Nach § 42 Abs. 2 hat der Vorstand im Falle der Ueberschuldung des Vereins die Eröffnung des Konkurses zu beantragen und haftet den Gläubigern des Vereins für Verzug in Stellung des Antrages. Mehrere Mitglieder des Vorstandes haften in diesem Falle den Gläubigern nach § 42 Abs. 2 Satz 2 solidarisch. Nach § 830 gilt diese solidarische Haftung auch dem Verein gegenüber bei Schädigung durch unerlaubte Handlung; im Uebrigen haftet der Vorstand dem Verein (nicht den Gläubigern) aus der Geschäftsführung nach §§ 420, 427. Bei eingetragenen Vereinen hat der Vorstand nach § 59 die Anmeldung zur Eintragung zu besorgen, nach § 67 Abs. 1 jede Aenderung und Erneuerung des Vorstandes, nach § 71 Abs. 1 jede Aenderung des Statuts, nach § 74 die Auflösung des Vereins, nach § 76 die Liquidation zur Eintragung anzumelden, nach § 72 auf Verlangen des Registerrichters auch jederzeit ein Verzeichniß der Vereinsmitglieder einzureichen.

Nach § 27 Abs. 2 ist der Vorstand jederzeit absetzbar und nach § 40 kann die Absetzbarkeit selbst durch das Statut nicht ganz ausgeschlossen, sondern nur auf wichtige Gründe beschränkt werden. In allen Fällen bleibt dem Vorstande sein Anspruch auf die vertragsmäßige Vergütung, wenn er ihn nicht durch sein Verschulden, das die Absetzung, Entlassung rechtfertigt, verwirkt hat.

Nach § 28 Abs. 1 finden die §§ 32, 34 auf den Vorstand Anwendung, der aus mehreren Personen besteht. Der § 32 kann nach § 40 durch das Statut abgeändert werden, aber nicht der § 34. Aus § 34 ergiebt sich, daß der Vorstand außer Funktion tritt, wenn es sich um ein Rechtsgeschäft oder einen Rechtsstreit zwischen ihm und dem Verein handelt, RG. 7 S. 404; trifft dies nur für ein einzelnes Mitglied des Vorstandes zu, so tritt dieses außer Funktion. Der § 181 kommt auch hier zur Anwendung. (§ 45 I. Entw.) Wenn das Statut keine Vorsorge für Stellvertretung getroffen hat, und der Vorstand durch den Austritt eines Mitgliedes beschlußunfähig wird, muß die Mitgliederversammlung eintreten.

e. Die Mitgliederversammlung (Generalversammlung) ist grundsätzlich das eigentliche Willensorgan des Vereins, wenn auch nicht der Verein selbst, der von den wechselnden Personen verschieden ist, RG. 31 S. 17, 21; 5 S. 19, 23. Grundsätzlich bestellt, entsetzt sie den Vorstand und die Liquidatoren, stellt das Statut und seine Aenderungen, die Auflösung des Vereins und das Schicksal des Vereinsvermögens fest, §§ 27, 48, 33, 41, 45. Grundsätzlich ordnet sie alle Angelegenheiten des Vereins, die nicht dem Vorstande überwiesen sind. Nach §§ 27 Abs. 3, 664 ff. ist sie der Geschäftsherr und kann daher dem Vorstande Weisungen geben, an die derselbe nach § 665 gebunden ist, durch deren Nichtbeachtung er sich dem Vereine verantwortlich macht, wenn derselbe dadurch, daß der Dritte sie nicht kennt, Schaden erleidet.

Nach § 40 in Verbindung mit den §§ 33, 36, 37 können durch das Statut die Befugnisse der Mitgliederversammlung zwar sehr eingeschränkt und es kann ihr die Bestellung des Vorstandes und die Besorgung der Angelegenheiten des Vereins entzogen werden. Aber die §§ 32, 36, 37 können nach § 40 nicht geändert werden. Daraus folgt, daß die Mitgliederversammlung als solche bestehen muß, daß sie berufen werden muß, wenn das Interesse des Vereins es erfordert. Aus § 40 folgt ferner, daß der Generalversammlung die Absetzung des Vorstandes nicht entzogen werden darf, ebenso wenig die Beschlußfassung über Aenderung der Statuten, § 33, auch nicht die Beschlußfassung über die Auflösung des Vereins, § 41. Abweichende Bestimmungen des Statuts würden nichtig sein, ebenso wie wenn das Statut oder die Generalversammlung diese Rechte einem anderen Organe übertragen wollte. Vgl. RG. 13 S. 25, 26 S. 133 über ähnliche Fälle bei Genossenschaften. Andererseits ist die Mitgliederversammlung absolut und unabänderlich eingeschränkt durch § 35: sie darf Sonderrechte der Mitglieder ohne ihre Zustimmung nicht beeinträchtigen, woraus folgt, daß sie dies auch durch Aenderung der Statuten nicht herbeiführten kann, insofern also trotz § 33 Abs. 1 Satz 1 immer Zustimmung der betroffenen Mitglieder erforderlich ist. Vgl. RG. 33 S. 175, 15 S. 77 unter 5. Nach § 41 würde auch ein Beschluß der Generalversammlung nichtig sein, ebenso wie eine Satzung, daß der Verein unauflöslich.

Die Mitgliederversammlung muß von dem Berechtigten berufen werden. Nach § 32 muß der Gegenstand der Beschlußfassung bei der Berufung bezeichnet werden, wenn das Statut nicht anders bestimmt, § 40. Vgl. RG. 12 S. 232, 17 S. 171. Wer sie zu berufen hat, sagt das Statut. §§ 32, 37, 40. Das Gesetz geht davon aus, daß der Vorstand sie beruft. Aus § 37 folgt, daß ein einzelnes Mitglied sie nicht berufen kann, wenn das Statut es nicht etwa ausdrücklich zuläßt. Das Amtsgericht kann die Mitglieder oder einen Theil nach § 37 Abs. 2 zur Berufung ermächtigen, wenn der Vorstand die Berufung ablehnt. Vgl. § 254 HGB. v. 10. Mai 1897. Ohne Berufung giebt es keine Mitgliederversammlung, auch wenn alle auf Abrede zusammenkommen, § 32; solche Versammlung kann nicht gültig beschließen. Vgl. RG. 16 S. 174, ALR. II 6 § 145, Bergges. § 112 (anders). Der § 32 Abs. 2 macht, vorbehaltlich abweichender Bestimmung des Statuts, nur die Ausnahme, daß alle Mitglieder ohne Versammlung schriftlich einem Beschluß zustimmen können, d. h. es bedarf der Versammlung, Berathung, Abstimmung nicht, wenn der übereinstimmende Wille der sämmtlichen Mitglieder schriftlich erklärt ist. Vgl. § 49 Abs. 2 Ges. v. 20. April 1892. Im Uebrigen bestimmt Statut u. ev. das Gesetz, wie ein Beschluß zu Stande kommt, §§ 32, 33, 40. (Form, Majorität, Einstimmigkeit. Vgl. über die notarielle Form RG. 25 S. 194, 198). Nach § 58 soll bei eingetr. V. das Statut über die Berufung, deren Form und die Beurkund. der Beschlüsse Bestimmung treffen. Bei konzess V. wird bei Genehmigung darauf zu achten sein. Bei konzess. V. ist Abs. 2, auch § 33 zu beachten. Absolute Vorschrift ist § 34, wonach das Stimmrecht des einzelnen Mitgliedes bei Interessenkollision ruht. Bei Stimmengleichheit ist kein Beschluß vorhanden, wenn das Statut nicht aushilft. Selbstverständlich ist, daß einstimmiger Beschluß einer Generalversammlung die erforderliche Genehmigung aller Mitglieder nicht ersetzt, wenn nicht alle anwesend waren. OHG. 8 S. 180, 189. RG. 5 S. 7.

Der Beschluß der Generalversammlung ist Willenserklärung, keine vertragsmäßige Einigung unter den Mitgliedern, RG. 25 S. 194, 198; 32 S. 91. Nach § 71 bedürfen bei eingetr. V. Beschlüsse über Aenderung der Satzung zu ihrer Wirksamkeit der Eintragung. Vgl. RG. 8 S. 7. Der Beschluß unterliegt als Willenserkl. allen Vorschriften der Gesetze über Willenserklärungen, kann auf Irrthum und Betrug beruhen, durch eine andere Willenserklärung ersetzt werden, soweit nicht wohlerworbene Rechte dadurch verletzt werden, was willkürlich und ohne gesetzlichen Grund natürlich nicht geschehen kann. Die Willenserklärung hat keine rechtliche Wirkung, wenn sie außerhalb des Bereichs der Befugnisse der Versammlung liegt. Eine absolute Schranke ist der Versammlung gesetzt durch den statutenmäßigen Zweck und die statutenmäßige Lebensthätigkeit des Vereins; an diese ist die Versammlung grundsätzlich gebunden, auch ohne daß das Gesetz es ausdrücklich sagt. Direkt folgt es aus § 33 Abs. 1 Satz 2. Vgl. RG. 25 S. 152, 158; ALR. II 6 §§ 28, 29. Selbst wenn das Statut Aenderungen desselben ohne Zustimmung aller Mitglieder zuläßt, § 40, § 33, muß zur Aenderung des Zwecks des Vereins doch Zustimmung aller gefordert werden, weil der Verein damit geändert wird, und kein Mitglied gezwungen werden kann, einem anderen Verein beizutreten, RG. 15 S. 77. Beschränkt ist die Versammlung ferner durch den § 35, der nach § 40 durch das Statut nicht geändert werden kann. Vgl. ALR. II 6 § 68, SBGB. § 54. Danach können Sonderrechte eines Mitgliedes ohne seine Zustimmung nicht beeinträchtigt werden. Vgl. darüber unter 5.

Das BGB. sagt über die Anfechtung des Beschlusses der Versammlung nichts, enthält auch keine beschränkenden Vorschriften wie die Art. 222, 190a, b HGB., §§ 271, 272 HGB. v. 10. Mai 1897. Das Anfechtungsrecht versteht sich von selbst für nicht gehörig zu Stande gekommene gesetz- und statutenwidrige Beschlüsse, aber nicht für unzweckmäßige oder schädliche, wie es § 115 des Preuß. Bergges. bei Gewerkschaften anerkennt. Die Anfechtung geschieht durch Klage oder Einrede, wirkt aber, wenn sie durchdringt, nur für den Anfechtenden, nicht absolut. Eine Eintragung der Anfechtung und des Ergebnisses, vgl. § 49 Abs. 4 Genoss.-Ges., ist deshalb auch nicht vorgeschrieben.

**5.** Die Mitglieder und der Verein. Rechtsverhältniß der Mitglieder zum Verein und zu Dritten.

**a.** Nach § 58 soll bei eingetr. V. das Statut Bestimmungen über den Ein- und Austritt der Mitglieder enthalten. Nach § 59 soll die Satzung, das Statut, von mindestens 7 Mitgliedern unterzeichnet sein. Für konzess. V. besteht keine Vorschrift; die Genehmigung setzt aber selbstverständlich die Einreichung des Statuts voraus und vor der Genehmigung wird darauf zu halten sein, daß Bestimmungen über die Begründung und Aufhebung der Mitgliedschaft getroffen werden. Das BGB. sagt über die Begründung der Mitgliedschaft nichts; eine Form z. B. für die Beitrittserklärung, wie in § 15 Genoss.Ges., § 2 Ges. v. 20. April 1892, ist nicht vorgeschrieben; aus § 59 Abs. 3 folgt nicht, daß alle Mitglieder die Satzung unterschreiben müssen. Grundsätzlich ist nur, daß weder ein Zwang zum Beitritt, noch zur Aufnahme besteht, die Mitgliedschaft nur durch Willenseinigung bei Begründung des Vereins oder durch Beitritt und Aufnahme zu dem begründeten Verein besteht, die Aufnahme regelmäßig durch den Verein, d. h. durch Beschluß der Mitgliederversammlung erfolgt, wenn sie nicht dem Vorstand übertragen. Auch wenn das Statut die Mitgliedschaft an bestimmte Voraussetzungen knüpft, giebt die Erfüllung derselben doch kein Recht zur Aufnahme. GewO. § 100 Abs. 4 für Innungen ist eine Specialvorschrift, aus der kein Princip herzuleiten ist. Eine rechtsgeschäftlich begründete Verpflichtung zum Beitritt (gesetzliche Verpfl. besteht nur bei einzelnen j. P. der öffentl. Rechts-, Berufs-, Deichgenossenschaften, Krankenkassen u. a.) ist entweder der Beitritt selbst oder nichts, d. h. sie stellt die Willenseinigung über alle wesentlichen Punkte des Statuts (Zweck, Rechte, Pflichten) fest, oder nicht; in letzterem Falle kann die Willenseinigung nicht durch Klage erzwungen werden. Vgl. RG. 30 S. 95, 35 S. 185.

Auch über den Austritt enthält das BGB. nichts, als die Bestimmung in § 38, daß die Mitgliedschaft nicht übertragbar und vererblich, woraus folgt, daß das Mitglied durch den Tod ausscheidet, und die in § 39, daß die Mitglieder zum Austritt berechtigt. Der § 38 kann indessen nach § 40 durch Statut geändert werden, nach Abs. 2 § 39 der Austritt an einen dies oder an Kündigung gebunden werden. Dagegen kann nach § 40 der Austritt nicht überhaupt ausgeschlossen, also auch nicht unter Vertragsstrafe irgend welcher Art gestellt werden. § 344. Vgl. RG. 30 S. 81, 33 S. 65 zu § 63 Abs. 1 Genoss.Ges. v. 1. Mai 1889. Ueber Ausschließung aus dem V. sagt das BGB. nichts. Vgl. § 66 GenossGes., ALR. II 6 § 43. Wenn das Statut über Ausschließungsgründe nichts sagt, § 25, § 58, kann das Mitglied weder willkürlich, noch dadurch zum Austritt gezwungen werden, daß andere Bedingungen der Zugehörigkeit zum Verein stipulirt werden, als ursprünglich bestimmt; die Erhöhung der Mitgliederbeiträge allein gehört nicht dahin, weil sie geboten sein kann. Auch die Mitgliedschaft ist ein Recht, das nicht ohne Gründe genommen, auch im Rechtswege verfolgt werden kann. Vgl. ObTr. 7 S. 126, StrA. 7 S. 292, RG. 26 S. 277, 31 S. 175, 27 S. 185. OHG. 17 S. 107, 23 S. 380. Auch wenn das Statut über die Ausschließung nichts sagt, wird grobe Pflichtverletzung, Verstoß gegen die Vereinszwecke, unwürdiges, den Verein diskreditirendes Verhalten als Ausschließungsgrund zugestanden werden. Vgl. § 43 II 6 ALR.

Das BGB. bestimmt darüber, ob die Zahl der Mitglieder eine offene (unbeschränkt) oder geschlossene (nicht mehr als) sein soll, nichts. Vgl. Genoss.Ges. § 1. Das Statut bestimmt darüber. Bei eingetr. V. zwingen die §§ 56, 59 dazu, daß mindestens 7 Mitglieder den V. gründen. Der § 73 knüpft die Entziehung der Rechtsfähigkeit an das Herabgehen der Mitgliederzahl unter drei. Für konzessionirte V. besteht keine solche Vorschrift, obwohl sie geboten sein kann, um das Scheinleben von V. und mißbräuchliche Verwendung des Vermögens zu hindern. Es steht nichts entgegen, bei der Konzessionirung die erforderliche Bestimmung in das Statut zu bringen.

**b.** Die Rechte und Pflichten des Mitgliedes innerhalb des Vereins bestimmt an erster Stelle das Statut, § 25; sie sind in ihrer Gesammtheit (Mitgliedschaft) nach § 38 grundsätzlich nicht übertragbar und nicht vererblich, können auch durch Stellvertreter nicht ausgeübt werden. Alles dies kann aber durch Statut anders bestimmt werden, § 40. Die Rechte und Pflichten können gleich oder ungleich sein, ungleich aber nur, wenn das Statut es zuläßt. RG. 38 S. 15. Aus §§ 32, 36, 37, 40, 41 folgt, daß durch das Statut dem Mitglied das Recht, die Berufung der Mitgliederversammlung durchzusetzen, nicht entzogen werden kann. Im Uebrigen können die Rechte vermögensrechtlicher und anderer Natur sein, je nach Thätigkeit und Zweck des Vereins. Es versteht sich nicht von selbst, daß das Mitglied Antheil am Vermögen oder Nutznießung oder Gewinn oder andere Vortheile hat; das muß das Statut bestimmen, sonst verfügt der V. darüber zu seinen Zwecken; bei gemeinnützigen ist dies als Inhalt der Satzung ohne Weiteres anzusehen. Aus § 45 Abs. 1 folgt, daß selbst bei Auflösung des V. das Vermögen nicht nothwendig an die Mitglieder fällt. Noch weniger ist davon die Rede, daß das austretende Mitglied ohne statutar. Bestimmungen Antheil am Vermögen fordern kann. Dagegen kann das Mitglied nach Statut ein Benutzungsrecht am Vereinsvermögen oder einem Theil desselben haben, das ihm willkürlich nicht entzogen werden kann, solange es Mitglied ist, wenn die Mitgliedschaft ihren Grund und ihren Inhalt in solchem Benutzungsrecht hat. Ein Beispiel giebt RG. 12 S. 280, wo das im Rechtswege verfolgbare Recht des Mitgliedes einer Kirchengemeinde auf die bestimmungsmäßige Benutzung des Kirchhofes der Gemeinde anerkannt ist. Bei Vereinen können ähnliche Rechte, z. B. auf Benutzung der Bibliothek, des Lesezimmers, der sonstigen Räume des Vereinslokals vorkommen. Zu bemerken ist nur, daß solche Rechte, die lediglich in der Mitgliedschaft ihren Grund haben, der gleichmäßigen Regelung und Verfügung des V. in Bezug auf alle Mitglieder unterliegen. Vgl. in RG. 11 S. 269, 271. Das liegt aber anders, wenn das Statut einzelnen Mitgliedern, wenn auch als solchen, besondere Rechte einräumt, die sich als Vorrechte darstellen, z. B. die Anwartschaft auf das Vermögen des V. bei seiner Auflösung. Es versteht sich von selbst, daß solche Rechte nur mit Zustimmung dieser Mitglieder geändert werden können, wie ALR. II 6 § 68 ausdrücklich ausspricht, ObTr. 21 S. 177, RG. 11 S. 269, 274, OHG. 8 S. 180, 189; 17 S. 130, 147, wenn das Statut nicht anderes besagt. Bei Vereinen zu wirthschaftlichem Geschäftsbetriebe kann sich der statutenmäßige Anspruch des Mitgliedes auf seinen Antheil am Werth des Vereinsvermögens wie an dem Gewinn des Betriebes, sobald er vorschriftsmäßig festgestellt ist, als ein obligationenrechtlicher Anspruch gegen den Verein gestalten, der als solcher der Verfügung des Vereins nicht mehr unterliegt, weil der Verein Schuldner, das Mitglied Gläubiger ist, ganz so wie bei dem Anspruch des Aktionärs auf die festgestellte Dividende. Art. 216 HGB., § 213 HGB. v. 10. Mai 1897, Ges. v. 20. April 1892 (Ges. m. beschr. H.) § 29. OHG. 18 S. 153, 154, RG. 22 S. 113. Gleiche Natur können nach dem Statut Ansprüche auf Unterstützung, Alimente, Pensionen 2c. haben, wenn sie als Ansprüche auf Gegenleistung nach Leistung erscheinen. RG. 4 S. 396, 11 S. 269, 33 S. 175, OHG. 5 S. 180. Auch solche Ansprüche unterliegen, sobald sie definitiv erworben, der Verfügung des Vereins, d. h. der Mehrheit der Mitglieder, nicht weiter, und sobald sie als künftig fällige entstanden, nur soweit, als sie nach den Statuten der Abänderung unterliegen. Vgl. RG. 4 S. 396, 11 S. 179, 182; 25 S. 155. Diese und gleiche Fälle trifft der § 35 durch die Vorschrift: Sonderrechte eines Mitgliedes können nicht ohne seine Zustimmung durch Beschluß der Mitgliederversammlung beeinträchtigt werden, also auch nicht durch Aenderung des Statuts. OHG. 8 S. 187, 20 S. 43. RG. 17 S. 19, 25 S. 121, 152. Nicht zu den Sonderrechten in diesem Sinne gehören die Rechte, die ihm aus Specialtiteln, individuellen Rechtsgeschäften mit dem Verein gegen diesen zustehen. Da die Rechtspersönlichkeit des Mitgliedes sich in seiner Mitgliedeigenschaft nicht erschöpft, versteht es sich von selbst, daß das Mitglied auch außerhalb seiner Zugehörigkeit zu der Gemeinschaft und ohne Rücksicht auf dieselbe, Gläubiger und Schuldner der Gemeinschaft sein kann, z. B. Darlehen geben und Darlehen erhalten, liefern und erhalten kann. RG. 10 S. 128. In solchem Falle steht das Mitglied zum Verein nicht anders als jeder Dritte und es versteht sich von selbst, daß der Verein über die Forderung des Mitgliedes in solchem Falle nicht verfügen kann. OHG. 6 S. 131, 14 S. 89, RG. 4 S. 72. Dasselbe gilt auch da, wo das Mitglied auf Grund eines Specialtitels (Kauf, Miethe, Darlehn), zu dem Verein in ein bestimmtes Rechtsverhältniß tritt, zu dem es als Mitglied berechtigt ist, z. B. wenn der Zweck des Vereins dahin geht, seinen Mitgliedern billige Lebensmittel oder Wohnung in Häusern, die er baut, zu verschaffen (Bauverein), oder ihre Produkte zu vertreiben. Vgl. RG. 26 S. 110, 114; 24 S. 108.

c. Auch die Rechte des V. gegen das Mitglied, die Pflichten des Mitgliedes innerhalb des Verbandes bestimmt das Statut; sie können der verschiedensten Art sein, sind grundsätzlich aber gleiche, wenn das Statut nichts anderes besagt, und dürfen nach Inhalt und Umfang weder gegen ein gesetzliches Verbot, noch gegen die gute Sitte verstoßen. §§ 134, 138, 309, 310. Selbst die Mitgliederversammlung kann ohne Ermächtigung durch das Statut die Pflichten nicht ungleich vertheilen. RG. 38 S. 15. Auch ob die Pflichten, z. B. die Beitragspflicht, geändert werden kann, ist nach dem Statut zu beurtheilen, das geändert werden muß, wenn es die Mitgliederbeiträge beschränkt und diese erhöht werden sollen. § 33. Auch hier gilt der Grundsatz des § 35 insofern, als die Pflichten des Mitgliedes ohne seine Zustimmung nicht geändert werden können, wenn es allein oder mit anderen, aber nicht allen, nach dem Statut eine Sonderstellung einnimmt. Der Anspruch auf baare Mitgliederbeiträge ist Forderung des Vereins und weder der Pfändung, noch der Abtretung entzogen, § 399, die Aufrechnung Seitens der Mitglieder mit individuellen Forderungen an den Verein deshalb nicht ausgeschlossen. Es ist eine Ausnahme, wenn Art. 184c, 219 HGB., § 221 HGB. v. 10. Mai 1897 dies für dies Verhältniß zwischen Aktionär und Aktiengesellschaft ausdrücklich bestimmt. Vgl. OHG. 25 S. 282, 284. RG. 6 S. 69, 18 S. 5, 19 S. 126. Für nicht baare Mitgliederbeiträge kann die Abtretung, Pfändung und Aufrechnung durch die Natur der Forderung und Gegenforderung nach § 399 ausgeschlossen sein. Dagegen beschränkt die Pflicht gegen den Verein immer nur diese, nicht eine Pflicht gegen Dritte.

d. Nach außen, Dritten gegenüber ist nämlich Rechtsperson, Subjekt von Recht und Pflicht, nur der Verein, nicht das einzelne Mitglied. Deshalb besteht grundsätzlich eine Verpflichtung aus den Verbindlichkeiten des Vereins nur für den Verein, d. h. mit dem Vereinsvermögen, nicht für das einzelne Mitglied und mit dessen Privatvermögen. Das Vereinsvermögen ist eben Vermögen des Vereins, nicht der Mitglieder, und zwar sowohl das Aktiv- wie das Passivvermögen. Von alle dem sagt das BGB. direkt nichts, aber es folgt aus dem Zusammenhange seiner Vorschriften, und Abweichungen können nur durch das Statut begründet werden. Namentlich steht nichts entgegen, daß durch das Statut ausnahmsweise eine eventuelle persönliche, selbst solidarische Haftung der Mitglieder bestimmt wird, wie bei den Genossenschaften mit unbeschränkter Haftpflicht. GenossGes. v. 1. Mai 1889 §§ 17, 98, 116. Das einzelne Mitglied steht ohne solche Vorschrift zu Dritten in keinem Rechtsverhältniß. Deshalb ist der Vorstand des Vereins zwar, wie erwähnt, im Prozesse des Vereins zeugnißunfähig und noch mehr zum Richteramt unfähig, nicht aber das einzelne Mitglied, das allerdings bei persönlicher Haftung für die Vereinsschulden Betheiligter sein kann, RG. 2 S. 400, 7 S. 311. Der Verein kann der Gesellschaft, §§ 705 ff., durch die Stipulirung persönlicher Haftung sehr genähert werden. Eine Grenzlinie bleibt aber immer darin, daß bei der Gesellschaft der Einzelne in Verbindung mit einem oder mehreren Anderen (Gesellschaftern) Subjekt von Recht und Pflicht ist, bei dem Verein dieser.

6. Ende des Vereins. Nach dem BGB. endet der Verein durch den Beschluß seiner Mitglieder, der die Auflösung beschließt, durch Eröffnung des Konkurses, durch Entziehung der Rechtsfähigkeit durch die zuständige Verwaltungsbehörde, §§ 41, 42, 43, durch Entziehung der Rechtsfähigkeit Seitens des Amtsgerichts, sobald die Mitgliederzahl bei eingetragenen Vereinen unter drei herabsinkt, § 73. Außerdem endet der Verein mit dem für die Dauer des Vereins statutenmäßig bestimmten Zeitpunkt, was in § 74 Abs. 2 bei eingetragenen Vereinen nebenbei erwähnt, aber von selbst auch für konzessionirte Vereine gilt, vgl. HGB. Art. 242 Nr. 1, HGB. v. 10. Mai 1897 § 292 Nr. 1, Ges. v. 20. April 1892 (Ges. m. beschr. H.) § 60 Nr. 1, GenossGes. v. 1. Mai 1889

§ 77. Der Zeitpunkt, mit dem der Verein endet, kann auch durch seinen Zweck und dessen Erreichung mittelbar bestimmt sein. Dann endet der Verein mit der Zweckerreichung. Nach § 74 Abs. 2 hat bei eingetragenen V. in diesem Falle der Vorstand die Auflösung zur Eintragung anzumelden. Bei konzess. V. hat die Verwaltungsbehörde, welche die Rechtsfähigkeit verliehen hat, für die nach §§ 45ff. erforderlichen Maßnahmen zu sorgen. Dazu tritt die Beendigung durch Auflösung auf Grund des öffentl. Vereinsrechtes, deren im § 74 Abs. 3 für eingetragene Vereine erwähnt ist, die das BGB. aber nicht behandelt, da das öffentl. Vereinsrecht nicht in seinen Bereich fällt. Des Fortfalls des Zwecks, der Unmöglichkeit, ihn zu erreichen, gedenkt das BGB. nicht. Bei eingetr. V. wird solche Sachlage von selbst zur Auflösung des V. durch Beschluß führen und bei konz. V. wird auch die Verwaltungsbehörde darauf hinwirken, auch die Rechtsfähigkeit wegen Fortfalls der Voraussetzung ihrer Ertheilung entziehen können. ALR. II 6 § 189 u. das Ges. v. 20. April 1892 § 61 lassen die Auflösung wegen Unmöglichkeit der Zweckerreichung ausdrücklich zu. Das BGB. hätte solche Bestimmung treffen sollen. Die im gem. R., im ALR. II 6 § 179, SBGB. § 46, Sächs. Ges. v. 15. Juni 1868 § 29, GewO. § 94 Abs. 6 (Innungen, Zünfte) behandelte Auflösung des V. durch Fortfall (Tod, Austritt) aller Mitglieder kommt nur bei konzessionirten V. in Frage, da bei eingetr. V. der § 73 Fürsorge trifft. Vergl. unter c. In diesem Falle wird die Verleihungsbehörde so zu verfahren haben, als sei der V. fortgefallen, falls nicht nach dem Statut die Möglichkeit des Wiederauflebens der Persönlichkeit durch Eintritt neuer Mitglieder besteht. Solange auch nur ein Mitglied vorhanden, kann grundsätzlich von Erlöschen des Vereins nicht die Rede sein. Ob dann die Voraussetzungen der Ertheilung der Rechtsfähigkeit fortgefallen, hat die Ertheilungsbehörde konkret zu befinden. Vgl. RG. 23 S. 202, 30 S. 196 bezügl. der Gewerkschaften bei Vereinigung der Kuxe in einer Hand u. dag. ObTr. 20 S. 353, 81 S. 188.

a. Auflösung durch Beschluß der Mitgliederversammlung, § 41. Vgl. GenossGes. § 76. HGB. Art. 242 Nr. 2, HGB. v. 10. Mai 1897 § 292 Nr. 2, Ges. v. 20. April 1892 § 60 Abs. 2, GewO. § 98a, § 104b. Wenn nicht die Satzung anders bestimmt, ist eine Majorität von drei Viertheilen der erschienenen Mitglieder erforderlich. Ausgeschlossen kann die Auflösung durch Beschluß der Mitglieder nicht werden, § 40. Nach § 74 ist die Auflösung der eingetr. V. vom Vorstand zum Register anzumelden und einzutragen, und wie jede Eintr. öffentlich bekannt zu machen. Das sagt § 66 zwar nicht ausdrücklich, ist aber als Wille des Gesetzes anzunehmen, steht dem Gesetz jedenfalls nicht entgegen und ist praktisches Bedürfniß, § 78. Vgl. § 50. Die Auflösung wirkt auch ohne Eintragung, aber im Verhältniß zu Dritten muß der § 68 angewendet werden. So lange die Liquidatoren nicht eingetragen, § 76, gilt der eingetragene Vorstand jedenfalls als der Vertreter des Vereins für die Zwecke der Liquidation. Bei konzess. V. ist § 41 ebenfalls anwendbar; das Selbstauflösungsrecht ist auch bei ihnen nicht beschränkt. Durch die Verleihung allein wird es nicht beschränkt, und es können auch der Verleihung Bestimmungen nicht beigefügt werden, welche das Selbstauflösungsrecht beschränken, z. B. an die staatliche Genehmigung binden, ebensowenig, wie das Austrittsrecht der Mitglieder beschränkt werden kann. Die Selbstauflösung kann nicht als Aenderung des Statuts, die nach § 33 Abs. 2 der Genehmigung bedarf, angesehen werden. In RG. 7 S. 68 ist bei einer inländischen Aktiengesellschaft die Verlegung des Sitzes in das Ausland, die übrigens im Statut vorgesehen war, als ein die Auflösung bedeutender Beschluß beurtheilt. Nach §§ 22, 23 ist dies auch für konz. und eingetr. V. anzunehmen.

b. Konkurs. Nach § 42 verliert jeder Verein die Rechtsfähigkeit durch die Eröffnung des Konkurses (§ 100 KonkO., Entw. der KO. § 194a) von selbst. Vgl. HGB. Art. 242 Nr. 3, HGB. v. 10. Mai 1897 § 292 Nr. 3. GenossGes. § 94. Ges. v. 20. April 1892 § 60 Nr. 4 u. dazu Art. 11 EG. z. HGB. v. 10. Mai 1897. Nach Entw III § 39 trat die Auflösung des Vereins ein ebenso wie im § 43. An die Stelle der Auflösung ist der Verlust der Rechtsfähigkeit durch die RTK. gesetzt, um auszudrücken, daß der Verlust der Rechtsfähigkeit nicht nothwendig die Existenz des V. als nicht rechtsfähigen ausschließe, ein Gesichtspunkt von sehr zweifelhaftem Werth, weil nach § 45 die Folgen der Auflösung und des Verlustes der Rechtsfähigkeit dieselben, und ohne Bestimmung im Statut der

V. als nicht rechtsfähiger jedenfalls nicht weiter bestehen kann. Nach § 75 ist die Eröffnung des Konk. bei eingetr. V. in das Register von Amtswegen einzutragen (nicht der Verlust der Rechtsfähigkeit, § 74 Abs. 1). Wird der Eröffnungsbeschluß gemäß § 105 KonkO. wieder aufgehoben, so ist dies in das Register einzutragen, § 75 Satz 2, weil der Eröffnungsbeschluß mit der Aufhebung im Wege Rechtens seine Wirkung verliert und damit der Verlust der Rechtsfähigkeit rückwirkend fortfällt. Dagegen beseitigt die Aufhebung des Konk. in Folge Zwangsvergleichs, oder die Einstellung des Verfahrens, §§ 188 ff., 151, 175, die Folgen der Konkurseröffnung nicht, ermöglicht nur die vielleicht zweckmäßigere und billigere Liquidation, §§ 48 ff. Was in RG. 28 S. 131 für die Fortsetzung der durch die Konkurseröffnung aufgelösten offenen Handelsgesellschaft geltend gemacht ist, trifft hier nicht zu. Der Verlust der Rechtsfähigkeit wird durch die Fortsetzung des Vereins nicht gehoben. Der Verein kann zwar durch seinen Vorstand, dessen Funktion durch die Konkurseröffnung nicht völlig beseitigt wird, obwohl er Verwaltung und Verfügung verliert, vgl. RG. 14 S. 412, 417, akkordiren, aber die Wirkung des § 75 wird dadurch nicht beseitigt. Die Rechtsfähigkeit kann nur durch Eintragung eines neuen V. in das Register wiedererlangt werden; als nicht rechtsfähiger V. kann der V. nur mit Zustimmung aller Mitglieder, wenn nicht das Statut, dem sie sich unterworfen, etwas anderes bestimmt hat, weiter bestehen. Nach Art. 11 EG. z. HGB. v. 10. Mai 1897 unter XVI soll für die Ges. m. beschr. H. in Zukunft nach Aufhebung des Konk. durch Akkord oder Einstellung die Fortsetzung der Gesellschaft durch die Gesellschafter beschlossen werden können und nach § 144 HGB. v. 10. Mai 1897 gilt dies auch für offene Handelsgesellschaften. Auf Vereine ist dies nicht anwendbar.

Nach § 42 Abs. 2 muß der Vorstand im Falle der Ueberschuldung die Eröffnung des Konk., die auch im Falle der Zahlungseinstellung erfolgen kann, §§ 93, 193 Konk.O., beantragen; er ist bei schuldhafter Unterlassung oder Verzögerung dieser Pflicht den Gläubigern gegenüber schadensersatzpflichtig, §§ 421 ff., 830, 840, dem Verein gegenüber folgt seine Ersatzpflicht aus § 27 Abs. 3.

c. Beendigung durch Zwang. Nach §§ 43, 44 kann in dem nach § 44 geordneten Verfahren, und bei V., deren Rechtsfähigkeit auf Verleihung durch den Bundesrath beruht, § 23, Art. 10 EG., durch Beschluß des Bundesraths jedem eingetr. oder konz. V. die Rechtsfähigkeit aus bestimmten Rechtsgründen (nicht bloßen Zweckmäßigkeitsgründen) entzogen werden, die der § 43 angiebt (Gefährdung des Gemeinwohls durch gesetzwidriges Handeln oder Unterlassen, Handeln außerhalb bestimmter statutenmäßiger Zwecke). Vgl. Gew.O. § 103 Nr. 3, § 104 g Nr. 3, 4, Genoss.Ges. § 79, Ges. v. 20. April 1892 § 62. Sächs. Ges. v. 15. Juni 1868 § 78.

Dazu tritt die Entziehung der Rechtsfähigkeit eingetragener V. durch den der sofortigen Beschwerde, § 540 CPO., unterliegenden Beschluß des Amtsgericht im Falle des § 73, wenn die Mitgliederzahl unter drei sinkt. In beiden Fällen erlischt die Rechtsfähigkeit mit der Rechtskraft der Entscheidung. Die Entziehung der Rechtsfähigkeit hat dieselbe materielle Bedeutung wie im § 42. Bei eingetr. V. ist die Entziehung in das Register auf Anzeige der Beschlußbehörde, im Falle § 73 von Amtswegen einzutragen.

Der Fall des § 73 setzt voraus, daß die gesetzliche Mitgliederzahl zur Zeit der definitiven Beschlußfassung fehlt; die Beschwerde kann darauf gestützt werden, daß die Zahl sich ergänzt hat. Mit § 73 hängt die Vorschrift in § 72 zusammen, daß das Amtsgericht jederzeit ein Mitgliederverzeichniß fordern kann, obwohl die periodische Einreichung eines solchen nicht vorgeschrieben ist. Die Anwendung des § 73 auf den Fall des Fortfalls sämmtlicher Mitglieder ist nach dem Wortlaut und nach §§ 48, 49 Abs. 2 nicht ausgeschlossen und empfiehlt sich, um die eingetretene Auflösung formal zu konstatiren, die Liquidation, wo sie erforderlich, und die Eintragung der Auflösung herbeizuführen. Da der Vorstand nicht nothwendig aus Vereinsmitgliedern bestehen muß, ist die vorgeschriebene Anhörung und Zustellung nicht unmöglich, ev. hat das Amtsgericht gemäß § 29 zu verfahren.

7. Die Rechtsfolgen des Endes der Vereine. a. Mit dem Fortfall des Rechtssubjekts des V. gehen die Rechte unter, die an seine Existenz geknüpft, wie die Rechte der natürlichen Person fortfallen, die an ihr Leben geknüpft, so der Nießbrauch nach § 1061 Satz 2. Rechte können gegen den Verein als solchen nicht

mehr geltend gemacht werden, nur noch gegen den, der ihn nunmehr vertritt. Vgl. ObTr. 76 S. 310. Wie bei der natürl. P. kommt namentlich das Schicksal des Vermögens des V. in Frage. Mit dem alten Axiom, daß das Vermögen der erloschenen j. P. erblose Verlassenschaft sei und als solche stets dem Fiskus zufalle, hat das BGB. gebrochen. Vgl. auch ALR. II 6 §§ 192 ff.; SBGB. § 57, Sächs. Ges. v. 15. Juni 1868 § 11 Nr. 11, § 81 u. GewO. §§ 98 a Nr. 11, § 94, §§ 103 a, 104 o. Kranken-VersGes. § 47 Abs. 5. GenossGes. §§ 88 ff. HGB. Art. 245. HGB. v. 10. Mai 1897 § 300. Ges. v. 20. April 1892 § 73. Nach § 45 bestimmt grundsätzlich das Statut bei allen Vereinen darüber, an wen das Vereinsvermögen fällt, sei es direkt, sei es dadurch, daß es der Mitgliederversammlung oder dem Vorstande die Bestimmung des Anfallsberechtigten überträgt. Diese hat dann gleichzeitig mit dem Auflösungsbeschluß oder in Anschluß an denselben zu erfolgen, aber auch dann, wenn die Auflösung auf Grund des öffentl. Vereinsrechts, oder die Entziehung der Rechtsfähigkeit aus irgend einem Grunde erfolgt. Enthält das Statut keinerlei Bestimmung, so hat bei nicht wirthschaftlichen Vereinen die Mitgliederversammlung die Befugniß, über das Vermögen des aufgelösten Vereins durch Zuweisung an eine öffentl. Anstalt oder Stiftung zu verfügen, § 45 Abs. 2 Satz 2. Wenn der Verein nach seinem Statut ausschließlich den Interessen seiner Mitglieder dient, mag er ein wirthschaftlicher oder ideeller Verein sein, fällt das Vermögen mangels anderer Bestimmung, stets von Rechtswegen zu gleichen Theilen an die zur Zeit der Auflösung (Entziehung der Rechtsfähigkeit) vorhandenen Mitglieder, § 45 Abs. 3.

Erst wenn nach diesen Vorschriften ein Anfallsberechtigter nicht vorhanden oder zu bestimmen ist, also nur, wenn sämmtliche Mitglieder des Vereins fortgefallen sind, oder wenn der Verein nach dem Statut nicht ausschließlich den Interessen seiner Mitglieder dient, z. B. ein Konzertverein, der für Mitglieder und Fremde Konzerte veranstaltet, fällt das Vereinsvermögen an den Fiskus des Bundesstaates, wo er seinen Sitz hat, § 45. Aus § 1936 ist zu folgern, daß, wenn der Verein seinen Sitz in mehreren Bundesstaaten hat, was nicht ausgeschlossen, dem Fiskus derselben das Vermögen zu gleichen Antheilen zufällt, und daß bei deutschen Vereinen, die ihren Sitz im Auslande haben, § 23, der Reichsfiskus eintritt.

Nach Art. 85 EG. tritt an die Stelle des Fiskus die Körperschaft, Stiftung, Anstalt des öffentl. Rechts, die nach den aufrecht erhaltenen Landesgesetzen ein Heimfallsrecht an dem Vereinsvermögen hat. Eine Privatperson oder ein Privatverein oder eine andere j. P. des Privatrechts ist nicht berufen. Daß nach § 46 der Fiskus als gesetzlicher Erbe gilt, macht die durch Art. 138 EG. aufrecht erhaltenen landesgesetzlichen Vorschriften, die bei erblosen Verlassenschaften ein Erbrecht an Stelle des Fiskus statuiren, auch im § 45 Abs. 1 nicht anwendbar. Für Preußen und Sachsen bestehen keine Vorschriften dieser Art. Vgl. ALR. II 16 §§ 4, 20. ObTr. 13 S. 427, StrA. 34 S. 94. (Privileg der Stadt Berlin auf erblose Verlassenschaften.)

**b.** Fällt das Vermögen an den Fiskus, so gilt er nach § 46 als gesetzlicher Erbe nach den Vorschriften über den Anfall erbloser Verlassenschaften. Danach fällt das Vereinsvermögen aktiv und passiv dem Fiskus ohne besonderen Uebertragungsakt zu, und er kann es nicht ausschlagen, §§ 1922, 1936, 1942 Abs. 2. Eine Inventarfrist kann ihm nicht bestimmt werden, § 2011, d. h. er haftet immer und nur mit dem Vereinsvermögen und nach § 695 Entw. der CPO. soll er diese Beschränkung seiner Haftung auch geltend machen können, wenn er ohne Vorbehalt dieser Beschränkung verurtheilt ist. Er ist aber verpflichtet, den Vereinsgläubigern über den Bestand des Vereinsvermögens Auskunft zu geben, § 2011 Satz 2. Nach § 1966 kann für und gegen ihn ein Recht erst geltend gemacht werden, nachdem von dem Amtsgericht am Sitze des Vereins festgestellt ist, daß ein anderer Anfallsberechtigter nicht vorhanden ist, § 1964.

Diese Feststellung wird oft schwierig und nur möglich sein, nachdem die etwa vorhandenen Streitigkeiten zwischen den Vereinsmitgliedern oder den Personen, die als Anfallsberechtigte auftreten, durch Urtheil erledigt. Zu einem Aufgebotsverfahren gemäß § 1965 wird es dabei selten kommen, wohl aber muß § 1965 Abs. 2 Satz 2 zur Anwendung gelangen. Auf die Entscheidung solcher Streitigkeiten hat das Amtsgericht des Sitzes sich natürlich nicht einzulassen. Das Vereinsvermögen kann nach §§ 1960, 1975 vom Gericht am Sitze des Vereins gesichert werden, von Amtswegen u. auf Antrag des Fiskus oder anderer Interessenten, namentlich kann ein Nachlaßpfleger bestellt werden, nach § 1960 Abs. 3 namentlich im Interesse der Gläubiger. Auch den Konkurs über das Vereinsvermögen kann der Fiskus oder der Gläubiger nach §§ 202 ff. KonkO. beantragen. Ist ihm das Vereinsvermögen durch Konkurseröffnung nach §§ 42, 45 zugefallen, so wird das Konkursverfahren dadurch nicht berührt, aber im Konkurse muß der Fiskus als Eigenthümer der Masse an die Stelle des Vereins auch als Gemeinschuldner treten und alle die Rechte haben, die dem Gemeinschuldner auch im Konkurse bleiben. Die Konkurseröffnung hindert auch nicht die Bestellung eines Pflegers für den Anfallsberechtigten, wenn das Successionsrecht des Fiskus zweifelhaft oder streitig ist.

c. Fällt das Vermögen nicht an den Fiskus, sondern ist nach Statut oder Beschluß der Mitgliederversammlung, § 45 Abs. 1, 2, ein Anfallsberechtigter vorhanden, so muß nach § 47 eine Liquidation stattfinden; daran kann nach § 40 weder das Statut, noch ein Beschluß der Mitgliederversammlung etwas ändern, ohne Unterschied zwischen eingetr. u. konz. V. und den Gründen der Auflösung. Die Liquidation kann nicht, wie bei der Aktiengesellschaft, der offenen Handelsgesellschaft, der Gesellschaft mit beschr. Haftung, der Genossenschaft, HGB. Art. 247, HGB. v. 10. Mai 1897 §§ 145, 303 ff., GenossGes. §§ 137 ff., Ges. v. 20. April 1892 §§ 78 ff., durch eine andere Art der Auseinandersetzung, durch Umwandlung, Fusion, Veräußerung des Vereinsvermögens als Ganzes, vgl. RG. 9 S. 11, 26 S. 334, 28 S. 358, 7 S. 68, u. a. ersetzt werden; die Mitgliederversammlung hat nicht die Befugniß, solches zu beschließen. Die Gläubiger haben ein Recht auf die Liquidation, die an erster Stelle in ihrem Interesse, an zweiter Stelle erfolgt, um das Reinvermögen dem Anfallsberechtigten zuzuführen, §§ 49 ff. Im Falle der Beendigung des Vereins durch Konkurseröffnung, § 42, wird die Liquidation nur zum größten Theil erübrigt, nämlich insoweit, als sie die laufenden Geschäfte zu beendigen, die Aktiva einzuziehen und zu versilbern, die Gläubiger zu befriedigen hat; alles dies und die Bekanntmachung der Auflösung (Entziehung der Rechtsfähigkeit) erübrigt sich zunächst durch die Aufgabe des Konkurses und die Bekanntmachung der Konkurseröffnung und deren Eintragung, § 75. Dagegen hat der Konkursverwalter mit der Auslieferung des aus dem Konkurse etwa geretteten Vereinsvermögens an den Berechtigten nichts zu thun; er hat den Rest an den Verein, d. h. dessen auch im Konkurse nicht beseitigten Organe auszuliefern. Ist kein Vermögen mehr vorhanden, so erübrigt sich jeder Anlaß zu einer Liquidation, die keinen Zweck weiter hat. Ist noch Vermögen da, so ist es nach § 48 dem Vorstande auszuliefern, oder, wenn solcher nicht vorhanden, zu hinterlegen, bis ein Vorstand nach §§ 27, 29 bestellt ist.

d. Die rechtliche Natur dieser Liquidation ergiebt sich aus den §§ 48, 49. Der Verein gilt bis zur Beendigung der Liquidation für deren Zwecke als fortbestehend, § 49 Abs. 2; er ist Verein in Liquidation wie die offene Handelsgesellschaft, Aktiengesellschaft, Genossenschaft, Gesellschaft mit beschr. Haftung in Liquidation. HGB. Art. 133 ff., 244 ff., HGB. v. 10. Mai 1897 §§ 145, 149, 249 Abs. 2, GenossGes. §§ 43, 85, Ges. v. 20. April 1892 §§ 70, 71, 72. Sächs. Ges. v. 15. Juni 1865; § 36 Abs. 2. Bayr. Ges. v. 29. April 1869 Art. 30. Der Inhalt des wichtigen Abs. 2 § 49 ist kein anderer, als was § 70 des Ges. v. 20. April 1892 und § 85 GenossGes. sagt und die Folgerung, die dort (Abs. 2) ausdrücklich ausgesprochen, daß der Gerichtsstand der Gesellschaft bis zur vollzogenen Vertheilung unverändert bleibt, versteht sich aus Abs. 2 § 49 für den aufgelösten Verein bis zur Auskehrung des Vereinsvermögens an den oder die Anfallsberechtigten von selbst. Für die Liquidationszwecke bleibt der Verein rechtsfähig; zur Berichtigung seiner Schulden kann ihm selbst Vermögen zugewendet werden. Für die aufgelöste Aktiengesellschaft und offene Handelsgesellschaft hat bereits die Rechtsprechung denselben Grundsatz der Fortdauer trotz der Auflösung ausgesprochen. Vgl OHG. 16 S. 284 (Aktienges. Fortbestand der Organe im Konkurse für den Akkord); 17 S. 44 (Aktienges. in Liquidation; Bestellung der Liquidatoren durch Generalvers., nicht durch das Gericht); 19 S. 160 (Aktienges. Auflösung durch

Beschluß; Decharche durch Generalvers. nach beendeter Liquidation; Legitimation der Liquidatoren bis nach legaler Vertheilung des Vermögens); 24 S. 223 (Aktienges. Liquid. Funktion der Generalvers.); RG. 3 S. 54 (Aktienges. Beschränkung der Liquidatoren durch Beschl. der Generalvers.), 14 S. 412. Der Grundsatz gilt auch für den Fall der Auflösung durch Konkurs. Bei Auflösung auf Grund des öffentl. Vereinsrechts, z. B. weil der Verein im Geheimen verbotene Zwecke verfolgt, wird sich dies anders gestalten; die Liquidation muß aber auch in diesem Falle stattfinden und die auflösende Behörde hat durch Antrag bei dem Amtsgericht für die Bestellung eines Liquidators zu sorgen. Vgl. RG. 24 S. 104 (Socialistengesetz). Das künftige Vereinsgesetz wird in dieser Richtung Bestimmungen treffen müssen. Aus dem Grundsatz folgt, daß im Falle der Liquidation das Vereinsvermögen mit der Auflösung auf den Anfallsberechtigten nicht wie beim Fiskus von selbst übergeht, nicht Eigenthum desselben wird, der Anfallsberechtigte vielmehr nur einen obligatorischen Anspruch gegen den Verein auf Auslieferung nach beendeter Liquidation hat, § 51. Auf demselben Grundsatz beruht, daß die Liquidation grundsätzlich durch den Vorstand erfolgt, § 48, wenn nicht das Statut etwa Bestimmung darüber getroffen hat, die jedenfalls zu beachten ist, oder kein Vorstand, oder nicht vollständig vorhanden ist, oder seine Funktion, z. B. in Folge Auflösung aus öffentlich rechtlichen Gründen nicht zulässig ist. In Frage kommt die Bestellung von Liquidatoren auch, wenn sämmtliche Mitglieder fortgefallen. In diesen Fällen und wenn die Bestellung anderer Personen als der Vorstandsmitglieder erforderlich erscheint, können andere Personen zu Liquidatoren bestellt werden, § 48 Satz 2, und zwar nach Anleitung der §§ 27ff. Danach bestellt regelmäßig die Mitgliederversammlung die Liquidatoren, § 76 Abs. 2, vgl. HGB. Art. 244 Abs. 1, Genoss.Ges. § 40, Ges. v. 20. April 1892 § 66, Sächs. Ges. v. 15. Juni 1868 § 36 Abs. 2; beim Mangel einer solchen oder wenn sie keinen Beschluß faßt, hat auf Antrag eines Interessenten, nach § 29 das Gericht die Liquidatoren zu bestellen, § 76 Abs. 3. Die Mitgliederversammlung kann die Liquidatoren auch wieder absetzen, § 27, nach § 48 Abs. 3 auch bestimmen, ob mehrere Liquidatoren nur gemeinschaftlich handeln können, oder ob Mehrheit genügt. Vgl. HGB. Art. 244a Abs. 4, HGB. v. 10. Mai 1897 § 298 (§§ 149ff.), RG. 3 S. 54, oben.

e. Die Liquidatoren sind für den Verein in Liquidation der Vorstand, § 48 Abs. 2, haben für die Zwecke der Liquidation die gesetzliche Vertretung des Vereins, die Rechte und die Pflichten des Vorstandes. Auf den Liquidationsvorstand finden deshalb § 26 Abs. 2 Satz 1, § 27, § 28 Abs. 2 und namentlich auch § 31 und § 42 Abs. 2 Anwendung, § 53. Dem Verein, nicht dem einzelnen Mitglied, haftet er für seine Geschäftsführung nach § 27 Abs. 3, den Gläubigern nach § 53, wenn er bei den ihm obliegenden Verrichtungen die Gläubiger durch schuldhaftes Handeln oder Unterlassen beschädigt. Im Einzelnen ergeben sich seine Funktionen aus den §§ 49, 50, 51, 52, zu denen § 42 Abs. 2 tritt. Er hat nach § 50 Abs. 1 Satz 1 die Auflösung des V. (Entziehung der Rechtsfähigkeit) öffentlich bekannt zu machen, nach § 76 bei eingetr. V. regelmäßig selbst seine Eintragung in das Register zu beantragen. Bei eingetr. V. ist auch einzutragen, wenn etwas anderes als die Regel des § 48 Abs. 3 bestimmt ist, § 76. Im Einzelnen sind die Funktionen der Liquidatoren wesentlich dieselben wie sie für die Liquidatoren der offenen Handelsgesellschaft, Aktiengesellschaft, Genossenschaft, Ges. mit beschr. Haftung geregelt. Zu bemerken ist dazu: die Aufgaben und damit Recht und Pflicht der Liquidatoren bestimmt das Gesetz, §§ 49, 50, 51, 52, im Interesse der Gläubiger. Daran kann die Mitgliederversammlung nichts ändern; insoweit kann sie die Vertretungsmacht nicht beschränken und nicht erweitern, § 48 Abs. 2; jede Beschränkung ist Dritten gegenüber unwirksam. § 26 Abs. 2 Satz 2 ist nicht anwendbar. Der § 76 erwähnt deshalb auch nur der Eintragung von Bestimmungen, welche die Beschlußfassung der Liqu. abweichend von § 48 Abs. 3 regeln. Vgl. Art. 138, 244a HGB., §§ 151, 298 HGB. v. 10. Mai 1897. Dagegen unterliegen die Liquidatoren der Aufsicht der Mitgliederversammlung, und es steht nichts entgegen, daß diese ihnen über die Art der Ausführung der Liquidation Instruktionen ertheilt, an welche die Liquidatoren gebunden sind und deren Nichtbeachtung sie verantwortlich machen kann. Vgl. RG. 3 S. 54. Sie vertreten den V. gerichtlich und außergerichtlich, aktiv und passiv, RG. 15 S. 104, beenden die laufenden Geschäfte, auch die anhängigen Prozesse, CPO. § 219, in denen sie als gesetzliche Vertreter des V. zeugnißunfähig, aber die Eide zu leisten haben, OHG. 21 S. 127, 344, 391, Anerkenntnisse abgeben und Vergleiche abschließen können. Sie ziehen die Forderungen des V. ein, auch die gegen die Mitglieder, vgl. OHG. 20 S. 270, 21 S. 142, 22 S. 135, 25 S. 161, RG. 4 S. 66. Sie versilbern das Vermögen auf dem geeignetsten Wege, aber nur so weit, als es zur Deckung der Schulden oder Ausführung der Vertheilung nöthig, auch die Cession von Forderungen ist nicht ausgeschlossen. Sie können neue Geschäfte nur zur Beendigung schwebender Geschäfte eingehen, was im Allgemeinen einen Zusammenhang des neuen und alten voraussetzt, aber immer konkret zu beurtheilen ist und die Abschließung von Geschäften nicht verbietet, die ohne Zusammenhang mit altem Geschäft als Verwaltungs- oder Sicherungsmaßregel geboten erscheint. Vgl. RG. 4 S. 65, OHG. 13 S. 226, 21 S. 308, 17 S. 215. Der V. muß aber ein neues Geschäft dem Dritten gegenüber gelten lassen, wenn es hiernach nicht eingegangen werden durfte, sobald nur der Dritte nicht in mala fide. Regelmäßig muß der mit dem Liquidator handelnde Dritte vertrauen können, daß das Geschäft sich in den Grenzen der Liquidation hält; konnte oder mußte er das Gegentheil erkennen, so kann er sich auf die Vertretungsmacht des Liquidators nicht berufen. Für die Liquidation nach dem HGB. hat das OHG. 17 S. 215, 21 S. 308, 18 S. 226, dem Dritten die Beweislast auferlegt, daß das Geschäft im Zusammenhange mit dem alten stehe. Das kann da zutreffen, wo konkret die Natur des Geschäfts (z. B. beim Wechsel und bei Ankäufen) einen Zusammenhang mit dem Liquidationszweck nicht erkennen läßt.

Die Liquidatoren haben die Verpflichtungen des V. zu erfüllen, die Gläubiger zu befriedigen. Zu diesem Zwecke haben sie die Gläubiger öffentlich zur Anmeldung aufzufordern, die bekannten Gläubiger durch besondere Mittheilung, sich auf die Anmeldung über Anerkennung oder Bestreiten pflichtgemäß zu entscheiden, die Befriedigung der anerkannten herbeizuführen, und streitige oder bekannte, aber nicht angemeldete Beträge zu hinterlegen oder sicherzustellen, §§ 51, 52, alles dies vorausgesetzt, daß das Vermögen zulangt. Im Falle der Ueberschuldung müssen sie bei eigner Verantwortung den Konkurs beantragen, §§ 53, 42 Abs. 2. Die Hinterlegung mit ihrer Wirkung der Befreiung ist an die Voraussetzungen der §§ 372 ff. gebunden; Abs. 2 § 52 stimmt mit § 301 Abs. 3 HGB. v. 10. Mai 1897 überein. Streitige und befristete Beträge können demnach nicht hinterlegt werden, sondern sind sicherzustellen, §§ 232—240, ebenso wenn die Berichtigung der Forderung zeitweilig nicht ausführbar, z. B. weil das Geschuldete nicht hinterlegbar; die Liquidation führt weder die Fälligkeit herbei, noch ändert sie sonst etwas an Recht und Pflicht. RG. 5 S. 7, 9 S. 14, OHG. 24 S. 254, 23 S. 150.

f. Die Ausantwortung des reinen Vermögens an den Anfallsberechtigten ist die letzte Pflicht der Liquidatoren, § 49. Sie darf nicht vor Berichtigung, Sicherstellung oder Hinterlegung der Forderungen und niemals vor Ablauf eines Jahres nach der Bekanntmachung der Auflösung des V. (Entziehung der Rechtsfähigkeit) erfolgen. § 50 Abs. 1 Satz 1, 4, § 51. Vgl. Art. 245 HGB., § 301 HGB. v. 10. Mai 1897, § 74 Ges. v. 20. April 1892, § 88 GenossGes. Diese nach §§ 187, 188 zu berechnende Frist ist eine Schutzfrist, Sperrfrist zur Sicherung der Gläubiger, keine Präklusivfrist. Meldet sich ein Gläubiger nach Ablauf der Frist, aber vor Ausantwortung des Vermögens, so ist der Gläubiger zu befriedigen oder sicherzustellen, wenn die Ausantwortung nicht ausgesetzt wird. Der Gläubiger klagt auch nach Ablauf der Frist gegen die Liquidatoren. Behaupten diese, daß sie nicht mehr legitimirt, weil ihre Funktion durch Ausantwortung des Vermögens beendet, so haben sie dies zu beweisen. Vgl. OHG. 19 S. 163 zu Art. 245 HGB. Beweisen sie es, so hat der Gläubiger einen Anspruch gegen sie nur aus § 53, d. h. er hat zu beweisen, daß die Liquidatoren illegal und schuldhaft gehandelt und daß und wie weit er Befriedigung erhalten haben würde, wenn sie legal gehandelt hätten. Vgl. RG. 7 S. 105 zu Art. 245 HGB. Jede Verantwortlichkeit der Liquidatoren fällt dem ihnen unbekannten Gläubiger gegenüber fort, wenn sie ohne seine Berücksichtigung, aber nach gehöriger Bekanntmachung und nach Ablauf der Schutzfrist das Vermögen dem Berechtigten ausgehändigt haben; den bekannten Gläubiger dürfen sie nicht unberücksichtigt lassen; haben sie einen bekannten Gläubiger voll befriedigt, obwohl das Vermögen zur Befriedigung aller bekannten nicht ausreicht, so haften sie für das, was bei ratirlicher der eine weniger, der andere mehr erhalten haben würde. Der unbekannte Gläubiger, der sich nicht meldet, hat bei nachträglicher Meldung nur Anspruch auf Befriedigung aus dem noch vorhandenen Vermögen. Für die Liquidatoren ist deshalb große Vorsicht bei Befriedigung einzelner Gläubiger geboten. In den meisten Fällen wird sich bei Zweifel über die Deckungsfähigkeit der Antrag auf Konkurseröffnung empfehlen. Ist die Ausantwortung des Vermögens legal erfolgt, besteht deshalb kein Anspruch für den Gläubiger gegen die Liquidatoren, so ist damit doch sein Anspruch gegen den V. nicht untergegangen. Nur gegen die befriedigten Gläubiger besteht kein Anspruch. Der V. hat einen Anspruch auf Rückgabe des ausgeantworteten Vermögens gegen die, die es erhalten haben, soweit es zur Befriedigung des unbefriedigten Gläubigers erforderlich ist, weil der Anfallsberechtigte soweit unentgeltlich erhalten hat, worauf er kein Recht hat, § 812. Das gilt sowohl, wenn das Vermögen unter die Mitglieder vertheilt ist, wie wenn es einem Dritten überwiesen ist, § 45. Dieser Anspruch des V. ist jedenfalls Befriedigungsgegenstand für den Gläubiger. Fraglich ist dagegen, ob er einen direkten Anspruch gegen den Anfallsberechtigten hat. Ist dieser ein Dritter, so ist er jedenfalls zu verneinen, weil er zu diesem in keinem Rechtsverhältniß steht; regelmäßig und abgesehen von besonderen statutarischen Bestimmungen gilt dasselbe für die Mitglieder des Vereins. Die §§ 816, 822 sind nicht anwendbar. Auf § 814 kann sich der Empfänger des Vermögens nie berufen, weil er wissen muß, daß die Ausantwortung nur unter der Voraussetzung der Erfüllung der Verpflichtungen des V. erfolgen darf.

Die Vertheilung des Vermögens unter die mehreren Anfallsberechtigten ist nicht Pflicht der Liquidatoren. Diese mögen diese unter sich vornehmen, können sie aber den Liquidatoren übertragen. Rechenschaft haben die Liquidatoren dem V. oder dem bestellten Pfleger (z. B. wenn alle Mitglieder fortgefallen) ebenso zu legen wie der Vorstand, § 27 Abs. 3, §§ 666, 259.

Auch die Liquidation des aus dem Konkurse geretteten Vermögens kann vor der Auslieferung erforderlich sein, wenn im Konkurse Gläubiger bekannt geworden, die sich nicht gemeldet haben oder durch die Schlußvertheilung präkludirt sind. Stets wird sich die Bekanntmachung und die Innehaltung der Schutzfrist, §§ 50, 51, empfehlen. Die bestellten Liquidatoren bleiben auch für die Befriedigung der nachträglich sich meldenden Gläubiger und alle dazu erforderlichen Maßregeln legitimirt, ebenso, wenn sich nachträglich Vereinsvermögen findet. Sind sie inzwischen fortgefallen, so ist nach §§ 48, 27, 29 zu verfahren; der Gläubiger kann auch von dem § 55 CPO. Gebrauch machen.

## 2. Eingetragene Vereine.

§ 55. Die Eintragung eines Vereins der im § 21 bezeichneten Art in das Vereinsregister hat bei dem Amtsgerichte zu geschehen, in dessen Bezirke der Verein seinen Sitz hat.

§ 56. Die Eintragung soll nur erfolgen, wenn die Zahl der Mitglieder mindestens sieben beträgt.

§ 57. Die Satzung muß den Zweck, den Namen und den Sitz des Vereins enthalten und ergeben, daß der Verein eingetragen werden soll.

Der Name soll sich von den Namen der an demselben Orte oder in derselben Gemeinde bestehenden eingetragenen Vereine deutlich unterscheiden.

§ 58. Die Satzung soll Bestimmungen enthalten:

1. über den Eintritt und Austritt der Mitglieder;
2. darüber, ob und welche Beiträge von den Mitgliedern zu leisten sind;

3. über die Bildung des Vorstandes;
4. über die Voraussetzungen, unter denen die Mitgliederversammlung zu berufen ist, über die Form der Berufung und über die Beurkundung der Beschlüsse.

§ 59. Der Vorstand hat den Verein zur Eintragung anzumelden.

Der Anmeldung sind beizufügen:
1. die Satzung in Urschrift und Abschrift;
2. eine Abschrift der Urkunden über die Bestellung des Vorstandes.

Die Satzung soll von mindestens sieben Mitgliedern unterzeichnet sein und die Angabe des Tages der Errichtung enthalten.

§ 60. Die Anmeldung ist, wenn den Erfordernissen der §§ 56 bis 59 nicht genügt ist, von dem Amtsgericht unter Angabe der Gründe zurückzuweisen.

Gegen einen zurückweisenden Beschluß findet die sofortige Beschwerde nach den Vorschriften der Civilprozeßordnung statt.

§ 61. Wird die Anmeldung zugelassen, so hat das Amtsgericht sie der zuständigen Verwaltungsbehörde mitzutheilen.

Die Verwaltungsbehörde kann gegen die Eintragung Einspruch erheben, wenn der Verein nach dem öffentlichen Vereinsrecht unerlaubt ist oder verboten werden kann oder wenn er einen politischen, sozialpolitischen oder religiösen Zweck verfolgt.

§ 62. Erhebt die Verwaltungsbehörde Einspruch, so hat das Amtsgericht den Einspruch dem Vorstande mitzutheilen.

Der Einspruch kann im Wege des Verwaltungsstreitverfahrens oder, wo ein solches nicht besteht, im Wege des Rekurses nach Maßgabe der §§ 20, 21 der Gewerbeordnung angefochten werden.

§ 63. Die Eintragung darf, sofern nicht die Verwaltungsbehörde dem Amtsgerichte mittheilt, daß Einspruch nicht erhoben werde, erst erfolgen, wenn seit der Mittheilung der Anmeldung an die Verwaltungsbehörde sechs Wochen verstrichen sind und Einspruch nicht erhoben oder wenn der erhobene Einspruch endgültig aufgehoben ist.

§ 64. Bei der Eintragung sind der Name und der Sitz des Vereins, der Tag der Errichtung der Satzung sowie die Mitglieder des Vorstandes im Vereinsregister anzugeben. Bestimmungen, die den Umfang der Vertretungsmacht des Vorstandes beschränken oder die Beschlußfassung des Vorstandes abweichend von der Vorschrift des § 28 Abs. 1 regeln, sind gleichfalls einzutragen.

§ 65. Mit der Eintragung erhält der Name des Vereins den Zusatz „eingetragener Verein".

§ 66. Das Amtsgericht hat die Eintragung durch das für seine Bekanntmachungen bestimmte Blatt zu veröffentlichen.

Die Urschrift der Satzung ist mit der Bescheinigung der Eintragung zu versehen und zurückzugeben. Die Abschrift wird von dem Amtsgerichte beglaubigt und mit den übrigen Schriftstücken aufbewahrt.

§ 67. Jede Aenderung des Vorstandes sowie die erneute Bestellung eines Vorstandsmitglieds ist von dem Vorstande zur Eintragung anzumelden. Der Anmeldung ist eine Abschrift der Urkunde über die Aenderung oder die erneute Bestellung beizufügen.

Die Eintragung gerichtlich bestellter Vorstandsmitglieder erfolgt von Amtswegen.

§ 68. Wird zwischen den bisherigen Mitgliedern des Vorstandes und einem Dritten ein Rechtsgeschäft vorgenommen, so kann die Aenderung des Vorstandes dem Dritten nur entgegengesetzt werden, wenn sie zur Zeit der Vornahme des Rechtsgeschäfts im Vereinsregister eingetragen oder dem Dritten bekannt ist. Ist die Aenderung eingetragen, so braucht der Dritte sie nicht gegen sich gelten zu lassen, wenn er sie nicht kennt, seine Unkenntniß auch nicht auf Fahrlässigkeit beruht.

§ 69. Der Nachweis, daß der Vorstand aus den im Register eingetragenen Personen besteht, wird Behörden gegenüber durch ein Zeugniß des Amtsgerichts über die Eintragung geführt.

§ 70. Die Vorschriften des § 68 gelten auch für Bestimmungen, die den Umfang der Vertretungsmacht des Vorstandes beschränken oder die Beschlußfassung des Vorstandes abweichend von der Vorschrift des § 28 Abs. 1. regeln.

§ 71. Aenderungen der Satzung bedürfen zu ihrer Wirksamkeit der Eintragung in das Vereinsregister. Die Aenderung ist von dem Vorstande zur Eintragung anzumelden. Der Anmeldung ist der die Aenderung enthaltende Beschluß in Urschrift und Abschrift beizufügen.

Die Vorschriften der §§ 60 bis 64 und des § 66 Abs. 2 finden entsprechende Anwendung.

§ 72. Der Vorstand hat dem Amtsgericht auf dessen Verlangen jederzeit ein Verzeichniß der Vereinsmitglieder einzureichen.

§ 73. Sinkt die Zahl der Vereinsmitglieder unter drei herab, so hat das Amtsgericht auf Antrag des Vorstandes und, wenn der Antrag nicht binnen drei Monaten gestellt wird, von Amtswegen nach Anhörung des Vorstandes dem Vereine die Rechtsfähigkeit zu entziehen. Der Beschluß ist dem Vereine zuzustellen. Gegen den Beschluß findet die sofortige Beschwerde nach den Vorschriften der Civilprozeßordnung statt.

Der Verein verliert die Rechtsfähigkeit mit der Rechtskraft des Beschlusses.

§ 74. Die Auflösung des Vereins sowie die Entziehung der Rechtsfähigkeit ist in das Vereinsregister einzutragen. Im Falle der Eröffnung des Konkurses unterbleibt die Eintragung.

Wird der Verein durch Beschluß der Mitgliederversammlung oder durch den Ablauf der für die Dauer des Vereins bestimmten Zeit aufgelöst, so hat der Vorstand die Auflösung zur Eintragung anzumelden. Der Anmeldung ist im ersteren Falle eine Abschrift des Auflösungsbeschlusses beizufügen.

Wird dem Verein auf Grund des § 43 die Rechtsfähigkeit entzogen oder wird der Verein auf Grund des öffentlichen Vereinsrechts aufgelöst, so erfolgt die Eintragung auf Anzeige der zuständigen Behörde.

§ 75. Die Eröffnung des Konkurses ist von Amtswegen einzutragen. Das Gleiche gilt von der Aufhebung des Eröffnungsbeschlusses.

§ 76. Die Liquidatoren sind in das Vereinsregister einzutragen. Das Gleiche gilt von Bestimmungen, welche die Beschlußfassung der Liquidatoren abweichend von der Vorschrift des § 48 Abs. 3 regeln.

Die Anmeldung hat durch den Vorstand, bei späteren Aenderungen durch die Liquidatoren zu erfolgen. Der Anmeldung der durch Beschluß der Mitgliederversammlung bestellten Liquidatoren ist eine Abschrift des Beschlusses, der Anmeldung einer Bestimmung über die Beschlußfassung der Liquidatoren eine Abschrift der die Bestimmung enthaltenden Urkunde beizufügen.

Die Eintragung gerichtlich bestellter Liquidatoren geschieht von Amtswegen.

§ 77. Die Anmeldungen zum Vereinsregister sind von den Mitgliedern des Vorstandes sowie von den Liquidatoren mittelst öffentlich beglaubigter Erklärung zu bewirken.

§ 78. Das Amtsgericht kann die Mitglieder des Vorstandes zur Befolgung der Vorschriften des § 67 Abs. 1, des § 71 Abs. 1, des § 72, des § 74 Abs. 2 und des § 76 durch Ordnungsstrafen anhalten. Die einzelne Strafe darf den Betrag von dreihundert Mark nicht übersteigen.

In gleicher Weise können die Liquidatoren zur Befolgung der Vorschriften des § 76 angehalten werden.

§ 79. Die Einsicht des Vereinsregisters sowie der von dem Vereine bei dem Amtsgericht eingereichten Schriftstücke ist Jedem gestattet. Von den Eintragungen kann eine Abschrift gefordert werden; die Abschrift ist auf Verlangen zu beglaubigen.

---

**Eingetragene Vereine.** Zu diesen Specialvorschriften instruktioneller und materieller Natur für eingetragene Vereine ist unter Verweis auf die Anmerkungen zu den §§ 21—54 nur noch Folgendes zu bemerken:

1. Das Vereinsregister, neben dem die nach §§ 59, 66 Abs. 2, 67, 71, 72, 74, 76, 77 dem Gericht zu überreichenden und ihm zugehenden Urkunden und Mittheilungen in Vereinsakten zu sammeln sind, in denen auch alle Beschlüsse und Verfügungen, Mittheilungen ergehen, dient zur Eintragung der Vereine, die nach § 21 der Eintragung zur Erlangung der Rechtsfähigkeit bedürfen. Die instruktionell näher zu regelnde Einrichtung des Registers ergiebt sich im Allgemeinen aus den Vorschriften in §§ 64, 67, 71, 74, 75, 76 über das, was in das Register einzutragen ist: Name, Sitz, Datum des Statuts, Vorstand, besondere Bestimmungen über Einschränkung der Vertretungsmacht, die Art der Beschlußfassung, Aenderungen in diesen Dingen, Auflösung (Entziehung der Rechtsfähigkeit), Konkurseröffnung, Liquidatoren und Aenderung derselben. Alles was nach § 64 eingetragen werden muß, muß auch öffentlich bekannt gemacht werden, wenn es abgeändert wird, obwohl § 66 Abs. 1 nur von der ersten Eintragung spricht. Nach § 73 ist das Register im weitesten Umfange öffentlich, der Einsicht für Jeden ohne Nachweis eines Interesses zugänglich.

2. Das Registergericht, § 55, hat eine ausgedehnte, wichtige Prüfungspflicht, die in § 60 Abs. 1 nicht erschöpfend geregelt ist. Die Anmeldung zur Eintragung ist zunächst nach den formalen Voraussetzungen der §§ 56 (59 Abs. 3), 57, 58, 59 Abs. 2, 77 zu prüfen; instruktionell wird zu § 77 die Anmeldung zum Protokoll des Gerichtsschreibers zuzulassen sein. Dazu tritt die materielle Prüfung, die sich zu erstrecken hat: darauf, ob der Verein ein Verein des § 21, ob nicht Art. 84 EG. vorliegt, ob er erlaubt ist, ob nicht in der Satzung Bestimmungen z. B. über die Pflichten der Mitglieder, enthalten, die gegen das Gesetz oder die guten Sitten nach Art und Umfang verstoßen. Das versteht sich neben § 61 Abs. 2 von selbst, ebenso,

daß das Gericht zu beachten hat, nicht bloß, was nach § 57 sich aus der Satzung ergeben muß, sondern auch, was sich ergeben soll, §§ 58, 59. Auch § 40 ist zu beachten. Nicht zu prüfen ist, ob der Verein verboten werden kann, und ob er einen politischen, religiösen, socialpolitischen Zweck verfolgt, § 61 Abs. 2; diese Prüfung ist der Verwaltungsbehörde übertragen. Ueber den Namen des V. enthält nur der § 57 Abs. 2 eine mit den Vorschriften des HGB. und GenossGes. übereinstimmende Vorschrift, aber keine weitere Norm, namentlich nicht darüber, ob der Name nur Sach- oder auch Personenname sein kann. Von selbst versteht sich aber, daß der Name ergeben muß, daß ein Verein vorliegt, daß der Zusatz „eingetragener Verein" nöthig, ergiebt sich aus § 57 Abs. 1, § 65. Im Uebrigen ist nicht ausgeschlossen, daß in dem Namen ein Personenname neben der Bezeichnung des Zweckes des V. erscheint. Das Gesetz hat hier abweichend von § 3 Abs. 2 GenossGes., § 4 Ges. v. 20. April 1892, Art. 18 HGB., § 20 HGB. v. 10. Mai 1897 sich jeder weiteren Vorschrift enthalten. Der Namensinhalt „Verein" und „eingetragener Verein" macht auch andere Vorschriften zur Vermeidung von Täuschungen überflüssig. Ein Mitgliederverzeichniß ist für die Eintragung nicht zu fordern, vgl. § 72, aber darauf zu halten, daß die Personen der sieben Mitglieder, die das Statut zu zeichnen haben, genau feststehen. Worauf sich die Prüfung bei Aenderungen in den eingetragenen Thatsachen zu erstrecken hat, ergiebt sich von selbst.

**3.** Wird die Anmeldung auf Grund der Prüfung zurückgewiesen, so ist der Beschluß dem Vorstand, § 59, zuzustellen, dem die sofortige Beschwerde, § 540 CPO., zusteht, auf welche das Beschwerdegericht die Zulassung der Anmeldung zu beschließen hat, wenn die Beschwerde begründet. Die Eintragung kann nicht angeordnet werden, weil nach §§ 61, 63 die Eintragung immer nur erst dann erfolgen kann, wenn der Verwaltungsbehörde die vorgeschriebene Mittheilung von der Anmeldung und ihrer Zulassung gemacht, Einspruch nicht erhoben, oder der erhobene Einspruch in dem geordneten Verfahren, § 62 Abs. 2, rechtskräftig verworfen ist. Der § 63 läßt die Eintragung zu, wenn die 6 Wochen seit der Mittheilung an die Verwaltungsbehörde verstrichen, und untersagt sie vor Ablauf dieser Frist, sagt aber nicht, daß der Einspruch an diese Frist als Präklusivfrist gebunden, und die Eintragung darf deshalb nicht erfolgen, wenn vor ihrer Vollziehung der Einspruch bei dem Gericht erhoben wird. Zu beachten ist, daß nach § 71 Abs. 2 auch Aenderungen der Satzung auf ihre Zulässigkeit zu prüfen, wenn sie zugelassen, der Verwaltungsbehörde mitzutheilen und erst einzutragen sind, wenn kein Einspruch erhoben, oder der erhobene Einspruch rechtskräftig beseitigt ist. Seinen Grund hat dies darin, daß die Satzungsänderung so sein kann, daß die Voraussetzungen, unter denen gegen die Eintragung des V. kein Einspruch erhoben, fortgefallen, namentlich wird dies bei Aenderung des Zwecks möglich sein. Fällt dadurch der Verein aus dem Bereiche des § 21 in den des § 22, so hat schon das Gericht die Eintragung abzulehnen. Wird der Sitz so geändert, daß er in einen anderen Gerichtsbezirk fällt, so muß die Uebertragung in das Vereinsregister dieses Bezirks erfolgen. Bei Verlegung in das Ausland muß die Löschung im Register erfolgen, da nunmehr § 23 zur Anwendung kommt. Auch darüber wird instruktionelle Vorschrift ergehen müssen.

Das Verwaltungsstreitverfahren, in dem nach § 62 Abs. 2, § 71 Abs. 2 zu entscheiden, ist für Preußen im Ges. über die allgem. Landesverwaltung v. 30. Juli 1883 §§ 61 ff. geordnet.

**4.** Was in das Register einzutragen ist, vgl. oben, ergiebt sich aus den §§ 64, 67, 71, 74, 75. 76. Andere Eintr. giebt es nicht, z. B. nicht die im HGB. vorgesehene Eintragung der Anfechtung eines Beschlusses der Generalversammlung. Vgl. §§ 271 ff. HGB. v. 10. Mai 1897. Die Eintragung nach § 64 ist so wesentlich, daß ohne sie der V. die Rechtsfähigkeit nicht erlangt, § 21. Wesentlich von den Thatsachen des § 64 ist der Name und der Sitz, durch die der V. individualisirt wird; das Datum der Satzung erscheint nicht so wesentlich, daß durch einen Mangel dabei die Wirkung der Eintr. wegfiele. Auch die fehlende Eintr. des Vorstandes berührt die Wirkung der Eintr. nicht, ist jedenfalls nachzuholen. Daß ein Vorstand nicht besteht, kann nicht vorkommen, da ohne den Vorstand Anmeldung und Eintr. nicht möglich. Anmeldung Seitens eines Dritten und Eintr. auf Grund solcher Anmeldung würde nichtig sein, ebenso wie Anmeldung Seitens eines fingirten Vorstandes, eines fingirten Statuts. Ueber die Beseitigung solcher Eintr. sagt das Gesetz nichts, während die §§ 90a u. b des GenossGes. in der Fassung des Art. 10 unter 11 des EG. z. HGB. v. 10. Mai 1897, die §§ 75a—c des Ges. v. 20. April 1892 in der Fassung des Art. 11 unter 22 EG. z. HGB. v. 10. Mai 1897 u. die §§ 309—311 HGB. v. 10. Mai 1897 Bestimmungen über eine Klage auf Nichtigkeit der Eintragung geben, falls eine der wesentlichen Bestimmungen des Statuts nichtig ist. Auch darüber fehlt Bestimmung, was wird, wenn das Gericht den V. unter Nichtbeachtung der §§ 61 ff. vor Mittheilung an die Verwaltungsbehörde oder vor Ablauf der Frist des § 63 oder trotz des vor der Eintr. erhobenen Einspruchs eingetragen hat. Klar ist nur, daß durch solche unstatthafte Eintr. das Einspruchsrecht nicht beseitigt werden kann und daß die Eintr. zu löschen ist, wenn die Anfechtung des Einspruchs rechtskräftig zurückgewiesen ist. Alles dies soll durch das Ges. über die freiwillige Gerichtsbarkeit geordnet werden, obwohl es in das BGB. gehört hätte.

Nach § 71 Abs. 1 Satz 1 werden Aenderungen der Satzung erst durch die Eintr. wirksam, und zwar nach innen und nach außen, und ohne Rücksicht darauf, ob die Aenderung bekannt oder nicht bekannt ist. Vgl. HGB. Art. 214 Abs. 2. RG. 24 S. 58. HGB. v. 10. Mai 1897 § 277 Abs. 3. Hier wirkt die Eintr. in gewissem Sinne rechtserzeugend wie die Eintr. des V. selbst, insofern ohne diese Eintr. der begründete V. nicht rechtsfähig und ohne die Eintr. der Satzungsänderung der Beschluß der Aenderung nicht rechtlich wirkt, wenn er auch gültig gefaßt ist. Anders wirken Eintr. und Nichteintragung bei den sonst einzutragenden Thatsachen. Der legal bestellte Vorstand ist Vorstand auch ohne Eintr. und der nicht legal bestellte wird es nicht durch die Eintragung. Aber der Dritte kann vertrauen, daß der legal bestellte Vorstand, der eingetragen ist, § 67, Vorstand ist, so lange er eingetragen ist. Darum soll dem Dritten die nicht eingetragene Aenderung des Vorstandes nicht schaden, wenn er gutgläubig mit dem legal eingetragenen Vorstand ein ein- oder zweiseitiges Rechtsgeschäft vorgenommen hat, und selbst die eingetragene Aenderung soll ihm nicht entgegengesetzt werden können, wenn er die Eintragung ohne Fahrlässigkeit, § 276, nicht kannte, d. h. beweist, daß er sie nicht kannte und auch bei gehöriger Sorgfalt nicht kennen konnte. Das kann z. B. der Fall sein, wenn das Rechtsgeschäft am Tage der Eintragung oder kurze Zeit nachher oder unmittelbar nach Rückkehr aus dem Auslande vorgenommen ist oder unter anderen Umständen, die nach verständigem Ermessen die Nichteinsicht des Registers oder der Bekanntmachung entschuldigen. — Bei Nichteintragung ist dem Dritten sein Wissen der veränderten Thatsache zu beweisen. Alles dies gilt auch bei dem Liquidationsvorstand, § 76 Abs. 2, u. nach § 70, 76 Abs. 1 auch für die Thatsache der Beschränkung der Vertretungsmacht, § 26 Abs. 2 Satz 2, für Aenderungen der Regel des § 28 Abs. 1 u. des § 48 Abs. 3. Vgl. HGB. v. 10. Mai 1897 §§ 15, 50, 54 Abs. 3, 55. GenossGes. §§ 28, 29 in der Fassung des Art. 10 EG. z. HGB. v. 10. Mai 1897, u. Ges. v. 20. April 1892 § 40, der im Art. 11 EG. z. HGB. v. 10. Mai 1897 nur mit Rücksicht auf § 15 HGB. gestrichen ist.

Dagegen wirkt die Auflösung und Entziehung der Rechtsfähigkeit in allen Fällen auch ohne die Eintragung. — Der Dritte wird in diesen Fällen durch § 54 Satz 2 genügend geschützt.

---

## II. Stiftungen.

**§ 80.** Zur Entstehung einer rechtsfähigen Stiftung ist außer dem Stiftungsgeschäfte die Genehmigung des Bundesstaates erforderlich, in dessen Gebiete die Stiftung ihren Sitz haben soll. Soll die Stiftung ihren Sitz nicht in einem Bundesstaate haben, so ist die Genehmigung des Bundesraths erforderlich. Als Sitz der Stiftung gilt, wenn nicht ein Anderes bestimmt ist, der Ort, an welchem die Verwaltung geführt wird.

**§ 81.** Das Stiftungsgeschäft unter Lebenden bedarf der schriftlichen Form.

Bis zur Ertheilung der Genehmigung ist der Stifter zum Widerrufe berechtigt. Ist die Genehmigung bei der zuständigen Behörde nachgesucht, so kann der Widerruf nur dieser gegenüber erklärt werden. Der Erbe des Stifters ist zum Widerrufe nicht berechtigt, wenn der Stifter das Gesuch bei der zuständigen Behörde eingereicht oder im Falle der gerichtlichen oder notariellen Beurkundung des Stiftungsgeschäfts das Gericht oder den Notar bei oder nach der Beurkundung mit der Einreichung betraut hat.

§ 82. Wird die Stiftung genehmigt, so ist der Stifter verpflichtet, das in dem Stiftungsgeschäfte zugesicherte Vermögen auf die Stiftung zu übertragen. Rechte, zu deren Uebertragung der Abtretungsvertrag genügt, gehen mit der Genehmigung auf die Stiftung über, sofern nicht aus dem Stiftungsgeschäfte sich ein anderer Wille des Stifters ergiebt.

§ 83. Besteht das Stiftungsgeschäft in einer Verfügung von Todeswegen, so hat das Nachlaßgericht die Genehmigung einzuholen, sofern sie nicht von dem Erben oder dem Testamentsvollstrecker nachgesucht wird.

§ 84. Wird die Stiftung erst nach dem Tode des Stifters genehmigt, so gilt sie für die Zuwendungen des Stifters als schon vor dessen Tode entstanden.

§ 85. Die Verfassung einer Stiftung wird, soweit sie nicht auf Reichs- oder Landesgesetz beruht, durch das Stiftungsgeschäft bestimmt.

§ 86. Die Vorschriften des § 26, des § 27 Abs. 3 und der §§ 28 bis 31, 42 finden auf Stiftungen entsprechende Anwendung, die Vorschriften des § 27 Abs. 3 und des § 28 Abs. 1 jedoch nur insoweit, als sich nicht aus der Verfassung, insbesondere daraus, daß die Verwaltung der Stiftung von einer öffentlichen Behörde geführt wird, ein Anderes ergiebt. Die Vorschriften des § 28 Abs. 2 und des § 29 finden auf Stiftungen, deren Verwaltung von einer öffentlichen Behörde geführt wird, keine Anwendung.

§ 87. Ist die Erfüllung des Stiftungszwecks unmöglich geworden oder gefährdet sie das Gemeinwohl, so kann die zuständige Behörde der Stiftung eine andere Zweckbestimmung geben oder sie aufheben.

Bei der Umwandlung des Zweckes ist die Absicht des Stifters thunlichst zu berücksichtigen, insbesondere dafür Sorge zu tragen, daß die Erträge des Stiftungsvermögens dem Personenkreise, dem sie zu Statten kommen sollten, im Sinne des Stifters thunlichst erhalten bleiben. Die Behörde kann die Verfassung der Stiftung ändern, soweit die Umwandlung des Zweckes es erfordert.

Vor der Umwandlung des Zweckes und der Aenderung der Verfassung soll der Vorstand der Stiftung gehört werden.

§ 88. Mit dem Erlöschen der Stiftung fällt das Vermögen an die in der Verfassung bestimmten Personen. Die Vorschriften der §§ 46 bis 53 finden entsprechende Anwendung.

**Stiftungen.** EG. Art. 85, 91, 138, 163. E. I §§ 41, 58—62; II §§ 70—75; III §§ 77—84. ALR. II 4 §§ 21 ff.; 6 §§ 73 ff., 193—195; 19 §§ 32 ff. SBGB. §§ 52, 53, 56, 57, 2074; Sächs. Ges. v. 15. Juni 1868 §§ 3—9. W. I §§ 57 ff. D. P. I § 62; Pr. Pr. I § 151. Eccius IV §§ 241, 285. Grützmann I §§ 20, 24. Cr. I § 17 Anm. 59 ff. Z-Cr. I § 38. Gierke, D. Pr. I § 78. Cosack, Lehrb. d. D. Privatr. I § 36.

**1.** Stiftung im gemeinen Sinne ist der Stiftungsakt und das gestiftete, d. h. einem bestimmten Zwecke gewidmete Objekt, Vermögen, Geld oder andere Sachen. Ohne solches Vermögensobjekt giebt es keine Stiftung. Besteht das gestiftete Objekt nicht in Geld, Kapital, sondern in einer dem Stiftungszweck dienenden dauernden Veranstaltung oder Einrichtung anderer Art, so pflegt man die Stiftung Anstalt zu nennen. Stiftung und Anstalt sind begrifflich dasselbe, wo der Begriff der St. rechtlich überhaupt in Betracht kommt. Vgl. HGB. Art. 272 Nr. 3 (Transportanstalt als dauernde Einrichtung für ein Handelsgeschäft). Das ist nicht der Fall, wenn ein Vermögen oder vermögenswerthe Objekte einem Dritten zum Eigenthum behufs Verwendung zu bestimmtem Zwecke übertragen werden. Das ist nichts als Schenkung oder Vermächtniß oder Erbeinsetzung mit einer Zweckauflage, §§ 525—527, §§ 2192—2196. Stiftung dieser Art hat ALR. II 6 §§ 73 ff., 193 ff. im Auge, wo Zuwendung an eine Korporation unterstellt wird, wenn auch die Vorschriften in §§ 74 ff., 193 darauf hindeuten, daß das Stiftungsvermögen zwar als Eigenthum der Korporation, aber als Sondervermögen gedacht ist. Solche Stiftungssondervermögen kommen vielfach bei Korporationen vor; sie unterliegen, abgesehen von den citirten, durch das BGB. nicht berührten Vorschriften, den allgemeinen Vorschriften über die Vermögensverwaltung öffentlich rechtlicher Korporationen, und über die Zuwendungen an Korporationen. Vgl. Bolze 1 Nr. 1293 (Zuwendung an Armenverband). Stiftung im Rechtssinn und im Sinne der §§ 80 ff. liegt erst dann vor, wenn nach dem Stiftungswillen Vermögen irgend welcher Art einem bestimmten Zweck dauernd so gewidmet ist, daß das Vermögen nicht einer einzelnen Person oder einem Inbegriff von Personen, sondern dem Zweck (pia causa) gehören und in Verbindung mit demselben als dauernde Anstalt ein selbstständiges Rechtssubjekt darstellen soll, juristische Person ist. Ohne Vermögen, dauernden Zweck irgend welcher erlaubten Art, § 87, und eine Einrichtung, Organisation und Dienstbarmachung des Vermögens für diesen Zweck giebt es keine Stiftung im Rechtssinn. Vgl. ObTr. 23 S. 347; 40 S. 78 (StrA. 31 S. 204), RE. 2 Nr. 229. RG. 5

S. 138, 19 S. 257 (gem. R.). StrA. 6 S. 32. Bolze 1 Nr. 1233. Zeitweilig mag die Stiftung ohne Vermögen sein; ist der Wiedererwerb dauernd ausgeschlossen, so erlischt sie. Wird für einen *vorübergehenden* Zweck, z. B. zur Unterstützung von Personen, die durch ein Unglück, Brand, Ueberschwemmung, Unwetter betroffen sind, durch einen Einzelnen Vermögen gestiftet oder durch Mehrere mittels öffentlichen Aufrufs und durch öffentliche oder private Sammlungen Vermögen zusammengebracht und gewidmet, so liegt zwar liberale Zuwendung, aber nicht Stiftung vor. Für diesen Fall hat § 1914, wenn die zu der Verwaltung und Verwendung berufenen Personen weggefallen sind, in praktischer Weise Fürsorge durch *Anordnung einer Pflegschaft* getroffen. Für das BGB. ergiebt sich die Voraussetzung des Vermögens aus §§ 82, 88, die des *dauernden* Zwecks aus der in den §§ 85, 86 angeordneten Organisation und dem Gegensatz des *vorübergehenden* Zwecks in § 1914. Nur eine Art der Stiftung ist die im ALR. II 4 §§ 21 ff. behandelte, im BGB. nicht besonders erwähnte *Familienstiftung*. RG. 5 S. 138. Vgl. AKO. v. 23. Mai 1845 (JMBl. 1844 S. 206, 207; 1845 S. 178). RE. 4 Nr. 377. Sie hat nur das Besondere, daß der dauernde Zweck der Stiftung auf das Beste einer oder mehrerer Familien gerichtet ist. Praktisch wichtig ist der Begriff, weil das nach Art. 86 EG. aufrecht erhaltene Preuß. Ges. v. 23. Febr. 1870 nach § 6 auf Familienstiftungen nicht Anwendung findet. Der Unterschied von Stiftung und *Familienfideikommiß*, vgl. RE. a. a. O. S. 667, ist mit Rücksicht auf Art. 59 EG. erheblich, durch den alle landesgesetzlichen Vorschriften über Familienfideikommisse und Lehen einschließlich der allodificirten Lehen aufrecht erhalten sind. Danach ist anzunehmen, daß auch die Vorschriften der Landesgesetze über *die aus den Lehns-Allodifikationsgeldern zu bildenden Familienstiftungen* unberührt geblieben sind. Vgl. über diese Vorschriften RE. a. a. O. S. 667.

2. Die Stiftungen (Anstalten) *des öffentlichen Rechts*, vgl. zu §§ 21—54 unt. I, scheiden auch hier aus; nach § 89 findet auf sie nur § 31 Anwendung. Vgl. EG. Art. 85, 138, 139. Ob eine Stiftung öffentl. oder privaten Rechts, ist oft schwer und stets nur konkret zu finden. Daß die Verwaltung von einer öffentl. Behörde geführt wird, entscheidet für die öffentl. rechtliche Natur allein nicht, § 86, obwohl es oft ein Anzeichen dafür abgiebt. Wesentliches Merkmal ist, wie zu §§ 21 ff. unter I hervorgehoben, daß die St. nicht bloß dem öffentlichen Interesse, dem Gemeindewohl dient, das Vermögen öffentliches Sonder-Vermögen ist, sondern daß ihr Leben durch Normen des öffentlichen Rechts beherrscht wird; ihre Verwaltung ein Theil der öffentl. Verwaltung, die verwaltende Behörde *gerade in ihrer Eigenschaft als Verwalterin der St. Verwaltungsbehörde* ist. Das kann ebenso bei Stiftungen (Anstalten) des Staats, wie der Kommunen, der größeren Verbände (Provinzen), der Kirche zutreffen (Irren-, Siechen-, Blinden-, Taubstummen-, Kranken-Anstalten). Entstehen kann solche St. öffentl. Rechts nie durch privaten Willen allein, durch den privaten Stiftungsakt kann der St. das Vermögen zugewendet und dem Vermögen der Zweck bestimmt werden. Der Wille des Staats, das Stiftsvermögen in sein Vermögen als Sondervermögen und die St. als Organismus in seinen Organismus aufzunehmen, muß immer hinzukommen.

3. *Die private Stiftung entsteht als Rechtssubjekt nach § 80 durch das Stiftungsgeschäft und ihre Anerkennung als Person durch die Genehmigung des Staats.*

a. *Das Stiftungsgeschäft* kann nach §§ 81, 83 durch ein Rechtsgeschäft unter Lebenden (einseitiges, Vertrag) oder durch Verfügung von Todeswegen (Testament, letztwillige Verfügung, Erbvertrag) vollzogen werden. Für ersteres ist stets *schriftliche* Form, §§ 125, 126, erforderlich, aber auch nicht mehr, § 311, § 81 Abs. 1, für letzteres die Form der §§ 2231 ff., 2276 ff. Auch für Familienstiftungen bedarf es keiner anderen Form. § 85. ALR. II 4 §§ 27 ff. Das Besondere des Stiftungsgeschäfts unter Lebenden ist, daß es zu gleicher Zeit eine Verpflichtung begründet, § 82, und die Stiftung vorbehaltlich der staatlichen Genehmigung erzeugt. Die Uebernahme der Verpflichtung ist deshalb, weil ohne Gegenleistung übernommen, liberaler Natur, aber doch keine Schenkung, deshalb namentlich ihrer Form, § 518, nicht unterworfen, weil durch die liberale Zuwendung die St. (der Beschenkte) erst geschaffen wird, dadurch das Geschäft seine *besondere* Rechtsnatur als Stiftungsakt erhält, wenn auch dadurch die Zuwendung den Charakter liberaler Vermögensverminderung nicht verliert. Vgl. RG. 5 S. 139. (Anfechtung der St. durch Gläubiger des Stifters.) Aus dem Charakter liberaler Vermögensverminderung ist auch die Frage der Gewährleistung des Stifters zu entscheiden, §§ 523, 524, 529. Entw. I § 58. Stiftung durch Vertrag ist in verschiedener Weise denkbar. RE. 4 S. 667, 668. ObTr. 23 S. 347. Stiftung von Todeswegen kann durch Erbeinsetzung oder Vermächtniß erfolgen. Die Kontroverse, ob eine noch nicht existirende Stiftung zum Erben eingesetzt werden könne, wie der nasciturus, ist durch den § 84 in Verbindung mit den §§ 2043 Abs. 2, 2101 Abs. 2 bejahend entschieden, wie sie auch im SBGB. § 2074 u. im § 1 des Preuß. Ges. v. 23. Febr. 1870 (Nr. 1: „insoweit dadurch im Inlande eine neue jur. P. ins Leben gerufen werden soll") und von der Preuß. Praxis entschieden war. ObTr. 40 S. 78 (StrA. 31 S. 204), RE. 2 Nr. 229. Vgl. ObTr. 70 S. 50; 64 S. 72 für gem. R. ebenso. Der § 1923 findet danach hier keine Anwendung, die Stiftung ist nicht Nacherbe, und im Falle der Stiftung durch Vermächtniß gilt abweichend von §§ 2178, 2179 das Vermächtniß als angefallen mit dem Erbfalle.

Für das Stiftungsgeschäft beiderlei Art ist nothwendiger Inhalt, daß es den Stiftungswillen und das Stiftungsobjekt klar erkennen läßt, den Stiftungswillen in dem Sinne des Willens, ein selbständiges Rechtssubjekt für einen bestimmten Lebenszweck zu schaffen, das Stiftungsobjekt durch Bezeichnung des dem Zwecke gewidmeten Vermögens. Mehr ist nach dem BGB. nicht zu fordern. Wenn auch für die Lebensfähigkeit der St. als Rechtssubjekt ein handelndes Organ vorhanden sein muß, so kann doch ein Mangel des Stiftungsgeschäfts in dieser Beziehung die Stiftung nicht hinfällig machen. Es kann das nicht in der Absicht des Stifters liegen, vielmehr ist anzunehmen, daß er die Ergänzung dem Staat überlassen hat, durch dessen Genehmigung die St. lebendig wird. Jedenfalls kann er es einem Dritten überlassen. Darauf beruht ALR. II 19 § 36, Sächs. Ges. v. 15. Juni 1868 § 8 u. RG. 19 S. 257 (gem. R.), auch schon ObTr. 51 S. 268, StrA. 52 S. 355. Erk. a Nr. 337 RE. 4 S. 665. ObTr. 40 S. 78, 94 (StrA. 31 S. 204). RE. 2 Nr. 229. Nöthigenfalls kann für dies künftige Stiftungssubjekt auch hierdurch Anordnung und Pflegschaft, §§ 1912, 1913, gesorgt werden.

**b.** Die Genehmigung. Nach § 80 wird die St. rechtsbeständig und ein Rechtssubjekt erst durch die staatliche Genehmigung. Dieser durch die Bedeutung, die der Stiftungswille einem Zweck und einem Vermögen beilegt, gerechtfertigte Rechtssatz stimmt mit dem bestehenden Recht überein. ALR. II 19 §§ 33 ff., Ges. v. 23. Febr. 1870 § 1, SBGB. § 52, Sächs. Ges. v. 15. Juni 1868 § 6, Badisches Stiftungsgesetz v. 1. Mai 1870, V. v. 5. Mai 1873 für Elsaß-Lothringen, §§ 1, 13. Die Ausnahme, die das Preuß. Ges. v. 23. Febr. 1870 § 6 für Familienstiftungen macht, ist fortgefallen. Die Lehnsallodifikations-Familienstiftungen sind lediglich nach den Lehnsgesetzen zu beurtheilen.

Die Genehmigung ist bei Stiftung unter Lebenden vom Stifter, bei Stiftung von Todeswegen vom Erben, Testamentsvollstrecker, ev. dem Nachlaßgerichte nachzusuchen, §§ 81, 83. Es versteht sich von selbst, daß die Erklärung des Stiftungswillens als einseitiger Akt allein den Stifter nicht bindet; sie ist zunächst ein Internum; sie tritt in die Außenwelt erst dadurch, daß sie der für die Genehmigung zuständigen Staatsbehörde gegenüber durch den Antrag auf Genehmigung, § 130, manifestirt wird. Wird die Genehmigung vom Stifter nicht nachgesucht, stirbt er und finden die Erben die Stiftungsurkunde im Nachlaß vor, so liegt es nach § 81 Abs. 2 Satz 3 in ihrer Hand, die Genehmigung nachzusuchen. Ebenso liegt die Sache für den gesetzlichen Vertreter des vor dem Antrage z. B. entmündigten Stifters. Gebunden wird der Stifter erst durch die Ertheilung der Genehmigung; bis dahin kann er den Antrag auf Genehmigung zurückziehen, § 81 Abs. 2 Satz 1. Ertheilt ist die Genehmigung mit der Erklärung der Behörde dem Stifter gegenüber. Wird der Antrag vorher zurückgenommen, so ist der Genehmigungsbeschluß ohne rechtliche Wirkung. Der Erbe des Stifters kann den vom Stifter gestellten Antrag nicht zurücknehmen und ist auch dann gebunden, wenn der Stiftungswille gerichtlich oder notariell erklärt und Gericht oder Notar mit der Einreichung zum Zweck der Genehmigung beauftragt ist. Ohnedies kann auch der Erbe den von ihm gestellten Antrag zurücknehmen, § 81 Abs. 2 Satz 3. Vgl. §§ 1733, 1753. Bei

Stiftung von Todeswegen gelten für den Widerruf dieser Verfügung bei Lebzeiten des Stifters die §§ 2253ff., 2290ff. Nach dem Tode kann die Stiftung nur durch Beseitigung der Verfügung beseitigt werden. Von Widerruf durch den Erben ist nicht mehr die Rede; er oder der Testamentsvollstrecker, §§ 2197ff., muß die Genehmigung nachsuchen, sonst hat das Nachlaßgericht die Pflicht dazu.

Bei Stiftung durch Vertrag kann die Pflicht, die Genehmigung herbeizuführen, durch den Vertrag begründet sein, wenn der Vertrag das Wesentliche des Stiftungsgeschäfts enthält. In diesem Falle können selbst unmittelbare Rechte für das künftige Rechtssubjekt begründet sein, die ev. durch einen Pfleger zu verfolgen sind. Der Satz 1 Abs. 2 § 81 schließt dies nicht aus. Für den anderen Kontrahenten des Vertrages kann auch ein Anspruch auf das Interesse oder auf Rücktritt vom Vertrage erwachsen, wenn der Stifter die Erfüllung der Stiftungserklärung weigert und damit die St. widerruft.

Der Genehmigung muß naturgemäß eine Prüfung durch die berufene Behörde (Bundesrath) vorangehen, die sich auf den Zweck, dessen Erlaubtheit und Angemessenheit, die gewidmeten Mittel, das Verhältniß beider, die Organisation und die Frage zu richten haben wird, ob nicht die Rechte oder berechtigten Interessen Dritter (Gläubiger, Erben, Verwandten) ungebührlich und in einer vom Staat nicht zu unterstützenden Weise verletzt werden. Wird die Genehmigung versagt, so zerfällt das Stiftungsgeschäft. Der Stifter unter Lebenden ist nicht weiter gebunden. Das Stiftungsgeschäft von Todeswegen stellt sich so wie jede Verfügung von Todeswegen, deren Voraussetzung fortgefallen. Entw. I § 62 sprach dies im Wesentlichen so ausdrücklich aus, ist als selbstverständlich gestrichen. Wiederholte Anträge auf Genehmigung können nicht absolut ausgeschlossen werden, wenn sie als Remonstration oder Berichtigung von Mißverständnissen der Behörde aufzufassen sind. Wird die Genehmigung ertheilt, so ist der Stifter unter Lebenden definitiv gebunden. Ist er vor der Genehmigung gestorben, so gilt die St. nach § 84 doch als schon vor dem Tode entstanden, ist also nicht Erbe des Stifters. Durch § 82 Satz 1 ist die Streitfrage, ob das Stiftungsvermögen in diesem Falle mit der Genehmigung von selbst auf die St. übergeht, RE. 4 S. 669, 670, in verneinendem Sinne mit gutem Grunde entschieden. Satz 2 enthält keine Ausnahme; die Zuwendungserklärung wird regelmäßig Abtretungserklärung, §§ 398, 413, und damit die Rechtsübertragung enthalten. Sachen sind zu übergeben oder aufzulassen, §§ 925, 929. Das gilt auch bei Zuwendung eines ganzen Vermögens, §§ 310, 311, § 419. Bei Stiftung durch Erbeinsetzung geht das Vermögen wie bei Erbgang von selbst auf die St. mit der Genehmigung so über, als wenn die St. zur Zeit des Erbfalles genehmigt wäre, als Rechtssubjekt existirt hätte, §§ 84, 2101 Abs. 2. Bei St. durch Vermächtniß gilt die Forderung der St. als mit dem Erbfalle entstanden, § 2176, § 84. Zu beachten ist, daß Erbeinsetzung und Bedenken einer St. durch Vermächtniß Seitens eines Dritten den allgemeinen Regeln unterliegt, § 2101 Abs. 1, § 2178.

**4.** Für die Rechtsfähigkeit, Geschäftsfähigkeit, Handlungsfähigkeit, Deliktsfähigkeit der St. gilt Alles, was für jede j. P. gilt. Vgl. zu §§ 21—54 unter II 3, 4. Die St. muß als Rechtssubjekt einen Namen und einen Sitz haben. Nach § 80 Satz 3 bestimmt ihn die Stiftungsurkunde, ev. der Ort der Verwaltung. In § 86 ist namentlich § 31 ausdrücklich auf St. angewendet. Vgl. § 89. Auch die landesgesetzlichen Beschränkungen der j. P. gelten für die St., EG. Art. 86. Nach Art. 139 EG. bleiben auch die landesgesetzlichen Vorschriften unberührt, nach welchen einer j. P. in Ansehung des Nachlasses einer verpflegten oder unterstützten Person ein Erbrecht, Pflichttheilsanspruch oder Recht auf bestimmte Sachen zusteht. Vgl. darüber ALR. II 19 §§ 50ff. SBGB. §§ 2057, 2060, 2617. V. v. 9. Juni 1865 § 18. Grützmann II § 232. Die §§ 1061, 2109, 2162, 2163 gelten auch für die St. Die St. kann durch einen Dritten beschenkt und sonst liberal bedacht werden und es steht nichts entgegen, daß dies noch vor der Genehmigung für die künftige St. geschieht. Kommt die St. zur Existenz, so erwirbt sie mit diesem Moment das Zugewendete. ObTr. 51 S. 268. Bolze 6 Nr. 657, 7 Nr. 664.

**5.** Die Organisation der St. ist erforderlich wie für jede j. P., um sie für ihre Zwecke willens- und handlungsfähig zu machen. Bei der Abhängigkeit der Existenz der St. von der Genehmigung des Staats läßt § 85 über die Verfassung das Stiftungsgeschäft nur soweit bestimmen, als nicht reichs- oder landesgesetzliche Vorschriften darüber bestehen. Die reichsgesetzlichen bezeichnet § 86, von den landesgesetzlichen bleiben danach für Familienstiftungen auch fernerhin maßgebend z. B. die Vorschriften im ALR. II 4 §§ 27 ff., soweit sie sich auf die Verfassung beziehen und das Preuß. Ges. v. 15. Febr. 1840 §§ 20 ff., sowie die oben citirten partikularen Stiftungsgesetze, von denen namentlich das Badische Ges. ausführliche Vorschriften über die Organisation und die Mitwirkung von Behörden enthält. Auch § 86 setzt die Möglichkeit der Mitwirkung von Behörde und die Verwaltung der St. durch solche voraus. Auch die landesges. Vorschriften über die Beaufsichtigung der St. sind unberührt geblieben, ALR. II 19 §§ 32 ff. Nach § 86 (§ 26) muß die St. einen Vorstand als gesetzlichen Vertreter haben. Sein Vertretungsrecht kann durch die Stiftungsurkunde, Gesetz oder die genehmigende Behörden eingeschränkt werden; nach innen steht er zu der St. wie ein Beauftragter gegenüber dem Auftraggeber, wenn er nicht eine öffentl. Behörde, nach außen als der Willensträger der St., daher § 31 anwendbar ist. Auf ihn findet § 28 Anwendung, soweit nicht die Stiftungsurkunde oder Landesgesetz oder der Umstand, daß die St. durch eine Behörde verwaltet wird, etwas anderes nothwendig machen; namentlich ist § 28 Abs. 2 unanwendbar, wenn eine Behörde den Vorstand bildet; für Willenserklärungen der St. gegenüber gelten dann die landesges. Vorschriften über Willenserkl. den Behörden gegenüber. Auch die in Satz 3 § 86 ausgesprochene Unanwendbarkeit des § 29 auf St., die durch eine öffentl. Behörde verwaltet werden, ist in sich selbstverständlich. Nach Landesges. und Stiftungsurkunde kommen neben dem Vorstand Kollatoren als Organe der St. für die Verleihung der Stiftungsbezüge vor, auch eine Betheiligung der nach der Stiftung Berechtigten an der Verwaltung durch Beschlüsse in Versammlungen. (Familienschlüsse bei Familienstiftung.) An alledem ist durch das BGB. nichts geändert.

**6.** Ein wesentlicher Unterschied der St. von dem rechtsfähigen Verein zeigt sich darin, daß regelmäßig ein Rechtsverhältniß der St. nach Innen zu den Stiftungsberechtigtigten nicht besteht. Möglich ist ein solches Rechtsverhältniß aber da, wo die Berechtigten Antheil an der Verwaltung haben, und wo sie nach der Stiftungsurkunde einen direkten Anspruch gegen die St. auf den Stiftungsgenuß haben. Nothwendig ist ein solcher Anspruch nicht; er besteht nicht, wo nicht die Stiftungsurkunde als Privatrechtstitel sich darstellt. In RG. 9 S. 206 (gem. R.) ist dies z. B. in einem Falle verneint, wo dem Verwalter (Kurator) der St. durch die Urkunde die Auswahl der Bezugsberechtigten aus gewissen Personenkategorieen übertragen war. In solchem Falle kann nur die Aufsichtsbehörde angegangen werden.

**7. a.** Aufgehoben wird die St. nach dem in § 86 für anwendbar erklärten § 42 durch die Eröffnung des Konkurses, und nach § 87 Abs. 1 durch Beschluß der zuständigen Behörde, wenn die Erfüllung des Stiftungszwecks unmöglich geworden ist oder das Gemeinwohl gefährdet. Vgl. ALR. II 19 § 41; 6 § 77. Hamburg. Ges. v. 16. Sept. 1870 § 9. Daneben kann aber auch die Stiftungsurkunde oder die landesgesetzlich geordnete Verfassung der St. Vorschriften über das Ende der St. enthalten. So kann die Dauer der St. durch das Stiftungsgeschäft auf eine bestimmte Zeit oder die Erreichung eines begrenzten Zwecks beschränkt, ihr Ende auch anderweit vorgesehen sein. Die Konkurseröffnung führt mit dem Verlust der Rechtsfähigkeit stets die Aufhebung der St. herbei. Der Verlust des Vermögens allein reicht dazu nicht aus; er kann die Unmöglichkeit der Erreichung des Stiftungszwecks herbeiführen und die Behörde zum Aufhebungsbeschluß veranlassen. Auch Minderung des Vermögens kann dazu oder zu der im § 87 Abs. 1 zugelassenen Umwandlung der St. führen, für die Abs. 2 u. 3 § 87 instruktionelle Bestimmungen trifft. Zu beachten ist dabei, daß durch die Umwandlung und selbst durch die Aufhebung stiftungsmäßige Ansprüche, sobald sie die Natur direkter obligatorischer Ansprüche haben, nicht beseitigt werden, sondern im Rechtswege verfolgbar sind. Vgl. RG. 1 S. 86 (gem. R.). Im Uebrigen haben die Landesgesetze über die Zuständigkeit der Behörde und über das Verfahren bei Aufhebung und Umwandlung Bestimmung zu treffen.

**b.** Mit dem Vermögen der aufgehobenen St. wird es nach § 88 so gehalten, wie mit dem des aufgelösten Vereins. An wen es fällt, bestimmt die Verfassung der St. Fehlt es danach an einem Anfallsberechtigten, so fällt es an den Fiskus gemäß § 46 wie an einen gesetzlichen Erben; er soll es thunlichst in einer dem ursprünglichen Stiftungszweck entsprechenden Weise verwenden; ein privatrechtlicher

Anspruch erwächst aus dieser gesetzlichen Anweisung für Niemand. Fällt es nicht an den Fiskus, sondern an einen Anfallsberechtigten, so muß nach § 88, wie beim aufgelösten Verein die Liquidation herbeigeführt werden. Daran kann weder durch das Stiftungsgeschäft, noch durch Landesgesetz etwas geändert werden. Für diese Liquidation gilt alles, was zu §§ 46 ff. dargelegt ist.

8. Ueber ausländische Stiftungen und die Einwirkung der §§ 80 ff. auf die am 1. Januar 1900 rechtsgültig bestehenden Stiftungen, Art. 10, 163 EG., vgl. die Ausführungen zu §§ 21—54 (89) unter I 3, 4. Ob eine St. am 1. Januar 1900 zu Recht besteht, ist selbstverständlich nach dem früheren R. zu beurtheilen. Die Frage, ob eine vor dem 1. Januar 1900 den damaligen Formvorschriften entsprechend errichtete Stiftung nach dem 1. Januar 1900 bestätigt werden kann, obwohl die Formvorschrift des § 81 Abs. 1 nicht erfüllt, ist von geringer praktischer Bedeutung. Sie ist zu verneinen; ist die im BGB. vorgeschriebene staatliche Genehmigung zur Entstehung der St. erforderlich, so kann sie nur ertheilt werden, wenn die nach dem BGB. erforderlichen Voraussetzungen vorliegen und zu diesen gehört die Form des § 81 Abs. 1. Von einem jus quaes. auf die Genehmigung kann nicht geredet werden. Eine ausländische St., die nach dem Recht ihres Sitzes im Auslande rechtsfähig, muß auch im Inlande als rechtsfähig gelten. Aus Satz 2 § 80 folgt nichts dagegen. Nur gelten die Beschränkungen der Rechtsfähigkeit der St. auch gegen ausländische, und es versteht sich von selbst, daß im Auslande eine St. mit inländischem Vermögen wirksam für das Inland ohne die staatliche Genehmigung nicht begründet werden kann. Vgl. Bolze 6 Nr. 656, 7 Nr. 664, 665.

### III. Juristische Personen des öffentlichen Rechtes.

**§ 89.** Die Vorschrift des § 31 findet auf den Fiskus sowie auf die Körperschaften, Stiftungen und Anstalten des öffentlichen Rechtes entsprechende Anwendung.

Das Gleiche gilt, soweit bei Körperschaften, Stiftungen und Anstalten des öffentlichen Rechtes der Konkurs zulässig ist, von der Vorschrift des § 42 Abs. 2.

Siehe oben zu §§ 21—54 (89) unt. I a Seite 33 ff.

## 2. Abschnitt. Sachen.

**§ 90.** Sachen im Sinne des Gesetzes sind nur körperliche Gegenstände.

**§ 91.** Vertretbare Sachen im Sinne des Gesetzes sind bewegliche Sachen, die im Verkehre nach Zahl, Maß oder Gewicht bestimmt zu werden pflegen.

**§ 92.** Verbrauchbare Sachen im Sinne des Gesetzes sind bewegliche Sachen, deren bestimmungsmäßiger Gebrauch in dem Verbrauch oder in der Veräußerung besteht.

Als verbrauchbar gelten auch bewegliche Sachen, die zu einem Waarenlager oder zu einem sonstigen Sachinbegriffe gehören, dessen bestimmungsmäßiger Gebrauch in der Veräußerung der einzelnen Sachen besteht.

**§ 93.** Bestandtheile einer Sache, die von einander nicht getrennt werden können, ohne daß der eine oder der andere zerstört oder in seinem Wesen verändert wird (wesentliche Bestandtheile), können nicht Gegenstand besonderer Rechte sein.

**§ 94.** Zu den wesentlichen Bestandtheilen eines Grundstücks gehören die mit dem Grund und Boden fest verbundenen Sachen, insbesondere Gebäude, sowie die Erzeugnisse des Grundstücks, solange sie mit dem Boden zusammenhängen. Samen wird mit dem Aussäen, eine Pflanze wird mit dem Einpflanzen wesentlicher Bestandtheil des Grundstücks.

Zu den wesentlichen Bestandtheilen eines Gebäudes gehören die zur Herstellung des Gebäudes eingefügten Sachen.

§ **95.** Zu den Bestandtheilen eines Grundstücks gehören solche Sachen nicht, die nur zu einem vorübergehenden Zwecke mit dem Grund und Boden verbunden sind. Das Gleiche gilt von einem Gebäude oder anderen Werke, das in Ausübung eines Rechtes an einem fremden Grundstücke von dem Berechtigten mit dem Grundstücke verbunden worden ist.

Sachen, die nur zu einem vorübergehenden Zwecke in ein Gebäude eingefügt sind, gehören nicht zu den Bestandtheilen des Gebäudes.

§ **96.** Rechte, die mit dem Eigenthum an einem Grundstücke verbunden sind, gelten als Bestandtheile des Grundstücks.

§ **97.** Zubehör sind bewegliche Sachen, die, ohne Bestandtheile der Hauptsache zu sein, dem wirthschaftlichen Zwecke der Hauptsache zu dienen bestimmt sind und zu ihr in einem dieser Bestimmung entsprechenden räumlichen Verhältnisse stehen. Eine Sache ist nicht Zubehör, wenn sie im Verkehre nicht als Zubehör angesehen wird.

Die vorübergehende Benutzung einer Sache für den wirthschaftlichen Zweck einer anderen begründet nicht die Zubehöreigenschaft. Die vorübergehende Trennung eines Zubehörstücks von der Hauptsache hebt die Zubehöreigenschaft nicht auf.

§ **98.** Dem wirthschaftlichen Zwecke der Hauptsache sind zu dienen bestimmt:

1. bei einem Gebäude, das für einen gewerblichen Betrieb dauernd eingerichtet ist, insbesondere bei einer Mühle, einer Schmiede, einem Brauhaus, einer Fabrik, die zu dem Betriebe bestimmten Maschinen und sonstigen Geräthschaften;
2. bei einem Landgute das zum Wirthschaftsbetriebe bestimmte Geräth und Vieh, die landwirthschaftlichen Erzeugnisse, soweit sie zur Fortführung der Wirthschaft bis zu der Zeit erforderlich sind, zu welcher gleiche oder ähnliche Erzeugnisse voraussichtlich gewonnen werden, sowie der vorhandene auf dem Gute gewonnene Dünger.

§ **99.** Früchte einer Sache sind die Erzeugnisse der Sache und die sonstige Ausbeute, welche aus der Sache ihrer Bestimmung gemäß gewonnen wird.

Früchte eines Rechtes sind die Erträge, welche das Recht seiner Bestimmung gemäß gewährt, insbesondere bei einem Rechte auf Gewinnung von Bodenbestandtheilen die gewonnenen Bestandtheile.

Früchte sind auch die Erträge, welche eine Sache oder ein Recht vermöge eines Rechtsverhältnisses gewährt.

§ **100.** Nutzungen sind die Früchte einer Sache oder eines Rechtes sowie die Vortheile, welche der Gebrauch der Sache oder des Rechtes gewährt.

§ **101.** Ist Jemand berechtigt, die Früchte einer Sache oder eines Rechtes bis zu einer bestimmten Zeit oder von einer bestimmten Zeit an zu beziehen, so gebühren ihm, sofern nicht ein Anderes bestimmt ist:

1. die im § 99 Abs. 1 bezeichneten Erzeugnisse und Bestandtheile, auch wenn er sie als Früchte eines Rechtes zu beziehen hat, insoweit, als sie während der Dauer der Berechtigung von der Sache getrennt werden;
2. andere Früchte insoweit, als sie während der Dauer der Berechtigung fällig werden; bestehen jedoch die Früchte in der Vergütung für die Ueberlassung des Gebrauchs oder des Fruchtgenusses, in Zinsen, Gewinnantheilen oder anderen regelmäßig wiederkehrenden Erträgen, so gebührt dem Berechtigten ein der Dauer seiner Berechtigung entsprechender Theil.

§ **102.** Wer zur Herausgabe von Früchten verpflichtet ist, kann Ersatz der auf die Gewinnung der Früchte verwendeten Kosten insoweit verlangen, als sie einer ordnungsmäßigen Wirthschaft entsprechen und den Werth der Früchte nicht übersteigen.

§ **103.** Wer verpflichtet ist, die Lasten einer Sache oder eines Rechtes bis zu einer bestimmten Zeit oder von einer bestimmten Zeit an zu tragen, hat, sofern nicht ein Anderes bestimmt ist, die regelmäßig wiederkehrenden Lasten nach dem Verhältnisse der Dauer seiner Verpflichtung, andere Lasten insoweit zu tragen, als sie während der Dauer seiner Verpflichtung zu entrichten sind.

---

**Sachen.** §§ 90—103. Entw. I §§ 778—796, II §§ 77a—77n, III §§ 86 bis 99. ALR. I 2 §§ 1—121; 9 §§ 220, 221. SBGB. §§ 55—62, §§ 63—65. C. c. art. 516—536; 537—543; 546, 547—577. W. I §§ 42, 137 ff., 143, 144. D. P. I §§ 67 ff., 74, 75, 76, 77; P. Pr. I §§ 60 ff., 251 ff.; II § 81. Eccius I §§ 20, 21, 99, 59, II 135. RE. I Nr. 33—43. Grützmann I §§ 55—62, 63—65. Z-Cr. I §§ 101—111, § 166. Cr. I §§ 18, 19. Gierke, D. Pr. I § 31. Cosack, Lehrb. I §§ 39—49.

**1. a.** Die §§ 90 ff. normiren den Begriff der Sache im Sinne des BGB. (nicht der bestehen bleibenden Landesgesetze, z. B. des Preuß. Stempelgesetzes), einzelner Kategorieen von Sachen (vertretbare, verbrauchbare), der Substanz und des Zubehörs (Pertinenz), der Frucht und Nutzungen. Sie geben schließlich Vorschriften über Theilung der Früchte, Ersatz der Verwendungen und Tragung der Lasten für den Fall des Wechsels (Wegfalls) des Berechtigten im Laufe einer bestimmten Zeit. Alle diese Vorschriften sind von Bedeutung, nicht bloß für das Sachenrecht, §§ 854 ff., sondern auch für das Obligationenrecht und deshalb hier eingestellt, nicht wie im Entw. I in das Sachenrecht. Nach § 90 erschöpft der Begriff der Sache nicht den Kreis der rechtlich als Rechtsobjekt denkbaren Gegenstände; Rechtsobjekt sind nach BGB. außer der (körperlichen) Sache Forderungen (§ 241) und Rechte anderer Art (Urheber- und Erfinderrecht, §§ 398, 413, Erbbaurecht, §§ 1012 ff., §§ 1273 ff.: Pfandrecht an Rechten, §§ 1068 ff.: Nießbrauch an Rechten). Nur der Mensch ist im Sinne des BGB. nicht als Rechtsobjekt denkbar. Auch in Schuldverhältnissen und noch mehr in den Verhältnissen des Familienrechts (Eheleute, Eltern und Kind, Vormund und Mündel), und im Gesindedienstverhältniß (ebenso im Lehrlingsverhältniß) ist der Verpflichtete, auch wenn er nicht zugleich berechtigtes Rechtssubjekt, immer nur als Rechtssubjekt verpflichtet, erscheint nie als Rechtsobjekt, das als solches Gegenstand eines selbstnützigen Rechtes ist. Der Mensch kann sich auch nicht selbst zum Gegenstand eines Rechtsgeschäfts als Sache machen, das würde gegen die guten Sitten verstoßen, § 138, auch wenn nur ein Theil des lebendigen Körpers Gegenstand des Geschäfts wäre. Haare, die als zur Trennung vom Körper bestimmt angesehen werden können, und deren Trennung nicht entstellt, sind nach der Trennung Sachen und Gegenstand des Rechtsverkehrs. Ob jemand sich rechtsverbindlich zum Modellstehen vermiethen kann, ist nicht abstrakt zu entscheiden; es kann (bei Mädchen) gegen die guten Sitten sein. Die Leiche ist physisch Sache, nach der Anschauung der Sitte aber nicht Rechtsobjekt. Erben würden gegen die guten Sitten verstoßen, wenn sie den Leichnam des Erblassers verkauften. Die Frage, ob der Lebende seine Leiche vermachen kann, z. B. einem wissenschaftlichen Institut zur Sektion oder Konservirung, wird gewöhnlich bejaht, ist aber nicht so absolut zu bejahen; die Geltendmachung des Rechts gegen die Erben könnte konkret gegen die guten Sitten verstoßen. Auf die Leiche des Hingerichteten macht der Staat keinen Anspruch mehr. StPO. § 486 Abs. 5.

**b.** Das BGB. geht davon aus, daß Rechtsobjekt ist, was seiner Natur nach dem Rechtsverkehr zugänglich ist. Es bestimmt nichts über res extra commercium, publicae, religiosae, sacrae, sanctae. Bezüglich der von Natur dem Rechtsverkehr entzogenen, bei denen sich die Unmöglichkeit, Gegenstand von Rechtsgeschäften und Rechten zu sein, von selbst ergiebt, bedurfte es solcher Vorschriften nicht, §§ 306 ff. Vgl. ALR. I 4 §§ 11, 15; 8 §§ 3—5. SBGB. §§ 58, 288, 793. C. c. art. 714, 1128. l. 2 § 1 D. 1, 8. Kein Gesetz braucht zu sagen, daß Mond und Sterne, das offene Meer und die Atmosphäre als solche dem Verkehr entzogen. Wenn § 905 (SBGB. § 218, C. c. art. 552, l. 1 pr. D. 8, 2; l. 22 § 4 D. 43, 24) das Recht des Eigenthümers eines Grundstücks auf den Luftraum über und den Raum unter der Oberfläche erstreckt, *soweit er Interesse an der Ausschließung Dritter hat*, so konstituirt er kein Eigenthum an der Atmosphäre oder am ungemessenen Erdinnern, sondern nur ein Recht auf Ausschließung der Eingriffe Dritter in den Raum über und unter, die das Eigenthum am Grundstück beeinträchtigen können, z. B. Höherbauen und Tiefbauen. Vgl. ObTr. 78 S. 212 (Bau im Luftraum). StrA. 4 S. 225, 44 S. 237. Bezüglich des Raumes unter der Oberfläche kommen außerdem die durch Art. 57, 68 EG. aufrechterhaltenen Landesgesetze betr. das Bergrecht in Betracht. Ganz anders verhält es sich mit der aqua profluens, dem fließenden Wasser in nicht geschlossenen Gewässern und in geschlossenen Gewässern, Seen, die nicht Theil eines im Eigenthum stehenden begrenzten Grundstücks, dem Bett und Ufer solcher Gewässer, dem Ufer des Meeres, den Häfen, den *öffentlichen* Wegen, Straßen, Brücken, Plätzen. Das Eigenthum an fließendem Wasser erscheint zwar ausgeschlossen, weil eine Herrschaft nicht möglich ist, solange es nicht gefaßt ist, aber ein Benutzungsrecht für den Einzelnen oder die Gemeinheit ist denkbar. Denkbar ist ein Eigenthum am Ufer und ein (ruhendes) Eigenthum am Bett, auch am Meeresufer, ganz gewiß an öffentl. Wegen u. a., neben dem dann die Bestimmung der Sache zum Gebrauche Aller in Betracht kommt. Nicht anders verhält es sich mit den res divini juris der Römer, den sacrae, die der Gottheit gewidmet, den religiosae (Begräbnißstätten), den sanctae, die unter den Schutz der Götter gestellt (Thore, Stadtmauern), die den Römern als Niemand gehörig gelten, aber schon nach gem. R. ebenso als im Eigenthum (der Gemeinde, des Staats) stehend gedacht werden, wie die res publicae, die öffentlichen Wege, Plätze, Häfen, Flüsse. Für das moderne Recht fehlt es an einem Anlaß, diese Sachen unter die Kategorie der res extra commercium auszuscheiden, weil es nur darauf ankommt, das Benutzungsrecht zu regeln, den Gemeingebrauch zu schützen und einen bestimmungswidrigen Gebrauch zu hindern, das Eigenthum daneben bestehen kann, und im Allgemeinen aus der Natur und Bestimmung dieser Sachen sich von selbst ergiebt, ob und wieweit sie dem Rechtsverkehr zugänglich sind. Dabei kommen vielfach Gesichtspunkte des öffentlichen Interesses und des öffentl. Rechts in Betracht. **Das BGB. hat sich der Regelung der Rechtsverhältnisse an diesen Sachen enthalten.** Nach Art. 65 EG. ist dem Landesrecht überlassen: das gesammte Wasserrecht (Mühlenrecht, Flötzrecht, Flößereirecht, Anlandungen, entstehende Inseln, verlassene Flußbette), nach Art. 69 das Fischereirecht, nach Art. 73 die Vorschriften über *Regalien*, nach Art. 113 die Vorschriften über Regulirung der Wege, nach Art. 132 die Vorschriften über Kirchenbaulast (und Schulbaulast), nach Art. 133 die über das Recht zur

Benutzung eines Platzes in einem dem öffentl. Gottesdienst gewidmeten Gebäude oder auf einer öffentl. Begräbnißstätte. Nach § 90 GrBO. v. 24. März 1897 sind die Grundstücke des Fiskus und anderer öffentlichrechtlicher jur. Personen und auch die öffentlichen Wege und Gewässer Gegenstände der Eintragung in das Grundbuch. Das öffentliche Recht läßt das BGB. überhaupt unberührt, was namentlich für das Rechtsverhältniß der öffentlichen Wege und Gewässer, der Kirchengebäude und Begräßnißplätze in Betracht kommt. Danach ist es bezüglich aller in Frage stehenden Sachen bei dem bisherigen Rechtszustande und der Auffassung ihres Rechtscharakters geblieben. Dieser Rechtszustand nöthigt nicht, sie unter die Kategorie der res extra comm. zu bringen; das extra comm. besagt nichts, oder zu viel. res sanctae giebt es im modernen Recht nicht. Der durch Art. 111 EG. aufrechterhaltene § 33 I 2 ALR., der z. B. Stadtmauern im Auge hat, AKO. v. 20. Juni 1830 (GS. S. 113), wahrt nur dem Staat das Recht, ihre Zerstörung zu hindern. Vgl. art. 540 C. c. Kirchen stehen nach allen Rechten präsumtiv im Eigenthum der Kirchengemeinde, Begräbnißplätze in dem der Kirchen- oder politischen Gemeinde. Vgl. ALR. II 11 §§ 160, 170, 183, 219. RG. 14 S. 305 (französ. R.). Ihre Veräußerung ist nicht ausgeschlossen, nur unter die Aufsicht des Staats gestellt. Vgl. für Preußen Ges. betr. die evang. Kirchenverf. v. 3. Juni 1876, Ges. v. 18. Juli 1892 (8. März 1893,) Ges. v. 20. Juni 1875 über die Vermögensverwaltung in den kathol. Kirchengemeinden, und Ges. v. 7. Juni 1876 betr. die Vermögensverwaltung in kathol. Diözesen. Selbst Privateigenthum an Kirchen ist möglich. RG. 27 S. 255; 31 S. 217 (Privateigenthum an einer Privatkapelle, die demnächst dem öffentl. Gottesdienst geweiht). Das in Art. 133 EG. aufrechterhaltene Recht an Kirchensitzen, Kirchenstühlen, Erbbegräbnissen ist mit dem extra comm. nicht vereinbar. Vgl. ObTr. 49 S. 165, 61 S. 219. Von selbst versteht sich, daß rechtswirksame Rechte an solchen Sachen nicht zu begründen, die der Bestimmung der Sachen zuwiderlaufen. Dazu bedarf es der Aufstellung der Kategorie der Sachen extra comm. nicht. ObTr. 66 S. 200. RG. 12 S. 283, 7 S. 137.

Durch die Ausscheidung des Wasserrechts, des Fischereirechts, der Regalien und des öffentl. Rechts sind alle Rechtssätze des gem. u. der Landesrechte über Privatflüsse (Bäche, geschlossene u. nicht geschlossene Seen, Quellen, künstliche Wasserwege) und öffentliche Flüsse, Bett und Ufer derselben, das Benutzungsrecht derselben, das Meeresufer, die öffentlichen Wege und Plätze, aufrechterhalten. Für Preußen bleibt es danach insbesondere bei dem Ges. v. 28. Febr. 1843 über die Benutzung der Privatflüsse, dem Fischereigesetz v. 30. Mai 1874 und den Vorschriften in II 14 § 21; II 15 §§ 37 ff., 44, 47, 50, 57, 80 ff.; II 14 §§ 24 ff.; 15 §§ 2, 3, 7, 8, 25, 55. Ufer der Privatflüsse stehen im Eigenthum der Adjacenten, das Nutzungsrecht von fließendem Wasser ist geregelt, bei öffentl. Gewässern gehört das Ufer den Adjacenten, II 15 § 55, das Wasser steht im Gemeingebrauch, II 15 § 44, Land- u. Heerstraßen, die von Natur schiffbaren Ströme, das Ufer des Meeres, die Häfen, II 15 § 80, sind gemeines Eigenthum des Staats (nicht privates Eigenthum des Fiscus, RG. 3 S. 232, Flußbett), die Nutzungsrechte an diesem gemeinen Eigenthum des Staats sind Regalien, II 14 § 24, vgl. RG. 32 S. 237 (Eisentnahme als Nutzung), RG. 4 S. 258 (Steinentnahme), auch die Fischerei in öffentl. Strömen, II 15 § 73, nicht die im Meere, die Jedem zusteht, weil das Meer res nullius. ObTr. 58 S. 12. Oeffentliche Gemeindewege sind Eigenthum der Gemeinde, beschränkt durch die gemeine Gebrauchsbestimmung, die das Eigenthum auch dann beschränkt, wenn öffentl. Wege was nicht ausgeschlossen, privates Eigenthum eines Einzelnen sind. Das gem. R. weicht davon kaum ab, vgl. ObTr. 45 S. 351 (StrA. 40 S. 156), 42 S. 54 (öffentl. Fluß, Flußbett res publ., nicht res fisci); auch nicht das SBGB., das eine Begriffsbestimmung der res extra comm. ebenfalls nicht giebt. § 58. Das französ. R., — vgl. C. c. art. 537—541 — scheidet die res omnium communes, die extra commerc. art. 714, 1128, sehr bestimmt von dem domaine public, art. 538 ff., das im Eigenthum (Staat, Gemeinde, Provinz) steht und extra comm. nur insofern ist, als gegen seine allgemeine Bestimmung, usus publicus, kein Privatrecht daran bestehen kann, während seine Veräußerung nur nach gesetzlicher Regel erfolgen darf, art. 537. Ueber die Frage, ob privates Eigenthum an Privatflüssen besteht, vgl. RG. 12 S. 340, wo es verneint ist. Wenn art. 540 u. A. auch die Festungen zum domaine public rechnet, so ist damit weiter nichts gesagt, als was aus der Natur der Sache für jedes Recht folgt, daß Festungen wie alle dem öffentlichen Dienste gewidmeten Gegenstände, obwohl sie Gegenstände des privaten Eigenthums des Staats, allen privaten Rechten unzugänglich sind, die der öffentlich-rechtlichen Bestimmung zuwiderlaufen. Vgl. RGes. v. 25. Mai 1873 über die Rechtsverhältnisse der zum dienstlichen Gebrauche einer Reichsverwaltung bestimmten Gegenstände, RGes. v. 19. Juni 1883 betr. die Reichskriegshäfen. Darauf beruht für Preußen die Vorschrift in § 5 Ges. v. 31. Oktober 1848, § 8 Jagdpolizeigesetz v. 7. Mai 1850, daß in Festungswerken die Jagd nur mit Ermächtigung der Militärverwaltung zulässig, und der Satz der Preuß. Praxis, daß Festungswerke nicht ersitzbar. ObTr. 51 S. 92, 97.

c. Daß Sachen, deren Inverkehrbringen ein positives Gesetz verbietet, ALR. I 8 § 4, damit dem Rechtsverkehr entzogen werden, versteht sich von selbst und braucht neben den Rechtssätzen in §§ 134, 309 nicht besonders gesagt zu werden. Verbote dieser Art sind polizeilicher Natur und nach Inhalt und Tragweite verschieden. Auf die ganz verschiedene Natur der gesetzlichen Veräußerungsverbote weisen die §§ 135, 136 hin; sie bedeuten keineswegs stets ein Setzen außer Verkehr. Vgl. z. B. § 367 Nr. 3, 4 und Nr. 7—9 StGB., wo nur für die Fälle der Nr. 7—9 die Einziehung der verfälschten, verdorbenen Eßwaaren, der Selbstgeschosse, Schlageisen, Fußangeln, Waffen ohne Rücksicht auf die Person des Eigenthümers angeordnet ist. Vgl. auch Ges. v. 14. Mai 1879 betr. den Verkehr mit Nahrungsmitteln §§ 10—12, das s. g. Dynamit-Ges. v. 9. Juni 1884 (RGBl. S. 61 u. RGBl. 1885 S. 78, 1891 S. 91), GewO. § 34 Abs. 3, § 56, § 147 Nr. 2 (Gifte), Ges. v. 7. April 1869 betr. Maßregeln gegen die Rinderpest. Noch weniger kann von einem Setzen außer Verkehr geredet werden, wo die durch Art. 59 EG. aufrecht erhaltenen Landesgesetze über Lehn, Fideikommisse, Stammgüter, die Substanz der Sachen zu Gunsten eines Successors der Verfügung des zur Zeit Berechtigten entziehen. Vgl. Art. 61 EG., der die Vorschriften des BGB. über den Erwerb von einem Nichtberechtigten, §§ 892 ff., 932—936, 1032, 1207 auf diese Fälle erstreckt, wie § 135 Abs. 2. Noch mehr gilt das von dem in ALR. I 4 §§ 15—17 behandelten Falle der Verkehrsentziehung durch rechtliche Privatverfügung, die dem gem. R., dem SBGB. §§ 223, 224, 792, und dem franz. R. unbekannt, immer nur als Dispositions- oder Eigenthumsbeschränkung aufzufassen war. Dem BGB. ist solche Verkehrsentziehung unbekannt. Der § 137 BGB. läßt die Ausschließung oder Beschränkung der Verfügung über ein veräußerliches Recht, §§ 399, 413, durch Rechtsgeschäft nur mit obligatorischer Wirkung zu. Die Zulassung der Ausschließung der Abtretung einer Forderung durch Vereinbarung zwischen Gläubiger und Schuldner, §§ 399, 405, steht damit nicht im Widerspruch, weil durch solche Vereinbarung die Forderung qualificirt wird.

2. **Rechtsbegriff der Sache.** **a.** Nach § 90 deckt derselbe sich im Sinne des BGB. mit dem Begriff der körperlichen Sache, nicht des Rechtsobjekts, wie im röm. u. gem. R., aber abweichend vom ALR. I 2 § 1, zum Theil vom SBGB. §§ 59, 60, C. c. art. 516 ff., 527. Im Sinne des BGB., nicht derjenigen Landesgesetze, die nach dem EG. bestehen geblieben sind, z. B. des Preuß Stempelgesetzes, auch § 50, § 101 Abs. 3, § 228 Abs. 2 des Preuß. Bergges., Art. 67 EG., nach denen das Bergwerkseigenthum Eigenthum an unbeweglicher Sache, § 83 GrBO., die neue Kuxe bewegliche, die alte Kuxe unbewegliche Sache, bleibt unberührt. Vgl. RG. 28 S. 251. ObTr. 80 S. 290. OHG. 18 S. 262, 271; 21 S. 269. In der CPO. sagt das Gesetz selbst, wenn es unter Sache körperliche Sache verstanden wissen will. §§ 712, 745, 746, 810 Abs. 3. Im HGB. ist unter Sache immer nur körperliche Sache verstanden. Vgl. OHG. 9 S. 242. RG. 17 S. 57, 10 S. 40, 26 S. 43. Dies gilt auch für das HGB. v. 10. Mai 1897. In dem Sinne der körperlichen Sache ist „Sache" überall zu verstehen, wo sie im BGB. genannt wird. Vgl. z. B. §§ 243, 255, 258, 279, 1373, 2022, 433, 854, 1030, während „Gegenstand" alle Rechtsobjekte umfaßt. Vgl. z. B. §§ 504, 2157, 1158. Der Rechtsbegriff und seine Scheidung vom Begriff anderer Gegenstände von Rechten (Forderungen, Rechte) ist für das BGB. von noch weittragender Bedeutung, wie es die Scheidung zwischen Sache im engeren und weiteren Sinne für das ALR. war, weil das BGB. Eigenthum, Besitz, Ersitzung, dingliche Rechte, Vindikation grundsätzlich nur bei körperlichen Sachen kennt, die Uebertragung von Sachen (Ueber-

gabe, Auflassung) und Forderungen (Rechten, Abtretung) verschieden gestaltet, wenn es auch Sachen und Rechte als Gegenstand des Kaufs und Verkaufs bezeichnet. §§ 433, 504; §§ 854, 878 ff., 900—902, 925, 927, 929, 937; §§ 398, 413. Eine Ausnahme macht das BGB., insofern es Nießbrauch und Pfandrecht auch an Rechten zuläßt, §§ 1068, 1085, 1273, die Ersitzung auch beim Nießbrauch an beweglichen Sachen, wo die Sache zur Bestellung des Nießbrauchs übergeben sein muß, §§ 1032, 1033. Die Vorschriften über Besitzschutz sind nur ausnahmsweise auf Grundgerechtigkeiten und beschränkte persönliche Dienstbarkeiten für anwendbar erklärt. §§ 1090, 1027, 1029. (Vgl. Art. 191 EG.) Eine Ausnahme ist es ferner, wenn nach § 1017 das Erbbaurecht (Bau-, Kellerrecht, superficies) rechtlich als Grundstück, also als (unbewegliche) Sache behandelt wird, vgl. Art. 184 EG., und dem entsprechend ein Grundbuchblatt erhält, § 7 GrBO. (§§ 20, 22 Abs. 2, 84), was nach Art. 63, 68 EG. u. § 84 GrBO. auch für die landesgesetzlich bestehende Emphyteuse (Erbpacht-, Büdner-, Häuslerrecht) und die landesgesetzlich anerkannten vererblichen und veräußerlichen Abbaurechte gilt, z. B. die Kohlenabbauberechtigungen des Preuß. Ges. v. 29. Februar 1869 (GS. S. 401) und die ähnlichen Abbaurechte im Kgr. Sachsen. Patentrechte und ähnliche Rechte sind dagegen im Sinn des BGB. nicht mehr als Sachen anzusehen. § 412. Vgl. RG. 31 S. 52, 56 (Patent als Sache), S. 295 (Preuß. Stempelgesetz: Uebertragung als Kauf einer Sache, nicht als Cession).

b. Körperlicher Gegenstand (Sache) ist naturwissenschaftlich nur, was im Raum begrenzt als Masse erscheint; es giebt keinen Körper ohne Masse und Raum; beides zusammen macht die natürliche und rechtliche Herrschaft, Eigenthum, Besitz, Uebergabe möglich. Das gilt für den durch menschliche Mittel abgegrenzten Theil der Erdoberfläche (Grundstück) wie für Gas, Luft, Wasser, Dampf, Flüssigkeiten aller Art, die im Raum (Gefäßen) gefaßt sind und so mit oder ohne Gefäß als Körper erscheinen. Bei dem elektrischen Strom, der Kraft, Energie ist und nur als Arbeitsleistung in die Erscheinung tritt, läßt sich von Masse und Raum nur in übertragenem Sinn reden; der Akkumulator ist ein Apparat, der zur Sammlung elektrischer Energie dient, die als elektrischer Strom frei gemacht werden kann, und als Apparat körperlicher Gegenstand von besonderer Eigenschaft, und als solcher Sache; von dem sog. elektrischen Strom läßt sich dies nicht sagen; er kann nicht als solcher übergeben werden, sondern nur als Kraft und Arbeitsleistung. In RG. 17 S. 269 ist er als Sache im Sinn des § 3 I 2 ALR. und des Preuß. Stempelgesetzes bezeichnet, weil er nicht seiner Natur nach, sondern nach der Uebereinkunft der Menschen, d. h. nach der Anschauung des Verkehrs als Sache und Gegenstand von Lieferung gelte. Das genügt nicht, um ihn im Sinn des BGB. als körperlichen Gegenstand auffassen zu lassen. Im Sinn des BGB. ist der in RG. 17 S. 269 behandelte Vertrag über Lieferung elektrischen Stroms zur Beleuchtung von Räumen als Vertrag über eine Leistung (§ 241) aufzufassen, dessen Inhalt sich wie der Frachtvertrag als Werk, § 631, oder als Uebertragung eines Rechts an der Leitung darstellen kann.

Forderungen sind nicht Sachen, aber die zur Verbriefung der Forderung dienende Urkunde ist Sache und als solche Gegenstand von Eigenthum, Besitz, Eigenthumsklage, wie sich aus §§ 952, 371 ergiebt, wonach das Eigenthum an Schuldscheinen, Hypotheken-, Grundschuld-, Rentenschuldbriefen aus dem Gesetz stets dem Gläubigerrecht folgt, also von selbst auf den Cessionar übergeht, dem Recht des Pfandgläubigers, Nießbrauchers, von selbst unterliegt, nach der Tilgung aber auf den Schuldner übergeht. Vgl. auch §§ 1144, 1145; CPO. § 737 Abs. 2, wo für die Ueberweisung einer Forderung zur Einziehung dasselbe gesagt. RG. 21 S. 360. Neues Recht ist es nicht. ALR. I 16 §§ 125, 126 ff.; 21 § 22. SBGB. §§ 970, 981. Die Preuß. Praxis faßt die Urkunden dieser Art als Zubehör der Forderung auf. ObTr. 42 S. 90, 70 S. 312, 74 S. 37, 39. StrA. 91 S. 13, 99 S. 90, 47 S. 149. RE. I Nr. 42. Das Besondere dieser Urkunden als Sachen ist, daß sie vermöge ihrer Verbindung mit der Forderung, die sie verbriefen, regelmäßig nicht selbständig als Sachen Gegenstand des Rechtsverkehrs sind, sondern nur mit der Forderung, deren Annex sie sind. Nach BGB. gilt dies auch für Hypothekenbriefe, Grundschuldbriefe (mit Ausnahme der Grundschuldbriefe auf den Inhaber), Rentenschuldbriefe. Die Hypothek ist Forderung, der Hypothekenbrief Annex, die Hypothek wird mit der Forderung und nie ohne sie übertragen durch Abtretung (Eintragung) und Uebertragung des Briefs, wo solcher gebildet ist, nicht durch die Uebergabe des Briefs allein. Vgl. Entw. der CPO. § 731. Nießbrauch und Pfandrecht an Hypothek ist Recht an Forderung, und alles dies gilt für Grundschuld und Rentengrundschuld, obwohl sie eine persönliche Forderung nicht voraussetzen. §§ 1113, 1117, 1153, 1154, 1192, 1199, 1291, 1080, 1081. Ein selbständiges Recht (Pfandrecht, Nießbrauch, Eigenthum) an der Urkunde ohne die Forderung oder getrennt von derselben, RG. 20 S. 133, 17 S. 58, 16 S. 169, besteht so lange die Forderung besteht, nicht, wenn auch Besitz als thatsächliche Gewalt, § 854, und Zurückbehaltung. Vgl. OHG. 7 S. 124, 127 (gem. R.) und OHG. 3 S. 153, 159: 6 S. 195, 198; 18 S. 22. ObTr. 63 S. 79 abweichend. Die Urkunde kann nach § 952 vindicirt werden vom Gläubiger, Pfandgläubiger, Nießbraucher, nach der Tilgung der Schuld vom Schuldner, und von dem Aussteller der Urkunde, wenn noch keine Forderung entstanden, weil die Urkunde nicht ausgehändigt ist oder die Urkunde in der fortgefallenen Voraussetzung ausgehändigt ist, daß eine Forderung entstehen werde. Alles dies gilt auch von den s. g. Legitimationspapieren, § 808, die auf einen bestimmten Gläubiger lauten und nur das Besondere haben, daß der Schuldner den Inhaber als den Gläubiger ansehen darf, und nicht verpflichtet ist, zu prüfen, ob er es ist. Solche Papiere sind Urkunden über Forderungen im Sinne § 952, übertragbar nur mit der Forderung und wie diese, Gegenstand von Eigenthum, Besitz in dem entwickelten Sinne, nicht aber getrennt von der Forderung aus dem Papiere Gegenstand selbständiger Rechte. Dahin gehören namentlich Sparkassenbücher, Versicherungspolizen, Talons (Zinsrekognitionen, Erneuerungsscheine) wie nach dem bisherigen Recht. Vgl. über Sparkassenbücher (EG. Art. 99) ObTr. 47 S. 419 (Verpfändung), StrA. 63 S. 95, 65 S. 77, 69 S. 273, 96 S. 290, 97 S. 237. RE. 2 Nr. 252 Erk. b, Nr. 253 Erk. e, Nr. 222 Erk. d. RG. 10 S. 40, 11 S. 239 (gem. R. Keine Sache im Sinne Art. 306 HGB., vgl. § 366 HGB. v. 10. Mai 1897. Fall der Vindik. durch den Einzahler gegen den im Besitz befindlichen Namensträger des Buchs). Polizen: RG. 1 S. 187, 4 S. 141. OHG. 2 S. 306, 3 S. 339, 9 S. 242, 243. RG. 3 S. 153, 15 S. 55, 59 (Talon; kein Pfandr., kein kaufm. Retentionsrecht. Art. 313 HGB., § 369 HGB. v. 10. Mai 1897). Ueber Schenkung solcher Papiere vgl. zu §§ 516 ff.

Sachen im Sinne § 90 sind dagegen, wie nach bisherigem Recht, die Inhaberpiere, §§ 793 ff., denen nach § 1195 Grundschuldbriefe auf den Inhaber gleichstehn, und denen die in § 807 erwähnten ähnlichen Urkunden ohne Gläubigerbezeichnung (Marken, Billets u. a.) gleichbehandelt werden. — Daß bei solchen Urkunden das Papier von der Obligation losgelöst, die Rechtswirkung in das abstrakte Schuldversprechen an einen unbestimmten Gläubiger und in den Besitz des Papiers gelegt ist, macht solche Papiere rechtlich und im Verkehrssinn zu negotiablen Werthzeichen, zu Werthobjekten wie Geld. RG. 24 S. 43, 45. StrA. 69 S. 273, obwohl daneben nach § 1187 für die Forderung aus dem Papier Sicherheitshypothek bestellt werden kann. Nach §§ 935, 1006, 1007 sind sie Gegenstände des Besitzes, Eigenthums, der Vindikation und act. publiciana, können also auch nur durch Uebergabe übertragen werden, nach 1081 wird der Nießbrauch an ihnen wie bei bewegl. Sachen bestellt, § 1032, nach § 1084 können sie als verbrauchbare Sachen gedacht werden, nach §§ 1293, 1296 werden sie verpfändet wie bewegliche Sachen, und ebenso in §§ 1362, 1381, 1392, 1646 als Sachen behandelt. Auf sie findet auch § 2164 über das Vermächtniß von Sachen Anwendung. Vgl. ALR. I 12 §§ 305, 307, 328. ObTr. 70 S. 373. Vgl. auch CPO. §§ 722, 723, 724 (Pfänd. und Verkauf als Sachen). Vgl. auch Art. 306—309 HGB.; § 367 HGB. v. 10. Mai 1897. ALR. I 15 § 47, 20 § 286. SBGB. §§ 499, 1041, 1042, 1044. Im französ. R. ist nicht streitig, daß auf Inhaberpapiere der art. 1279 § 1 und die art. 1641, 1648 C. c., nicht art. 1690 Anwendung findet. Zu diesen Papieren gehören z. B. Pfandbriefe, ObTr. 17 S. 154, RE. 1 Erk. a Nr. 133, StrA. 44 S. 113, 120; 73 S. 179. RG. 24 S. 149, Banknoten, Reichsbanknoten, Bolze 6 S. 13, Reichsbankantheilscheine, RG. 15 S. 230, Koupons, Renten-, Dividendenscheine, § 1296, Staatspapiere, Werthpapiere aller Art. ObTr. 11 S. 296 (Staatsschuldscheine); 56 S. 116 (Rentenbriefe). RE. 2 Nr. 253. Daß Papiergeld Sache, versteht sich von selbst wie für

Geld überhaupt. Aktien auf den Inhaber, Art. 207 HGB., § 179 HGB. v. 10. Mai 1897, sind zwar nicht Inhaberpapiere im Sinne § 793, weil sie keine Leistung versprechen, sondern Antheilsrechte beurkunden, aber Werthpapiere und als solche Sachen, die körperlich übergeben und verpfändet werden. § 1296. CPO. § 722. Namensaktien, die ohne Einwilligung der Gesellschaft übertragen werden können, gelten als indossable Papiere, Art. 182 Abs. 3, § 220 HGB., § 222 Abs. 3 HGB. v. 10. Mai 1897. Diese und alle andern indossablen Papiere, HGB. Art. 301 ff., HGB. v. 10. Mai 1897 §§ 363 ff., insbesondere Wechsel, haben eine gemischte Stellung. Sie sind übertragbar nur durch Uebergabe des Papiers und Indossament oder Cession, werden verpfändet durch Uebergabe des indossirten Papiers, § 1292, gepfändet nach § 732 CPO. durch Inbesitznahme, verwerthet in der Zwangsvollstreckung aber nur wie Forderungen, für sie kann Sicherheitshypothek wie für Forderungen bestellt werden, § 1187, sie können durch den Pfandgläubiger nach § 1295 zum Markt- oder Börsenpreis verkauft werden, wie Sachen, werden in § 1084 als verbrauchbare Sachen im Sinne § 92 gedacht, werden in §§ 1362, 1381, 1392, 1646, 1814, 2116 wie Inhaberpapiere den Sachen gleich behandelt (§ 234), unterliegen der Vindikation gemäß Art. 74 WO. Vgl. für das frühere R. ObTr. 22 S. 409, OHG. 11 S. 250, 362, RG. 2 S. 5 (Schenkung durch Ausstellung eines Wechsels und Uebergabe des Wechsels als Schenkung durch Uebergabe. Vgl. zu §§ 516 ff.). Im Wesentlichen sind sie danach Sachen auch im rechtlichen Sinne, verkörperte Forderungen, ähnlich den Inhaberpapieren.

c. Inbegriff. Sachinbegriff. Sachgesammtheit. universitas facti, juris. Mehrere einzelne Sachen können mit und ohne körperliche Zusammenfügung zu einer Sache für den Verkehr zusammengesetzt werden, so Wagen und Rad, Tisch und Platte, so ein Haufen von Körnern, Erdbestandtheilen, Flüssigkeitstropfen zu einem Sack Korn, einem Holzhaufen, einem Faß Wein. Die einzelne Sache verschwindet theils körperlich, theils nach der Verkehrsanschauung, weil sie als solche keine Bedeutung hat, sondern erst in der Zusammenfassung zu einer Sache oder zu einer Menge, einem Quantum. Die Menge, das Quantum im Raum erscheint als die Sache. Das BGB. sagt darüber nichts, weil sich abstrakte Sätze darüber nicht aufstellen lassen: Sachen sind solche im Raum zusammengefaßte Quanta und Sachen aber auch im Sinne § 90. Es stellt auch keine allgemeinen Sätze auf über den davon ganz verschiedenen Fall, vgl. OHG. 9 S. 109, 17 S. 329, 21 S. 204, RE. 1 Nr. 36, wo, wie ALR. I 2 § 32 und SBGB. § 62 sagen, mehrere besondere, selbständige Sachen im Verkehr mit einem gemeinschaftlichen Namen bezeichnet und als eine Sache behandelt werden, die röm. und gemeinr. univers. facti, rerum: Bibliothek, Gemäldegallerie, Heerde, Bienenschwarm, Waarenlager, Gutsinventar, Theaterinventar, Gasthofsinventar. Das ALR. hat den „Inbegriff", der als Bezeichnung für mehrere Sachen kein Rechtsbegriff, so wenig wie z. B. eine Goetheausgabe in 10 oder 12 oder 40 Bänden ein Rechtsbegriff, zum Rechtsbegriff durch eine Reihe von Vorschriften gestaltet, die zu der Annahme führen können, daß der Inbegriff als solcher etwas anderes als die einzelnen Sachen in ihrer Vereinigung, daß das Recht daran etwas anderes, als das Recht an den einzelnen Sachen. I 2 §§ 32, 36, 37, 38; 7 § 53 (Besitzergreifung). Andrerseits wird aber anerkannt, daß fremdes Eigenthum durch Einverleibung, z. B. in eine Heerde, nicht untergeht, I 2 § 39, StrA. 79 S. 64 (Vindikation aus einer Heerde), RG. 9 S. 303, 33 S. 273, daß Pfandrecht an einem Inbegriff nur bei Besitz aller einzelnen Stücke besteht, I 20 §§ 104, 105. Für die Vindikation zwingt § 45 I 15 zur Angabe der einzelnen Sachen des Inbegriffs. Wichtige Rechtssätze geben auch I 5 §§ 339—341 (Gewährl.), 11 § 121, 294 (Kauf); 21 §§ 17, 18 (Nießbrauch). Für das SBGB. ist nach § 63 nicht anzunehmen, daß der Inbegriff als solcher Sache. Vgl. §§ 623, 915, 939, 2463. Die Vorschrift in § 64 SBGB., daß mehrere Grundstücke desselben Grundbuchblatts eine Gesammtsache, besagt nach der Grundbuchverfassung nicht, daß das Ganze etwas anderes, als die einzelnen Parzellen zusammen, und hätte wegbleiben sollen. Vgl. § 890, §§ 1131, 1108 Abs. 2, § 1026 BGB.; Deutsche GBO. v. 24. März 1897 §§ 3, 4, 5, 6, 49, nach denen die auf einem Grundbuchblatt verzeichneten mehreren Grundstücke und Parzellen grundsätzlich ein Grundstück bilden, die einzelnen Grundstücke, Parzellen, Theile, Bestandtheile, nicht selbständige Sachen. Für das französ. R. fehlt jeder Rechtssatz, aus dem zu entnehmen wäre, daß beim Inbegriff, der als solcher nicht erwähnt wird, das Recht am Ganzen etwas anderes wäre, als das an den einzelnen Stücken.

Das BGB. erwähnt des Sachinbegriffs, ohne ihn zu definiren, setzt den Begriff als einen des gewöhnlichen Lebens voraus, und in diesem ist er die Zusammenfassung mehrerer selbständiger Sachen unter einer Kollektivbezeichnung (Lager, Gallerie, Bibliothek, Inventar u. s. w.), unter der der Verkehr eine unbestimmte, aber bestimmbare Anzahl von selbständigen Sachen versteht. Der Begriff hat praktisch oft genug nur die Bedeutung der Ersparniß der Bezeichnung der einzelnen Sachen (Inventar), wobei es dann Auslegungsfrage ist, was konkret unter die Kollektivbezeichnung fallen soll, vgl. Bolze 8 Nr. 4, 658, OHG. 9 S. 109, verliert auch diese, wenn die Betheiligten neben der Kollektivbezeichnung, wie oft geschieht, die einzelnen Sachen verzeichnen. Rechtliche Bedeutung hat der Begriff, wenn das Gesetz an die Kollektivbezeichnung bestimmte rechtliche Folgen knüpft. Das BGB. erwähnt im § 92 „der zu einem zur Veräußerung bestimmten Waarenlager oder anderen Sachinbegriff gehörigen Sachen", behandelt diese Sachen als verbrauchbare, ohne daraus Konsequenzen für die rechtliche Behandlung des Inbegriffs zu ziehen. Bestimmungen werden getroffen in § 260 über die Pflicht zur Offenlegung und eidlichen Offenbarung bei Verpflichtung zur Herausgabe eines Inbegriffs von Gegenständen oder Auskunftsertheilung über solchen, in § 1035 über Inventurpflicht bei Nießbrauch „an einem Inbegriff von Sachen", im § 1048 über den Inhalt des Nießbrauchs an Grundstücksinventar (vgl. §§ 586 ff., 1378). Die §§ 469 ff. über Gewährleistung bei Verkauf mehrerer Sachen treffen auch den Fall des Verkaufs eines Inbegriffs. SBGB. §§ 915 ff., ALR. I 5 §§ 339 ff. Auch für die Eviktion einzelner Sachen aus einem Inbegriff, SBGB. § 939, ALR. I 11 §§ 136 ff., besteht keine andere Vorschrift als in § 440, die in Verbindung mit den §§ 320—327 die Entscheidung für die in §§ 939, 940 SBGB. getrennten Fälle giebt, wo eine Gesammtsache oder mehrere einzelne Sachen Vertragsgegenstand sind. Besitz, Pfandrecht und Vermächtniß am Inbegriff werden nicht behandelt; die Vorschrift in § 1859 Abs. 2 Entw. I, daß das Verm. am Inbegriff die Sachen umfaßt, die zur Zeit des Erbfalls zu dem Inbegriff gehören, SBGB. § 2463, ist gestrichen. Alles dies ergiebt, daß im Sinne des BGB. der Inbegriff nicht Sache, auch nicht getrennt von den einzelnen Sachen als einheitliches Rechtsobjekt gedacht ist. Für den Nießbrauch an einem Inbegriff giebt §§ 1048, 92 Abs. 2, 1067 Anhalt zu sachgemäßer Behandlung. SBGB. §§ 612, 615. Die Kontroverse über die vindicatio gregis, W. I § 137[6], ist danach und durch § 985 für das BGB. beseitigt. Gegenstand derselben sind die einzelnen Stücke, die Eigenthum des Klägers sind oder im Eigenbesitz des Klägers waren und im Besitz des Beklagten sind, beides hat der Kläger zu beweisen; die Vindikation ist eine einzige Klage, nicht mehrere Vindikationen verbunden; CPO. § 232; dabei kann konkret die Beweisführung für alle Stücke zusammen die für das einzelne Stück ersetzen; konkret ist auch zu ermessen, was zur Individualisirung des Gegenstandes der Klage erforderlich ist; — ev. hilft § 260. Vgl. auch Entw. der CPO. § 230a. Ueber § 92 Abs. 2 vgl. Anm. 7d. Daß die gemeinrechtliche universitas juris, im § 33 I 2 ALR. als „Inbegriff aller Sachen und Rechte eines Menschen" definirt, worunter namentlich die Erbschaft, Verlassenschaft, hereditas fällt, I 2 § 34, 9 § 350, 11 § 445 (448), nach röm. R. auch dos und peculium, nach BGB. keine Sache, versteht sich von selbst. Daran ändert nichts, daß die hereditatis petitio gegen den pro herede-Besitzer der Vindikation analog konstruirt ist, §§ 2018 ff., daß eine angefallene Erbschaft verkauft und verschenkt werden kann, §§ 2371 ff., 2385, daß Nießbrauch an Erbschaft wie am Vermögen eines Lebenden zugelassen. §§ 1085 ff., 1089. Ueberall sind Gegenstand von Recht und Rechtsverfolgung die einzelnen Sachen oder das Recht an denselben. Die Erbschaft als Ganzes, als Gegenstand der Universalsuccession, § 1922, unterliegt besonderen Rechtsregeln. Auch das Vermögen des Lebenden, aber nur das gegenwärtige, nicht das zukünftige (oder gegenwärtige und zukünftige), §§ 310, 311, 312, ist als Gegenstand von lästigem Rechtsgeschäft, Nießbrauch, Schenkung, §§ 330, 419, 1085 ff., 1363, 1649, zugelassen, aber Eigenthum und Besitz besteht nur an den einzelnen Sachen und entsteht nach den allgemeinen Regeln von Besitz- und Eigenthumserwerb an der Einzelsache, der Nießbrauch besteht soweit, als er an den einzelnen Sachen erlangt ist. § 1085. Vgl. für das frühere R. OHG. 12

S. 294, 13 S. 383, StrA. 20 S. 65. RE. 2 S. 159, 165. An die Uebertragung eines Vermögens durch Vertrag ist nur der wichtige Rechtssatz des § 419 geknüpft, wonach die Uebernahme des Vermögens zwar keine Universalsuccession begründet, aber Mithaftung mit dem Vermögen für die Schulden. Vgl. zu § 419 u. §§ 25 ff. HGB. v. 10. Mai 1897 (Uebernahme eines Handelsgeschäfts). Danach ist das Vermögen, dessen Begriff das BGB. nicht definirt, auch im objektiven Sinn, als Inbegriff aller Sachen und Rechte, nicht Sache im Sinne des § 90, sondern Inbegriff von Rechten, die nicht einmal nothwendig vermögensrechtlicher und übertragbarer Natur sind, RG. 12 S. 51, 280; 18 S. 10, 18, so daß konkret zu untersuchen ist, was Gegenstand der Vermögensübertragung war. In diesem Sinne sind auch die Bezeichnungen bewegliches und unbewegliches Vermögen in §§ 1549, 1551 zu nehmen; aus Abs. 2 § 1551, wo die Bestandtheile des unbeweglichen Vermögens bei der Fahrnißgemeinschaft angegeben, ergiebt sich dies direkt. Für das Vermögen in der Gütergemeinschaft, das eingebrachte, vorbehaltene, das Kindsvermögen, sind besondere Rechtssätze aufgestellt, nach denen das Vermögen (Sondervermögen) nur in einzelnen Beziehungen als Einheit behandelt wird. §§ 1922, 1362 ff., 1437 ff., 1650. Vgl. auch § 718 (Gesellschaftsvermögen) und über das Vermögen einer offenen Handelsgesellschaft Art. 91 HGB., § 124 HGB. v. 10. Mai 1897. Danach fehlt es für das BGB. an Anlaß zur Aufstellung eines Begriffs der univers. juris. Der fälschlich an den Begriff gemeinr. wohl geknüpfte Satz: pretium succedit in locum rei et res in locum pretii, vgl. RG. 7 S. 207, 210, wird vom BGB. als allgemeiner Rechtssatz nicht aufgestellt. Vgl. §§ 718, 966 Abs. 2, 2374.

3. Sachbestandtheile. Substanz, Pertinenz, Zubehör, §§ 93—98. a. Physikalisch sind alle Sachen aus Theilen (Atomen) zusammengesetzt und in solche zerlegbar (theilbar). Für den Verkehr und folgeweise für das Recht kommen diese Theile, diese Zusammensetzung und diese Theilbarkeit nicht in Betracht, sondern nur Theile einer Sache, die durch die Theilung in Sachen umgewandelt werden, und solche Zusammensetzung einer Sache, bei der durch die Zusammensetzung eine Sache Sachtheil wird (Gebäude, Wagen, Schiffe, Bild und Rahmen, Buchblätter und Einband, Ring und Stein u. s. w.). Mit ersterem hängt die Frage der Theilbarkeit einer einfachen Sache zusammen, die abstrakt nicht zu entscheiden, nur konkret nach der Verkehrsanschauung (lebendiges Thier, todtes Thier), l. 26 § 2 D. d. leg. I (quae sine damno dividi possunt), § 752 BGB., über die das BGB. deshalb mit Recht nichts sagt. Die Vorschrift in § 41 I 2 ALR. besagt nur, was sich von selbst versteht; die gesetzlichen Theilungsverbote, auf die das LR. verweist, beziehen sich auf Grundstücke, Waldungen; durch Art. 118 EG. sind solche landesgesetzliche Verbote aufrecht erhalten. Vgl. auch Art. 207 Abs. 3 HGB. u. § 179 Abs. 1 HGB. v. 10. Mai 1897 (Aktien sind untheilbar). Die Rechtsfolge der Untheilbarkeit durch Verbot ist die Nichtigkeit jedes auf die Theilung gerichteten Rechtsgeschäfts, die der natürlichen Untheilbarkeit die Unmöglichkeit von Rechten und Rechtsverhältnissen an einem realen Theil der Sache und die Beseitigung der Sache als des konkreten Rechtsobjekts durch die Theilung, was für obligatorische Verhältnisse von Bedeutung sein kann (Unmöglichkeit der Erfüllung). Grundstücke werden durch Abgrenzung getheilt. Nach § 6 GrBO. v. 24. März 1897 soll grundsätzlich bei theilweiser Belastung eines auf einem Grundbuchblatt eingetragenen Grundstücks die Abschreibung erfolgen. Gebäude sind nach ihrer Natur nach röm., gem., preuß. R. u. SBGB. vertikal, nicht horizontal theilbar, Eigenthum, Pfandrecht an einem Stockwerk unzulässig. ObTr. 53 S. 4, 79 S. 128, StrA. 36 S. 231, 54 S. 60, 68 S. 224, 92 S. 4 (Beispiele vertikaler Theilung). RG. 31 S. 171 (gem. R.), RE. 1 Nr. 37. C. c. art. 553 läßt Stockwerkeigenthum zu, ebenso ist es partikularrechtlich in Württemberg und Baden gestattet. Dem BGB. ist es sowohl als Eigenthum an der Sache, wie als dingliches Recht unbekannt. §§ 94, 95, 1014. Die Art. 131, 181, 182 EG. lassen es aber unberührt, wo es landesgesetzlich besteht. Gedachte, ideelle Bruchtheile sind an allen Sachen möglich, auch an Grundstücken, §§ 1095, 1102, 1114, auch an Aktien, §§ 741 ff., 1008 ff., nur sind sie nicht Sachtheile, sondern Rechtstheile, Antheil am Recht an der Sache, wie der Bruchtheil einer Erbschaft, §§ 2088 ff., oder eines Vermögens, §§ 310, 311. Daran ändert nichts, daß nach §§ 1066, 1095, 1106, 1114, 1258 an

solchem Bruchtheil Nießbrauch, Vorkaufsrecht, Reallast, Hypothek, Pfandrecht wie an einer Sache zugelassen ist, der Bruchtheil insoweit als Sache behandelt wird. Vgl. auch §§ 866, 1011. RG. 38 S. 27, 30 (gem. R. vindic. partis).

**b.** Der Grundsatz des § 93, daß Bestandtheile einer Sache, die ohne Zerstörung oder wesentliche Veränderung des einen oder anderen Theils nicht getrennt werden können, nicht Gegenstand besonderer Rechte sein können, d. h. von Rechten, die sich nur auf solchen Theil, nicht auf das Ganze beziehen, trifft den Fall der von Natur oder nach der Volksanschauung untheilbaren Sache, und den zweiten, oben erwähnten Fall der zusammengesetzten Sache, bei der in Frage kommt, ob in der durch die Verbindung mehrerer Sachen geschaffenen Sache die mehreren Sachen Sachtheile geworden sind. Vorausgesetzt ist dabei immer eine Verbindung natürlicher oder mechanischer Art zu einem Ganzen. Vgl. Bolze 18 S. 10 Nr. 17. Der Rechtssatz, daß wesentliche Sachtheile nur Gegenstand eines Rechts sein können, hat seinen inneren Grund wie der für die Theilung in Natur bei gemeinschaftlichen Sachen in § 752 aufgestellte Grundsatz darin, daß Rechte, die zur Trennung und folgeweise zur Zerstörung oder wesentlichen Veränderung solcher Bestandtheile führen würden, unwirthschaftlich sind. Die Rechtsfolge ist, daß vor der Trennung Eigenthum, Pfandrecht (Pfändungspfandrecht) und andre dingliche Rechte an solchen Bestandtheilen ausgeschlossen sind, weil sie während der Verbindung nicht selbständige Sachen sind, nicht aber obligatorische Rechte für den Fall der Trennung, so daß die Theile als künftige Sachen erscheinen, oder obligatorische Rechte, welche kein Recht zur Trennung begründen, z. B. Verkauf eines Hauses oder Haustheils zum Abbruch, oder Vermiethen eines Stockwerks, einer Wohnung, eines Kellers in einem Hause. Letzteres zeigt zugleich, daß auch Besitz an einem wesentlichen Bestandtheil nicht nothwendig ausgeschlossen ist; in Entw. I § 798 Abs. 2 war das Gegentheil gesagt, die Bestimmung ist später gestrichen. Vgl. § 865. Der Nießbrauch ist dingliches Recht am Grundstück, nicht an den Nutzungen, ebenso wie die superficies. Das ALR. I 2 §§ 4, 5, 42, 110 setzte in begrifflichen Gegensatz die Substanz der Sache, Zubehör und Früchte und Nutzungen, definirte die Substanz als alle die Theile (Eigenschaften) einer Sache, ohne welche sie nicht sein kann, was sie vorstellen soll oder wozu sie bestimmt ist, eine Definition, die weder genau, noch erschöpfend, noch immer zutreffend, die aber namentlich für den Nießbrauch von Bedeutung und für diesen die Preuß. Praxis zu schiefen Ergebnissen geführt hat. Daß Substanztheile während der Verbindung nicht als solche Gegenstand von Rechten (Eigenthum, Pfandrecht und regelmäßig auch Besitz) sein können, die mit der rechtlichen Natur der zusammengesetzten Sache als einer Sache und deren Begriff und Wesen des sachlichen Rechts und dem Recht am Ganzen unvereinbar sind, ist in der Preuß. Praxis wie in der gemeinrechtlichen unstreitig, obwohl das Gesetz den Rechtssatz des § 93 so wenig ausspricht, wie das SBGB. und das französ. R. So ist angenommen, daß die Wolle auf dem Schafe, die stehende und hängende Frucht, der stehende Baum nicht ohne die Sache selbst körperlich oder durch constit. poss. übergeben werden kann, daß die fest vermauerte Maschine eines Fabrikgebäudes, die eingemauerten Badewannen einer Badeanstalt mit dem Gebäude eine Sache bilden, nicht Gegenstand besonderen Eigenthums sein können, Verkauf solcher Bestandtheile ohne Trennung kein Eigenthum begründet, Verbindung solcher Theile mit dem Grundstücke trotz Eigenthumsvorbehalts das besondere Eigenthum beseitigt. Das gem. R. stimmt damit insofern überein, als das besondere Eigenthum während der Verbindung nicht geltend gemacht werden kann, während der Eigenthumsvorbehalt zugelassen, das Eigenthum nach der Trennung wieder auflebt. Vgl. RG. 1 S. 179, 7 S. 149, 9 S. 169, 12 S. 157 (gem. R.), 2 S. 251, 34 S. 177, 35 S. 250. ObTr. 11 S. 201 (R.E. 1 Nr. 135, Preuß. R.) (symb. Uebergabe von Bäumen ohne den Grund u. Boden). Der landrechtliche Begriff der Substanz ist mit dem des wesentlichen Bestandtheils in § 93 BGB. nicht identisch; für den Substanzbegriff entscheidet der Einfluß der Trennung auf die Sache, für den des wesentl. B. der Einfluß der Trennung auf den einen oder anderen Theil. Gleichwohl sind die obigen Fälle nach dem § 93 BGB. so zu behandeln wie früher. Zum Theil abweichend von dem früheren R. ist die rechtliche Folge der Umwandlung einer selbstständigen Sache zu einem Bestandtheil einer anderen Sache geregelt. Nach § 946 geht das Eigenthum einer beweglichen Sache stets unter, wenn sie durch Verbindung wesentlicher Bestandtheil eines Grundstücks wird. Dies ist eine Consequenz des § 93; weder Eigenthumsvorbehalt hindert den Untergang des Eigenthums und anderer Rechte, noch lebt das Eigenthum nach der Trennung wieder auf. Baumaterialien, ruta caesa, § 94, werden und bleiben Eigenthum des Eigenthümers des Gebäudes. Vgl. § 951. Eine Consequenz des § 93 ist auch die Vorschrift in § 946, daß bei Verbindung beweglicher Sachen zu wesentl. Bestandtheilen einer einheitlichen Sache die mehreren Eigenthümer Miteigenthümer zu Bruchtheilen der ganzen Sache werden, wenn nicht eine der Sachen als Hauptsache (Hauptbestandtheil) anzusehn, in welchem Falle ihr Eigenthümer Alleineigenthümer der ganzen Sache wird, das Eigenthum an der Nebensache untergeht. Dasselbe gilt nach § 948 für die commixtio und confusio beweglicher Sachen. Auch in § 950 (Specifikation) tritt der Grundsatz des § 93 hervor. Vergl. das Nähere, insbesondere über die Wirkung der Verbindung durch unerlaubte Handlung, das Trennungsrecht, die Ersatzpflicht zu §§ 946ff., 997 (§ 547 Abs. 2, § 258). Auf nicht wesentliche Bestandtheile bezieht sich der Grundsatz des § 93 nicht. Sie sind zwar Theile der Sache; Rechte an und Rechtsgeschäfte über die Sache umfaßt sie mit der Sache. Aber sie können Gegenstand besonderer Rechte sein und die Verbindung hebt weder Eigenthum, noch andre besondere Rechte an diesem Bestandtheil auf; die verbundenen Sachen bleiben insoweit Einzelsachen trotz der Verbindung und nur die §§ 932ff. über den Verlust des Eigenthums und anderer Rechte an der Sache durch Erwerb in gutem Glauben können eine Veränderung in dem Recht an der Sache bewirken. So bleibt bei Verkauf von Wein in Fässern und anderen Gefäßen das Eigenthum am Gefäß bestehn, wenn es nicht hat mit übertragen werden sollen, oder vorbehalten ist, oder dem Verkäufer des Weins nicht zusteht.

c. Das BGB. giebt keine Einzelvorschriften darüber, welche Bestandtheile einer beweglichen Sache als wesentliche oder nicht wesentliche anzusehen; das kann oft zweifelhaft sein, z. B. bei Tisch und Platte, Ring und Stein, Wagen und Rad, Spiegel und Glas, Buch und Einband, Pflanze und Kübel, und sich bei derselben Sache konkret verschieden gestalten, der Einband kann wesentlich, das Blatt, Bild nicht wesentlich sein, wenn der Einband alterthümlich oder von Kunstwerth, oder der Einband werthlos und die Blätter (Illustrationen) von Werth. Das Begriffsmerkmal, das § 93 angiebt, und der oben betonte wirthschaftliche Gesichtspunkt wird zu sachgemäßer Entscheidung des Einzelfalls dienen. Nur für Grundstücke und Gebäude bestimmt das Gesetz in den §§ 94, 95, 96 selbst und unabhängig von der Begriffsbestimmung in § 93, die z. B. für Erzeugnisse des Grund und Bodens zu anderem Ergebniß führen würde, was wesentlicher Bestandtheil, und was nicht, und was überhaupt nicht Bestandtheil. Nach §§ 94, 95 sind wesentliche Bestandtheile eines Grundstücks die mit dem Grund und Boden zu nicht bloß vorübergehendem Zwecke fest verbundenen Sachen, insbesondere Gebäude, der ausgesäte Samen, die eingepflanzte Pflanze, noch bevor Wurzel gefaßt ist, ALR. I 9 § 275, SBGB. § 285, die nicht getrennten Erzeugnisse, die stehende und die hängende Frucht, der Baum. Aus §§ 93, 946, 949 folgt, daß diese Bestandtheile dem Eigenthum des Grund und Bodens folgen, früheres Eigenthum und anderes dingl. R. daran mit der Verbindung verloren geht. Superficies solo cedit, wie im röm. R. u. SBGB. §§ 218, 284ff., 410, 422; Fälle dauernd getrennten Eigenthums an Grund und Boden und Gebäuden, Aussaat, Frucht, an Waldboden und Wald, wie das Preuß. R., ALR. I 9 §§ 98, 221; 22 § 200, für Früchte, Bäume, Wald statuirt u. C. c. art 553ff. sie kennt, sind ausgeschlossen. Die superficies, §§ 1012ff., ist dingliches Recht am Grundstück, und wird rechtlich als Grundstück behandelt, das Gebäude ist in diesem Falle aber nicht wesentlicher oder nicht wesentlicher Bestandtheil des Grund und Bodens. § 95 Abs. 1 Satz 2. Vgl. EG. Art. 131, 181 Abs. 1 u. 2. In Zusammenhang damit und mit § 93 steht, daß das BGB. keinen Eigenthumserwerb durch inaedificatio kennt (über Bau an und über die Grenze vgl. §§ 912ff.), ALR. I 9 §§ 327ff., 340ff., daß ein besonderes Eigenthum an Erzeugnissen, Früchten, Bodenbestandtheilen vor der Trennung nicht besteht, daß der Pächter, Nießbraucher und sonst dinglich Berechtigte das Eigenthum an solchen Erzeugnissen 2c. erst mit der Trennung, wenn er nicht im Besitz, erst mit der Besitzergreifung erwirbt, §§ 953ff., daß die Hypothek sich auf alle wesentlichen Bestandtheile erstreckt, § 1120, wenn auch nach § 21 Abs. 1 des Ges. v. 24. März 1897 über die Zwangsversteigerung pp. das Recht des Pächters auf den Fruchtgenuß von der Beschlagnahme nicht berührt und er nach § 1120 trotz der Hyp. Eigenthümer der Früchte mit der Trennung wird, so lange die Pacht besteht. Vgl. § 1123. Ges. v. 24. März 1897 § 57. Eine Ausnahme statuiren die nach Art. 32 EG. in Kraft gebliebenen §§ 714, 725 CPO., insofern die Pfändung und Versteigerung von Früchten auf dem Halm zugelassen ist, wenn auch mit Beschränkung. Sonst ist Hypothek, Eigenthum, Faustpfand an solchen wesentlichen Bestandtheilen nicht möglich, Besitz nur soweit, als Gewahrsam denkbar und physisch möglich ist, §§ 854, 865.

Vorausgesetzt für die Eigenschaft des wesentlichen Bestandtheils eines Grundstücks ist für Gebäude sowohl wie für bewegliche Sachen und Pflanzen die feste Verbindung und die Verbindung zu dauerndem Zweck. Beides ist konkret zu finden. Bei Gebäuden kann auch bei vorübergehendem Zweck die feste Verbindung vorhanden sein, meistens wird sie fehlen. Zu denken ist dabei an Ausstellungsgebäude, Bazare, Schaubuden, feste Gerüste, Tribünen, Cirkus, Karussels, provisorische Unterkunftshäuser für Arbeiter oder in Nothfällen, u. a. Vgl. RG. 13 S. 209 (Cirkus). Ein Zaun, Stacket, Gitter wird regelmäßig fest verbunden und wesentlicher Bestandtheil sein, ebenso eine massive Mauer. Fahnen- und Signalstangen, Baumpfähle, Weinbergspfähle können fest und zu dauerndem Zweck, andrerseits werden Bohnenstangen, Hopfenstangen nur selten fest und für die Dauer verbunden sein. Rohrleitungen für Wasser und Gas, telegraphische und andere Leitungen im Grund und Boden sind regelmäßig fest und für die Dauer verbunden, auch Schienenstränge, es kann aber auch anders sein, namentlich bei Schienengeleisen, die dann als Zubehör zu gelten haben unter der Voraussetzung des § 97. Für solche Anlagen, Werke im Sinne § 95, wie Leitungen und Schienengeleise, kommt außerdem der § 95 Abs. 1 Satz 2 in Betracht, der für Gebäude und andere Werke, die in Ausübung eines Rechts an einem fremden Grundstücke mit demselben von dem Berechtigten verbunden, bestimmt, daß sie überhaupt nicht Bestandtheile des Grundstücks, auch wenn sie fest verbunden sind. Wenn eine Stadtgemeinde mit einer Gas- oder Elektricitätsgesellschaft einen Vertrag schließt, durch den sie ihr das Legen von Rohrleitungen oder von Schienengeleisen für eine Straßenbahn in und auf dem Straßenterrain gestattet, so ist die Leitung und das Schienengeleise nach § 95, wenn der Vertrag nicht, wie oft der Fall, anders besagt, Eigenthum der Gesellschaft und nicht Bestandtheil des Straßenterrains. Das Gleiche gilt für Geleise, die z. B. für ein Bergwerk zum Transport auf fremdem Terrain auf Grund Vertrages angelegt werden. Solche Anlagen sind vielmehr wesentliche Bestandtheile der Gas-, Beleuchtungsanstalt, des Bergwerks, des Eisenbahngrundstücks. Vgl. unter 4. Aus § 95 Abs. 1 Satz 2 folgt ferner, daß Gebäude und andere Anlagen (Werke), die der Pächter, Miether, Nießbraucher auf dem gepachteten, gemietheten Grund und Boden für seine Zwecke aufführt, nicht für die Sache selbst, §§ 547, 1049 Abs. 2, sein Eigenthum sind und bleiben, dem Pfandrechte des Verpächters, Vermiethers, aber nicht dem Hypothekenrecht unterliegen, und da sie nicht Bestandtheil oder Zubehör, auch von der Veräußerung, Auflassung, Versteigerung, Zuschlag nicht mitergriffen werden. §§ 892, 926. ZwVGes. v. 24. März 1897 § 90. Dasselbe muß gelten, wo der Grunddienstbarkeitsberechtigte eine Anlage auf dem belasteten Grundstück oder einer baulichen Anlage desselben hat, §§ 1021, 1022, und gilt, wie bereits erwähnt, namentlich für das Gebäude des Superficiars. Vgl. § 7 GBO. Daß der Ausnahmefall des Satz 2 Abs. 1 § 95 vorliegt, hat zu beweisen, wer daraus Rechte herleitet. Der Ausnahmefall Abs. 1 § 95 Satz 1 kann auch bei Pflanzungen vorliegen, die nicht zur Ausnutzung des Bodens, sondern zur vorübergehenden Konservirung der Pflanzen geschehn, wie z. B. bei Baumschulen, Pflanzbeeten u. a., und dieser Ausnahmefall gilt auch für den Berechtigten der Satz 2, bei dem die Ausnahme nur erweitert ist auf Gebäude und Werke. (Anders Planck).

Als Bestandtheile von Grundstücken, aber nicht als wesentliche, gelten endlich nach § 96 die mit dem Eigenthum am Grundstück verbundenen, d. h. dem Eigenthümer des Grundstücks als solchem zustehenden Rechte, ALR. I 2 §§ 125, 127—129, die Grunddienstbarkeiten, §§ 1018 ff., die subjectiv dinglichen Vorkaufsrechte und Reallasten, §§ 1094 Abs. 2, 1105 Abs. 2, die subjectiv dinglichen Nutzungsrechte, die nicht, wie z. B. die Kohlenabbaurechte des Preuß. u. Sächs. R. selbständige Gerechtigkeiten, EG. Art. 67, 68, und die zahlreichen subjectiv dinglichen Rechte der aufrechterhaltenen Landesgesetze, wie z. B. das Patronatsrecht, das Recht auf bäuerliche Dienste und Abgaben und die Ablösungsrente, der Mühlenzwang, das Recht auf Wasserbenutzung bei einer Wassermühle, die Schäfereigerechtigkeit, die Rechte des Eigenthümers bepfandbriefter Güter am Landschaftsfonds (Amortisationsfonds), wenn sie mit dem Eigenthum verbunden, alles Rechte, die im Sinn des ALR. als Pertinenz aufgefaßt werden. Vgl. RE. 1 Nr. 38, 39, 41 u. RG. 1 S. 368, 398; 3 S. 221, 12 S. 265, 24 S. 317, 27 S. 218. Diese Rechte sollen als Bestandtheile gelten; ob sie wesentliche, bestimmt sich nach ihrer rechtlichen Natur, ihrem Inhalte. Danach und nach §§ 1018, 1019, 1103, 1110 sind sie grundsätzlich von dem Grundstück untrennbar, daher nicht Gegenstand besonderen Rechts und gehen deshalb bei Veräußerung nothwendig auf den Erwerber über.

Bodenbestandtheile, Erde, Torf, Lehm, Mergel, Kies, Thon, erratische Blöcke in dem Boden u. a. sind Bestandtheile, nach § 94 würden sie wesentliche sein, wenn sie als Erzeugnisse anzusehen wären. Das kann man aber auch nicht einmal vom Torf sagen, noch weniger von Erdarten oder Mineralien. Vgl. über den Standpunkt des Landrechts, von dem aus Torf u. a. als Substanz angesehn, RE. 1 Nr. 34, ObTr. 74 S. 181. Sie sind Gegenstand obligatorischer und dinglicher Rechte (Grunddienstbarkeit, beschränkte persönl. Dienstbarkeit, §§ 1018ff., 1090ff.), Gegenstand des Besitzes und Eigenthums ihrer Natur nach nur mit dem Grundstück bez. nach der Ausscheidung aus dem Grundstücke, ihrer Natur nach auch nicht Gegenstand des Faustpfands, von selbst bis zur Trennung dem Hypothekenrecht am Grundstück unterworfen. §§ 954ff., 1120, 1121. Bergrechtliche Mineralien und Mineralien, die dem Bergrecht nicht unterliegen, bleiben den durch Art. 67, 68 EG. aufrecht erhaltenen Landesgesetzen über Bergrecht und Abbaurechte unterworfen.

**d.** Gebäude. Nach § 94 Abs. 2, § 95 Abs. 2, § 946, § 949, § 951 sind wesentliche Bestandtheile eines Gebäudes die zur Herstellung des Gebäudes und zu dauerndem Zwecke eingefügten Sachen; das besondere Eigenthum an ihnen geht mit der Einfügung sowie jedes andre Recht daran unter und lebt grundsätzlich nicht durch die Trennung wieder auf. Ist das Gebäude wesentlicher Bestandtheil des Grundstücks, so sind seine wesentlichen Bestandtheile auch solche des Grundstücks. Danach sind die eingebauten Baumaterialien, ruta caesa, wesentlicher Bestandtheil, das Eigenthum an ihnen geht mit dem Verbauen unter und lebt durch die Trennung nicht wieder auf. ALR. I 2 § 89. SBGB. §§ 284, 286. C. c. art. 532. Die Kontroverse des gem. R., RG. 12 S. 157, ist beseitigt. Was zum Baumaterial, zur Herstellung des Gebäudes gehört, kann konkret zweifelhaft sein; zweifellos gilt es von Thüren, Fenstern, Jalousieen, Fensterläden, Schlössern, von den fest vermauerten Oefen eines Wohngebäudes, nicht nothwendig von eisernen Oefen, die nach lokaler Uebung vom Miether mitgebracht und aufgestellt werden, in diesem Falle nach § 95 Abs. 2 nicht einmal Bestandtheil des Gebäudes sind. In RG. 3 S. 309 wird die Marmortäfelung eines Hauses nicht zur Substanz im landrechtlichen Sinne gerechnet, was schon bedenklich; daß sie wesentlicher Bestandtheil im Sinn § 94, ist schwerlich zu leugnen; daß solche Marmortäfelung nicht nothwendig luxuriöse Ausstattung, ist nicht entscheidend, sonst würden auch kostbare Tapeten nicht zu den wesentlichen Bestandtheilen zu rechnen sein, was der Lebensanschauung durchaus widerspricht. Als wesentlicher Bestandtheil sind auch, wie nach LR. als Substanztheil, anzusprechen bei einem Fabrikgebäude die fest eingemauerten Maschinen, bei einer Badeanstalt die fest eingemauerten Badewannen (nicht nothwendig die Beleuchtungsanlage) und die Dampfmaschine, bei einer Brennerei, Brauerei die zur Herstellung des so qualificirten Gebäudes eingefügten Apparate. In allen diesen Fällen trifft auch das Begriffsmerkmal des § 93 zu und das Gebäude wird durch die Trennung solcher Gegenstände seines Wesens entkleidet, der abgetrennte Gegenstand vielfach unbrauchbar und werthlos. RG. 2 S. 251, 34 S. 177, 35 S. 250, 9 S. 169, 20 S. 203 (gem. R.). Darüber, daß solche Sachen auch Zubehör sein können, vgl. unter 4. Ueberhaupt nicht Bestandtheil des Gebäudes ist nach § 95 Abs. 2, was berechtigt oder unberechtigt nur zu vorübergehendem Zweck in ein Gebäude eingefügt ist. Die rechtliche Folge ist dieselbe wie oben im gleichen Falle bei Grundstücken. Zu denken ist dabei an Nägel, Haken, Wandbretter, Schiebethüren, Wandschränke, Badewannen, elektrische und andere Leitungen, die der Miether, Pächter, Nießbraucher zu seinem Gebrauch, oder auch der Eigenthümer nicht für das Gebäude, sondern zeitweilig herstellt, einrichtet, einfügt. Dasselbe gilt, wenn ein Dritter auf Grund besonderen Rechtstitels das Recht hat, Leitungen solcher Art in dem Gebäude zu halten, wie es z. B. bei Gasanstalten, elektrischen Beleuchtungsanlagen, Telegraphenanstalten vorkommen kann.

4. Zubehör, §§ 97, 98. a. Der Begriff des Z. ist für das BGB. ebenso wie für jedes Recht wegen der rechtlichen Folgen wichtig, die sich an die Zubehöreigenschaft knüpfen. Einen allgemeinen Rechtssatz wie in § 93 für wesentl. Bestandtheile, stellt das BGB. nicht auf, abweichend von ALR. I 2 §§ 105, 107 (I 11 § 81; 12 §§ 405, 407; 7 §§ 52, 54), SBGB. § 66. Vgl. C. c. art. 522, 524, 525, die den Pertinenzbegriff überhaupt nicht aufstellen, dagegen für eine Reihe von beweglichen Sachen, die nach BGB. Zubehör von Grundstücken, bestimmen, daß sie als immeubles par destination gelten, die folgerichtig als solche während der Zugehörigkeit zur Hauptsache deren rechtliches Schicksal theilen, art. 1615, der Hypothek unterliegen und nicht wie bewegliche Sachen gepfändet werden können. Das BGB. giebt nur eine Reihe von Einzelvorschriften an den verschiedensten Stellen, die nicht erschöpfend sind und sein sollen. Aus denselben ergiebt sich der allgemeine Rechtssatz, daß sich die Rechtswirkung jedes auf Veräußerung oder Belastung einer Sache gerichteten Rechtsgeschäfts im Zweifel auf das Zubehör der Sache mitbezieht, §§ 314, 498, 926, 2164 (Vermächtniß), § 1096 (Vorkaufsrecht), § 1551 (Fahrnißgemeinschaft: Grundstück und Zubehör gehört zum unbew. Vermögen). Die Auflassung überträgt das Eigenthum des dem Veräußerer gehörigen Zubehörs ohne Uebergabe, wenn es Gegenstand der Veräußerung, das Eigenthum fremden Zubehörs nur unter denselben Voraussetzungen, unter denen Eigenthum vom Nichteigenthümer erworben wird; § 926. Hypothek, Nießbrauch, Pfandrecht an Schiffen erstrecken sich auf das dem Eigenthümer des Grundstücks, Schiffes, gehörige Zubehör von selbst, der Nießbrauch am Grundstück selbst auf fremdes Zubehör, wie im § 926. §§ 1120 (1135), 1031 (1062), 1265. Für Faustpfand ergiebt sich aus den §§ 314, 1207, daß es das mitverpfändete und übergebene fremde Zubehör unter denselben Voraussetzungen mitergreift, unter denen das Faustpfand an fremder Sache überhaupt besteht. Dazu treten §§ 55, 90 des ZwVGes. v. 24. März 1897, wonach sich Versteigerung und Zuschlag, wie nach Preuß. R. selbst auf fremdes (im Besitz des Eigenthümers befindliches) Zubehör des Grundstücks erstreckt, falls der dritte Eigenthümer nicht sein Recht rechtzeitig vor dem Zuschlag geltend gemacht und die Aufhebung oder einstweilige Einstellung des Verfahrens bezüglich des Zubehörstücks herbeigeführt hat, § 37 Nr. 5 das. Vgl. RG. 2 S. 228, 238; 19 S. 321; ObTr. 70 S. 247; RE. 2 Nr. 209 Erk. e. § 40 Nr. 9 Preuß. Subh.Ges. v. 13. Juli 1883.

Dagegen geht der Besitz nicht wie nach LR. mit der Hauptsache über (I 7 §§ 52, 54), wenn nicht das im § 857 ff. vorausgesetzte Verhältniß der thatsächlichen Gewalt hergestellt ist. Aber der Verpächter besitzt nach § 868 mittelbar das Zubehör des Pächters. Auch nach BGB. ist anzunehmen, daß, wer aus dinglichem Recht Leistungen für ein Grundstück zu fordern hat oder schuldig ist (Bauholzberechtigung, Kirchenbaulast), im Zweifel auch für das Zubehör des Grundstücks zu fordern und zu leisten hat. StrA. 6 S. 137, RE. 1 Nr. 43. Wer das Zubehör vindicirt oder sonst in Anspruch nimmt, hat nur das Eigenthum oder sonstiges Recht an der Hauptsache und die Zubehörqualität zu beweisen; wo sein Recht dadurch ausgeschlossen, daß das Zubehör fremdes Eigenthum, §§ 926, 1031, 1093, 1120, 1121, 1122, 1265, hat der Besitzer das Nichteigenthum des Klägers zu beweisen. Das ist schon für Preuß. R. in ObTr. 53 S. 240, RE. 4 Nr. 312 Erk. b u. in StrA. 59 S. 121 ausgesprochen, obwohl nach §§ 60, 108 I 2 nicht Pertinenz, was dem Eigenthümer der Hauptsache nicht gehörte, während nach BGB. die Zubehöreigenschaft auch bei fremdem Eigenthum besteht. Auch nach BGB. kann der Rechtssatz, daß mit der Veräußerung einer Sache im Zweifel auch das Zubehör veräußert und die Uebertragung des Eigenthums an der Sache auch das Eigenthum am Zubehör überträgt, nicht auf den Fall der Veräußerung und Eigenthumsübertragung an einem realen Theil der Sache angewendet werden. Vgl. StrA. 70 S. 98, RE. 2 Nr. 196 Erk. a, dessen Gründe auch für das BGB. zutreffen. Für das französ. R. folgt aus der Immobiliarnatur des Zubehörs eines Grundstücks, daß solches Zubehör nicht getrennt vom Grundstück zum Gegenstand der Zwangsvollstreckung durch Pfändung gemacht werden kann; dasselbe ist in ObTr. 69 S. 83 (StrA. 88 S. 253), RE. 1 Nr. 43 für Preuß. R. angenommen. Der § 204 des SubhGes. v. 13. Juli 1883 beseitigte diesen bedeutsamen Rechtssatz und auch das ZwVGes. v. 24. März 1897 hat ihn leider nicht aufgenommen. Vgl. § 65. Der Hypothekengläubiger hat nach §§ 1134, 1135 BGB. das Recht, der Pfändung von Zubehör entgegenzutreten, wenn die besondere Verwerthung des Zubehörs das Grundstück verschlechtert und seine Sicherheit gefährdet. Der Eigenthümer, der durch die Exekution in das Zubehör ruinirt werden kann, ist durch die Beschränkung der Pfändung in § 715 Nr. 5 CPO. nicht ausreichend geschützt. Die wirthschaftliche Bedeutung des Zubehörs, vgl. unt. b, hätte zu dem Rechtssatze des französ. R. führen sollen, obwohl im Uebrigen die Rechtsfolgen der Zubehöreigenschaft viel enger zu ziehen sind, als § 93 sie für Bestandtheile zieht, nie weiter, als es der wirthschaftliche Zusammenhang mit der Hauptsache erfordert. Aus demselben kann insbesondere niemals folgen, daß die Zubehöreigenschaft das Eigenthum am Zubehörstück überwindet; darauf beruhen auch die Vorschriften des BGB., die das Eigenthum am Zubehör nicht anders untergehen lassen, als es an beweglichen Sachen überhaupt untergeht. Die Vindikationsfähigkeit einer Sache, die einer andern als Zubehör dient, ist deshalb unzweifelhaft.

**b. Begriff.** Derselbe ergiebt sich aus § 97 Abs. 1 u. 2; der § 98 giebt eine Erläuterung für Zubehör von Gebäuden und landwirthschaftl. Grundstücken. Die wesentlichen Begriffsmerkmale sind danach: eine bewegliche Sache, die nicht Bestandtheil der Hauptsache, sondern für sich Sache ist, aber räumlich mit der Hauptsache zur dauernden Benutzung für deren wirthschaftliche Zwecke in Verbindung gebracht ist. Nicht Begriffsmerkmal ist, abweichend vom Preuß. und französ. R., ALR. I 2 §§ 60, 108; C. c. art. 522, 524, 555, daß die Zubehörsache Eigenthum des Eigenthümers der Hauptsache. Vgl. RG. 27 S. 311 für franz. R. Darauf ist schon oben hingewiesen, ebenso aber auch darauf, daß die Zubehöreigenschaft anders als in § 93 Eigenthum und andere Rechte Dritter an der Zubehörsache grundsätzlich nicht zerstört. §§ 926, 1031, 1093, 1120, 1121, 1122, 1265. RG. 12 S. 157.

Wesentlich ist der Gegensatz von Zubehör und Bestandtheil, wie im früheren R. Gemeinschaftlich für beide ist das Erforderniß eines räumlichen Verhältnisses zur Hauptsache, aber beim Bestandtheil wird dieses durch die bleibende natürliche, physische, oder mechanische Verbindung hergestellt, l. 17 § 7 D. 19, 1, die beide Sachen zu einer macht; beim Zubehör genügt räumliches Verhältniß ohne Verbindung, z. B. das einfache Vorhandensein auf dem Gut beim Inventar, und die Verbindung darf nie so sein, daß sie unlöslich, oder ihre Beseitigung ohne Zerstörung der Haupt- oder Nebensache, oder ohne unverhältnißmäßigen Aufwand nicht möglich, oder so, daß sie für die Dauer der Hauptsache berechnet. Daran ist schon im gem. u. preuß. R. festgehalten, namentlich bei der oft nicht unbedenklichen, für § 98 Nr. 1 erheblichen Frage, ob Maschinen, Werkzeuge, Betriebsgeräthschaften Bestandtheil oder Zubehör, ob sie nur wand-, band-, niet-, nagelfest vorübergehend verbunden, oder mit der Hauptsache dauernd vereint. Vgl. RG. 2 S. 251, 254; 20 S. 203, 36 S. 261. StrA. 55 S. 287. C. c. art. 566, SBGB. § 65. In RG. 36 S. 261 ist für die elektrische Beleuchtungsanlage einer Badeanstalt, deren Eigenthum der Lieferant sich vorbehalten, Zubehör-, nicht Substanzeigenschaft angenommen, und der Eigenthumsvorbehalt zugelassen, nachdem festgestellt, daß sie ohne wesentliche Beschädigung des Gebäudes zu entfernen, daß sie für die Zweckbestimmung der Badeanstalt nicht wesentlich (anders die eingemauerten Badewannen), im Gegensatz dazu die Gas- und Wasserleitungsanlage eines herrschaftlichen Wohnhauses, weil sie für die Bestimmung des Hauses wesentlich, als Bestandtheil angesprochen.

Nur bewegliche Sachen sind Zubehör, nicht, wie im Preuß. R. auch Rechte, § 96, oder Grundstücke, noch weniger Forderungen (Pacht- u. Miethzins, Pachtkaution). Als bewegliche Sache gilt nach BGB. alles was nicht Grundstück oder Bestandtheil eines solchen, so daß auch hier konkret in Frage kommt, ob, was mit dem Grundstück verbunden, trotzdem als bewegliche Sache anzusehen ist, wie z. B. Schienengeleise und andere Anlagen, Ladebühnen u. a. Bolze 22 Nr. 26, 27. Eine massive Mauer ist nicht Zubehör, sondern Bestandtheil des Grundstücks, ein Zaun kann es sein. Vgl. RG. 31 S. 243 (Steinmauer um die Kirche nicht Zubehör der Kirche. Preuß. R.)

Für Grundstücke ist der subtile Unterschied des Preuß. R. zwischen Bestandtheil und Pertinenz beseitigt. Vgl. ObTr. 30 S. 1, StrA. 16 S. 306, RE. 3 Nr. 284 Erk. a, StrA. 47 S. 312, 61 S. 336. Bolze 1 S. 14 Nr. 62. Damit ist natürlich auch für das BGB. die Frage nicht beseitigt, ob konkret Gegenstand eines Rechtsgeschäfts nur das bezeichnete Grundstück oder nach dem Willen der Kontrahenten noch ein anderes, nicht bezeichnetes Grundstück. StrA. 47 S. 312, 39 S. 195. Nach BGB. ist ein Grundstück nie Zubehör einer beweglichen Sache oder eines Grundstücks, sondern entweder Bestandtheil, wenn es auf demselben Grundbuchblatt steht, oder selbständiges Grundstück, wenn es sein eigenes Blatt hat. § 890. Der Garten ist danach nicht Zubehör des Hauses, das Chausseehaus nicht Z. der Chaussee, eine Insel im See nicht Z. des Sees, eine Gasse, Winkel zwischen zwei Häusern, nicht Z. eines Hauses, der Mühlenteich nicht Z. der Mühle. Zubehör ist nur, was nicht bloß vorübergehend, sondern dauernd dem wirthschaftlichen Zweck der Hauptsache zu dienen bestimmt ist, es müßte denn sein, daß die Sache im Verkehr nicht als Zubehör angesehen wird. Das weicht zum Theil vom röm. R. ab und ist deutschrechtliche Anschauung, stimmt im Wesentlichen aber mit dem Preuß., französ. R. und dem SBGB. überein. Zu prüfen ist danach stets an erster Stelle der wirthschaftliche Zweck der Hauptsache, an zweiter Stelle, ob die bewegliche Sache objektiv diesem dauernd zu dienen bestimmt ist; gleichgültig ist, ob die Bestimmung durch den Eigenthümer der Hauptsache oder einen Dritten (Miether, Pächter, Nießbraucher, sonstige Nutzungsberechtigten) erfolgt, wenn sie nur für die Dauer erfolgt, nicht bloß vorübergehend und nicht für die Zwecke der Hauptsache, sondern die Person des Besitzers. Die bloß gewillkürte Pertinenz ohne die objektiven Merkmale des § 97 kennt das BGB. nicht, d. h. der Eigenthümer kann nicht Sachen zum Z. durch die Erklärung machen, daß er die gesammte Einrichtung eines Gebäudes als Zubehör desselben angeschafft und bestimmt habe. Vgl. RG. 15 S. 215, 216 (gem. R.). Ob diese objektiven Merkmale vorhanden, ob dauernde oder vorübergehende Bestimmung, Bestimmung für die Sache oder die Person vorliegt, und ob die Verkehrsanschauung der Zubehöreigenschaft entgegensteht, ist stets nur konkret zu finden, sowohl bei beweglicher wie bei unbeweglicher Hauptsache.

c. Bei Last=, Zug=, Reitvieh dient Geschirr und Zaumzeug der Bestimmung des Viehs, aber der Verkehr sieht es regelmäßig nicht als Z. an, während es Z. sein kann, wenn das Vieh Z. eines Landguts. Der Vogel im Bauer ist Hauptsache, der Bauer nach der Verkehrsanschauung aber nicht nothwendig Z., vgl. § 101 I 2 ALR., wohl aber das Etui zur Aufbewahrung eines Schmuckes oder anderer Sachen, § 102 I 2. Die Deichsel ist Z. des Wagens, aber wer seine eigene dem Wageneigenthümer für einen Tag (vorübergehend) verleiht, macht sie nicht zum Z. des Wagens, ebenso wenig wie der Eigenthümer, der sie leiht. Wechselduplikate sind nach WO. Art. 66 ein Wechsel, andere Duplikate Zubehör, ebenso Koupons und Dividendenscheine Z. des Werthpapiers.

d. Für Gebäude und Landgüter erläutert § 98 das Princip des § 97 und giebt der § 98 Gesichtspunkte zur Bestimmung der Zubehöreigenschaft, wie das Pertinenzregister des ALR. I 2 §§ 75 ff., 48 ff., ohne dadurch gesetzlich die Zubehöreigenschaft zu bestimmen oder zu beschränken. Nach § 98 Nr. 1 sollen als zum wirthschaftlichen Zwecke eines zu einem bestimmten Gewerbebetriebe dauernd eingerichteten Gebäudes zu dienen bestimmt gelten: die zum Betriebe bestimmten Maschinen und Geräthe. Vgl. ALR. I 2 §§ 75, 76, 79, 81, 90, 92, 93, SBGB. § 69, C. c. art. 523, 525, 531, 532. Als solche Gebäude sind hervorgehoben Mühlen, Schmieden, Brauereien, Fabriken; außerdem kommen in Betracht Gasthöfe und Apotheken, Bolze 22 S. 11 Nr. 25, Brennereien, StrA. 55 S. 287, u. a. Daß konkret solche Maschinen auch wesentl. Bestandtheil sein können, ist schon früher hervorgehoben. Vgl. RG. 2 S. 251, 12 S. 265, 9 S. 169, 20 S. 203, 34 S. 167, 27 S. 311. Maschinen und Geräthe sind nur Beispiele für Zubehörsachen; bei einem Fabrikgrundstück können Z. auch andere Sachen sein, die nicht mit dem Gebäude zusammenhängen, z. B. Zu= und Abfuhrgeleise, Ladebühnen u. a. Bolze 22 S. 12 Nr. 26, S. 13 Nr. 27, ebenso bei einem Apothekergrundstück die Einrichtung der Apotheke, Bolze 22 S. 11 Nr. 25, bei einem Gasthofe die gesammte Zimmereinrichtung, die Bettwäsche u. a., ALR. I 2 § 90, u. da wo nur ein Theil eines Gebäudes zu einem Gewerbebetriebe eingerichtet, z. B. zu einer Restauration, zu einem offenen Geschäft, die Ladentische, Repositorien, Büffets. JW. 1896 S. 11 Nr. 45. Einrichtung zum Gewerbebetriebe ist in StrA. 87 S. 337 angenommen, wo ein Haus zu einer Privatkaserne eingerichtet und versteigert war, was nicht zu beanstanden, wenn die Unterbringung der Mannschaften nicht etwa vorübergehend erfolgt war, das Haus zur Zeit der Versteigerung dem Zwecke noch diente und weiter dienen sollte. Verneint ist es für gem. R. in RG. 15 S. 215, wo ein Schloß zu einem Luftkurhotel eingerichtet war und der Hypothekengläubiger der Pfändung von Hausgeräth, Tischen, Stühlen, Spiegeln, Betten widersprach, weil sie ihm als Zubehör verhaftet. Dies wurde vom RG. verneint, weil nach gem. R. Z. sei, was dem Zwecke der Hauptsache dauernd zu dienen bestimmt, die Umwandlung des Schlosses in ein Gasthofsetablissement aber eine Zweckbestimmung sei, die der gegenwärtige Besitzer nach seinem persönlichen Interesse vorgenommen habe, und die objectiven Merkmale fehlten, nach denen sich die Mobilien nach ihrem realen Verhältniß zur Hauptsache als zu derselben gehörig und nicht für die persönlichen Zwecke des Besitzers bestimmt darstellten. Die Entscheidung ist bedenklich und würde für Grundstücke, die zum Gewerbebetriebe anderer Art bestimmt, zu seltsamen Konsequenzen führen. Ganz anders lag die Sache in StrA. 29 S. 182, wo für ein Gerichtsgebäude die Eigenschaft der Einrichtung von Aktenrepositorien u. a. als Z. verneint, weil ein Gebäude, worin Gericht gehalten wird, als solches seiner Einrichtung nach gar keine ausschließliche Bestimmung habe, das Inventar deshalb nicht als Geräthschaften des Gebäudes anzusehen seien. Dem liegt der richtige Gedanke zu Grunde, daß von Z. eines Gebäudes nur die Rede sein kann, wo die Sachen dem Gebäude zu seiner Bestimmung dienen, ohne sie das Gebäude die ihm innewohnende Bestimmung verfehlt. Von diesem Gesichtspunkte aus ist auch die Frage des Z. bei Wohn- und anderen Gebäuden mit besonderer Bestimmung zu prüfen; das BGB. sagt darüber nichts Besonderes, entscheidend ist § 97. Danach sind auch nach BGB. als Z. eines Wohngebäudes anzusehen, was dem Zweck des Gebäudes, als Wohnung zu dienen, direkt oder indirekt dient, §§ 76, 82ff. I 2 ALR., also Schlüssel, Schlösser, Oefen, Kaminbretter, Wandschränke, Feuerlöschgeräthschaften, falls sie nicht Bestandtheil oder nach der Verkehrsanschauung nicht als Z. gelten, wie vielfach transportable eiserne Oefen. Das ALR. rechnet dazu auch angeschlagene Wandtapeten, Jalousieen, Fensterläden, Hausglocken, Bratenwender, Ofenthüren (die Z. des Ofens und damit des Gebäudes), Haus- und Bodenleitern, eingefugte Schränke und Bettstellen, angefahrene Baumaterialien und Abbruchmaterialien, §§ 88, 89 I 2. Vgl. C. c. art 532. Das BGB. trifft solche Bestimmung mit Recht nicht, weil sie für die konkrete Sachlage oft nicht zutreffe, zum Theil auch nach der Verkehrsanschauung zu weit gehe. Der § 97 führt für einzelne dieser Sachen, namentlich für Baumaterialen zu anderem Ergebniß, noch weniger kann Abbruchmaterial als Z. des abgebrochenen Gebäudes gelten, das nicht mehr existirt. Auch nach BGB. werden als Z. anzusehen sein die Schulbänke bei Schulgebäuden, StrA. 52 S. 86, Glocken, Uhren, Orgel bei einer Kirche, ObTr. 38 S. 273, StrA. 39 S. 351, nicht der Gartenzaun als Z. des Gebäudes, ObTr. 52 S. 303, auch der Brunnen, ObTr. 82 S. 124, der, wenn er nicht Bestandtheil, doch Z. des Grundstücks, und so mittelbar des Gebäudes als wes. Bestandtheil des Grundstücks ist. Andrer möglicher Zubehörstücke ist früher erwähnt (Beleuchtungsanlagen, Gas-, Wasserleitungen). Vom Reichsgericht ist ferner das Rohrnetz einer Gasanstalt als deren Zubehör und das Depotgrundstück einer Pferdebahn als Z. der Bahn beurtheilt. Bolze 2, Nr. 20, 267, Nr. 61, 63, 1308. Nach BGB. erscheint es richtiger, in beiden Fällen das Verhältniß von wesentlichen Bestandtheilen anzunehmen, da Rohrnetz und Schienennetz ohne die Anstalt und das Depot nichts ist und umgekehrt. In JW. 1895 S. 607 Nr. 51 hat das RG. einen Dampfer als Z. eines am Fluß belegenen Grundstücks angesehen, was auch nach BGB. konkret richtig sein kann, § 97. Zu beachten ist auch hier das Erforderniß der dauernden Bestimmung. Diese kann fortfallen, wenn Miether, Pächter, Nießbraucher, Pfandgläubiger, Besitzer Anschaffungen oder Anlagen machen, die Zubehör sein würden, wenn sie nicht lediglich für die Person des Miethers ꝛc. bestimmt wären, aber bestehen, wenn sie der Sache dauernd dienen sollen; in beiden Fällen kommt die Frage der Wegnahmeberechtigung in Betracht, §§ 258, 547, 1049, 1216, 997, 601, 2125. In Bolze 7 Nr. 38 ist eine Dampfmaschine, die der Besitzer einer Windmühle zur Aushülfe bei ungenügendem Winde angeschafft, nicht als Z. beurtheilt. Leihen einer Sache begründet nie Zubehöreigenschaft.

e. Bei einem Landgut bezeichnet § 98 Nr. 2 als zum wirthschaftlichen Zweck bestimmt: das zum Wirthschaftsbetrieb bestimmte Geräth (Egge, Pflug, Maschinen, Gespann), Vieh, die landwirthschaftlichen Erzeugnisse, die zur Wirthschaftsführung bis zur nächsten Ernte erforderlich (Saat=, Brod=, Futterkorn), vgl. § 593, und den ganzen vorhandenen, auf dem Gute gewonnenen Dünger. Dazu gehört also nicht künstlicher Dünger, wenn nicht die Voraussetzungen des § 97 besonders bewiesen werden, Mastvieh und zur Mast und Verkauf bestimmtes Vieh, Luxusvieh, von Dritten zur Weide eingestelltes Vieh, wohl aber Vieh, das zum Dunggewinn und zur Milchwirthschaft und zu Nebenbetrieben gehalten wird, und Zubehör solcher Nebenbetriebe ist auch Z. des Landguts, mit dem der Betrieb verbunden. StrA. 55 S. 287 (Malzdarren). Im Ganzen stimmt das mit dem Pertinenzregister in §§ 48 ff. I 2 ALR. Das BGB. definirt den Begriff des Landguts so wenig wie das ALR., obwohl er auch in §§ 2049, 2312 von Bedeutung ist; entscheidend ist aber auch für das BGB. die Bestimmung und Einrichtung eines Grundstücks zum Betriebe des Ackerbaues und der Viezucht. §§ 582 ff., StrA. 51 S. 7, RE. 1 Nr. 40, 3 Nr. 293, 297. Auch nach BGB. ist ein Mühlengrundstück, bei dem die Mühle die Hauptsache, Viehzucht gar nicht, Ackerbau nur nebenher betrieben wird, kein Landgut, ObTr. 67 S. 64 (StrA. 83 S. 306), wohl aber ein Vorwerk, das mit einem anderen Gute und für dasselbe bewirthschaftet wird, auch ein städisches Grundstück, mit dem Landwirthschaft betrieben wird, § 61 I 2. Wo der Hauptbetrieb kein landwirthschaftlicher, der landwirthschaftliche nur Nebenbetrieb, ist die Zubehöreigenschaft nach § 97 zu beurtheilen. Auch hier kommt bei Beschaffung von Zubehörstücken durch Eigenthümer, Pächter, Nießbraucher, Besitzer in Frage, ob die Beschaffung für das Landgut oder für die Zeit der Benutzung durch den Besitzer erfolgt ist, oder überhaupt nur vorübergehend, zur Probe, oder leihweise zum zeitweiligen Ersatz. Das Inventar, das der Pächter auf das Gut bringt, wird danach regelmäßig wie nach bisherigem Recht, nicht Z. des Guts. Vgl. RG. 9 S. 303. Vgl. §§ 586, 587 ff. Auch Inventar, das für den Fall des Eigenthumserwerbs auf ein Gut gebracht, wird nicht Z., wenn der Eigenthumserwerb ausfällt. Vgl. RG. 33 S. 273. Auch nach BGB. versteht sich von selbst, daß nicht Z., was zum Haus= oder persönlichen Gebrauch oder zum Vergnügen des Besitzers dient, wohl aber Gutskarten, Risse, Urkunden über die Rechtsverhältnisse des Guts, §§ 57, 62, 63 I 2, ferner Holz aus dem Walde, das für die Wirthschaft bis zum nächsten Holzschlag erforderlich, § 66 I 2, auch gestochener Torf. Bolze 11 Nr. 27. Auch sonst bleibt das Pertinenzregister des ALR. auch für das BGB., wenn auch mit Vorsicht, anwendbar.

f. Der § 91 I 2 ALR. rechnet zum Z. eines Schiffes alle dabei befindlichen und zu dessen Gebrauch bestimmten Anker, Masten, Taue und andere Schiffsgeräthschaften, ingleichen Kanonen, nicht aber Schießgewehr und Munition. Vgl. §§ 1397, 1398 II 8. Art. 443 HGB. bezeichnet als Z. eines Seeschiffs alle Sachen, die zum bleibenden Gebrauche des Schiffs bei der Seefahrt bestimmt, insbesondere Schiffsboote, im Zweifel alle in das Schiffsinventar eingetragenen Gegenstände. Der § 478 des HGB. v. 10. Mai 1897 beschränkt sich auf die Vorschrift, daß bei Seeschiffen auch die Schiffsboote zum Z. gehören, im Zweifel die in das Schiffsinventar eingetragenen Gegenstände. Das Binnenschiffahrtsgesetz v. 15. Juni 1895 enthält nur die Vorschrift im § 103, daß das Pfandrecht der Schiffsgläubiger am Schiff und Zubehör besteht. Das Z. von Schiffen jeder Art ist danach, abgesehen von der ausdrücklichen Vorschrift für Schiffsboote bei Seeschiffen, jetzt nach § 97 zu bestimmen, der in der Hauptsache zu demselben Ergebniß führt wie § 91 I 2 und das Princip in Art. 443 des alten HGB.

g. Zur Begründung der Zubehöreigenschaft ist erforderlich, daß die bewegliche Nebensache zur Hauptsache in ein der Bestimmung für die Hauptsache entsprechendes räumliches Verhältniß gebracht wird, und die Zubehöreigenschaft hört mit der nicht bloß vorübergehenden, sondern dauernden, auf die Dauer berechneten Trennung von der Hauptsache auf. § 97 Abs. 1 u. Satz 2 Abs. 2. Das räumliche Verhältniß braucht nicht mechanische Verbindung zu sein, wie sich namentlich bei dem Z. des Landguts von selbst ergiebt. Der bloße Wille ohne Realisation desselben schafft Z. nicht und hebt es nicht auf. Darum hebt Verkauf, Uebergabe, Pfändung, Verpfändung ohne

Hinzutritt der räumlichen Trennung, Fortschaffung die Zubehöreigenschaft nicht auf, wesentlich wie im bisherigen R. Vgl. zu §§ 1121, 1122 u. StrA. 96 S. 281, RG. 9 S. 303, 305; 25 S. 18, 34 S. 167, 27 S. 311 (franz. R.). Die erforderliche dauernde Trennung fehlt, wenn das Z. auf Zeit verliehen oder zur Probe oder Reparatur gegeben oder zeitweilig an anderer Stelle untergebracht wird. Solchen Fall behandelt OHG. 10 S. 157, wo der Besitzer mehrerer Landgüter das Inventar des einen auf dem anderen untergebracht hatte. Vgl. auch Bolze 13 Nr. 34, 2 Nr. 103. RG. 3 S. 15, 24 S. 138 (Trennung, Coupons, Dividendenscheine, Talons).

5. Frucht und Nutzung, §§ 99, 100, 101, 102. ALR. I 2 §§ 109, 110; 9 § 221. SBGB. §§ 73ff. C. c. art. 546, 547ff., 582, 583, 590ff. a. Nach § 100 ist der Begriff der Nutzung wie im ALR. der weitere, umfaßt die Frucht und den Gebrauchsvortheil, bei Vieh z. B. das Junge, den Dünger als Frucht und den Vortheil aus dem Gebrauch zum Ziehen oder Reiten, bei Grundstücken die Früchte und Ausbeute des Bodens und den Vortheil aus dem Gebrauche zum Wohnen oder aus dem Vermiethen und Verpachten. Unter keinen dieser Begriffe fällt der Schatz, § 984, der deshalb nach § 1040 auch nicht dem Nießbraucher gehört, noch weniger dem Pächter oder Besitzer, auch nicht das Recht auf Aneignung von Wurzeln und überhängenden Zweigen in § 910, das nach Abs. 2 das. nur der Abwehr von Schaden dient. Viele Sachen können überhaupt nur gebraucht werden, wie Möbel, Hausgeräth, Kleidungsstücke u. a., bei ihnen besteht die Nutzung in dem Gebrauch. Andere Sachen sind zum Gebrauch durch Verbrauch bestimmt, Lebensmittel, Brennmaterial u. a.; über diese vgl. zu § 92 unt. 7d. In diesem Sinn ist der Begriff der Nutzung in all den zahlreichen Vorschriften zu nehmen, wo er vorkommt. Vgl. z. B. §§ 256, 292, 302, 347, 446, 818, 987, 1030, 1120ff., 1213, 1214, 1813, 2374. Der Begriff der Frucht ist, wie in allen Rechten, von besonderer Bedeutung da, wo es sich um Herausgabe einer Sache Seitens des Besitzers an den Eigenthümer oder besser Berechtigten handelt, §§ 256, 292, 302, 347, 987ff., 993, bei der Pacht §§ 581, 592, beim Pfandrecht §§ 585, 1120ff., 1213, beim Nießbrauch §§ 1039, 1043, 1055 Abs. 2. Darauf ist schon früher hingewiesen, daß abweichend vom ALR. das BGB. die Frucht wie andere Bestandtheile vor der Trennung nicht als besondere Sache ansieht, daß sie besondere Sache und Gegenstand eigenen dinglichen Rechts, abgesehen von § 714 CPO., erst durch und mit der Trennung wird, und daß damit die §§ 953ff. über den Eigenthumserwerb an der Frucht (durch Separation, durch Besitzergreifung) zusammenhängen, daß die Hypothek die hängende und stehende Frucht als Bestandtheil der Sache von selbst ergreift, für das Recht des Pächters gegenüber dem Hypothekengläubiger durch besondere Vorschriften gesorgt ist.

b. Der wirthschaftliche Begriff der Frucht beruht darauf, daß sie aus der fruchttragenden Sache erwächst, regelmäßig wiederkehrt, den Ertrag der Hauptsache darstellt und ihren Ertragswerth ausmacht, auch eine selbständige Zweckbestimmung hat. Von diesem Begriff ausgehend, setzt das ALR. die Frucht in Gegensatz zur Substanz, sieht nutzbare Bodenbestandtheile wie Erde, Torf, Mergel, Thon, Kohle, Marmor, Erz, Gestein nicht als Frucht an, weil ihre Entnahme die Substanz der Sache vermindert und verändert, ebenso die Bäume eines Waldes als Frucht nur soweit, als sie forstwirthschaftlich schlagbar, nicht Wind- und Schneebruch, nicht den Obstbaum, nur das Obst. Vgl. RE. 1 Nr. 34, 35; 3 Nr. 284 Erk. b, c (Bäume eines Waldes), Nr. 285 Erk. a (Torf), Nr. 292 Erk. d, Nr. 291, Nr. 292 Erk. e. Für Pacht und Nießbrauch, Hypothek sind daraus bedeutsame rechtliche Folgen gezogen; Pacht von Torfstich, Thonlager, Steinbruch giebt es nicht, das Recht des Nießbrauchers erstreckt sich grundsätzlich nicht auf solche Ausbeute, sondern nur auf die Nutzungen derselben. Das BGB. hat diesen Fruchtbegriff nicht adoptirt. Nach § 99 sind Früchte einer Sache die Erzeugnisse der Sache, d. h. alle organischen Erzeugnisse, mögen sie mit oder ohne Arbeit entstehen (naturales, naturels, industriels), im Wege der gewöhnlichen ordnungsmäßigen Wirthschaftsführung oder durch Raubwirthschaft, zur Fruchtziehung bestimmt, Ertrag sein oder nicht, — und die bestimmungsmäßige Ausbeute der Sache. Daß nach § 911 überfallende Früchte als Frucht des Nachbargrundstücks gelten, auf das sie übergefallen, ist eine Specialvorschrift, die aus dem Fruchtbegriff nicht folgt. Zu den Früchten der Sache gehört danach wie im bisherigen Recht die geerntete und abgefallene

Baum- und Erdfrucht, das Junge des Thieres, sein Dünger, die Wolle, RG. 22 S. 272, die Milch, nicht aber Fell und Fleisch des Viehs, weil sie nicht *organische Erzeugnisse*, sondern durch den Verbrauch der Sache entstehen, auch nicht Ertrag der Sache, sondern die Sache selbst zerlegt darstellen. Wohl aber ist Frucht alles, was aus Samen, Knolle, Steckling durch die Hülfe des Bodens aus demselben erwächst, der Baum im Walde und der einzelne Baum außerhalb desselben, Obstbäume und Obst, Pflanzungen aller Art, nur nicht die Pflanze und der Baum, der dem Boden nicht zur Erzeugung und Ernährung, sondern zur Aufbewahrung, Konservirung, zum Schutz gegen Untergang anvertraut wird. Dieser überspannte unwirthschaftliche Fruchtbegriff würde dem wirthschaftlichen Leben gefährlich sein, wenn nicht das Gesetz selbst bei den einzelnen Rechtsinstituten Fürsorge träfe. Nach § 581 ist *bei Pacht* das Recht des Pächters auf die Früchte beschränkt, die nach den Grundsätzen *ordnungsmäßiger Wirthschaft als Ertrag* gelten; aus §§ 1036, 1383 (ehemännlich) ergiebt sich Gleiches für den *Nießbrauch*, namentlich folgt aus § 1038, daß bei Nießbrauch *an einem Walde* die Nutzung der Beschränkung durch einen Wirthschaftsplan unterliegt, d. h. durch *forstwirthschaftliche Behandlung des Waldes*. Auf gleichem Gesichtspunkt beruht § 2133 (Vorerbe u. Nacherbe). Auch in §§ 997, 998, 2133 wird im Verhältniß zwischen Eigenthümer und Besitzer, Vorerbe und Nacherbe, zwischen dem durch ordnungsmäßige und ordnungswidrige oder durch außerordentliche Ereignisse (z. B. Wind- und Schneebruch, Raupenfraß) gewonnenen Früchten geschieden, ebenso in § 1122 bei der Haftung des Grundstücks für die Hypothek (Grundschuld) zwischen den Früchten, die innerhalb der Grenzen einer ordnungsmäßige Wirthschaft gewonnen und den sonstigen Früchten. In den §§ 1133 ff., die dem Hypothekar das Recht zum Einschreiten gegen Verschlechterung des Grundstücks geben, ist auch an die Verschlechterung durch ordnungswidrige Fruchtziehung zu denken. Vgl. auch §§ 1217, 1218 beim Faustpfand. Der *wirthschaftliche* Fruchtbegriff, Frucht als Ertrag, tritt auch in dem Grundsatz des § 102 hervor, daß wer zur Herausgabe von Früchten verpflichtet ist, wie der Besitzer dem Eigenthümer gegenüber, und in dem Falle der §§ 292, 347, 487 Abs. 4, 818 ff., 848 ff., 987 ff., 1656 Abs. 1, 2020 ff., 2111 ff., 2184, vgl. §§ 591, 599, den Ersatz der ordnungsmäßigen *Gewinnungskosten* verlangen kann, die den Werth der Früchte nicht übersteigen, weil die Frucht Ertrag erst ist nach Abzug der auf die Gewinnung aufzuwendenden Kosten. ALR. I 7 § 233. SBGB. §§ 77, 312, 313 ff. (§§ 2208, 2209). C. c. art. 548. Auf dem wirthschaftlichen Fruchtbegriff beruht endlich auch, daß bei einem Inbegriff, wie dem Inventar eines landwirthschaftlichen Grundstücks, nach §§ 586 ff., 1048 Pächter und Nießbraucher aus den Früchten (Jungen des Viehs) für den Ersatz des Abgangs sorgen müssen, um das fruchttragende Ganze zu erhalten.

**c.** Zu den natürlichen Früchten einer Sache gehört nach § 99 Abs. 1 auch *die Ausbeute*, die aus einer Sache *ihrer Bestimmung gemäß* gewonnen wird, ohne Frucht im Sinne organischen Erzeugnisses zu sein. Hierunter fallen die bereits erwähnten Boden- und sonstigen Bestandtheile, Erde, Lehm, Mergel, Thon, Torf, Steine, Marmor, Porphyr, Granit, Basalt, Kalk, Farbenerden, Erz, Kohlen. Auch Eis aus einem Fluß, Teich rc. ist dahin zu rechnen. Vgl. RG. 32 S. 237, 239 (nicht Frucht, aber Nutzung). Frucht sind sie nicht, weil sie zum Boden nicht wie im Verhältniß der Frucht zur Muttersache stehen, nicht wiederkehren, ihre Wegnahme den Boden *zum Theil* erschöpft. Die Vorschrift des BGB. ist aber gerechtfertigt und gegenüber dem auch nicht konsequent festgehaltenen Standpunkt des ALR. ein Fortschritt, weil Ausbeute dieser Art oft die einzige Nutzungsart des Bodens ist und ihn nicht einmal nothwendig verschlechtert, sondern verbessern kann. Klar ist dies bei Torfstichen, Stein-, Kalk-, Gipsbrüchen, Lehm-, Thon-, Mergelgruben, die im wirthschaftlichen Leben als fruchtbringende Anlagen gelten, ebenso wie Bergwerke und Kohlengruben, Gräbereien anderer Art (Bernstein) und Mineralquellen. Gefährlichen Mißbrauch dieses erweiterten Fruchtbegriffs schneidet das BGB. dadurch ab, daß sie diesen Fruchtbegriff auf die Ausbeute beschränkt, *zu deren Gewinnung die Sache wirthschaftlich bestimmt* ist. Damit hängt zusammen, daß der Pächter die wirthschaftliche Bestimmung des Grundstücks grundsätzlich nicht ändern, z. B. aus einer Wiese keinen Torfstich machen darf, § 583, und daß nach § 1037 Abs. 2 auch der Nießbraucher *neue* Anlagen zur Ausbeute von solchen Bodenbestandtheilen nicht machen darf, wenn die wirthschaftliche Bestimmung des Grundstücks dadurch wesentlich verändert wird. Unter solchen Umständen wird auch der Hypothekengläubiger von dem Rechte aus §§ 1133 ff. gegen den Eigenthümer und jeden Dritten Gebrauch machen können, der neue Anlagen dieser Art errichtet oder die vorhandenen unwirthschaftlich ausnutzt. Vgl. zu §§ 1133 ff. Die §§ 953 ff. über den Eigenthumserwerb von Früchten finden auch auf diese Ausbeute Anwendung, und der gutgläubige Besitzer giebt sie dem Eigenthümer nicht anders heraus, als wie er Früchte herauszugeben hat, §§ 987 ff., während in ObTr. 74 S. 181, RE. 1 Nr. 34, für Preuß. R. ausgesprochen ist, daß der gutgläubige Besitzer den Werth gutgläubig gewonnenen Torfes zu ersetzen hat, weil Torf Substanz. Nach BGB. ist deshalb auch Nießbrauch und Pacht an Torfstich, Thonlager, Lehmgrube u. a. begrifflich möglich, wie § 114 Preuß. Bergges. Verpachtung eines Bergwerks kennt, und wie dies in RG. 6 S. 4 schon für gem. R. angenommen, übrigens in RG. 27 S. 279 auch für Preuß. R. (gegen StrA. 13 S. 36, 59 S. 79, 6 S. 121; vgl. RE. 3 Nr. 292 Erk. d). Daß die Ueberlassung eines bestimmten Quantums Ausbeute in einer bestimmten Bodenfläche zu bestimmtem Preise nach BGB. wie nach Preuß. R., vgl. StrA. 97 S. 229, Erk. c Nr. 194 RE. 2, Gegenstand des Kaufs sein kann, ist nicht zu bezweifeln. Vgl. zu §§ 433 ff. Andrerseits kann solche Ausbeute auch zum Gegenstande eines dinglichen Rechts an einem Grundstück (Nießbrauch, Grundgerechtigkeit, beschränkte persönliche Dienstbarkeit, Reallast, §§ 873, 1018, 1030, 1090) gemacht werden. Vgl. RE. 3 Nr. 276. Nach § 99 Abs. 2 gilt dann die Ausbeute als Frucht dieses Rechts, solch Recht kann deshalb auch Gegenstand des Nießbrauchs sein, § 1068, und in allen Fällen gebührt dem Berechtigten die Ausbeute als Frucht, nicht etwa bloß die Nutzung oder die Zinsen der Ausbeute. Vgl. über das abweichende Preuß. R. RE. 3 Nr. 291 und zu §§ 1030 ff.

**d.** Nach § 19 Abs. 3 sind Früchte auch die Erträge, welche eine Sache oder ein Recht vermöge eines Rechtsverhältnisses gewährt, Rechtsfrüchte, fructus civiles, fruits civils. SBGB. § 73 (bürgerliche Früchte), C. c. art 547, 584, 586. Vorausgesetzt muß werden, daß aus dem Rechtsverhältniß der Anspruch auf den Ertrag unmittelbar erwächst. Darum sind auch nach BGB. die Einnahmen einer Restauration, Gastwirthschaft, sonstigen Gewerbebetriebes nicht civile Früchte des Lokals, in dem der Gewerbebetrieb stattfindet, die Ueberlassung des Lokals gegen Entgelt deshalb Miethe, nicht Pacht, vgl. ObTr. 31 S. 414, RE. 3 Nr. 292 Erk. c, so wenig wie die Produkte der auf einem Grundstück betriebenen Fabrik Früchte des Grundstücks sind und dem Hypothekenrecht unterliegen. Bolze 22 Nr. 24. Civile Frucht ist dagegen der Pacht- und Miethszins, der Zins des ausgeliehenen Kapitals, § 1074, Pfandbriefzinsen (nicht aber die Amortisationszinsen, die theilweise Kapitalsrückzahlung darstellen), Renten, Dividenden, u. a. Die in § 1073 bezeichneten Leistungen sind civile Frucht des Rechts, an dem der Nießbrauch besteht. Die natürliche Frucht, die der Nießbraucher einer Sache selbst zieht, ist dagegen nur natürliche Frucht der Sache, nicht civile Frucht des Nießbrauchsrechts, weil dieses Recht zwar den Anspruch auch auf das Ziehen der Nutzungen erzeugt, § 1030, aber nicht unmittelbar das Recht auf die einzelne natürliche Frucht. Als civile Frucht stellt sich das Recht des an einer Straße Nutzugsberechtigten auf den Straßendünger dar, StrA. 47 S. 20. Civile Frucht ist auch der Jagdertrag als Ertrag des Jagdrechts.

**e.** Grundsätzlich wird die natürliche und die civile Frucht gleich behandelt. Ein Unterschied wird dadurch begründet, daß Entstehung, Trennung und Perception bei natürl. Frucht und bei der Ausbeute von Bodenbestandtheilen durch äußere Thatsachen sich von selbst ergiebt, bei der civilen Frucht der Zeitpunkt der Trennung nicht bestimmt werden kann, wenn die Trennung nicht durch Rechtsgeschäft erfolgt, was sehr wohl möglich ist (Cession der Zinsen, Cession des Kapitals ohne Zins). Die Fälligkeit bildet gegenüber dem Zeitraum, für den z. B. der Zins oder sonstige Ertrag fällig, einen rechtlich erheblichen Zeitpunkt, ohne daß er nothwendig rechtlich der Trennung gleichzustellen. Sichtbarer Ertrag wird die civile Frucht erst durch Einziehung und Eingang. Rechtlichen Einfluß hat dies, wie in allen Rechten, einmal für die Frage, wie weit und wie lange die civile Frucht dem Hypothekengläubiger haftet, §§ 1123 ff., 1126, Preuß. EEG. v. 5. Mai 1872 §§ 30, 31, und für die im § 101 behandelte Frage der Fruchtvertheilung zwischen einem Fruchtzugberechtigten u. dem ihm nachfolgenden Fruchtzugberechtigten, wenn diese Frage nicht durch Rechtsgeschäft zwischen den Betheiligten oder durch das Gesetz besonders geregelt ist. Es versteht sich von selbst, daß Verkäufer und Käufer, Verpächter und Pächter, Eigenthümer und Nießbrauchsberechtigter bei dem Verkauf, der Verpachtung, der Etablirung des Nießbrauchs stipuliren können, wie es mit dem beim Eigenthumsübergang, dem Beginn der Pacht oder des Nießbrauchs stehenden, hängenden, getrennten Früchten, Bodenbestandtheilen, Ausbeute, civilen Früchten gehalten werden soll, und daß, wenn darüber nichts bestimmt, das Nutzungsrecht des neuen Eigenthümers mit dem Eigenthumsübergang, mit dem das Nutzungsrecht übergeht, das des Pächters und Nießbrauchers mit dem Anfangstermin der Pacht und des Nießbrauchs beginnt und daß, wenn nach diesen Terminen der Eigenthümer, Verpächter weiter nutzt, er die gezogenen natürlichen Früchte (Ausbeute) dem Berechtigten herauszugeben oder zu vergüten hat. Darauf beruht § 446 für den Kauf (§ 2380 Erbschaftskauf) mit einer Modifikation bei Grundstücken (Uebergabe vor der Auflassung), § 581 für die Pacht, §§ 1030 ff. für den Nießbrauch, der § 101 Nr. 1 und die §§ 284 ff. über die Folgen des Verzugs des Verpflichteten. Besondere Regelung bedurfte die Frage der civilen Früchte aus dem obigen Grunde, daß bei ihnen der Zeitpunkt der Zugehörigkeit zur Hauptsache und der Trennung (Separation) nicht sich von selbst ergiebt. Eine weitere Frage ist, wie es hinsichtlich der natürlichen und civilen Früchte bei Rückgabe der Pacht- und Nießbrauchssache nach beendetem Pacht- und Nießbrauchsverhältniß zu halten ist, wenn die Parteien nicht selbst darüber bestimmt haben, was ihnen offen steht. In Frage kommt endlich, wie es mit den Früchten zu halten ist, wo der Besitzer an den Eigenthümer herauszugeben hat, da der Besitzer an sich als Nutzungsberechtigter nicht angesehen werden kann. Für alle diese Fälle stellt der § 101 seinen Grundsatz auf; im § 993 Abs. 2 ist auf das Verhältniß zwischen dem redlichen Besitzer und dem Eigenthümer ausdrücklich der § 101 angewendet. Das Detail der Anwendung des Grundsatzes ist bei diesen einzelnen Fällen, bei denen zugleich in §§ 591, 993 ff., 1055 einige Nebenfragen geregelt, darzulegen. Hier ist nur zu bemerken: Bei natürlichen Früchten und der Ausbeute von Sache und Recht im Sinne § 99 Abs. 1 entscheidet nach § 101 Nr. 1 lediglich die Thatsache, ob sie im Zeitpunkt der Beendigung des Nutzungsrechts von der Sache, die Gegenstand des Nutzungsrechts, getrennt sind oder nicht; die getrennten verbleiben dem Berechtigten, die nicht getrennten gebühren dem Nachfolger, auch wenn der Vorgänger sie nach der Beendigung getrennt hat und so Eigenthümer derselben geworden ist, §§ 953 ff. Damit ist der deutschrechtliche Grundsatz, Sachsenspiegel III 76 § 4, und der Grundsatz des SBGB. § 76 Satz 2, 3 „wer sät, der mäht" in Uebereinstimmung mit dem röm. und gem. R., C. civ. art. 585 ebenso aufgegeben, wie der vermittelnde Grundsatz des ALR. I 7 §§ 189 ff., 197 ff.; 21 §§ 29, 143 ff.; II 4 § 212, das den Reinertrag des Wirthschaftsjahres (1. Juli, 1. Juni) bzw. Pachtjahres zwischen Vorgänger und Nachfolger theilte. Bestehen bleibt der landrechtliche Grundsatz für das Verhältniß zwischen Fideikommißbesitzer und Nachfolger, II 4 § 212. EG. Art. 59. Unbillige Härten werden durch die Specialvorschriften in den §§ 592, 998, 1055, 1421 gemildert. Vgl. dort die Beispiele für die Gestaltung im einzelnen Falle.

Bei allen anderen Früchten, die nicht Erzeugnisse oder Ausbeute einer Sache oder eines Rechts, § 99 Abs. 3, läßt § 101 Nr. 2, theils abweichend, theils übereinstimmend mit dem gem. preuß. R., ALR. I 11 § 106; 7 §§ 191 ff.; 21 §§ 143 ff., 166 ff., C. c. art 586, SBGB. § 76 Satz 4 u. 5, grundsätzlich die Fälligkeit analog der Separation entscheiden, macht davon aber eine Ausnahme für Mieths-, Pachtzinsen, andere Zinsen, Dividenden und sonstige regelmäßig wiederkehrende Erträge, indem es diese zwischen Vorgänger und Nachfolger nach der Dauer der Berechtigung innerhalb des Zeitraumes vertheilt, für welchen diese Erträge als solche gelten. Endet also z. B. der Nießbrauch an einem vermietheten Wohnhause am 15. Februar, so gebühren dem Nießbraucher oder dessen Erben von den Miethen für das 1. Quartal des Jahres die auf die Zeit vom 1. Januar bis 15. Februar ratirlich zu berechnenden Miethen, der Rest dem Eigenthümer, mag die Miethe prae- oder postnum. fällig sein.

**6.** Der in § 103 für die Lastenvertheilung aufgestellte Grundsatz kommt wie § 101 überall zur Anwendung, wo es sich um das Verhältniß von Vorgänger und Nachfolger in Recht und Pflicht handelt. Vgl. die §§ 446, 2379 (Kauf, Erbschaftskauf), § 546 (Miethe und Pacht), §§ 748, 1529, 1531 (Gemeinschaft), §§ 995, 2022 (Besitzer und Eigenthümer), §§ 1047, 1365, 1654 (Nießbrauch), §§ 2124, 2126 (Vor- und Nacherbe), § 2185 (Vermächtniß). Die regelmäßig wiederkehrenden Lasten (Abgaben, Steuern, Hypothekenzinsen, Renten, Reallasten, Feuerkassenbeiträge u. a., vgl. § 1047), werden zwischen Vormann und Nachmann pro rata temporis, d. h. für die Zeitdauer der Pflicht, getheilt, die Lasten anderer Art, die nicht regelmäßig wiederkehren, sondern nur einmal oder doch nur aus besonderem Anlaß zu entrichten, hat der zu tragen, in dessen Zeit sie zu entrichten, d. h. fällig sind. ALR. I 11 §§ 180, 181. SBGB. § 129. C. c. art. 608. Dahin gehören z. B. die statutarischen Pflasterungs- und sonstigen Kosten, wie sie bei Anlegung neuer Straßen vorkommen, § 15 Abs. 4 Preuß. Ges. v. 2. Juli 1875, StrA. 97 S. 25, ferner die Wege-, Schul-, Kirchenbau-, Patronatslasten. Bei solchen Lasten fällt regelmäßig die Entrichtungspflicht mit der Entstehung der Last zusammen, d. h. mit dem Eintritt der Thatsachen, durch welche die Beitragspflicht begründet wird, die Herstellung des Weges, Baues u. s. w., wenn der Beitrag nicht schon vorher eingefordert wird.

7. Arten von Sachen, §§ 91, 92. ALR. I 2 §§ 120, 121; 5 § 275; 14 §§ 83 ff.; 21 § 173. SBGB. § 61, 623. C. c. art. 1874.

a. Das BGB. definirt in den §§ 91, 92 nur die vertretbare und die verbrauchbare Sache, die ALR. I 2 § 121 ebenso wie C. c. art. 1874, 1892 zusammenfaßt, obwohl es vertretbare Sachen giebt, die nicht verbrauchbar, d. h. bestimmungsmäßig zum Verbrauch dienen, z. B. Bücher, Pferde, Eisen, wenn auch die verbrauchbaren regelmäßig, aber auch nicht nothwendig vertretbar sind. Der Begriff der vertretbaren Sache (res fungibilis) ist nur auf dem Gebiete des Obligationenrechts von Bedeutung; nur vertretbare Sachen sind Gegenstand des Darlehns, des depos. irregulare, §§ 607, 700, und der Anweisung im § 783 (vgl. § 363 HGB. v. 10. Mai 1897, Art. 301 HGB.); bei Einbringen in eine Gesellschaft werden sie im Zweifel Eigenthum der Gesellschaft, § 706; nur bei vertretbaren Sachen ist ein Markt- oder Börsenpreis zu denken (vgl. §§ 385, 453, 764, 1221, 1225, 1295); regelmäßig sind nur vertretbare Sachen Gegenstand eines Rechtsgeschäfts, dessen Object nur der Gattung nach bestimmt wird, sodaß die wichtigen Vorschriften der §§ 243, 279, 300 Abs. 2, 480, 491, 524, 2182, 2183 (Kauf, Schenkung, Legat einer Genussache, genus non perit), namentlich für die vertretbaren Sachen Bedeutung haben. Vertretbare Sachen erwähnt CPO. § 555 (Urkundenproceß für Ansprüche auf Leistungen einer bestimmten Quantität von Geld, anderer vertretb. S. oder Werthpapiere), § 628 (Mahnverfahren), § 702 Nr. 5 (vollstreckbare Urk.), § 770 (Zwangsvollstr. auf Herausgabe).

b. Der Begriff der verbrauchbaren S. (Konsumtibilien) ist von Bedeutung durch den Rechtssatz, daß der Nießbraucher an ihnen Eigenthum erwirbt, die Rückgewähr im Werthsersatz besteht, §§ 1067, 1075, 1086, 1089, SBGB. § 623, daß der Ehemann und der Vater sie auf Grund seines Rechts am Frauen- u. Kindesgut frei veräußern und für sich verbrauchen kann, §§ 1376, 1377, 1653 (vgl. § 1411), bei GG. vermuthet wird, daß sie, wenn nicht mehr vorhanden, in das Gesammtgut verwendet und dieses um ihren Werth bereichert, § 1540, und daß bei der Gesellschaft im Zweifel ihr Einbringen Eigenthum der Gesellschaft bewirkt. § 706.

c. Der Begriff der vertretb. S. ist unverändert geblieben: bewegliche Sachen, die im Verkehr nach Zahl, Maß, Gewicht bestimmt zu werden pflegen, d. h. regelmäßig nicht als individuelle, besonders qualificirte Sachen, sondern als Gattungssachen in Betracht kommen. l. 1 § 2 D. 44, 7; l. 2 § 1 D. 12, 1. SBGB. § 61. Als vertretbar nach der Verkehrsanschauung gelten z. B. Getreide, Eisen, Zucker, Mehl, Wein, Bücher und namentlich gemünztes und Papiergeld als allgemeines Tauschmittel und allgemeiner Werthmesser (RGes. v. 4. Dez. 1871, 9. Juli 1873, 30. April 1874, 14. März 1874, 1. April 1886). Für Geld stellt auch das BGB. noch eine Reihe von besonderen Rechtssätzen auf, so über den Eigenthumserwerb und die Vindikation, §§ 935 (948), 1006, 1007, in § 270 (der Schuldner hat Geld im Zweifel auf seine Gefahr und Kosten dem Gläubiger an dessen Wohnsitz zu übermitteln), in § 702 (receptum des Gastwirths), in § 1377 Abs. 2 (eingebrachtes Geld), § 1806 (Mündelgeld), in §§ 232, 233, 235, 372 (Hinterl. von Geld zur Sicherheit, Erfüllung). Nicht vertretbare S. sind z. B. Grundstücke, Häuser, Kunstwerke, Pferde, Gemälde, die im

Verkehr regelmäßig als species (Individualsachen) gehandelt und gemeint werden, ebenso wie solche Sachen, deren Maaß einem bestimmten konkreten Zwecke dienen soll, wie z. B. Möbel, Maschinen, Kleidungsstücke für einen bestimmt gestalteten Wohn-, Fabrikraum, oder eine bestimmte Person. Es erhellt daraus, daß konkret eine an sich vertretbare Sache eine unvertretbare sein kann und umgekehrt. Das tritt beim Kauf und namentlich bei der Werkverdingung hervor, die der § 651 deshalb rechtlich verschieden behandelt, wenn es sich um eine vertretbare oder unvertretbare Sache handelt, z. B. um eine Maschine bekannter, gewöhnlicher Art und üblicher Beschaffenheit, oder um dieselbe Maschine, *wenn sie einem bestimmten Raume oder Betriebe angepaßt sein muß*, oder wenn es sich um eine neue Maschine nach bestimmter Idee, Konstruktion handelt. Vertretbare sind regelmäßig Gegenstand von Genusgeschäften, aber nicht immer, unvertretbare regelmäßig nicht, aber sie sind davon nicht ausgeschlossen. So sind namentich auch Werthpapiere (Inhaber-, Orderpapiere) regelmäßig vertretbare Sachen, §§ 1084, 1392, 1814, aber sie werden species, wenn es sich um bestimmte Nummern handelt.

**d.** Verbrauchbare S. ist nicht, was durch den Gebrauch mit der Zeit verbraucht wird, sondern was *zum Verbrauch durch Genuß, Gebrauch seiner Natur nach bestimmt ist*, z. B. Lebensmittel, Brennmaterial. Dazu treten nach § 92 die Sachen, die nicht zum Besitz, sondern zum Ausgeben bestimmt, wie das Geld, l. 32 D. 4, 4, l. 13 D. 12, 1, oder sonst *zum Gebrauch durch Veräußerung* bestimmt sind. Nach den §§ 1084, 1392, 1814 können dazu auch Werthpapiere (Inhaber-, Orderpapiere) gehören; ob sie dazu gehören, ist nur konkret zu finden; es hängt davon ab, ob sie feste Anlagen sind, Kapitalsvermögen, oder, wie Zinskoupons, Dividendenscheine, Wechsel, Cheks, Anweisungen zum Umsetzen in Geld bestimmt sind. Die Früchte, der Ertrag eines Guts ist regelmäßig zum Verbrauch durch Gebrauch und Umsatz bestimmt; soweit sie Zubehör nach § 98 Nr. 2, d. h. soweit sie zur Fortführung der Wirthschaft erforderlich, sind sie nur zu diesem Zweck verbrauchbar. Die Jungen einer Heerde sind Früchte, soweit sie zur Veräußerung bestimmt, und in soweit verbrauchbar, aber nicht, soweit sie wirthschaftlich zur Erhaltung des Bestandes erforderlich. Das führt auf die Vorschrift in § 92 Abs. 2, wonach zu einem Waarenlager oder sonstigen Inbegriff gehörige bewegliche Sachen als verbrauchbar gelten, *soweit der bestimmungsmäßige Gebrauch des Inbegriffs in der Veräußerung der dazu gehörigen einzelnen Sachen besteht*. So wenig diese Bestimmung für *alle* Stücke einer Heerde oder eines landwirthschaftlichen Inventars besteht, — darauf beruhen bei Pacht und Nießbrauch die §§ 586 ff., 1048, — so wenig besteht sie für die Bücher einer Bibliothek, wohl aber für die Bücher einer Buchhandlung, für die Stücke eines Waarenbestandes in einem Laden oder einem Lager. Darum kann nach § 560 Satz 2 der Vermiether eines Ladens auf Grund seines Pfandrechts allein nicht dem Verkauf aus dem Laden widersprechen, oder der Verpächter dem ordnungsmäßigen Verkauf der Früchte des Pachtguts, trotz § 585 Satz 2.

**e.** Nicht definirt ist der Begriff der theilbaren, untheilbaren, beweglichen, unbeweglichen Sache, ALR. I 2 §§ 6 ff., 41, auch nicht die unschätzbare Sache, § 119 a. a. O., C. c. art. 517 ff., SBGB § 59. Ueber Theilbarkeit und Untheilbarkeit vgl. oben unter 3. Unbewegliche Sache ist nach BGB., wie ebenfalls bereits erwähnt, nur das Grundstück und seine Bestandtheile, §§ 14, 96, und was ihm rechtlich gleichgestellt, wie die reichs- und landesrechtliche superficies, §§ 1012 ff., 1017 Abs. 1. EG. Art. 67, 68, vgl. unter 2. Alle anderen Sachen sind beweglich, namentlich Schiffsmühlen, Schiffe, obwohl diese, wenn sie im Schiffsregister eingetragen, in Bezug auf Verpfändung und Zwangsversteigerung den unbeweglichen Sachen ähnlich behandelt werden, §§ 1259 ff. EG. z. HGB. v. 10. Mai 1897 Art. 12 Nr. 21, durch den die Bestimmungen des Binnenschiffahrtsgesetzes §§ 131 ff. beseitigt sind. RGes. v. 24. März 1897 über die Zwangsversteigerung 2c. §§ 162 ff. Bewegliche Sachen im Sinne des Gesetzes sind auch Gebäude, die nicht Bestandtheil von Grund und Boden und nicht superficies. Unschätzbare Sachen kennt das BGB. nicht; über den Werthsbegriff giebt es keine Vorschrift wie ALR. I 2 §§ 111 ff., SBGB. § 78. Es scheidet nirgends zwischen ordentlichem, außerordentl. Werth und dem der besonderen Vorliebe, spricht in §§ 237, 501 vom Schätzungswerth und ordnet in § 738 die Werthfestsetzung durch Schätzung an. Das BGB. geht überall davon aus, daß, wo der Werth zu ersetzen, der konkrete gegenwärtig vorhandene, nicht etwa bloß gedachte Werth zu ersetzen, d. h. der volle, der den ordentlichen und außerordentlichen W. in sich schließt. Vgl. RG. 5 S. 249, 2 S. 234, 3 S. 239. Enteignungsgesetz v. 11. Juni 1874 §§ 8, 9, 10—14, 43, 51, 52. StrA. 85 S. 55, Bolze 4 Nr. 50. ObTr. 68 S. 132 (Ertragswerth). StrA. 100 S. 223 (Miethsgebäude; Schätzung nach den Miethserträgen einer Periode). Der Werth der besonderen Vorliebe gehört entweder zu dem außerordentlichen, nach bestimmten objectiven und subjectiven Momenten schätzbaren, oder entzieht sich jeder Schätzung, wenn und soweit er lediglich subjectiv ist, der Werthsersatz nach solchem Messer nicht mehr Ersatz eines Vermögenswerthes sein würde, an den das Gesetz grundsätzlich allein denkt, wo es nicht selbst anderes verordnet. Vgl. § 847. Darunter fällt aber z. B. nicht der s. g. Liebhaberwerth, der immer ein Werth ist, der objectiv zu schätzen. Vgl. RE. 1 Nr. 44.

8. Die §§ 90ff. können im Allgemeinen nur für Sachen im Gebiete des BGB. gelten und für Verträge, die in dessen Gebiet zu erfüllen. Umfang und Inhalt obligatorischer Rechte, die vor dem 1. Januar 1900 begründet, kann nach dem allgemeinen Grundsatz, daß wohlerworbene Rechte durch ein neues Gesetz nicht geändert werden, wenn das Gesetz es nicht selbst verordnet, durch die §§ 90ff. nicht berührt werden. EG. Art. 170ff. Aus Art. 184 EG. folgt, daß dies auch für den Inhalt der vor dem 1. Jan. 1900 begründeten Hypotheken, Grundschuld, Reallast gilt, was für die Frage der Erstreckung auf Bestandtheile und Zubehör erheblich. Auf die Dauer berechneten dinglichen Rechten kann durch neues Gesetz ein veränderter Inhalt gegeben werden. EG. Art. 181 Abs. 1. Ausdrücklich aufrecht erhalten ist in Art. 181, 182 EG. das bestehende Stockwerkseigenthum und die superficies an Bäumen und anderen Erzeugnissen. ALR. I 21 §§ 197, 199; 22 § 143.

---

## 3. Abschnitt. Rechtsgeschäfte.

### 1. Titel. Geschäftsfähigkeit.

§ **104**. Geschäftsunfähig ist:
1. wer nicht das siebente Lebensjahr vollendet hat;
2. wer sich in einem die freie Willensbestimmung ausschließenden Zustande krankhafter Störung der Geistesthätigkeit befindet, sofern nicht der Zustand seiner Natur nach ein vorübergehender ist;
3. wer wegen Geisteskrankheit entmündigt ist.

§ **105**. Die Willenserklärung eines Geschäftsunfähigen ist nichtig. Nichtig ist auch eine Willenserklärung, die im Zustande der Bewußtlosigkeit oder vorübergehender Störung der Geistesthätigkeit abgegeben wird.

§ **106**. Ein Minderjähriger, der das siebente Lebensjahr vollendet hat, ist nach Maßgabe der §§ 107 bis 113 in der Geschäftsfähigkeit beschränkt.

§ **107**. Der Minderjährige bedarf zu einer Willenserklärung, durch die er nicht lediglich einen rechtlichen Vortheil erlangt, der Einwilligung seines gesetzlichen Vertreters.

§ **108**. Schließt der Minderjährige einen Vertrag ohne die erforderliche Einwilligung des gesetzlichen Vertreters, so hängt die Wirksamkeit des Vertrags von der Genehmigung des Vertreters ab.

Fordert der andere Theil den Vertreter zur Erklärung über die Genehmigung auf, so kann die Erklärung nur ihm gegenüber erfolgen; eine vor der Aufforderung dem Minderjährigen gegenüber erklärte Genehmigung oder Verweigerung der Genehmigung wird unwirksam. Die

Genehmigung kann nur bis zum Ablaufe von zwei Wochen nach dem Empfange der Aufforderung erklärt werden; wird sie nicht erklärt, so gilt sie als verweigert.

Ist der Minderjährige unbeschränkt geschäftsfähig geworden, so tritt seine Genehmigung an die Stelle der Genehmigung des Vertreters.

**§ 109.** Bis zur Genehmigung des Vertrags ist der andere Theil zum Widerrufe berechtigt. Der Widerruf kann auch dem Minderjährigen gegenüber erklärt werden.

Hat der andere Theil die Minderjährigkeit gekannt, so kann er nur widerrufen, wenn der Minderjährige der Wahrheit zuwider die Einwilligung des Vertreters behauptet hat; er kann auch in diesem Falle nicht widerrufen, wenn ihm das Fehlen der Einwilligung bei dem Abschlusse des Vertrags bekannt war.

**§ 110.** Ein von dem Minderjährigen ohne Zustimmung des gesetzlichen Vertreters geschlossener Vertrag gilt als von Anfang an wirksam, wenn der Minderjährige die vertragsmäßige Leistung mit Mitteln bewirkt, die ihm zu diesem Zwecke oder zu freier Verfügung von dem Vertreter oder mit dessen Zustimmung von einem Dritten überlassen worden sind.

**§ 111.** Ein einseitiges Rechtsgeschäft, das der Minderjährige ohne die erforderliche Einwilligung des gesetzlichen Vertreters vornimmt, ist unwirksam. Nimmt der Minderjährige mit dieser Einwilligung ein solches Rechtsgeschäft einem Anderen gegenüber vor, so ist das Rechtsgeschäft unwirksam, wenn der Minderjährige die Einwilligung nicht in schriftlicher Form vorlegt und der Andere das Rechtsgeschäft aus diesem Grunde unverzüglich zurückweist. Die Zurückweisung ist ausgeschlossen, wenn der Vertreter den Anderen von der Einwilligung in Kenntniß gesetzt hatte.

**§ 112.** Ermächtigt der gesetzliche Vertreter mit Genehmigung des Vormundschaftsgerichts den Minderjährigen zum selbständigen Betrieb eines Erwerbsgeschäfts, so ist der Minderjährige für solche Rechtsgeschäfte unbeschränkt geschäftsfähig, welche der Geschäftsbetrieb mit sich bringt. Ausgenommen sind Rechtsgeschäfte, zu denen der Vertreter der Genehmigung des Vormundschaftsgerichts bedarf.

Die Ermächtigung kann von dem Vertreter nur mit Genehmigung des Vormundschaftsgerichts zurückgenommen werden.

**§ 113.** Ermächtigt der gesetzliche Vertreter den Minderjährigen, in Dienst oder in Arbeit zu treten, so ist der Minderjährige für solche Rechtsgeschäfte unbeschränkt geschäftsfähig, welche die Eingehung oder Aufhebung eines Dienst- oder Arbeitsverhältnisses der gestatteten Art oder die Erfüllung der sich aus einem solchen Verhältniß ergebenden Verpflichtungen betreffen. Ausgenommen sind Verträge, zu denen der Vertreter der Genehmigung des Vormundschaftsgerichts bedarf.

Die Ermächtigung kann von dem Vertreter zurückgenommen oder eingeschränkt werden.

Ist der gesetzliche Vertreter ein Vormund, so kann die Ermächtigung, wenn sie von ihm verweigert wird, auf Antrag des Minderjährigen durch das Vormundschaftsgericht ersetzt werden. Das Vormundschaftsgericht hat die Ermächtigung zu ersetzen, wenn sie im Interesse des Mündels liegt.

Die für einen einzelnen Fall ertheilte Ermächtigung gilt im Zweifel als allgemeine Ermächtigung zur Eingehung von Verhältnissen derselben Art.

**§ 114.** Wer wegen Geistesschwäche, wegen Verschwendung oder wegen Trunksucht entmündigt oder wer nach § 1906 unter vorläufige Vormundschaft gestellt ist, steht in Ansehung der Geschäftsfähigkeit einem Minderjährigen gleich, der das siebente Lebensjahr vollendet hat.

**§ 115.** Wird ein die Entmündigung aussprechender Beschluß in Folge einer Anfechtungsklage aufgehoben, so kann die Wirksamkeit der von oder gegenüber dem Entmündigten vorgenommenen Rechtsgeschäfte nicht auf Grund des Beschlusses in Frage gestellt werden. Auf die Wirksamkeit der von oder gegenüber dem gesetzlichen Vertreter vorgenommenen Rechtsgeschäfte hat die Aufhebung keinen Einfluß.

Diese Vorschriften finden entsprechende Anwendung, wenn im Falle einer vorläufigen Vormundschaft der Antrag auf Entmündigung zurückgenommen oder rechtskräftig abgewiesen oder der die Entmündigung aussprechende Beschluß in Folge einer Anfechtungsklage aufgehoben wird.

---

**Geschäftsfähigkeit.** §§ 104—115. EG. Art. 7, 153—156. E. I §§ 64—71; II §§ 78—89; III §§ 100—111. ALR. I 4 §§ 20, 22—30, 91—93; 5 §§ 9 ff., 14—25, 31—38. Preuß. Ges. v. 12. Juli 1875 §§ 1—4, 6, 7. SBGB. §§ 81, 81 a, 81 b (Ges. v. 20. Febr. 1882), §§ 704, 786, 787. C. c. art. 217, 225, 450, 499, 513, 901 ff., 1124, 1304 ff. W. I §§ 54, 71, 69, $82_8$, II § $321_{25}$. D. P. I §§ 52 ff., 91; Pr. Pr. I §§ 72—76, 111; III § 52. Eccius I §§ 26, 28; IV §§ 222, 223. RE. I Nr. 54, 55, 56. Grützmann I §§ 15, 17, 19. Z=Cr. I §§ 127, 129. Cr. I § 29. Gierke, D. Prvr. I §§ 33, 44. Endemann, Lehrb. des bürgerl. R. I §§ 25 ff.; § 60. Cosack I §§ 55 ff.

**A. 1.** Wie im System des ALR. (I 3—6), so schließen sich im System des BGB. den allgem. Vorschriften über Rechtssubjekt und die Sache als Rechtsobjekt im Abschn. 3 des I. Buchs (Allgem. Theil) allgemeine Vorschriften an über die Vermittelung zwischen Subjekt und Objekt durch die Handlung des Subjekts, der natürlichen oder jurist. Person, auch des Fiskus, soweit er in den Privatrechtsverkehr tritt und es sich nicht um Ausübung öffentlich rechtl. Befugnisse handelt. Amtshandlungen der Gerichte und sonstigen Behörden und der Beamten sind keine Handlungen des Privatrechts. Vermittelt wird die Beziehung zwischen Subjekt und Objekt außerdem durch eine Reihe von Rechtsvorgängen und rechtlich erheblichen (juristischen) Thatsachen, die nicht Handlungen sind, wie z. B. Geburt und Tod, Zeitablauf, §§ 194 ff., äußre Ereignisse, mit denen das Gesetz Rechtsfolgen verbindet, wie z. B. neben den Betriebsunfällen des Haftpflichtgesetzes die drohende Gefahr im § 908, Ueberhang und Ueberfall in §§ 910, 911, die natürliche Trennung der Frucht durch Abfallen in §§ 953 ff., Anlandung, Ablandung, Inselentstehung, Flußbettentstehung (EG. Art. 65), Bereicherung aus fremdem Vermögen, § 812, Entdecken eines Schatzes, insofern er Eigenthumserwerb für den Sacheigenthümer wirkt, § 984, u. a. Die Hauptform der Vermittelung sind die Handlungen des Subjekts, soweit sie rechtlich in Betracht kommen, Rechtshandlungen, die wiederum solche sind, an die das Gesetz Rechtsfolgen knüpft, weil sie unerlaubt und schuldhaft gewollt sind, oder solche nicht unerlaubte, an die das Gesetz Rechtsfolgen knüpft, weil sie auch ungewollt fremdes Recht verletzen, z. B. § 231, oder solche, an die das Gesetz Rechtsfolgen knüpft, auch wenn diese nicht gewollt sind, z. B. §§ 7, 8, 946 ff., 950, §§ 954 ff. Dazu treten endlich die für den Rechtsverkehr besonders wichtigen Handlungen, di[e] vorgenommen werden und nach dem Gesetz geeignet sind, um Rechtsbeziehungen zu Andren oder unter Andren herzustellen, zu verändern oder aufzuheben, die Rechtsgeschäfte. Nur auf diesen und dere[n] abstrakte Voraussetzungen bezieht sich der Abschn. 3. Die unerlaubten Handlungen, Unterlassungen, denen die schuldhafte Verletzung der Verpflichtung aus einem Schuldverhältniß in § 276 Abs. 1 gleichgestell[t] wird, sind in den §§ 823 ff. behandelt, und für die Rechtsgeschäfte des Familien- un[d] Erbrechts sind so viel Specialbestimmungen getroffen, daß der Abschn. 3 im erste[n] Titel wesentlich die vermögensrechtlichen Rechtsgeschäfte unter Lebenden trifft.

Das BGB. definirt den Begriff des Rechtsgeschäfts ebenso wenig wie das AL[R.] und der C. c., es setzt ihn voraus. Vgl. § 88 SBGB. (Handlung, die in Ueberein stimmung mit den Gesetzen ein Rechtsverhältniß begründen, aufheben oder ändern will.) Die §§ 116 ff., 145 ff., 158 ff. lassen aber nach ihrem Inhalt und ihrem Zusammenhang gar keinen Zweifel darüber, daß im BGB. wie in allen Rechten Rechtsgeschäft die Handlung, d. h. Willensbethätigung, Willenserklärung eines Rechtssubjekts ist, die ein Rechtsverhältniß begründen, ändern, aufheben will und nach dem Gesetz dazu geeignet ist, diese Rechtsfolge herbeizuführen, sei es für sich, sei es durch Hinzutritt von Thatsachen. In den §§ 117, 119 ff., 125, 134, 138, 139 ff., 142, 144, 182, 186 wird theils wörtlich, theils nach der Verbindung der Vorschriften Willenserklärung und Rechtsgeschäft gradezu identificirt; das BGB. kennt keine einseitige Willenserklärung mit rechtlichem Erfolg, die nicht Rechtsgeschäft ist, wie das Gelübde zum gemeinen Besten oder zu frommem Zweck. Desto wichtiger ist es für das BGB., die Grenzlinie zu ziehen nicht bloß gegenüber den bereits erwähnten Rechtsvorgängen, die keine Willensbethätigungen sind, und den Willensbethätigungen, die keine Rechtsgeschäfte sind, weil für ihre rechtliche Wirkung nicht der Wille des Erklärenden entscheidend ist, oder weil sie für den Erklärenden keinen rechtlichen Erfolg haben, sondern nur dem Rechtsgeschäft eines Andren dienen. In die letztere Kategorie von Willenserklärungen, die keine Rechtsgeschäfte sind, gehört z. B. die Genehmigung, Einwilligung des gesetzlichen Vertreters zu Rechtsgeschäften des Vertretenen. Beispiele für die erste Kategorie sind oben bereits genannt (Säen, Pflanzen, Bauen, Vermischen, Vermengen, Verarbeiten). In Zweifel gezogen ist, ob Okkupation, Dereliktion, Besitzergreifung, Besitzaufgabe Rechtsgeschäfte sind, so wenig zweifelhaft es auch ist, daß Auflassung und Uebergabe Rechtsgeschäfte sind, §§ 925, 929. Für occ. und derel. ist es nach §§ 958, 959, 928 zu bejahen. Finden und Entdecken in §§ 965, 984 ist kein Rechtsgeschäft, selbst juristische Thatsache nur in Verbindung mit der Besitznahme. Die Besitznahme aber ist Rechtsgeschäft nur insoweit, als sie über die Erlangung der thatsächlichen Gewalt über die Sache hinaus Rechte und Pflichten erzeugt, die nicht bloß gesetzliche Folgen der erlangten Gewalt sind. Vgl. zu §§ 854 ff. Die rechtliche Wirkung der Entdeckung und Inbesitznahme eines Schatzes, § 984, hängt weder davon ab, daß der Entdecker die verborgene Sache hat entdecken, noch davon, daß er einen Schatz hat in Besitz nehmen wollen; beides zusammen wirkt nach § 984 Eigenthumserwerb aus dem Gesetz für den Eigenthümer der Sache, in der die Sache verborgen war, und für den Entdecker und Okkupanten, während in § 958 für die Okkupation in Verbindung mit dem § 872 der Aneignungswille gefordert wird. Ohne dies würde Entdecken und Besitzen eines Schatzes durch ein Kind oder entmündigten Geisteskranken nach § 105 Abs. 1 nihil actum sein. Ueber die Frage, ob das Verlöbniß, §§ 1297 ff., ein Rechtsgeschäft ist, vgl. zu § 1297.

**2.** Von den Arten der Rechtsgeschäfte (einseitige, zweiseitige, mehrseitige, entgeltliche, unentgeltliche, abstrakte und kausale, begründende, ändernde, lösende, unter Lebenden, von Todeswegen) sind hier zu erwähnen die einseitigen und die zweiseitigen. Das abstrakte und kausale Rechtsgeschäft wird in den §§ 145 ff. von den Verträgen behandelt werden; der Begriff des entgeltlichen und unentgeltlichen, des unter Lebenden und von Todeswegen ist im BGB. der bekannte, für jedes Recht gegebene. Mit dem Inhalt des konkreten Rechtsgeschäfts hängt der Gegensatz der begründenden, ändernden, lösenden zusammen, ebenso wie der Begriff der Veräußerung (Rechtsübertragung) und der Verfügung, der im BGB. verschiedentlich vorkommt, Veräußerung und Belastung umfaßt. Das einseitige Rechtsgeschäft wird in einer Reihe von Vorschriften besonders behandelt, §§ 111, 143, 174, 180, 182, 1398, 1403, 1831. Das Wesen des einseitigen Rechtsgeschäfts besteht auch nach BGB. darin, daß die Willenserklärung einer Person genügt, um den gewollten Rechtserfolg herbeizuführen, während bei dem zweiseitigen Rechtsgeschäft die übereinstimmende Willenserklärung einer zweiten Person hinzutreten muß. Zu letztren gehören die Verträge des Verkehrslebens, Schenkung, § 516, Auflassung, Uebergabe, Zahlung und Erlaß, § 397, ALR. I 16 § 380, der Erbverzicht, BGB. §§ 2346, 2352. Zu den einseitigen Rechtsgeschäften gehört auch nach BGB. die Erbeinsetzung und jede letztwillige Verfügung, die Stiftung, Okkupation, Dereliktion, der einseitige Verzicht, z. B. § 1945 (Ausschlagung der Erbschaft), nicht Verzicht zu Gunsten eines Dritten, der nur als Veräußerung Bedeutung hat, ferner Vollmacht, Kündigung, Mahnung, Anfechtung,

Widerruf, Rücktritt, Aufrechnung. Unter diesen einseitigen Rechtsgeschäften giebt es nach dem BGB. wie nach jedem R. solche, bei denen die Willenserklärung durch sich selbst wirkt, falls nur die gesetzliche Form gewahrt (nicht empfangsbedürftige), wie jede letztwillige Willenserklärung, die Okkupation, die Dereliktion, die Erbschaftsentsagung und solche, die erst wirksam werden durch ihre Abgabe einer andren Person gegenüber (empfangsbedürftige), wie z. B. Kündigung, Mahnung, Anfechtung, Aufrechnung, Zustimmung, §§ 143, 182, 167, 349, 388, 409, 542, 531. Letztere sind die Rechtsgeschäfte, bei denen das BGB. davon spricht, daß sie einem Andren gegenüber vorzunehmen sind, §§ 143, 182. In einer Reihe von Fällen wird die Erklärung dem Anderen, d. h. dem Betheiligten gegenüber, durch die Erklärung einer Behörde gegenüber ersetzt, indem verordnet, daß sie dem Andren oder der Behörde gegenüber zu erfolgen hat, z. B. in den §§ 875, 876, 880, 1168, 1180, 1183, 1726, 1745 (Verzichte auf Rechte an einem Grundstücke, Hypothek, Prioritätseinräumung, Zustimmung zur Novirung der Hypothekenforderung, der Aufhebung der Hypothek, des Kindes zur Ehelichkeitserklärung, zur Adoption). In diesen Fällen ist anzunehmen, daß die Behörde den Betheiligten für die Empfangnahme vertritt, § 130. In andren Fällen ist die Erklärung einer Behörde gegenüber erfordert, theils weil ein dritter Betheiligter fehlt, theils, weil es wegen der Bedeutung der Erklärung für den Verkehr erforderlich erschien, die Rechtswirkung des Willens an eine bestimmte, sichere, jederzeit zu konstatirende Handlung zu knüpfen. In diesen Fällen ist die Erklärung der Behörde gegenüber wesentlicher Theil der Handlung oder diese selbst. Dahin gehört: § 928 (Dereliktion eines Grundstücks durch Erklärung dem Grundbuchamt gegenüber), § 976 (Verzicht des Finders auf den Eigenthumserwerb durch Erklärung der Polizeibehörde gegenüber), § 1196 (Bestellung der Eigenthümergrundschuld durch Erklärung dem Grundbuchamt gegenüber), § 1577 (Annahme des Geburtsnamens durch die geschiedene Ehefrau durch Erklärung der Behörde gegenüber), § 1662 (Verzicht des Vaters auf den Nießbrauch durch Erklärung dem Vormundschaftsgericht gegenüber), § 1679 (Wiedererwerb der durch Todeserklärung verlorenen elterl. Gewalt durch Erklärung des zurückgekehrten Verschollenen dem Vormundschaftsgericht gegenüber), § 1945 (Ausschlagung der angefallenen Erbschaft durch Erklärung dem Nachlaßgericht gegenüber), § 1491 (Verzicht eines Betheiligten bei der comm. bon. prorog. durch Erklärung dem Nachlaßgericht gegenüber). Eine andre Bedeutung endlich hat die Vorschrift, daß eine Willenserklärung vor einer Behörde abzugeben, wie in den §§ 925, 1317, 2231 (Auflassung, Eheschließung, Testamentserrichtung), wo es sich lediglich um die Form der Willenserklärung handelt. Grundsätzlich bedarf die Willenserklärung, um wirksam zu werden, der Abgabe einem Andren gegenüber; das Gegentheil ist die Ausnahme, die nur durch das Gesetz bestimmt wird, und auch da, wo das Gesetz die Willenserklärung ohne Vornahme einem Anderen oder einer Behörde gegenüber wirken läßt, ist doch stets erforderlich, daß der Wille nicht bloßes Internum geblieben ist, sondern sich geäußert hat, sei es durch Worte, sei es durch Handlungen oder Unterlassungen. Das gilt namentlich für Anerkenntnisse, bei denen das Gesetz wie in § 1598 (Anerk. eines Kindes), die Erklärung einem Andren gegenüber nicht erfordert, und für die Erbschaftsannahme, §§ 1942, 1946. Vgl. § 151. Für einseitige Rechtsgeschäfte überhaupt und solche, die einem Andren oder nicht einem Andren gegenüber vorzunehmen, giebt das BGB. eine Reihe von besonderen Vorschriften in den §§ 111, 123, 130, 143, 174, 180, 182, 1398, 1403, 1831, 1832, von denen hier besonders §§ 111, 174, 180 hervorzuheben.

**B.** Die allgemeinen Erfordernisse der rechtsgeschäftlichen Willenserklärung beziehen sich auf die Person des Erklärenden, die Beschaffenheit des Willens, die Form der Erklärung, den zulässigen Inhalt der Erklärung, die Möglichkeit der Vertretung in der Willensentschließung und Willenserklärung. Von diesen allgemeinen Erfordernissen hängt die Frage der Gültigkeit oder Ungültigkeit, Wirksamkeit, Unwirksamkeit, Nichtigkeit, Anfechtbarkeit ab. Dazu treten für das einzelne Rechtsgeschäft in seiner besonderen Gestaltung (Kauf, Miethe, Pacht, Darlehn, Leihe, Schenkung u. s. w.) besondere Erfordernisse. Die allgemeinen Erfordernisse werden in den §§ 104—185 behandelt, in den §§ 104—115 das erste allgemeine Erforderniß in der natürlichen Person, die Geschäftsfähigkeit.

1. Der Begriff der Geschäftsfähigkeit ist enger, als der der Handlungsfähigkeit, dessen das BGB. nicht erwähnt. Geschäftsfähigkeit ist die Fähigkeit, sich selbstständig durch rechtsgeschäftliche Willenserklärung zu berechtigen oder zu verpflichten, selbstständig, d. h. ohne Zustimmung eines gesetzlichen Vertreters, sich, d. h. in eigener Angelegenheit und die eigene Person. Darum ist Geschäftsfähigkeit erforderlich, um durch Ertheilung von Vollmacht oder Uebernahme der Vollmacht, oder durch Geschäftsführung ohne Auftrag sich zu verpflichten, § 682, nicht, um den Vollmachtsgeber Dritten zu verpflichten, § 165. Nach § 131 ist Geschäftsfähigkeit auch erforderlich, um der Willenserklärung Dritter, die der Empfangnahme bedürfen, Rechtswirksamkeit durch Empfangnahme zu verleihen; eine Erweiterung des Begriffs liegt darin nicht, weil aus der Empfangnahme, wo sie erforderlich, stets rechtsgeschäftliche Wirkung für oder gegen den Empfänger entstehen. In den Rahmen der Geschäftsfähigkeit fallen Eheschließungs-, Testaments- und Prozeßfähigkeit, es ist aber schon hier zu bemerken, daß für sie zum Theil specielle Vorschriften gegeben, die von denen der §§ 104 ff. abweichen. Der § 51 der CPO. knüpft insbesondere die Prozeßfähigkeit an die Fähigkeit, sich durch Verträge zu verpflichten und sie wird nicht beschränkt dadurch, daß eine Frau Ehefrau ist. Entw. der CPO. § 51 Abs. 2. Vgl. darüber im Folgenden. Schon hier ist ferner darauf hinzuweisen, daß die Geschäftsfähigkeit auch außerhalb des Kreises der Rechtsgeschäfte von Bedeutung ist, so in den §§ 8 (Wohnsitz), 206 (Verjährung), 1676 (elterl. Gewalt), §§ 1780, 1865, 2201 (Vormund, Familienrath, Testamentsvollstrecker). Der Begriff der Handlungsfähigkeit umfaßt die Geschäftsfähigkeit und die Fähigkeit, sich durch unerlaubte Handlungen und durch vorsätzliches oder fahrlässiges Handeln in Vertragsverhältnissen zu verpflichten; die Fähigkeit, sich so zu verpflichten, wird in den §§ 276, 827, 828 wesentlich anders als die Geschäftsfähigkeit behandelt.

2. Die Geschäftsfähigkeit ist die Regel, Unfähigkeit und beschränkte Fähigkeit die Ausnahme. Danach ist die Beweislast zu regeln, wenn die Geschäftsfähigkeit streitig ist. Grundsätzlich hat die Thatsachen, aus denen die Unfähigkeit oder die beschränkte Fähigkeit nach dem Gesetze folgt, der zu beweisen, der sich darauf beruft (Alter, Geisteskrankheit, Geistesschwäche, Entmündigung, Bewußtlosigkeit u. s. w.). Vgl. Entw. I § 194. Vgl. StrA. 68 S. 193, Erk. a. Nr. 326 RE. Bd. 4. OHG. 20 S. 98, 100; RG. 23 S. 296. In Betracht kommt dabei, daß der Mangel der Geschäftsfähigkeit nur erheblich, wenn er zu der Zeit bestand, wo die rechtsgeschäftliche Willenserklärung abgegeben oder zu empfangen ist, §§ 130, 153, 672, 791, 794.

3. Nach Art. 7 EG. wird die Geschäftsfähigkeit grundsätzlich nach den Gesetzen des Staats beurtheilt, dem die Person angehört, es müßten denn die Gesetze dieses Staats Vorschriften enthalten, die zur Anwendung des Deutschen Gesetzes führen, also z. B. für die Geschäftsfähigkeit die lex domicilii für anwendbar erklären, Art. 27. Der Art. 29 EG. giebt eine Aushülfevorschrift für den Fall, daß die Person keinem Staate angehört oder angehört hat. Ueber Abs. 2 Art. 7 vgl. oben S. 16 unter 6. Im Interesse des inländischen Verkehrs ist die Vorschrift in Abs. 3 Art. 7 EG. getroffen, nach der für Rechtsgeschäfte, die der Ausländer im Inlande vornimmt, RG. 15 S. 11, der Ausländer soweit als geschäftsfähig gilt, als er nach dem Deutschen Gesetz geschäftsfähig sein würde, auch wenn er nach dem Gesetze seines Staats für das Rechtsgeschäft geschäftsunfähig oder nur beschränkt geschäftsfähig sein würde, d. h. das Rechtsgeschäft des Ausländers im Inlande wird wie ein Rechtsgeschäft des Inländers behandelt, wenn es erforderlich, um es aufrecht zu erhalten. Vgl. WO. Art. 84, ALR. Einl. §§ 23, 24, 35. Ausgeschlossen sind aber familien- und erbrechtliche und Rechtsgeschäfte über Grundstücke im Ausland. Es versteht sich von selbst, daß es dafür nicht darauf ankommt, ob das Rechtsgeschäft nach den Grundsätzen des internationalen Privatrechts auch im Uebrigen (Form, Inhalt) nach inländ. oder fremdem R. zu beurtheilen ist. Specielle Vorschriften geben die Art. 13, 24 Abs. 2 EG. für die Eheschließungs- und Testamentsfähigkeit. Soweit Entmündigung, Vormundschaft, Pflegschaft im Inlande in Bezug auf Ausländer zulässig, EG. Art. 8, 23, vgl. oben S. 18 unter 3, S. 20 unter 6, muß sie in Bezug auf die Geschäftsfähigkeit gegen den Ausländer so wirken wie gegen den

Inländer. Ueber die zeitliche Geltung der §§ 104ff. vgl. die Art. 153—156, 210, 211 EG. und die Bemerkungen dazu S. 16 unter 6, S. 18 unter 3, S. 20 unter 6 und Art. 215 EG. (Testamentsfähigkeit).

C. Die Ausnahmen von der gesetzlichen Regel der Geschäftsfähigkeit der natürlichen Person werden nach §§ 104, 106, 114 begründet durch Lebensalter, Störung der Geistesthätigkeit, Bewußtlosigkeit, Entmündigung, vorläufige Vormundschaft. Diese Vorschriften enthalten zum Theil erhebliche Abweichungen vom gem., preuß. und französ. R., und auch von dem SBGB.

**I. Alter.** 1. Geschäftsunfähig, nach §§ 828, 276 auch handlungsunfähig in dem obigen Sinne, sind nach § 104 Nr. 1 Personen, die das siebente Lebensjahr nicht vollendet haben, Kinder im Sinne des gem., preuß. und sächs. Rechts. Das BGB. braucht die Bezeichnung „Kind" nur für das Verwandtschaftsverhältniß. Sie können, weil die Möglichkeit eines Rechtswillens bei ihnen nicht angenommen wird, durch eigene Handlung sich weder verpflichten, noch erwerben, auch nicht durch Schenkung, § 516. Von Prozeßfähigkeit ist nach § 51 CPO., von Eheschließungsfähigkeit nach §§ 1303, 1325, von Testamentsfähigkeit nach §§ 2229ff. nicht die Rede. Die Unfähigkeit erstreckt sich nach § 8 auf die Begründung des Wohnsitzes, ferner auf alle einseitigen und zweiseitigen Rechtsgeschäfte, und auf die Empfangnahme von Willenserklärungen, im Prozeß konsequent auf Zustellungen jeder Art, § 131. Vgl. StrA. 54, S. 206, 209. Von Konvalescenz durch Genehmigung des gesetzlichen Vertreters oder Genehmigung nach erreichter Geschäftsfähigkeit ist nicht die Rede. Das Kind kann rechtlich nicht selbst handeln, ausschließlich durch seinen gesetzlichen Vertreter, den Vormund oder den Inhaber der elterlichen Gewalt, §§ 1627, 1680, 1793ff., oder einen Dritten, neg. gestor, §§ 177, 178, dessen Handlung der Genehmigung des gesetzlichen Vertreters bedarf. In Zusammenhang damit steht die Vorschrift in § 206 über die Hemmung der gegen den Geschäftsunfähigen laufenden Verjährung, wenn er ohne gesetzlichen Vertreter ist. Der gesetzliche Vertreter kann auch nicht mit dem Kinde oder als Vertreter des einen Kindes mit sich als Vertreter des anderen kontrahiren, § 181. Vgl. zu § 181 und ObTr. 67 S. 294, Erk. d. Nr. 54 RE. Bd. 1 (Vertrag zwischen Vater und 15jährigem Sohn über Gutsüberlassung gegen Uebernahmezins). In beiden Fällen ist das Rechtsgeschäft nur durch einen Pfleger, § 1909, möglich. Rechtsgeschäfte, die auch durch einen Vertreter nicht vorgenommen werden können, sind dem geschäftsunfähigen Kinde ganz verschlossen, als solches Rechtsgeschäft ist bei dem Kinde aber nur die Testamentserrichtung denkbar, § 2229. Vgl. §§ 2274, 2275 (Erbvertrag) und unter 2ff. die sonstigen Fälle. Nach §§ 1780, 1865 kann das Kind nicht zum Vormund oder Familienrathsmitglied, nach § 2201 nicht zum Testamentsvollstrecker ernannt werden. Das Rechtsgeschäft des geschäftsunfähigen Kindes ist nichtig, § 105 Abs. 1, SBGB. § 89. Es hat als solches keine rechtlichen Folgen, verpflichtet und berechtigt keinen von beiden Theilen; die eingetretenen thatsächlichen Folgen werden rückgängig gemacht, §§ 139ff., SBGB. §§ 103, 849, 850. ALR. I 16 § 170. Der geschäftsfähige Theil giebt als Bereicherung zurück, was er erhalten hat, da er die Nichtigkeit des Geschäftes mit dem Kinde wissen muß, § 819, der geschäftsunfähige haftet aus dem Empfang nur, wie aus ungerechtfertigter Bereicherung nach §§ 812ff., 818; der § 682 sagt dies für die neg. gestio der Geschäftsunfähigen, die sicher ein Rechtsgeschäft, ausdrücklich. Da aber das geschäftsunfähige Kind nicht erwerben und sich durch Erwerb nicht verpflichten kann, so wird es durch den Empfang nicht verpflichtet, wenn es z. B. fortwirft, was es erhalten. Auch nach §§ 818ff. setzt der Anspruch aus der Bereicherung gegen das Kind stets voraus, daß es zur Zeit der Rechtshängigkeit, d. h. zur Zeit der Klagezustellung an den gesetzlichen Vertreter, noch bereichert ist, das Erhaltene oder dessen Werth noch in Händen hat. Vgl. näher zu §§ 812ff. RG. 32 S. 319. ALR. I 16 § 170; 13 §§ 273, 274. Bei dem geschäftsunfähigen Kinde ist die Frage von geringer praktischer Bedeutung, desto wichtiger aber bei dem geschäftsunfähigen Geisteskranken, dem oft genug Niemand ansehen kann, daß er geisteskrank und geschäftsunfähig. Diesen Fall behandelt RG. 32 S. 319 zu §§ 812ff. und unten sub II 2b.

Daß das geschäftsunfähige Kind im Falle des § 950 erwerben kann, ist schon oben erwähnt, auch daß es finden und entdecken kann, wenn auch nicht Besitz er=

werden. Die auch dem Kinde innewohnende Rechtspersönlichkeit muß aber genügen, um ihm für die thatsächlich erlangte Gewalt über eine Sache denselben Schutz zu verleihen, wie der geschäftsfähigen Person. Wegnahme gefundener verlorener Sache oder entdeckten Schatzes kann deshalb dem Dritten, der wegnimmt, kein Recht aus §§ 965 ff., 984 verschaffen. Vgl. das Nähere dort.

2. Minderjährige vom vollendeten 7. Lebensjahre bis zum vollendeten 21. Lebensjahre oder erlangter Volljährigkeitserklärung, §§ 2, 3, 4, 5, sind nach §§ 106 bis 113 in der Geschäftsfähigkeit beschränkt. Die Vorschriften beziehen sich in der Hauptsache auf die vermögensrechtlichen Rechtsgeschäfte unter Lebenden. Die Prozeßfähigkeit ist nach § 51 CPO. von der Fähigkeit abhängig, sich durch Verträge zu verpflichten, und diese besteht nach §§ 112, 113 bei dem Minderjährigen über sieben Jahre in gewissem Umfange. Die Handlungsfähigkeit in dem obigen Sinne ist auch für die Minderjährigen über 7 Jahr in den §§ 828, 829, 276 geordnet. Danach haftet der Minderjährige nach vollendetem 18. Lebensjahre für kontraktliches und außerkontraktliches Verschulden unbeschränkt, vom vollendeten 7. bis vollendetem 18. Lebensjahre nicht, wenn er beweist, daß er die zur Erkenntniß der Verantwortlichkeit erforderliche Einsicht nicht besaß, subsidiär unter der Voraussetzung des § 829. Für die familienrechtlichen und erbrechtlichen Rechtsgeschäfte giebt das BGB. Specialvorschriften. Ueber die Eheschließungsfähigkeit bestimmen die §§ 1303 ff., 1317. Die Ehemündigkeit, § 1308 (Volljährigkeit beim Mann, 16. Lebensjahr bei der Frau) hat mit der Geschäftsfähigkeit nichts zu thun; das Alter ist hier nur mit Rücksicht auf die physischen Bedingungen der Ehe normirt; Nichtigkeit oder Anfechtbarkeit der Ehe hat dies mangelnde Alter allein nicht zur Folge, §§ 1323 ff., 1330 ff. (§ 1333). Die beschränkte Geschäftsfähigkeit kommt nur insoweit in Betracht, als sie die Einwilligung des gesetzl. Vertreters zur Eheschließung nothwendig macht, § 1304, und der Mangel der Einwilligung die Anfechtbarkeit der Ehe begründet, §§ 1331, 1336 Abs. 2. Erweitert ist die Geschäftsfähigkeit des Minderjährigen über 7 Jahre auf dem Gebiete des Eherechts dadurch, daß abgesehen von dem Falle des § 1336 Abs. 2 der minderjährige Ehegatte in Ehesachen (Rechtsstreitigkeiten wegen Scheidung, Nichtigkeit, Anfechtung, Feststellung des Bestehens oder Nichtbestehens der Ehe, Herstellung des ehel. Lebens) prozeßfähig ist, ohne den gesetzlichen Vertreter klagen und verklagt werden kann, diese Klagen durch den gesetzlichen Vertreter selbständig nicht erhoben und verfolgt werden können, § 1336 Abs. 1, CPO. Entw. § 573 a. Aus §§ 1434, 1437 ergiebt sich ferner, daß der Minderjährige Eheverträge nur selbst mit Zustimmung seines gesetzlichen Vertreters (und event. des Vormundschaftsgerichts) abschließen kann, aus § 1595, daß der minderjährige Vater die Ehelichkeit des Kindes nur allein und selbständig anfechten kann, daher auch insoweit prozeßfähig ist. CPO. Entw. § 592 a. Nach §§ 1676, 1696 ruht die elterliche Gewalt in den Händen des Minderjährigen; zur Vertretung seines Kindes ist er nicht berechtigt; praktische Bedeutung hat dies nur für die elterliche Gewalt der minderj. Mutter und für die Fälle, wo die Geschäftsfähigkeit aus andren Gründen, als wegen Minderjährigkeit, beschränkt ist. Nach den §§ 1726, 1728 Abs. 2 kann der Minderjährige, der das 14. Lebensjahr vollendet hat, ohne seine Einwilligung nicht für ein eheliches Kind erklärt, und nach § 1750 auch nicht adoptirt werden, wenn er auch der Genehmigung seines gesetzl. Vertreters (und des Vormundschaftsgerichts) bedarf, § 1751 Abs. 2. Nach § 2229 ist der Minderjährige nach vollendetem 16. Lebensjahre selbständig testamentsfähig, wenn auch nur in der Form der §§ 2231 Nr. 1, 2238, 2247, die Mitwirkung oder alleinige Thätigkeit des gesetzlichen Vertreters fällt fort. Ein Erbvertrag über eigenen Nachlaß kann grundsätzlich nur persönlich, nur durch unbeschränkt Geschäftsfähige, nur durch einen beschränkt geschäftsfähigen Ehegatten mit dem Ehegatten und in diesem Falle nur mit Genehmigung des gesetzlichen Vertreters (ev. des Vormundschaftsgerichts) geschlossen werden, §§ 2274, 2275. Vgl. RG. 35 S. 126 (gem. R.). Diese Vorschriften beziehen sich nicht auf Erbverträge, durch die der Minderjährige nicht über seinen Nachlaß verfügt, sondern nur Erbrechte gewinnt, § 107. Nach §§ 2282, 2290, 2296 kann der minderjährige Erblasser nur selbst und ohne gesetzlichen Vertreter einen von ihm geschlossenen Erbvertrag anfechten, durch Vertrag

aufheben, und von ihm zurücktreten. Nach § 2347 Abs. 2, 2352 kann der Minderjährige nur persönlich und ohne gesetzlichen Vertreter einen Erbverzichtvertrag schließen, durch den auf seine Rechte ein Dritter verzichtet. Daß der Minderjährige nicht durch solchen Vertrag auf eigene Erbrechte selbständig verzichten kann, sondern dazu der Genehmigung des gesetzlichen Vertreters (und des Vormundschaftsgerichts) bedarf, versteht sich von selbst und folgt aus § 2347 Abs. 1. Nach §§ 1781, 1866, 2201 soll der Minderjährige nicht zum Vormund oder Familienrathsmitglied bestellt werden, und seine Ernennung zum Testamentsvollstrecker ist unwirksam. Verstoß gegen diese Vorschriften kann obligatorische Verpflichtungen des Minderjährigen aus der Funktion als Vormund, Testamentsvollstrecker, Familienrathsmitglied so wenig begründen, wie nach § 682 die Geschäftsführung ohne Auftrag. Endlich soll nach § 4 Abs. 1 der Minderjährige nur mit seiner Einwilligung volljährig aktiv werden, und nach § 1827 Abs. 2 soll er in bestimmten Fällen vor der Entscheidung des Vormundschaftsgerichts gehört werden, wenn er 18 Jahr alt ist. Vgl. auch § 1516.

**3.** Auf dem Gebiete der vermögensrechtlichen Rechtsgeschäfte unter Lebenden ist die Geschäftsfähigkeit des Minderjährigen durch die §§ 106—113 in ähnlicher Weise geregelt, wie im gem., preuß. und sächs. R. Vgl. ALR. I 5 § 14, Preuß. Ges. v. 12. Juli 1875, SBGB. §§ 81, 154, 693, 787, 734, 1822, 1911. Im Einzelnen bestehen erhebliche Abweichungen. Ganz abweichend ist das französ. R. C. c. art. 1124, 1305—1314. Vgl. RG. 5 S. 345, 7 S. 285.

**a.** Geschäftsfähig ist der Minderjährige für ein- und zweiseitige Rechtsgeschäfte, durch die er lediglich einen rechtlichen Vortheil erlangt, § 107. § 2 Preuß. Ges. v. 12. Juli 1875. Ob solch Rechtsgeschäft vorliegt, bestimmt sich nach seiner rechtlichen Natur, nicht nach seinem wirthschaftlichen Erfolge; auch der vortheilhafteste Kauf, Verkauf, die Leihe, die Annahme eines lohnenden Auftrages, die Empfangnahme der Zahlung oder in sol. datio bestehender oder nicht bestehender Schuld ist kein Rechtsgeschäft, durch das der Minderjährige lediglich Vortheile erlangt. Zu diesen Rechtsgeschäften gehört eigentlich nur die reine Schenkung an den Minderjährigen, der Erbvertrag, durch den dem Minderjährigen ohne eigene Verpflichtung ein erbrechtlicher Vortheil aus dem Nachlaß des andren Kontrahenten erwächst, ohne daß er zur Annahme der Erbschaft verpflichtet wird, der Erbverzicht auf seinen Nachlaß durch einen Dritten und der Erlaß einer Schuld des Minderjährigen, soweit er lediglich eine Schenkung enthält, und die Aufgabe irgend eines andern Rechts ihm gegenüber. Der Minderjährige kann auch im Falle § 958 (occup.) in Eigenbesitz nehmen, durch Ersitzung erwerben, §§ 937 ff., auch finden und entdecken und die Fundsache und den Schatz in Besitz nehmen, und er erwirbt das Eigenthum am Schatz oder dessen Hälfte. Die Rechte aus dem Funde, §§ 965 ff., kann er aber wegen der damit verbundenen Verpflichtungen gegenüber dem Verlierer und sonst Berechtigten, § 966 Abs. 1, nur mit Genehmigung des gesetzlichen Vertreters geltend machen.

Geschäftsfähig ist der Minderjährige auch zur Vornahme einseitiger Rechtsgeschäfte und zur Entgegennahme einseitiger Willenserklärungen Dritter in eigener Angelegenheit, die der Empfangnahme bedürfen, nur soweit in beiden Fällen die Willenserklärung ihm lediglich einen rechtlichen Vortheil bringt. §§ 107, 111, 131 Abs. 1, 2. Ueber den Begriff des einseitigen Rechtsgeschäfts vgl. oben unter I 2. Im Uebrigen kann der Minderjährige einseitige Rechtsgeschäfte nicht selbstständig vornehmen und Willenserklärungen Dritter nicht entgegennehmen. Darnach kann der Minderjährige nicht verzichten, nicht derelinquiren, eine Erbschaft weder antreten, noch ausschlagen, nicht auf Erbschaft, Nießbrauch oder Vermächtniß verzichten, vgl. oben unter a., nicht bevollmächtigen, kündigen, mahnen, anfechten, widerrufen, zurücktreten, aufrechnen, genehmigen, zustimmen, und alles dies kann ihm gegenüber nur geschehn, wenn es ihm der rechtlichen Natur der Erklärung nach lediglich Vortheil bringt (Verzicht). In allen diesen Fällen ist die vorherige oder gleichzeitige Zustimmung, Einwilligung, § 183, des gesetzlichen Vertreters erforderlich, die nach § 182 Abs. 1, 2, formlos dem Minderjährigen oder dem Dritten zu erklären ist. Nach §§ 111, 131 Abs. 1 ist das einseitige Rechtsgeschäft und die abgegebene Willenserklärung des Dritten, wenn die Einwilligung fehlt, unwirksam, d. h. es besteht keine rechtliche Wirkung, wie bei dem nichtigen

Geschäft, mag der Dritte die Minderjährigkeit des andern Theiles kennen oder nicht. Das hat seinen guten Grund darin, daß solchem einseitigen Rechtsgeschäft, wie z. B. Kündigung, Mahnung, sich der Dritte nicht entziehen kann. Die rechtliche Wirkung tritt erst mit dem Augenblick der Einwilligung ein, die dann nicht als Genehmigung, § 184, wirkt, also nicht rückwirkt, sondern so wie die eigene Rechtshandlung des Vertreters wirkt, also erst mit ihrer Vornahme. Es erscheint indessen selbstverständlich, daß durch den übereinstimmenden Willen des Vertreters und des Dritten die Rückwirkung eintreten kann, z. B. die an sich unwirksame Kündigung durch den Minderjährigen auf den Zeitpunkt seiner Kündigung zurückgezogen werden kann, sobald die Kündigung genehmigt ist. Das wird z. B. anzunehmen sein, wenn der Gegner wußte, daß der Minderjährige gekündigt und die Kündigung ausdrücklich angenommen hat, der Vertreter bei der Genehmigung auch dies ausdrücklich genehmigt. Die Vorschrift in Satz 2 § 111 ist nicht im Interesse des Minderjährigen, sondern des Dritten getroffen. Danach braucht sich der Dritte auf ein einseitiges Rechtsgeschäft mit dem Minderjährigen, auch wenn derselbe mit Einwilligung des Vertreters, aber allein handelt, nicht einzulassen; er kann die Mitwirkung oder das eigene Handeln des Vertreters verlangen, und das Rechtsgeschäft, z. B. Kündigung, Mahnung zurückweisen, wenn ihm die Einwilligung nicht in schriftlicher Form, § 122, vorgelegt wird, oder die Einwilligung durch den Vertreter vorher mitgetheilt ist. Weist er dies Rechtsgeschäft unverzüglich, d. h. nach § 121 ohne schuldhaftes Zögern, zurück, so ist dasselbe trotz der vorhandenen Einwilligung ihm gegenüber unwirksam, d. h. so zu behandeln, als sei es nicht vorgenommen. Vgl. die gleiche Vorschrift in ähnlichen Fällen, §§ 174, 410, § 1831. Nach § 1831 ist auch das einseitige Rechtsgeschäft des Vormundes unwirksam, wenn es der Genehmigung des Vormundschaftsgerichts bedarf und ohne diese vorgenommen wird. Selbstverständlich ist, daß ein Dritter sich bei einem einseitigen Rechtsgeschäft mit einem neg. gestor des Minderjährigen, der nicht Vertreter, nicht einzulassen braucht; thut er es, so sollen nach § 180 die Vorschriften über Verträge Anwendung finden, §§ 108, 109, ebenso, wenn der Dritte einem Nichtvertreter des Minderjährigen gegenüber mit dessen Einverständniß einseitige Rechtsgeschäfte vornimmt, z. B. ihm gegenüber einen Verzicht, Erlaß erklärt. In beiden Fällen hängt also die definitive Wirkung des Rechtsgeschäfts von der Genehmigung des gesetzlichen Vertreters ab. Vgl. weiter unten.

Die §§ 8, 682 finden auch auf den beschränkt geschäftsfähigen Minderjährigen Anwendung; er kann weder selbstständig seinen Wohnsitz begründen, noch sich selbstständig durch neg. gestio einem Dritten obligatorisch verpflichten, so wenig wie durch Uebernahme eines Auftrages oder Annahme einer Vollmacht. Für den Anspruch des Dritten gegen ihn aus unerl. Handlung und Bereicherung kommen die §§ 828 Abs. 2, 812, 819 in Betracht. Ueber letzteres vgl. unten.

Im Prozeß kann dem Minderjährigen mit Wirkung so wenig zugestellt werden, wie dem Geschäftsunfähigen. Dagegen ist z. B. die Einlegung eines Rechtsmittels durch ihn oder einen Anwalt in seinem Auftrage nicht ungültig; sie erlangt Wirksamkeit durch die Genehmigung des Vertreters. Vgl. ObTr. 43 S. 386. Das Judikat, das in einem Prozeß des nicht vertretenen Minderjährigen ergangen, wirkt natürlich auch gegen den Minderjährigen so lange, bis es durch Nichtigkeitsklage gemäß § 542 CPO. beseitigt ist. Vgl. RG. 35 S. 396. ObTr. 14 S. 177. Vgl. auch § 54 Entw. eines Ges. über die Angelegenheiten der freiw. Gerichtsbarkeit (Beschwerderecht in persönl. Angelegenheiten). Von Bedeutung ist die Vorschrift in § 435 CPO., wonach dem nicht prozeßfähigen Minderjährigen nach vollendetem 16. Lebensjahre auf Antrag unter Umständen der Eid zu- und zurückgeschoben werden kann. Die Vorschrift bezüglich der Verjährung in § 206 findet auch auf Minderjährige Anwendung.

**b.** Verträge, ein- und zweiseitige, obligatorische und dingliche, kann der Minderjährige nach §§ 107, 108 grundsätzlich nur durch seinen gesetzlichen Vertreter, § 164, oder mit dessen Einwilligung, § 183, abschließen, falls sie ihm nicht, wie bereits hervorgehoben, ihrer rechtlichen Natur nach in dem obigen Sinne nur Vortheil bringen, ihn nur berechtigen oder nur befreien, wie Schenkung, Erlaß, Verzicht. Zu den lästigen Verträgen, durch die der Minderjährige nicht nur berechtigt, sondern auch verpflichtet wird, gehören alle Verträge des Verkehrs, ferner Zahlung durch ihn und an ihn, Ertheilung und Uebernahme von Vollmacht, Schenkung an Dritte, u. a. Schließt der Minderjährige einen lästigen Vertrag ohne Einwilligung ab, die nach § 182 keiner Form bedarf, so wird er dadurch allein weder berechtigt, noch verpflichtet, vielmehr wird der Vertrag erst wirksam durch die ebenfalls formlose Erklärung der Genehmigung des gesetzlichen Vertreters ihm oder dem anderen Kontrahenten gegenüber, §§ 108, 182, 184. Ueber die Fälle, in denen zu dieser Genehmigung noch die des Vormundschaftsgerichts treten muß, vgl. zu §§ 1630, 1643 ff., 1795, 1821, 1828—1832. Hat der andere Theil sich auf den Vertragsschluß mit dem Minderjährigen eingelassen, weil er nicht wußte, daß sein Mitkontrahent minderjährig, oder weil er der Angabe des Minderjährigen, der gesetzliche Vertreter habe die Einwilligung zu dem Vertragsschluß ertheilt, traute, so ist er an den Vertrag nicht gebunden, sondern kann ihn dem Minderjährigen oder dem Vertreter gegenüber widerrufen und dadurch unwirksam machen, wenn der Vertrag nicht inzwischen durch die Genehmigungserklärung des Vertreters Wirksamkeit erlangt hat, vgl. §§ 1643, 1830. Wußte dagegen der andere Kontrahent, daß er mit einem Minderjährigen ohne Einwilligung des Vertreters paktirte, so ist er an den Vertrag bis zur Entscheidung des Vertreters über die Genehmigung des Vertrages gebunden. Diese Entscheidung und dadurch die Entscheidung über die Unsicherheit, über Wirksamkeit oder Nichtwirksamkeit des Vertrages kann der andere Kontrahent, so lange der Vertreter ihm gegenüber die Genehmigung des Vertrages noch nicht erklärt hat, dadurch herbeiführen, daß er ihn zur Erklärung der Genehmigung auffordert. Diese Erklärung kann der Dritte selbst dann fordern, wenn der Vertreter dem Minderjährigen die Genehmigung oder deren Verweigerung erklärt hat. Der Dritte braucht also der Angabe des Minderjährigen über Genehmigung oder Verweigerung nicht zu folgen, sondern kann Erklärung sich selbst gegenüber fordern. Fordert er sie, so fällt die Wirkung der dem Minderjährigen gegenüber erfolgten Erklärung fort, und die Erklärung auf die Aufforderung entscheidet. Der Vertreter hat binnen zwei Wochen nach Empfang der Aufforderung, §§ 130, 132, sich über die Genehmigung zu erklären. Erklärt er sich in der Frist nicht, d. h. geht die Erklärung in der Frist dem Gegner nicht zu, §§ 130 ff., so gilt die Genehmigung als verweigert, und der Vertrag gilt nun als nicht geschlossen, ebensowie wenn die Genehmigung ausdrücklich verweigert wird. Wird die Genehmigung ertheilt, so gilt der Vertrag als vom Abschluß an wirksam, § 184 Abs. 1, vorbehaltlich natürlich aller inzwischen durch gültige Rechtsakte des Vertreters, Zwangsvollstreckung, Konkurs, Arrest, wohlerworbenen Rechte Dritter, § 184 Abs. 2.

Diese Rechtssätze ergeben sich aus den wenig glücklich gefaßten §§ 108, 109. Danach ist der vom Minderjährigen mit vorgängiger Einwilligung des gesetzlichen Vertreters geschlossene lästige Vertrag für beide Theile bindend, wie der des Volljährigen, der ohne Einwilligung geschlossene Vertrag in seiner Wirksamkeit durch die nachträgliche Genehmigung des Vertreters bedingt. Der Vertrag ist in diesem Falle kein pact. claudicans im Sinne des gem. R., das den Gegenkontrahenten des Minderjährigen verpflichtet, nicht den Minderjährigen, den Minderjährigen aber berechtigt, wenn er die Gegenleistung bot, l. 13 § 29 D. 19, 1; l. 7 § 1 D. 18, 5. Wesentlich übereinstimmend ist das BGB. mit den §§ 2—4 des Preuß. Ges. v. 12. Juli 1875 und § 787 SBGB., ganz abweichend vom C. c. art. 450, 1311, 1305, die dem Minderjährigen Anfechtung wegen Läsion geben, RG. 7 S. 235; OHG. 24 S. 383, die das BGB. so wenig kennt, wie das ganz beseitigte Rechtsinstitut der restitutio in integrum. Neu, gerecht und billig ist der sich aus § 109 Abs. 2 ergebende Rechtssatz, daß der Dritte, der nicht wußte, daß sein Kontrahent minderjährig oder ohne Einwilligung handelte, sobald er dahinter kommt, an den Vertrag nicht gebunden ist, sondern ihn widerrufen kann, weil er eben mit einem Großjährigen oder doch wirksam kontrahiren wollte, vgl. § 178. Der Widerruf dem Minderjährigen gegenüber genügt; daraus folgt, daß in diesem Falle mit dem Minderjährigen auch die Aufhebung des Vertrages paktirt werden kann. Zulässig soll der Widerruf (die Aufhebung) nur sein, wenn der Vertrag nicht inzwischen genehmigt ist, sei es dem Minderjährigen oder dem Dritten gegenüber. Hat der Dritte wissentlich mit dem Minderjährigen ohne Einwilligung kontrahirt, so ist er gebunden und in diesem Falle kann der Minderjährige den Vertrag nicht aufheben, auch mit dem Dritten die Aufhebung nicht paktiren, was nach Prß. R. kontrovers war, vgl. ObTr. 14 S. 177. RE. 1 Nr. 54 Erk. a. u. ObTr. 67 S. 294, 49 S. 222. OHG. 21 S. 215. RG. 3 S. 331, 35 S. 205, der Mitkontrahent bleibt vielmehr gebunden, bis der Vertreter oder der Minderjährige nach eingetretener Großjährigkeit die Genehmigung versagt. Zu beachten ist dabei, daß während des Schwebezustandes und durch den Zeitablauf während desselben in Verbindung mit anderen Umständen und der Natur des Vertrages sich ergeben kann, daß die Ausführung des Vertrages verständigerweise von dem Vertreter oder dem Großjährigen nicht mehr gefordert werden kann, §§ 321 ff. Aus dem Rechtssatze zu § 109 Abs. 1 und 2, daß der Vertrag von dem Dritten widerrufen werden kann, der nicht gewußt, daß er mit einem Minderjährigen ohne Einwilligung kontrahirt hat, ergiebt sich, daß der in RG. 35 S. 205 entschiedene Fall nach BGB. anders zu entscheiden wäre. Der blödsinnige, nach ALR. dem Minderjährigen gleichstehende Ehemann hatte zu Gunsten seiner Ehefrau Lebensversicherung genommen, die Prämien bezahlt und war gestorben. Als die Ehefrau auf Zahlung der Versicherungssumme klagte, berief die Gesellschaft sich auf die Ungültigkeit des Vertrages. Die Genehmigung des Vertrages durch einen Vertreter war nicht mehr möglich. Das würde auch nach BGB. vorliegen; auch nach BGB. kann nach dem Fortfall der Vertretungsbefugniß durch eingetretene Geschäftsfähigkeit, § 108 Abs. 3, oder durch den Tod des Minderjährigen von Genehmigung durch den Vertreter nicht mehr die Rede sein, vgl. StrA. 55 S. 294. Das RG. machte die Entscheidung davon abhängig, ob die Ehefrau in bona oder mala fide, gewußt oder nicht gewußt, ob der Ehemann blödsinnig. Nach BGB. würde die Gesellschaft, wenn sie nicht gewußt, daß der Mann blödsinnig (minderjährig), den Vertrag noch im Prozeß habe widerrufen können, und ihre Verpflichtung würde sich auf Rückzahlung der Prämien beschränkt haben. In Frage kommt aber auch nach BGB., ob, wenn in gleichem Falle der Dritte weiß, daß sein Mitkontrahent blödsinnig (minderjährig), der Vertrag für ihn bindend bleibt oder fortfällt, weil die Genehmigung nicht mehr erfolgen kann. Sicher fällt der Vertrag fort, wenn der Minderjährige nach ergangener Aufforderung an den Vertreter zur Erklärung vor der Erklärung stirbt. Aber dasselbe wird auch dann angenommen werden müssen, wenn er nach erreichter Großjährigkeit vor der Genehmigung oder wenn er überhaupt vor ertheilter Genehmigung stirbt. Denkbar wäre etwas anderes nur, wenn der Minderjährige durch den nach § 108 Abs. 1 noch nicht wirksamen Vertragsschluß Rechte erwürbe, die auf seine Erben übergingen. Davon kann nicht die Rede sein, daß der Vertrag durch den Tod ohne Weiteres für und gegen die Erben wirksam würde; das könnte gegen die Erben sehr bedenkliche Folgen haben. Dafür, daß das Recht der Genehmigung oder Versagung der Genehmigung auf die Erben überginge, die Aufforderung, § 108 Abs. 2, nunmehr an sie zu richten wäre, eröffnet das Gesetz keinen Anhalt. Festzuhalten ist dabei aber, daß sich das nur auf den Fall bezieht, wo nichts als der Vertragsschluß vorliegt. Hat der Minderjährige durch Leistungen auf Grund des Vertragsschlusses an ihn erworben, mit oder ohne Gegenleistung, so bleibt der Erwerb auch nach dem Tode bestehen, nur muß von den Erben dann auch die Gegenleistung gewährt werden, wenn sie nicht zurückgeben wollen, was der Minderjährige erhalten hat. Der Gegenkontrahent, der gewußt hat, daß er mit dem Minderjährigen ohne Einwilligung des Vertreters kontrahirte, kann nach § 109 nicht widerrufen; von Anfechtung seinerseits ist nach dem BGB. überhaupt nicht die Rede. Hat der Minderjährige gekauft, übergeben, aufgelassen erhalten und bezahlt, so können seine Erben gegen Rückgabe Rückzahlung fordern, § 107, aber nach § 109 Abs. 2 nicht der Verkäufer, der wußte, daß er einem Minderjährigen verkaufte; ist nicht bezahlt, so kann der Verkäufer nach dem Tode des Minderjährigen von den Erben nicht Zahlung fordern, weil der Minderjährige zur Zahlung nicht verpflichtet war, aber auch nicht Rückgabe, wenn die Erben zahlen wollen, weil der Minderjährige das Eigenthum erwerben konnte und erworben hat, die Erben es freilich nur behalten können, wenn sie zahlen. In dem Falle RG. 35 S. 205 würde danach die Klage der Ehefrau, falls die Gesellschaft wußte, daß der Ehemann blödsinnig, auch nach BGB. zuzulassen sein, wenn die Gesellschaft nicht bewies, daß die Erben, wozu sie berechtigt wären, den Vertrag aufriefen und die Prämie zurückforderten. Falls die Erben dies nachträglich thäten, würde die Gesellschaft die gezahlte Versicherungssumme kondiziren können.

Die Vorschrift des § 181 findet auch hier Anwendung; vgl. §§ 1630, 1795. Der Vertreter kann dem Minderjährigen schenken, sich aber nicht von ihm beschenken lassen, und kein lästiges Geschäft mit ihm im eigenen Namen oder als Vertreter eines Dritten, auch nicht eines anderen Minderjährigen vornehmen, da dies nichts hieße, als daß er sich selbst Einwilligung oder Genehmigung ertheilte. Vgl. das Nähere zu § 181.

c. Nach § 108 Abs. 3 tritt die Genehmigung des unbeschränkt geschäftsfähig gewordenen Minderjährigen (er ist großjährig geworden, volljährig erklärt, hat die Ermächtigung der §§ 112, 113 erlangt) an die Stelle der Genehmigung des Vertreters, der nun nicht mehr genehmigen kann. Das ist die Vorschrift des § 8 des Preuß. Ges. v. 12. Juli 1875, das statt Genehmigung von Anerkenntniß spricht, vgl. ALR. I 5 §§ 37, 38; II 2 §§ 137, 138. Die Streitfrage, ob dies Anerkenntniß einer besondren Form bedarf, RG. 3 S. 254, 11 S. 324, 29 S. 137, RE. 4 Nr. 238 S. 489, fällt für die Genehmigung nach BGB. fort; sie fordert keine andre Form, als die Genehmigung des Vertreters, § 182 Abs. 2. Die Genehmigung kann namentlich in der Erfüllung gefunden werden, vgl. ALR. II 2 § 138, welche die Kondiktion ausschließt, nicht, weil damit eine natur. oblig. getilgt, sondern weil das in seiner Wirksamkeit suspendirte Geschäft dadurch genehmigt und wirksam geworden, falls nicht die Voraussetzungen der cond. indeb. vorliegen. Der Dritte kann nach eingetretener Geschäftsfähigkeit die Erklärung des Geschäftsfähigen fordern, ganz wie in § 108 Abs. 2, um volle Sicherheit über den Bestand des Vertrags zu erlangen. Darauf ist bereits hingewiesen, daß unter Umständen ausgeschlossen sein kann, daß der Minderjährige durch seine einseitige Genehmigung dem Vertrage nachträglich, etwa nach Jahren und bei veränderter Sachlage, Wirksamkeit verschafft.

d. Der ohne Einwilligung abgeschlossene und auch nicht nachträglich genehmigte Vertrag des Minderjährigen ist als Rechtsgeschäft wirkungslos. Er giebt nach jedem R. weder Klage auf Erfüllung, noch auf das Interesse. RG. 6 S. 259. Für beide Theile bleibt nichts übrig, als ein Anspruch auf Rückgabe des ohne causa Empfangenen, § 812, vgl. § 682, oder aus unerlaubter Handlung, §§ 823, 826 ff. Der § 7 des Preuß. Ges. v. 12. Juli 1875, vgl. ALR. II 2 §§ 134, 135; I 5 §§ 33 ff., bestimmte ausdrücklich, daß der Minderjährige ersatzpflichtig, der sich fälschlich für geschäftsfähig ausgegeben und dadurch einen Anderen ohne dessen Verschulden zur Vornahme eines Rechtsgeschäfts verleitet und demselben dadurch Schaden zufügt. RG. 19 S. 341, 346. Für das BGB. folgt dasselbe gegen den Minderjährigen, der vorsätzlich so handelt, aus §§ 823, 826; zu berücksichtigen ist dabei aber § 828 Abs. 2, wonach ihm der Beweis zusteht, daß er ohne die zur Erkenntniß der Verantwortlichkeit erforderliche Einsicht gehandelt hat; auch § 829 ist zu berücksichtigen, und für den ursachlichen Zusammenhang bleibt auch nach BGB. immer zu fragen, ob der Dritte nicht selbst so unvorsichtig gehandelt hat, daß er sich den Schaden selbst zurechnen muß. Bloßes Schweigen des Minderjährigen über sein Alter allein kann auch nach BGB. regelmäßig Anspruch aus unerlaubter Handlung nicht begründen, wenn das Schweigen nicht arglistig war. Vgl. OHG. 21 S. 215. StrA. 45 S. 208. Es wird immer Sache der thatsächlichen Prüfung des Falls sein, ob der Minderjährige den Willensentschluß des Dritten dolos bestimmt hat. Liegt unerlaubte Handlung nicht vor, so kann es sich immer nur um die Kondiktion des vom Minderjährigen Gegebenen und Rückgabe des von ihm Empfangenen handeln, die cond. sine causa der §§ 812 ff., 818, 819. Vgl. dort OHG. 21 S. 215, RG. 32 S. 319, ObTr. 42 S. 84, Erk. d RE. 2 Nr. 243a. Gegen den Vertreter wirkt der genehmigte wie der nicht genehmigte Vertrag nie. Inwiefern der nicht genehmigte Vertrag gegen den Inhaber der elterlichen Gewalt einen Anspruch aus der Bereicherung oder neg. gestio begründen kann, vgl. zu §§ 679, 683, 812 ff., 1630 ff.

e. Beweislast. Wenn der Minderjährige mit dem Vertreter oder der Volljährige aus einem Geschäft, das während der Minderjährigkeit abgeschlossen, klagt, so hat der Gegner zu beweisen, daß das Geschäft für ihn unwirksam geworden, d. h., daß auf seine Aufforderung die Genehmigung nicht ertheilt, oder daß er den Vertrag widerrufen hat. Der Widerruf ist nur durch den Beweis zu beseitigen, daß der Dritte die Minderjährigkeit oder das Fehlen der Einwilligung des Vertreters gekannt hat.

Hat der Dritte die Minderjährigkeit gekannt, so hat er zu beweisen, daß die Einwilligung des Vertreters ihm gegenüber unwahr behauptet ist. Daß der Mangel der Einwilligung ihm bekannt, ist ihm zu beweisen.

Wird der Minderjährige oder der Volljährige aus einem in der Zeit der Minderjährigkeit abgeschlossenen Vertrage belangt, so hat er zu beweisen, daß er minderjährig war, vgl. RG. 25 S. 296, StrA. 59 S. 69, 68 S. 193. Steht dies fest, so hat der Gegner die Thatsachen zu beweisen, durch welche die Wirkung der Minderjährigkeit beseitigt wird, die Einwilligung, die Genehmigung, die Ermächtigung der §§ 112, 113. Vgl. unter 4. Beruft der Beklagte sich darauf, daß die ihm erklärte Genehmigung nach § 108 Abs. 2 unwirksam geworden, so hat er zu beweisen, daß der Kläger von dem Vertreter Erklärung über die Genehmigung gefordert habe und zu behaupten, daß keine Erklärung abgegeben sei. Der Kläger hat dann die Ertheilung der Genehmigung darzuthun. Daß die ertheilte Einwilligung oder Genehmigung wie jede Willenserklärung angefochten werden kann, §§ 119 ff., versteht sich von selbst. Vgl. RG. 25 S. 282.

**4.** Nach § 110 wird ein lästiger Vertrag des Minderjährigen wirksam, wenn er vom Minderjährigen mit den ihm dazu oder zu freier Verfügung vom Vertreter oder mit dessen Zustimmung von einem Anderen überlassenen Mitteln erfüllt wird. Dadurch wird die Entscheidung für eine Reihe von Fällen des täglichen Lebens festgelegt, zu der man vielleicht auch ohne diese ausdrückliche Bestimmung gelangen müßte. Eine Aenderung des allgemeinen Princips der §§ 107 ff. enthält die Vorschrift nicht. Gedacht ist dabei zunächst an das Taschengeld, das der Vater (Mutter) als Inhaber der elterlichen Gewalt oder der Vormund dem Minderjährigen überläßt oder das ihm ein Freund oder Verwandter mit Wissen von Vater oder Vormund giebt; das Wissen des gesetzlichen Vertreters ist aus triftigem Grunde gefordert, um die Vergeudung von Geschenken unverständiger Dritter zu hindern. Der Minderjährige erwirbt durch Geschenk Dritter, aber verfügen kann er über das Geschenk nicht nach seinem oder des Dritten Belieben. Wenn Mittel zu bestimmtem Zweck oder zur freien Verfügung überlassen werden, willigt der Vertreter von vornherein in ihre Verwendung und der Minderjährige, der z. B. kauft und mit solchen Mitteln bezahlt, bezahlt wirksam; bleibt er ganz oder theilweise schuldig, so bleibt die Schuld unwirksam; nur die Erfüllung wirkt; kreditirt darf dem Minderjährigen nicht werden; daraus haftet er nicht, und der Dritte kann nur nach §§ 812 ff. zurückfordern, was er ganz oder theilweise auf Kredit gegeben hat. Nach §§ 1644, 1824 können übrigens Vater und Vormund dem Minderjährigen Gegenstände zur Erfüllung oder freien Verfügung nicht überlassen, die sie ohne Genehmigung des Vormundschaftsgerichts (Gegenvormundes) nicht veräußern dürfen, §§ 1812, 1821, 1822, 1643. Ihre Hauptbedeutung hat die Vorschrift für die Fälle, für die ALR. I 5 §§ 20, 21; 2 § 127 Vorsorge trifft, in dem es vorschreibt, daß der Vater, der das Kind in väterl. Gewalt zu einer gewissen Bestimmung außer dem Hause widmet, damit alle Verträge genehmigt, ohne welche das Kind die Bestimmung nicht erfüllen kann, und daß der Pflegebefohlene, der unter vormundschaftlicher Genehmigung eine eigene Wirthschaft angestellt oder sich zu einem gewissen Zwecke bestimmt hat, alle dazu nöthigen Verträge schließen kann. Das Preuß. Ges. v. 29. Mai 1879 betr. die Rechtsverhältnisse der Studirenden bestimmt außerdem, daß ein minderjähriger oder unter vät. Gew. stehender Studirender aus seiner beschränkten Geschäftsfähigkeit keine Einrede gegen Honorarforderung für Vorlesungen entnehmen kann. Ebenso die Sächs., Bad., Württemb. Ges. v. 28. Febr. 1878, 20. Febr. 1868, 11. Sept. 1865. So weit geht § 110, der diese Specialgesetze beseitigt, nicht. Außer an Studirende ist im § 110 auch an Dienstboten, Arbeiter, Lehrlinge, Schüler, Soldaten zu denken, die außerhalb des elterlichen Hauses oder ohne solches oft genug zu Rechtsgeschäften für ihre Bedürfnisse gezwungen sind. Nach § 110 werden auch solche Rechtsgeschäfte nur durch Erfüllung mit den ihnen zu diesem Zweck oder zur freien Verfügung überlassenen Mitteln wirksam, wenn sie nicht mit Einwilligung oder Genehmigung vorgenommen sind. Kreditirt soll auch ihnen nicht werden, ein für den Verkehr wichtiger und wohlbegründeter Satz, der bei strenger Durchführung dazu beitragen wird, ungesundes Kreditiren zu beseitigen. Vgl. ALR. I 11 § 862. Der Vater oder der Vormund, der dem Studenten, dem in die Armee Eintretenden, dem Schüler, Lehrling u. s. w. die Mittel zum Lebensunterhalt, zur Wohnung, zur Ausrüstung, zum Belegen der Vorlesungen giebt, willigt darin, daß der Minderjährige die erforderlichen Verträge schließt, sich Wohnung miethet, Vorlesungen belegt, Lebensmittel und Kleidungsstücke kauft und bezahlt, aber er giebt dem Dritten nicht die Ermächtigung, zu borgen. Wer borgen will, hat die Genehmigung zu fordern. Vgl. auch zu §§ 677ff., 683 (neg. gest. und nützliche Verwendung). Das Kreditiren kann nur dann als genehmigt gelten, wenn der Minderjährige mittellos gelassen wird. Was nach § 1651 Nr. 1 als Erwerb durch Arbeit freies Vermögen des Minderjährigen ist, muß dem Vater, wie dem Vormund gegenüber, als dem Minderjährigen überlassen gelten, wenn nicht Fürsorge dafür getroffen, daß es dem Vater oder dem Vormunde gezahlt wird, GewO. § 119a Abs. 2 Nr. 2.

**5.** Nach den §§ 112, 113 ist der Minderjährige geschäftsfähig für ein bestimmtes Gebiet von Rechtsgeschäften. Nach § 51 Abs. 1 CPO. ist er für dieses Gebiet auch prozeßfähig.

**a.** Der § 112 beruht auf § 5 des Preuß. Ges. v. 12. Juli 1875. Der Minderjährige kann mit Genehmigung des Vormundschaftsgerichts, § 1828, vgl. § 1822 Nr. 3, § 1643, zum selbstständigen Betrieb eines Erwerbsgeschäfts ermächtigt werden; ist sie ertheilt, so kann sie nach Abs. 2 § 112 nur mit Genehmigung des Vormundschaftsgerichts zurückgenommen werden. Nach § 1827 Abs. 2 soll der Minderjährige, der das 18. Lebensjahr vollendet hat, gehört werden. Verschieden davon ist der Fall der §§ 1645, 1823, wo Vater oder Vormund selbst im Namen der Minderjährigen ein Erwerbsgeschäft betreibt, während § 112 den selbstständigen Betrieb durch den Minderjährigen voraussetzt, der ohne Ermächtigung des Vertreters und Genehmigung des Vormundschaftsgerichts obligatorische Wirkung gegen den Minderjährigen nicht hat. Ist Ermächtigung und Genehmigung, für welche die §§ 182, 183, 184, §§ 1828ff. gelten, vorhanden, so soll der Minderjährige nach § 112 Abs. 1 für alle Rechtsgeschäfte, ein- und zweiseitige, geschäftsfähig (und prozeßfähig) sein, die der Geschäftsbetrieb mit sich bringt, mit Ausnahme solcher, zu denen der Vertreter nach den §§ 1643, 1819, 1820, 1821, 1822 der speciellen Genehmigung des Vormundschaftsgerichts bedarf, und die der Vertreter selbst nicht vornehmen darf, z. B. Schenkungen außer den üblichen Anstandsgeschenken, §§ 1641, 1804. Danach bedarf der Vormund z. B. der speciellen Genehmigung, wenn zu dem Erwerbsgeschäft, das der Minderjährige betreiben soll, ein Grundstück, Vater und Vormund, wenn ein fremdes Geschäft dazu erworben werden soll, wenn ein Kapital auf den Kredit des Minderjährigen zum Beginn des Betriebes aufgenommen werden soll, wenn dazu ein Landgut oder fremder gewerblicher Betrieb gepachtet werden soll. Specieller Genehmigung oder nach § 1825 Abs. 1 genereller Ermächtigung bedarf es danach und nach §§ 1822 Nr. 8ff., 1643 Abs. 1, z. B. auch, wenn der Minderjährige in dem Geschäftsbetrieb ein Grundstück entgeltlich erwerben, veräußern, belasten, das Geschäft veräußern, ein Landgut oder einen fremden Gewerbebetrieb pachten, sich durch Wechsel oder indossables Papier verpflichten, expromittiren oder sich verbürgen, Prokura ertheilen will. Der minderjährige Geschäftstreibende ist danach ohne ausdrückliche Ermächtigung und Genehmigung nicht wechselfähig. (StrA. 38 S. 58 anders.) Diese Einschränkung gewährt dem Minderjährigen einen energischen Schutz gegen die Gefahren des selbständigen Geschäftsbetriebes namentlich eines Handelsgeschäfts, mindert aber auch in vielen Fällen die praktische Bedeutung des § 112 und gefährdet auch den gutgläubigen Verkehr. Die Ausdehnung der Beschränkung z. B. auf § 1822 Nr. 5 hat kaum einen praktischen Sinn. Der Kreis der Rechtsgeschäfte, die der Geschäftsbetrieb mit sich bringt, ist nur konkret zu bestimmen nach der konkreten Natur des Geschäftsbetriebes. Der Verkauf des Geschäfts gehört dazu nie, § 1822 Nr. 3, bei Handelsgeschäften auch nicht die Löschung oder Aenderung der Firma, wohl aber die Einklagung der Forderungen, An- und Verkauf, u. a. Der Minderjährige gilt rechtlich als Inhaber des Erwerbsgeschäfts und handelt selbstständig wie dieser, soweit das Gesetz nicht Ausnahmen statuirt. Von einer Mitwirkung des Vertreters ist neben der selbstständigen Erwerbsthätigkeit des Minderjährigen und in derselben nicht die Rede. Der Vertreter kann z. B. nicht etwa mit rechtlicher Wirkung gegen ein einzelnes

Geschäft des Minderjährigen Widerspruch erheben, weil er es für schädlich oder gefährlich hält. Nach § 1651 Nr. 1 erwirbt das Kind in elterlicher Gewalt das, was es durch das Geschäft erwirbt, als freies Vermögen. Vgl. § 1655. Die Verwaltung des Vaters und des Vormundes muß hier so lange cessiren, als der Erwerb in dem Geschäft steckt. Wenn Endemann § 26 Anm. 5 lehrt, daß die Geschäftsfähigkeit sich z. B. nicht auf das erstrecke, was der Minderjährige zu seinem Lebensunterhalt gebrauche, so ist das offensichtlich zu eng, für das Leben und den Verkehr unbrauchbar und würde zu den seltsamsten Konsequenzen führen. Der minderjährige Pächter oder Eigenthümer eines Landguts, dessen selbständige Bewirthschaftung ihm gestattet, müßte doch für den Unterhalt des Gesindes unbeschränkt Geschäfte schließen können, aber könnte es nicht für den eigenen Unterhalt. Dasselbe müßte für den selbständigen Handwerksmeister, Fabrikanten, Fuhrherrn, Kaufmann und die minderjährige Ehefrau des verarmten oder hülflosen Ehemannes gelten, der der Geschäftsbetrieb gestattet, § 1357. Soll die Geschäftsfähigkeit des Minderjährigen im Erwerbsgeschäft dem Erwerbe und der wirthschaftlichen Selbständigkeit in einem bestimmten Kreise dienen, und verleiht das Gesetz dem Minderjährigen zu diesem Zwecke die Geschäftsfähigkeit des Volljährigen für diesen Kreis und die Möglichkeit, auf Credit zu kaufen und zu verkaufen, so liegt es in dem Sinne des Gesetzes, die Geschäftsfähigkeit auf alle Rechtsgeschäfte zu erstrecken, die ein selbständiger Wirthschafts- und Erwerbsbetrieb nach der Lebensanschauung erfordert, auch wenn sie nicht in den Kreis der Geschäfte fallen, die dem Erwerbsgeschäft unmittelbar dienen, und die Beschränkung nur auf Rechtsgeschäfte zu beziehen, die weder zu den Geschäften des täglichen Lebens noch zu den Betriebsgeschäften des gestatteten Betriebes gehören. Anders ist es im Falle des § 113, wie oben bereits angedeutet.

Der für den § 112 wichtige Begriff des Erwerbsgeschäfts ist im Gegensatz zu den Dienst- und Arbeitsverhältnissen im § 113 so zu nehmen, wie die Praxis ihn für den § 5 des Preuß. Gesetzes ausgebildet hat. Vorausgesetzt ist eine auf eigenen, selbständigen, regelmäßigen, dauernden Erwerb unmittelbar gerichtete Thätigkeit in Handel, Fabrikation, Handwerk, Landwirthschaft, Kunst, Wissenschaft. In RG. 28 S. 278 hatte sich eine minderjährige Schauspielerin ohne Genehmigung des Vormundschaftsgerichts unter der üblichen Konventionalstrafe engagiren lassen. Die Genehmigung des Vertreters ist zur Verpflichtung der Minderjährigen aus der Vertragsstrafe nicht für ausreichend erachtet, weil kein Dienst- oder Arbeitsverhältniß (§ 6 Preuß. Ges., § 113 BGB.), sondern Erwerb durch künstlerische Thätigkeit vorlag. Dasselbe würde auch nach § 112 gelten müssen.

**b.** Nach § 113 kann der Vertreter, Vater oder Vormund, den Minderjährigen ermächtigen, in Dienst oder Arbeit zu treten, wie nach § 6 des Preuß. Ges. u. § 6 der Preuß. Gesinde-O. Ohne Ermächtigung ist der Minderjährige dazu nicht befugt; der Vertrag bindet ihn nicht obligatorisch, nur aus unerlaubter Handlung oder Bereicherung. Für die Ermächtigung gelten die §§ 182, 183, 184, 1828 ff. Nach §§ 1643, 1822 Nr. 7 bedarf der Vormund, aber nicht der Vater, der Genehmigung des Vormundschaftsgerichts, wenn der Minderjährige für länger als 1 Jahr zu persönlichen Dienstleistungen verpflichtet werden soll, § 112 Abs. 1 Satz 2. Nach § 1827 soll der Minderjährige vor der Genehmigung gehört werden. Ohne die Genehmigung ist der Minderjährige über ein Jahr nicht gebunden. Die Ermächtigung des Vormundes (nicht des Vaters) kann auf Antrag des Minderjährigen durch das Vormundschaftsgericht ersetzt werden, wenn es im Interesse des Mündels liegt. Die Ermächtigung kann vom Vormund zurückgenommen werden (wenn sie von ihm ertheilt); sie kann eingeschränkt auf Zeit oder einen bestimmten Dienst, Arbeit, Dienstherrschaft und Arbeitsherrn ertheilt werden, soll aber im Zweifel als allgemeine Ermächtigung zu Dienst oder Arbeit derselben Art gelten, Abs. 2, 3, 4 § 112, d. h. die Ermächtigung, bei A. in Dienst oder Arbeit zu treten, gilt nicht ohne Weiteres als Ermächtigung, nur bei A. einzutreten. Ist die Ermächtigung (Genehmigung) beschränkt ertheilt, so ist nur Ermächtigung (Genehmigung) erforderlich, sobald die Voraussetzung fortfällt, die in der Einschränkung enthalten. § 8 Preuß. Gesinde-O.

Ist Ermächtigung (Genehmigung) ertheilt, so ist der Minderjährige unbeschränkt geschäftsfähig und nach § 51 Abs. 1 CPO. prozeßfähig, soweit es sich um Eingehung, Aufhebung, Erfüllung des konkreten Dienst- oder Arbeitsverhältnisses, oder der konkreten Art handelt. Nach Satz 2 Abs. 1 § 112 sind aber §§ 1821, 1822, 1643 auch hier für solche Verträge zu beachten, obwohl dabei kaum etwas anderes praktisch in Betracht kommt, als die Nr. 12, 13 § 1822 (Vergleich, Sicherheit). Nach Art. 95 EG. gilt § 112 neben der landesgesetzlichen Gesinde=O. Der § 107 Gew.O. ist unberührt geblieben. Der § 131 ist auch hier nicht anwendbar. Der Minderjährige kann kündigen und ihm kann gekündigt werden, er kann selbständig die Gegenleistung nehmen und quittiren, durch Vertrag das Verhältniß lösen, StrA. 55 S. 34, neue Verträge schließen, soweit er nicht durch Einschränkung der Ermächtigung daran gehindert ist, aus den abgeschlossenen Verträgen klagen und verklagt werden, Draufgabe nehmen, § 36, sich eine Vertragsstrafe ausbedingen, aber sich nicht einer Vertragsstrafe unterwerfen, durch die er eine andere Leistung, als Dienst und Arbeit übernimmt, für die allein die Ermächtigung gilt; die Abrede einer Vertragsstrafe ist kein Rechtsgeschäft, das sich im Sinne § 113 auf die Eingehung oder Aufhebung oder Erfüllung des Vertrages bezieht; bei Dienst= und Arbeitsverträgen ist die Abrede einer Vertragsstrafe nicht üblich, und mit Rücksicht auf die Nachtheile, welche die Zulassung der Strafabrede für den Minderjährigen nach sich ziehen kann, rechtfertigt es sich, die Ermächtigung des § 113 anders als in § 112 nicht darauf zu erstrecken. Enger als § 112 ist der § 113 auch insofern, als die Geschäftsfähigkeit hier streng auf den Dienst= und Arbeitsvertrag beschränkt ist. Andere Verträge, z. B. zur Anschaffung von Lebensunterhalt, Kleidungsstücken u. s. w., kann der Minderjährige selbständig nicht schließen. Solche werden aber regelmäßig nach § 110 durch Erfüllung wirksam werden, wenn der Dienst- und Arbeitslohn dem Minderjährigen überlassen ist. Nach § 1651 erwirbt der Minderjährige zu freiem Vermögen, was er durch Arbeit (Dienst) erwirbt, und wenn nicht Vorsorge getroffen, daß der Lohn nicht dem Minderjährigen gezahlt wird, ist anzunehmen, daß er ihm überlassen. Für Dienstboten und Arbeiter außerhalb des elterlichen Hauses wird dies vom Leben und Verkehr gefordert.

Die Haftung des Minderjährigen für kontraktliches Verschulden bestimmt sich nach §§ 276, 828 Abs. 2, 829. Nach § 278 haftet er für das Verschulden des gesetzlichen Vertreters, dem, anders als im § 112, nicht jede Einwirkung auf das Dienst= oder Arbeitsverhältniß entzogen ist. So kann der Vertreter, wenn das Interesse des Minderjährigen es gebietet, gemäß § 626 selbständig, auch ohne den Minderjährigen, kündigen; nach § 278 verpflichtet er bei ungerechtfertigter Kündigung den Minderjährigen ebenso auf Schadensersatz, wie wenn er die Ermächtigung nach § 113 Abs. 2 unzeitig zurücknimmt, nachdem der Minderjährige sich bereits wirksam gebunden. In beiden Fällen bleibt dem Minderjährigen natürlich sein Anspruch gegen den Vertreter aus dessen Verschulden, §§ 1664, 1833.

**II. Geistige Gebrechen. 1.** Der Wille in seiner Entschließung wie in seiner Erklärung als Grundlage und Wesen des Rechtsgeschäfts setzt Freiheit in der Entschließung und in der Erklärung voraus. So wenig die physisch erzwungene Willenserklärung nach jedem R. eine solche überhaupt ist, ALR. I 4 § 31, SBGB. § 92, ohne daß das Gesetz darüber etwas zu sagen braucht, vgl. zu § 123, so wenig ist von Willensentschließung und Willenserklärung die Rede, wo der Person in Folge eines psychischen Zustandes die Möglichkeit des Willens fehlt. Ist dieser Zustand ein akuter, vorübergehender, wie z. B. bei Schlaf, sinnloser Betrunkenheit, Bewußtlosigkeit und anderem Grunde, z. B. in Folge von Fieber, Delirium, epileptischen Krämpfen, oder bei vorübergehender Störung der Geistesthätigkeit, so ist von allgemeiner Geschäftsunfähigkeit nicht die Rede, aber das einzelne konkrete Rechtsgeschäft, das in solchem Zustande vorgenommen, ist kein solches, weil die freie Willensbestimmung fehlt und von Willenserklärung nicht die Rede sein kann. Das besagt § 105 Abs. 2, wonach eine Willenserklärung nichtig, die im Zustande der Bewußtlosigkeit oder vorübergehender Störung der Geistesthätigkeit abgegeben, eine Vorschrift, die nicht hierher, sondern unter die §§ 116 ff. von den Voraussetzungen der Willenserklärung gehört hätte. Vgl. C. c. art. 1108. Sie umfaßt weiter als der § 104 Nr. 2 und der § 51 StGB., wie die Beispiele zeigen, alle Fälle der aufgehobenen oder gestörten Geistesthätigkeit, auch wenn sie nicht auf Krankheit beruhen. Der § 827 spricht bei Normirung der Schadensersatzpflicht vom „Zustand der Bewußtlosigkeit oder einer die freie Willensbestimmung ausschließen=

den krankhaften Störung der Geistesthätigkeit", fügt aber im Satz 2 auch die unverschuldeten und verschuldeten vorübergehenden Zustände dieser Art hinzu und trifft damit auch die Fälle des § 105 Abs. 2. Das ALR. I 4 §§ 28, 29 stellt die durch Trunk, Schrecken, Furcht, Zorn oder andre heftige Leidenschaft der Vernunft nicht Mächtigen den Wahnsinnigen gleich und scheidet davon in §§ 95 ff. den Fall, wo jemand von einem Andren durch Trunk oder Erregung heftiger Leidenschaft in einen Zustand versetzt, in dem er seine Handlung oder deren Folgen nicht mehr richtig zu beurtheilen vermag. Vgl. ObTr. 38 S. 7, RE. 1 Nr. 54, 56, RG. 12 S. 275, Bolze 4 Nr. 23 (wahnsinnige Eifersucht). Das BGB. hat diese Unterscheidung, die auch den nur unvernünftig und thöricht Handelnden schützte, mit Recht fallen lassen; in solchen Fällen wird der Betroffene nur gegen Betrug oder Irrthum geschützt. In allen Fällen ist von dem, der aus § 105 Abs. 2 Rechte herleitet, der Beweis des vom Gesetz geforderten Zustandes zu führen, wobei die Praxis gut thun wird, wegen der Gefahren für die Sicherheit des Verkehrs einen strengen Maßstab anzulegen.

Die Nichtigkeit des konkreten Geschäfts beseitigt seine rechtliche Wirkung. Vergl. zu §§ 139 ff., 812 ff. Vgl. wegen der Ehe § 1325, und wegen des Testaments §§ 2229 ff. Da die Person nicht geschäftsunfähig, nur das einzelne Geschäft betroffen wird, findet § 131 auf solche Fälle keine Anwendung, d. h. es kann sich z. B. niemand darauf berufen, daß eine Willenserklärung, die ihm nicht persönlich gegenüber abgegeben, sondern ihm zugegangen, § 130 Abs. 1, als nicht zugegangen gelten müsse, weil er im Moment des Zugangs geschlafen oder sinnlos betrunken gewesen oder im Fieber gelegen. Für solche Fälle hat jeder aufzukommen, wenn er nicht Fürsorge trifft. Selbstverständlich dagegen ist, daß einem Schlafenden, Bewußtlosen in Person gegenüber eine wirksame Erklärung nicht abgegeben werden kann.

2. a. Von allgemeiner Geschäftsunfähigkeit ist erst die Rede, wenn die freie Willensbestimmung durch krankhafte Störung der Geistesthätigkeit dauernd ausgeschlossen ist, mag Entmündigung erfolgt sein oder nicht, § 104 Nr. 2, und wenn die Entmündigung wegen Geisteskrankheit erfolgt ist, mag der Entmündigte geisteskrank sein oder nicht, § 104 Nr. 3. Ueber Geisteskrankheit, Geistesschwäche, geistige Gebrechen vgl. oben S. 16 ff. Der einzige Unterschied zwischen den beiden Fällen der Nr. 2 und der Nr. 3 des § 104 ist, daß vor der Entmündigung von dem, der Rechte aus dem Mangel der freien Willensbestimmung herleitet, der Beweis des Mangels zur fraglichen Zeit zu führen ist, die Entmündigung von dem Eintritt ihrer Wirkung ab den Beweis nicht bloß erübrigt, sondern den Gegenbeweis ausschließt, namentlich also abweichend vom gem. R. den Beweis ausschließt, daß der Entmündigte im Moment eines lucidum intervallum gehandelt habe. l. 16 § 1 D. 28, 1. l. 6 C. 5, 70. l. 9 C. 6, 22. RG. 23 S. 140. ALR. I 4 §§ 24, 25. SBGB. §§ 1984, 2069, 2209, 2545 und dazu Sächs. Ges. v. 20. Febr. 1882 III. C. c. art. 489, 502, 508, 512. Im Uebrigen fällt unter die Kategorie des § 104 Nr. 2 vor Allem die Geisteskrankheit, aber es können darunter auch Fälle der Geistesschwäche und der geistigen Störung in Folge von körperlicher Schwäche, Alter, Krankheit, Blindheit, Taubheit fallen, welche die freie Willensentschließung dauernd beseitigen, den Betroffenen unfähig machen, seine Angelegenheiten frei zu besorgen, § 6 Nr. 1, ohne daß es zu einer Entmündigung wegen Geisteskrankheit oder Geistesschwäche gekommen ist oder kommen kann, weil der Zustand zwar dauernd, aber seiner Natur nach seinem baldigen Ende durch den Tod entgegensieht. Vgl. RG. 14 S. 248. Daß der entmündigte Geistesschwache nach § 114 beschränkt geschäftsfähig, steht der Anwendung des § 104 Nr. 2 auf Geistesschwache, bei der die freie Willensbestimmung ausgeschlossen, nicht entgegen. Der Gesetzgeber hat guten Grund, den nicht entmündigten in weiterem Maße zu schützen als den entmündigten Geistesschwachen. Der entmündigte Geistesschwache ist nach § 2229 testirunfähig, ersichtlich, weil man ihm insoweit die Fähigkeit freier Willensbestimmung nicht zugetraut hat. Es ist nicht abzusehn, weshalb er vor der Entmündigung testirfähig sein soll, wenn erwiesen wird, daß sein geistiger Zustand die freie Willensbestimmung ausschloß. Vgl. unter 3.

Die absolute Geschäftsunfähigkeit des entmündigten Geisteskranken beginnt nach § 603 CPO. mit Mittheilung des Beschlusses an die Vormundschaftsbehörde;

8*

der § 603 Entw. ändert dies dahin, daß die Entmündigung in Wirksamkeit tritt mit Zustellung des Beschlusses an den gesetzlichen Vertreter, dem die Sorge für die Person zusteht, mit Bestellung des Vormundes, wenn ein solcher gesetzlicher Vertreter nicht vorhanden.

Wird die Entmündigung in Folge einer Anfechtungsklage, CPO. §§ 605 ff., rechtskräftig aufgehoben, so ist damit festgestellt, daß der Endmündigte nicht geisteskrank war und ist. Er wird nicht nur mit der Rechtskraft des Urtheils, § 613 CPO., geschäftsfähig oder beschränkt geschäftsfähig, wenn er minderjährig, sondern nach § 115, durch den Abs. 2 § 613 CPO. ersetzt wird, gilt seine Geschäftsfähigkeit als nicht aufgehoben insofern, als die Wirksamkeit von Rechtsgeschäften, die er trotz der Entm. selbständig vorgenommen hat oder die ihm gegenüber vorgenommen sind, nicht deshalb in Frage gestellt werden kann, weil sie während der Dauer der Entm. vorgenommen sind. Das Aufhebungsurtheil wirkt insoweit rückwärts, natürlich mit der Beschränkung, daß der inzwischen durch Urtheil oder auf andrem Wege, Erklärung des Vertreters oder des Mitkontrahenten, in Bezug auf ein solches Rechtsgeschäft definitiv hergestellte Rechtszustand nicht wieder aufgehoben wird. Andrerseits bleiben die von dem gesetzlichen Vertreter des Entmündigten vor der Aufhebung der Entm. vorgenommenen Rechtsgeschäfte in Kraft, da der Verkehr darauf muß vertrauen können, daß der gesetzlich bestellte Vertreter es wirklich ist. Wohlerworbene Rechte, die ein Dritter aus Rechtsgeschäften mit dem Vertreter ableitet, werden danach durch die Aufhebung der Entm. nicht beseitigt, und sie siegen bei Kollision mit Rechten, die von dem Entmündigten selbst abgeleitet werden.

Wird die Entm. rechtskräftig wieder aufgehoben, weil der Grund der Entm. (Geisteskrankheit) fortgefallen ist, § 6 Abs. 2, CPO. §§ 616 ff., so findet § 115 keine Anwendung. Die Geschäftsunfähigkeit besteht bis zur Rechtskraft des Beschlusses und des Urtheils, und die Geschäftsfähigkeit tritt erst mit der Rechtskraft ein. Auch die Beendigung durch Tod fällt nicht unter § 115. Selbstverständlich ist, daß auch nach der Aufhebung oder Beendigung der Beweis der Fortdauer der Geisteskrankheit trotz der Aufhebung nach § 104 Nr. 2 nicht ausgeschlossen ist.

**b.** Die Geschäftsunfähigkeit im § 104 Nr. 2 und 3 besteht in dem Umfange wie bei dem Minderjährigen vor vollendetem 7. Lebensjahre, weitre Folgen ergeben sich aus den §§ 8, 131 Abs. 1, 206, 682, 1335, 1676, 1780, 1865, 1885, 2201, 2229, 2274, 2275. Vgl. oben unter C. I 1. Ueber Ehescheidung wegen Geisteskrankheit vgl. § 1369. Nach § 51 CPO. besteht auch keine Prozeßfähigkeit. Anomal ist, daß nach §§ 605, 616 dem wegen Geisteskrankheit Entmündigten selbst die Anfechtungsklage und der Antrag auf Wiederaufhebung zusteht. Der Geschäftsunfähige des § 104 Nr. 2, 3 kann sonst nicht selbst handeln, nur durch seinen Vertreter, nur durch diesen oder einen neg. gestor erwerben oder verpflichtet werden, § 278. Vertreter kann er nach § 165 nicht sein. §§ 1336 Abs. 2, 1595 Abs. 2, 1728 Abs. 2, 1731, 2282 Abs. 2, 2347 Abs. 2 Satz 2, 2352. Für einzelne Rechtsgeschäfte des Familien- und Erbrechts ist selbst die Vertretung ausgeschlossen. Jedes Rechtsgeschäft des Unfähigen ist nichtig, § 105 Abs. 1, §§ 139 ff. Es unterliegt keinem Bedenken, den Satz 2 Abs. 2 § 2229, wonach die Testirunfähigkeit des wegen Geistesschwäche, Verschwendung, Trunksucht Entmündigten schon mit der Stellung des Antrages beginnt, auf Grund dessen die Entm. erfolgt, auch auf den Geisteskranken anzuwenden. Aus unerlaubter Handlung und kontraktlichem Verschulden haftet er nach §§ 276, 827 nicht, was auch hier nur durch § 829 billig modificirt. Aus der Bereicherung haftet er nur nach §§ 812, 818; § 819 kann auf ihn nicht Anwendung finden, wenn die Bereicherung nicht in die Hände des Vertreters gelegt ist. Der Dritte, der das Rechtsgeschäft mit ihm geschlossen, hat nach §§ 812 ff. herauszugeben, was er erhalten, unbeschränkt, wenn er von der Geisteskrankheit oder dem Zustande des § 104 Nr. 2 Kenntniß hatte, § 819, beschränkt nach § 818 Abs. 3, 4, wenn er keine Kenntniß hatte, was bei Geisteskranken und Geistesschwachen sehr wohl der Fall sein kann. Vgl. RG. 32 S. 319 zu §§ 812 ff. Auch nach BGB. würde in diesem Falle, wo der Geisteskranke dem gutgläubigen Bankier Werthpapiere zum Verkauf übergeben und Anzahlung erhalten, nachher verschwunden war, der Bankier nur nach Abzug der Anzahlung als bereichert gelten, § 818 Abs. 3, nicht aber der schlechtgläubige. Schwere Schädigung des gutgläubigen Verkehrs, wie sie bei Geisteskranken, denen niemand ihre Geisteskrankheit ansehen kann, möglich, wird auch durch verständige Handhabung des § 829 verhindert oder gemildert werden können.

c. Nach § 1906 kann der volljährige Geisteskranke, dessen Entmündigung beantragt ist, unter vorläufige Vormundschaft gestellt werden, wenn das Vormundschaftsgericht es zur Abwendung von Gefahr für Person oder Vermögen für erforderlich erachtet. SBGB. § 81, Ges. v. 20. Febr. 1882 § 2 Nr. 1, § 3. Ist er entmündigt, erhält er nach § 1896 definitiv einen Vormund; nach § 1908 Abs. 2 endet die vorläufige Vormundschaft mit der Bestellung des Vormunds auf Grund der Entmündigung. Die Stellung unter Vormundschaft muß geschehn, wenn er minderjährig und ohne gesetzliche Vertreter ist, §§ 1773, 1774. Die Stellung unter vorläufige oder definitive Vormundschaft ändert an seiner Geschäftsunfähigkeit natürlich nichts, wenn er geisteskrank; mindestens aber ist er der Beschränkung in der Geschäftsfähigkeit unterworfen, wie nach § 114 der sonst unter vorl. Vormundschaft Gestellte. Vgl. auch § 2229 Abs. 3 Satz 2 und dazu oben unt. b und Entw. der CPO. § 435 Abs. 3. Nach § 52 des Ges. über die freiwillige Gerichtsbarkeit tritt die Stellung unter vorl. Vormundschaft in Kraft mit der Bestellung des Vormunds, die Aufhebung mit der Bekanntmachung an den Mündel. Nach § 115 Abs. 2 findet der oben unter a erörterte Abs. 1 § 115 Anwendung, wenn der Antrag auf Entm. zurückgenommen oder rechtskräftig abgewiesen oder auf Anfechtungsklage aufgehoben ist und vorläufige Vormundschaft eingeleitet war. Der § 61 des Ges. über die freiw. Gerichtsbarkeit bestimmt dem entsprechend, daß wenn die eine vorl. Vormundschaft eröffnende Verfügung vom Beschwerdegericht aufgehoben, die Wirksamkeit der von oder gegenüber dem Volljährigen vorgenommenen Rechtsgeschäfte auf Grund der vorl. Vormundschaft nicht in Frage gestellt werden kann. Dasselbe gilt für die Rechtsgeschäfte des Vormunds. Für diesen Fall gilt alles, was oben zu § 115 Abs. 1 dargelegt ist.

3. Der wegen Geistesschwäche Entmündigte steht nach § 114 in Ansehung der Geschäftsfähigkeit dem Minderjährigen gleich, der das 7. Lebensjahr vollendet hat. Es gilt für ihn alles unter C I 2 Gesagte. Anders C. c. art. 499. Die Handlungsfähigkeit und die Haftung für kontraktliches Verschulden bestimmt sich nach den §§ 827, 829, 276. Weitere Folgen der Entmündigung ergeben sich aus §§ 1418 Nr. 3, 1780 (1865), 1885, 1676, 2201. Besonders wichtig ist § 2229 Abs. 3, wonach der wegen Geistesschwäche Entmündigte auch testirunfähig ist und diese Unfähigkeit mit der Stellung des Antrags beginnt, auf Grund dessen die Entmündigung erfolgt. Das Gesetz geht danach davon aus, daß der Geistesschwache nicht die für die Testirfähigkeit erforderliche Freiheit der Willensbestimmung hat wie der 16jährige geistig gesunde Minderjährige. Dagegen steht nach § 2253 Abs. 2 die Entmündigung dem Widerruf eines vor der Entmündigung errichteten Testaments nicht entgegen. Nach § 2230 steht die Entmündig. der Gültigkeit des vor dem unanfechtbar gewordenen Entmündigungsbeschluß oder nach Stellung des Antrags auf Wiederaufhebung der Entmünd. errichteten Testaments nicht entgegen, wenn der Entmündigte vor dem Eintritt der Unanfechtbarkeit stirbt oder die Entmünd. wieder aufgehoben wird. Daraus ist nicht zu schließen, daß der Geistesschwache bis zur Entmünd. testirfähig und sein vor der Entmünd. errichtetes Testament der Anfechtung entzogen ist. Vielmehr folgt daraus nur, daß in den Fällen des § 2230 die Entmünd. und der Antrag auf Entmünd. (§ 2229 Abs. 3 Satz 2) nicht zur Beseitigung des Testaments genügt, sondern dazu der Beweis der Geisteskrankheit oder Geistesschwäche, die in § 6 Nr. 1 doch gleichgestellt, erforderlich ist. Auch ALR. I 4 § 26 stellte den unter Vormundschaft genommenen Blödsinnigen dem Unmündigen gleich, die Preuß. Praxis hat aber schließlich konstant kein Bedenken getragen, die Vorschrift auch auf den nicht unter Vormundschaft gestellten Blödsinnigen anzuwenden, wenn der Beweis des Blödsinns geführt wird. ObTr. 58 S. 158 (StrA. 67 S. 91), RE. 1 Nr. 54, 55, 56, RG. 35 S. 204. Für gem. R. steht RG. 14 S. 248, JW. 1887 S. 113 auf demselben Standpunkt. Oben ist bereits darauf hingewiesen, daß es nicht in der Absicht des Gesetzgebers gelegen haben kann, den Geistesschwachen vor der Entmünd. als geschäftsfähig zu behandeln und ohne Schutz zu lassen, und daß es nicht einmal einen Widersinn enthalten würde, wenn der nicht entmündigte Geistesschwache als geschäfts-

unfähig, der entmündigte als beschränkt geschäftsfähig behandelt würde, was nicht geboten ist.

Die Wirkung der Entmünd. wegen Geistesschwäche beginnt nach § 603 Abs. 2 CPO. (Entw.) mit der Zustellung des Beschlusses an den Entmündigten. Im Uebrigen gilt das unter 2 b und c Gesagte, sowohl § 115 wie § 1906, und § 61 Ges. über die freiw. Gerichtsbarkeit. Nach § 52 Ges. über die freiw. Gerichtsbarkeit tritt die vorläufige Vormundschaft bei Geistesschwachen mit der Bekanntmachung der Verfügung an den zu Entmündigenden in Kraft und außer Kraft mit der Bekanntmachung an den Mündel.

**4.** Der Verschwender, vgl. zu § 6 Nr. 2 oben S. 19, steht mit der Entmündigung nach § 114 in der Geschäftsfähigkeit dem Minderjährigen über 7 Jahre gleich, wird nach § 1896 bei Volljährigkeit unter Vormundschaft gestellt, aber in Bezug auf die Testamentsfähigkeit nach § 2229 Abs. 3 ganz so wie der entmündigte Geistesschwache und schlechter als der Minderjährige über 16 Jahr behandelt. Das stimmt mit dem gem. R., RG. 19 S. 315 und § 2072 SBGB., weicht aber sowohl von dem ALR. I 12 §§ 27ff., Bolze 5 Nr. 846, wie von dem französ. R. ab, das eine Beschränkung der Testirfähigkeit des Verschwenders nicht kennt und ihn Beschränkungen nur in Bezug auf bestimmte Rechtsgeschäfte unterwirft, ihn dafür an die Zustimmung des Beistandes bindet und sie ohne dessen Zustimmung anfechtbar macht, art. 513, 502. Vgl. EG. Art. 156 Abs. 2. Nach § 1304 Abs. 1 bedarf der Verschwender ferner abweichend vom bisherigen Reichsrecht, § 29 RGes. v. 6. Febr. 1875, zur Eheschließung der Einwilligung des gesetzlichen Vertreters. Im Uebrigen gelten für ihn die früher erwähnten Beschränkungen aller Entmündigten. Außerdem kann nach §§ 1418 Nr. 3, 1468 Nr. 4, 1495 Nr. 4 gegen ihn auf Aufhebung des ehemännlichen Verwaltungs- und Nießbrauchsrechts, der Gütergemeinschaft, der fortgesetzten GG. geklagt werden. Die Wirkung der Entmünd. wegen Verschwendung beginnt nach CPO. § 623 mit der Zustellung des Beschlusses an den Entmündigten und endet mit der Rechtskraft des Beschlusses, der sie wieder aufhebt. §§ 624ff. CPO. Die vorläufige Stellung unter Vormundschaft ist nach § 1906 auch hier mit der Wirkung des § 114 statthaft. Der § 115 und die §§ 52, 61 Ges. über die freiw. Gerichtsbarkeit finden auch hier Anwendung. Die Handlungsfähigkeit und die Haftung des Verschwenders für kontraktliches Verschulden, wo ein kontraktliches Verhältniß in Bezug auf ihn begründet, wird durch die Entmündigung und die Vormundschaft allein nicht berührt, §§ 827, 828, 276. Für den Anspruch aus unerl. Handlung und aus der Bereicherung steht er, wenn er volljährig, nicht anders, als jeder Volljährige, § 819. Vgl. zu §§ 812ff., 817.

**5.** Alles was von dem entm. Geistesschwachen gilt, gilt nach § 114 auch von dem wegen Trunksucht Entmündigten. Vgl. zu § 6 oben S. 20. CPO. Entw. § 627a. Insbesondre finden auch auf ihn die §§ 1304 Abs. 1, 2229 Abs. 3, 2253 betr. die Eheschließungs- und die Testirbefugniß, der § 1418 Nr. 3, §§ 1780, 1685, 1885, 1676, 2201 Anwendung. Der § 1906 und § 115 findet auch hier Anwendung. Vgl. Ges. über die freiw. Gerichtsbarkeit §§ 52, 61.

**6.** Endlich ist nach § 114 auch der gemäß § 1906 unter vorl. Vormundschaft Gestellte in der Geschäftsfähigkeit beschränkt, wie der Minderjährige über 7 Jahr. Von selbst versteht sich, daß bei dem Geisteskranken dadurch der Beweis nicht ausgeschlossen ist, daß er geisteskrank und deshalb nicht bloß in der Geschäftsfähigkeit beschränkt, sondern geschäftsunfähig. Bezüglich der Testirbefugniß ist auf die Vorschrift im Satz 2 Abs. 3 § 2229 hinzuweisen. Da er in der Geschäftsfähigkeit beschränkt, ist § 1304 Abs. 1 auf diesen Fall anzuwenden, ebenso §§ 1676, 2201. Eine besondre Vorschrift giebt § 1781. Des § 115 Abs. 2 und der §§ 52, 61 Ges. über die freiw. Gerichtsbarkeit ist bereits früher erwähnt.

**III.** Mit diesen Fällen ist für das BGB. der Kreis der geschäftsunfähigen und beschränkt geschäftsfähigen Personen geschlossen. Da nach § 1626 die elterliche Gewalt mit der Volljährigkeit des Kindes endet, fallen die Beschränkungen des großjährigen Kindes durch die väterliche Gewalt des Preuß. R., ALR. II 2 §§ 123—138, 139—146, 158, 162ff., 201—203, 214ff., 228—230, RE. 4 Nr. 238 S. 492ff., fort. Die minderjährige Ehefrau steht wie jede Minderjährige; die Geschäftsfähigkeit der volljährigen Ehefrau wird durch die Ehegewalt des Mannes abweichend vom Preuß. und französ. R. und dem R. des SBGB. grundsätzlich nicht berührt. CPO. § 51 Abs. 2. Vgl. das Nähere zu §§ 1353 ff. Ueber die Handlungsfähigkeit des Taubstummen enthält der § 828 Abs. 2 Satz 2 eine Specialvorschrift, die nach § 276 auch für sein kontraktliches Verschulden gilt und seine Verantwortlichkeit von seiner Einsicht abhängig macht, wie bei dem Minderjährigen vor dem vollendeten 18. Lebensjahre. Aber körperliche und geistige Gebrechen, die nicht unter §§ 6 Nr. 1, 104 Nr. 2, 3, 114 fallen, können zwar zu einer Pflegschaft führen, § 1910, berühren aber an und für sich die Geschäftsfähigkeit nicht. Vgl. oben zu §§ 2—5 Seite 16, 17 und zu § 1910. Daß sich durch Vertrag mit einem Dritten die Geschäftsfähigkeit weder nehmen, noch beschränken läßt, niemand sich freiwillig einer Vormundschaft unterwerfen kann, für die ein gesetzlicher Grund nicht vorliegt, gilt für das BGB. wie für das bisherige Recht. RG. 4 S. 164.

---

## 2. Titel. Willenserklärung.

**§ 116.** Eine Willenserklärung ist nicht deshalb nichtig, weil sich der Erklärende insgeheim vorbehält, das Erklärte nicht zu wollen. Die Erklärung ist nichtig, wenn sie einem Anderen gegenüber abzugeben ist und dieser den Vorbehalt kennt.

**§ 117.** Wird eine Willenserklärung, die einem Anderen gegenüber abzugeben ist, mit dessen Einverständnisse nur zum Schein abgegeben, so ist sie nichtig.

Wird durch ein Scheingeschäft ein anderes Rechtsgeschäft verdeckt, so finden die für das verdeckte Rechtsgeschäft geltenden Vorschriften Anwendung.

**§ 118.** Eine nicht ernstlich gemeinte Willenserklärung, die in der Erwartung abgegeben wird, der Mangel der Ernstlichkeit werde nicht verkannt werden, ist nichtig.

**§ 119.** Wer bei der Abgabe einer Willenserklärung über deren Inhalt im Irrthume war oder eine Erklärung dieses Inhalts überhaupt nicht abgeben wollte, kann die Erklärung anfechten, wenn anzunehmen ist, daß er sie bei Kenntniß der Sachlage und bei verständiger Würdigung des Falles nicht abgegeben haben würde.

Als Irrthum über den Inhalt der Erklärung gilt auch der Irrthum über solche Eigenschaften der Person oder der Sache, die im Verkehr als wesentlich angesehen werden.

**§ 120.** Eine Willenserklärung, welche durch die zur Uebermittelung verwendete Person oder Anstalt unrichtig übermittelt worden ist, kann unter der gleichen Voraussetzung angefochten werden wie nach § 119 eine irrthümlich abgegebene Willenserklärung.

**§ 121.** Die Anfechtung muß in den Fällen der §§ 119, 120 ohne schuldhaftes Zögern (unverzüglich) erfolgen, nachdem der Anfechtungsberechtigte von dem Anfechtungsgrunde Kenntniß erlangt hat. Die einem Abwesenden gegenüber erfolgte Anfechtung gilt als rechtzeitig erfolgt, wenn die Anfechtungserklärung unverzüglich abgesendet worden ist.

Die Anfechtung ist ausgeschlossen, wenn seit der Abgabe der Willenserklärung dreißig Jahre verstrichen sind.

**§ 122.** Ist eine Willenserklärung nach § 118 nichtig oder auf Grund der §§ 119, 120 angefochten, so hat der Erklärende, wenn die Erklärung einem Anderen gegenüber abzugeben war, diesem, anderenfalls jedem Dritten den Schaden zu ersetzen, den der Andere oder der Dritte dadurch erleidet, daß er auf die Gültigkeit der Erklärung vertraut, jedoch nicht über den Betrag des Interesses hinaus, welches der Andere oder der Dritte an der Gültigkeit der Erklärung hat.

Die Schadensersatzpflicht tritt nicht ein, wenn der Beschädigte den Grund der Nichtigkeit oder der Anfechtbarkeit kannte oder in Folge von Fahrlässigkeit nicht kannte (kennen mußte).

**§ 123.** Wer zur Abgabe einer Willenserklärung durch arglistige Täuschung oder widerrechtlich durch Drohung bestimmt worden ist, kann die Erklärung anfechten.

Hat ein Dritter die Täuschung verübt, so ist eine Erklärung, die einem Anderen gegenüber abzugeben war, nur dann anfechtbar, wenn dieser die Täuschung kannte oder kennen mußte. Soweit ein Anderer als derjenige, welchem gegenüber die Erklärung abzugeben war, aus der Erklärung unmittelbar ein Recht erworben hat, ist die Erklärung ihm gegenüber anfechtbar, wenn er die Täuschung kannte oder kennen mußte.

**§ 124.** Die Anfechtung einer nach § 123 anfechtbaren Willenserklärung kann nur binnen Jahresfrist erfolgen.

Die Frist beginnt im Falle der arglistigen Täuschung mit dem Zeitpunkt, in welchem der Anfechtungsberechtigte die Täuschung entdeckt, im Falle der Drohung mit dem Zeitpunkt, in welchem die Zwangslage aufhört. Auf den Lauf der Frist finden die für die Verjährung geltenden Vorschriften des § 203 Abs. 2 und der §§ 206, 207 entsprechende Anwendung.

Die Anfechtung ist ausgeschlossen, wenn seit der Abgabe der Willenserklärung dreißig Jahre verstrichen sind.

---

**Willenserklärung.** §§ 116—144. EG. Art. 11, 30, 47, 168. E. I §§ 72—76, 91—94, 95—104, 105—107, 108—114, 144—146. E. II §§ 90—109, 110—115. E. III § 112—140. ALR. I 3 §§ 40—44; 4 §§ 1—19, 31 ff., 52 ff., 57, 58 ff., 65 ff., 75 ff., 84 ff., 94 ff. SGB. §§ 79, 80, 90 ff., 100 ff., 223, 224, 793 ff., 809 ff., 821 ff., 828, 829, 830 ff., 2078, 2079. C. c. art. 1108—1110, 1111—1115, 1116, 1117, 1131, 1133, 1304 ff., 1321, 1325, 1326, 1128, 1598. W. I §§ 69, 70, 72, 73, 74, 75—77, 78—80, 81 ff., 118. II § 306. D. P. I §§ 86, 87, 96 ff., 99 ff., 120 ff., 123. II § 11. D. Pr. Pr. I §§ 71, 77—79, 97 ff., 104, 105, 106, 107, 108 ff., 117, 118. Eccius I §§ 29—33, 34, 40, 41, 43. RE. I Nr. 46, 47, 49—51, 52, Nr. 57, 58, 59, Nr. 60; Nr. 61—63, 64. Grützmann I §§ 25—27; Z=Cr. I §§ 126 ff., II § 323 Cr. I §§ 22, 23—27; 32. Cosack I §§ 53, 54, 58, 59, 60, 63, 64, 65. Endemann I §§ 64 ff.; 70—73; 74, 75. Gierke I § 33. v. Blume in Jhering, Jahrb. Bd. 38 S. 224 ff.

**I. 1.** Die §§ 116—144 behandeln für alle Rechtsgeschäfte die Voraussetzungen der Rechtswirksamkeit der Willenserklärung bezüglich der inneren Beschaffenheit des Willensentschlusses und der Uebereinstimmung von innerem Willen und Erklärung (Freiheit und Ernstlichkeit der Willensentschließung, Scherz, Schein, Irrthum, Betrug, Drohung), §§ 116—124, bezüglich der Form und der Abgabe der Willenserklärung, §§ 125—129, 130—132, bezüglich des zulässigen Inhalts der Willenserklärung, §§ 134—138. Der § 133 betrifft die Auslegung, die §§ 139—144 betreffen die Nichtigkeit und Anfechtbarkeit der Willenserklärungen (Rechtsgeschäft) in Folge eines Mangels in ihren allgemeinen Voraussetzungen. Zu bemerken ist, daß das BGB. neben diesen allgemeinen Vorschriften für die familien= und erbrechtlichen Rechtsgeschäfte zum Theile abweichende Vorschriften über die Mängel der Voraussetzungen und deren Wirkungen, Anfechtung, Nichtigkeit, giebt. Ehe: §§ 1317 ff.; 1323—1347, 1348 ff. (Wiederverheirathung nach Todeserklärung); letztwillige Verfügungen, Antritt und Ausschlagung der Erbschaft: §§ 2078, 2281, 2340 ff., 2345 (Erbunwürdigkeit), §§ 1949, 1954; Anfechtung der Ehelichkeit und der Anerkennung der Ehelichkeit eines Kindes: §§ 1594 ff., 1599; Antrag auf Ehelichkeitserklärung eines unehelichen Kindes: § 1731; beim Adoptionsvertrag: § 1755.

**2.** Nach jedem Recht ist der *innerlich gebliebene* Wille rechtlich ohne Bedeutung; rechtlich in Betracht kommt der Wille erst dadurch, daß er in die Außenwelt tritt, für die er bestimmt ist, durch seine Erklärung oder Bethätigung. Erst dadurch wird er wirksam. Dies gilt für alle Willenserklärungen, ein- und zweiseitige, solche, die durch sich selbst wirken und solche, die der Abgabe einer anderen Person oder einer Behörde gegenüber bedürfen. Vgl. oben zu §§ 101 ff. S. 102. *Wo das Gesetz eine bestimmte Form der Erklärung fordert* (*Ausdrücklichkeit, Schriftlichkeit, gesteigerte Form*, §§ 125—129), *muß diese Form hinzutreten.* Vgl. RG. 31 S. 323 zu §§ 125 ff. Nach § 779 CPO. gilt eine Willenserklärung, zu der eine Person *verurtheilt* ist, z. B. Anerkennung, Bestellung einer Hypothek, Grundschuld, Quittirung, Auflassung u. a., *als abgegeben* mit der Rechtskraft des Urtheils, und wenn ihre Abgabe an die Bedingung einer Gegenleistung geknüpft, mit der Ertheilung einer vollstreckbaren Ausfertigung des Urtheils; nach § 779a CPO. Entw. sind Vorschriften in Aussicht genommen für den Fall der Verurtheilung zur Eigenthumsübertragung, Pfandbestellung, für die aus solcher Verpflichtung folgenden Verpflichtung zur Uebergabe einer Sache (Urkunde). Das BGB. sagt nicht, *wann*, mit welchem Zeitpunkt, die Willenserklärung *als abgegeben* zu gelten hat in den Fällen, wo sie durch sich selbst wirkt, ohne daß das Gesetz eine Form vorschreibt. Solche Form ist in einer Reihe von Fällen vorgeschrieben, S. 102; in diesen Fällen ist die Willenserklärung mit Erfüllung der Form abgegeben. Keine Form ist z. B. erfordert für Anerkennung der Ehelichkeit eines Kindes, § 1598 (vgl. §§ 1718, 1720 Abs. 2), für die Erbschaftsannahme (§§ 1942, 1946, anders für die Ausschlagung einer Erbschaft nach § 1945). Beides kann durch Handlungen erfolgen, die den Willen erkennen lassen und dazu bestimmt sind, diesen Willen erkennen zu lassen, z. B. Einziehen von Nachlaßforderungen, Anerkennung, Zahlung von Nachlaßschulden, Verhandeln über Erbtheilung mit Miterben. Mit solcher Handlung gilt dann die Willenserklärung als abgegeben. Fraglich bleibt und nur konkret zu entscheiden ist in solchen Fällen die Frage, ob auch mündliche Erklärungen zu unbetheiligten Dritten als Willenserklärung zu gelten haben. Nicht entschieden ist ferner die Frage, wann die Willenserklärung als abgegeben gilt, wann sie einem Anderen gegenüber abzugeben ist, *der anwesend*, d. h. *so anwesend ist, daß die Erklärung seiner Person gegenüber erfolgen, mit ihm gesprochen werden kann*, bei mündlichem und bei telephonischem Verkehr, § 147 Abs. 1 Satz 2. Die Entscheidung ergiebt sich daraus, daß, wer das mündliche Wort zur Erklärung wählt, damit selbst bekundet, daß sein Wille *vernommen* werden soll. Die Willenserklärung kann deshalb in diesem Falle als abgegeben erst *durch das Vernehmen* gelten, § 147 Abs. 1 Satz 1; sie ist nicht abgegeben, wenn sie *nicht vernommen werden kann*, weil der Empfänger taub, bewußtlos, im Schlaf, der Sprache des Sprechenden unkundig oder sonst am Vernehmen verhindert. Ist der Angesprochene zu hören verpflichtet, weil er die Willenserklärung des Anderen, z. B. Kündigung, Mahnung annehmen muß, so kann er sich *dem Hören* nicht absichtlich entziehen, um die Willenserklärung zu verhindern. Die so verhinderte Willenserklärung muß als abgegeben gelten wie in dem gleichen Falle der *Nichtannahme* schriftlicher Willenserklärung. Nur nicht daraus allein folgt die Abgabe der Willenserklärung, daß der, dem die mündliche Erklärung abzugeben, sich nicht sprechen läßt; denn dazu ist niemand verpflichtet und das Gesetz eröffnet für solchen Fall der Abgabe der Willenserklärung den Weg. Und das gilt auch für den Fall der mündlichen Erklärung durch Dritte, z. B. Boten, Bevollmächtigte; dabei ist zu beachten, daß keine Verpflichtung besteht, sich mit einem unlegitimirten Boten oder Bevollmächtigten einzulassen, vgl. §§ 122, 174, 410, 1831, und die mündliche Erklärung eines solchen weder gehört noch als Erklärung angenommen zu werden braucht und bei Zurückweisung als wirksame Willenserklärung nicht gilt.

**3.** Bestimmung trifft das BGB. in §§ 130, 132 *für die einem Anderen gegenüber in dessen Abwesenheit oder einer Behörde gegenüber abzugebenden Willenserklärungen.* Dabei konnte in Frage kommen, ob die Willenserklärung mit ihrer Aeußerung, mit ihrem Empfange oder mit ihrer Vernehmung als abgegeben zu gelten hat, d. h. konkret formulirt mit dem Schreiben, dem Absenden, dem Empfangen, dem Lesen des Briefes, der die Willenserklärung enthält. Das BGB. hat sich von den mit dieser Frage zusammenhängenden bekannten Theorieen, vgl. W. 2 § 306, D. P. 2 § 11, Eccius 1 § 77 Anm. 18 ff., für die sog. Empfangstheorie entschieden. Diese liegt den Art. 319—321 des alten HGB., die deshalb im HGB. v. 10. Mai 1897 fortgelassen, dem ALR. nach konstanter Praxis, RE. 1 Nr. 75, dem SBGB. § 815 zum Grunde und ist überwiegend die des gem. Rechts, RG. 23 S. 164, 166. Im französischen Recht besteht Streit. Z-Cr. 1 § 323. Nach § 130 Abs. 1 Satz 1, Abs. 3 wird die dem Abwesenden oder der Behörde gegenüber abgegebene Willenserklärung wirksam, d. h. gilt als abgegeben, sobald sie ihm oder der Behörde zugeht, wenn nicht gleichzeitig oder vorher der Widerruf zugeht, und sie wird und bleibt wirksam, auch wenn der Abgebende vor dem Zugang stirbt oder geschäftsunfähig (in der Geschäftsfähigkeit beschränkt) wird. Absendung und Zugehen bilden danach einen einzigen Rechtsakt, § 130 Abs. 1 Satz 2, Abs. 2, 3. Unter dem Zeitpunkt des Zugehens ist der Zeitpunkt zu verstehen, in welchem dem designirten Empfänger die Möglichkeit der Vernehmung der Erklärung verschafft ist. Insofern ist die Empfangstheorie die im Interesse der Bedürfnisse des Verkehrs gestaltete Vernehmungstheorie. Der Verkehr und das Leben gestattet nicht, von dem Belieben dessen, der eine Erklärung zu empfangen hat, abhängig zu machen, ob er von der zugegangenen Erklärung Kenntniß nehmen will oder nicht. Wer eine Erklärung zu empfangen hat, hat Vorsorge dafür zu treffen, daß er selbst oder durch Andere von dem Kenntniß nehmen kann und erhält, was ihm zugeht. Ohnedies wird jeder geschäftliche Verkehr auch des gewöhnlichen bürgerlichen Lebens, nicht bloß der Handelsverkehr, unmöglich oder doch unerträglich erschwert. Darum wird die Wirkung der zugegangenen Erklärung (z B. einer Kündigung) weder überhaupt noch bezüglich des Beginns der Wirksamkeit dadurch gehindert, daß der designirte Empfänger verreist, abwesend ist, schläft, krank, vorübergehend bewußtlos ist (§ 105 Abs. 2, § 131 Abs. 1, s. oben S. 114), noch dadurch, daß er das Schreiben nicht liest, ungelesen fortwirft, vernichtet, nicht annimmt, ObTr. 29 S. 154 (StrA. 15 S. 220), vgl. zu §§ 145 ff., noch dadurch, daß das Schreiben in dem vom Adressaten zur Uebernahme bestimmten Briefkasten liegen bleibt, wohl aber dadurch, daß es vor dem thatsächlichen Zugehen verloren geht, nicht abgeliefert wird. Das gilt auch, wenn die Willenserklärung einem Boten zum Ueberbringen gegeben wird, der Bote es dem Adressaten übergiebt, aber uneröffnet zurückerhält. Geht der Widerruf nach dem Eingang der Willenserklärung ein, so ist es gleichgültig, ob der Widerruf eher gelesen wird, als die Erklärung; der Widerruf bleibt in diesem Falle wirkungslos, ebenso ist er wirksam, wenn er vor oder nach der Erklärung eingeht, und die Erklärung eher gelesen wird als der Widerruf. Alles das gilt für Angebot und Annahme bei Verträgen. Vgl. zu §§ 145 ff. und die dort gegebenen praktischen Beispiele. Im Zusammenhange damit steht die Vorschrift in § 126 Abs. 2 Satz 2 über Vertragsschluß durch Austausch der einseitig von jedem Theil unterschriebenen Urkunde. Die vom Geschäftsfähigen niedergeschriebene Erklärung kann wirksam nach Eintritt der Geschäftsunfähigkeit oder des Todes nicht mehr abgesendet werden, weil sie vor der Absendung nichts ist und zur Zeit der Absendung nicht mehr abgegeben werden kann, StrA. 97 S. 225, RE. 1 Nr. 75. Darum hat die einseitige Erklärung einer Cession, Bürgschaft u. s. w., selbst vor Gericht oder Notar, an und für sich keine Bedeutung, auch nicht die Erklärung einer Genehmigung zu gerichtlichem Protokoll, wenn vor der Mittheilung die Genehmigung widerrufen ist. Str.A. 90 S. 252.

Wo das Gesetz für die Willenserklärung einem Anderen gegenüber keine Form erfordert, sie also auch stillschweigend abgegeben werden kann, vgl. zu § 151, ist konkret zu entscheiden, mit welchem Zeitpunkt die Erklärung als abgegeben zu gelten hat. Wenn bloßes Schweigen genügt, vgl. zu §§ 125 ff., ist das Schweigen die dem Andern erkennbare Handlung; ist eine positive Handlung erforderlich, so kann von Zugehen nicht die Rede sein, wenn die Handlung dem Anderen nicht erkennbar geworden ist; nur darf er die Augen nicht zumachen und sich der Kenntniß nicht entziehen, die er erlangen kann. Insoweit findet der Grundsatz des § 130 auch hier Anwendung.

4. Der § 132 läßt die Zustellung nach den Vorschriften der CPO. §§ 152,

153, 155—159, 165—174, 176—178, 186 ff. als Mittel zu, dem Andern die Willenserklärung zugänglich zu machen; mit der Zustellung ist die Willenserklärung abgegeben und wirkt, unabhängig davon, ob sie zur Kenntniß gelangt ist oder nicht. Nach § 1141 Abs. 2 kann außerdem der Hypothekengläubiger bei dem Amtsgericht rei sitae beantragen, daß dem Eigenthümer des Grundstücks, dessen Wohnsitz im Inlande unbekannt, oder der keinen Wohnsitz im Inlande hat, oder wenn § 132 Abs. 2 sonst vorliegt, ein Vertreter zum Zwecke der Kündigung der Hypothek bestellt werde. (§§ 1185 Abs. 2, 1192.) Zu § 131 vgl. oben zu §§ 104 ff. S. 103, 104, 106, 107, 114. Dort ist auf den Grund der Vorschrift, sowie darauf hingewiesen, daß unter dem Geschäftsunfähigen, Abs. 1, nur der Geschäftsunfähige im Sinne § 104 zu verstehen ist, der Fall des § 105 Abs. 2 (Schlaf, Fieber, Bewußtlosigkeit u. a.) nicht darunter fällt.

**II. 1.** Zu dem Grundsatz, daß der innerlich gebliebene Wille rechtlich wirksam erst durch seine Erklärung wird, tritt der zweite Grundsatz, daß der erklärte Wille rechtsgeschäftlich nicht wirkt, wenn das Erklärte dem Gewollten nicht entspricht. In Wirklichkeit ist auch in solchem Falle der Wille innerlich geblieben und nicht erklärt. Der Gesetzgeber konnte auch hier einen verschiedenen Weg einschlagen, entweder die Erklärung entscheiden lassen und den Erklärenden beim Worte nehmen (Erklärungstheorie), oder den wahren Willen entscheiden lassen (Willensdogma). W. I § 75, II § 309. RG. 28 S. 16. In ihren Grundzügen beruhen das gem. R. und alle modernen Gesetzgebungen auf dem Grundsatze, daß zwar davon auszugehen, daß das Erklärte das Gewollte ist und daß die Aufdeckung der Divergenz zwischen Beiden Sache Desjenigen ist, der sie behauptet, daß aber, wenn die Divergenz erwiesen, das Erklärte rechtlich nicht wirkt, weil es nicht gewollt, und das Gewollte nicht, weil es nicht erklärt ist, daß bei einseitiger Willenserklärung deshalb die Willenserklärung, bei Verträgen der Konsens fehlt. Für das ALR. folgt dies aus I 4 §§ 1, 31 ff., 52 ff., 75 ff.; für das SBGB. aus den §§ 88 ff., 828, 829, für den C. c. aus art. 1108, 1119, 1110 ff., 1123, 1321. Ueberall wird die unbeeinflußte Willensbestimmung und die Ernstlichkeit des Willens, der in der Erklärung seinen Ausdruck gefunden, gefordert; der Ernst des Willens fehlt bei Scherz und Schein, unzulässig bestimmt ist der Wille durch Irrthum, Zwang (Drohung), Täuschung. Grundsätzlich wird aber ausnahmsweise a) der an sich unwirksamen, weil nicht gewollten Erklärung die Wirkung erklärten Willens gegeben, wenn die Berufung auf den mangelnden oder abweichenden Willen Arglist wäre, und b) Derjenige, der sich darauf beruft, daß er nicht gewollt, was er erklärt, Demjenigen gegenüber zum Schadensersatz verpflichtet, der sich darauf verließ und verlassen durfte, daß das Erklärte das Gewollte war. Dies ist im Wesentlichen der Standpunkt des BGB., wie er sich aus §§ 116—124 mehr oder minder klar ergiebt.

2. **Mentalreservation, Scherz und Schein.** Wer erklärt, was er nicht will, und doch will, daß das, was er erklärt, als sein Wille erscheint, obwohl es der Erklärte nicht will, handelt arglistig und kann sich deshalb darauf nicht berufen, daß er nicht gewollt, was er erklärt hat. Niemand kann sich auf seine eigne Arglist berufen. Das Erklärte gilt rechtlich als gewollt, obwohl es nicht gewollt ist. Dieser Grundsatz ergiebt sich aus § 116 Satz 1 in Verbindung mit § 118. Danach wird, wie in allen Rechten, die sog. Mentalreservation, der geheime Vorbehalt, nicht zu wollen, was erklärt ist, nicht beachtet; die Willenserklärung ist gültig, es müßte denn bei W., die einem Andern gegenüber abgegeben, der Andere den mangelnden Willen ge- oder erkannt haben. Das Gesetz nimmt in diesem Falle, da der Andere nicht getäuscht ist, mit Recht an, daß keine Willenserklärung vorliegt, § 116 Satz 2. Ebenso und aus gleichem Grunde kann niemand sich darauf berufen, daß er eine Erklärung nur aus Scherz oder zum Schein abgegeben, wenn er nicht darthut, daß das Erklärte als Scherz oder Schein hat aufgefaßt werden sollen oder aufgefaßt ist, § 118. Wird dies dargethan, so ist eine Willenserklärung im Rechtssinn nicht vorhanden, die W. nach § 118 nichtig, auch wenn der Scherz oder der Schein von dem Andern **nicht** erkannt ist, und den Erklärenden der Vorwurf des Verschuldens trifft. Aber Scherz und Schein, der nicht hat erkannt werden

sollen, ist nichts, als Mentalreservation. Bolze 20 Nr. 288. RG. 11 S. 287; 37 S. 346. Nach § 122 ist Derjenige, der die Erklärung zum Scherz oder zum Schein ohne Täuschungsabsicht abgegeben hat, Demjenigen, dem er die Erklärung abgegeben hat, und wo ein solcher fehlt, jedem Dritten, der auf die Ernstlichkeit des erklärten Willens ohne Fahrlässigkeit vertraut hat, zum Ersatz des Schadens verpflichtet, der ihm daraus erwachsen, daß er auf die Ernstlichkeit vertraut hat und der nicht entstanden wäre, wenn er nicht vertraut hätte. Auch für diese Schadensersatzpflicht ist es nicht entscheidend, ob der Erklärende im Verschulden war. Im Wesentlichen ist dies das bisherige Recht. In RG. 8 S. 249 hatte Klempner A. dem Kaufmann B. eine Röhranlage aus Blei geliefert und für das Blei Preise berechnet, die dem B. zu hoch erschienen. Bei den Verhandlungen darüber erklärte B. dem A., er wolle ihm eine Million Pfund Blei zu $1/4$ des geforderten Preises liefern und blieb dabei, als A. dies Spott nannte und ihn darauf verwies, daß 100 Waggons erforderlich seien und ihm nicht wohl sein würde, wenn diese ankämen. Beide schlossen dann auf die Million Pfund ab, gaben sich die Hand und die anwesenden Zeugen schlugen durch. Als B. nicht lieferte, klagte A. auf Lieferung, die Klage ist aber abgewiesen. Es wurde festgestellt, daß B. 120000 Mk. verloren haben würde, wenn er das Geschäft ernst gemeint; daß er es nicht ernst gemeint, weder Recht noch Pflicht habe entstehen lassen wollen. ALR. I 4 §§ 52, 55. Damit war festgestellt, daß B. den Scherz nicht hatte als Ernst erscheinen lassen wollen; danach war unerheblich, daß A. den Scherz als Ernst genommen; sein Irrthum konnte den mangelnden Vertragswillen des B. nicht ersetzen; B. hatte den A. nur zu entschädigen, wenn dieser sich darauf verlassen hatte, daß B. das Geschäft ernst gemeint und den Scherz weder erkannt hatte noch hätte erkennen müssen. In den Instanzen waren dem Bekl. B. trotz Abweisung der Klage die Kosten auferlegt, weil B. den A. zu dem Irrthum durch seinen schlechten Scherz verleitet habe. Nach BGB. §§ 118, 122 wäre dieser Fall ganz ebenso zu entscheiden gewesen. Die Prozeßkosten waren der Schaden, der dem A. durch sein Vertrauen auf den Ernst entstanden; ohne dies hätte er nicht geklagt, immer vorausgesetzt, daß er den Scherz ohne Fahrlässigkeit nicht erkannt hatte. Anders hätte die Sache gelegen, wenn B. gewollt, daß A. den Scherz nicht erkenne, § 116 Satz 1, § 118. B. hätte sich dann nach den oben entwickelten Grundsätzen auf seine eigene Arglist nicht berufen können und das Geschäft wäre gültig gewesen.

Der § 122 Abs. 1 beschränkt die Schadensersatzpflicht auf den Betrag des Schadens, den der Andre dadurch erleidet, daß er auf die Gültigkeit der W. vertraut hat (negatives Interesse), falls nicht das Interesse an der Gültigkeit der W. (Erfüllungsinteresse) noch geringer war. Vgl. § 179 Abs. 2, § 307, § 309. In dem Falle RG. 8 S. 249 würde danach A. nicht den Ersatz des Gewinns haben fordern können, den er bei Verkauf des Bleies, dessen Lieferung B. im Scherz zu dem billigen Preis versprochen, gehabt hätte; denn der Schaden durch entgangenen Gewinn ist Folge der Nichtigkeit des Geschäfts, nicht dessen, daß A. sich auf die Gültigkeit verließ. Hätte er aber z. B. Lagerräume für das Blei gemiethet, oder das Blei ganz oder theilweise weiter verkauft und seinen Abnehmern aus der Nichtlieferung das Interesse zahlen müssen, oder ein Angebot von Blei, das er bedurfte, abgelehnt, weil er auf das von B. versprochene rechnete, der Preis des Bleies wäre dann gestiegen, so hätte A. als Schadensersatz die Miethe, das seinen Abnehmern gezahlte Interesse, die Differenz der Bleipreise fordern können. Das Interesse an der Gültigkeit des Vertrages bestand in dem Falle darin, daß A. eine Waare, die 4 werth war, für 1 erhielt, wenn der Vertrag erfüllt werden mußte; über den Betrag dieses Interesses hinaus haftete B. nach § 122 Abs. 1 nicht für den Schaden, und wenn die Bleikonjunkturen bis zur Lieferung sich so gestalteten, daß das Blei nur noch 2 werth war, so ging über diese Differenz die Ersatzpflicht nicht hinaus. Ebenso liegt die Sache, wenn A. im Scherz, den er als Scherz ohne Täuschungsabsicht gemeint hat, von B. für 4 kauft, was 1 werth ist. B., der den Scherz nicht erkannt hat und nicht hat erkennen können, kann nicht die Differenz von 3 als Schadensersatz fordern; wohl aber, wenn er in Folge des Kaufs durch A. an C. nicht verkauft hat, der im Ernste 3 geboten hat, die Differenz von 1 und 3, also 2, weil er diese 2 dadurch verloren hat, daß er im Vertrauen auf den Verkauf für 4 an A. den Verkauf für 3 an C. abgelehnt hat. Hätte nach C. der D. ihm 5 geboten, so würde B. von A. doch nur 3 fordern können, weil er nur 3 gehabt hätte, wenn das Geschäft mit A. gültig gewesen wäre (*Cosack* § 64 S. 203).

3. Der § 122 räumt *einem Dritten* Schadensersatzanspruch bei Scherz und Schein, wenn das Geschäft nichtig, § 118, nur ein, wenn die W. *nicht einem Andren gegenüber abzugeben war* („andernfalls"). In den beiden erwähnten Fällen würde z. B. der Abnehmer des Bleies von A. gegen B. keinen Interesseanspruch haben, ebenso nicht der C. oder D. gegen A. in dem zweiten Falle. Ebenso würde der Dritte, der dem A. auf das Geschäft hin kreditirt, keinen Anspruch gegen B. haben. Fälle, wo einem Dritten im Sinne des § 122 ein Ersatzanspruch zusteht, sind bei scherzhaften Auslobungen, §§ 657 ff., wo ein bestimmter Andrer fehlt, bei den S. 102 erwähnten Erklärungen einer Behörde gegenüber, und bei aus Scherz oder zum Schein erfolgter Erbschaftsannahme denkbar.

4. Auf Scherz und Schein, der hat erkannt werden sollen, kann sich nach § 118 natürlich jeder Theil berufen, und es versteht sich von selbst, daß diese Berufung auch dann stattfindet, wenn aus dem Scherz oder Schein nachträglich Ernst gemacht werden soll, StrA. 93 S. 5, RE. 1 Nr. 58, wo in dem notar. Vertrage stipulirt war, der Käufer sollte die eingetragene Hypothek übernehmen und den Verkäufer in bestimmter Frist liberiren, der Käufer beim Verlesen gegen die Liberationspflicht protestirt, der Verkäufer erklärt hatte, der Passus könne ruhig stehen bleiben, er werde keinen Gebrauch davon machen, später aber gleichwohl klagte. Das war unzulässig, weil der Passus nicht ernst gemeint, und außerdem Arglist in der Klage lag, § 242. Anders liegt die Sache, wenn eine ernstlich gemeinte Willenserklärung in scherzhafte Form gekleidet wird. Ist der Ernst nicht verstanden, nicht erkannt, so wird sich immer fragen, ob er ohne Fahrlässigkeit zu erkennen war, § 276 Abs. 1. So würde der von *Endemann* § 71 S. 298 als Beispiel angeführte Fall (Kündigung, die in die Erzählung einer Anekdote eingeflochten) zu prüfen sein.

5. **Das simulirte Rechtsgeschäft.** § 117. ALR. I 4 § 52; 11 §§ 70—74. SBGB. §§ 828, 829. C. c. art. 1108, 1131. Der einseitige Scheinwille, der als solcher nicht erkannt werden soll, gilt, wie dargethan, als wirklicher Wille, er müßte denn als Scheinwille erkannt sein; sollte er erkannt werden, so ist das Geschäft nichtig. Von simulirtem Rechtsgeschäft, Scheingeschäft, spricht man, *wenn beide Theile darüber einverstanden sind, daß das Erklärte nicht gewollt ist, der Schein ausdrücklich oder stillschweigend verabredet ist*, § 746. Nach den zu 1 entwickelten Grundsätzen versteht sich von selbst, daß solch simulirtes Rechtsgeschäft nichtig ist, weil es mit dem Willen beider Theile nicht gewollt ist, § 117 Abs. 1. Nach allen Rechten wirkt solch Geschäft deshalb jedenfalls *unter den Parteien* nicht; keiner kann daraus Rechte herleiten. RG. 36 S. 249, 252, StrA. 85 S. 69, RE. 1 Nr. 58 (59), wo Eheleute zum Schein durch Ehevertrag das Vermögen der Frau als Vorbehalt erklärt, der Ehemann eine der Ehefrau von deren Vater zugewendete Geldsumme an sich genommen hatte, die Ehefrau auf Herausgabe klagte. Die Klage ist auf die Einrede der Simulation abgewiesen. Vgl. zu §§ 139 ff. darüber und über die Herstellung der Wirksamkeit durch Bestätigung. Von selbst versteht sich auch, daß in solchem Falle ein Anspruch auf Entschädigung aus § 122 weder für den Mitkontrahenten noch für einen Dritten besteht, wie sich aus § 122 direkt ergiebt. Ein Dritter kann einen solchen Anspruch nur aus dem Gesichtspunkte der arglistigen Täuschung, des Betrugs, auf Grund der §§ 823 ff. herleiten. Der § 117 Abs. 1 trifft Rechtsgeschäfte jeder Art, wenn sie als solche nicht gewollt, ein- und zweiseitige, Schenkung, Kauf, Darlehn, Begründung und Uebertragung von Rechten (Abtretung), die Familien- und erbrechtlichen Verträge (RG. 29 S. 124, 231: simul. *Arrogation* zum Zweck der bloßen Namensübertragung, RG. 3 S. 359: simul. *Erbeinsetzung*, RG. 7 S. 10: simul. *Verkauf eines Schiffs*, um die Flagge zu erlangen, RG. 4 S. 249, 252: simul. *Verzicht* auf Fideikommißrechte).

Ist der Kaufvertrag simulirt und deshalb nichtig, so ist es auch die Auflassung und der in der Auflassung enthaltene dingliche Vertrag, § 925. ObTr. 75 S. 22, 78 S. 86, RG. 20 S. 225, 229, RE. 2 Nr. 193a. Auch ein gerichtliches Geständniß, Anerkenntniß ist nichtig, wenn es mit dem Einverständniß beider Theile nicht ernst gemeint; selbst ein Prozeß kann simulirt sein; sein Ergebniß hat dann unter den

Parteien keine Wirkung. Beispiele geben ObTr. 47 S. 333, StrA. 6 S. 261, ObTr. 52 S. 1, RG. 36 S. 249. Im ersten Falle hatte die A. gegen B. als Vater ihres unehelichen Kindes auf Anerkennung der Vaterschaft geklagt, die Klage zurückgenommen und gegen C. als Vater geklagt, der sich darauf berief, daß ihr nach ihrer eignen Behauptung im Vorprozeß die exc. plur. entgegenstehe. Hier ist die Replik der Klägerin zugelassen, daß sie die Klage gegen B. im Einverständniß mit demselben zum Scheine angestellt, um dessen Vater zu bewegen, die Einwilligung zur Ehe zu geben. Im zweiten Falle hatte A. gegen B. ein rechtskräftiges Urtheil auf Herausgabe von Sachen erstritten, die A. dem B. vermiethet. Als B. in Konkurs verfiel und A. die Sachen vom Verwalter vindicirte, wurde die Einrede des Verwalters zugelassen, daß B. Eigenthümer, der Miethsvertrag simulirt, der Prozeß nach Abrede zwischen A. und B. zum Schein geführt und durch Kontumacialurtheil erledigt, um die Gläubiger zu täuschen. Aehnlich ObTr. 52 S. 1. Ueber RG. 36 S. 249, wo der befriedigte Wechselgläubiger nach Abrede mit dem Wechselschuldner die bezahlten Wechsel zurückerhalten, zum Schein geklagt und ein Kontumacialerkenntniß auf Zahlung erstritten hatte, der Verwalter im Konkurse des Gläubigers die Wechsel nebst den Rechten aus dem Judikat cedirt hatte, vgl. weiter unten. Simulation liegt überhaupt nicht vor in einem Falle, den RG. 39 S. 343 behandelt, wo A. an B. aufgelassen hat, ohne zu wissen, daß B. nach Abrede mit C. für diesen im eigenem Namen erwerben sollte. Zwischen A. und B. war nichts simulirt, auch nichts zwischen B. und C., da sie den Erwerb durch B. wirklich gewollt, B. nur obligatorisch verpflichtet, an C. aufzulassen. Der Weg des Erwerbs durch C. war ernstlich von B. und C. gewählt, das Geschäft weder simulirt, noch dissimulirt. Vergl. auch unten RG. 9 S. 313, StrA. 55 S. 1, 68.

6. Nichtig ist das simulirte Rechtsgeschäft, wenn es überhaupt nicht gewollt ist. Verschieden ist der Fall, wo die äußere Form eines Rechtsgeschäftes (Kauf) gewählt ist, um durch dasselbe den Erfolg eines anderen wirklich gewollten Rechtsgeschäfts (Schenkung) zu erreichen. Dies ist der Fall des dissimulirten Rechtsgeschäfts, § 117 Abs. 2. Noch anders liegt der Fall, wo das Rechtsgeschäft so wie es äußerlich geschlossen, wirklich gewollt ist, um als Mittel zu einem andren Zweck zu dienen.

Bei dem dissimulirten Rechtsgeschäft kommt nach § 117 Abs. 2 wie nach §§ 71, 326 I 11 ALR. immer in Frage, ob das äußerlich gewählte Rechtsgeschäft (das simulirte) nach Form und Inhalt genügt, um die Rechtswirkung des gewollten (dissimulirten) Rechtsgeschäfts zu erreichen. In StrA. 97 S. 45 hatten Eltern, um einem Kinde zu schenken, für einen Dritten ein Darlehn auf ihr Grundstück eintragen lassen, mit der Verpflichtung für den Dritten, die Hypothek an das Kind zu cediren. Beides war gerichtlich geschehen, § 1063 I 11 ALR., das Grundstück sodann von den Eltern verkauft, die Hypothek vom Käufer übernommen. Als er auf Zahlung der Hypothek belangt wurde, wendete er Simulation ein, wurde aber verurtheilt, weil die Form der Schenkung erfüllt war und die Begründung der Verpflichtung eines Dritten dienlich war, die Zwecke des Schenkungsgeschäfts herbeizuführen. In RG. 15 S. 293 ist dasselbe für Preuß. R. in einem Falle angenommen, wo der Vater auf sein Grundstück, um dem Sohn zu schenken, für denselben eine Darlehnshypothek hatte eintragen lassen, dem Sohn auch den Hypothekenbrief ausgehändigt hatte. Ebenso RG. 22 S. 191 für gem. R. in einem Falle, wo ein Grundstück für eine bestimmte Summe verkauft, über den Kaufpreis quittirt, in Wahrheit nicht Kauf, sondern Schenkung gewollt, der Kaufpreis nur zum Schein stipulirt, auch nicht bezahlt, der Kaufvertrag aber gerichtlich insinuirt war, l. 25 C. 8, 54. Ebenso RG. 8 S. 307, 27 S. 308 für französ. Recht. C. c. art. 931. Vgl. zu § 518 (gerichtl. oder notar. Beurk. des Schenkungsversprechens). In StrA. 10 S. 14 hatte A. an B. schriftlich für 400 verkauft, übergeben, die 400 erhalten. Der Kaufvertrag war simulirt; die 400 sollte A. als Darlehn erhalten, B. die Sache als Pfand. Hier blieb der Darlehnsvertrag als das ernstlich gemeinte Geschäft bestehen, auch nachdem der Kaufvertrag als simulirt auf Klage des A. aufgehoben war. B. konnte deshalb die 400 nicht ohne Weiteres kondiciren, § 71 I 11. Vgl. StrA. 90 S. 340. In RG. 10 S. 237 hatte A. eine Forderung an B. und schuldete denselben Betrag dem C.; nach Abrede stellte B. dem C. über die Summe einen Darlehnsschuldschein aus, womit

C. durch A. befriedigt sein sollte. Das RG. hat dies ohne Grund für unzulässig erklärt. Das Geschäft war nicht simulirt, sondern ernstlich gemeint; nach BGB. würde jedenfalls die Intention der Betheiligten, den A. zu befreien, den B. dem C. zu verpflichten, auf dem gewählten Wege erreicht werden können; B. versprach dem C., was er dem A. schuldete, oder trat in die Schuld des A. gegen C ein. In StrA. 12 S. 172, RE. 2 Nr. 216a Erk. d. hatte A. von B. Zinsen, B. von C. Pacht zu fordern, nach Abrede stellte C. dem A. Schuldschein über den Betrag als Darlehn aus. Das ObTr. hat dies für zulässig erklärt. Auch nach § 607 Abs. 2 BGB. würde es zulässig sein. *Von Simulation ist dabei nicht die Rede.* Ebensowenig, wenn A. dem B. für 1000 verkauft, was 2000 werth ist, um ihn zu belohnen, ihm zu helfen. *Der Kaufvertrag ist ernst gemeint; das Motiv für die Normirung des Preises kommt für die Frage der Ernstlichkeit des Geschäfts nicht in Betracht*, wenn nur der Preis als Kaufpreis gemeint, und nicht bloß Scheinpreis ist. Dadurch wird natürlich die Frage nicht berührt, ob in dem aus Kauf und Schenkung gemischten Vertrage eine liberale unter Umständen anfechtbare Zuwendung enthalten, RG. 29 S. 265, 27 S. 308.

Auch in den Fällen, wo dem simulirten obligatorischen Vertrage der dingliche Vertrag sich anschließt, ist immer zu beachten, ob *auch der dingliche Vertrag*, Uebergabe, Auflassung, Abtretung simulirt ist. Der obligatorische Kaufvertrag kann simulirt und nichtig sein, weil Schenkung gewollt, die nachfolgende Auflassung aber die Eigenthumsübertragung ernstlich wollen und deshalb bewirken. Aus gleichem Grunde ist von *Simulation der Abtretung* (Cession) nicht zu reden, *wenn sie das Gläubigerrecht übertragen sollte, aber nur zu dem Zwecke, den Cessionar wegen einer Forderung an den Cedenten zu sichern* (cessio in securitatem und pignus nominis, RG. 24 S. 45, 61), RG. 26 S. 181 (Eigenthumsübertragung von Sachen zur Sicherheit, §§ 1280 ff.). In solchen und ähnlichen Fällen handelt es sich um ein sog. *fiduciarisches* Geschäft, dessen das BGB. nicht erwähnt, aber auch nicht zu erwähnen brauchte, weil sich seine Natur von selbst ergiebt. Gläubigerrecht, Eigenthum werden ernstlich übertragen, nur ist sein Inhalt beschränkt. Auch das Rechtsgeschäft *in fraudem legis, Schleichgeschäft*, gehört nicht unter die simulirten Geschäfte, weil es ernstlich gemeint und wie bei dem dissimulirten Geschäfte nur in Frage kommt, *ob es das, was es will, nach dem Gesetz, das umgangen werden soll, erreichen kann*, RG. 26 S. 181, 183. Ist dies nach dem Gesetz zu verneinen, so ist das Geschäft nichtig, ganz oder theilweise, nicht, weil es simulirt, sondern weil es verboten oder unsittlich. Nach § 247 z. B. kann der Schuldner das Kapital, das mit mehr als 6% zu verzinsen, nach 6 Monaten mit 6 Monat Frist kündigen, und dies Recht darf durch Vertrag nicht ausgeschlossen oder beschränkt werden. Nach § 138 Abs. 2 ist das Versprechen und Gewähren wucherischer Vermögensvortheile nichtig. In beiden Fällen kann die Anwendung des Gesetzes dadurch nicht beseitigt werden, daß statt Zinsen *ernstlich* andere Leistungen versprochen werden, die sich als Zinsen oder wucherische Vortheile darstellen. Das Ges. v. 16. Mai 1894 (RGBl. S. 450) unterwirft den Verkauf auf Abzahlung bestimmten Beschränkungen, die durch Vertrag nicht abgeändert werden können. Hier sagt der § 6 des Ges. ausdrücklich, daß diese Beschränkungen auch auf Verträge Anwendung finden, *die den Zweck des Abzahlungsgeschäfts durch ein andres Rechtsgeschäft, als den des Verkaufs erreichen wollen*, z. B. durch Vermiethung, auch wenn dies andere Rechtsgeschäft ernstlich gemeint ist.

7. Theilweise simulirt erscheint das Rechtsgeschäft in dem in §§ 70—74 I 11 ALR. behandelten Falle eines formgültigen ernstlichen Kaufgeschäfts, *in welchem nur der Kaufpreis unrichtig, höher oder niedriger, als verabredet, angegeben ist.* Nach der Auslegung, die in der Preuß. Praxis den §§ 72—74 a. a. O. gegeben, stellen sie sich als Ausnahmevorschriften dar, insofern nach § 109 I 5 ALR. die Beobachtung der Form, §§ 15, 16, 17 I 10, zur Gültigkeit des Geschäfts gehört, ohne ihre Beobachtung das Geschäft nichtig, bei Kaufverträgen, bei denen die Schrift erforderlich, der Vertrag mit simulirtem Kaufpreis nichtig sein müßte, da der angegebene Preis nicht ernst, der wahre nicht in der gehörigen Form erklärt. Die §§ 72—74 machen von diesem Grundsatz insofern eine Ausnahme, als sie *den*

vollständig erfüllten Vertrag bestehen lassen, wenn nur der Preis simulirt, Präj. 1371; ObTr. 56 S. 87 und in RE. 2 Nr. 58 (59), während bei von keiner Seite erfülltem Vertrage der Anspruch auf Erfüllung ausgeschlossen, bei theilweiser Erfüllung das Wahlrecht der §§ 155 ff. I 5 eintritt. Nach BGB. hat diese Simulation wegen der abweichenden Formvorschriften, §§ 125 ff., nicht die Bedeutung, wie im Landrecht. Wo das Gesetz keine Form vorschreibt, wie bei beweglichen Sachen, hat der Umstand, daß der schriftliche Vertrag nicht den gewollten Preis angiebt, keine Bedeutung für den Bestand des Geschäfts; unter den Kontrahenten gilt nur der wahre Preis; die ernstlich gewollte Eigenthumsübertragung durch Uebergabe wird durch die Simulation in dem schriftlichen Vertrage nicht berührt. Bei Grundstücken wird die Nichtigkeit des Geschäfts, die nach § 125 daraus folgen würde, daß der Kaufpreis in dem erforderlichen gerichtlichen oder notariellen Vertrage unrichtig angegeben, durch die Auflassung und Eintragung geheilt, § 313.

In die Kategorie der Fälle, in denen ein Rechtsgeschäft ernstlich geschlossen, um als Mittel zu anderem Zwecke zu dienen, gehört der Fall RG. 9 S. 313 (französ. R.). A. hatte dem B. einen Schuldschein über Darlehn ausgestellt, damit B. durch Cession Geld aufnehme, das A. erhalten sollte. C. cedirte an D., D. klagte gegen A. Die Einrede der Simulation ist verworfen, würde auch nach BGB. zu verwerfen sein, weil unter der Form des Schuldscheins von A. und B. gewollt war, daß B. durch Cession Geld aufnehme und den A. verpflichte, der Cessionar Gläubiger werde. Daß B. die von C. erhaltene Valuta an A. nicht abgeliefert hatte, verschlug nichts, vorausgesetzt, daß C. nicht etwa mit B. kolludirte. Die Sache lag nicht anders, als wenn A. den B. schriftlich bevollmächtigt, bei C. für ihn Geld gegen seinen Schuldschein zu erheben, §§ 171, 172. Der Schuldschein enthielt eine solche Vollmacht. Vgl. zu § 405. Anders entschied das ObTr. in StrA. 55 S. 1, wo A., um dem B. Kredit zu verschaffen, auf sein Grundstück für B. eine Hypothek hatte eintragen lassen, B. an C. cedirt hatte, A. gegen C. auf Löschung wegen Simulation klagte. Das ObTr. erkannte gegen beide Instanzen nach der Klage auf Grund der Simulation, ließ dann auch später in StrA. 55 S. 68 die actio doli des C. gegen A. auf Erstattung dessen, was C. an B. gegeben, durchdringen, während schon die Klage des A. daran hätte scheitern müssen, daß nach der Abrede zwischen A. und B. das, was B. von C. als Cessionsvaluta erhalten, als von B. für die Rechnung des A. empfangen gelten mußte.

8. Aehnlich liegt die Sache in den in der Praxis des Preuß. und gem. R. vielfach behandelten Fällen, in denen cedirt wird, nicht um das Gläubigerrecht zu übertragen, sondern nach dem Willen beider Theile der Cessionar die cedirte Forderung für den Gläubiger beitreiben soll. Ernst ist die Cession als solche allerdings nur, wenn sie das Gläubigerrecht übertragen soll, aber es steht nach dem Gesetz nichts entgegen, die Form der Cession zu wählen, um das Gläubigerrecht mit der Beschränkung seines Inhalts auf das Beitreibungsrecht zu übertragen. An sich steht nicht einmal etwas entgegen, daß Cedent und Cessionar verabreden, daß der Cedent trotz der Cession weiterhin als Gläubiger auftreten soll. In allen diesen Fällen ist die Cession nicht simulirt, sondern es steht nur in Frage, wie weit die daneben getroffene Abrede der Parteien unter ihnen wirkt, was unbedenklich zu bejahen ist, und ob und wie sie im Verhältniß zu Dritten wirkt. RG. 37 S. 103, 106; 25 S. 207. Bolze 1 Nr. 369, 5 Nr. 516.

9. Dies führt auf die für das Scheingeschäft wichtigste Frage, ob und wie das simulirte Geschäft Dritten gegenüber wirkt. Der Grundsatz, daß was nach außen als gewollt gelten soll, als gewollt rechtlich wirkt, der dahin führen würde, daß das Scheingeschäft Dritten gegenüber als Rechtsgeschäft gilt, wenn die Kontrahenten gewollt haben, daß es Dritten gegenüber als wahr gelten soll, kann hier nicht zur Anwendung kommen, weil er viel zu weit führen würde; er trifft bei dem Scheingeschäft überhaupt nicht zu. Das Scheingeschäft soll nach dem Willen der Kontrahenten das wahre Rechtsverhältniß nicht ändern. Der Scheinverkäufer soll Eigenthümer bleiben, der Scheinkäufer nicht Eigenthümer werden, der Scheincessionar nicht Gläubiger werden. Nach § 117 ist das verabredete Scheingeschäft nichtig, rechtlich wirksam nur, was unter dem Schein desselben wirklich gewollt, ist nichts gewollt, als der Schein, fällt

*jede* rechtliche Wirkung fort, und es ist unmöglich, das nicht existente Rechtsgeschäft als unwirksam zu erklären und zugleich doch wirken zu lassen. Es kann sich immer nur darum handeln, den gutgläubigen Dritten und den Verkehr zu schützen, der darauf vertraut hat, daß der Schein Wahrheit sei. Daneben versteht sich von selbst, daß, wenn das Scheingeschäft als *Mittel zur Täuschung dienen soll* und benutzt wird, die Kontrahenten aus dem Gesichtspunkt der unerlaubten Handlung nach §§ 823 ff. haftbar sind.

Das BGB spricht in § 117 einfach die Nichtigkeit des Geschäfts aus und läßt keinen Raum für die Anschauung, daß das simulirte Rechtsgeschäft nur unter den Kontrahenten nichtig, im Verhältniß zu Dritten wirksam. Der gutgläubige Dritte ist nicht durch Aufstellung eines allgemeinen Rechtssatzes, sondern durch eine Reihe von Specialvorschriften geschützt. Nach § 405 kann der Schuldner, der zum Schein eine Urkunde über eine nicht bestehende Schuld ausgestellt hat, dem gutgläubigen Cessionar gegenüber sich *nicht* darauf berufen, daß das Schuldverhältniß oder das Anerkenntniß simulirt, wenn dem Cessionar die Forderung aus der Urkunde unter Vorlegung der Urkunde abgetreten ist. Vergl. zu § 405. Das ist eine Anwendung des oben aufgestellten allgemeinen Satzes, daß die Berufung auf die Nichtübereinstimmung von Willen und Erklärung nicht zugelassen wird, wo die Berufung Arglist ist. C. c. art. 1321 enthält dieselbe Vorschrift. Vergl. die Fälle RG. 9 S. 313, StrA. 51 S. 1, 68, die noch anders liegen, und den ähnlichen Fall RG. 20 S. 336 (französ. Recht), wo über eine Forderung, für die eine gesetzliche Hypothek bestand, zum Schein quittirt war, ein Dritter daraufhin ein Darlehn auf das Grundstück gegeben hatte und seiner Hypothek gegenüber die vorgehende gesetzliche Hypothek geltend gemacht wurde. In dem oben S. 127 erwähnten Falle RG. 39 S. 249 würde dagegen auch nach BGB. die Einrede der Simulation durchgreifen, weil das Judikat keine Schuldurkunde, die Wechsel nicht simulirt, sondern getilgt waren, die Rückgabe der Wechsel nicht zur Täuschung erfolgt war, sondern die Wechsel zurückgegeben werden sollten. Ebenso sicher ist aber auch nach BGB., daß der Cedent, der eine simulirte Forderung cedirt, sich *dem Gewährleistungsanspruch seines gutgläubigen Cessionars* gegenüber, § 437, nicht darauf berufen kann, *daß die Forderung simulirt*, selbst wenn die Gewährleistung erlassen ist, § 439.

Nach §§ 409, 410 kann ferner der Gläubiger, der cedirt und dies dem Schuldner angezeigt, oder die Abtretungsurkunde unterzeichnet hat, dem Schuldner, dem die Abtretungsurkunde vorgelegt ist, nicht entgegenhalten, daß die Abtretung simulirt. Klagt er ohne den neuen Gläubiger, so beruft sich der Schuldner mit Erfolg auf die Cession, die Replik der Simulation hindert die Abweisung der Klage nicht, da die Frage, ob die Cession simulirt, mit dem Schuldner nicht auszumachen ist, nur mit dem neuen Gläubiger. Ebenso schon StrA. 38 S. 312. Darauf beruht auch § 576: der Vermiether, der dem Miether anzeigt, daß er das Eigenthum an einen Anderen übertragen hat, kann dem Miether für die Miethszinsraten, für die der neue Eigenthümer nach § 574 in die Forderung als Gläubiger eintritt, nicht entgegenhalten, daß die Eigenthumsübertragung simulirt sei. Wer einen Anderen schriftlich bevollmächtigt und die Urkunde aushändigt, oder wer öffentlich bekannt gemacht, oder einer Person mittheilt, daß er einen Anderen bevollmächtigt habe, kann nach §§ 171, 172 sich nicht darauf berufen, daß die Vollmacht simulirt, wenn im ersten Falle die Vollmachtsurkunde vorgelegt ist. Wer zum Schein verkauft, kann gegen den *gutgläubigen* Dritten die vom Scheinkäufer veräußerte *bewegliche* Sache nach §§ 932—934 nicht vindiciren und dasselbe gilt nach § 1207 bei Verpfändung durch den Scheineigenthümer. Die Grundsätze der §§ 891, 892, 893 über die Wirkung des guten Glaubens des Grundbuchs gelten auch für Scheingeschäfte. Wer von einem auf Grund simulirten Rechtsgeschäfts im Grundbuche eingetragenen Gutgläubigen ein Recht erwirbt, gegen den wirkt die Nichtigkeit des simulirten Rechtsgeschäfts nicht. Vergl. auch § 1032.

**10.** Dadurch ist auch für das BGB. die Frage nicht entschieden und die Kontroverse nicht beseitigt, ob und wieweit der Dritte, bei dem simulirten Geschäft nicht Betheiligte, die Nichtigkeit des Geschäfts geltend machen kann. Klar ist auch für das BGB., daß die Nichtigkeit von jedem geltend gemacht werden kann, dessen Rechtskreis dadurch beeinträchtigt wird, daß der Schein bestehen bleibt, der in Folge des Scheins ein Recht verliert oder nicht hat, was er ohne den Schein hätte, oder der gefährdet wird, wenn der Schein besteht. Dagegen ist auch nach BGB. anzunehmen, daß nicht jeder Unbetheiligte die Richtigkeit des simulirten Geschäfts geltend machen kann, die ihn nicht interessirt. Wenn A. an B. zum Schein verkauft, die Sache durch const. poss. übergiebt oder zum Schein eine Forderung cedirt, sein Gläubiger C. in der Zwangsvollstreckung oder im Wege des Arrestes pfändet, so macht C. gegen die Interventionsklage des B. durch Berufung auf die Simulation der Uebertragung des Eigenthums= oder des Gläubigerrechts sein Recht als Gläubiger des A. auf Befriedigung aus dem Eigenthum des A., oder auf Sicherung durch dasselbe geltend. ObTr. 54 S. 1 (StrA. 57 S. 183), StrA. 10 S. 355, 63 S. 99; RG. 4 S. 249, 32 S. 230, 232; 33 S. 312. Bolze 19 Nr. 187, 11 Nr. 240, 17 Nr. 267. RE. 1 Nr. 58 (59). In RG. 4 S. 249, 252 hatte A. nach Eintritt des Successionsfalls in ein Fideikommiß dasselbe in Besitz genommen, aber zum Schein zu Gunsten seines Nachfolgers auf die Succession verzichtet. Sein Judikatgläubiger B. klagte mit Erfolg auf Unverbindlichkeit des Verzichtes, da A. sonst kein Vermögen besaß. In StrA. 67 S 131 hatte der Schuldner hinterlegt, nachdem die Forderung gepfändet war; er berief sich mit Erfolg auf die Simulation der Cession, als ein Cessionar gegen ihn auf Zahlung klagte, weil er damit seine Befreiung von der Schuld durch die Hinterlegung geltend machte. Ebenso OHG. 24 S. 323. In gleicher Weise ist in dem Vertheilungsverfahren in der Zwangsvollstreckung, §§ 762 ff. CPO., §§ 105 ff., 113 ff. ZwVG. v. 24. März 1897, der konkurrirende, insbesondere der nacheingetragene Gläubiger am Grundstücke berechtigt, die konkurrirende, voreingetragene Forderung durch den Nachweis zu beseitigen, daß sie simulirt, vorausgesetzt, daß ihre Konkurrenz bei Vertheilung des Erlöses ihn gefährdet. Vgl. zu §§ 894, 1138. Vgl. ObTr. 11 S. 47. StrA. 95 S. 278, 91 S. 286. RE. 3 Nr. 285 S. 591 ff.

Die Voraussetzung, daß das simulirte Rechtsgeschäft das Recht des Dritten beeinträchtigt, ist aus § 894 für dessen Fall direkt zu entnehmen. Im Vertheilungsverfahren hat die Zulassung der Geltendmachung der Simulation ohne diese Voraussetzung keinerlei Berechtigung; werden alle konkurrirenden Gläubiger aus dem Erlöse befriedigt, oder wird der, der die Simulation geltend macht, ohne die Vernichtung des angegriffenen Rechts befriedigt, so hat die Zulassung der Geltendmachung der Simulation keinen praktischen Sinn. Da das Recht praktische Zwecke verfolgt, gilt die Voraussetzung eines berechtigten Interesse an der Beseitigung des simulirten Rechtsgeschäfts für alle Fälle, nicht bloß für das Vertheilungsverfahren. Von diesem Gesichtspunkte aus ist auch die Einrede des deb. cess. gegen die Simulation der Cession zu beurtheilen. Auszuscheiden sind zunächst die oben bereits erwähnten Fälle, wo Simulation überhaupt nicht vorliegt, weil durch die Cession ein ernstlich gewollter Zweck erreicht werden sollte. Der deb. cess. kann ferner Simulation nicht einwenden, wenn die Cession mit der Abrede erfolgt, daß der Cessionar das Gläubigerrecht ausüben soll, er müßte denn z. B. Gegenforderungen oder andere Einreden gegen den Cedenten und die Forderungen haben, die er nicht geltend machen könnte, wenn das Gläubigerrecht selbst übertragen wäre. Ist ihm die Cession gemäß § 409 notificirt, so daß er dem Cessionar auch bei Simulation wirksam zahlen kann, so kann die Simulation ohne eigenes Interesse nicht excipirt werden, weil die Notification mindestens die Ermächtigung zur Zahlung an den Cessionar und die Vollmacht zur Erhebung für den Cessionar enthält.

Der Standpunkt der bisherigen preuß. und gemeinrechtl. Praxis, daß die Einrede der Simulation beim Fehlen eignen Interesses grundsätzlich als exc. d. j. t. zu behandeln, wird durch § 117 nicht beseitigt. Festzuhalten ist nur, daß die Einrede auch da überall zuzulassen, wo der deb. cess. durch Nichtbeachtung der ihm bekannten Simulation in die Lage versetzt würde, sich Dritten gegenüber nicht auf den eignen guten Glauben berufen zu können. Hat A. an B. ernstlich cedirt, nachher noch einmal zum Schein an C., so wendet der deb. cess. mit Recht Simulation ein, weil C. nicht Gläubiger und Verhandeln mit C. ihn dem B. verantwortlich machen würde. Es ist deshalb auch zu weit gegangen, wenn in ObTr. 17 S. 164, RG. 24 S. 161 (gem. R.) angenommen, der deb. cess. könne Simulation nicht einwenden, wenn er weiß, daß der Cessionar die Schuld gegen die Abrede mit dem Cedenten einzieht. Vgl. über die Frage RE. 2 Nr. 213 S. 309. Die

Voraussetzung eignen Interesses bei Geltendmachung der Simulation tritt auch in andren Fällen hervor. Wenn die Namensaktie gemäß Art. 182 Abs. 1, 183, 220 HGB. (§ 223 HGB. v. 10. Mai 1897) übertragen und der Erwerber eingetragen ist, oder die Inhaberaktie gemäß §§ 929, 935 BGB. von dem Eigenthümer einem Andren übertragen ist, kann die Aktiengesellschaft dem in der Generalversammlung so legitimirten Aktionär gegenüber sich grundsätzlich und regelmäßig auf die Simulation der Eigenthumsübertragung nicht berufen, da sie kein Interesse daran hat, ob der eingetragene Eigenthümer und der Inhaber, den sie nach dem Gesetz als Berechtigten ansehen darf, oder der Andre auftritt. Vgl. RG. 30 S. 51. In dem Falle Bolze 4 Nr. 100, wo A. einen Hypothekenbrief über eine Hypothek des B. in Händen hatte und C., der die Hypothek hatte pfänden lassen, gegen ihn auf Herausgabe klagte, würde auch nach BGB. die Berufung des A. darauf, daß die Forderung des C. simulirt, nicht genügen, um die Einrede berechtigt erscheinen zu lassen, wenn A. nicht entweder ein eignes Recht an den Hypothekenbrief darlegte oder daß die Pfändung und Einforderung gegen den Willen des B. verstoße.

**11.** Darüber, daß Scherz und Schein als Nichtigkeits- oder Anfechtungsgrund der Eheschließung nicht zugelassen sind, vgl. zu §§ 1323 ff., 1330 ff.
Ueber die Wirkung der Nichtigkeit des Scheingeschäfts und ihre Beseitigung durch Bestätigung vergl. zu §§ 139 ff.

**III. Irrthum, Täuschung, Zwang** (**Drohung**) haben gemeinsam, daß sie den Willensentschluß oder die Willenserklärung so beeinflussen, daß der **erklärte** Wille nur scheinbar das Gewollte ist, weil der Erklärende ohne die Beeinflussung nicht erklärt hätte, was er erklärt hat. Der Irrthum hat das Besondere, daß der Erklärende sich des Scheins nicht bewußt ist; das gilt auch bei Täuschung. Konsequent müßte in allen Fällen nach dem Willensdogma das Erklärte nichtig sein. Im röm. und gem. R. ist diese Konsequenz bei dem Irrthum gezogen. Das BGB. hat in allen Fällen in Uebereinstimmung mit dem ALR. und dem C. c. (gegen § 98 Entw. I) den Bestand der Willenserklärung von dem Willen des Beeinflußten abhängig gemacht (Anfechtbarkeit), im Falle des Irrthums aber den Grundsatz rein zur Anwendung gebracht, daß wer sich darauf beruft, er habe nicht gewollt, was er erklärt hat, dem, der sich darauf verläßt und verlassen durfte, daß das Erklärte gewollt war, den Schaden ersetzen muß, der ihm daraus entstanden, daß er darin getäuscht ist. §§ 119, 122.

**1.** Irrthum. ALR. I 4 §§ 75 ff., 145 ff., 151. SBGB. §§ 95, 96, 837 ff., §§ 1519—1532, 2079. C. c. art. 1109, 1110, 1117, 1304.

**a.** Im weitesten Sinne ist Irrthum begrifflich das unbewußte Abweichen im Urtheilen oder Handeln von dem richtigen; ob die Abweichung vermeidlich, unvermeidlich, entschuldbar, nicht entschuldbar, auf mangelnder oder falscher Vorstellung beruht, ist für den Begriff gleich. Im Rechtsleben, auf dem Gebiete des Straf- und des Civilrechts, ist der Irrthum in diesem Sinne von weitgreifender, über den Kreis der Rechtsgeschäfte hinausreichender Bedeutung. Er ist ein Moment im Begriffe der Fahrlässigkeit im Civil- und Strafrecht, die Grundlage der bona fides, ist Voraussetzung und Hinderniß von Rechtswirkungen. Im BGB. zeigt sich wie in allen Rechten diese Bedeutung des Irrthums beim Eigenthumserwerb, Fruchterwerb, Ersitzung, Putativehe, §§ 892, 893, 932, 933, 937 Abs. 2, 955, 957, 1348, und in zahlreichen anderen Fällen, in denen der gute Glaube bald unbeschränkt, bald unter der Beschränkung, daß er entschuldbar (Kenntniß, Kennenmüssen) rechtlich wirkt. §§ 68, 70, 142 Abs. 2, 166, 169, 173, 178, 179, 231, 254, 307, 407, 686, 694, 819, 1343, 1346, 1424. Bei der cond. indeb., § 814, hindert der Irrthum zwar nicht die Wirkung der Zahlung, die als solche gewollt und an sich wirksam sein würde, wenn die Schuld bestände, aber er nimmt der Zahlung die causa.

**b.** Bei der Willenserklärung (Rechtsgeschäft) erscheint der Irrthum in dem vorstehenden allgemeinen Sinn in verschiedener Gestalt. Er beeinflußt entweder die Willensbildung oder die Willensäußerung, betrifft dort den Inhalt des Willens, hier den des Erklärten. In beiden Fällen weicht das Erklärte von dem wirklichen Willen ab, ist erklärt, was nicht gewollt ist, wenn auch in verschiedener Art, insofern im ersten Falle das Erklärte zwar gewollt, aber ohne den Einfluß des Irrthums nicht gewollt und nicht erklärt sein würde, im zweiten Falle das Erklärte nicht gewollt und das Gewollte nicht erklärt ist. l. 3 D. 34, 5. Bloßer Schein, kein Irrthum, liegt vor, wo nichts gewollt ist und nichts hat erklärt werden sollen (Quittung als Schreibübung). Das ALR., das SBGB. und der C. c. scheiden diese verschiedenen Gestalten des Irrens nicht, sie ergeben sich aber für jedes Recht von selbst. Das BGB. faßt im § 119 beide Gestalten zusammen, indem es den Irrthum über den Inhalt der Erklärung neben den Irrthum über die Erklärung stellt, und im § 120 die unrichtig übermittelte Erklärung (Uebermittlung unrichtigen Inhalts) der irrthümlich abgegebenen Erklärung gleichstellt, die Rechtsfolge des Irrthums an beide Fälle knüpft. Das BGB. scheidet den Fall des sog. ächten Irrthums, — wo unbewußt gewollt und erklärt ist, was bei richtiger Vorstellung nicht gewollt und erklärt wäre, nicht von dem des sog. unächten Irrthums, wo unbewußt erklärt ist, was nicht gewollt ist. In Wahrheit ist in beiden Fällen der Irrthum der Grund der Divergenz zwischen Wille und Erklärung und diese Divergenz der Grund der Unwirksamkeit der Erklärung. Nach BGB. wird gleichbehandelt, wenn α. jemand eine Antike kaufen will und kauft, was moderne Nachbildung ist, weil er sie für antik hält, β. dafür 1000 Gulden bietet, indem er glaubt, daß der Gulden eine Mark ist, γ. dafür 1000 Gulden bietet, indem er sich verspricht und statt Mark Gulden sagt, δ. Kaffee kaufen will und die undeutlich geschriebene Offerte auf Kakao acceptirt, ε. 100 Sack kaufen will, während sein Bote aus Versehen 1000 bestellt oder der Telegraphenbeamte statt 100 telegraphirt 1000. Die Gleichstellung dieser und anderer Fälle, auf die weiter zurückzukommen ist, ergiebt sich aus dem Abs. 1 § 119 in Verbindung mit Abs. 2 und § 120 trotz ihrer anfechtbaren Fassung. Voraussetzung für die Rechtsfolgen des Irrthums ist nach §§ 119, 120 in allen Fällen, die begründete Annahme, daß der Erklärende bei Kenntniß der Sachlage und bei verständiger Würdigung des Falls die Erklärung nicht abgegeben haben würde. D. h. der Irrthum ist nur unter dieser Voraussetzung und unter der Voraussetzung, daß er den Inhalt der Erklärung oder die Erklärung selbst betrifft, wesentlich. Ein andres Kriterium für die Wesentlichkeit des Irrthums giebt das BGB. nicht. Auch der Abs. 2 § 119 sagt nichts, als daß auch der Irrthum über die im Verkehr als wesentlich geltenden Eigenschaften von Person und Sache als Irrthum über den Inhalt der Erklärung gilt, setzt für die Beachtlichkeit solchen Irrthums aber daneben voraus, daß der Erklärende ohne solchen Irrthum bei verständiger Würdigung des Falls die Erklärung nicht abgegeben haben würde.

Durch die Vorschrift des § 121, daß die Anfechtung ohne schuldhaftes Zögern erfolgen muß, durch die Anknüpfung der Schadensersatzpflicht an den Irrthum in allen Fällen, ohne Unterschied zwischen entschuldbarem und unentschuldbarem Irrthum, die entschuldbare bona fides des Andern vorausgesetzt, unterscheidet sich das BGB. wesentlich von dem bisherigen Recht. Nach ALR. wirkt der Irrthum ohne Unterschied zwischen vermeidlichem und unvermeidlichem, die Anfechtbarkeit nur, wenn er bestimmte Momente (das Wesentliche des Geschäfts, den Hauptgegenstand, die Person, auf die es abgesehen war, die ausdrücklich vorausgesetzten Eigenschaften der Person oder Sache) betrifft, thatsächlicher Natur ist, und der verschuldete Irrthum begründet die Pflicht zum Ersatz des Schadens aus der Auflösung des Geschäfts. Der Irrthum in gewöhnlich vorausgesetzten Eigenschaften wird nur beachtet, wenn er entschuldbar. Jeder andere Irrthum bleibt unberücksichtigt, namentlich der im Motiv, abgesehen vom Falle des dolus und bei lukrativen Geschäften, §§ 145—150 I 4. Gemeinrechtlich ist die Willenserklärung in Folge Irrthums und der dadurch hervorgerufenen Divergenz zwischen Wille und Erklärung nichtig, wenn der Irrthum entschuldbar, das Geschäft selbst, nicht seine Motive und das wesentliche betrifft, d. h. die Art des Rechtsgeschäfts, den Gegenstand der Erklärung, oder dessen Wesen, error in substantia, oder die Person des Empfängers. Der Standpunkt des SBGB. und des C. c. ist bezüglich der Abgrenzung des beachtlichen und nicht beachtlichen Irrthums im Wesentlichen derselbe; Irrthum im Motiv wird nicht beachtet, wie noch im Entw. I § 102 vorgeschrieben, der auch im § 97 Abs. 1 den verschuldeten Irrthum nicht wirken ließ. Gemeinrechtlich und nach ALR. wird indessen im Falle des § 120 die Entschädigungspflicht anerkannt, wie nach § 122. RG. 28 S. 16. Windscheid 2 § 309[a]. Auf anderem Stand=

punkt steht SBGB. §§ 844, 688. Der C. c. enthält über diese Schadensersatzpflicht keine Bestimmung.

c. Irrthum über den Inhalt der Willenserklärung im § 119 Abs. 1 und Irrthum über im Verkehr als wesentlich angesehene Eigenschaften der Person oder Sache, § 119 Abs. 2, sind gleichgestellt. Aus dieser Gleichstellung und dem Gegensatz in den Worten des Abs. 1 „wer eine Erklärung dieses Inhalts nicht abgeben wollte", ergiebt sich, daß Irrthum über den Inhalt der Willenserklärung die Fälle begreift, wo das Urtheil, der Wille, und in Folge dessen die Handlung, die Erklärung fehlgegangen ist. Dem Irrthum über den Inhalt ist nicht der Irrthum im Motiv gegenüberzustellen. Das ist weder an sich berechtigt, noch im Sinn des BGB., das sonst den § 102 Entw. I (Irrthum in den Beweggründen ist . . . . . auf die Gültigkeit eines Rechtsgeschäfts ohne Einfluß) nicht gestrichen hätte. Es giebt keinen Willensentschluß ohne Motiv. Wer in der Meinung, daß er voll bezahlt ist, quittirt, sich aber beim Addiren der erhaltenen Beträge geirrt hat, quittirt, weil er sich für befriedigt hält, und irrt insofern im Motiv der Quittung, aber sein Irrthum betrifft den Inhalt der Erklärung, die ohne den Irrthum nicht über den ganzen Betrag erfolgt wäre. Richtig ist nur, daß für das Rechtsleben das Motiv nur soweit in Betracht kommen kann, als es entweder zum Inhalt des Rechtsgeschäfts gemacht ist (Bedingung, Voraussetzung) oder den Inhalt des Rechtsgeschäfts bestimmt hat. Im Uebrigen bleibt es, abgesehn vom Falle des Betrugs, unbeachtet, wie der innerlich gebliebene Wille. Vgl. in ObTr. 33 S. 24, RE. 1 Nr. 63. Die Grenzlinie zwischen dem rein innerlichen und dem den Inhalt des Rechtsgeschäfts bestimmenden Motiv ist nicht immer leicht zu ziehen, das BGB. hat sich deshalb mit Recht jeder Vorschrift, die nur abstrakt hätte lauten können, enthalten. Vgl. zu § 779 (Irrthum bei Vergleich), § 1949 (Irrth. über den Delationsgrund) § 2078, § 2281 (Irrthum des Erblassers über vorausgesetzte oder zukünftige Umstände), § 2079, § 2281 (Irrthum des Erblassers über die Existenz von Pflichttheilsberechtigten) l. 72 § 6 D. 35, 1. Die Ergebnisse der bisherigen Rechtsprechung bleiben auch für das BGB. von Werth. Vgl. RE. 1 Nr. 61—63. A. hat an B. ein Grundstück verkauft, macht den Vertrag rückgängig und verpflichtet sich, dem B. 1000 für die Einwilligung in die Auflösung zu zahlen, weil er gehört hat und irrig annimmt, der Fiskus (oder eine Baugesellschaft, Eisenbahnunternehmer u. s. w.) wolle das Grundstück zu einem um 5000 höheren Preise erwerben. A. kann die 5000 wegen Irrthum nicht zurückfordern, der Klage auf Zahlung nicht entgegensetzen, daß er sich geirrt. Das Geschäft ist gewollt, der Irrthum betrifft nicht den Inhalt des Geschäfts, sondern dessen wirthschaftliche Folge, nicht der Wille, sondern die Erwartung ist fehlgegangen. ObTr. 33 S. 24 (StrA. 22 S. 307). A. würde zwar die Auflösung des Kaufgeschäfts nicht gewollt haben, wenn er gewußt hätte, daß der Fiskus nicht für 5000 mehr kaufen würde, aber die Freiheit des Willens wird weder im psychologischen, noch im logischen und rechtlichen Sinne durch den Zweck beeinflußt, den der Wille sich selbst setzt. Ebenso lag StrA. 21 S. 128, wo der Gutsherr A. seiner Schulgemeinde zum Aufbau des abgebrannten Schulhauses eine Geldsumme in der irrigen Meinung geschenkt hatte, er sei gesetzlich nur zur Hergabe selbstgewonnener Baumaterialien verpflichtet, und die Schenkung wegen Irrthums widerrief, als er nachträglich auch zur Hergabe von Bauholz bezw. Zahlung des Geldbeitrags dazu verurtheilt wurde. Vgl. auch BGB. § 528 ff. (Widerruf).

Unbeachtlicher Irrthum im Motiv liegt ferner vor, wenn A. Waaren kauft, weil er annimmt, sie theurer absetzen zu können (Irrthum in Spekulation), Seuffert, Arch. Bd. 44 Nr. 171, oder kauft, weil er annimmt, ein Bahnprojekt werde zur Ausführung kommen und der Werth des Kaufobjekts steigen, oder kauft, um seiner Nichte als Ausstattung zu schenken, ohne zu wissen, daß die Verlobung aufgehoben oder die Nichte gestorben (Cosack), oder beim Kauf eines Grundstücks die Straßenpflasterungslast übernimmt, weil er annimmt, daß sie einen bestimmten Betrag nicht übersteigen werde, während sie weit höher ist, RG. 19 S. 260, sich auf einen Akkord zu 50% einläßt, weil er annimmt, die Masse enthalte nicht mehr, während sie mehr enthält, Bolze 3 Nr. 494, eine Erfindung kauft, die er für werthvoll hält, während sie nicht viel werth ist, Bolze 4 Nr. 488, sich verpflichtet, den erforderlichen Grund und Boden für ein Unternehmen herzugeben, weil er annimmt, das Areal werde nur wenige

Morgen betragen, während sich ergiebt, daß viel mehr erforderlich, Bolze 6 Nr. 502, ein Grundstück für 20 000 verkauft, weil er glaubt, daß er damit 2 Mk. für den Quadratfuß erhält, während er sich verrechnet hat, RG. 24 S. 169, einen Bau unternimmt und zur Ausführung überträgt, weil er annimmt, er werde sich mit bestimmtem Kostenaufwande herstellen lassen, während der wirkliche Aufwand höher. In dem Falle Bolze 6 Nr. 502 würde aber nach BGB. scharf zuzusehen sein, ob nicht konkret der Irrthum über das Erforderliche sich aus dem Irrthum über Motiv zum Irrthum über den Inhalt des Geschäfts gestaltet, z. B. wenn das Erforderliche dem Versprechenden seinen ganzen Besitz nimmt oder die Hergabe von Gebäuden nöthig macht. Noch fraglicher würde dies sein in dem Falle JW. 1896 S. 41 Nr. 58, Bolze 3 Nr. 493. A. hatte dem B. einen Bau nach Anschlag für 9000 Mk. mit der Erklärung übertragen, mehr als 9000 dürfe der Bau nicht kosten, sonst baue er nicht. Der (von B. aufgestellte) Anschlag belief sich auf 9000, beruhte aber auf einem Rechenfehler, indem 2353 Mk. Tischlerarbeiten beim Addiren übergangen waren. Hier ist aus C. c. art. 1110 Irrthum im Motiv angenommen und A. verurtheilt. Das ist an sich, auch nach art. 1110 C. c., bedenklich, und nach BGB. § 119 Abs. 1 unrichtig, weil, was als Motiv bezeichnet ist, d. h. daß der Bau nicht mehr als 9000 Mk. kosten dürfe, durch A. zum Inhalt des Rechtsgeschäfts gemacht war. Auf Seiten des B. lag Irrthum über den Inhalt der Erklärung vor, da er annahm, daß der Anschlag sich auf 9000 belaufe, während er mehr als 11 000 betrug, und er nur für die wahre Anschlagssumme bauen wollte. B. hätte die Uebernahme des Baues nach § 119 anfechten können, wäre aber nach § 122 dem A. ersatzpflichtig gewesen, z. B. für Aufwendungen zur Vorbereitung des Baues. Falls der Rechenfehler im Anschlage erst nach Vollendung des Baues entdeckt, würden die §§ 812 ff. zu einer gerechten und billigen Entscheidung führen. A. müßte die Tischlerarbeiten herausgeben oder den B. dafür angemessen entschädigen, nur nicht nach den Sätzen des Anschlags.

In RG. 38 S. 335, 337 war dem Vormund durch seinen Nachfolger Entlastung ertheilt, obwohl er während seiner Verwaltung bei einer Kapitalsanlage gegen § 39 der Preuß. VormO. verstoßen hatte und der Nachfolger dies bei gehöriger Sorgfalt hätte entdecken können. Als das Kapital später ausfiel, wurde die Klage des neuen Vormunds gegen den alten auf Ersatz abgewiesen, weil der Irrthum, der zur Entlastung geführt, Irrthum im Motiv gewesen und nach französ. R. nicht zu beachten, — was sehr zweifelhaft, weil der Irrthum, immer vorausgesetzt, daß der neue Vormund das Verfahren des alten nicht erkannt hatte, die Verwaltung des alten Vormundes und damit die Grundlage der Entlastungserklärung und mittelbar deren Inhalt betroffen hatte, nicht, wie bei verfehlter Spekulation, Umstände, die außerhalb des konkreten Rechtsgeschäfts liegen. Möglich blieb, daß der neue Vormund das Versehn erkannt, aber nicht für erheblich erachtet hatte, weil er den Kapitalsempfänger für sicher hielt, dann hätte es allerdings am beachtlichen Irrthum gefehlt. Der Erbe, der die Erbschaft ausschlägt, weil er sie für überschuldet hält, irrt nicht über den Inhalt seiner Erklärung, auch nicht über wesentliche Voraussetzungen derselben, da auch eine sufficiente Erbschaft ausgeschlagen werden kann. Irrthum im Motiv liegt vor, wenn der Erblasser seinen Sohn A. zum alleinigen Erben ernennt, weil er annimmt, daß der verschollene Sohn B. todt, während er noch lebt, oder daß er weitere Leibeserben nicht erhalten werde. Nach § 2179 wird dieser Irrthum im Motiv beachtet, weil, wenn der Erblasser dadurch zu seiner Verordnung bestimmt ist, das Motiv den Inhalt seiner Verordnung (die Erbeinsetzung) bestimmt hat, ebenso wie wenn er sich über die Person des Bedachten, dessen Verhältniß zu ihm, dem Erblasser, § 2078, oder über sein Eigenthum von legirter Sache geirrt hat, § 2169. l. 72 § 1 D. 35, 2. Nicht anders liegt die Sache, wenn A. dem B. in der irrigen Annahme schenkt, derselbe habe ihm oder einem Dritten einen wichtigen Dienst geleistet. Reiner Irrthum im Motiv wird in § 2078 Abs. 2 beachtet. (Es wird legirt in der Annahme, die Bedachte werde nicht wieder heirathen, oder heirathen, oder einen Officier heirathen, oder der Bedachte werde studiren, in die Armee eintreten, u. a.) Der Unterschied von den obigen Fällen, wo eine Sache gekauft wird, um sie theurer zu verkaufen, die Spekulation aber fehl geht, oder um sie Jemand zu bestimmtem Zweck zu schenken, der ausgefallen ist oder ausfällt, liegt darin, daß in diesen Fällen der Inhalt des Willens und der Erklärung von dem Irrthum ebenso unberührt bleibt, wie in den Fällen ObTr. 33 S. 24 und StrA. 21 S. 128, oben S. 134. Noch weniger lag beachtlicher Irrthum im Motiv vor in StrA. 78 S. 240, wo A. an B. ein Grundstück verkauft, nachdem B. ihm mitgetheilt, er wolle es seinem Neffen schenken, und dies nicht that; hier hätte A., wenn die in Aussicht gestellte Schenkung sein Motiv war, dies zur Voraussetzung machen oder auch die Täuschung, in Bezug auf den Inhalt des Geschäfts, z. B. die Preisbestimmung, darlegen müssen. (A. würde zu 1000 nicht verkauft haben, sondern nur zu 2000, wenn er gewußt, daß das Grundstück nicht dem Neffen zufallen sollte.)

**d.** Gleichgestellt ist im § 119 Abs. 2 der Fall, wo der Erklärende das Erklärte nicht erklären wollte, d. h. in Folge Irrthums die Erklärung fehl gegangen ist. Und diesem Falle steht der im § 120 behandelte Fall gleich, wo die gewollte Erklärung durch einen Dritten unrichtig übermittelt ist, d. h. ein Irrthum auf Seiten des Erklärenden nicht vorliegt, die Erklärung durch einen andern Umstand fehl gegangen ist. Zu beachten ist dabei, daß der Vertreter nicht eine zur Uebermittlung der Willenserklärung bestimmte Person ist, § 166, und daß die übermittelnde Person oder Anstalt von dem, der die Willenserklärung abgiebt, mit der Uebermittelung betraut sein muß, nicht von dem, der sie empfängt. Ein klassisches Beispiel zu § 120 giebt RG. 28 S. 16. A. hatte ein Telegramm aufgegeben, das den B. beauftragte, 2000 Aktien zu verkaufen. Das dem B. zugegangene ausgefertigte Telegramm enthielt statt 2000 die Zahl 20000 und B. hatte 4000 verkauft, als A. hinter das Versehen kam und den Auftrag widerrief. Klar war, daß A. einen Auftrag auf 20000 nicht gewollt hatte, nur auf 2000, und daß weder bei A. noch bei B. von einem Verschulden zu reden war. In Frage kam, ob A. trotzdem an seiner Scheinerklärung festzuhalten war, oder ob, weil nicht erklärt war, was er gewollt und hatte erklären wollen, nichts geschehen war, das Geschäft, soweit es ausgeführt, also zu Lasten des B. blieb, oder ob A. trotz des Mangels eigenen Verschuldens dem schuldlosen B. wenigstens das abzunehmen hatte, was er in Folge davon zu tragen hatte, daß er das Telegramm unverschuldet so genommen, wie es lautete. Das RG. hat damals angenommen, daß A. weder aus der Erklärung, die nicht seinem Willen entspreche, noch aus einem (nicht vorhandenen) Verschulden, noch aus einer (fingirten) Garantie für die Richtigkeit des Telegramms, wohl aber aus dem Gesichtspunkte, daß B. das Telegramm bis zum Widerruf als dem Willen des A. entsprechend habe auffassen dürfen, dem B. für das hafte, was er in Folge dieser berechtigten Annahme aufgewendet habe. Dieser auf dem Willensdogma beruhende rechtliche Standpunkt ist jetzt durch §§ 120, 122 in der Hauptsache sanktionirt. In dem Widerruf unter Hinweis auf die Verstümmelung des Telegramms würde die Anfechtung der Willenserklärung wegen Irrthums zu finden sein und nach § 122 würde, vorausgesetzt, daß B. die Verstümmelung des Telegramms ohne Fahrlässigkeit nicht erkannt hat, A. dem B. das zu ersetzen haben, was B. in Folge der Ausführung des Auftrages aufgewendet oder verloren hat.

Ganz ebenso würde die Sache liegen, wenn das Telegramm unrichtig Kauf statt Verkauf anordnet, ein Bote des A. den Auftrag falsch bestellt, aber auch, wenn A. sich in dem Schreiben, das den Auftrag ertheilt, verschrieben, oder in seinem Comptoir die Urschrift falsch abgeschrieben und A. die Abschrift ohne Kenntniß des Versehens unterschrieben. Irrthum in der Erklärung liegt vor, wenn A. 1000 Mk. bieten will, sich verspricht und 1000 Gulden sagt, Irrthum über den Inhalt der Erklärung, wenn in demselben Falle A. 1000 Gulden sagt und sagen will, aber nur sagt, weil er glaubt, daß 1000 Gulden = 1000 Mk. Irrthum in der Erklärung liegt vor, wenn A. von B. eine Probe Kaffee mit Preisangabe fordert, B. eine Probe mit Preisangabe einsendet, sich aber in der Probe vergreift und eine Waare übersendet, die das Vierfache mehr werth, als der angegebene Preis. Irrthum über den Inhalt der Erklärung liegt vor, wenn A. die Offerte des B. auf bestimmte Aktien mißversteht, andere Aktien meint und die Offerte in diesem Sinne acceptirt. Vgl. OHG. 11 S. 172. Wenn A., nachdem er zwei Parzellen seines Grundstücks an B. verkauft hat, den Rest an C. verkaufen will, und das ganze Grundstück aufläßt, obwohl er nur den Rest auflassen will, indem er übersieht, daß die beiden Parzellen verkauft und noch nicht abgeschrieben, irrt er sich in der Erklärung oder über den Inhalt der Erklärung. Er kann die Auflassung anfechten, wenn der Gegner von dem Verkauf der Parzellen nichts weiß, und das ganze Grundstück hat erwerben wollen.

Weiß der Gegner davon und hat auch er nur den Rest erwerben wollen, so tritt der Irrthum als solcher zurück und es handelt sich nur um Berichtigung einer falschen Bezeichnung (demonstratio) bei der Auflassung, die in den beiderseitigen Rechten nichts ändert, § 151 I 4, vgl. ObTr. 76 S. 259, 78 S. 86 (StrA. 94 S. 343, 96 S. 154), RE. 2 Nr. 193a, ebensowenig wie Schreibfehler, die beim Niederschreiben einer Urkunde vorgekommen, Bolze 3 Nr. 479.

Aehnliche Fälle falscher Bezeichnung ohne die Wirkungen des Irrthums sind behandelt in StrA. 23 S. 159, 32 S. 271, 20 S. 51, RG. in JW. 1896 S. 17 Nr. 66. Es handelt sich dabei immer um Verträge, bei denen durch Irrthum über den Inhalt der Erklärung oder in der Erklärung regelmäßig der Konsens, der übereinstimmende Wille ausgeschlossen, während in Fällen der falsa demonstratio der Wille übereinstimmt und beide Theile auch unter dem Erklärten dasselbe verstehen, Irrthum auf keiner Seite vorliegt (Verkauf eines Grundstücks; von beiden Theilen ist dasselbe Grundstück gemeint, im Vertrage ist das Grundbuchblatt oder die Hausnummer falsch bezeichnet, oder nicht bezeichnet). Noch weniger ist von Irrthum im Sinne des § 119 und mit dessen Rechtsfolgen die Rede, wenn die Parteien den gewollten Vertrag als Pacht bezeichnen, während er nach dem Inhalt Miethe ist. ObTr. 31 S. 414, 75 S. 85. Auch bei ungenauer Bezeichnung handelt es sich nicht um Irrthum und dessen Rechtsfolgen, wenn sie auch Irrthum hervorrufen kann. Vgl. StrA. 20 S. 261 (vermacht werden 20 Morgen von einem Plan, gemeint sind sie von einer Hälfte des Plans).

e. In allen Fällen des Irrthums wird er nach § 119 nur beachtet, d. h. er ist wesentlich und hat die Rechtsfolgen der §§ 121, 122, wenn anzunehmen ist, daß der Erklärende bei Kenntniß der Sachlage und bei verständiger Würdigung des Falls die Erklärung nicht abgegeben haben würde. Der Irrthum über Eigenschaften der Person oder Sache wird nach Abs. 2 § 119 nur beachtet, wenn die Eigenschaft im Verkehr als wesentlich angesehen wird. Damit ist für diesen Fall des Irrthums ein rein objektives Merkmal gegeben: die Verkehrsanschauung, nicht die Anschauung des Erklärenden. In den übrigen Fällen ist alles auf das Ermessen des Richters abgestellt, der sich zu fragen hat, ob der Erklärende als verständiger Mensch die Erklärung ohne den Irrthum abgegeben haben würde. Es soll nicht bloß auf dies persönliche Meinen des Erklärenden ankommen; ist dies persönliche Meinen Thorheit, so wird es nicht beachtet. Danach ist das Kriterium für die Wesentlichkeit des Irrthums an subjektive und objektive Merkmale gebunden und der verständigen Würdigung des konkreten Falls ein weites Feld eröffnet. Wird die Wesentlichkeit des Irrthums in diesem Sinne festgestellt, so ist es gleichgültig, ob der Irrthum entschuldbar oder unentschuldbar; für das BGB. ist damit die Streitfrage beseitigt, ob der Irrthum ein thatsächlicher sein muß, oder ob Rechtsirrthum genügt; das BGB. macht keinen Unterschied. Nach BGB. ist deshalb unbedenklich, daß wenn Lehn oder Fideikommiß aus Rechtsirrthum für Allod gehalten und ge- oder verkauft wird, StrA. 9 S. 153, oder wenn Erben sich auf Grund eines Güterrechts auseinandersetzen, das sie für anwendbar halten, während es nicht besteht, der Irrthum das Geschäft ebenso anfechtbar macht, wie wenn die Erben darüber irren, daß ein Mitkontrahent Miterbe, während er enterbt oder nicht eingesetzt oder nicht zu den gesetzlichen Erben gehört, oder darüber, daß ein Grundstück zum Nachlaß gehört, während es Fideikommiß oder Lehn, ObTr. 51 S. 53 (StrA. 53 S. 157). StrA. 3 S. 207, oder wenn der frühere Rentenschuldner die Rente weiter zahlt, obwohl sie durch ein Gesetz aufgehoben ist, das er nicht kennt. ObTr. 6 S. 9, RE. 3 Nr. 261 (cond. indeb.). In StrA. 8 S. 153, RE. 1 Nr. 61, hatte der Schullehrer in dem Rechtsirrthum, daß ihm als Nießbraucher nicht die Pachtsumme vom Schulacker, sondern nur der Zins von der Pachtsumme zustehe, die Pachtsumme der Schulbehörde eingeschickt und beantragt, sie in zinsbaren Papieren anzulegen und ihm die Zinsen zu zahlen. Seine Klage auf Herausgabe der Papiere an ihn wegen Irrthums ist damals abgewiesen, weil kein faktischer, nur Rechtsirrthum vorliege. Nach BGB. würde nicht bedenklich sein, der Klage zu entsprechen, wenn anzunehmen, daß der Lehrer im Irrthum über seine Berechtigung war. Denn hatte er in Wahrheit geschenkt, obwohl er nicht schenken wollte, so lag Irrthum nicht im Motiv, sondern über den Inhalt der Erklärung vor. Eine ganz andere Frage ist, ob Rechtsirrthum den Begriff der Fahrlässigkeit und des kontraktlichen Verschuldens ausschließt, vgl. zu § 276.

Irrthum über die rechtlichen Folgen des Geschäfts fällt dagegen nie unter § 119, weil er den Inhalt der Erklärung nicht betrifft und der Wille über die rechtlichen Folgen nicht disponiren kann. So kann, wer kauft, sich nicht darauf berufen, er habe geglaubt, der Preis sei nach dem Gesetz nicht Zug um Zug zu zahlen, sondern nach bestimmter Frist oder, er habe geglaubt, zurücktreten zu können. Im Uebrigen wird beachtlicher Irrthum im Sinne § 119 Abs. 1 des BGB. regelmäßig anzunehmen sein, wo nach gem., Preuß., Sächs. und Französ. R. bisher wesentlicher Irrthum, Irrthum über das Wesentliche des Geschäfts, die Person, den Hauptgegenstand (error in corpore) angenommen ist. Auch nach BGB. würde in den oben bereits erwähnten Fällen ObTr. 51 S. 35, StrA. 3 S. 207, 9 S. 153 beachtlicher Irrthum nicht bedenklich sein, ebenso in StrA. 30 S. 344, wo der Erbe seine Erbschaft in der Meinung, er sei Miterbe, verkauft hatte, während er Universalerbe war, in StrA. 31 S. 304, wo Kuxe einer noch nicht verliehenen Grube mit bestimmter Feldesgröße verkauft, das verliehene Feld viel kleiner war, in RG. 6 S. 289, wo A. den B. am Spiel eines Lotterieloofes betheiligt hatte, das bereits mit Gewinn gezogen war, ohne daß A. oder B. es wußten. Auch nach BGB. wird der Richter nicht bedenklich sein, wesentlichen Irrthum im Sinne § 119 anzunehmen, wenn eine moderne Nachbildung als Antike gekauft wird, selbst wenn der Preis als solcher für die Antike gering, für die Nachbildung angemessen sein sollte, wenn die Sache so liegt, daß es dem Käufer auf eine Antike ankam, RG. 34 S. 321, weil eine Antike für ihn etwas anderes, als eine moderne Nachbildung. Will der Käufer eine moderne Nachbildung und erhält eine Antike, so wird zu ermessen sein, ob der Irrthum verständigerweise zu beachten. Dasselbe Ermessen wird einzutreten haben, wenn der Erblasser seiner Wirthschafterin 1000 unter Anführung des Motivs legirt, daß sie 16 Jahre bei ihm gedient habe und er ihr noch eine bestimmte Summe Lohn schulde, während sie nur 12 Jahre gedient hat und die Lohnschuld geringer ist, StrA. 90 S. 172, oder wenn eine fremde Sache ausdrücklich als fremde legirt wird, und sich nachher findet, daß sie dem Erblasser gehört, l. 9 § 4 D. 22, 6. §§ 2169, 2170. Dasselbe gilt, wenn verkauft ist, und der Käufer den Vertrag anfechten will, weil er angenommen, die Sache gehöre dem Verkäufer, während sie einem Anderen gehört (Irrthum über Eigenthum des Verkäufers). Bolze 7 Nr. 69, ObTr. 82 S. 177. Die Berufung auf diesen Irrthum wird regelmäßig thöricht sein, z. B. wenn im Auftrage des Eigenthümers im eignen Namen verkauft, oder das Eigenthum vom Verkäufer nachträglich erworben ist, kann aber verständig sein, z. B. wenn es sich um ein Grundstück handelt, der Verkäufer nicht eingetragen ist, der Käufer, um das Kaufgeld zu beschaffen, sich gegen Eintragung Geld beschaffen muß, und die Legitimation des Verkäufers nicht absehbare Schwierigkeiten hat.

Nach BGB. kann deshalb der Satz, Irrthum über Eigenthum des Verkäufers sei nicht wesentlich, so nicht aufgestellt werden. Er kann unter Umständen das Wesentliche des Geschäfts oder den Hauptgegenstand betreffen, wie bei Irrthum über Lehns-, Allodial-, Fideikommißqualität. Dagegen wird der Richter den Irrthum nicht beachten dürfen in dem Beispiel Cosack's, wo A. eine Cigarre aussucht, probt, bestellt und den Kauf wegen Irrthums anfechten will, weil er den geforderten Preis von 20 für das Hundert verstanden, nicht, wie vom Verkäufer gemeint, für das Tausend. Vgl. zu § 155. In dem andern Cosack'schen Beispiel, wo die linke Hälfte einer Etage gemiethet, der Miether sich versprochen, die rechte Hälfte gemeint hat, und den Vertrag wegen Irrthums anfechtet, weil seine nervöse Frau in der linken Hälfte, welche die Nummer 13 trägt, wegen der ominösen Nummer krank werden würde, der Vermiether replicirt, der Miether behandle seine Frau schlecht, — ist vorauszusetzen, daß der Irrthum in der Erklärung erwiesen und daß beide Hälften der Etage abgesehen von der Lage völlig gleich werth, weil ohnedies der Irrthum im Gegenstande zweifellos als beachtlich gelten müßte. Daß die Berufung auf die Nervosität und die Thorheit der Frau aber durchgreifen sollte, selbst wenn der Mann darauf sonst keine Rücksicht nimmt, ist bei verständiger Beurtheilung des Falls schwer anzunehmen. In diesem wie in vielen anderen Fällen kommt es auf die Glaubwürdigkeit des Irrthums an. Nach § 686 wird bei der neg. gestio der Irrthum über die Person des dominus nicht beachtet, wohl aber mit Recht nach § 1333 der Irrthum bei der Eheschließung über die Person des andern Ehegatten. Ueber Irrthum im Wesentlichen des Geschäfts, d. h. diejenigen Bestandtheile, die das Geschäft durch W. darüber zu einem Geschäft mit bestimmter Rechtswirkung machen, vgl. OHG. 22 S. 388, 394; 15 S. 249. RE. 1 Nr. 61 (62, 63).

f. Irrthum über Eigenschaften (nicht Identität) der Person oder Sache. Die Eigenschaft muß im Verkehr als wesentlich angesehen werden und der Irrthum im Sinne Abs. 1 § 119 kausal für das Geschäft gewesen sein. Nach § 1333 ist die Ehe anfechtbar, wenn bei der Eheschließung sich der eine Theil über solche persönliche Eigenschaften des Andern irrt, die ihn bei Kenntniß der Sachlage und verständiger Würdigung des Wesens der Ehe von der Eingehung der Ehe abgehalten haben würden. Nach § 1334 Abs. 2 giebt Irrthum über die Vermögensverhältnisse des Ehegatten keinen Grund zur Anfechtung. Für das Gebiet der vermögensrechtlichen Verhältnisse ist letzterer Satz nicht absolut aufzustellen. Für ALR. I 4 § 81 hat das ObTr. in StrA. 80 S. 304 ausgesprochen, daß Eigenschaften der Person nur körperliche, geistige, positive oder negative Fähigkeiten, nicht der Besitz oder Nichtbesitz von Zahlungsmitteln, deshalb die Einrede des auf Lieferung belangten Verkäufers, der Käufer sei bei dem Abschluß des Geschäfts insolvent, ohne daß dies bekannt gewesen, verworfen. RE. 1 Nr. 61 Erk. c. Davon ist nur richtig, daß im Allgemeinen die Person durch ihre Mittel nicht qualificirt wird; das Gesetz schützt den Verkäufer gegen die Nachtheile aus der Mittellosigkeit auf anderem Wege, §§ 320, 321, 326, und in der Regel und im gewöhnlichen Verkehr wird der angebliche Irrthum des Verkäufers über Solvenz und Insolvenz nicht glaublich sein. Aber im kaufmännischen Verkehr und bei Kreditgeschäften gestaltet sich dies nach allgemeiner Anschauung schon anders. Die Bewilligung längeren Kredits für erhebliche Vermögenswerthe kann sehr wohl durch Irrthum über den Stand der Geschäfts- und Vermögensverhältnisse des Mitkontrahenten beeinflußt werden. Darauf beruhen OHG. 18 S. 18, 23 S. 137, RG. 21 S. 308. Wo die Vertrauenswürdigkeit einer Person als persönliche Eigenschaft zu gelten hat, kann sie durch die Vermögenslage beeinflußt werden und Irrthum über diese, Irrthum über jene Eigenschaft sein, wie in RG. 12 S. 102, wo ein Prokurist für die ausländische Filiale eines Handlungshauses ohne Kenntniß davon engagirt war, daß es dort in Konkurs gerathen war. Dasselbe kann z. B. bei Verpachtung (Domänenpächter) wesentlich sein. Nicht bloß bei einer Köchin ist ihre Kochkunst persönliche Eigenschaft: bei einem Dienstboten, Kindermädchen, Hausmann, Hofwächter kann Mangel der geschlechtlichen Unbescholtenheit, Vorstrafen wegen Verbrechens oder Vergehens gegen die Sittlichkeit, gegen das Eigenthum, die Person qualificiren. Wer beim Weinhändler A. K. bestellen will und durch falsche Adressirung oder Irrthum des Postboten bei einem andern A. K. oder bei B. K. bestellt, wird nach §§ 119, 120 nicht leicht mit der Berufung auf Irrthum gehört werden, wenn beide gleich renommirt und leistungsfähig, wohl aber, wenn der falsche Adressat ein unbedeutender kleiner Geschäftsmann. Für diese und ähnliche Fälle wird nur konkret eine verständige Rechtsprechung das Richtige im Sinne des § 119 finden können.

Nach § 109 ist Irrthum über die Volljährigkeit des Kontrahenten ein Grund zum Widerruf; die Minderjährigkeit erscheint als persönliche Eigenschaft. In RG. 30 S. 77 hatte A. F., der Gesellschafter der Firma A. F. war, gekauft und geliefert erhalten, auf die Klage auf Zahlung excipirt, der Verkäufer habe nicht gewußt, daß A. F. Gesellschafter und für die Gesellschaft kaufe. Das könnte nach BGB. A. F. überhaupt nicht excipiren, weil er nicht seinen Irrthum excipirte, vergl. unter b., überdies aber würde noch § 119, § 155 in Frage gekommen sein, was das RG. erwägt, ob der Verkäufer verständigerweise an A. F. nicht verkauft haben würde, wenn er gewußt, daß dieser Gesellschafter und für eine Gesellschaft kaufte. Bei der Eheschließung kann der Irrthum über die Konfession des Ehegatten sehr wohl unter § 1333, § 119 Abs. 2 fallen, aber schwerlich wird sich ein Richter finden, der ein Kaufgeschäft aufhebt, weil der Käufer sagt, er habe nicht gewußt, daß der Verkäufer ein Jude, oder ein Deutscher, er kaufe nicht von Juden oder Deutschen. In StrA. 47 S. 130 ist die Frage, ob das Anerkenntniß der Vaterschaft eines unehel. Kindes angefochten werden könne, weil nachträglich in Erfahrung gebracht, daß die exceptio plurium begründet, verneint, weil der Irrthum nach § 83 I 4 ALR. keine persönlich vorausgesetzte Eigenschaft der Mutter betreffe, ein Grund, der ersichtlich viel zu weit geht. Der § 1718 BGB. statuirt nur, daß gegen das Anerkenntniß des Kindes *in öffentlicher Urkunde* nicht vorgebracht werden kann, daß ein Anderer der Mutter in der Empfängnißzeit beigewohnt habe. Diese positive, auf Anerk. in öffentlicher Urkunde beschränkte Vorschrift hat ihren guten Grund in der Rücksicht auf die Sicherheit des einmal urkundlich festgestellten Personenstandes, ist aber zugleich bedeutsam für die Erkenntniß der Auffassung des BGB. von dem Irrthum. Der Irrthum des Anerkennenden über die geschlechtliche Unbescholtenheit der Mutter gilt dem BGB. nicht als unwesentlicher Irrthum und der Irrthum darüber, wenn er zu dem Anerkenntniß geführt hat, nicht als unbeachtlicher Irrthum im Motiv, sondern als Irrthum über den Inhalt der Erklärung, ebenso wie wenn der Anerkennende irrthümlich angenommen, daß er in der Empfängnißzeit mit der Mutter verkehrt hat.

**g.** Bezüglich des Irrthums über *Eigenschaften der Sache* steht das BGB. wesentlich auf dem Standpunkt der Wissenschaft und Praxis des gem. R. Als Eigenschaft der Sache gilt, was im Verkehr als wesentliche Eigenschaft angesehen wird, d. h. die Sache als solche qualificirt, zu derjenigen macht, die als Gegenstand der Willenserklärung konkret zu denken ist. Der error in substantia in diesem Sinne ist von *dem Stoffe der Sache* nicht abhängig; nicht bloß erkennbar oder nicht erkennbar, *objectiv mit der Sache verbundene Merkmale* machen ihre Verkehrseigenschaft aus, sondern alle solche thatsächlichen und rechtlichen Verhältnisse, die nach der Verkehrsanschauung für die Qualifikation und die Werthschätzung der Sache als bestimmend gelten. Vgl. RG. 1 Nr. 61 (62, 63). OHG. 7 S. 14, 14 S. 368, 19 S. 403, 22 S. 39, 24 S. 405. RG. 19 S. 260, 21 S. 308. Der Miethsvertrag eines Hauses, der Umstand, ob ein Grundstück belastet oder nicht belastet, eine bestimmte Größe hat oder nicht, der Umstand, ob eine Hypothek kündbar, unkündbar, in kurzer oder langer Frist kündbar oder unkündbar (RG. 30 S. 288, 292?) die Kundschaft eines Geschäfts, der Umstand, ob gekaufte Saat Sommer- oder Wintersaat, ob eine Waare importirtes oder imitirtes Fabrikat, ob ein Werthpapier amortisirt, OHG. 5 S. 234, 16 S. 25 *kann* nach BGB., wie nach bisherigem Rechte, als Eigenschaft der Sache erscheinen, die im Verkehr als wesentlich angesehen wird, und Irrthum darüber berechtigt zur Anfechtung, vorausgesetzt, daß die konkrete Sachlage, die nothwendig auch hier Berücksichtigung *subjectiver* Momente neben der *objectiven* Verkehrserscheinung fordert, zu der Annahme führt, ohne den Irrthum wäre bei verständiger Würdigung des Falls die Erklärung nicht abgegeben worden. Auf dem Gebiete der *Gewährleistung* wegen Mängel der Sache §§ 459 ff. tritt der Irrthum bei Zusage ganz zurück, bei der Haftung für heimliche Mängel ist er nach § 460 Satz 1, 2, § 464 die Grundlage des Anspruchs, den das Gesetz hier besonders regelt.

**h.** Die so durch Irrthum über den Inhalt oder die Erklärung oder bei der Uebermittlung beeinflußte Willenserklärung ist *anfechtbar*, §§ 142, 143, 144, ohne Unterschied zwischen empfangsbedürftigen und nicht empfangsbedürftigen Willenserklärungen, einseitigen und gegenseitigen Rechtsgeschäften. Anfechtungsberechtigt ist selbstverständlich nur *der Irrende*, RE. 2 Nr. 193a Erk. a und StrA. 96 S. 84, und ebenso selbstverständlich hat er die Thatsachen zu erweisen, aus denen sein Irrthum und dessen Beachtlichkeit zu entnehmen ist. Anfechtungsberechtigt ist ferner nur derjenige, *der die irrthümliche Erklärung abgegeben (übermittelt) hat*, § 119. Bei Irrthum des Vertreters ist anfechtungsberechtigt der Vertretene, der Irrthum des Vertreters ist aber unschädlich, wenn der Vertretene nicht irrte, § 166. Nach § 318 ist, wenn bei Vertrag die Bestimmung der Leistung einem Dritten überlassen, dieser dabei irrt, das Anfechtungsrecht nur den Vertragschließenden gegeben. Bei letztwilligen Verfügungen geben die §§ 2080 ff., §§ 2281 ff. die erforderlichen besonderen Vorschriften über die Person des Anfechtungsberechtigten, Frist und Weg der Anfechtung, ebenso bei der Eheschließung die §§ 1336 ff. *Nur wer eine Erklärung irrthümlich abgegeben hat, ist anfechtungsberechtigt, nicht wer eine abgegebene Erklärung empfangen und mißverstanden, in ihrer Auslegung geirrt, selbst aber eine Erklärung weder abzugeben hatte, noch abgegeben hat.* Wenn A. dem B. mündlich zum 1. April kündigt und B. versteht 1. Oktober, so hat dies Mißverständniß keine Bedeutung und nicht die Rechtsfolgen des Irrthums, ebensowenig, wenn B. die schriftliche Kündigung falsch liest. Anders, wenn A. zum 1. April kündigen will und sich verspricht oder verschreibt und 1. Oktober spricht oder schreibt oder sein Bote den Termin falsch übermittelt. Dann kann A. die Kündigung anfechten; die Kündigung gilt, wenn die Anfechtung durchdringt, als nicht geschehen; A. hat nur nach § 122 dem B. den Schaden zu ersetzen, der ihm dadurch entsteht, daß er auf die Gültigkeit der Kündigung vertraut hat, d. h. z. B. A. muß den B. entlasten, wenn er in Folge der Kündigung eine neue Wohnung gemiethet hat. Ebenso kann nur derjenige, dessen Erklärung durch seinen Boten, sein Telegramm unrichtig übermittelt ist, die Erklärung anfechten. Soll der Bote des A. eine Erklärung an B. übermitteln und die Erklärung des B. zurückbringen und bestellt der Bote des A. die Erklärung des B. falsch, so muß A. die richtige Erklärung des B. gelten lassen und kann sich nicht darauf berufen, daß B. sich im Sinne des § 120 geirrt. Ebenso kann bei Verträgen nur der anfechten, dessen Erklärung irrig, nicht der andere Theil. Offerirt A. Kakao und acceptirt B., indem er aus seinem Mißverständnisse (Verhören, Verlesen) Kaffee meint, so kann nur B. seine Accepterklärung anfechten. Ueber die Wirkung beiderseitigen Mißverstehens bei Verträgen, das nicht zur Anfechtung, sondern zur Nichtigkeit führt, weil Jeder etwas Andres gewollt hat, als erklärt, so daß der Konsens fehlt, vgl. zu §§ 145ff., 155.

**i.** Neu und dem BGB. eigenthümlich ist die Vorschrift des § 121, daß die Anfechtung, § 143 Abs. 1, unverzüglich, ohne schuldhafte Zögerung durch Erklärung dem Gegner gegenüber erfolgen muß, nachdem der Irrthum (die unrichtige Uebermittlung) erkannt ist. Vgl. zu §§ 142ff. Schuldhafte Zögerung in der Erklärung beseitigt die Anfechtbarkeit; dies ist wegen der weittragenden Wirkung der Anfechtung, § 139, mit gutem Grunde gewollt. Nach § 130 wird die Anfechtungserklärung wirksam mit dem Zugang, vgl. oben S. 124, wie jede andere empfangsbedürftige Willenserklärung, nur schadet nach § 121 Abs. 1 Satz 2 die Verzögerung des Zugangs nicht, wenn nur die Absendung nicht verzögert ist und der Zugang erfolgt, für den der Erklärende immer sorgen muß, wenn er dahinter kommt, daß die rechtzeitig abgesandte Erklärung verloren gegangen oder falsch bestellt ist. Nach Abs. 2 § 121 ist die Anfechtung der irrthümlich abgegebenen Willenserklärung unzulässig nach Ablauf von 30 Jahren seit ihrer Abgabe, ohne Rücksicht darauf ob der Irrthum entdeckt oder nicht entdeckt ist und ob die Absendung der Anfechtungserklärung rechtzeitig erfolgt ist, wenn sie innerhalb der 30 Jahre nicht zugegangen ist. Die Absendung und den Zugang hat auch hier zu beweisen, wer die Anfechtung geltend macht, der Gegner den Verlust des Rechts durch die Versäumniß. Hat der Gegner den Irrthum erkannt, so kann die Sache so liegen, daß er annehmen konnte, der Anfechtungsberechtigte werde dem Irrthum kein Gewicht beilegen; die Sache kann aber auch so liegen, daß das Erkennen des Irrthums den Gegner nach Treu und Glauben verpflichtet, den Irrenden darauf aufmerksam zu machen, und das Verschweigen der Kenntniß sich als Arglist, als arglistige Benutzung des Irrthums erscheint. Dann kommt § 121 nicht zur Anwendung, sondern § 123.

**k.** Ueber § 122 vgl. unter h. und i. und die Bemerkung oben S. 125 über Voraussetzung, den Inhalt und Umfang des Interesseanspruchs. In dem unter d. erwähnten Falle, wo der Verkäufer sich in der Probe vergriffen hat, würde nach Abs. 2 § 122 der Interesseanspruch fortfallen, wenn der Empfänger der Probe den Irrthum erkannt oder nach der Sachlage hätte erkennen müssen. Konnte er den Irrthum nicht erkennen, so würde er das Erfüllungsinteresse, d. h. den Gewinn, den er beim Verkauf der billig erhaltenen Waare hätte ziehen können, nicht fordern können, wohl aber z. B. den Ersatz dessen, was er seinen Abnehmern in Folge davon zahlen muß, daß er nicht erfüllen kann, oder was er dadurch verliert, daß er sich in Folge des fehl gegangenen Kaufs nicht rechtzeitig anderweit gedeckt hat. Wenn der Kutscher irrthümlich auf 2 Uhr statt 1 Uhr bestellt wird, so kann er die Fahrt bezahlt verlangen, wenn er ohne den Irrthum eine andere Fahrt hätte machen können, aber nie mehr als den Fuhrlohn, welchen er für die fehlgegangene Fahrt erhalten hätte, er kann nicht vorbringen, daß er, wenn er die fehlgegangene Bestellung nicht erhalten, eine Fahrt für längere Zeit erhalten haben würde oder abgelehnt habe. Der Hotelwirth, der in Folge irrthümlicher Bestellung ein Zimmer für eine Person für drei Tage reservirt hat, kann die Zimmermiethe für diese drei Tage fordern, wenn er es anderweit hätte abgeben können, aber nicht für acht Tage, weil er einen Gast abgewiesen hat, der das Zimmer auf acht Tage haben wollte. Das Mehr würde in beiden Fällen das Erfüllungsinteresse übersteigen, das nach § 122 Abs. 1 immer die Grenze für den Ersatz des negativen Interesses bildet, weil für den Mehrbetrag der ursachliche Zusammenhang fehlt.

2. *Drohung* (Zwang, Furcht, metus causa gestum). ALR. I 4 §§ 31—44, 45—51. SBGB. §§ 93, 94, 831 ff., 849, 850. C. c. art. 1109, 1111—1115, 1117, 1992.

**a.** Nach § 123 macht *widerrechtliche* Drohung die Willenserklärung, zu der der Bedrohte dadurch bestimmt worden ist, *anfechtbar*, wie nach gem., preuß., französ. R. und dem SBGB., nicht nichtig, wie wohl im gem. Recht angenommen ist. Begrifflich ist Drohung das Inaussichtstellen eines Uebels, sei es durch Worte, sei es durch Handlungen, die das Uebel drohen oder zufügen, sei es durch drohende Haltung (Vorhalten eines Revolvers), ALR. I 4 §§ 32, 33. Im Rechtsbegriff der Drohung liegt, daß sie eine Alternative stellt, die Wahl zwischen dem Uebel und der Willenserklärung, zu der bestimmt werden soll. Der durch die so hervorgerufene Furcht beeinflußte Wille soll *gegen den Willen* des Bedrohten rechtliche Wirkung nicht haben. *Festzuhalten ist, daß Drohung und Gewalt nicht so beschaffen sein dürfen, daß sie die Möglichkeit des Willensanschlusses überhaupt beseitigen, d. h. keine Wahl lassen.* Das liegt nicht bloß bei vis absoluta, körperlicher Uebergewalt, vor, z. B., wenn dem Bedrohten die Feder in die Hand gezwungen und die Feder mit Gewalt zur Unterschrift geführt wird. Das fällt unter § 123 nicht, weil er die Annahme einer Willenserklärung ausschließt, ebenso wie beim Raube oder gewaltsamer Besitzentsetzung; *Abgabe einer Willenserklärung* liegt in solchem Falle überhaupt nicht vor, ALR. I 4 § 31, weil die *Willensfähigkeit* fehlt, nicht bloß die Willensfreiheit beeinflußt ist. Und auch ohne körperliche Uebergewalt kann die erregte Furcht so sein, daß die äußere Handlung des Bedrohten keine Handlung ist, sondern der Handlung des Bewußtlosen oder dessen gleichsteht, der erklärt, *was er dem Drohenden erkennbar nicht erklären will.* In allen diesen Fällen ist *nichts* geschehen, das Geschehene nach §§ 105, 116 Abs. 2 *nichtig*, nicht bloß anfechtbar. Darauf beruht ALR. I 4 §§ 29, 44. *Festzuhalten* ist ferner, daß die Drohung begrifflich *Handeln einer Person* voraussetzt. Willenserklärung, die ohne *subjektive Betheiligung eines Andren durch Gefahr, Furcht, Noth, Nothstand,* bestimmt ist, z. B. das Versprechen einer Belohnung in Lebens- oder anderer Gefahr zur Errettung aus derselben, das Versprechen unmäßiger Belohnung Seitens der schwer Kranken an den Arzt, der davon seine Hülfe abhängig macht, das Versprechen übermäßigen Lohnes in Seenoth, HGB. Art. 743 (HGB. v. 10. Mai 1897 § 741) kann nach §§ 105, 116 Abs. 2, oder nach § 138 Abs. 2 ganz oder theilweise nichtig sein, weil die Geltendmachung eines Rechts aus solcher Willenserklärung Seitens des Promissars oder des Dritten, zu dessen Gunsten die Erklärung abgegeben, wenn er den Anlaß weiß oder nachträglich erfährt, als Verstoß wider die guten Sitten erscheint. Für den Fall eines Vertrages in Seenoth ist in den obigen Vorschriften des HGB. die Anfechtbarkeit statuirt. Unter § 123 fällt diese Gestaltung nicht, der § 123 setzt wie alle Vorschriften der Rechte über Gewalt und Drohung das facere, adhibere, inferre metum voraus. Vgl. ALR. I 4 § 43. StrA. 28 S. 122. l. 9 § 1 D. 4, 2. l. 34 § 1 d. don. Auch der sog. metus reverentialis, Willenserkl. aus Scheu oder Ehrfurcht, dessen ALR. I 4 § 41 und C. c. art. 1114 als unerheblich ausdrücklich erwähnt, fällt überhaupt nicht unter den Begriff der Drohung.

**b.** Ob die Drohung von demjenigen ausgeht, dem die Willenserklärung abgegeben, *oder von einem Dritten* zu Gunsten eines Dritten ausgeübt wird, macht, wie sich aus Abs. 1 und dem Zusammenfall mit Abs. 2 § 123 ergiebt, wie im bisherigen R. keinen Unterschied. ALR. I 4 § 42. SBGB. § 832. C. c. art. 1111. Auch die *gegen einen* Dritten, Ehefrau, Verwandten, Freund geübte Drohung, und selbst die Drohung, sich selbst ein Uebel zuzufügen (Selbstmord), *kann* die Willenserklärung unzulässig bestimmen. Ein Beispiel giebt ObTr. 33 S. 8 und

StrA. 28 S. 122, RE. 1 Nr. 57. In beiden Fällen waren nach den Märztagen 1848 Volkshaufen auf den Gutshof gezogen und hatten den Gutsverwalter so eingeschüchtert, daß er mit der Dorfgemeinde einen Vertrag geschlossen, durch den der Dorfgemeinde auf ewige Zeit das Recht zur Entnahme von Holz aus der Gutsforst eingeräumt war. In beiden Fällen ist die exc. metus gegen die Klage auf Erfüllung zugelassen. Ebenso StrA. 22 S. 169, wo A. dem B. ein Accept zur Zahlung vorgelegt, es dem B. aber herausgegeben, nachdem dieser einen Polizeibeamten geholt, der dem A. erklärt hatte, er werde ihn wegen Verdacht des Betruges verhaften, wenn er den Wechsel nicht herausgebe. Die cond. auf Rückgabe des Wechsels ist durchgedrungen.

**c.** Der § 123 Abs. 1 sagt nichts darüber, von welcher Beschaffenheit die Drohung, d. h. das in Aussicht gestellte Uebel sein muß. Erforderlich ist nur, daß sie für die Abgabe der Willenserklärung thatsächlich kausal geworden ist. Damit ist in angemessener Weise dem Richter für die verständige Beurtheilung des konkreten Falles freie Hand gelassen. Der bekannte strenge Standpunkt des röm. R., metum ... qui merito et in homine constantissimo cedat... dicimus, der gegenwärtige, unabwendbare Gefahr für Leib, Leben, Freiheit des Bedrohten oder seiner Angehörigen forderte, l. 6 D. 4, 2, ist schon im gem. R. verlassen. In RG. 10 S. 188, 31 S. 156, OHG. 8 S. 171, Bolze 22 Nr. 293 ist Drohung mit Kreditentziehung, Kreditgefährdung, Familienskandal, Strafanzeigen, Vertragsbruch, der das Vermögen des Bedrohten gefährdete, für ausreichend erachtet, um metus causa gestum anzunehmen. Das ALR. exemplificirt in I 4 §§ 33ff. mit Leben, Gesundheit, Freiheit, Ehre, Strafanzeige wegen Verbrechens, kommt in §§ 36, 37 aber schließlich zu dem Satze, daß bei andren Uebeln vom Richter unter Berücksichtigung aller Umstände, auch der Persönlichkeit des Bedrohten vernünftig zu ermessen, ob die Willenserkl. wirklich erzwungen sei. Ueber die Preuß. Praxis vgl. RE. 1 Nr. 57 und RG. 17 S. 214, Bolze 4 Nr. 330, wo die cond. eines Wechsels zugelassen, der auf die Drohung gegeben war, das Darlehn, das zu einem bestimmten Tage zu geben war, werde sonst nicht gegeben, ein Fall der für gem. R. im OHG. 8 S. 171 ebenso entschieden ist. Der § 94 SBGB. stimmt im Grunde mit § 36 I 4 ALR. überein, ebenso C. c. art. 1112, so wie ihn die Praxis gestaltet hat. Vgl. OHG. 8 S. 131.

Bei der weiten und unbestimmten Fassung des § 123 ist der Richter in der Lage, thörichte und böswillige Berufung auf Beeinflussung durch Furcht abzuwehren, namentlich in Fällen, wo die mangelnde Ernstlichkeit oder Unausführbarkeit der Drohung auf der Hand liegt. Aber im Sinne des civilrechtlichen Begriffs der Drohung liegt es nicht, daß sie ausführbar oder die Ausführung beabsichtigt, oder daß sie von einer willensfähigen Person, die dafür verantwortlich zu machen, ausgeht. Der strafrechtliche Begriff der Drohung, §§ 240, 253 StGB., kommt insofern für § 123 nicht in Betracht. Die Versagung der Rechtswirksamkeit erzwungener Willenserklärung richtet sich nicht gegen den bösen Willen des Drohenden, sondern gegen die Beeinflussung des rechtsgeschäftlichen Willens des Bedrohten. Nach dem Grundzuge des BGB. darf der Drohende sich nicht darauf berufen, daß er die Drohung nicht ernstlich gemeint habe, wenn der schlechte Scherz in der Drohung nicht erkannt ist, am allerwenigsten, um dadurch Rechte aus einer Willenserklärung zu erlangen, die ohne die Drohung nicht abgegeben wäre, oder Rechte, auf die er keinen Anspruch hat. Drohung im Scherz ist immer schlechter Scherz und rechtswidrig, und die thatsächliche Wirkung des schlechten Scherzes auf den Willen kann nicht dadurch allein fortfallen, daß sie nicht beabsichtigt war, §§ 116, 118. Noch weniger darf gesagt werden, daß Drohung durch einen Geisteskranken nicht unter § 123 falle, weil dem Geisteskranken der böse Wille und die Absicht fehle, was überdies erfahrungsmäßig oft durchaus unzutreffend ist. Die Geschäftsfähigkeit oder Handlungsfähigkeit des Drohenden, seine Verantwortlichkeit für die Drohung, die Frage, ob die Drohung zugleich eine unerlaubte, strafbare Handlung, hat mit dem Begriff der Drohung nichts zu thun. (Anders v. Blume in Ihering's Jahrb. a. a. O.) Nur widerrechtlich muß die Drohung sein.

**d.** Widerrechtlich ist die Drohung nothwendig, wenn sie eine strafbare

Handlung darstellt. Was strafbar ist, kann nicht nicht widerrechtlich sein. Widerrechtlich ist deshalb die Drohung, die den Thatbestand des § 253 StGB. enthält, d. h. sich oder einem Andren einen rechtswidrigen Vermögensvortheil zu verschaffen bezweckt, und rechtswidrig ist der Vermögensvortheil, auf den der Drohende oder der Dritte keinen Rechtsanspruch hat, dessen Erlangung vielmehr gegen das Recht verstößt. Das lag z. B. vor im RG. 10 S. 188, wo unter der Drohung des finanziellen Ruins des Bedrohten bewußt eine höhere Entschädigung für Dienstentlassung gefordert, als ursprünglich zugesagt war und der Entlassene zu fordern hatte, ferner in OHG. 8 S. 171, S. 191, RG. 31 S. 156, auch in RG. 17 S. 214, wo durch Drohung des Vertragsbruchs der Bedrohte bestimmt war, dem Gläubiger ein Wechselaccept über einen höheren Betrag zu geben, als er zu erhalten hatte und erhalten sollte. In solchen Fällen und wo der Drohende das, was er zu fordern hat, von einem Nichtverpflichteten sich verschaffen will, oder etwas anderes sich verschaffen will, als er zu fordern hat, wird die Drohung durch den Zweck widerrechtlich und es kommt darauf nichts an, ob die Drohung ohne diesen Zweck berechtigt sein würde. Auch nach BGB. darf der Eigenthümer die Ergreifung des Diebes, oder der Ehemann die Ertappung des Ehebrechers nicht benutzen, um sich einen Vermögensvortheil zu verschaffen, l. 7 § 1 D. 4, 2, wohl aber, um sich eine Sühne zu verschaffen. l. 21 pr. D. 4, 2. In dem in Jhering's Jahrb. a. a. O. S. 241 Anm. 4 erwähnten Falle (der Beleidigte erklärt dem Beleidiger, er wolle gegen Erlegung einer Geldsumme an die Armenkasse Klage oder Anzeige unterlassen) verletzt die Verurtheilung wegen Erpressung das gesunde Rechtsgefühl und das Recht, weil sie die Vergleichsnatur der Abrede und die Sühnenatur der Geldsumme übersieht, unerwogen läßt, ob die Stellung der Alternative ein Unrecht enthielt, die Rechtswidrigkeit des Vermögensvortheils allein daraus herleitet, daß die Armenkasse keinen Rechtsanspruch auf die Zahlung des Geldes gehabt, während zu fragen war, ob die Stipulirung der Entrichtung rechtswidrig **darauf gerichtet war**, der Armenkasse einen Vortheil zu verschaffen, oder nicht vielmehr darauf, die Beleidigung zu sühnen, dem Beleidigten Gelegenheit zu geben, sein Unrecht selbst wieder gut zu machen. Ist nach Recht und Sitte ein Vergleich dahin statthaft, „ich klage nicht wegen Beleidigung, du zahlst an die Armenkasse“, so ist unerfindlich, wie gegen das Recht verstoßen soll die Erklärung: „ich klage nicht, wenn du an die Armenkasse zahlst“.

Der § 240 StGB. ist für das BGB. nicht zu verwenden, weil er widerrechtliche Nöthigung zu Handlung, Duldung, Unterlassung, durch Gewalt oder durch Bedrohung mit Verbrechen oder Vergehen fordert, also wie das BGB. die Entscheidung fordert, was widerrechtlich ist, seinen Thatbestand auch auf Bedrohung mit Verbrechen oder Vergehn einschränkt, wovon nach BGB. nicht die Rede ist, das insofern weiter geht als das StGB. Das StGB. läßt aber erkennen, daß Drohung mit Verbrechen oder Vergehen nicht strafbar sein muß, erlaubt sein kann, erlaubt ist, wenn sie nicht widerrechtlich. Wann die Drohung widerrechtlich, wann nicht, kann für das BGB. wie für das StGB. nur aus dem BGB. entnommen werden. Und in dessen Sinne ist die Drohung widerrechtlich, wenn sie zu unerlaubtem Zweck angewendet und als Erpressung eine strafbare Handlung, und wenn das Gesetz sie auch zu erlaubtem Zwecke nicht gestattet. Für das BGB. ist der Satz, daß die Drohung nicht widerrechtlich, wenn der Drohende auf die Abgabe der erzwungenen Willenserklärung ein Recht gehabt hat (v. Blume, Cosack), nicht richtig, und ebenso unrichtig, wie wenn ein Vergleich für zulässig erklärt würde: „ich schlage, tödte dich nicht, du zahlst deine Schuld“.

Nach § 227 ist Handlung in Nothwehr nicht widerrechtlich; im Anschluß daran bestimmt § 229, daß zum Zwecke der Selbsthülfe die Wegnahme einer Sache, die Festnahme des Schuldners, seine Nöthigung zu einer Duldung, die er zu dulden verpflichtet ist, nicht widerrechtlich, wenn ohne eigenes Eingreifen die Verwirklichung des Anspruchs gefährdet oder wesentlich erschwert sein würde. Es kann nicht zweifelhaft sein, daß in solchem Falle das Gesetz Gewalt und Drohung auch mit Verbrechen oder Vergehen gestattet zum Zwecke der Selbsthülfe. Im Falle der Flucht des Schuldners ist dem verfolgenden Gläubiger z. B. erlaubt, den Schuldner durch Gewalt oder Drohung zur Herausgabe der mitgenommenen Gelder zu zwingen. Aber das Gesetz ist der Selbsthülfe so abgeneigt, daß es selbst in diesem Falle den Gläubiger zur Herausgabe dessen, was er zu fordern hatte, zwingt, wenn der Arrestantrag verzögert oder abgelehnt wird, § 230 Abs. 2, 4. Auf demselben Grundsatz beruhen die §§ 858 ff., 863. Eigenmacht ist verboten, abgesehen von den Fällen §§ 227 ff.; gegen solche Eigenmacht ist Abwehr mit Gewalt und bei Wegnahme von Sachen selbst Wiederabnahme mit Gewalt, der auch hier Drohung gleichzustellen, gestattet. Ein Recht zum Besitz oder zur Vornahme der störenden Handlung kann gegen den Anspruch aus der verbotenen Eigenmacht auf Restitution grundsätzlich nicht geltend gemacht werden, wenn nicht die Wahrung des Rechts gestattet und dadurch der Begriff der verbotenen Eigenmacht ausgeschlossen ist. Daraus folgt für das BGB., daß zwar der Bestohlene den ertappten oder verfolgten Dieb zur Herausgabe des gestohlenen Guts zwingen kann, daß aber der Gläubiger außerhalb des Falls des § 229 den Schuldner auch zur Zahlung fälliger Schuld nicht durch Drohung zwingen darf, l. 12 § 2, l. 14 pr. D. 4, 2 und l. 7 D. 48, 7, und strafbar ist, wenn er dazu Gewalt oder Drohung mit Verbrechen oder Vergehen anwendet. Die Anfechtung führt in diesem Falle dahin, daß der Zahlung die rechtliche Natur der Zahlung, d. h. freiwilliger Zahlung, genommen wird, die Forderung rechtlich als ungetilgt gilt, was von praktischer Bedeutung bei den Forderungen, die erfüllbar, aber nicht klagbar, z. B. im Falle § 762 (Spiel-, Wettschuld), § 764 (Differenzgeschäft), § 518 Abs. 2 (formlose Schenkung) und mit Rücksicht auf die Vorschrift in § 393 über die Ausschließung der Aufrechnung, auch im Falle des Konkurses.

e. Widerrechtlich ist danach die Drohung, die Stellung der Alternative, zu widerrechtlichem Zwecke oder zum Zwecke unerlaubter Selbsthülfe. RG. 31 S. 356, 361. Nicht widerrechtlich ist sie zum Zweck erlaubter Selbsthülfe. Nicht widerrechtlich ist danach die Drohung auch, wenn das angedrohte Uebel selbst kein Unrecht ist, der Drohende mit der Ausführung dessen, was er droht, nur sein Recht ausüben würde. Darauf beruhen die §§ 38, 39, 40 I 4 ALR., wonach die Einrede des Zwangs nicht zugelassen wird bei Drohung, sich seines Rechts gesetzmäßig zu bedienen, sein Recht gerichtlich zu verfolgen, oder einen zugedachten, noch nicht eingeräumten Vortheil zu entziehen. Drohung mit Klage wegen bestehender Forderung, berechtigter Zwangsvollstreckung, rechtmäßiger Kündigung, Entlassung, Rücktritt von einem Vertrage, rechtmäßigem Widerruf, Nichtabschluß eines in Aussicht genommenen Vertrages, ist selbst dann nicht widerrechtlich, wenn sie den Anderen vor eine lästige Alternative stellt. Das im Begriff der Drohung liegende Stellen der Alternative ist nicht widerrechtlich, wenn ein Recht auf das eine oder andere besteht. Zahle die Schuld oder ich klage, gehe oder ich werf dich hinaus, verkaufe zu 100 oder ich kaufe nicht, gieb heraus, was du gestohlen (unterschlagen) oder ich verhafte dich oder zeige an, bewillige meine Bedingungen oder ich schließe nicht ab, ist danach jedenfalls nicht widerrechtlich. Ebensowenig widerrechtlich ist: ermäßige die Miethe, setze einen neuen Ofen, reparire die Wohnung oder ich kündige, verzinse das unverzinsliche Darlehn (verzinse es höher), stelle mich wegen deiner unsicheren Schuld sicher, gieb mehr Lohn oder ich kündige oder klage. Das Stellen der Alternative ist auch in diesen Fällen nicht widerrechtlich, obwohl ein Rechtsanspruch auf die Herabsetzung, Leistung, Verzinsung, höhere Verzinsung, Sicherung, Lohnerhöhung nicht besteht, weil ein Recht auf Klageerhebung, Kündigung besteht, der Gegner kein Recht auf Nichtausübung dieses Rechts hat, die Stellung der Alternative nichts anderes in sich schließt, als die Proposition des Verzichts auf das Recht gegen eine Leistung Seitens des Anderen, oder die Proposition eines Vergleichs oder neuen Vertrages. Zu beachten ist nur, daß nicht § 226 oder § 138 Abs. 2 vorliegen darf, bei dem aber der Begriff der Drohung ausscheidet.

Auf dieser Grundlage ist RG. 34 S. 178, 183, 184 gerechtfertigt. Der Kläger war 1875 von einer Privateisenbahngesellschaft gegen Kündigung als Bahnmeister engagirt, 1879 bei Verstaatlichung der Bahn in den Staatsdienst übernommen, nachdem ihm die Alternative zwischen Kündigung und Uebernahme unter bestimmten Bestimmungen eines Reverses, den er unterschrieben, gestellt war. Nachdem er 1891 in den Ruhestand versetzt, verlangte er außer der Staatspension die statutenmäßige Pension als Mitglied der Beamten-Pensionskasse der Gesellschaft, die der Staat übernommen hatte, obwohl er nach dem Reverse nur den ihm gewährten höheren Betrag der Pension des Statuts zu fordern hatte. Er focht den Revers u. A. wegen Bedrohung mit Kündigung an. Dies ist unter Hinweis auf die §§ 38, 40 I 4 ALR. abgelehnt, weil der Staat zur Uebernahme des Klägers in den Staatsdienst nicht verpflichtet, der Staat befugt gewesen, die Uebernahme an Bedingungen zu knüpfen und der Kläger diese Bedingungen, durch die er zugleich die Vortheile als Gegenleistung gegen den Verzicht auf seine Rechte aus dem Pensionsstatut erhielt, acceptirt hatte. Vgl. auch Bolze 19 S. 193 Nr. 345, 346, 347.

Zu der Frage, ob Drohung mit Strafanzeige oder Strafverfolgung widerrechtlich, ist noch zu bemerken: Nach § 35 I 4 ALR. soll die Drohung, jemand wegen eines Verbrechens *mit* oder *ohne* Grund gerichtlich angeben zu wollen, *in der Regel* jede darauf erfolgte Willenserklärung des Bedrohten vereiteln, *in der Regel*, d. h. das LR. giebt Ausnahmen zu. Solche Ausnahme ist nach BGB., das sich mit Recht einer allgemeinen Vorschrift enthalten hat, anzunehmen in dem obigen Falle, wo dem betroffenen Dieb die Alternative gestellt wird, herauszugeben oder angezeigt zu werden, weil darin nichts liegt, als ein Akt berechtigter Selbsthülfe, nicht verbotener Eigenmacht. Hier kommt auch § 861 in Betracht. In ObTr. 17 S. 97 ist die Regel angewendet, wo der Dienstherr den Angestellten beim Ausscheiden aus dem Dienst durch die Drohung, den Polizeikommissar holen zu lassen, bestimmt hatte, einen Revers auszustellen, in dem er sich wegen rückständigen Gehalts und anderer Ansprüche befriedigt erklärt und bekannt hatte, 1000 für wissentlich zugefügten Schaden schuldig zu sein. In dem Prozeß wurde nichts dafür beigebracht, daß der Angestellte dem Prinzipal überhaupt einen Schaden zugefügt hatte. Aehnlich Bolze 22 Nr. 292, (Drohung mit Strafanzeige, damit die Ehefrau auf Vorbehalt verzichtet), 1 Nr. 775—777; 5 Nr. 376, 377. In RG. 31 S. 156 war Strafanzeige gedroht und mehrjährige Zuchthausstrafe in Aussicht gestellt. Die Widerrechtlichkeit lag hier auf der Hand, weil durch die Umstände die Strafanzeige ebenso ungerechtfertigt war wie das, was dadurch erreicht werden sollte. Nach BGB. ist die Drohung mit Strafanzeige, wo sie nicht Mittel berechtigter Selbsthülfe, stets als widerrechtlich anzusehen, weil zur Strafanzeige zwar Jeder berechtigt, unter Umständen verpflichtet ist, die Strafanzeige aber nur der Strafverfolgung, nicht zur Erlangung oder Durchsetzung von Privatrechten zu dienen bestimmt ist. Widerrechtlich ist sie nach dem obigen allgemeinen Grundsatz namentlich, wenn sie nicht den Thäter, sondern Dritte, z. B. Angehörige des Thäters bestimmen soll, die civilrechtlichen Ansprüche aus der That als Schuld zu übernehmen oder zu befriedigen, während diese doch für solche Ansprüche nicht einzustehen haben. Aehnlich liegt die Sache bei Drohung mit Konkursantrag, der auch kein statthaftes Mittel zur Erlangung oder Durchsetzung von Rechten *für den Einzelnen*.

**f.** Anfechten kann die Willenserklärung, das erzwungene Rechtsgeschäft, abgesehen von dem Falle des § 318 (Bestimmung der Leistung durch einen Dritten), nur der durch die Drohung Bestimmte und sein Universalrechtsnachfolger, bei erzwungener Willenserklärung *eines gewillkürten Vertreters* der Vertretene, §§ 164, 166, bei der des gesetzlichen Vertreters dieser und der Vertretene, bis die Willenserklärung unanfechtbar geworden. Es versteht sich von selbst, daß der Zwang rechtlich nur in Betracht kommt, wenn das Rechtsgeschäft *ohne den Zwang* rechtsgültig sein würde. Der Geschäftsunfähige kommt deshalb gar nicht, der beschränkt Geschäftsfähige regelmäßig nur in den Fällen der §§ 110, 112, 113 in Betracht. Das Erforderniß der Einwilligung, Genehmigung, deckt den beschränkt Geschäftsfähigen genügend. Der *Drohende* oder für den gedroht, kann nicht anfechten, da Niemand sich auf die einem Dritten zustehende Einrede berufen kann, l. 49 D. 50, 17, und nach § 144 der Gezwungene das Rechtsgeschäft bestätigen, d. h. mit seinem Willen gelten lassen kann. Vgl. zu §§ 139 ff., 144. Ueber den Weg und die Wirkung der Anfechtung vgl. zu § 139 ff., 142 ff. Ueber Anfechtung wegen Drohung bei der Eheschließung, Annahme oder Ausschlagung einer Erbschaft, Errichtung einer letztwilligen Verfügung vgl. zu §§ 1334, 1335, 1337, 1339, 1341, 1346, 1704 (Ehe), zu §§ 1954 ff. (Erbschaft), §§ 2078 ff. (letztwillige Verfügung). Die Anfechtung jeder anderen Willenserklärung ist nach § 124 nur binnen Jahresfrist *nach aufgehobener Zwangslage*, und immer nur binnen 30 Jahren seit der Abgabe der Willenserklärung statthaft, d. h. nach Ablauf dieser 30 Jahre kommt es darauf, ob und wann die Zwangslage aufgehört hat, nicht mehr an, eine Vorschrift, die ihren guten Grund in der weitgreifenden Wirkung der Anfechtung und darin hat, daß nach Ablauf längerer Zeit die Klarstellung der thatsächlichen Umstände der Drohung oft schwierig sein wird. Die Frist des § 124 Abs. 1 ist eine Präklusivfrist, nicht Verjährungsfrist; ist sie durch die Anfechtungserklärung gewahrt, so ist das Recht ohne Klage gewahrt; ist sie versäumt, so ist das Recht verloren. Für die Berechnung der Frist gelten die §§ 186 ff. Bei unbekanntem Anfechtungsgegner, z. B. im Falle § 657 bleibt nichts übrig als das Mittel des § 132 Abs. 2 (öffentl. Bekanntmachung).

Der Zeitpunkt, in welchem die Zwangslage aufgehört hat, § 124 Abs. 2, wird oft schwer zu bestimmen sein. Vgl. ObTr. 33 S. 8. RG. 1 Nr. 57. Wie lange der Eindruck der Furcht bestanden, ist konkret nach der Natur der Sache zu finden. So lange er bestanden, sind auch Anerkenntniß, Erfüllung und andere Bestätigungshandlungen ebenso anfechtbar wie die Willenserklärung selbst. Dabei ist zu beachten, daß der Anfechtende zwar zu beweisen hat, daß die Willenserklärung durch Drohung bestimmt, erzwungen ist, wenn dieser Beweis geführt, aber der Anfechtungsgegner darzuthun hat, daß die Handlung, aus der er die Bestätigung herleitet, frei war, wenn dies nicht aus den Umständen selbst folgt. Ist der Anfechtungsgrund und damit die Nichtigkeit, § 142 Abs. 1, dargethan, so ist es Sache des Gegners, darzuthun, daß er aus dem nichtigen Geschäfte Rechte herleiten kann, weil es frei bestätigt ist. Vgl. in ObTr. 33 S. 8. Ebenso verhält es sich mit der Beweislast für den Verlust der Anfechtung wegen Nichtwahrung der Frist. Der Anfechtungsberechtigte kann sich auf die Angabe des Zeitpunkts des Zwangs beschränken. Sache des Gegners ist die Behauptung und der Beweis der Umstände, aus denen folgt, daß die Zwangslage zu einem Zeitpunkt aufgehört hat, von dem ab die einjährige Frist abgelaufen, als die Anfechtungserklärung abgegeben wurde.

**g.** Nach § 124 Abs. 2 finden auf den Lauf der Anfechtungsfrist der § 203 Abs. 2 und die §§ 206, 207 Anwendung, d. h. die einjährige Anfechtungsfrist fängt auch nach Aufhebung der Zwangslage nicht an zu laufen, wenn zur Zeit der Aufhebung der Zwangslage der Berechtigte durch höhere Gewalt verhindert war, die Anfechtungserklärung abzugeben, wenn er damals geschäftsunfähig, beschränkt geschäftsfähig und nicht prozeßfähig und ohne gesetzlichen Vertreter war, oder wenn damals an die Stelle des Berechtigten oder Verpflichteten der Erbe getreten war. Unter gleichen Umständen wird der Ablauf der Anfechtungsfrist gehindert, wenn sie innerhalb der letzten 6 Monate der laufenden Anfechtung eintreten. Ueber die praktische Bedeutung und Gestaltung dieser Sätze vgl. zu §§ 194 ff.

**h.** Zu beachten ist endlich, daß, wo die Drohung eine strafbare oder unerlaubte Handlung, und unerlaubt ist sie als widerrechtlich immer, durch den Ablauf der Anfechtungsfrist der obligatorische Anspruch aus der unerlaubten Handlung auf Schadensersatz gegen den Drohenden nur gemäß § 852 Abs. 1, verjährt, der Anspruch auf die Bereicherung, die der Thäter erlangt hat, §§ 818, 819, gemäß § 195 erst in 30 Jahren, und daß nach § 853 dem Anspruch des Drohenden aus dem widerrechtlich erzwungenen Rechtsgeschäft gegen den dadurch Verletzten stets die Einrede des Zwanges entgegensteht. Danach beseitigt der Verlust des Anfechtungsrechts durch Ablauf der Frist nur die dingliche Wirkung, die der actio und exceptio quod metus causa auch nach BGB. innewohnt, nicht die persönliche exc. gegen den Drohenden und den Dritten, der in seine Rechte getreten ist, § 404, oder den bösgläubigen Dritten, gegen den die Anfechtung nach § 142 Abs. 2 begründet wäre. Vgl. zu §§ 139 ff., 142 ff.

**3. Arglistige Täuschung** (Betrug). ALR. I 4 §§ 84 ff.; 5 §§ 186, §§ 349 ff.; 11 §§ 137, 138. SBGB. §§ 833—836, 850. C. c. art. 1109, 1116, 1117.

**a.** Anfechtbar mit der Wirkung der Nichtigkeit durch die Anfechtung, § 142, ist wie die erzwungene Willenserklärung nach § 123 Abs. 1 die Willenserklärung, zu deren Abgabe durch arglistige Täuschung bestimmt ist. Das Gesetz will die Willensentschließung so wenig durch Täuschung wie durch Drohung bestimmt wissen. Auch hier ist festzuhalten, daß die Täuschung nicht so beschaffen sein darf, daß sie den Willen ausschließt, der Erklärung den Charakter der Willenserklärung nimmt. Wem ein Schuldschein so vorgelegt wird, daß sich darunter ein Wechsel oder ein anderer Schuldschein befindet, den er unwissentlich unterschreibt statt des darüber gelegten Schriftstücks, das er unterschreiben will, hat überhaupt nicht unterschreiben wollen, was er unterschrieben, die Unterschrift ist Schein, und ist rechtlich keine Willenserklärung. Täuschung ist begrifflich Hervorrufen von Irrthum (Nichtkenntniß des wahren Sachverhalts oder Nichtkenntniß verbunden mit einer falschen Vorstellung). Regelmäßig wird die Täuschung durch die Entstellung der Wahrheit, Erregen falscher Vorstellung, Vorbringen falscher Thatsachen verübt, sie kann auch verübt werden durch absichtliches Unterdrücken von Thatsachen, Unterhalten und Benutzen des vorhandenen Nichtwissens oder Irrthums, Unterdrücken, Verschweigen der Wahrheit. Zum Handeln, das der Begriff der Täuschung fordert, wird das Unterlassen, das Schweigen, wenn das Handeln, das Aufdecken der Wahrheit, der mangelnden oder falschen Vorstellung, gegen Treu und Glauben unterlassen wurde, um den Mangel der Vorstellung oder die falsche Vorstellung zu benutzen. Schweigen bei Nichtverpflichtung zum Reden ist nicht Täuschung. Ob Verpflichtung zum Reden besteht, oder nicht, ist nur konkret zu ermitteln. In kontraktlichen Verhältnissen ist sie grundsätzlich anzunehmen, sonst nicht, und auch wo Verpflichtung zum Reden nicht besteht, kann doch die Benutzung fremden Irrthums, der erkannt ist, arglistig sein und die Geltendmachung eines Rechts aus der irrthümlichen Erklärung ausschließen. Vgl. unter III 1 i. In StrA. 2 S. 93 hatte A. eine Hypothek dem B. an Zahlungsstatt unter Ausschluß der Gewährleistung cedirt, ohne zu sagen, was er wußte, daß das Grundstück, auf dem die Hypothek eingetragen, unter Subhastation stand, der Besitzer im Konkurse, die Hypothek durch den Kaufwerth des Hauses nicht gedeckt war. Vgl. Bolze 22 Nr. 380. In StrA. 71 S. 337 hatte der Kommissionär ein Werthpapier zum Tageskurs ohne Gewähr verkauft unter Verschweigung, daß sein Kommittent ihm mitgetheilt hatte, er kenne den, von dem er das Papier gekauft, nicht, bitte ohne Gewähr und lieber zu einem billigeren Kurs zu verkaufen. Es stellte sich heraus, daß das Papier amortisirt war. In StrA. 36 S. 226 war ein Gut mit Inventar verkauft, der Verkäufer verschwieg, daß von den zehn Pferden vier rotzkrank. SBGB. § 835.

In allen diesen Fällen ist civilrechtlicher Betrug angenommen, weil das Schweigen ein Verschweigen war, das mit der Nichtkenntniß des Anderen spekulirte. Aehnliche Fälle behandelt RG. 1 S. 299 (Verkauf geschwefelten Hopfens unter Verschweigen, daß er geschwefelt, mit dem Bewußtsein, daß nur ungeschwefelter gewollt), 12 S. 102 (der für eine überseeische Filiale engagirte Prokurist verschweigt, daß er dort fallirt hat), 23 S. 137 (Täuschung bei Auskunftsertheilung durch Verschweigen wesentlicher Thatsachen), 31 S. 162 (Verschweigen wesentlicher Mängel des Kaufobjekts bei Klausel „wie besehen"). Vgl. RE. 1 Nr. 64, Bolze 2 Nr. 752, 14 Nr. 285, 286, 287; 20 Nr. 300 (Vergleich auf Vorlegung der Bücher statt Rechnungslegung; Verschweigen, daß keine Bücher vorhanden). HGB. Art. 350, HGB. v. 10. Mai 1897 § 377 Abs. 5. BGB. § 460 Satz 2, § 463 Satz 2, § 476, 523, 576, 600, 637 (vgl. Verschweigen). Der Satz l. 23 D. d. reg. j.: non valere, si convenerit, ne dolus praestetur, gilt auch für das BGB. § 276 Abs. 2. RG. 20 S. 189, 192.

**b.** Die Täuschung muß arglistig sein, d. h. der Täuschende muß den Irrthum in böslicher Absicht wissen und wollen. Unabsichtliche Irrthumserregung ist nicht Täuschung. Die bösliche Absicht fordert nicht wie der Thatbestand des strafrechtlichen Betrugs die Absicht rechtswidrigen Vermögensvortheils für sich oder Andere zum Schaden des Getäuschten, § 263 StGB., sondern nur das Bewußtsein, daß die Willenserklärung bei Kenntniß der wahren Sachlage nicht abgegeben werden würde und daß der Getäuschte durch die Willenserklärung geschädigt werden kann. Beschädigung ist nicht erforderlich. RG. 12 S. 275, 277; 21 S. 236, 31 S. 162, 23 S. 137. Bolze 1 Nr. 509, 2 Nr. 532, 3 Nr. 500. Ausgeschlossen wird die bösliche Absicht durch die Absicht, den Irrenden zu seinem Besten zu täuschen; auch eine solche Irrthumserregung braucht sich Niemand gefallen zu lassen, und es wird auch immer scharf zuzusehen sein, worin das Beste des Getäuschten beruhen soll. Aber der erregte Irrthum wird dann regelmäßig entweder kein Irrthum oder Thorheit sein, die keine Beachtung verdient, und von Arglist kann nie die Rede sein. Liegt Arglist vor, so kommt es auf die Beschaffenheit des Irrthums, worauf er sich erstreckt, worin er besteht, ob er vermeidlich oder nicht vermeidlich war, nicht an, falls nur ersichtlich, daß die Willenserklärung ohne die Täuschung nicht abgegeben, das Geschäft ohne sie nicht zu Stande gekommen wäre. Auch Irrthum im Motiv ist dann wesentlich. RG. 21 S. 308. StrA. 84 S. 176. Wäre das Geschäft ohne die Täuschung nicht zu Stande gekommen, so kann auch darauf nichts ankommen, ob es überhaupt nicht, oder in dieser Gestalt nicht zu Stande gekommen wäre. Bolze 1 Nr. 772. In diesem Sinne hat der Unterschied zwischen dolus causam dans und incidens, ALR. I 4 §§ 87, 88, SBGB § 874, keine rechte Bedeutung. Das BGB. hat ihn fallen lassen. Einen Sinn gewährt der Unterschied aber mit Rücksicht auf den § 139, nach welchem bei Nichtigkeit eines Theils des Rechtsgeschäfts zu fragen ist, ob es ohne den nichtigen Theil vorgenommen sein würde oder nicht, in letzterem Falle die Nichtigkeit das ganze, in ersterem Falle nur den Theil des Rechtsgeschäfts trifft. Wenn A. an B. zu dem Preise verkauft, den dieser bewilligen will, A. aber durch arglistige Täuschung bestimmt wird, auf den Kaufpreis eine werthlose Hypothek an Zahlungsstatt zu nehmen, so wird die Sache regelmäßig so liegen, daß A. für den bewilligten Preis verkauft haben würde, ohne die Täuschung nur auf die Annahme an Zahlungsstatt nicht eingegangen wäre. In solchem Falle bleibt der Kauf bestehen, und die Anfechtung erstreckt sich nur auf die Abrede der Hingabe an Zahlungsstatt, die als selbständiges Rechtsgeschäft neben dem Kauf, wenn sie auch mit demselben verbunden, erscheint, so daß der Verkäufer statt der werthlosen Hypothek Bezahlung fordern kann. Bolze 22 Nr. 284. Aber auch in diesem Falle kann sich die Sache anders gestalten. wenn der Verkäufer, der die Hypothek für werthvoll hielt, ohne Angabe derselben nicht verkauft haben würde, weil der Käufer außer derselben nichts hat.

**c.** Im Begriff der arglistigen Täuschung liegt, daß bei Vorbringen von Thatsachen nach der Verkehrsanschauung ein Recht auf die Annahme bestehen muß, der Vorbringende wolle für das Vorbringen einstehen oder habe dafür einzustehen, weil er in der Lage, die Wahrheit zu wissen. Thatsachen, nicht bloß Meinungen, Ansichten, Erwartungen, Motive müssen vorgebracht sein. So wenig allgemeine Anpreisungen der Güte, des Werths, der Herstellungsart und Selbstkostenpreise einer Waare im Munde des Verkäufers als Zusage gelten, StrA. 4 S. 18, OHG. 3 S. 246, 251; 9 S. 305, RG. 34 S. 214, Bolze 2 Nr. 755, 3 Nr. 496, 22 Nr. 284, 285, wenn nicht besondere Umstände die Täuschungsabsicht ergeben, OHG. 10 S. 336, 21 S. 195, so wenig kann aus solchen Anpreisungen allein Täuschung hergeleitet werden, noch weniger aus allgemeinen Angaben über zu erwartende Steigung der Preise, oder aus Angaben des Käufers über andere Angebote, Möglichkeit anderwärts zu kaufen, über seine Motive und seine Absichten bezüglich des Geschäfts, es müßten denn auch hier besondere Umstände hinzutreten. Vgl. RG. 16 S. 164. RE. 1 Nr. 64. Wenn z. B. A. ein an seinen Garten grenzendes Grundstück an B. verkauft, nachdem dieser ihm erklärt, er wolle ein Wohnhaus darauf erbauen, und B. weiß, A. würde nicht verkaufen, wenn er wüßte, daß B. eine Fabrik erbauen will, so kann darin Arglist und Täuschung liegen und A. den Verkauf anfechten, nachdem er erfahren, daß B. mit dem Bau einer Fabrik umgeht. In StrA. 78 S. 240 hatte A. dem B. erklärt, er wolle dessen Garten kaufen, um ihn den Kindern seines Bruders zu schenken, den Garten gekauft, dann aber nicht geschenkt. Darin allein konnte Täuschung, die den B. zur Anfechtung berechtigte, nicht gefunden werden. In dem Falle ObTr. 33 S. 24 oben unter III 1 S. 134 würde, wenn B. dem A. fälschlich vorgeredet, daß der Fiskus kaufen wolle, nach BGB. das Motiv des A. zur Ausstellung des Reverses unzulässig bestimmt sein, wenn er durch die Vorspiegelung des B. zu dessen Ausstellung bestimmt worden.

**d.** Bei Täuschung durch einen Dritten, d. h. bei der Willenserklärung nicht Betheiligten, schränkt § 123 Abs. 2 abweichend vom Falle der Drohung die Anfechtung ein. Während jede durch Drohung bestimmte Willenserklärung Jedem gegenüber anfechtbar ist, auch wenn die Drohung nicht durch diesen, sondern durch einen Dritten ausgeübt ist, wirkt nach § 123 Abs. 2 Täuschung durch einen Dritten unbedingt die Anfechtbarkeit nur bei den einseitigen Rechtsgeschäften, die der Erklärung einem Anderen gegenüber zu ihrer Wirksamkeit nicht bedürfen, wie Okkupation, Dereliktion, Erbschaftsantritt, Erbschaftsentsagung, letzt=

willige Erklärung, Anerkennung eines Kindes, § 1598. Vgl. oben zu §§ 104 ff. S. 101, 102.

Bei Verträgen und anderen Rechtsgeschäften dagegen, die zu ihrer Wirkung der Erklärung einen Anderen oder **an Stelle desselben** einer Behörde gegenüber bedürfen, vgl. S. 101, 102, wirkt die Täuschung unbedingt nur, wenn sie von dem Anderen oder bei Verträgen zu Gunsten eines Dritten, wenn sie von diesem ausgeht, d. h. also von einem der Betheiligten, für den die Willenserklärung unmittelbar wirkt. Geht sie in diesen Fällen von einem unbetheiligten Dritten aus, so läßt sie das Rechtsgeschäft unberührt, wenn dasselbe nicht ohne die Täuschung wegen Irrthums nach § 119 anfechtbar, und bewirkt die Anfechtbarkeit wegen Täuschung nur, wenn der Betheiligte die Täuschung kannte oder kennen mußte, d. h. in mala fide ist. Das trifft natürlich nicht zu, wenn A. und B. mit C. kontrahiren und A. den C. durch Täuschung ohne Wissen des B. bestimmt hat, zu kontrahiren. B. ist an der Täuschung nicht betheiligt, aber am Vertrage, und ob der Vertrag mit ihm allein bestehen kann, richtet sich nach den §§ 420, 431, 428. Das weicht vom gem. und französ. R., C. c. art 1116 ab, stimmt im Wesentlichen mit ALR. I 4 § 89, SBGB. § 833 (836). Danach kann z. B. die Kündigung einer guten Hypothek nicht angefochten werden, wenn ein Dritter dem Gläubiger, um selbst die Hypothek zu erlangen, vorgespiegelt hat, die Hypothek sei unsicher, weil der Eigenthümer devastire, auch Schenkung (Erlaß) nicht, weil ein Dritter dem Schenker im Interesse des Beschenkten ohne dessen Wissen vorgespiegelt hat, derselbe sei verarmt, erblindet, habe dem Schenker einen Dienst erwiesen, der Kauf eines Grundstücks nicht, weil ein Dritter ohne Wissen und Betheiligung des Verkäufers dem Käufer vorgespiegelt hat, das Grundstück werde wegen projektirter, beschlossener Straßen- oder Eisenbahnnetze sehr werthvoll werden. Betheiligung an und wissentliche Benutzung der Täuschung lassen die Anfechtung auch gegen den Betheiligten zu. Vgl. die Fälle von Gründungsschwindel zum Nachtheil der Actiengesellschaften in StrA. 42 S. 5, 43 S. 141, 46 S. 64, 46 S. 7, OHG. 18 S. 180, RG. 9 S. 37. Gegen den Dritten erwächst in diesem Falle der Anspruch aus der arglistigen Täuschung als unerlaubte Handlung und aus der Bereicherung, z. B. RG. 34 S. 159, wo A. an B., B. an C. verkaufte, A. den C. betrügerisch bestimmte, dem B. einen hohen Preis zu bewilligen, weil B. im eigenen Namen, aber in Wahrheit für A. verkaufte.

e. Ueber Weg und Wirkung der Anfechtung und ihre Beseitigung durch Bestätigung vgl. auch hier §§ 139 ff., 142 ff., und über die besondern Vorschriften über Anfechtung der Ehe wegen Täuschung, §§ 1334 ff., bei Erbschaftsantritt oder Ausschlagung zu §§ 1954 ff., ferner zu §§ 2078 ff. (letztwillige Verfügung). Anfechtungsberechtigt ist nur der Betrogene, nie der Betrüger. Die unmotivirte Vorschrift des § 357 I 5 ALR., daß bei Betrug von beiden Seiten der Vertrag von keiner Seite anfechtbar, ist vom BGB. nicht aufgenommen. Betrug gegen den Vertreter ist Betrug gegen den Vertretenen, §§ 164, 166. Ueber Betrug durch Vertreter vgl. zu § 164 ff. § 278. Ist der Vertreter nicht getäuscht, so kann der Vertretene Betrug gegen sich nur gegen den Vertreter und aus seinem Rechtsverhältniß zu diesem oder bei Kollusion des Vertreters mit dem Dritten gegen Beide aus dem Gesichtspunkt der unerlaubten Handlung, §§ 823, 826, verfolgen. Das gilt noch mehr im Falle der Kommission im Verhältniß zwischen Kommittenten und Kommissionär und dem Dritten; ist der Kommissionär, der in seinem Namen verhandelt hat, nicht getäuscht, so kann von Anfechtung des Geschäfts gegen den Dritten wegen Täuschung nicht die Rede sein. Vgl. OHG. 22 S. 248 und oben RG. 34 S. 159. Eine besondere Vorschrift giebt § 318 (Bestimmung der Leistung durch einen Dritten; Täuschung des Dritten; Anfechtung durch die Kontrahenten).

Die einjährige Frist für die Anfechtung gilt nach § 124 hier wie bei der Drohung; alles was dort über die Natur der Frist, ihren Lauf, die Anwendung der §§ 203, 205, 207 und die Beweislast gesagt, trifft auch hier zu. Zu beachten ist endlich, daß der Verlust der Anfechtung durch den Ablauf der Frist auch hier den obligatorischen Anspruch des Betrogenen aus der unerlaubten Handlung der Täuschung so wenig beseitigt, wie den Anspruch aus der Bereicherung, §§ 852 Abs. 1, 818, 819, RG. 34 S. 159, und daß die Einrede des Betrugs gegenüber dem

Anspruch des Betrügers und seiner Rechtsnachfolger aus der unerlaubten Handlung, dem erlisteten Geschäft nach § 853 ebenso unverjährbar ist wie bei dem erzwungenen Rechtsgeschäft. Vgl. zu §§ 139 ff., 142 ff., ALR. I 3 §§ 35, 36.

f. Ueber die exceptio doli generalis, die auf dem dolus, Arglist, im allgemeinen Sinne beruht und arglistiges, böswilliges, rechtswidriges Verhalten auch ohne Täuschung trifft, in den Vorstadien des BGB. ausdrücklich abgelehnt, für die Praxis und eine gesunde Rechtsprechung aber unentbehrlich und bei vorsichtiger Handhabung nicht zur Verwischung der Grenzen von Recht und Moral führt, vgl. zu § 242. RE. 1 Nr. 64, 2. Aufl. S. 281.

---

§ **125.** Ein Rechtsgeschäft, welches der durch Gesetz vorgeschriebenen Form ermangelt, ist nichtig. Der Mangel der durch Rechtsgeschäft bestimmten Form hat im Zweifel gleichfalls Nichtigkeit zur Folge.

§ **126.** Ist durch Gesetz schriftliche Form vorgeschrieben, so muß die Urkunde von dem Aussteller eigenhändig durch Namensunterschrift oder mittelst gerichtlich oder notariell beglaubigten Handzeichens unterzeichnet werden.

Bei einem Vertrage muß die Unterzeichnung der Parteien auf derselben Urkunde erfolgen. Werden über den Vertrag mehrere gleichlautende Urkunden aufgenommen, so genügt es, wenn jede Partei die für die andere Partei bestimmte Urkunde unterzeichnet.

Die schriftliche Form wird durch die gerichtliche oder notarielle Beurkundung ersetzt.

§ **127.** Die Vorschriften des § 126 gelten im Zweifel auch für die durch Rechtsgeschäft bestimmte schriftliche Form. Zur Wahrung der Form genügt jedoch, soweit nicht ein anderer Wille anzunehmen ist, telegraphische Uebermittelung und bei einem Vertrage Briefwechsel; wird eine solche Form gewählt, so kann nachträglich eine dem § 126 entsprechende Beurkundung verlangt werden.

§ **128.** Ist durch Gesetz gerichtliche oder notarielle Beurkundung eines Vertrags vorgeschrieben, so genügt es, wenn zunächst der Antrag und sodann die Annahme des Antrags von einem Gericht oder einem Notar beurkundet wird.

§ **129.** Ist durch Gesetz für eine Erklärung öffentliche Beglaubigung vorgeschrieben, so muß die Erklärung schriftlich abgefaßt und die Unterschrift des Erklärenden von der zuständigen Behörde oder einem zuständigen Beamten oder Notar beglaubigt werden. Wird die Erklärung von dem Aussteller mittelst Handzeichens unterzeichnet, so ist die im § 126 Abs. 1 vorgeschriebene Beglaubigung des Handzeichens erforderlich und genügend.

Die öffentliche Beglaubigung wird durch die gerichtliche oder notarielle Beurkundung der Erklärung ersetzt.

---

**Form der Rechtsgeschäfte.** EG. Art. 11. E. I §§ 72, 74, 91—94; II §§ 104—106; III §§ 121—125. ALR. I 3 §§ 40—44; 4 §§ 94, 95; 5 §§ 109, 110, 111—115, 116—126, 131, 133 ff., 155 ff. SBGB. §§ 9, 100, 782, 821, 822, 823, 824, 825—827. C. c. art. 1108, 1341 ff. W. I §§ 69, 72; II § 312. D. P. I §§ 92, 97, 98; II §§ 7, 8. D. Pr. Pr. I §§ 94, 95; II §§ 11, 12, 15. Eccius I §§ 34, 40, 76, 79. Cr. I § 23. Grützmann II § 143. Cosack I §§ 59, 60. Endemann I §§ 64, 65.

**I.** Aus § 125 Satz 1 geht hervor, daß zur Gültigkeit der rechtsgeschäftlichen Willenserklärung jede Form genügt, wenn nicht durch Reichsgesetz oder Vertrag eine besondere Form vorgeschrieben ist. Das ist der Grundsatz des gem. Rechts, des SBGB., des französ. R. und der Satz, den § 40 I 3; §§ 94, 95 I 4 ALR. aussprechen und den der Art. 317 des alten HGB. dahin ausdrückt, „daß bei Handelsgeschäften die Gültigkeit der Verträge durch schriftliche Abfassung oder andere Förmlichkeiten nicht bedingt werde, soweit das HGB. selbst nicht Ausnahmen mache“ (Art. 174, 208, 310, 311). Im neuen HGB. v. 10. Mai 1897 ist Art. 317, nachdem sein Grundsatz reichsgesetzlich für alle Rechtsgeschäfte ausgesprochen, fortgeblieben, so daß nunmehr auch für Handelsgeschäfte alle Formvorschriften des BGB. gelten, soweit nicht das HGB. selbst Ausnahmen macht (§§ 350, 351, Bürgschaft, Schuldversprechen, Schuldanerkenntniß formlos gegen §§ 766, 780, 781 BGB., wenn sie auf Seiten des Bürgen bzw. des Schuldners Handelsgeschäfte eines Vollkaufmanns sind, — § 79, Lehrvertrag schriftlich für Interesseanspruch gegen den Lehrling wegen Austritts, — §§ 189, 323, Aktienzeichnung) oder andere reichsgesetzliche Vorschriften bestehen, z. B. RGes. v. 20. April 1892 betr. die Gesellsch. m. beschr. Haft. § 15. Es fehlt jetzt auch an jedem Anlaß, den reichsgesetzlichen Grundsatz des § 125 Satz 2, daß der Mangel der durch Rechtsgeschäft bestimmten Form im Zweifel Nichtigkeit zur Folge hat, auf Handelsgeschäfte nicht anzuwenden. Vgl. OHG. 7 S. 92, 16 S. 190 zu § 117 I 5 ALR. anders.

**II.** Aus dem allgemeinen Grundsatz der Formfreiheit folgt, daß für jede rechtsgeschäftliche Willenserklärung grundsätzlich bezüglich der Form nichts weiter gefordert wird, als daß sie eine Erklärung des Willens darstellt, bestimmt und geeignet, den Willen erkennbar in die Außenwelt treten zu lassen. In einzelnen Fällen bestätigt das BGB. den allgemeinen Grundsatz durch besondere Vorschrift, vgl. z. B. in §§ 143, 144, 167, 182, 497, 505, während in § 164 Abs. 2 der Grundsatz, daß der Wille in die Außenwelt treten muß, durch die Vorschrift bestätigt wird, daß der Wille, nicht im eigenen Namen zu handeln, nicht beachtet wird, wenn bei eigenem Handeln der Wille, in fremdem Namen zu handeln, nicht erkennbar ist. Darin liegt, daß sie gewiß und deutlich sein muß, was ALR. I 4 § 4 sagt, sich von selbst versteht, im BGB. deshalb nicht besonders ausgesprochen ist. Wer seinen Willen so undeutlich (durch Wort, Schrift, Handlung) ausdrückt, daß auch bei verständiger Würdigung nicht erkennbar, was gewollt ist, kann sich darauf nicht berufen, daß er seinen Willen erklärt hat; was unverständlich, ist nicht erklärt; eine unverständliche Kündigung z. B. ist keine Kündigung. Das BGB. sagt auch nichts über ausdrückliche und stillschweigende Willenserklärung, die Entw. I in § 72 zwar gleichstellt, aber doch in einen Gegensatz bringt, indem in §§ 74, 65, 123, 515, 1255, 1472 verschiedene Wirkungen daran geknüpft werden. Das BGB. berechtigt in § 244 den Schuldner einer Geldschuld ausländischer Währung zur Zahlung im Inlande in Reichswährung, wenn Zahlung in ausländischer Währung nicht ausdrücklich bedungen, sagt damit aber nichts weiter, als daß die Zahlung in ausländischer Währung (effektiv) besonders ausgemacht sein muß. Auch in § 700 Abs. 2, wonach ein depos. irregulare in Werthpapieren nur bei ausdrücklicher Vereinbarung des Eigenthumsüberganges und der Rückgewähr in genere angenommen werden soll, bedeutet die ausdrückliche Vereinbarung nichts als eine specielle Willenseinigung, nicht etwa, daß diese ihren Ausdruck in Worten gefunden haben muß.

Eine klare Grenzlinie zwischen ausdrücklicher und stillschweigender Willenserkl. ist nur in dem Gegensatz zwischen W. durch Worte (Zeichen) und W. durch Schweigen (ohne Worte, Zeichen) zu finden. In diesem Sinne ist der Gegensatz aber unberechtigt, wenn damit nicht bloß eine Verschiedenheit der Form der W., sondern eine Verschiedenheit der Bedeutung der W. für das Rechtsleben ausgedrückt werden soll. In zahlreichen Fällen erscheint das Schweigen allein oder in Verbindung mit Handeln ganz so geeignet, den Willen zum Ausdruck zu bringen, wie das Wort. Wenn A. dem B. eine Arbeit überträgt mit der Bedingung, daß er an bestimmtem Tage beginne, so ist das Beginnen der Arbeit an dem bestimmten Tage eine W. so ausdrücklich wie möglich: nicht anders verhält es sich mit dem stillschweigenden Unterschreiben und dem Zurückgeben einer Urkunde, dem stillschweigenden Besteigen eines für eine bestimmte Route bestimmten Gefährtes (Omnibus, Stellwagen), dem Aufstellen eines Automaten (als Offerte), u. a.

ALR. I 4 § 59 verleiht stillschweigender und ausdr. Willenserkl. dieselbe Kraft, versteht unter stillschw. W. Handlungen, aus denen der Wille (Absicht) zuverlässig geschlossen werden kann, und versagt der stillschw. W. die Wirkung (der Erklärung) nur da, wo das Gesetz eine ausdrückliche W. fordert. Dabei entstand aber sofort wieder die Frage, was die ausdr. W. im einzelnen Falle erfordere. Vgl. zu § 581 I 11 (Gelder, die ausdrücklich zu Spiel oder Wette oder zur Bezahlung von Spielverlust verlangt und verliehen, sind nicht klagbar), ObTr. 71 S. 218, StrA. 65 S. 305. OHG. 16 S. 299. RG. 5 S. 238. RE. 1 Nr. 60. Schließlich kam die Praxis dahin, unter der „ausdrücklichen" die „deutlich ausgedrückte" Erklärung zu verstehen, die den Willen nach der üblichen und im gewöhnlichen Leben verständlichen Ausdrucksweise direkt und mit der nothwendigen Sicherheit entnehmen läßt, ohne daß es einer Schlußfolgerung bedarf. Damit ist alles auf die Beurtheilung des einzelnen Falles abgestellt.

Das BGB. hat deshalb den Unterschied zwischen ausdr und stillschw. Willenserkl. mit Recht aufgegeben; es genügt, daß der Wille in irgend einer Weise erkennbar in die Außenwelt getreten ist, § 164 Abs. 1, wenn nicht das Gesetz Schrift oder andere Form vorschreibt, die natürlich durch ein anderes Mittel der Erkennbarkeit nicht zu ersetzen ist. Vgl. § 239 Abs. 2. Auch nach BGB. ist Nicken mit dem Kopf auf Frage, Unterschreiben einer Bürgschafts- oder sonstigen Verpflichtungsurkunde, Rückforderung einer Vollmacht, Willenserklärung, wenn nicht Zusätze zu der Unterschrift, wie z. B „als Zeuge" oder „gelesen", die Annahme der Zustimmung zu dem Inhalt, oder besondere Umstände die Annahme ausschließen, daß die Rückforderung der Vollmacht als Kündigung gemeint gewesen sei. Ebenso kann W. enthalten sein im Schweigen in Verbindung mit Handeln oder Unterlassen, namentlich im Dulden, z. B. von Besitzhandlungen, Zahlung oder Annahme von Miethe oder Zins, in dem Aushändigen eines Blankets, Verbrauch offerirter und zugesandter Waare, u. a. Auch nach BGB. darf der Gläubiger, der das Kapital oder die Wohnung gekündigt hat, auf die Bitte des Schuldners, die Kündigung zurückzunehmen, nicht schweigen, aber gleichzeitig Miethe oder Zins für die Zeit nach dem durch die Kündigung bestimmten Ablauf des Rechtsverhältnisses annehmen und behalten.

Dagegen ist auch nach BGB. anzunehmen, daß das einfache Schweigen keine

W. ist, wenn nicht gesetzliche oder vertragsmäßige oder verkehrsmäßige Pflicht zum Reden besteht; einseitig kann niemand einen anderen zum Reden verpflichten. So ist nach BGB. niemand verpflichtet, sich auf eine Offerte zu erklären, Schweigen gilt nicht als Annahme, § 146 (altes HGB. Art. 318, 319, 323; neues HGB. § 362 Ausnahme), vgl. §§ 151, 663, 675, namentlich nicht auf Uebersendung von Waaren mit Kaufangebot. Auch nach BGB. hat sich der Kontrahent auf einseitige Aenderungen des Vertrages nach dessen Abschluß weder einzulassen noch zu erklären, noch auf Erklärungen eines unlegitimirten Gläubigers zu antworten. Vgl. die Beispiele in RG. 1 Nr. 60 S. 260 (2 Aufl.). Daß Stillschweigen als Interpretationsmittel des Willens, namentlich in handelsrechtlichen Verhältnissen, konkret dienen kann, bleibt daneben geltend. Vgl. a. a. O. In einer Reihe von Fällen knüpft das BGB. wie das ALR. und andere Rechte an das Schweigen die Vermuthung eines bestimmten Willens oder ein Präjudiz, ebenso an ein bestimmtes Handeln. Vgl. §§ 108 Abs. 2, 177 Abs. 2, 416 Abs. 1 Satz 2, 1448 Abs. 2, 1943, und § 496 Satz 2, § 516 Abs. 2 Satz 2, § 568 (§ 625 relocatio), — ebenso in §§ 464, 640 (Annahme mangelhafter Sache ohne Vorbehalt). Vgl. auch CPO. § 763, KonkO. § 132. Auch in den §§ 612, 632, 653, 689 wird eine Vermuthung aufgestellt, wenn eine Vergütung bei Dienst-, Werk-, Mäkler- und Verwahrungsvertrag als stillschweigend vereinbart gelten soll, falls die Dienstleistung und die Verwahrung nach den Umständen nur gegen Vergütung zu erwarten ist.

**III.** Als Ausnahmeformen bestimmt das BGB., abgesehen von der Eheschließungsform, §§ 1316 ff., wie das ALR. und der C. c. die einfache Schriftform, die notarielle oder gerichtliche Beurkundung, die öffentliche Beglaubigung. Auch die Bestätigung in § 1741 (Adoption) und die staatliche Genehmigung der Stiftung in § 80 ist Formvorschrift. Das ALR. fordert die Schriftform bekanntlich allgemein für Verträge — mit Ausnahme der Realverträge (depos., mutuum, commod., pignus). der Gesindemiethe und des receptum —, deren Gegenstand mehr als 150 Mk. beträgt, und außerdem in so vielen Fällen, daß der Grundsatz in I 3 § 40; 4 § 94 zur Ausnahme wurde. I 5 §§ 131, 133, 135, 136, 138, 139; 11 § 394; 14 § 203. Die gerichtliche oder notar. Form ist namentlich für schriftliche Verträge der Analfabeten oder am Schreiben verhinderten Personen, die gerichtliche Form für Schenkungen, Testamente, Adoption, die schriftlichen Verträge der Blinden und Taubstummen vorgeschrieben. I 5 §§ 171, 172 ff., 179; 11 § 1063; 12 § 66, Eccius 1 § 79 Anhang. Der C. c. verlangte bei Rechtsgeschäften im Werthe von 150 Frcs. eine Urkunde für die Beweisbarkeit und zwang dadurch indirekt zur Schriftform, art. 1341, was durch § 14 Nr. 2 EG. z. CPO. beseitigt, in anderen Fällen ist die urkundliche Abfassung in Form der Privat- oder öffentl. Urkunde Voraussetzung der Gültigkeit des Geschäfts. Das BGB. kennt die besondere gesetzliche Form nur als Gültigkeitsform, § 125 Satz 1.

Es verlangt **1.** die einfache Schriftform in § 81 (Stiftung), in § 416 Abs. 2 Satz 2 bei der Uebernahme in part. pretii für die Mittheilung von der Uebernahme an den Gläubiger, in § 566 (§ 581) für Mieth- und Pachtverträge über ein Grundstück auf längere Dauer als ein Jahr, in § 761 für den Leibrentenvertrag, in § 766 für die Bürgschaftserklärung (vgl. oben S. 152 §§ 350, 351 des neuen HGB. abweichend für kaufmänn. Bürgschaft), in §§ 780, 781 für das abstrakte Schuldversprechen und Schuldanerkenntniß (vgl. oben S. 152 §§ 350, 351 des neuen HGB.), in §§ 783, 784, 792 für die Anweisung, deren Annahme und Uebertragung, in § 1154 für die Abtretung der Briefhypothek, zu der die Uebergabe des Hypothekenbriefs hinzukommen muß.

Für Testamente ist die einfache Schriftform in § 2231 Nr. 2 unter Beschränkung auf Volljährige und solche, die Geschriebenes lesen können, § 2247, zugelassen. Für Schuldverschreibungen auf den Inhaber, § 793, ergiebt sich die Nothwendigkeit der Schriftform aus dem Begriff des Inhaberpapiers, das ohne Schrift nicht existirt. Aus § 59 folgt die Nothwendigkeit der Schriftform für Vereinssatzungen. Nach § 368 kann der Schuldner schriftliche Quittung verlangen.

**2.** Gerichtliche oder notarielle Beurkundung fordert das BGB. in § 311 für den Vermögensübertragungsvertrag und den Vertrag, durch den die Verpflichtung übernommen wird, ein Vermögen mit einem Nießbrauch zu belasten, in § 312 für den Vertrag, in dem die künftigen Erben eines noch Lebenden über ihren gesetzlichen Erbtheil oder einen Pflichttheil paktiren, in § 313 für Veräußerungsverträge über Grundstücke, vgl. EG. Art. 142, in § 518 für Schenkungsversprechen und schenkweises Schuldversprechen und Schuldanerkenntniß, in §§ 873, 877, 1154 Abs. 3, § 1116, vgl. EG. Art. 142, für Verträge über die Uebertrag. des Eigenthums, über Belastung eines Grundstücks mit einem Recht, über Uebertragung oder Belastung eines solchen Rechts an einem Grundstück, über Aenderung des Inhalts eines solchen Rechts, über Abtretung einer Hypothek ohne Hypothekenbrief, über Ausschließung der Ertheilung eines Hypothekenbriefes und deren Aufhebung, in § 1491 Abs. 2, §§ 1501, 1516, 1517, für gewisse Verträge bei der fortges. Gütergemeinschaft, in § 1730 für den Antrag auf und die Einwilligung zur Ehelichkeitserklärung eines unehel. Kindes, in § 1748 für die Einwilligung zur Adoption, in § 2033 für Verträge, durch die ein Miterbe über seinen Erbantheil verfügt, in §§ 2231, 2238, 2291, 2276, 2296, 2348, 2352 für Testamentserrichtung, Erbvertrag, Erbverzichtvertrag und ähnliche Verträge, in § 2371 für den Erbschaftskauf.

Nach Art. 141 EG. können die Landesgesetze in allen diesen Fällen die Wahl zwischen gerichtl. oder notar. Beurkundung ausschließen und die ausschließliche Zuständigkeit der Gerichte oder der Notare bestimmen, und in den Fällen der §§ 313 und 873 Abs. 2 verbleibt es nach Art. 142 EG. bei den Landesgesetzen, nach denen für die Beurkundung außer Gerichten und Notaren auch andere Behörden oder Beamte zuständig sind.

3. Für die Auflassung, § 925, vgl. EG. Art. 143, die Bestellung des Erbbaurechts, §§ 1012, 1015, vgl. EG. Art. 143, den Ehevertrag, § 1434, den Adoptionsvertrag, § 1750, den Erbvertrag und dessen Aufhebung, §§ 2276, 2290 Abs. 4 ist die ger., not. Beurkundung insofern noch erhöht, als, abweichend von § 128, die Parteien die Erklärung bei gleichzeitiger Anwesenheit vor dem Gericht, dem Notar, dem Grundbuchamt, abgeben müssen. GrBO. v. 24. März 1897 §§ 1, 20, 31, 100.

4. Oeffentliche Beglaubigung, § 129, fordert das BGB. in den §§ 77, 411, 1342, 1491, 1560, 1577, 1597, 1662, 1706, 1945. In einer Reihe von Fällen kann die öffentl. Begl. durch einen Betheiligten gefordert werden, §§ 371, 403, 1035, 1372, 1528, 2215.

5. Dazu tritt, daß nach GrBO. §§ 29, 30, 32 alle Eintragungsbewilligungen oder für eine Eintragung erforderlichen Erklärungen die Form der öffentlichen oder öffentlich beglaub. Urkunde fordern, wenn sie nicht zum Protokoll des Grundbuchamts abgegeben worden sind. In den §§ 1718, 1720 BGB. werden endlich an das Anerkenntniß in öffentl. Urkunde besondre Wirkungen geknüpft, ebenso in § 1155 an die öffentl. Begl. der Abtretungserklärung auf Hypothekenbrief.

IV. Erfüllung der Form. 1. Wo das Gesetz die Schriftform verlangt, wird sie nach § 126 durch die eigenhändige Unterschrift der Urkunde Seitens des Erklärenden erfüllt. Es versteht sich nach § 130 von selbst, daß damit nur die Form der Erklärung erfüllt, nicht die Erklärung abgegeben, wenn sie einem anderen gegenüber abzugeben ist; zur Abgabe muß immer noch hinzutreten, daß die Urkunde dem anderen zugeht, vgl. oben S. 122, 123. Damit hängt zusammen, daß nach Abs. 2 § 126 bei Verträgen die Unterzeichnung durch beide Parteien erfolgen muß, entweder auf derselben Urkunde, oder bei mehreren gleichlautenden Urkunden so, daß jede Partei die für die andere bestimmte Urkunde unterzeichnet. Dadurch ist für die gesetzliche Schriftform, abweichend vom ALR., ObTr. 45 S. 57 (StrA. 42 S. 50), telegraphische Uebermittelung und Correspondenz ausgeschlossen. Vgl. § 127. Durch den Austausch der Urkunden erfolgt die Erklärung des Vertragswillen des einen dem anderen gegenüber, immer vorausgesetzt, daß das Gesetz die schriftliche Form für die Erklärung beider Theile fordert. Vgl. z. B. §§ 761, 766, 780, 781. Vgl. zu § 152. Der Satz § 126 Abs. 2 Satz 2 ist schon für ALR. angenommen. ObTr. 6 S. 30, StrA. 3 S. 193. RG. 31 S. 375, 378. Vgl. zu §§ 145ff. RE. 1 Nr. 82 (83, 84). Das Gesetz erfordert a. die eigenhändige Unterschrift, nicht, daß auch der Kontext der Urkunde von dem Aussteller geschrieben, auch nicht Datirung. Vgl.

CPO. § 381. Eine Ausnahme macht § 2231 Nr. 2 für das holographische Testament, das eigenhändig geschrieben und unterschrieben und datirt sein muß. Für das BGB. ist danach auch die bisher streitige Frage zu entscheiden, ob Unterschrift in blanco Unterschrift ist. Vgl. ObTr. 68 S. 128, RE. 1 Nr. 82 Erk. b, wo die Klage gegen den Bürgen abgewiesen, weil er seine Unterschrift in blanco gegeben und die Bürgschaftserklärung mit seinem Willen erst nachher von dem Schuldner darüber geschrieben war. Vgl. auch ObTr. 50 S. 29 das. Aus § 125 und aus §§ 381, 405 Abs. 2 CPO. folgt, daß wer seine Unterschrift anerkennt, der Urkunde gegenüber beweisen muß, daß ihn seine Unterschrift nicht verpflichtet, weil sie seine Erklärung nicht darstellt, sei es, daß er die Unterschrift nicht zum Zweck der Unterschrift gegeben, sei es, daß der Text ohne oder gegen seinen Willen oder mit unrichtigem Inhalt darüber gesetzt. Auch nach BGB. ist der Satz gerechtfertigt, daß wer ein Blanket mit Unterschrift zur Ausfüllung mit dem Inhalt der Erklärung giebt, an den seiner Erklärung entsprechenden Text der Urkunde als seine Erklärung gebunden ist, obwohl die Unterschrift vor dem Text gegeben, und beweisen muß, daß der Text nicht seine Erklärung ist. In ObTr. 16 S. 142, StrA. 37 S. 288 und in RG. 14 S. 297, 15 S. 55, 17 S. 117, 27 S. 269 ist denn auch bereits ausgesprochen, daß die Gültigkeit einer Privaturkunde dadurch nicht beeinträchtigt wird, daß die Erklärung erst nachher darüber gesetzt wird. Ebenso für Vollmacht RG. 32 S. 221. Ueber Wechselblanket vgl. Rehbein WO. Art. 7 Anm. 3, Art. 82 Anm. 3.

**b.** Als die vom Gesetz geforderte Unterschrift kann nach BGB. nur Schrift, nicht Stempel, nicht facsimilirte Unterschrift gelten, StrA. 45 S. 335, RG. 20 S. 125. Nur für Schuldverschreibungen auf den Inhaber läßt § 793 Abs. 2 Satz 2 zur Unterzeichnung eine im Wege mechanischer Vervielfältigung hergestellte Namensunterschrift genügen. Vgl. RG. 14 S. 94. Die Namensunterschrift muß ferner Unterschrift sein, d. h. unter der Urkunde stehen, den Inhalt derselben der äußeren Erscheinung nach decken. Schon bisher ist angenommen, daß z. B. Nachträge zu einem unterschriebenen Vertrage keine rechtliche Wirkung haben, wenn sie nicht unterschrieben, ObTr. 74 S. 168 (Nachtrag zu einem Miethsvertrag), RG. 36 S. 241. Daraus folgt aber nicht, daß nachträgliche Aenderung des Textes ohne Wiederholung der Unterschrift wirkungslos, wie in ObTr. 69 S. 198 angenommen, wo nachträgliche Aenderungen eines Pachtvertrages mit rother Tinte eingetragen waren. In RG. 27 S. 269 ist dies bereits für zulässig erklärt. Das Gesetz fordert endlich eigenhändige Namensunterschrift, d. h. dessen, von dem die schriftliche Willenserklärung ausgeht, sei es, daß er sie im eigenen Namen oder in Vertretung eines anderen abgiebt. Ob in letzterem Falle die Willenserklärung für den Vertretenen verbindlich ist, liegt außerhalb der Frage, ob die Form erfüllt ist, und hängt davon ab, ob der Vertreter zu der Willenserklärung bevollmächtigt war oder nachträglich Genehmigung ertheilt ist, §§ 164 ff., 177.

Die Form ist nach der wortdeutlichen Vorschrift des § 126 Abs. 1 nur erfüllt, wenn derjenige, der die Erklärung abgiebt, eigenhändig unterschreibt, d. h. seinen Namen unterschreibt; die Unterschrift fremden Namens ist nicht Namensunterschrift. Die Konsequenz ist unausweislich, daß, wo das Gesetz die Namensunterschrift fordert, die Form bei Unterzeichnung durch einen Vertreter nur erfüllt ist, wenn der Vertreter mit seinem Namen unterzeichnet, nicht aber, wenn er allein mit dem Namen des Vertretenen unterzeichnet. Der Art. 44 des alten und § 51 des neuen HGB. fordert für Zeichnung durch Prokuristen die Firma, den Namen des Prokuristen und einen die Prokura andeutenden Zusatz Aehnlich Art. 48 des alten und § 57 des neuen HGB. für Zeichnung durch den Handlungsbevollmächtigten. Für die Vorschriften des alten HGB. ist bisher angenommen, daß sie nur Ordnungsvorschriften, und daß deshalb Accept des Prokuristen unter der bloßen Firma und des Bevollmächtigten mit dem bloßen Namen des Machtgebers verbindlich. StrA. 51 S. 352. OHG. 5 S. 263, 271; 9 S. 215; 18 S. 99. RG. 30 S. 405. Das ist auch für das neue HGB. anzunehmen, da aus den Vorschriften des HGB. zu schließen, daß Prokurist und Handlungsbevollmächtigter in allen Fällen befugt, die Firma zu zeichnen.

Für den Vertreter ist die Befugniß, den Namen des Vertretenen zu zeichnen, aus dem BGB. nicht zu entnehmen. Das ObTr. hat für LR. den Grundsatz festgehalten, daß verbindliche Unterschrift nur die des Ausstellers der Urkunde oder die seines gehörig durch schriftliche Vollmacht legitimirten Vertreters. PlPräj. 2585, ObTr. 29 S. 293 (StrA. 15 S. 258), 12 S. 477 (Schulderlaß des A. für B., unterschrieben durch den Enkel des A. im Auftrage des A., unverbindlich). ObTr. 18 S. 207 (Miethsvertrag durch die Ehefrau des Vermiethers mit dessen Genehmigung unterschrieben, unverbindlich). Ebenso ObTr. 17 S. 457 (Präj. 2077), 60 S. 314. StrA. 71 S. 358. Vgl. RE. 1 Nr. 82 (83, 84) 2. Aufl. S. 357. Dagegen OHG. 5 S. 263 und RG. 4 S. 307, letzteres mit ausführlicher Begründung für einen Fall, wo mündlicher Auftrag zur Zeichnung von Aktien gegeben, unter dem Namen des Auftraggebers gezeichnet war und der Klage auf Zahlung des Restes der Zeichnung die mangelnde Zeichnung entgegengesetzt wurde. Das RG. hat mit dem 2. Richter verurtheilt. Für das BGB. muß angenommen werden, daß eigenhändige Unterschrift des Ausstellers fehlt, wenn ein anderer sie mit oder ohne sein Wissen und Wollen leistet, und daß außerhalb der Fälle der §§ 51, 57 HGB. der Vertreter seinen Namen zu zeichnen hat, Auftrag oder Vollmacht zur Zeichnung die eigenhändige Zeichnung nicht ersetzt. Bei der beschränkten Zahl der Fälle, in denen das BGB. die Schriftform fordert, fällt die Gefährdung des Verkehrs nicht in das Gewicht. Arglist, mala fides, Verstoß gegen Treu und Glauben darf in der Berufung auf die Vorschrift des § 126 Abs. 1 nicht gefunden werden. Festzuhalten ist nur, daß alles dies nur für die gesetzlich vorgeschriebene Schriftform gilt, absolut nicht einmal für die durch Rechtsgeschäft verlangte Schriftform, § 127. Wo die Schriftform frei gewählt, die Schrift nur dem Beweise dient, nicht die Bedeutung der Konstituirung des Rechtsverhältnisses, des Rechtsgeschäfts, hat, muß der Beweis stets zugelassen werden, daß die Unterschrift dem Wissen und Wollen dessen entspricht, dessen Namen sie ausweist.

c. Der Namensunterschrift steht nach § 126 Abs. 1 die Unterzeichnung durch Handzeichen gleich, wenn dasselbe gerichtlich oder notariell beglaubigt ist. Art. 94 WO. Wie diese Beglaubigung zu geschehen hat, sagen §§ 167, 183 Abs. 3 des Ges. über die Angelegenheiten der freiwilligen Gerichtsbarkeit v. 17. Mai 1898. Zuständig sind für die gerichtliche Beglaubigung des Handzeichens die Amtsgerichte. Vgl. § 191 Abs. 2. Dazu tritt nach § 184 dess. Ges. die Zuständigkeit der Geschwaderauditeure für die Besatzung der Fahrzeuge der Kaiserl. Marine außerhalb inländischer Häfen, nach § 185 Abs. 2 dess. Ges. und EG. z. BGB. Art. 32 der § 39 Abs. 3 des RMilitGes. und Preuß. Ges. v. 8. Juni 1860 (GS. S. 240, GS. 1867 S. 519) für die Zuständigkeit der Auditeure der Truppentheile im Auslande und außerhalb der Standquartiere nach der Mobilmachung, und die Zuständigkeit der Reichskonsuln nach dem RGes. über die Konsulargerichtsbarkeit v. 10. Juli 1879 (RGBl. S. 197). Nach Art. 32 EG. z. BGB. bleiben reichsgesetzliche Vorschriften, welche Beglaubigung anderer Art zulassen, z. B. § 6 RGes. v. 7. April 1876 (RGBl. S. 125) unberührt, sonst aber kann die gerichtliche oder notarielle Begl. des Handzeichens durch öffentliche Begl. anderer Art nicht ersetzt werden. Vgl. § 191 Abs. 1 Ges. über die freiw. Gerichtsbarkeit v. 17. Mai 1898.

d. Mehr als Unterschrift oder beglaubigtes Handzeichen fordert das BGB. abweichend von den §§ 172 ff. I 5 ALR. für die schriftliche Form in keinem Falle, weder bei Blinden und Taubstummen, noch bei Analfabeten, noch bei Personen, die durch Zufall am Schreiben verhindert sind, noch bei solchen, die der Sprache unkundig, in der die Urkunde abgefaßt ist. Nur wer auch ein Handzeichen nicht machen kann, hat die gerichtliche oder notarielle Beurkundung zu wählen, durch welche nach Abs. 3 § 126 die Schriftform ersetzt wird. Von selbst versteht sich, daß, wer unterschreiben konnte, daraus, daß er nur sein begl. Handzeichen gemacht, keine Einrede herleiten kann, und daß die Anfechtung des Inhalts der schriftlichen Erklärung wegen Irrthums u. s. w. dem, der eine Urkunde in fremder Sprache unterzeichnet hat, dem Blinden, demjenigen, der nicht lesen kann, bei der Schriftform ebenso offen steht, wie bei der gerichtlichen oder notariellen Beurkundung.

2. Für die durch Rechtsgeschäft (Vertrag, letztwillige Verfügung, Statut) bestimmte Form, § 125 Satz 2, gelten nach § 127 die Vorschriften des § 126 im Zweifel, d. h. wenn nicht das Gegentheil erhellt, mit der wesentlichen Ausnahme, daß telegraphische Uebermittelung für alle Erklärungen und für

Verträge auch Briefwechsel zur Erfüllung der Form genügt, wenn nicht der gegentheilige Wille anzunehmen ist. Aus §§ 125, 127 ergiebt sich, daß die Parteien für ihre Willenserklärungen durch (formlose) Abrede frei jede statthafte Form bestimmen können, einfache Schrift, gerichtliche, notarielle Beurkundung, Beglaubigung irgend welcher Art für die Unterschrift, Siegel, Zuziehung von Zeugen u. a., nur nicht eine Form, die unausführbar, z. B. Abschluß vor einem Kollegialgericht, vor dem König und dergl. Das kann geschehen und geschieht erfahrungsgemäß sowohl für den Abschluß von Verträgen wie in abgeschlossenen Verträgen für deren Aufhebung, Kündigung, Rücktritt u. a. Bei Abrede einfacher Schriftform, oder wo solche in letztwilligen Verfügungen, Statuten, vorgeschrieben, will § 127 Satz 2 die Formvorschrift des § 126 erleichtern, wenn der Wille der Parteien nicht entgegensteht. Deshalb soll telegraphische Uebermittelung für alle Fälle und für Verträge auch Briefwechsel genügen. Daneben darf nicht mit Cosack aus § 126 eigenhändige Unterschrift der Telegrammaufgabe oder auch nur der gewechselten Briefe gefordert werden, wenn auch für die Briefe Unterschrift gefordert werden muß. Die Vorschrift, daß stets nachträglich eine dem § 126 entsprechende Beurkundung (mit eigenhändiger Unterschrift) verlangt werden kann, § 127 Schlußsatz, genügt allen berechtigten Ansprüchen. Eine weite praktische Bedeutung wird der § 127 schwerlich gewinnen, weil die Auslegung des Parteiwillens nur selten auf die Zulassung von Briefwechsel führen wird. Hinzuweisen ist übrigens darauf, daß nach Satz 1 § 127 auch § 126 Abs. 1 nur im Zweifel für die rechtsgeschäftlich bestimmte Schriftform gilt, der Auslegung also auch hier Raum bleibt, z. B. ob ein Kündigungsschreiben die Form erfüllt, das der Kündigende mit seinem Namen durch einen anderen hat unterschreiben lassen.

**3. a.** Wie die gesetzliche Form der gerichtlichen oder notariellen Beurkundung zu erfüllen, bestimmen die §§ 167—182 des Ges. über die Angelegenheiten der freiw. Gerichtsbarkeit v. 17. Mai 1898, neben denen § 198 das. (Zuziehung einer Urkundsperson an Stelle des Gerichtsschreibers oder der zwei Zeugen bei Tauben, Blinden, Stummen oder sonst am Sprechen verhinderten Personen) und Art. 141 EG. z. BGB. in Betracht kommt, wonach die Landesgesetze bestimmen können, daß wo die gerichtliche oder notarielle Beurkundung vorgeschrieben, nur die Gerichte oder nur die Notare zuständig sein sollen, die Wahl also fortfallen soll. Für die Errichtung von Testamenten und Erbverträgen vor Richter oder Notar gelten nach § 168 des Ges. über die freiw. Gerichtsbarkeit die besonderen Vorschriften der §§ 2233—2246 BGB., §§ 2275 ff. das., ReichsmilitGes. § 44, EG. Art. 44. Für die Zuständigkeit zur gerichtl. Beurkundung sind die oben unter 1b erwähnten Gesetze zu beachten.

**b.** Für die ger. oder not. Beurkundung von Verträgen genügt nach § 128, daß zunächst der Antrag und sodann dessen Annahme beurkundet wird; gleichzeitige Beurkundung beider Erklärungen, gleichlautende Erklärung ist, anders als nach § 126 Abs. 2, nicht erforderlich, nur muß Antrag und Annahme harmoniren. Im Zusammenhang damit steht § 152. Vgl. dort.

**4.** Die öffentliche Beglaubigung setzt nach § 129 voraus, daß die schriftliche Erklärung unterschrieben oder mittels Handzeichen unterzeichnet, die Unterschrift von einer zuständigen Behörde, einem zuständigen Beamten oder einem Notar, das Handzeichen gerichtlich oder notariell beglaubigt ist. Ersetzt wird die Beglaubigung durch die gerichtl. oder not. Beurkundung der Erklärung. Was die gerichtliche oder notarielle Beglaubigung der Unterschrift erfordert, sagt § 183 des Ges. über die freiw. Gerichtsbarkeit (Vollziehung oder Anerkennung der Unterschrift vor Richter oder Notar, Beglaubigungsvermerk). Auch hier gelten für die Zuständigkeit die früher erwähnten Gesetze, und nach § 191 Abs. 1 des Ges. über die freiw. Gerichtsbarkeit bleiben die Landesgesetze unberührt, Art. 3 EG. z. BGB., nach denen für die öffentl. Begl. einer Unterschrift außer den Amtsgerichten und Notaren auch andere Behörden oder Beamten zuständig sind.

**5.** Von selbst versteht sich, daß die Formvorschriften der Landesgesetze über Materien, die dem BGB. nicht angehören, sondern den Landesgesetzen verblieben sind, unberührt bleiben, so z. B. die Vorschrift in § 56 Nr. 8 der Preuß. Städte-O.

v. 30. Mai 1853. RG. 31 S. 322. EG. z. BGB. Art. 3. Ges. über die freiw. Gerichtsbarkeit § 185 Abs. 2.

V. Bedeutung der Form. 1. Wo das Gesetz eine bestimmte Form für ein Rechtsgeschäft vorschreibt, ist nach § 125 Satz 1 das Geschäft nichtig, wenn die Form nicht erfüllt ist. Die Form ist Gültigkeitsform, wie grundsätzlich nach § 109 I 5 ALR. und §§ 100, 824 SBGB, nicht bloße Beweisform oder Voraussetzung der Klagbarkeit. Die Folge ist, daß das Rechtsgeschäft nicht besteht, durch sich selbst weder Rechte noch Pflichten begründet, weder durch formlose Genehmigung, noch durch Erfüllung wirksam wird. Daß die formlose Genehmigung so wenig wie nach § 185 I 5 ALR. genügt, RG. 31 S. 322, folgt aus § 141 Abs. 1, wonach die Bestätigung nichtigen Geschäfts als erneute Vornahme zu beurtheilen ist, d. h. alle Voraussetzungen der Vornahme des Rechtsgeschäfts fordert, also auch die Erfüllung der gesetzlichen Form. § 182 Abs. 1, 2 setzt ein gültiges Rechtsgeschäft voraus, das der Genehmigung eines Dritten zur Wirksamkeit bedarf. Grundsätzlich heilt auch, abweichend von §§ 146, 155 ff. I 5 ALR., RG. 6 S. 317, 20 S. 245, Erfüllung den Formmangel nicht. Davon macht das BGB. Ausnahmen im § 313 (Auflassung und Eintragung machen den formlosen Veräußerungsvertrag über ein Grundstück gültig, wie nach § 10 Preuß. Eig. Erw. Ges.), § 518 Abs. 2, § 2301 (der Formmangel des Schenkungsversprechens wird durch die Bewirkung der Leistung geheilt), § 766 (der Formmangel der Bürgschaftserklärung wird durch Erfüllung der Bürgschaftsverbindlichkeit geheilt). In § 566 (Miethsvertrag über Grundstück) hat der nur mündlich geschlossene Vertrag beschränkte Wirkung; in § 1154 wird die vorgeschriebene Form durch Eintragung der Abtretung in das Grundbuch ersetzt.

Aus der Bedeutung der Form folgt ferner, daß es auch keinen Anspruch auf Erfüllung der Form aus einem Vorvertrag oder einer Punktation geben kann, die der verlangten Form nicht entsprechen. Abweichend: ALR. I 5 §§ 120—122, 143, 263—265; 10 §§ 15—17; 11 § 1067, wo der schriftlichen Punktation den Vorschriften gegenüber, die eine gerichtl. oder notarielle Beurkundung verlangen, eine weittragende rechtliche Bedeutung beigelegt ist. RE. 1 Nr. 85. Diese fällt mit dem BGB. fort. Vgl. auch § 827 SBGB. Aus der Bedeutung der Form folgt auch, daß, was nicht in der vorgeschriebenen Form festgestellt, keine rechtliche Wirkung hat. Der Beweis, daß das formgerecht Festgestellte in Wahrheit nicht das Gewollte, daß etwas anderes verabredet, als beurkundet, daß das Gewollte lückenhaft beurkundet, die Urkunde nicht den vollständigen Willen darstellt, ist auch nach BGB. statthaft. Den Beweis hat zu führen, wer daraus Rechte herleitet, und wird immer streng zu prüfen sein, ob das, was nicht in der Form stipulirt, neben dem Beurkundeten gewollt ist. Vgl. §§ 127, 130, 147 I 5 ALR. RE. 1 Nr. 86. Vgl. oben S. 128, 129 über Beurkundung simulirten Kaufpreises. Aber was nicht beurkundet, ist nicht rechtswirksam. Ob in Folge der unrichtigen oder lückenhaften Beurkundung das ganze Rechtsgeschäft nichtig, ist konkret nach § 139 zu beurtheilen. Es kann der Fall sein, nicht bloß, wenn wesentliche Bestandtheile des Geschäfts nicht beurkundet, sondern auch, wenn Nebenpunkte nicht beurkundet, die aber nach dem Willen der Parteien als Voraussetzungen des Geschäfts gedacht sind. § 154 Abs. 1. Vgl. PlPräj. 1523, ObTr. 10 S. 259, RE. 1 Nr. 86 Erk. a. Das BGB. stellt keine gesetzliche Vermuthung de jure auf, wie § 265 I 5, daß, was verabredet, aber nicht beurkundet, nicht gewollt, sondern aufgehoben ist.

2. Der § 125 Satz 2 stellt die Vermuthung dafür auf, daß wenn durch Rechtsgeschäft (Vertrag, letzwill. Verfügung, Statut) eine Form bestimmt ist, die Gültigkeit des Geschäfts von der Erfüllung der Form ebenso abhängig sein soll, das Geschäft beim Mangel der Form ebenso nichtig ist wie bei Bestimmung der Form durch das Gesetz. Ebenso § 117 I 5 ALR., RE. 1 Nr. 82 (83, 84) unter 3; anders SBGB. § 833. Die gemeinrechtliche Kontroverse über l. 17 C. 4, 21, W. 2 § 312[12] ist damit entschieden. Die Vorschrift betrifft, wie oben bereits erwähnt, alle rechtsgeschäftliche Willenserklärungen, nicht bloß Verträge, auch Kündigung, Rücktritt, Beitritt, Genehmigung u. a. Für Verträge stellt § 154 Abs. 2 die Vermuthung auf, daß der Vertrag als nicht geschlossen gelten soll, bis die Beurkundung erfolgt ist, wenn Beurkundung verabredet ist. Beide Vorschriften treffen den Fall, wo beim mündlichen Vertragsschluß die schriftliche oder eine weitere Form, und den Fall,

wo beim schriftlichen Vertragsschluß eine noch strengere Form verabredet ist. Vorausgesetzt ist nur, daß der Vertragsschluß nicht bereits nach dem Willen der Parteien perfekt war. Ist nach dem gewollten fertigen Vertragsschluß nachträglich die Beurkundung oder eine Beurkundung besonderer Art verabredet, so kann dies so gemeint sein, daß die verbindliche Kraft des perfekten Vertrages von der förmlichen Redaktion abhängig sein soll, aber die Vermuthung der §§ 125, 154 besteht für solchen Fall nicht. Vgl. OHG. 7 S. 92, 16 S. 190. In StrA. 82 S. 282 war dem A. von einer Gewerkschaft brieflich die Stelle eines Direktors unter bestimmten Bedingungen offerirt, umgehende Acceptation erwartet, und hinzugefügt, im Falle der Acceptation werde der specielle Kontraktsentwurf übersendet werden. Hier war, nachdem A. acceptirt, der Vertrag perfekt geworden. A. hatte die Stelle angetreten, war aber sofort entlassen. Auch nach BGB. würde die Gewerkschaft sich darauf nicht berufen können, daß der vorbehaltene schriftliche Vertrag nicht geschlossen. Ist ein Vertrag in der gesetzlichen schriftlichen Form geschlossen, z. B. in § 566, und mündlich oder in dem schriftlichen Vertrage verabredet, daß er an einem bestimmten Tage notariell (ger.) abgeschlossen werden soll, so werden besondere Umstände für die Annahme gefordert werden müssen, daß der an sich perfekte, bindende Vertrag erst mit dem notariellen Abschluß bindend sein soll. ObTr. 67 S. 64 (StrA. 83 S. 206).

Greift der Satz 2 § 125 durch, so kann auch hier Erfüllung das nichtige Geschäft nicht gültig machen, wenn nicht anzunehmen ist, daß die Parteien die Abrede ausdrücklich oder stillschweigend aufgehoben haben, was ihnen zweifellos zusteht. In § 566 knüpft das Gesetz an die Nichtbeobachtung der schriftlichen Form nicht die Nichtigkeit, sondern, daß der mündliche Vertrag als für unbestimmte Zeit geschlossen gilt, § 564 Abs. 2, § 565. Ist in diesem Falle die schriftliche Form verabredet, so ist § 125 Satz 2 und § 154 Abs. 2 anzuwenden und für § 566 Satz 2 bleibt kein Raum, wenn die Sachlage nicht zu der Annahme führt, daß die Abrede nachträglich aufgehoben ist. Vgl. ObTr. 46 S. 144. RE. 1 Nr. 82 (83, 84) Erk. c.

**VI. 1.** Nach Art. 11 EG. ist die Form des Rechtsgeschäfts grundsätzlich nach den Gesetzen des Ortes zu beurtheilen, nach denen der Inhalt des Rechtsgeschäfts zu beurtheilen ist. Nach Abs. 2 gilt dieser Grundsatz unbedingt für alle Rechtsgeschäfte, durch die Rechte an Sachen begründet oder verändert werden, und da die Rechtsverhältnisse an Sachen nach einem allgem. Gewohnheitsrecht nach der lex rei sitae beurtheilt werden, so folgt daraus der schon bisher allgemein, namentlich auch für das Preuß. R. angenommene Satz, daß sowohl die Form, wie die Wirkung von Rechtsgeschäften über Sachen, ohne Unterschied von Mobilien und Immobilien, nach der lex rei sitae zu beurtheilen ist. Vgl. Art. 7 Abs. 3 EG. Nach der lex rei sitae ist danach namentlich zu beurtheilen die Frage des Erwerbes und des Verlustes von Besitz, Eigenthum, Pfandrecht, Servitut, des Inhalts dieser Rechte, ihre Verfolgung (vindic., negatoria, confessoria, publiciana), die Frage der Ersitzung, der Rechte des redlichen Erwerbers. Vgl. RE. 2. Aufl. 1 Nr. 15 (16, 21) unt. III, Nr. 17 (18, 19, 22) unt. I. Für alle übrigen Rechtsverhältnisse gilt nach Art. 11 Abs. 1 Satz 1 und 2 der Grundsatz locus regit actum mit der schon bisher adoptirten Modifikation, daß die Erfüllung der Form des Orts, wo das Rechtsgeschäft in Wirksamkeit treten soll, genügt, welchen Satz Art. 11 Abs. 1 nur in umgekehrter Fassung ausdrückt. Vgl. RG. 1 S. 322, 18 S. 39, 46; 21 S. 206; 32 S. 115. Art. 85, 86 WO. SBGB. §§ 9, 10. ALR. I 5 §§ 111 ff., 148. C. c. art. 47, 170, 999. Crome 1 § 12. Ueber die Anwendung des Satzes auf Eheschließung, Testamentserrichtung, Erbvertrag vgl. daselbst. Aus Art. 11 ist auch zu entnehmen, daß, wo über den Ort des perfekten Rechtsgeschäfts Zweifel entstehen können (Vertragsschluß unter Abwesenden, Korrespondenz, Datiren von mehreren Orten), §§ 113, 114 I 5, der Vertrag als gehörig geschlossen gilt, wenn auch nur die Form eines der Orte erfüllt ist. Vgl. RG. 21 S. 206.

**2.** Den Satz tempus regit actum spricht das BGB. allgemein nicht aus, er ist aber aus den Art. 170, 198, 214 EG. zu entnehmen. Vgl. RE. 1 Nr. 11 (12, 13, 14) unter 3.

§ 130. Eine Willenserklärung, die einem Anderen gegenüber abzugeben ist, wird, wenn sie in dessen Abwesenheit abgegeben wird, in dem Zeitpunkte wirksam, in welchem sie ihm zugeht. Sie wird nicht wirksam, wenn dem Anderen vorher oder gleichzeitig ein Widerruf zugeht.

Auf die Wirksamkeit der Willenserklärung ist es ohne Einfluß, wenn der Erklärende nach der Abgabe stirbt oder geschäftsunfähig wird.

Diese Vorschriften finden auch dann Anwendung, wenn die Willenserklärung einer Behörde gegenüber abzugeben ist.

§ 131. Wird die Willenserklärung einem Geschäftsunfähigen gegenüber abgegeben, so wird sie nicht wirksam, bevor sie dem gesetzlichen Vertreter zugeht.

Das Gleiche gilt, wenn die Willenserklärung einer in der Geschäftsfähigkeit beschränkten Person gegenüber abgegeben wird. Bringt die Erklärung jedoch der in der Geschäftsfähigkeit beschränkten Person lediglich einen rechtlichen Vortheil oder hat der gesetzliche Vertreter seine Einwilligung ertheilt, so wird die Erklärung in dem Zeitpunkte wirksam, in welchem sie ihr zugeht.

§ 132. Eine Willenserklärung gilt auch dann als zugegangen, wenn sie durch Vermittelung eines Gerichtsvollziehers zugestellt worden ist. Die Zustellung erfolgt nach den Vorschriften der Civilprozeßordnung.

Befindet sich der Erklärende über die Person desjenigen, welchem gegenüber die Erklärung abzugeben ist, in einer nicht auf Fahrlässigkeit beruhenden Unkenntniß oder ist der Aufenthalt dieser Person unbekannt, so kann die Zustellung nach den für die öffentliche Zustellung einer Ladung geltenden Vorschriften der Civilprozeßordnung erfolgen. Zuständig für die Bewilligung ist im ersteren Falle das Amtsgericht, in dessen Bezirke der Erklärende seinen Wohnsitz oder in Ermangelung eines inländischen Wohnsitzes seinen Aufenthalt hat, im letzteren Falle das Amtsgericht, in dessen Bezirke die Person, welcher zuzustellen ist, den letzten Wohnsitz oder in Ermangelung eines inländischen Wohnsitzes den letzten Aufenthalt hatte.

§ 133. Bei der Auslegung einer Willenserklärung ist der wirkliche Wille zu erforschen und nicht an dem buchstäblichen Sinne des Ausdrucks zu haften.

---

1. Zu den §§ 130—132 vergl. die Erläuterungen oben S. 102, 103, S. 106, 107, 108, 114, besonders S. 122, 123 und zu § 153. E. I §§ 66, 74; II §§ 107, 108, 109; III §§ 126, 127, 128.

2. Der § 133 (Entw. I § 73, II § 90, III § 129) stellt für die Auslegung aller Willenserklärungen die eine Grundregel auf, daß der wirkliche Wille zu erforschen, ohne an dem Buchstaben zu haften. Dies ist der Satz des Art. 278 des alten HGB., der im neuen fortgeblieben, weil er nunmehr Reichsrecht. Dazu tritt § 157, der für die Auslegung von Verträgen die Rücksicht auf Treu und Glauben und die Verkehrssitte vorschreibt, und damit auf die Ermittelung des vernünftigen

Willens eines redlichen Kontrahenten verweist. Vgl. § 242. Für die Auslegung letztwilliger Verfügungen geben die §§ 2066 ff., 2084 Spezialvorschriften, die ihren guten Grund in dem Zweck haben, den Willen des Erblassers, der selbst keine Auskunft mehr geben kann, nicht in Zweifeln über seinen Inhalt ganz scheitern zu lassen. Auslegungsvorschriften giebt das BGB. endlich in den §§ 186—193 für die Frist- und Terminsbestimmungen in Gesetzen, gerichtlichen Verfügungen und Rechtsgeschäften, und in den zahlreichen Fällen, in denen „im Zweifel" ein bestimmter Wille angenommen wird, wie z. B. in § 30 Satz 2, § 113 Abs. 4, § 141 Abs. 2, § 159 Abs. 2, § 314, §§ 926, 1301, 1618, 1625, 2076. Die Auslegung des Gesetzes tritt hier ein, wenn die Auslegung sonst zu keinem anderen Ergebniß führt. Im Uebrigen giebt das BGB. für die Auslegung keine andere Regel, als die des § 133, die als selbstverständlich erscheinen kann, aber außer in Art. 278 HGB. auch in art. 1156 C. c. für Verträge aufgestellt ist, und ergiebt, daß es auch bei Verträgen darauf ankommt, zu ermitteln, was gewollt ist, nicht was als Wille von der einen oder anderen Seite aufgefaßt ist oder aufgefaßt werden könnte. l. 219 D. 50, 16, l. 99, l. 110 § 1 D. 45, 1. Wo der wahre Wille und seine Auffassung nicht übereinstimmen, liegt immer Dissens vor, und dessen Folgen treten ein. Auch der § 157 weicht hiervon nicht ab, sondern besagt nur, was sich aus dem früher hervorgehobenen allgemeinen Grundsatz ergiebt, daß, wenn Treu und Glauben und Verkehrssitte eine bestimmte Auslegung erfordern, d. h. wenn daraus sich der Sinn einer Erklärung, Bestimmung, Bedingung sicher ergiebt, der Erklärende sich nicht auf einen abweichenden innerlich gebliebenen Willen berufen kann. Zahlreiche Beispiele dafür bietet die bisherige Praxis namentlich auf dem Gebiet des Versicherungsrechts und der Auslegung von Policebestimmungen. Bei einseitigen empfangsbedürftigen Erklärungen kommt in Frage, worauf schon früher hingewiesen, ob die Erklärung das Gewollte deutlich genug ergiebt, um als berechtigende und verpflichtende Willenserklärung gelten zu können.

Das gem. R. stellt ebenso wie ALR. I 4 §§ 65—74; 5 §§ 252—269 (12 §§ 519 ff.), RE. 1 Nr. 60, das SBGB. §§ 809—813, C. c. art. 1157—1164 eine Reihe positiver Auslegungsregeln auf, z. B. in dubio mitius oder pro reo, daß in dubio gegen den auszulegen, der deutlicher hätte reden können, gegen den, von dem die Fassung oder die Bestimmung ausgeht, gegen den, der aus einem bestimmten Sinn besondere, ungewöhnliche Vortheile herleitet, in favorem der Aufrechterhaltung und Wirkung der Willenserklärung. Alle diese Regeln sind als Rechtssätze durch § 133 beseitigt und können auch als Hülfsmittel nicht mehr zur Anwendung gebracht werden, sowie sie dem § 133 widersprechen, d. h. eine Auslegung gebieten. Vgl. RG. 34 S. 15, OHG. 14 S. 268 zu Art. 278 HGB. und dessen Verhältniß zu den Landesgesetzen. Bolze 9 Nr. 240. Als Anhalt für die Ermittelung des wahren Willens können sie auch in Zukunft dienen. Noch mehr gilt dies für in der Sache, der Logik und der Erfahrung begründeten Auslegungsregeln, wie sie in den §§ 65, 66, 67, 68, 69 I 4 ALR., § 810 SBGB., C. c. art. 1158, 1159, 1161, 1165 enthalten sind (gewöhnliche Bedeutung der Worte nach Zeit, Ort, Person der Erklärung und des Erklärenden, besonderer Sprachgebrauch, Berücksichtigung des Zusammenhanges der einzelnen Bestimmungen eines Vertrages, Berücksichtigung der Angemessenheit des Ergebnisses, l. 67 D. 50, 16). Vgl. RG. 39 S. 25, 31 (Ergebniß), S. 65 (Auslegung einer Chartepartie in engl. Sprache; Berücksichtigung der engl. Auffassung). Regelmäßig wird z. B. auch anzunehmen sein, daß der jüngere Vertrag den älteren beseitigt, nur darf daraus kein Rechtssatz gemacht werden, wie er aus § 265 I 5 ALR. vom ObTr. entnommen ist. RE. 1 Nr. 85. Vgl. für Testamente § 2258. Benutzbar für § 133 bleibt die bisherige Rechtsprechung des OHG. und des RG. zu Art. 278 HGB.; im Uebrigen darf sie nur mit Vorsicht verwendet werden.

Der Art. 279 des alten HGB. bestimmt, daß in Bezug auf Bedeutung und Wirkung von Handlungen und Unterlassungen auf die Gewohnheiten und Gebräuche des Handelsverkehrs Rücksicht zu nehmen, und diese Vorschrift ist in § 346 des neuen HGB. aufgenommen. Die Vorschrift ist nur ein Wegweiser für die Ermittelung des wahren Willens, der auch dem BGB. nicht fremd ist, und seinen Ausdruck in § 157 gefunden hat. Allgemeine Lebensgewohnheiten, der Gebrauch, die Anschauung des gewöhnlichen Lebens und Verkehrs fordern auch außerhalb des Verkehrs unter Kaufleuten Berücksichtigung bei der Auslegung. Das kommt, worauf bereits hingewiesen, namentlich bei der Würdigung der Bedeutung von Unterlassungen, z. B. des Schweigens in Betracht. Vgl. OHG. 1 S. 85, 15 S. 96, 22 S. 130, 16 S. 41; RG. 3 S. 65, 13 S. 77.

**§ 134.** Ein Rechtsgeschäft, das gegen ein gesetzliches Verbot verstößt, ist nichtig, wenn sich nicht aus dem Gesetz ein Anderes ergiebt.

**§ 135.** Verstößt die Verfügung über einen Gegenstand gegen ein gesetzliches Veräußerungsverbot, das nur den Schutz bestimmter Personen bezweckt, so ist sie nur diesen Personen gegenüber unwirksam. Der rechtsgeschäftlichen Verfügung steht eine Verfügung gleich, die im Wege der Zwangsvollstreckung oder der Arrestvollziehung erfolgt.

Die Vorschriften zu Gunsten derjenigen, welche Rechte von einem Nichtberechtigten herleiten, finden entsprechende Anwendung.

**§ 136.** Ein Veräußerungsverbot, das von einem Gericht oder von einer anderen Behörde innerhalb ihrer Zuständigkeit erlassen wird, steht einem gesetzlichen Veräußerungsverbote der im § 135 bezeichneten Art gleich.

**§ 137.** Die Befugniß zur Verfügung über ein veräußerliches Recht kann nicht durch Rechtsgeschäft ausgeschlossen oder beschränkt werden. Die Wirksamkeit einer Verpflichtung, über ein solches Recht nicht zu verfügen, wird durch diese Vorschrift nicht berührt.

**§ 138.** Ein Rechtsgeschäft, das gegen die guten Sitten verstößt, ist nichtig.

Nichtig ist insbesondere ein Rechtsgeschäft, durch das Jemand unter Ausbeutung der Nothlage, des Leichtsinns oder der Unerfahrenheit eines Anderen sich oder einem Dritten für eine Leistung Vermögensvortheile versprechen oder gewähren läßt, welche den Werth der Leistung dergestalt übersteigen, daß den Umständen nach die Vermögensvortheile in auffälligem Mißverhältnisse zu der Leistung stehen.

---

**Inhalt der Rechtsgeschäfte.** §§ 134—138. EG. Art. 30, 47, 68. E. I §§ 105, 106, 107, 796; II §§ 100, 101, 102, 102a, 103; III §§ 130, 131, 132, 133, 103. ALR. I 4 §§ 6—18, 136; 5 §§ 68, 227; 11 § 1070; 12 § 63; 16 §§ 205 ff. SBGB. §§ 79, 80, 90, 223, 224, 792—798. C. c. art. 1128, 1131, 1133, 1172, 1598, 1780. — W. 1 §§ 30, 81—83, 94, 172a, 314 unter 3; 2 §§ 314, 423 $B_5$, 441, $497_5$, 517. D. P. 1 §§ 31, 217; 2 §§ 16, 138. Pr. Pr. 1 §§ 77—79, 83, 146, 147; 2 §§ 123, 292. Eccius 1 § 28; 3 § 169; 4 § 283. RG. 1 Nr. 29, 46, 49 (50, 51), 52. Z=Cr. 1 §§ 110, 127, 128; 2 §§ 324, 325, 412a Cr. 1 §§ 19, 31; 2 § 5. Cosack 1 § 58 unter 5. Endemann 1 §§ 9, 74, 102, 103, 123.

**I. 1.** Kein Recht kann zulassen, daß der Einzelne mit rechtlicher Wirkung will, was die Rechtsordnung nicht will. Wie nach §§ 306, 2171, 2192 BGB., §§ 51 ff. I 5 ALR., §§ 793, 797 SBGB., art. 1126, 1601 C. c., l. 185 D. 50, 17 das objektiv Unmögliche nicht zum Gegenstande eines Vertrages (Vermächtnisses, Auflage) gemacht werden kann, impossibilium nulla obligatio, so ist rechtlich unmöglich und nichtig nach § 134 jedes Rechtsgeschäft, das gegen ein gesetzliches Verbot verstößt, und der Empfänger einer Leistung, deren Annahme gegen ein gesetzliches Verbot verstößt, hat sie nach § 817 herauszugeben, wenn der Geber nicht in pari conditione, §§ 309, 2171, 2192, § 344. Das Rechtsgeschäft ist nichtig, „wenn sich nicht aus dem Gesetz (Verbotsgesetz) ein Anderes ergiebt." ALR. I 4 § 6, SBGB. § 79, C. c. art. 1133. Die Nichtigkeit tritt als Rechtsfolge des Verbots ein, auch wenn das Gesetz sie nicht ausdrücklich androht, aber nicht das Gegentheil ergiebt. Der Grundsatz deckt sich mit dem überall gültigen Satz: jus publicum privatorum pactis mutari non potest, l. 38 D. 2, 14, l. 145 § 1 D. 50, 17, und umfaßt das Gebiet der reichsrechtlichen und landesrechtlichen absoluten, gebietenden, der Disposition der Parteien entzogenen Rechtsnormen, ohne Unterschied, ob sie sich gegen Vornahme oder Inhalt des Rechtsgeschäfts richten, civil- oder strafrechtlicher Natur sind, wenn sie nur nach ihrem erkennbaren Sinn die Abänderung durch Privatwillkür ausschließen. Die Kategorie der Rechtsgeschäfte gegen die öffentliche Ordnung, die Entw. I § 106 wie C. c. art. 1133 daneben hervorhebt, ist im späteren Entwurfe und im BGB. mit Recht gestrichen, weil sie zu unbestimmt ist, zu weit greift und entweder unter § 134 oder unter § 138 fällt. Die Beschränkung des Grundsatzes durch die Worte „wenn sich nicht aus dem Gesetz ein Anderes ergiebt" verweist auf die Interpretation des Verbotsgesetzes, die zu dem Ergebniß führen kann, daß das Gesetz die Nichtigkeit des Rechtsgeschäftes gegen Ge- oder Verbot nicht will, sondern nur Vorbeugung oder Abschreckung durch Strafe, oder nur Schutz für den Einzelnen, der darauf verzichten kann, oder daß das Gesetz sich zwar gegen die Vornahme des Rechtsgeschäftes, nicht aber gegen den zur Erfüllung dienenden dinglichen Vertrag richtet.

So verbietet das BGB. in §§ 456, 457 den Erwerb in der Zwangsvollstreckung und in gewissen Fällen außerhalb der Zwangsvollstreckung durch bestimmte Personen, der § 458 aber läßt bei Uebertretung des Verbots die Genehmigung des Erwerbs durch die Betheiligten zu, in dessen Interesse das Verbot gegeben. Nach § 763 BGB. ist der Vertrag mit dem Unternehmer einer staatlich nicht genehmigten Lotterie oder Ausspielung, § 286 StGB., unverbindlich, aber nach Satz 2 findet § 762 Anwendung, d. h. die Verbindlichkeit ist erfüllbar, die cond. des Geleisteten ausgeschlossen. Danach kann das landesgesetzliche Verbot des Spiels in Lotterie außerhalb des Landes, wenn diese dort genehmigt, trotz der angedrohten Strafe, nie mehr die Klage aus dem verbindlichen Vertrage ausschließen, noch weniger den Anspruch auf die Zahlung oder auf Theilung des Gewinnes bei Gesellschaft. Und bei staatlich nicht genehmigter Lotterie oder Ausspielung ist der Anspruch auf Rückzahlung des Einsatzes oder Rückgabe des Looses jedenfalls statthaft. Vgl. zu §§ 762 ff., 812 ff. und für das bisherige Recht: OHG. 14 S. 220, RG. 5 S. 124, 16 S. 107, 17 S. 299, 18 S. 242, 14 S. 85 zu den Preuß. Ges. über das Verbot des Spielens in auswärtigen Lotterien v. 5. Juli 1847, 28. Juni 1867, 29. Juli 1885. RG. 40 S. 326 (französ. R.), RE. 1 Nr. 46, 3 Nr. 261 a. Nach § 1238 Abs. 1 darf das Pfand nur gegen baare Zahlung verkauft werden, aber der Abs. 2 knüpft an die Nichtbeobachtung des Gebots nicht die Nichtigkeit des Verkaufs. Hier wie in zahlreichen ähnlichen Fällen ist entscheidend, worauf sich das Verbot (Gebot) richtet, ob es im gemeinen Interesse oder in dem eines Einzelnen ergangen, ob es sich bei Rechtsgeschäften gegen beide Theile richtet, ob das Rechtsgeschäft selbst, seine Vornahme oder sein Inhalt das verbotene Element in sich trägt. Vgl. RG. 18 S. 219 (pact. de non licitando), 6 S. 169 zu § 288 StGB., der sich nicht gegen das Veräußerungsgeschäft als solches richtet, nicht als Veräußerungsverbot im Sinne der §§ 135, 136 aufzufassen ist, an die Veräußerung unter bestimmten Verhältnissen mit bestimmter Absicht nur die Straffolge knüpft und die Schadensersatzpflicht aus unerlaubter Handlung nach § 812 begründen kann.

So ist durch Gewerbeordnung §§ 14 ff., 55 ff. der Gewerbebetrieb in gewissen Fällen an Genehmigung, Erlaubniß, Approbation geknüpft, ohne solche oder überhaupt verboten und unter Strafe gestellt; dies richtet sich gegen den Betrieb durch eine andere Person, als der die Erlaubniß ertheilt, und aus einem Vertrage, der dies umgeht, entstehen keine Rechte und Pflichten, RG. 39 S. 267. Aber wo nur die gewerbsmäßige Vornahme von Handlungen erboten ist und der Arbeitgeber bestraft wird, der Arbeiten zu gewissen Zeiten oder durch gewisse Personen vornehmen läßt, ist nicht die Folge, daß der unbefugte Gewerbetreibende nicht den Lohn für eine einzelne Leistung fordern kann, die er einem Dritten gewährt hat, z. B. der unkonzessionirte Kommissionär oder Schauspielunternehmer für ein vermitteltes Geschäft oder für eine Aufführung oder die unbefugte Aufführung eines Stückes, oder daß der Arbeiter nicht den Lohn für nicht erlaubte Sonntagsarbeit von dem Arbeitgeber fordern kann. Vgl. ObTr. 47 S. 58, RG. 1 Nr. 40 Ctl. a.

Ebenso ist der Versicherungsvertrag mit einer ausländischen Versicherungsgesellschaft nicht deshalb nichtig, weil er im Inlande geschlossen, wo die Gesellschaft nicht konzessionirt, ihr der Geschäftsbetrieb verboten ist, oder weil der vermittelnde Agent nicht persönlich konzessionirt ist, RG. 1 S. 115, obwohl der Gesellschaft die Klage auf die Prämie im Inlande nach dem Zweck des Gesetzes nicht zu gestatten ist. In § 60 HGB. v. 10. Mai 1897 ist dem Handlungsgehülfen die Vornahme von Geschäften und der Betrieb des Handelsgewerbes für eigene oder fremde Rechnung ohne Einwilligung des Prinzipals verboten, die Uebertretung hat Nichtigkeit nicht zur Folge, § 61. Wenn durch Baupolizeigesetz oder allgemeines Gesetz, §§ 903 ff., bestimmte Handlungen im Interesse des Nachbars verboten sind, so ist ein Rechtsgeschäft mit dem Nachbar, durch das die Handlung gestattet oder ein dem Verbot widersprechender Zustand geschaffen wird, nicht nichtig. Vgl. RG. 35 S. 181, ObTr. 50 S. 111, StrA. 97 S. 152.

Aus dem Anfechtungsgesetz v. 21. Juli 1879 und der Konk.O. §§ 29 ff. (22 ff.) ergiebt sich, daß das Gesetz gewisse Rechtsgeschäfte nicht will, aber wo es daran selbst nur die Anfechtbarkeit knüpft, cessirt § 134 BGB. Vgl. RG. 40 S. 5, 7. Der Schuldner kann deshalb die Nichtigkeit der Cession gegenüber dem klagenden Cessionar nicht daraus herleiten, daß sie zur Benachtheiligung der Gläubiger erfolgt, RG. 4 S. 218, 10 S. 334. Das Gesetz verbietet und bestraft die Beiseiteschaffung von Vermögensstücken zum Nachtheil der Gläubiger, aber daraus folgt nicht, daß der Verwahrungsvertrag nichtig, der über solche Vermögensstücke geschlossen wird. Entgelt kann der Verwahrer, der von dem strafbaren Zweck gewußt hat, zwar nicht fordern, weil das Versprechen der Belohnung für die Verwahrung und die Annahme der Belohnung ein unsittliches Moment in sich trägt, § 138, aber dem Anspruch auf Herausgabe der in Verwahrung gegebenen Sachen seitens des Gebers oder seiner Erben würde § 817 nicht entgegengesetzt werden können, weil die Hingabe zur Verwahrung mit der Verpflichtung zur Zurückgabe keine gegen das gesetzliche Verbot verstoßende Leistung ist. Vgl. Bolze 21 Nr. 335, 402. Das Betteln ist verboten und wird bestraft, aber daraus folgt nicht die Nichtigkeit der Hingabe des Geschenkes.

2. Das BGB. selbst giebt eine große Anzahl von Vorschriften, die ein gesetzliches Verbot gegen gewisse Rechtsgeschäfte enthalten und zugleich ergeben, daß der Verstoß dagegen das Rechtsgeschäft nichtig macht. Ausgedrückt wird das Verbot durch die Worte „darf nicht", „kann nicht", „ist unwirksam, unzulässig", oder direkt durch die Erklärung, daß das Rechtsgeschäft nichtig. In allen diesen Fällen ist die sonst auch für das BGB. geltende Regel der Vertragsfreiheit ausdrücklich und positiv ausgeschlossen. So kann nach § 225 die Verjährung durch Rechtsgeschäft, nach § 247 das Kündigungsrecht durch Vertrag weder ausgeschlossen noch erschwert werden, wenn ein höherer Zinssatz als 6 Prozent vereinbart ist. Gleiche Vorschrift geben die §§ 419, 619, 1023 Abs. 3 für gewisse Abreden bei Vermögensübernahme,

Dienstvertrag, receptum, Grundgerechtigkeiten. Nach § 248 ist die Verabredung der Verzinsung fälliger Zinsen (Anatocismus) nichtig. Nach § 276 Abs. 2 kann die Haftung wegen Vorsatz nicht im Voraus erlassen werden (conventio ne dolus praestetur), RG. 20 S. 190, 193, womit die §§ 443, 540, 637 im Zusammenhang stehen, nach denen die Abrede der Ausschließung der Gewährleistung bei Arglist nichtig ist.

Nach § 310 sind Verträge, durch die eine Verpflichtung zur Uebertragung künftigen Vermögens oder Belastung desselben mit Nießbrauch, nach § 312 Verträge über den Nachlaß eines lebenden Dritten, den Pflichttheil oder das Vermächtniß aus solchem Nachlaß, nichtig. Nichtig ist ferner die vertragsmäßige Ausschließung der Aufhebung (Kündigung) von Gesellschaft und Gemeinschaft nach §§ 723 Abs. 3, 749 Abs. 3, ebenso §§ 39, 40 für Austritt aus Verein und § 133 Abs. 3 HGB. v. 10. Mai 1897 für die offene Handelsgesellschaft, nach § 161 Abs. 2 für die Kommanditgesellschaft, § 339 für die stille Gesellschaft, Genossenschaftsgesetz v. 1. Mai 1889 § 65 Abs. 3. Verbotsgesetze mit der ausdrücklich ausgesprochenen Folge der Nichtigkeit enthalten ferner der § 1136 (Nichtigkeit der Abrede zwischen Pfandgläubiger und Eigenthümer, das Grundstück nicht zu veräußern oder weiter zu belasten), und die §§ 1149, 1229, 1277 (lex commissoria). In einer Reihe von Fällen wird die Uebertragung einer Forderung oder eines Rechtes, §§ 399, 400, 717, 1059, 1092, 1153, 1274, 1408, 1688, oder die Begründung eines Rechtes für unzulässig, unstatthaft, unwirksam erklärt, §§ 1014, 1095, 1106, 1114. Unwirksam ist nach § 925 auch die Auflassung, nach § 388 Satz 2 die Aufrechnung unter Bedingung oder mit dies, nach § 1245 Abs. 2 der Verzicht auf die aus den §§ 1235, 1237 Satz 1 und § 1240 ersichtlichen Formen des Pfandverkaufs.

Nichtig ist nach § 795 Abs. 3 eine ohne staatliche Genehmigung in den Verkehr gebrachte Schuldverschreibung, weil nach Abs. 1 Schuldverschreibungen auf den Inhaber, die auf Zahlung einer Geldsumme lauten, ohne staatliche Genehmigung nicht in den Verkehr gebracht werden dürfen. Aber der Aussteller haftet dem Inhaber auf Schadensersatz, auch wenn derselbe das Fehlen der Genehmigung gekannt hat. Vgl. EG. Art. 34 unter IV, wonach durch einen neuen § 145a StGB. der Verstoß gegen § 795 Abs. 1 BGB. außerdem unter Strafe gestellt ist. Dazu treten die Eheverbote in §§ 1312, 1326—1328; sie fallen an sich unter § 134; die Folge des Verstoßes gegen das Verbot ist in § 1328 Abs. 2, § 1329 aber besonders geordnet. In § 2263 (2300) ist bestimmt, daß das Verbot im Testament (Erbvertrag), das Testament (Erbvertrag) alsbald nach dem Tode zu eröffnen, nichtig ist. Ueber die Unwirksamkeit der völligen Ausschließung des Kündigungsrechts bei Miethe, Pacht, Darlehn, Dienstvertrag vgl. zu §§ 567 (581), 609, 624.

3. Neben diesen Verbotsgesetzen des BGB. bestehen zahlreiche Vorschriften der Reichs- und Landesgesetze, die ein Verbot im Sinne des § 134 direkt aussprechen; bei anderen ist das Verbot und seine Tragweite durch Auslegung mit Rücksicht auf die Natur und den Zweck des Gesetzes (jus publicum) zu entnehmen. Direkt verboten und für nichtig erklärt ist z. B. im ALR. II 10 § 73, der dem öffentlichen Recht angehört, der contr. suffragii (Zusagen für Verschaffen eines Amtes). Vgl. C. 4, 3. Nach Preuß. Recht ist angenommen, daß das Armenpflegegesetz und das Gesetz, welches die Kommunalsteuerpflicht regelt, insoweit Verbotsgesetz, als es nicht gestattet ist, durch Privatabkommen die Gemeindelast zu einer Privatlast zu machen. ObTr. 27 S. 304, 310; 32 S. 200, 202; StrA. 12 S. 288; ObTr. 81 S. 267.

ALR. II 19 § 10; Ges. v. 31. Dezember 1842; RGes. v. 6. Juni 1870. Es handelte sich um Verträge, durch welche die Mitglieder einer Gemeinde stipulirt, daß die Armenpflege der Reihe nach von den einzelnen Mitgliedern, nicht von der Gemeinde zu leisten, daß jeder Besitzer seine Armen zu verpflegen habe, der gesetzliche Armenverband aufgehoben sein solle, und einen Vertrag, durch den eine Stadt sich für einen bestimmten Fall verpflichtete, Grundbesitz und Einkommen einer Eisenbahngesellschaft für ewige Zeiten von Kommunalabgaben freizulassen. In allen Fällen ist Nichtigkeit ausgesprochen. Ebenso RG. 40 S. 293, 297 (keine vertragsmäßige Uebernahme öffentlich-rechtlicher Verpflichtung).

Ebenso ist vom Standpunkte des jus public. die Begründung gewisser Verhältnisse, die das Gesetz als der Landeskultur schädlich ansah, als verboten und deshalb ausgeschlossen betrachtet. Präj. 2105 von 1849. Dahin gehört ferner das Verbot des Erwerbs und der Neubegründung von Gewerbeberechtigungen, Zwangs- und Bannrechten in § 10 der GewO. Von demselben Gesichtspunkt aus sind bisher für verboten und nichtig erachtet sowohl nach preuß. wie nach französ. Recht und dem SBGB. vertragsmäßige, statuarische Bestimmungen, durch welche der Rechtsweg ausgeschlossen, l. 4 § 71, l. 5, l. 38 D. 2, 14; GVG. § 13. StrA. 7 S. 292, ObTr. 7 S. 126, 12 S. 473, 79 S. 309; StrA. 67 S. 106; RE. 1 Nr. 29; OHG. 21 S. 84; RG. 2 S. 311, 29 S. 319 (zu art. 1133, 1135, 1174 C. c.), 20 S. 399, 36 S. 421, 37 S. 427; Gruchot 32 S. 1122; RE. 1 Nr. 49 (50, 51) S. 209, während der Verzicht auf ein Rechtsmittel, CPO. §§ 514, 566 (Ges. v. 17. Mai 1898) ebenso statthaft wie der Kompromiß- und der Beweisvertrag. RG. 24 S. 411; RE. 1 Nr. 72 (73, 74) unter 3. Ein gesetzliches Verbot bestimmter Vereinbarungen mit der Wirkung der Nichtigkeit enthält z. B. § 181 (früher § 168) Satz 3 Konk.O. (Ges. v. 17. Mai 1898) betr. Abkommen des Gemeinschuldners oder anderer Personen zur Bevorzugung einzelner Gläubiger beim Zwangsvergleich, vgl. RG. 28 S. 96, 29 S. 38, 30, S. 22, ferner das RGes. betr. die Abzahlungsgeschäfte v. 16. Mai 1894 (RGBl. S. 450) §§ 1, 2 Abs. 4, § 6, während § 7 das. die Veräußerung von Lotterieloosen, Inhaberpapieren mit Prämien oder Bezugs- oder Antheilsscheinen auf solche Loose und Papiere gegen Theilzahlungen unter Strafe stellt, ohne die Nichtigkeit des Geschäfts an die Uebertretung zu knüpfen, das sich nur gegen den Veräußerer richtet, deshalb keinen Anspruch aus dem nicht erfüllten Geschäft zuläßt, weil das Gesetz solche Geschäfte als wirthschaftlich und social schädlich nicht will, das aber nicht dahin verstanden werden kann, daß damit jeder Anspruch aus dem Erwerb solcher Loose oder Papiere ausgeschlossen sein soll, § 817. Das Preuß. StGB. § 270, vgl. code pénal art. 410, bedroht den mit Strafe, der Andere vom Mitbieten bei öffentl. Versteigerungen durch Zusage oder Gewähren von Vortheilen abhält. Nach RG. in Straff. 10 S. 221 besteht dies Strafverbot neben dem RStGB. Die Preuß. Verordn. v. 14. Juli 1797 zu § 340 I 11 ALR. (Rehbein und Reincke, ALR. 5. Aufl. 1 S. 546) knüpfte an das gleiche Verbot die Nichtigkeit aller Verträge und Abreden, durch die beabsichtigt, Kauflustige bei nothwendigen oder freiwilligen öffentl. Versteigerungen vom Bieten oder Mitbieten abzuhalten, und giebt dem Beschädigten einen Anspruch auf Herausgabe des durch den verbotenen Vertrag erlangten Vortheils. Vgl. RE. 2 Nr. 209a und RG. 18 S. 219, 20 S. 249, 26 S. 312, 32 S. 258. Diese viel zu weitgehende Verordnung ist in das BGB. nicht aufgenommen und deshalb als beseitigt anzusehen. EG. Art. 55. In Zukunft kann aus dem Strafverbot, das sich allein gegen den richtet, der vom Bieten abhält, die Nichtigkeit des Vertrages, pactum de non licitando, aus § 134 nicht hergeleitet werden. Vgl. RG. 18 S. 219. Eine unerlaubte Handlung bleibt im Geltungsgebiete der Preuß. Verordn. v. 14. Juli 1797 das Abhalten vom Mitbieten, und auch da, wo das Strafverbot nicht besteht, wird im einzelnen Falle zu prüfen sein, ob in dem Vertrage nicht eine vorsätzliche widerrechtliche Handlung im Sinne des § 812 zu finden, die das Recht eines Anderen verletzt und zum Schadensersatz verpflichtet, widerrechtlich, weil sie der Natur und dem Zweck der öffentl. Versteigerung direkt entgegenläuft. Die neuere gemeinrechtliche Praxis, Seuff. Arch. 12 Nr. 16, 17 Nr. 201, 31 Nr. 321, 32 Nr. 115, 43 Nr. 13, neigt dahin, den Vertrag stets als civilrechtlich ungültig zu beurtheilen, ebenso die französ. Praxis. Z-Cr. 2 § 324 [10]; RG. 30 S. 304. Für das BGB. kommt neben § 134, aus dem die Nichtigkeit allein nicht herzuleiten ist, der § 138 in Betracht, der aber eine vorsichtige Anwendung fordert. Der Vertrag ist als gegen die guten Sitten verstoßend anzusehen, wenn er direkt oder indirekt darauf ausgeht, das Versteigerungsobjekt zum Schaden Anderer unter dem Werth zu erlangen; das ist aber nicht immer nothwendig das Ziel des Vertrages. Vgl. RG. 30 S. 304. Es ist gewiß nicht unsittlich, wenn ein Mitglied der Familie das Familiengut sich zu erhalten strebt, dabei aber nicht nur den vollen Werth oder darüber in der Versteigerung zahlt, sondern noch ein Opfer dadurch bringt, daß er dem Nebenbieter eine Summe für das Abstehen zahlt, für die er in dem Gut keinen Ersatz findet; auch der Abstehende ist nicht in turpi causa, wenn er sich in solchem Falle bezahlen läßt, und dagegen den vielleicht sehr berechtigten Wunsch aufgiebt, das Gut zu besitzen. Alles das scheint ganz unbedenklich, wenn die Sache so liegt, daß der Abstehende niemals mehr geboten haben würde, als wirklich geboten ist, oder wenn für die Entfernung des Bietungslustigen sonstige gute Gründe vorliegen.

Ein Verbotsgesetz im Sinne des § 134 enthält Art. 32 der RVerfassung; es richtet sich gegen das Mitglied des Reichstages, das keine Besoldung oder Entschädigung beziehen soll, auch nicht aus Privatmitteln, nach RG. 16 S. 88 auch gegen den Geber, was zu der anstößigen Klage des Fiskus aus §§ 172, 173, 205 I 16 ALR. geführt hat und jetzt, nach Beseitigung des fiskalischen Anspruchs nach § 817 BGB. dahin führt, daß auch der Geber nicht zurückfordern kann, was er geleistet hat, womit in Zukunft die praktische Bedeutung des Art. 32 so gut wie beseitigt ist.

Zu den Verbotsgesetzen des § 134 gehören die §§ 317, 318 HGB. v. 10. Mai 1897, die das Verleihen und Leihen von Aktien und das Versprechen und Gewähren von Vortheilen für Abstimmung in der Generalversammlung der Aktiengesellschaft, Bolze 23 Nr. 579, 580, 208, bestrafen, ferner der § 46 Abs. 1, § 50 Abs. 2, 3 Börsengesetz, die gegen das Versprechen und Gewähren von Vortheilen für nicht pflichtwidrige und pflichtwidrige Handlungen von Beamten, Richtern u. s. w. (Bestechung) gerichteten §§ 331—334 StGB., die das Besondere haben, daß nach § 335 StGB., zum Theil abweichend von § 817 BGB., das Empfangene oder dessen Werth dem Staat auch da verfällt, wo, wie in § 331, das Strafverbot sich nicht gegen den Geber richtet. Ueber die Frage, ob die §§ 1, 10 der GewO. in dem Ausspruch des Princips der Gewerbefreiheit ein Verbot von Verträgen enthalten, die sich auf die Beschränkung des Gewerbebetriebes des Einzelnen beziehen, vgl. unter III.

Ein in diese vielumstrittene Frage einschlagendes absolutes Verbotsgesetz enthält jetzt der § 74 Abs. 3 des HGB. v. 10. Mai 1897, der alle Vereinbarungen mit dem minderjährigen Handlungsgehülfen und Handlungslehrling, § 76, für nichtig erklärt, durch welche derselbe für die Zeit nach Beendigung des Dienstverhältnisses in seiner gewerblichen Thätigkeit beschränkt wird. Für volljährige (volljährig erklärte) Gehülfen und Lehrlinge bestimmt § 74 Abs. 1 und 2, daß jede Beschränkung in der gewerblichen Thätigkeit, die sich auf einen Zeitraum von mehr als drei Jahren nach Beendigung des Dienstverhältnisses erstreckt, unstatthaft, d. h. insoweit nichtig, jede Beschränkung aber auch innerhalb dieses Zeitraums nur insoweit verbindlich, als sie nach Zeit, Ort und Gegenstand nicht die Grenzen überschreitet, durch die eine unbillige Erschwerung des Fortkommens ausgeschlossen wird. Der § 75 bestimmt außerdem, daß die rechtliche Wirkung der Vereinbarung gegen den Handlungsgehülfen (Lehrling) fortfällt, wenn der Principal die Lösung des Dienstverhältnisses verschuldet oder es ohne erheblichen Anlaß gekündigt hat und nicht während der Dauer der Beschränkung der Gehalt fortbezahlt wird. Damit sind die Rechtssätze kodificirt, die vom OHG. und RG. in einer reichen Praxis herausgearbeitet worden sind. Vgl. OHG. 16 S. 160, 19 S. 136, 18 S. 101, 21 S. 262; RG. 1 S. 22, 2 S. 120, 26 S. 163, 31 S. 97. Bolze 4 Nr. 671, 13 Nr. 398, 400 u. a. Diese Praxis suchte ihren Boden bei dem damaligen Mangel eines ausdrücklichen Verbotsgesetzes, wie es jetzt die §§ 74, 75 HGB. für Handlungsgehülfen und Handlungslehrlinge enthalten, in dem allgemeinen Princip des jus publ. und des Sittengesetzes, daß keine Person ihr natürliches Recht und die Freiheit des Willens, dem Berufe nachzugehen, den sie sich gewählt und für den sie sich befähigt gemacht, so einschränken dürfe, daß sie sich und ihre Kräfte dem Willen eines Anderen total unterordnen. Von diesem Gesichtspunkte aus beruhen die §§ 74, 75 HGB. auf dem Princip des § 138 BGB. Sie gewinnen damit eine Bedeutung für die analoge Beurtheilung solcher Fälle, die nicht unter das HGB. fallen, weil es sich nicht um Handlungsgehülfen oder Handlungslehrlinge handelt, sondern z. B. um den Gehülfen oder Lehrling eines Handwerkers, der kein Handelsgewerbe betreibt, GewO. §§ 105 ff., 126 ff.

Der durch Art. 9 unter II EG. z. HGB. v. 10. Mai 1897 in die GewO. eingefügte § 133 f. erklärt jetzt überdies ausdrücklich für nichtig alle Vereinbarungen zwischen dem Gewerbeunternehmer und seinen minderjährigen Angestellten der in § 133 a GewO. bezeichneten Art, durch die der Angestellte für die Zeit nach Beendigung des Dienstverhältnisses in seiner gewerblichen Thätigkeit beschränkt wird; solche Vereinbarungen mit volljährigen Angestellten sind für den Angestellten nur insoweit verbindlich, als die Beschränkung nach Zeit, Ort, Gegenstand nicht die Grenzen überschreitet, durch welche eine unbillige Erschwerung des Fortkommens ausgeschlossen wird. Vgl. auch unter III.

**II.** Veräußerungsverbote. **1. a.** Verbotsgesetze sind auch die gesetzlichen Veräußerungsverbote. Aus § 134 in Verbindung mit § 135 folgt, daß gesetzliche Veräußerungsverbote, die nicht zum Schutz bestimmter Personen, sondern im öffentlichen Interesse, im Interesse des gemeinen Wohls, aus öffentlich rechtlichen Gründen erlassen, jedes obligatorische und dingliche Rechtsgeschäft nichtig machen, das gegen das Verbot verstößt, direkt oder indirekt, durch Veräußerung, Erwerb, Belastung, Verpfändung, soweit letztere dem Zweck des Verbots entgegensteht, der enger und weiter sein kann. Wo das Verbot sich gegen den Besitz des Gegenstandes in irgend einer Hand überhaupt richtet, muß auch die Er=

sitzung als ausgeschlossen gelten, §§ 900, 927, 937 ff. Auch hier steht wie in § 135 Abs. 1 Satz 2 der rechtsgeschäftlichen Verfügung, die verboten, Zwangsvollstreckung oder Arrestvollziehung gleich, durch die seitens eines Dritten die Verfügung erreicht werden soll, die verboten ist. Der Enteignung steht ein gesetzliches Veräußerungsverbot, da sie im Interesse des gemeinen Wohls erfolgt, nicht entgegen. Vgl. §§ 17, 57 Preuß. Enteign.Ges. v. 11. Juni 1874. Gesetzliche Veräußerungsverbote im Sinne und mit der Wirkung des § 134 enthalten die Landesgesetze und das Reichsrecht. Zu den Landesgesetzen dieser Art gehören die durch Art. 119 EG. aufrecht erhaltenen, im landeskulturlichen oder sonstigen öffentlichen Interesse erlassenen Vorschriften gegen Parzellirung, Dismembrirung, Veräußerung von Grundstücken, für Preußen z. B. das Verbot in den §§ 6—9 des Ges. v. 24. Mai 1853 betr. die Zertheilung von Grundstücken im Wege der öffentlichen Versteigerung, das in § 4 des Ges. v. 7. Juli 1891 (GS. S. 279) betr. die Beförderung der Errichtung von Rentengütern. Hier wie in zahlreichen anderen Fällen, z. B. bei Grundstücken der Gemeinden, Kirchen, des Staats, vgl. oben S. 75, ist die Veräußerung im öffentlichen Interesse an die Genehmigung des Staats, einer Behörde, des Königs, geknüpft. Dadurch wird die Natur des Verbotsgesetzes nicht geändert. Vgl. §§ 306, 307, 308, 309. Verbotsgesetz im Sinne § 134 ist der § 89 b GewO. (Erwerb und Veräußerung, dingliche Belastung von Grundeigenthum, Veräußerung gewisser Gegenstände von historischem Werth ohne Genehmigung der Aufsichtsbehörde), §§ 114 ff. Preuß. LandgemO., und das durch Art. 88 EG. aufrechterhaltene Preuß. Ges. v. 4. Mai 1846 (GS. S. 235), nach welchem ausländische Korporationen und andere jur. Personen des Auslandes nur mit Königl. Genehmigung Grundeigenthum erwerben können, ebenso die Vorschrift in § 195 des Preuß. Bergges., Art. 67 EG., wonach Bergbeamte und deren Angehörige durch Muthung und andere Rechtsgeschäfte unter Lebenden in ihrem Verwaltungsbezirke Bergwerke oder Kuxe ohne Genehmigung des Handelsministers nicht erwerben dürfen. Vgl. ObTr. 32 S. 184. Für Forstbediente und Domänenbeamte bestehen in Preußen ähnliche Verbotsgesetze, die als Verbote im öffentl. Interesse aufzufassen sind und auch die Veräußerung nichtig machen, der die erforderte Genehmigung fehlt, wenn nicht § 308 Abs. 1, § 309 vorliegt. Vgl. auch zu §§ 21—54 (89) oben S. 37.

Verbotsgesetze im Sinne des § 134 enthalten ferner die oben S. 74 ff. erwähnten, vom BGB. unberührten Vorschriften der Landesrechte betr. die sog. res extra comm. (öffentliche Wege, Flüsse, Kirchen, Begräbnißplätze), soweit sich aus ihnen eine bestimmte rechtsgeschäftliche Verfügung als der durch das öffentliche Recht geordneten Natur, Bestimmung, Zweck des Gegenstandes widersprechend erweist. Publici juris ist überall der Satz, daß was der Gesammtheit zum Gebrauch offen steht, von dem Einzelnen nicht zu ausschließlichem Recht erworben werden kann. Im öffentlichen Interesse verboten ist reichsrechtlich der Vertrieb und die Ueberlassung von Sprengstoffen ohne polizeiliche Genehmigung, RGes. v. 9. Juni 1884 (RGBl. S. 61). Verboten ist nach § 1 und 2 RGes. v. 21. Juni 1869, § 850 (§ 749) CPO. (Ges. v. 17. Mai 1898), GewO. §§ 115 a, 116 die Abtretung (Anweisung, Verpfändung, Pfändung) gewisser Arbeits- und Dienstlohnforderungen und nach § 100 c GewO. und dem Ges. über Kranken-, Unfall-, Invaliditäts- und Altersversicherung die Abtretung, Verpfändung, Pfändung der Unterstützungsansprüche aus diesen Gesetzen. Vgl. zu §§ 394, 399, 400 und § 1274 Abs. 2. Alle diese Verbote sind als im öffentlichen (socialen) Interesse erlassen zu erachten, machen deshalb die Abtretung und die Zahlung an den Cessionar unwirksam, §§ 115a, 116 GewO. Vgl. zu § 409 BGB.

Nach den §§ 332 ff., 480 StPO. und § 93 StGB. kann das im Deutschen Reich befindliche Vermögen eines abwesenden Angeschuldigten, § 155 StPO., gegen den Gründe zur Verhaftung vorliegen, und des aus §§ 80, 81, 83, 84, 87—92 StGB. Beschuldigten, gegen den die Untersuchung eröffnet ist, mit Beschlag belegt werden. Sobald der die Beschlagnahme verhängende Beschluß im Deutschen Reichsanzeiger bekannt gemacht, verliert der Angeschuldigte nach § 334 StPO. das Recht, über das beschlagnahmte Vermögen unter Lebenden zu verfügen. Das in der Beschlagnahme enthaltene Veräußerungsverbot ist im öffentl. Interesse gewollt und nach § 134 ist deshalb jedes Rechtsgeschäft, das gegen das Verbot verstößt, absolut nichtig, nicht bloß wie im § 326 Abs. 2, § 480 der StPO. der Staatskasse gegenüber. Dasselbe gilt, wo auf Grund des § 94 StPO. die Beschlagnahme einzelner Gegenstände für die Zwecke der Untersuchung oder zum Zwecke der Einziehung in den zahlreichen Fällen erfolgt, in denen das StGB. und andere Gesetze die Einziehung zulassen oder anordnen. StGB. §§ 40, 42, 152, 295, 360, 367, 369; Nahrungsmittelges. v. 14. Mai 1879 § 15; Preuß. Feld- und Forstpolizeiges. v. 1. April 1880 §§ 23, 33, 36, 40, 43, 53 u. a. Was eingezogen werden muß, ist durch das Gesetz dem Verkehr entzogen; was eingezogen werden kann, wird mit der Einziehung dem Verkehr entzogen; der § 134 findet in beiden Fällen Anwendung.

**b.** Das im öffentl. Interesse erlassene Veräußerungsverbot trifft die obligatorische Wirkung wie den Eigenthumsübergang und macht jedes Rechtsgeschäft nichtig, das gegen das Verbot verstößt, ebenso wie jedes Rechtsgeschäft nichtig ist, welches das Gesetz überhaupt nicht will, wie in zahlreichen unter I 1, 2, 3 aufgeführten Fällen. Wo dieser Wille des Gesetzes erkennbar, hat der Richter den Rechtsschutz auch ohne Berufung der Partei auf das Gesetz zu versagen. Wo es sich um Erwerbsverbote handelt, cessirt jedenfalls der Eigenthumsübergang. Von selbst versteht sich, daß in den Fällen, in denen ein Veräußerungsverbot erst von einem bestimmten Zeitpunkte ab wirkt, es früher begründete Rechte unberührt läßt, auch wenn sie zu einer Verfügung führen, die das Verbot nicht will. So ist, was der flüchtige Hochverräther nach der Beschlagnahme über das Vermögen durch Veräußerung, Verpfändung, Einziehung verfügt, nichtig, aber der Gläubiger der früher begründeten Hypothek macht natürlich sein Recht auch durch Zwangsversteigerung geltend.

Der rechtlichen Natur der Verbote dieser Art entspricht es, daß sie gegen Jeden wirken, unabhängig von gutem oder bösem Glauben, Wissen oder Nichtwissen, weil Jeder das Verbot kennen muß. Abweichend von § 135 Abs. 2 müssen hier die Vorschriften zu Gunsten derjenigen, die Rechte von einem Unberechtigten herleiten, außer Anwendung bleiben. Auflassung und Eintragung gegen das Verbot bleiben wirkungslos, auch wenn das Grundbuch von dem Verbot nichts ergiebt. Direkt ist dies aus § 892 Abs. 1 Satz 2 zu entnehmen, der nur die zu Gunsten einer bestimmten Person bestehende Beschränkung in der Verfügung über ein im Grundbuch eingetragenes Recht, und ihre Wirkung gegen Dritte von der Eintragung oder Kenntniß abhängig macht. Der § 888 Abs. 2 findet auch bei gesetzlichen Verboten im Sinne des § 134 Anwendung. Vgl. zu § 892. Ebenso wirkt die Nichtigkeit der Verfügung gegen das Verbot im öffentlichen Interesse bei beweglichen Sachen unbedingt gegen den Erwerber, vgl. zu §§ 932 ff., und da, wo das Verbot sich gegen den Besitz überhaupt wendet, wie z. B. bei dem Dynamitgesetz, gegen den Besitzer. Der Schuldner, der an den zahlt, dem gegen solches Verbot abgetreten ist, befreit sich nie von seiner Schuld, weil er das Verbot wissen muß. Vgl. §§ 115a, 116 GewO. In den Fällen des § 334 StPO. entsteht die nicht direkt entschiedene Rechtsfrage, wie es mit der nichtigen Verfügung wird, wenn die Beschlagnahme wieder aufgehoben wird, weil sie sich als notariell unberechtigt herausstellt, der Angeschuldigte freigesprochen wird, oder die Gründe der Beschlagnahme sonst fortfallen, § 335 StPO. Auf solche Fälle ist der § 115 BGB. (vgl. §§ 32, 61 Ges. betr. die Angelegenh. der freiw. Gerichtsbarkeit v. 17. Mai 1898) analog anzuwenden, ebenso wenn eine Einziehung nachträglich wieder aufgehoben wird. Bei Nichtigkeit einer Verfügung wegen fehlender Genehmigung findet § 184 BGB. Anwendung. Vgl. auch zu § 817 BGB. In allen Fällen der gesetzlichen Veräußerungsverbote im öffentl. Interesse kann grundsätzlich auch der Veräußerer die Nichtigkeit geltend machen, abgesehen von den Fällen, wo der Staat an seine Stelle tritt, wie bei dem zum Zwecke der Bestechung Gegebenen und bei Veräußerung eingezogener Gegenstände. Außerdem kommt nach § 309 auch der § 308 Abs. 1 und 2 in Betracht, in den Fällen, wo die Nichtigkeit durch Genehmigung gehoben werden kann. Der in § 307, § 309 grundsätzlich anerkannte Anspruch auf das negative Interesse wird regelmäßig fortfallen, weil in den meisten Fällen die bona fides im Sinne des § 307 Abs. 1 Satz 2 fehlen wird.

2. Für den Verkehr wichtiger sind die in §§ 135, 136 behandelten gesetzlichen, gerichtlichen, behördlichen Veräußerungsverbote, die nur den Schutz bestimmter Personen bezwecken. Rechtsgeschäftliche Verfügung, Zwangsvollstreckung und Arrest sind nach § 135 Abs. 1 nur diesen Personen gegenüber unwirksam, d. h. nur diese können sie, wenn sie wollen, beseitigen, und nach Abs. 2 § 135 wird das Recht aus dem Verstoß gegen das Verbot durch das Recht des gutgläubigen Dritten überwunden, sowie das Eigenthum nach §§ 892, 932 ff., 1032, 1207 überwunden wird. CPO. §§ 894, 897, 898 (Ges. v. 17. Mai 1898).

**a.** Zu den gesetzlichen Veräußerungsverboten dieser Art sind die im gem. R. bekannten Verbote der Veräußerung der res litigiosae, der Dotalgrundstücke, landwirthschaftlichen Grundstücke der Minderjährigen, der vermachten Sachen, der Sachen des pecul. advent., des Mündelvermögens durch Vater und Vormund zu rechnen. Davon ist das der res litig. allgemein beseitigt durch CPO. § 265 (§ 236), wie schon früher im Preuß. und französ. Recht und durch den die materielle Wirkung der Veräußerung nicht berührenden Grundsatz ersetzt, daß das Urtheil für und gegen den Rechts-, Besitznachfolger wirkt, derselbe müßte denn durch Erwerb in gutem Glauben (d. h. ohne Kenntniß der Rechtshängigkeit), nach §§ 892, 932 ff. von der Geltendmachung des rechtshängig gewordenen Anspruchs gegen ihn befreit sein. Vgl. CPO. § 325 (§ 293c Ges. v. 17. Mai 1898), § 727. Vgl. RG. 40 S. 341 und das Nähere zu §§ 892, 932 ff., 1105, 1113 ff., §§ 2100 ff. Ein gesetzliches Verbot der Veräußerung vermachter Sachen, l. 3 C. 6, 43 kennt das BGB. so wenig wie das bisher geltende Recht, § 2174. Zu den gesetzlichen Veräußerungsverboten im Sinne des § 135 sind nach BGB. die gesetzlichen Verfügungsbeschränkungen zu rechnen, denen die Ehefrau bei Verfügungen über das Eingebrachte unterworfen ist. Dabei gilt aber der besondere Grundsatz des § 1404, wonach die Beschränkungen, denen die Ehefrau nach den §§ 1395 bis 1403 unterliegt, der Dritte selbst dann gegen sich gelten lassen muß, wenn er nicht weiß, daß die Frau Ehefrau ist. Zu beachten ist, daß dagegen die Verfügungsbeschränkung, die aus der Geschäftsunfähigkeit oder beschränkten

Geschäftsfähigkeit folgt, nicht unter die in §§ 135, 136, auch nicht unter § 134, fällt, weil sie ihren Grund in der mangelnden rechtlichen Willensfähigkeit hat, daher stets absolut wirkt. Anderer Natur sind ferner die Veräußerungsverbote, die mit der Verfügungsbeschränkung zusammenhängen, die aus der gesetzlichen Natur des ehemännlichen und väterlichen Verwaltungs- und Nutzungsrechts und aus der Verwaltungsfunktion des Vormunds folgen, §§ 1373 ff., 1432 ff., 1437 ff., 1649 ff., 1684 ff., 1802 ff. Sie wirken gegen Jeden, weil sie Jedem bekannt sein müssen und der gute Glaube kommt nur soweit in Betracht, als er sich auf die thatsächlichen Umstände bezieht, von denen die Anwendung der gesetzlichen Vorschriften abhängt. Dasselbe gilt da, wo die Abtretung (Veräußerung) einer Forderung, wenn auch nicht im öffentlichen Interesse, doch wegen ihrer rechtlichen Natur verboten ist, wie in § 399 BGB. und in CPO. § 852 (§ 749b), Pflichttheilsanspruch, Anspruch aus § 528 BGB. Vgl. auch die in den §§ 1124, 1126 enthaltenen gesetzlichen Beschränkungen der Verfügung über Miethe und Pacht zu Gunsten der Hypothekengläubiger.

Ein landesgesetzliches Veräußerungsverbot im Sinne des § 135 enthält der § 42 des Preuß. Feld- und Forstpolizeiges. v. 1. April 1880, der die Veräußerung von Walderzeugnissen seitens des Dienstbarkeits- oder Nutzungsberechtigten unter Strafe stellt, der sie nur zum eigenen Bedarf entnehmen darf. Damit ist die Veräußerung in diesem Falle zu Gunsten des Verpflichteten verboten. Landesgesetzliche Veräußerungsverbote im Sinne des § 135 enthalten ferner vielfach die durch die Art. 57, 58, 59 EG. aufrechterhaltenen Hausverfassungen und die landesgesetzlichen Vorschriften über Lehn und allodificirte Lehn, Familienfideikommisse und Stammgüter. Der Art. 61 EG. erhält diese Veräußerungsverbote mit derselben Wirkung aufrecht, wie sie sich aus § 135 Abs. 2 ergiebt, ebenso wie EG. Art. 168 mit derselben beschränkten Wirkung die zur Zeit des Inkrafttretens des BGB. nach bisherigem Recht wirksam bestehenden Verfügungsbeschränkungen aufrecht erhält. Ebenso wie bei Lehn und Fideikommiß gestaltet sich nach §§ 2113 ff., CPO. § 773 (§ 691 b) das Rechtsverhältniß bei Veräußerung durch einen Vorerben im Verhältniß zum Nacherben.

**b.** Von besonderer praktischer Bedeutung ist das gesetzliche Veräußerungsverbot, welches in der nach dem Gesetz mit der Konkurseröffnung verbundenen Verfügungsbeschränkung enthalten ist. Nach § 6 Abs. 1 (§ 5) der KonkO. in der neuen Fassung verliert der Gemeinschuldner mit der Eröffnung des Verfahrens die Befugniß der Verfügung über das zur Masse gehörige Vermögen und nach § 7 Abs. 1 sind seine späteren Rechtshandlungen den Konkursgläubigern gegenüber unwirksam. (§ 6 Abs. 1 der alten Fassung: nichtig.) Damit ist ein gesetzliches Veräußerungsverbot im Sinne des § 135 zu Gunsten der Konkursgläubiger gegeben. Der § 7 Abs. 1 Satz 2, § 15 KonkO. (Ges. v. 17. Mai 1898) bestimmt deshalb, daß die §§ 878, 892, 893 BGB. unberührt bleiben, d. h. das Veräußerungsverbot muß zur Wirkung gegen den, der es nicht kennt, wie in allen Fällen der §§ 135, 136 in das Grundbuch eingetragen werden, vgl. §§ 878, 880, 1116 Abs. 2 Satz 3, 1154 Abs. 3, 1168 Abs. 2, 1196 Abs. 2, und derjenige, der in gutem Glauben auf Grund des Grundbuches von dem Gemeinschuldner erworben oder an ihn auf ein eingetragenes Recht geleistet, hat wirksam erworben und wirksam geleistet, wenn auch die Eröffnung des Verfahrens öffentlich bekannt gemacht ist, §§ 76, 111 KonkO. Deshalb schreibt der § 113 KonkO. (Ges. v. 17. Mai 1898) jetzt allgemein vor, daß die Eröffnung des

Konkursverfahrens bei Grundstücken des Gemeinschuldners und bei eingetragenen Rechten in das Grundbuch einzutragen ist. Vor dieser Eintragung erwirbt der Gutgläubige demnach jetzt durch Auflassung seitens des Gemeinschuldners Eigenthum und abweichend vom alten Recht (§ 12 KonkO.) nach § 15 KonkO. (Ges. v. 17. Mai 1898) auch andere Rechte am Grundstück oder an eingetragenen Rechten. Vgl. für das frühere R. Eccius 3 § 169 Anm. 23 a. E. Für bewegliche Sachen und Forderungen gilt dies nicht. Der Besitzstand steht im Falle des Konkurses nicht wie nach § 135 Abs. 2 außerhalb des Konkurses dem guten Glauben des Grundbuchs gleich. Vgl. darüber das Nähere zu §§ 878, 892, 893, 932 ff. Für Leistungen seitens eines Schuldners der Masse an den Gemeinschuldner nach der Konkurseröffnung enthält der § 8 der KonkO. eine analoge, den guten Glauben berücksichtigende, und die Beweislast besonders regelnde Vorschrift.

Schlechthin ausgeschlossen ist nach § 14 KonkO. Arrest, Zwangsvollstreckung, einstweilige Verfügung (Vormerkung) zu Gunsten einzelner Konkursgläubiger, was der Natur des Konkursverfahrens entspricht. Vgl. RG. 28 S. 283. Dadurch ist für den Konkurs auch der § 898 CPO. (§ 779 d) ausgeschlossen, nach welchem die Vorschriften zu Gunsten derjenigen, die Rechte von einem Nichtberechtigten herleiten (§§ 892, 972 ff. BGB.) auf einen Erwerb Anwendung finden, der sich nach den §§ 894, 897 CPO. (§§ 779 a, 779 c) vollzieht. Der § 13 KonkO. (§ 10 a) enthält die besondere Bestimmung, daß Veräußerungsverbote im Sinne der §§ 135, 136, die gegen den Gemeinschuldner gerichtet, den Konkursgläubigern gegenüber unwirksam; wirksam soll nur eine bei der Zwangsvollstreckung in das unbewegliche Vermögen erfolgte Beschlagnahme bleiben. Die Erörterung dieser zu weitgefaßten und sehr vorsichtig zu handhabenden Vorschrift gehört in das Konkursrecht. Nach § 1984 verliert der Erbe mit der Anordnung der Nachlaßverwaltung die Verwaltungs- und Verfügungsbefugniß. Das enthält ein gesetzliches Veräußerungsverbot, auf welches nach Satz 2 Abs. 1 § 1984 die §§ 7, 8 der KonkO. (Ges. v. 17. Mai 1898) Anwendung finden. Das Nähere s. zu § 1984.

Ueber gesetzliche Verfügungsbeschränkung durch Testamentsexekution vgl. §§ 2211, 2214 und unter 3.

**c.** Nach § 136 steht einem gesetzlichen Veräußerungsverbot im Sinne § 135 des von einem Gericht oder einer anderen Behörde innerhalb ihrer Zuständigkeit erlassenen Veräußerungsverbot gleich, d. h. es wirkt ebenso wie jenes nur zu Gunsten der Person, in deren Interesse es erlassen und nur mit der aus Abs. 2 § 135 sich ergebenden Beschränkung, also nicht Nichtigkeit. Unter § 136 fällt z. B. die richterliche Beschlagnahme zur Deckung der Geldstrafe und Kosten nach §§ 325, 326 StPO., ferner das allgemeine Veräußerungsverbot, welches der Konkursrichter nach § 98 Abs. 1 Satz 3 der KonkO. vor Eröffnung des Konkursverfahrens erlassen kann; nach § 106 KonkO. soll auch dieses im Grundbuch und muß, wie jedes gesetzliche Veräußerungsverbot, im Sinne der §§ 135, 136 eingetragen werden, wenn es gegen den Dritten, dem andere Wissenschaft nicht nachzuweisen, wirken soll. Nach CPO. § 829 (§ 730) hat das Vollstreckungsgericht bei Zwangsvollstreckung in eine Forderung an den Schuldner (Gläubiger der Forderung) das Gebot zu erlassen, sich jeder Verfügung über die Forderung zu enthalten; das Verbot ist ein Veräußerungsverbot im Sinne des § 135, das jede Verfügung über die Forderung seitens des Schuldners (Gläubigers) gegenüber seinem

Gläubiger unwirksam macht und zwar ohne die Beschränkung in Abs. 2 § 135, weil die dort angezogenen Vorschriften für Forderungen nicht gelten. Der Drittschuldner dagegen wird an wirksame Leistung an seine Gläubiger erst durch die ordnungsmäßige Zustellung des Pfändungsbeschlusses gemäß § 829 Abs. 3 CPO. gehindert, da er so lange seinen Gläubiger als wahren Gläubiger ansehen darf, wenn er das Veräußerungsverbot nicht vorher gekannt hat. §§ 407, 408, 893 BGB. Vgl. CPO. § 836 Abs. 2 (§ 737 Abs. 2, Ges. v. 17. Mai 1898) ZwVG. v. 24. März 1897 § 22 Abs. 2. In Zusammenhang damit steht § 392 über die Aufrechnung gegen beschlagnahmte Forderung. Anders gestaltet sich dies nach § 830 CPO. bei Hypotheken (Grundschulden). Vgl. zu §§ 878, 880, 893, 1138 ff. BGB. Gleiches gilt für den Arrest in Forderungen, CPO. §§ 938 ff. Nach § 938 CPO. (AGO. I 29 § 83) kann auf Antrag im Wege der einstweiligen Verfügung dem Gegner die Veräußerung, Belastung, Verpfändung untersagt werden; auch dies ist Veräußerungsverbot im Sinne des § 135 mit dessen Wirkungen, wie der Arrestschlag auf bewegliche Sachen vor der Pfändung. Ueber Arrest wegen persönlicher Forderung auf Grundstücke vgl. CPO. § 932 (§ 811 Ges. v. 17. Mai 1898), Preuß. Ges. v. 13. Juli 1883 § 10, und die §§ 883 ff. 1179, 1990, 2016 über Vormerkungen zur Sicherung.

Nach § 20 des ZwVG. v. 24. März 1897 gilt der Beschluß, durch welchen die Zwangsversteigerung, und nach §§ 146, 148 das. der Beschluß, durch welchen die Zwangsverwaltung angeordnet, als Beschlagnahme zu Gunsten des Gläubigers, der den Antrag gestellt und ihm beigetreten ist, § 27, und nach § 23 hat diese Beschlagnahme die Wirkung eines Veräußerungsverbots in dem aus den §§ 21, 148, § 10 Nr. 4, 6 das. ersichtlichen Umfange, auf welches § 135 BGB. Anwendung findet. Der § 23 Abs. 2 bestimmt, daß für die Anwendung des § 135 Abs. 2 BGB. die Kenntniß des Versteigerungsantrages (Antrags auf Zwangsverwaltung) der Kenntniß der Beschlagnahme gleich steht und daß mit der Eintragung des Versteigerungsvermerks die Beschlagnahme auch in Ansehung der mithaftenden beweglichen Sachen als bekannt gilt. Nach § 13 KonkO. (§ 10a Ges. v. 17. Mai 1898) wirkt dies Veräußerungsverbot auch den Konkursgläubigern gegenüber. Für das frühere R. vgl. das Preuß. Ges. v. 13. Juli 1883 §§ 9, 16 ff., 30, 139 ff. Welche Behörden außer den Gerichten zu Veräußerungsverboten zuständig, bestimmen außer den Reichsgesetzen die Landesgesetze. In Preußen gehören dazu z. B. die Verwaltungsbehörden nach der V. über das Verwaltungsverfahren v. 7. Sept. 1879 (GS. S. 591) und die öffentl. landschaftlichen (ritterschaftlichen) Kreditanstalten auf Grund ihrer landesherrlich genehmigten Satzungen nach dem Ges. v. 3. August 1897 (GS. S. 388).

**d.** In allen Fällen (abgesehen vom Konkurse) steht der rechtsgeschäftlichen Verfügung gegen das Verbot eine Verfügung gleich, die gegen das Verbot durch Arrestvollziehung oder Zwangsvollstreckung erfolgt. § 135 Abs. 1 Satz 2. Deshalb schreibt CPO. § 772 (§ 690a Ges. v. 17. Mai 1898) vor, daß ein Gegenstand, auf den sich ein gesetzliches Veräußerungsverbot der in §§ 135, 136 bezeichneten Art bezieht, wegen eines persönlichen Anspruchs oder auf Grund eines nach dem Verbot unwirksamen Rechts nicht im Wege der Zwangsvollstreckung veräußert oder überwiesen werden soll, so lange das Verbot besteht, und daß der zum Widerspruch Berechtigte gemäß CPO. § 771 (§ 690) Klage erheben kann, die den Nachweis des Veräußerungsverbots und da, wo gemäß § 898 CPO. (§ 779a) ein Rechtserwerb für den Gegner eingetreten ist, den Nachweis der Kenntniß des Verbots erfordert. Der Nachweis dieser Kenntniß ist überall erforderlich, wo das gemäß § 135 Abs. 2 BGB. gegen das Verbot erworbene Recht beseitigt werden soll; den Erwerber trifft die Beweislast nicht.

In § 888 Abs. 2 BGB. ist für Grundstücke demjenigen, der aus einem Veräußerungsverbot ein Recht auf Eintragung oder Löschung eines Rechts an dem Grundstücke oder eines Rechts an einem solchen Recht hat, also demjenigen, der durch das Veräußerungsverbot berechtigt ist, der Eigenthumsübertragung, der Belastung des Grundstücks, oder der Uebertragung oder Verpfändung einer Hypothek, Grundschuld zu widersprechen, die Klage auf Bewilligung der Eintragung des eigenen Rechts und der Löschung des entgegenstehenden Rechts gegeben. So klagt der Konkursverwalter gegen den, dem das zur Masse gehörige Grundstück nach der Konkurseröffnung aufgelassen oder eine Hypothek abgetreten oder für den eine Hypothek eingetragen, auf Löschung des Eigenthumsüberganges oder Rückauflassen, Löschung des Uebertragungsvermerks, der Hypothek, wenn er das Grundstück veräußern, die Hypothek versilbern will, und den Beweis führen kann, daß der Erwerber die Konkurseröffnung gekannt hat, oder hat kennen müssen, weil sie eingetragen. Bei beweglichen Sachen stellt sich für den Konkursverwalter die Sache nicht anders: Bei Abtretung von Forderungen ignorirt der Verwalter die Abtretung und fordert Zahlung vom Schuldner, und falls dieser durch Zahlung in gutem Glauben nach § 8 KonkO. gedeckt ist, vom Cessionar nach § 816 BGB. Bei gesetzlichen und richterlichen Veräußerungsverboten anderer Art gestaltet sich das Klagerecht ganz verschieden, je nach der Natur des Rechts, das durch das Verbot gesichert werden soll. Vgl. z. B. ZwVG. v. 24. März 1897 § 10 Nr. 4, 6, § 26, aus denen sich ergiebt, daß Klage auf Beseitigung eines gegen das Verbot (Beschlagnahme) begründeten und eingetragenen Rechts regelmäßig weder nöthig, noch zulässig ist. Das Klagerecht hat stets nur der, zu dessen Schutz, in dessen Interesse das Verbot erlassen. Das Nähere ist hier nicht zu erörtern. Ueber die Fälle, in denen durch das Veräußerungsverbot der Erwerb einer beweglichen Sache oder eines Rechts an einer solchen gesichert werden soll, vgl. zu §§ 931, 1032, 1205 und CPO. §§ 886, 897, 898.

Für alle Fälle gesetzlichen und dem gleichstehenden Verbots gegen ein Rechtsgeschäft gilt der Satz, daß auch auf Umwegen, durch Schleichgeschäft, nicht in fraudem legis erreicht werden kann, was das Gesetz verbietet. l. 29 D. 1, 3. Vgl. darüber S. 128 unter 6.

3. Durch Rechtsgeschäft kann die Befugniß zur Verfügung über ein veräußerliches Recht nicht ausgeschlossen oder beschränkt werden. Im Entw. I § 796 war der Satz dahin aufgestellt, daß die Befugniß desjenigen, dem das Eigenthum oder ein anderes Recht an einer Sache zusteht, über sein Recht zu verfügen, durch Rechtsgeschäft mit Wirkung gegen Dritte nicht ausgeschlossen oder beschränkt werden könne, soweit nicht das Gesetz ein Anderes bestimmt. Der § 137 erstreckt den Grundsatz auf alle veräußerlichen Rechte, auf Forderungen und Rechte anderer Art, § 413 (Urheberrechte, Zeichenrechte u. a.). Keine Ausnahme enthält § 399 (§ 413), der die Ausschließung der Abtretung einer Forderung (eines Rechts) durch Vertrag zwischen Gläubiger und Schuldner zuläßt; durch solche Abrede wird das Schuldverhältniß individualisirt, sodaß das Verlangen der Leistung an einen Anderen als den Gläubiger nicht als die über-

nommene Leistung an den Gläubiger erscheint; es trifft also zugleich der allgemeine Gesichtspunkt des § 399 zu, daß an einen Anderen als den ursprünglichen Gläubiger nicht zu leisten, wenn der Inhalt der Leistung dadurch verändert würde. Vgl. zu § 399. Die Beschränkung des Satzes in § 796 Entw. I, „soweit nicht das Gesetz ein Anderes bestimmt," hatte die dinglichen Rechte an Grundstücken und beweglichen Sachen und Rechten, Buch 3 Abschn. 4 ff., im Auge, und verstand sich von selbst, wie sie sich für § 137 von selbst versteht, der sich weder auf die vertragsmäßigen Verfügungsbeschränkungen durch die Konstituirung solcher Rechte, noch auf suspensiv oder resol. bedingten Erwerb, §§ 161, 925 Abs. 2, noch auf das obligatorische Vorkaufs- und Wiederkaufsrecht, noch auf Substitution in Erbschaft oder Vermächtniß noch auf die mit der rechtsgeschäftlichen Errichtung eines Familienfideikommisses gesetzlich verbundenen Verfügungsbeschränkungen, EG. Art. 59, bezieht.

Die Einschränkung des Satzes in Entw. I § 796 „mit Wirkung gegen Dritte" spricht der Satz 2 des § 137 aus: Die Wirksamkeit der rechtsgeschäftlich geordneten Verpflichtung, nicht zu verfügen, wird durch die Vorschrift in Satz 1 nicht berührt, d. h. wird eine Verpflichtung dieser Art übernommen oder (letztwillig) bestimmt, so ist sie dem Stipulanten gegenüber wirksam, sie kann erfüllt, das Interesse wegen Nichterfüllung kann gefordert, die Nichterfüllung unter Vertragsstrafe gestellt werden, § 339, der § 344 ist nicht anwendbar. Nur § 1136 erklärt für nichtig, schließt also auch die obligatorische Wirkung aus für die Vereinbarung zwischen Gläubiger und Eigenthümer, daß dieser das Grundstück nicht weiter veräußern oder belasten darf. Vgl. auch § 1518, nach dem rechtsgeschäftliche Verfügungsbeschränkungen gegen die §§ 1483—1517 ebenfalls nichtig sein würden. Abgesehen von diesen Fällen wirkt die rechtsgeschäftliche (vertragsmäßige, letztwillige) Verfügungsbeschränkung nur obligatorisch zwischen den Betheiligten, nicht gegen Dritte, mögen sie von der Beschränkung Kenntniß haben oder nicht, und nach § 13 KonkO. (§ 10a) kann im Konkurse des Verpflichteten von einer Wirkung gegen die Konkursgläubiger so wenig die Rede sein, wie gegen die Gläubiger überhaupt. Vgl. RG. 35 S. 28, wo A. sich seinem Darlehnsgeber B. gegenüber verpflichtet hatte, Waaren in seinem Geschäft nicht unter bestimmtem Preise zu verkaufen bei Strafe, die B. von dem Konkursverwalter der Masse des A. forderte, weil dieser nach der Konkurseröffnung Waaren unter dem Preise verkauft hatte. Die Klage würde auch nach BGB. abzuweisen sein. Der Rechtssatz ist in der Hauptsache der des gem., des französ. Rechts und des HGB. §§ 223, 224, 792.

Dagegen läßt das Preuß. R. in ALR. I 4 §§ 15 ff. zu, daß Sachen durch Privatverfügung mit Wirkung gegen Dritte, denen die Verfügung bekannt oder durch Eintragung in das Hypothekenbuch als bekannt gilt, dem Verkehr entzogen werden. Diese in der Preuß. Praxis vielfach in Zusammenhang mit den Vorschriften der §§ 398, 419 ff., 426, 429 II 2 ALR. über die Enterbung in guter Absicht behandelten Bestimmungen haben eine sehr weite Anwendung erfahren. Vgl. RE. 1 Nr. 52, 4 Nr. 330 unter 4. In StrA. 91 S. 159 ist zugelassen und bei Eintragung für dinglich wirksam erklärt die Stipulation, daß der Käufer das Grundstück während des Nießbrauchsrechts des Verkäufers (Eltern) ohne dessen Genehmigung weder veräußern, noch belasten dürfe, ObTr. 54 S. 11 (StrA. 58 S. 275), in ObTr. 82 S. 104, daß die Zinsen eines der Tochter testamentarisch als Abfindung ausgesetzten Hypothekenkapitals von ihren Gläubigern nicht in Anspruch genommen, sondern nur zu ihrer und der Kinder Verpflegung und Erziehung verwendet werden dürfen. Vgl. auch StrA. 35 S. 30, 85 S. 249 und ObTr. 45 S. 218, 48 S. 236 a. a. O. Im ersten Falle war in einer Stiftung bestimmt, daß die Revenuen an die (nicht pflichttheilsberechtigten) Erben in bestimmten Raten und Terminen zu zahlen, vor der Theilung und Auszahlung die Gläubiger sich daran nicht sollten halten können. Der Arrest eines Gläubigers ist für unzulässig erachtet. Vgl. jetzt CPO. § 850 Nr. 3 (§ 749 Nr. 3 Ges. v. 17. Mai 1898). In den anderen Fällen handelte es sich um Fälle der Enterbung in guter Absicht. In RG. 1 S. 175 ist dann aber die Ausschließung der Gläubiger des Erben von der Befriedigung aus dem Erbtheil des Erben ohne gleichzeitige Verfügungsbeschränkung des Erben für unstatthaft erklärt. Aehnlich RG. 14 S. 278. Anders lag RG. 14 S. 288, 16 S. 185, wo wirkliche Substitution der Kinder in der Bestimmung enthalten war, daß die eingesetzten Erben das Nachlaßgrundstück während Lebzeiten ihrer Kinder nicht sollten veräußern oder belasten dürfen, erst die Kinder dazu berechtigt. Zulässig ist nach LR. die Abrede zwischen Vermiether (Verpächter) und Miether (Pächter), daß ersterer während der Dauer des Vertragsverhältnisses nicht veräußern oder über das Grundstück in bestimmter Weise durch Vermiethen an Andere oder zu gewisser Benutzung nicht verfügen darf; solcher Beschränkung kann durch Eintragung oder Wissenschaft dingliche Wirkung beigelegt werden. Nach LR. ist in gleicher Weise zulässig, daß der mit der Parzellirung eines Grundstücks und dem Verkauf der Parzellen Beauftragte sich ausbedingt, daß der Eigenthümer bis zur Beendigung des Geschäfts nicht anderweit veräußert und belastet, und dieser Beschränkung durch Eintragung dingliche Wirkung verschafft.

Nach BGB. ist so wenig die vertragsmäßige oder letztwillige Ausschließung der Gläubiger durch eine dahingehende Verfügungsbeschränkung wie die Schaffung derartiger dinglicher Beschränkungen möglich, auch nicht die dingliche Beschränkung durch die Bindung der Veräußerung an die Genehmigung eines Dritten. So wenig nach BGB. die Kenntniß vor dem persönlichen Recht eines Anderen zu einer beweglichen oder unbeweglichen Sache dingliche Wirkung hat, nur durch Vormerkung in ganz bestimmten Fällen nach §§ 883 ff. gesichert werden kann, so wenig kann das obligatorische Veräußerungsverbot durch die Kenntniß des Dritten wirken, und eingetragen kann es nur werden, soweit dadurch ein für einen bestimmten Berechtigten eintragbares Recht am Grundstück oder einem Recht am Grundstück begründet werden kann. Vgl. zu §§ 888, 892. Das ist z. B. auch dann nicht der Fall, wenn der Schenker dem Beschenkten auferlegt, das geschenkte Grundstück binnen bestimmter Frist nicht zu veräußern. Nicht ausgeschlossen ist übrigens in diesen und ähnlichen Fällen, daß der aus der obligatorischen Verpflichtung Berechtigte bei drohender Verletzung der Verpflichtung im Wege der einstweiligen Verfügung ein richterliches Veräußerungsverbot erlangt, das dann gemäß §§ 135, 136 wirkt und durch Eintragung auf Ersuchen des Richters dinglich gemacht werden kann. Mehr als obligatorische Wirkung kann dem vertragsmäßigen oder letztwilligen Veräußerungsverbot dadurch verschafft werden, daß es zu einer auflösenden Bedingung mit Bestimmung eines eventuell Berechtigten gestaltet wird. Vgl. zu §§ 161, 2075, 2100 ff., 2190, 2191.

Für letztwillige Verfügungsbeschränkungen des Erben, die für die Praxis des Preuß. R. besonders wichtig geworden sind, kommt der § 2338 in Verbindung mit den §§ 2197 ff. über die Testamentsexekution in Betracht. Nach § 2338 kann dem verschwenderischen oder überschuldeten pflichttheilsberechtigten Descendenten nicht bloß ein Nacherbe selbst in den Pflichttheil ernannt, sondern für seine Lebenszeit die Verwaltung einem Testamentsvollstrecker übertragen werden. Der Pflichttheilsberechtigte hat in solchem Falle nur Anspruch auf den jährlichen Reinertrag. Nach § 2214 können sich die persönlichen Gläubiger des Erben nicht an das der Verwaltung unterliegende Vermögen halten und nach § 2211 kann der Erbe über das Vermögen nicht verfügen. Diese gesetzliche Beschränkung ist eintragungsfähig. Nach §§ 2197 ff., 2203, 2209 ist der Erblasser aber überhaupt befugt, zur Ausführung seiner letztwilligen Verfügungen und zur Verwaltung des Nachlasses einen Testamentsvollstrecker zu ernennen und zwar bis zum Tode des Erben oder des Testamentsvollstreckers oder bis zum Eintritt eines anderen Ereignisses in der Person des Erben (bestimmtes Lebensalter, Verheirathung u. a.) oder des Vollstreckers. Der Erbe kann im Falle der Verwaltung des Testamentsvollstreckers über die Nachlaßgegenstände nicht verfügen, § 2211.

Diese gesetzliche Beschränkung wirkt nach Abs. 2 § 2211 nur gegen den nicht, der nicht weiß, daß der Gegenstand der Verwaltung unterliegt und die Eintragung der Nachlaßverwaltung macht die Beschränkung dinglich gegen Jeden. Persönliche Gläubiger des Erben können sich nicht an die der Verwaltung unterliegenden Gegenstände halten. Diese später näher zu erörternden Vorschriften sind von großer praktischer Bedeutung; sie eröffnen dem Testator eine Macht für die Zeit nach seinem Tode, die vielfach dem Lebensbedürfniß entspricht, und in ihrer bedenklichen Seite durch die beschränkenden Vorschriften in §§ 2210, 2216 Abs. 2 gemildert wird. Die Vorschriften führen in der Hauptsache zu dem Ergebniß des PlBeschl. des Reichsgerichts Bd. 25 S. 292. Der Erbe, der nicht Pflichttheilserbe, kann sich diesen Vorschriften nicht entziehen, und der Pflichttheilserbe, dem das ganze Erbtheil oder mehr als der Pflichttheil hinterlassen, nur durch Wahl des Pflichttheils, wenn ihm nicht § 2338 entgegensteht. Der Erblasser kann auf diesem Wege ein Veräußerungsverbot auf lange Zeit zur praktischen Wirkung bringen, die persönlichen Gläubiger des Erben, wenn auch nicht absolut, doch so gut wie ganz ausschließen, obwohl er auch hier nicht verhindern kann, daß sie sich an die dem Erben auszuzahlenden Revenuen halten.

Zu erwähnen ist noch, daß nach § 5 des Preuß. Ansiedelungs-Ges. v. 26. April 1886 (GS. S. 131) und § 3 des Preuß. Rentengut.-Ges. v. 27. Juni 1890 (GS. S. 209) vertragsmäßig der Rentengutsbesitzer in seiner Verfügung dahin beschränkt werden kann, daß Zertheilung und Abveräußerung von der Zustimmung des Rentenberechtigten abhängig gemacht wird. Durch EG. Art. 62 sind diese Vorschriften aufrecht erhalten. Die dingliche Wirkung ist von der Eintragung oder Kenntniß abhängig.

**III. 1.** Daß die Rechtsordnung ihrem Zwecke nach nicht dazu dienstbar gemacht werden darf, das, was dem Sittengesetz widerspricht, zum Recht zu machen, ist ein Grundsatz, der jedem Recht innewohnt. l. 15 D. 28, 7. Die Grenzen der Moral, die positive Anforderungen an sittliches Verhalten stellt, und des Rechts, das durch zwingende Normen zu sittlichem Verhalten sein Gebiet verlassen würde, werden durch diesen negativen Satz nicht verwischt, der keinen Zwang übt, nur dem Recht seinen ethischen Zweckinhalt wahrt und Mißbrauch ablehnt. Das ALR. I 4 §§ 7 ff. schließt als Gegenstand rechtlich wirksamer Willensäußerung aus, d. h. versagt den Rechtsschutz den Handlungen, die die Ehrbarkeit beleidigen, I 4 § 7, I 11 § 1070, I 16 § 206, der Beförderung gesetzlich gemißbilligter Handlungen durch Versprechen für Verheimlichung der That, Entschädigung, Belohnung des Thäters, Begünstigung durch Darlehn und Schenkung, I 4 § 8, I 16 §§ 400, 415, 416, wobei aber die Abrede einer Konventionalstrafe zur Verhütung eines Verbrechens zugelassen, I 5 § 303 (l. 2 p. D. 12, 5), § 250 I 14, der Einschränkung der Gewissensfreiheit durch Verpflichtung zur Aenderung oder Nichtänderung von Religion und Konfession, conditio religionis non mutandae, § 9 I 4, AKO. v. 17. Aug. 1825 (GS.S. 221), II 11 §§ 40, 1179, der Verhinderung der Ehen durch Verpflichtung zum Cölibat oder Nichtänderung des Wittwenstandes, der Beschränkung der persönlichen Freiheit durch Sklaverei oder Privatgefangenschaft, § 13 I 4, § 297 I 5, §§ 196 ff. II 5, Ges. v. 9. März 1857, oben S. 5. Die unsittlichen Bedingungen werden nach I 4 §§ 120, 137, 138; 5 §§ 227, 228; 12 § 63 wie im gem. R. verschieden bei Verträgen und letztwilligen Verfügungen behandelt. Ueber die noch jetzt zu beachtende Praxis, durch welche diese Vorschriften gestaltet, vgl. RE. 1 Nr. 49 (50, 51) unter 2, 3; 4 Nr. 323a unter III; 3 Nr. 261a unter 2. Das SBGB. erklärt in § 90 Rechtsgeschäfte für nichtig, die den guten Sitten widerstreitende Handlungen zum Gegenstand haben, §§ 109, 2129 ff. (Bedingung) und enthält ausführliche Vorschriften in den §§ 877, 878, 879, 880, 1544 bis 1544 (cond.). Für eine unsittliche Handlung kann danach kein Versprechen ertheilt, für nicht unsittliches Handeln keine Verpflichtung übernommen, Aenderung oder Nichtänderung der Religion oder Konfession nicht zum Gegenstand eines Versprechens gemacht werden; unsittlich ist das Nehmen einer Leistung dafür, daß man nicht unsittlich handle, das Geben für eine unsittliche oder das Unterlassen einer gebotenen Handlung, für das Befördern oder Verdecken einer unsittlichen (strafbaren) Handlung, für die Nichtanzeige oder das Verheimlichen einer strafbaren Handlung. Die unsittlichen Bedingungen werden wesentlich wie im gem. Recht behandelt. Das französ. R. läßt aus der cause contraire aux bonnes moeurs eine gültige Verpflichtung ebensowenig entstehen, wie aus der Obligation sans cause, art. 1133, behandelt die unsittliche Bedingung aber so wie das gem. R., art. 900, 1172.

Entw. I § 106 bestimmte, daß ein Rechtsgeschäft nichtig, dessen Inhalt gegen die guten Sitten verstößt. Damit wären zunächst nur die Fälle getroffen, wo Unsittliches oder für Unsittliches versprochen, das Rechtsgeschäft dem Unsittlichen unmittelbar oder mittelbar diente. RG. 29 S. 106, 38 S. 201 (Bordellbetrieb), Bolze 23 Nr. 209 (Versprechen für betrügerisches Annonciren), Bolze 18 Nr. 307 (Versprechen für Konkubinat). Die späteren Entwürfe sagen, wie § 138, daß ein Rechtsgeschäft nichtig, das gegen die guten Sitten verstößt. Damit soll nicht etwa Inhalt und Motiv in Gegensatz gebracht und gesagt werden, daß das unsittliche Motiv das objektiv den guten Sitten nicht widerstreitende Rechtsgeschäft stets zu einem unsittlichen mache. Das würde die Grenzlinie zwischen Recht und Moral allerdings verwirren und dahin führen können, einen Kauf wegen verwerflicher Gesinnung für nichtig zu erklären, den A. abschließt, um den Nachbar zu ärgern, der das Kaufobjekt wünscht und braucht, während es für A. keine Bedeutung hat, oder den Kauf einer Pistole zum Duell oder eines Geschenkes für eine Dirne oder Ehebrecherin, das würde viel zu weit gehn. Vgl. Seuffert Arch. 49 Nr. 238. Das unsittliche Motiv kann aber das objektiv nicht unsittliche Geschäft so gestalten, daß es zu einem unsittlichen wird. In ObTr. 39 S. 23 hatte der Verpächter im Pachtvertrage mit dem Pächter stipulirt, daß dieser bei Strafe auf der Dorfwindmühle weder mahlen, noch schroten lassen dürfe. Das war objektiv nicht unsittlich, wurde es aber durch das Motiv der Stipulation, das lediglich darin bestand, den dem Verpächter persönlich unangenehmen Müller durch Entziehen der Kundschaft zu schädigen. Hier wurde durch Motiv und Zweck zugleich der Inhalt des Geschäfts charakterisirt. Das ObTr. wies die Klage auf Zahlung der Strafe namentlich auch unter Berufung auf ALR. Einl. § 87 (Handlung, die durch natürliche Gesetze verboten) und § 7 I 4, §§ 68, 70 I 5 ab. Nach BGB. würde § 138 zu demselben Ergebniß führen, daneben auch § 226 (Chikaneverbot) und für den Müller der § 826 in Betracht kommen, der Ersatzpflicht für vorsätzliche Schadenszufügung statuirt, auch wenn die Schadenszufügung nicht durch strafbare, unerlaubte Handlung, sondern auch nur in einer gegen die guten Sitten verstoßenden Weise erfolgt. Alle diese Vorschriften beruhen ebenso wie die zahlreichen auf Beachtung von Treu und Glauben hinweisenden Vorschriften auf der eine Glanzseite des BGB. bildenden, auf eine dem lebendigen Rechtsbewußtsein entsprechende Rechtsprechung drängende Berücksichtigung des ethischen Moments im Recht. Der § 138 will durch seine Fassung den Richter nicht zum Sitten- und Gesinnungsrichter machen, nicht die Sittlichkeit befördern, sondern dem formalen Recht eine Schranke setzen, wo seine Ausnutzung dem sittlichen und damit dem Rechtsbewußtsein widerspricht. Die Schranke ist nicht die Sitte, die oft nichts ist als eine Form der Unsitte, auch nicht die Sittlichkeit, die kein Gegenstand einer Rechtsnorm des Verkehrs sein kann, sondern „die guten Sitten", d. h. die sittliche Gesammtauffassung (nicht des Einzelnen, sondern hujus temporis, hujus civitatis) von dem, was „gutes Recht" ist. Damit sind die guten Sitten zu einer Rechtsnorm erhoben, die neben jeder Rechtsnorm zu beachten, und Bestandtheil jeder Rechtsnorm ist, deren Anwendungsgebiet nicht abstrakt zu formuliren, sondern in jedem einzelnen Falle durch den konkreten Gesammtcharakter des Rechtsgeschäfts gegeben wird, der sich nicht aus dem objektiven Gegenstande, dem Inhalte oder dessen Zweck und Motiven, sondern aus der Zusammenfassung aller subjektiven und objektiven Momente ergiebt, wie die nachfolgenden Beispiele zeigen.

2. Das Gesetz sagt nicht und konnte nicht sagen, was „die guten Sitten" sind; sie sind auch nicht Gegenstand thatsächlicher Feststellung, sondern wie jede Rechtsnorm von Amtswegen zu beachten und frei zu beurtheilen. Von Bedeutung bleibt, was die juristische Praxis bisher auf Grund der specielleren Vorschriften der Landesgesetze als Inhalt der guten Sitten als Rechtsnorm herausgearbeitet hat. Das BGB. giebt nur einzelne Vorschriften, aus denen sich seine Auffassung entnehmen läßt. Der Abs. 2 § 138 erklärt ausdrücklich als unsittlich und nichtig das wucherliche Rechtsgeschäft, dessen Rechtsbegriff wesentlich so normirt, wie in § 302a des StGB. in der Fassung der Ges. v. 24. Mai 1880, 19. Juni 1893, aber mit einem gegen den strafrechtlichen Begriff erweiterten Inhalt, so daß er jedes Wuchergeschäft umfaßt, nicht bloß den Zins-, Kreditwucher und den gewohnheitsmäßigen Sachwucher, sondern den ganzen Bereich des Geschäftswuchers. Der Geschäftswucher ist unsittlich im Sinne des § 138, weil er auf die Ausbeutung von Nothlage, Leichtsinn und Unerfahrenheit ausgeht, die eigne Ueberlegenheit in Mitteln und Erfahrung und das formale Recht zum Nachtheil des Mitmenschen ausnutzt. Unsittlich ist und unter § 138 fällt deshalb auch das im § 78 des Börsenges. überdies unter Strafe gestellte gewohnheitsmäßige und gewinnsüchtige Verleiten Anderer unter Aus-

beutung ihres Leichtsinns und ihrer Unerfahrenheit zu Börsenspekulationsgeschäften, die nicht zu ihrem Gewerbebetrieb gehören, ein Satz, der auch für die Anwendung des § 764 über die Differenzgeschäfte von Bedeutung ist, weil er unter dem Hinzutritt der Voraussetzungen des § 78 zur Rückforderung des Geleisteten unter Ausschluß des Satz 2 Abs. 1 § 762 führt. Auf ähnlichem Gesichtspunkte wie § 138 Abs. 2 beruht das die gleiche Tendenz verfolgende RGes. betr. die Abzahlungsgeschäfte v. 16. Mai 1894.

Der § 656 BGB. ferner läßt anders als SBGB. § 1259 aus dem Versprechen von Lohn für Nachweis der Gelegenheit zur Eingehung einer Ehe oder für die Vermittelung des Zustandekommens einer Ehe eine klagbare Verbindlichkeit nicht entstehen, versagt aber die Rückforderung des Geleisteten aus diesem Grunde, d. h. wenn sie nur auf die Klaglosigkeit gestützt wird. Vom ObTr. und RG. ist in StrA. 35 S. 90 und Seuff. Arch. 48 Nr. 23 ein solcher Mäklervertrag nicht als unehrbar angesehen, wohl aber in RG. 25 S. 340 für französ. R. Das BGB. schließt mit Rücksicht auf eine vielverbreitete Sitte einen Mittelweg ein, indem es die Rechtshülfe versagt. Dabei ist aber zu beachten, daß § 656 die Auffassung des Ehemäklervertrages als unsittlich nicht absolut ausschließt. Vgl. zu § 656. Festgelegt hat das BGB. eine bestimmte sittliche Auffassung gegen abweichende Auffassung in dem Verbot des Paktirens über den künftigen Nachlaß eines Lebenden, § 312 Abs. 1, vgl. RG. 4 S. 125, 15 S. 326 (französ. R.), und in den Vorschriften der §§ 624, 723, daß ein Dienstverhältniß und eine Gesellschaft für die Lebenszeit nicht mit Rechtszwang eingegangen werden kann. Vgl. HGB. v. 10. Mai 1897 § 131 Nr. 6, § 134. RG. 9 S. 108, 30 S. 81, 33 S. 65 (§ 63 GenossenschGes.). Zu Grunde liegt der in der bisherigen juristischen Praxis des deutschen und französischen Rechts ausgebildete Gedanke, daß es unsittlich, die eigene persönliche und wirthschaftliche Freiheit und Selbstbestimmung einem Anderen dauernd oder in einer das übliche Maß überschreitenden Weise unlösbar unterzuordnen, C. c. art. 178, 1911, derselbe Gedanke, auf dem der § 74 HGB. v. 10. Mai 1897 und § 133f. der GewO. (Art. 9 II EG. z. HGB. v. 10. Mai 1897) beruht. Noch mehr widerspricht es den guten Sitten, den Menschen als Rechtsobjekt zum Gegenstand eines Vertrages zu machen. Vgl. S. 74 zu § 90, auch über die Frage, ob eine Leiche zum Gegenstand des Rechtsverkehrs gemacht werden kann.

Auch nach BGB. ist unter § 138 nicht bloß zu rechnen das Begeben in Sklaverei, S. 5 zu § 1, die freiwillige Stellung unter die Vormundschaft eines Anderen, OHG. 18 S. 101, sondern auch Verträge, die ein ähnliches Verhältniß herbeiführen. Beispiele geben OHG. 18 S. 101, wo sich ein Privatsekretär bei Konventionalstrafe verpflichtet hatte, lebenslang unter Ausschließung der Kündigung von seiner Seite das Vermögen des Anderen zu verwalten, nichts für sich, Alles dem Anderen zu erwerben, und StrA. 53 S. 222, wo sich der Mann durch gerichtlichen Vertrag seiner Frau gegenüber verpflichtet, keine Verträge abzuschließen, keine Verbindlichkeiten einzugehen, keine Willenserklärung abzugeben, die Frau als Vormund anzunehmen. l. 26 D. 44, 1. Der Mann soll sich nicht einmal vor oder nach Eingehung der Ehe verbindlich machen, einen bestimmten Wohnsitz zu nehmen, nicht zu nehmen, nicht zu ändern. RG. 23 S. 172. Der Uhrmacher, wenn er auch nicht Kaufmann, verstößt gegen die guten Sitten im Sinne des § 138, wenn er mit einem Lehrling paktirt, derselbe dürfe sich niemals als Uhrmacher etabliren. OHG. 21 S. 262 (gem. R.). Vgl. RG. 35 S. 97 (gem. R.). Nicht durch die guten Sitten ausgeschlossen ist aber, daß der Socius den ausscheidenden und abgefundenen Socius verpflichtet, dem Geschäft durch Errichtung eines gleichen am Orte oder durch Vertrieb der Artikel des Geschäfts im Absatzgebiet der früheren Gesellschaft keine Konkurrenz zu machen. Das Interesse daran, das bezahlte Geschäft durch Konkurrenz nicht entwerthen oder gefährden zu lassen, ist nach Anschauung des Verkehrs und der guten Sitten ein berechtigtes, das Schutz verlangen kann. Dasselbe gilt für vertragsmäßige Sicherung gegen Konkurrenz anderer Art, wie sie in dem PlPl. ObTr. 80 S. 1, Th. b Nr. 49 (50, 51) RE. 1, behandelt. Eine Mühlenbesitzung mit Bäckerei und Mehlhandel war verkauft und vom Käufer stipulirt, daß der Verkäufer den Handel mit Mehl aufgeben und nicht wieder anfangen dürfe. Die negatoria gegen den Verkäufer, der sofort an demselben Ort einen Mehlhandel eröffnete, ist zugelassen gegen ein früheres Urtheil ObTr. 77 S. 231, wo solch Vertrag wegen Verstoß gegen § 10 GewO. für ungültig erklärt war. Mit dem Princip der Gewerbefreiheit, mit dem die übrigens sehr schwankende Praxis des ObTr. argumentirt hatte, haben solche Verträge nichts zu thun. Es wird immer konkret zu prüfen sein, ob sie den Umständen nach dem öffentlichen Interesse oder durch unziemliche Einschränkung der persönlichen und der Erwerbsfreiheit den guten Sitten widersprechen. Vgl. RG. 1 S. 22, 2 S. 118. Bolze 4 Nr. 671, 13 Nr. 398, 8 Nr. 461, 13 Nr. 400, 6 Nr. 525, 7 Nr. 53. Von beiden ist auch nicht die Rede bei den Verträgen, wie sie häufig vorkommen, durch die dem Unternehmer einer Gasanstalt, einer Straßenbahn das Recht zur Benutzung der Straßen für die Anlagen mit der Verpflichtung übertragen wird, kein weiteres gleiches Recht einzuräumen. StrA. 68 S. 165.

In dieselbe Kategorie gehören die gewerblichen Kartelle, durch die eine gegenseitige Verbindlichkeit Mehrer zur Innehaltung bestimmter Preise, Art und Höhe der Produktion, des Bezugs und des Vertriebs, regelmäßig bei hoher Strafe, begründet werden soll. Solche Kartelle können vollberechtigte Interessen verfolgen, z. B. gegen ausländische Konkurrenz, die zu Preisen liefern kann, bei denen der Inländer nicht seine Produktionskosten erhält oder doch nicht gewerblich vortheilhaft arbeiten kann; solch Kartell kann dem öffentlichen Interesse durch Erhaltung eines Betriebes im Inlande dienen und dann kann nicht gesagt werden, daß das Kartell unsittlich, weil es die Preise vertheuere; das inländische Publikum hat keinen Anspruch auf Preise, die dem Inländer nicht die Produktionskosten bringen. Gegen die guten Sitten kann solch Kartell verstoßen, wenn es auf Ausbeutung des Publikums durch unmäßiges Treiben auf unberechtigte Preise ausgeht. So ist gewiß gegen die guten Sitten, wenn die Verpflichtung gefordert und übernommen wird, den Lebensmittelmarkt einer Stadt nicht mit dem erforderlichen Bedarf zu versorgen, um dem Stipulanten zu ermöglichen, seinen Bestand zu übermäßigem Preise auf dem Markt zu verwerthen.

Ueber pacta de non licitando vgl. oben S. 169.

Dem sittlichen Gefühl (der Ehrbarkeit) widerspricht zu allen Zeiten und aller Orten, eine unerlaubte, verbotene, unsittliche Handlung zu belohnen oder sich belohnen zu lassen, oder gegen Belohnung zu verheimlichen, oder auch nur eine Belohnung dafür zu versprechen oder zu nehmen, daß man eine solche Handlung nicht begeht, oder sich einer Strafe zu unterwerfen, falls man das Gebotene thut. ALR. I 4 § 8; 11 §§ 714, 1070; 16 §§ 205, 400. l. 27 § 4, l. 7 § 3 D. 2, 14; l. 123 D. 45, 1; l. 2 pr. D. 12, 5. Es ist löblich, eine Belohnung für Rettung gefährdeten Menschenlebens auszusetzen und nicht unsittlich, sie zu fordern und zu nehmen, aber es widerspricht dem sittlichen Gefühl, sich dafür belohnen zu lassen, daß man nicht getödtet oder mißhandelt oder gestohlen hat, oder eine strafbare Handlung nicht anzeigt oder angezeigt hat. In beiden Fällen liegt das „gegen die guten Sitten" nicht im Gegenstande, auch nicht im Motiv, sondern darin, daß Lohn für etwas genommen wird, was man aus freiem Willen thun muß, aber nicht aus Eigennutz, OHG. 23 S. 226. Solch Eigennutz liegt bei dem Schweigevertrag nicht immer vor. Es ist nicht nothwendig unsittlich, wenn der Dienstherr in dem Vertrage mit dem Vater des ungetreuen Lehrlings sich Ersatz des Schadens versprechen läßt und Verschwiegenheit verspricht, StrA. 12 S. 18, RG. 33 S. 337. Gerade bei solchen Verträgen wird alles auf die sorgsame Prüfung des Gesammtcharakters; auf den Zusammenhang zwischen dem Versprechen der Entschädigung und der Verschwiegenheit ankommen. Vgl. Bolze 19 Nr. 381. Der in ALR. I 16 § 400; 20 § 240 für unwirksam erklärte Verzicht auf Rechte aus künftigen unerlaubten Handlungen fällt, wie das ausdrücklich verbotene pact. de non praest. dolo, unter § 138, weil es gegen das öffentliche Interesse ebenso wie gegen das sittliche Gefühl verstößt, sich die Freiheit unerlaubter Handlung zu sichern. Das Gleiche wird regelmäßig für das Versprechen gelten, die Strafe zu ersetzen, die einen Anderen treffen wird, oder ihm den Schaden aus Bestrafung zu erstatten. Bedenklich erscheint ALR. I 5 § 303, wonach eine Konventionalstrafe zur Verhütung eines Verbrechens zulässig, aus welchem dem Stipulanten besonderer Nachtheil erwachsen kann; der Charakter eines solchen Versprechens wird konkret zu prüfen sein. Vgl. SBGB. §§ 877 ff. Bürgschaft für die Nachtheile aus künftigen unerlaubten Handlungen und Pflichtverletzungen kann übernommen, wie Kaution dafür bestellt werden kann.

Das Versprechen, nicht wieder zu heirathen oder nicht zu heirathen, ist so wenig unsittlich, wie das Versprechen, beim Glauben seiner Väter zu bleiben, und Schenkung, Legat für die Zeit bis zur Wiederverheirathung verletzt das sittliche Gefühl so wenig, wie ein Erbvertrag zwischen zwei unverheiratheten Frauen, der stipulirt, daß die eine die Andere beerbt, die Ueberlebende aber die Hälfte den Intestaterben der Verstorbenen herauszugeben hat, wenn sie heirathet, StrA. 27 S. 287, 26 S. 18. Ebenso wenig ist es unsittlich, den Bezug von Vortheilen an eine bestimmte Konfession zu knüpfen. Dagegen widerspricht es dem öffentlichen Interesse und den guten Sitten, den Versprechenden an solch Versprechen rechtlich zu binden, ALR. I 4 § 11, und mit der Verletzung des Versprechens die Pflicht zum Schadensersatz zu verknüpfen und Vertragsstrafe zuzulassen. In ObTr. 3 S. 324, RE. 1 Nr. 101 Erk. a, ist deshalb dem Cessionar eines Witthums gegen bestimmte Valuta nach Fortfall des Witthums durch Wiederverheirathung nur der Anspruch auf Erstattung der Valuta nach Abzug dessen, was es aus dem Recht gezogen, zugesprochen. Unsittlich ist es, die freie sittliche Willensbestimmung dadurch zu beeinflussen, daß die Aenderung der Konfession unter Strafe gestellt, oder für die Aenderung der Konfession Versprechen ertheilt wird, selbst die Aussetzung von Vortheilen für Nichtänderung der Konfession kann unsittlich sein, wenn dadurch nach den konkreten Umständen auf die Nichtänderung durch das Versprechen hingewirkt werden soll, ALR. I 4 § 9. Vgl. RG. 21 S. 279, wo auch zu einem anderen Ergebniß hätte gelangt werden können. Das Versprechen, Kinder einer Ehe in einer bestimmten Konfession erziehen zu lassen, darf nicht als gegen die guten Sitten bezeichnet werden, aber es zum Gegenstande vertragsmäßiger, erzwingbarer, unter Vertragsstrafe gestellter Verpflichtung oder von Leistung und Gegenleistung zu machen, ist gegen die guten Sitten. Das Gleiche muß von dem sittlichen und gesetzlichen Recht der Eltern zur Erziehung der Kinder gelten. Selbst Verträge zwischen Eltern können jedenfalls gegenüber dem Wohl der Kinder und der Fürsorge des Vormundschaftsrichters keine bindende Kraft beanspruchen, noch weniger erscheint es statthaft, einem Dritten mit oder ohne Gegenleistung solch Recht zu gewähren. Deshalb ist ObTr. 53 S. 181, Erk. c Nr. 335 RE. 4, ganz zu mißbilligen und auch RG. 26 S. 301 geht viel zu weit. Vgl. RG. 10 S. 114 (gem. R.), 17 S. 129, 21 S. 160 (gem. R.).

Die geschiedenen Eheleute mögen über die Abfindung des unschuldigen Theils paktiren, aber gegen die guten Sitten ist, die Ehescheidungsstrafe schon im Ehevertrage zu stipuliren oder darauf zu verzichten, oder sie zu versprechen oder sich versprechen zu lassen als Gegenleistung für Einwilligung in die Scheidung, Nichtgeltendmachung von Gründen für Scheidung oder Aufrechterhaltung der Ehe, Verzicht auf Rechtsmittel. StrA. 24 S. 123, 2 S. 1. ObTr. 29 S. 373. RG. 27 S. 371, 195. In der Preuß. Praxis sind alle diese Verträge ebenso die Verträge über das Getrenntleben von Ehegatten unter I 4 § 7 (Ehrbarkeit) gebracht. Vgl. RE. 4 Nr. 307, 323a, 325.

Eine bestimmte sittliche Auffassung hat das BGB. in den §§ 1297 ff. für das Verlöbniß festgelegt, indem es einen klagbaren Anspruch auf Eingehung der Ehe und die Abrede einer Vertragsstrafe für den Fall der Nichtschließung der Ehe nicht zuläßt und den Schadensersatzanspruch wegen unberechtigter Auflösung der Verlobung, abgesehen vom Falle des § 1300, so einschränkt, daß jedes anstößige, das sittliche Gefühl verletzende Spekuliren mit Verlöbniß ausgeschlossen ist. Von selbst versteht sich für das BGB., daß aus der wissentlichen Verlobung mit einem verheiratheten Manne nach § 138 nie irgend ein Anspruch erwachsen kann. RG. 29 S. 97. Im Falle des § 1565 Abs. 2 ist der Anspruch auf Ehetrennung ausdrücklich versagt, der auch aus § 138 zu versagen wäre, wenn man sein allgemeines Princip dahin faßt, daß das Recht dem Unsittlichen nicht dienstbar gemacht werden soll. Nach § 2302 BGB. kann nicht, wie in RG. 19 S. 232 für gemeines Recht, zugelassen werden, daß der Vater bei Ueberlassung des Hofes an den Sohn demselben bei Strafe auferlegt, seiner Ehefrau bei unbeerbter Ehe nicht mehr als die Hälfte seines Nachlasses zu testiren.

**3.** Zu § 138 Abs. 2 ist noch zu bemerken: Der Thatbestand des gegen die guten Sitten verstoßenden wucherlichen Rechtsgeschäfts ist, nachdem das Ges. betr. die vertragsmäßigen Zinsen v. 14. November 1867 durch EG. Art. 39 aufgehoben, vgl. zu §§ 246—248, von seinem ursprünglichen Zusammenhange mit den Zinsbeschränkungen ebenso losgelöst, wie von dem Thatbestande des strafbaren Wuchers, §§ 302a ff. StGB., der zum Theil enger ist, als der des wucherlichen Geschäfts im Sinne des § 138 Abs. 2. Gewerbs- und Gewohnheitsmäßigkeit wird nie gefordert, § 302e StGB. Der Art. 3 der Wuchergesetze v. 24. Mai 1880 und 19. Juni 1893 über die civilrechtliche Ungültigkeit der strafbaren wucherlichen Geschäfte ist durch EG. Art. 47 beseitigt. Die civilrechtlichen Folgen richten sich lediglich nach dem BGB., § 138, §§ 812, 817 ff.; damit ist namentlich die fünfjährige Verjährungsfrist für das Recht der Rückforderung der wucherlichen Vortheile beseitigt. Wucherlich im Sinne § 138 Abs. 2 kann jedes Rechtsgeschäft sein, Darlehns-, Kredit-, Umsatzgeschäfte, Gesellschaftsverträge, Arbeitsverträge, Vermittelungsgeschäfte u. s. w. Wie bei jedem

Rechtsgeschäft gegen die guten Sitten ist das wucherliche Rechtsgeschäft zur Ermittelung seines Charakters in seiner Gesammtheit zusammenzunehmen. Das Gesetz richtet sich weder gegen die Höhe von Zinsen oder anderen Vermögensvortheilen an und für sich, noch gegen die Ausbeutung von Konjunkturen im Geschäftsleben, sondern gegen die Ausbeutung der Person unter Benutzung ihrer Nothlage, Unerfahrenheit und ihres Leichtsinns. In diesem Ausbeutungscharakter des Geschäfts liegt das unsittliche Element und das subjektive Moment des civil- wie des strafrechtlichen Thatbestandes, das sich objektiv in dem auffälligen Mißverhältniß zwischen der Leistung (des Gläubigers, Wucherers) und der Gegenleistung des Schuldners (Bewucherten), d. h. den Vermögensvortheilen darstellt, die er verspricht oder gewährt, sei es auf Verlangen oder ohne Verlangen (faire, laisser). RG. 30 S. 40. Für die Beurtheilung des Thatbestandes bleiben die Ergebnisse der bisherigen Rechtsprechung zu beachten. Bei der Leistung ist in Betracht zu ziehen, was der Gläubiger gewährt und übernimmt (das Risiko); die Gegenleistung kann in den verschiedensten Formen erscheinen. Vgl. z. B. RG. 30 S. 40, 36 S. 309, 313 (Einräumung eines Vorkaufsrechts, Darlehn gegen Kauf eines Grundstücks zu enormem Preise). Auffällig ist das Mißverhältniß, wenn es der Art, daß das, was der Gläubiger erfüllt, nicht als gerechte und billige Vergütung für das, was er dem Schuldner gewährt, erscheint, sondern als ein durch Noth, Unerfahrenheit, Leichtsinn erpreßter übermäßiger Gewinn. RG. 25 S. 177; 11 S. 191. Der ethische Inhalt der Rechtsordnung will nicht, daß ihre Zwangsmittel zur Ausnutzung des einen Menschen durch den anderen mißbraucht werden. Der Begriff der Nothlage ist ein Rechtsbegriff und analog dem des Zwangs; Nothlage und Zwang stellen den Einzelnen vor eine Alternative, die Wahl zwischen zwei Uebeln, weder dies noch Unerfahrenheit und Leichtsinn, die das Uebel nicht erkennen oder übersehen lassen sollen ausgenützt werden. Vgl. auch die reiche Ergebniß der Praxis des RG. in Strafs. 3 S. 218; 4 S. 119, 202, 390; 5 S. 9, 15; 11 S. 388; 12 S. 303; 15 S. 333.

4. Das gegen die guten Sitten verstoßende Rechtsgeschäft ist in seinem ganzen Umfange nichtig, wie bisher, RG. 36 S. 309, 313. Es begründet keinen obligatorischen Anspruch und ist weder Grundlage für Pfand, noch für Bürgschaft, noch für irgend eine andere accessorische Verpflichtung, RG. 8 S. 97, 30 S. 214, 31 S. 398 (Schiedsvertrag). § 344 (Vertragsstrafe), RG. 30 S. 81, 33 S. 65. Der Wechsel, der über wucherliche Vortheile gegeben, ist seiner abstrakten, von dem unterliegenden Rechtsgeschäft losgelösten Natur nach nicht ungültig, aber der Wucherer und seine civilen oder bösgläubigen wechselmäßigen Rechtsnachfolger können seine Form nicht benutzen, um die verbotenen Vortheile zu erlangen. WO. Art. 82, RG. 8 S. 96, OHG. 3 S. 360. Von selbst versteht sich für das BGB., daß was gegen die guten Sitten verstößt, so wenig es direkt zum Gegenstand von Recht und Pflicht gemacht werden kann, so wenig als Bedingung gesetzt werden kann. Der Gesammtcharakter des Geschäfts kann dadurch nicht geändert werden, und das BGB. ist auch nicht bei der Unterscheidung des röm., gem., preuß. und französ. R., SBGB. §§ 109, 2129, 2130, zwischen Verträgen und letztwilligen Verfügungen stehen geblieben, sondern § 138 findet ohne Unterschied Anwendung. Bei den letztwilligen Bedingungen aber kommt es besonders auf eine vorsichtige Prüfung des Gesammtcharakters der Verfügung an. Die negativ gestellte Bedingung ist nicht nothwendig gegen die guten Sitten. So verletzt es das sittliche Gefühl gewiß nicht, wenn der

Erblasser im Streben nach Beförderung des Guten unter der Bedingung legirt, daß der Bedachte nicht noch einmal bestraft werde, oder das Zugedachte verliert, wenn er bestraft wird. SBGB. §§ 2129, 2130.

Die Nichtigkeit des Rechtsgeschäfts hat gemäß § 141 zur Folge, daß es durch die bloße Erfüllung nicht bestätigt werden kann und eine Bestätigung ist bei dem Rechtsgeschäft gegen die guten Sitten überhaupt nur unter der seltenen Voraussetzung denkbar, daß der erneuten Vornahme der unsittliche Charakter fehlt. Ueber die Einwirkung der res judicata vgl. RG. 39 S. 142. Das Geleistete wird gemäß §§ 812, 817 als ohne causa geleistet, von dem Empfänger zurückgefordert, von dem Dritten gemäß § 822 und wenn er den Mangel der causa kannte oder kennen mußte. Das BGB. schließt aber die Rückforderung wie das röm., gem., französ. R. und das SBGB. §§ 1540 ff. aus, wenn Geber und Empfänger in pari turpitudine oder nur der Geber turpiter handelte. l. 2 p. 1 § 1 l. 3 l. 4 D. 42, 5. Das Preuß. R. giebt dem Fiskus in beiden Fällen die condictio, läßt sie dem Geber nur da offen, wo wie beim Wucher, nur die Handlung des Empfängers die Unsittlichkeit enthält. Der Fortfall des Rückforderungsrechts des Fiskus kann zu Ergebnissen führen, die das sittliche Gefühl verletzen, z. B. wenn die Erben des Mörders oder der Brandstifter, Kuppler den Lohn behält, den er für das Verbrechen erhalten. Die Anwendung des § 40 StGB. bleibt in solchen Fällen aber möglich; bei der Revision des StGB. wird die Einziehung vielleicht ebenso bestimmt vorgeschrieben werden können, wie sie im § 335 StGB. für den Fall der Bestechung vorgeschrieben ist. Vgl. näher zu §§ 812, 817 ff.

**IV.** Nach EG. Art. 30 ist die Anwendung eines ausländischen Gesetzes ausgeschlossen, wenn die Anwendung gegen die guten Sitten oder gegen den Zweck eines deutschen Gesetzes verstoßen würde. Ebenso kann nach § 723 Abs. 2, § 328 Nr. 4 CPO. (Ges. v. 17. Mai 1898) das Vollstreckungsurtheil für das Urtheil eines ausländischen Gerichts nicht ertheilt werden, wenn die Anerkennung des ausländischen Urtheils gegen die guten Sitten oder den Zweck eines deutschen Gesetzes verstoßen würde. Beide Vorschriften sichern die sittliche Auffassung des deutschen Inlandes vom Wesen des guten Rechts und das öffentliche Interesse des Inlandes an der Durchführung dessen, was er für geboten hält, gegen die Anwendung ausländischen Rechts, wo solches nach allgemeinen Grundsätzen zur Anwendung gebracht werden müßte. Das Princip ist nicht neu. Es liegt in der Natur der Sache und entspricht der Aufgabe eines starken Staats, daß seine lex fori ohne Rücksicht auf fremdes Recht durchgreift, wo es sich um absolut verbietendes oder gebietendes Recht oder um Grundsätze des öffentlichen Rechts handelt. Unter Anderem beruht darauf EG. Art. 17 Abs. 4. Daran hat die bisherige Praxis festgehalten. Vgl. die zahlreichen Beispiele in RE. 1 Nr. 15 (16, 21). Dort ist darauf hingewiesen, daß die Frage, ob eine absolut gebietende Rechtsnorm vorliegt, nicht immer unbedenklich ist. Unbedenklich ist z. B., daß Ansprüche, die das deutsche Recht überhaupt nicht zuläßt, wie aus Spiel (Differenzgeschäft), Versprechen von Zinseszinsen, wucherlichen Geschäften, u. a. vom deutschen Richter nicht zugesprochen werden können, mögen sie vom Ausländer oder Inländer gegen Ausländer oder Inländer erhoben werden. RG. 1 S. 59, 61; 14 S. 155, 168; 5 S. 124, 37 S. 266, 40 S. 259 (Wette am Totalisator). Das RG. hat ferner auf Grund Art. 740 HGB. (§ 738 HGB. v. 10. Mai 1897) gegen einen deutschen Rheder keinen Anspruch aus Versehen des Zwangslootsen zu=

gelassen, obwohl er nach dem zur Anwendung kommenden ausländischen R. begründet. Bolze 3 Nr. 18, 13 Nr. 26. Vgl. EG. Art. 12, wonach aus einer im Auslande begangenen unerlaubten Handlung der Deutsche nicht weiter haftet, als nach Deutschem Gesetz. Vgl. RG. 37 S. 181, 39 S. 304.

Die Prokura ist nach § 52 HGB. v. 10. Mai 1897 (Art. 54 HGB.) abweichend von § 168 BGB. stets widerruflich. Durch Vertrag oder Verzicht kann die Widerruflichkeit nicht ausgeschlossen werden und es giebt deshalb auch keine Klage auf Prokuraertheilung. RG. 27 S. 35. Der Grund des Gesetzes liegt in der Natur und der Wirkung der Prokura nach Deutschem Recht. Hat die Prokura nach ausländ. R. gleiche Natur und Bedeutung, so wird gegen den Inländer aus einem vertragsmäßigen Verzicht auf den Widerruf, der im Auslande nach dortigem Recht gültig, im Inlande ein Anspruch auf Ertheilung der Prokura nicht erhoben werden können, weil das D. R. solchen Anspruch nicht zuläßt. Eine andere Frage ist, ob der Ausländer im Inlande sich auf das D. R. berufen kann und ob Rechte, die im Auslande auf Grund des dortigen Rechtssatzes wohl erworben, von der Geltendmachung im Inlande ausgeschlossen. RG. 30 S. 122, 41 S. 306. (Recht aus Erbvertrag; C. c. art. 1130). Bestimmte Zwecke im öffentl. Interesse verfolgt das Gesetz bei Prozeßgesetzen, insbesondere der Konkursordnung; solche sind deshalb vom inländischen Richter als absolutes R. ohne Rücksicht auf ausländ. R. anzuwenden. So bestimmt sich die Wirkung des inl. Konkurses und der inl. Zwangsvollstreckung, Rangordnung der Gläubiger, Aussonderungs- und Absonderungsrecht, Aufrechnung im Konkurse lediglich nach inländ. R. Vgl. §§ 237, 238 KonkO. (Fassung, Ges. v. 17. Mai 1898). Gegen den Zweck eines Deutschen Gesetzes würde Zulassung eines Anspruchs aus im Auslande zulässig geschlossenem Vertrage (Judikat) verstoßen, durch den ein deutsches Ein- oder Ausfuhrverbot verletzt ist oder verletzt werden soll. Ein im Inlande zwischen Inländern geschlossener Vertrag, der auf Verletzung eines fremden Ein- oder Ausfuhrverbots abzielt, verstößt nicht gegen die Zwecke eines Deutschen Gesetzes, und es kann auch nicht immer gesagt werden, daß er gegen die guten Sitten verstößt. Und doch wird in Frage gezogen werden müssen, ob der deutsche Richter seinen Rechtsschutz einem Anspruch aus einem Vertrage verleihen kann, der den oder die Kontrahenten, wenn auch nicht im Inlande, der Strafe aussetzt. Vgl. übrigens Zollkartell mit Oesterreich, RGBl. 1892 S. 63, §§ 7, 8.

---

**§ 139.** Ist ein Theil eines Rechtsgeschäfts nichtig, so ist das ganze Rechtsgeschäft nichtig, wenn nicht anzunehmen ist, daß es auch ohne den nichtigen Theil vorgenommen sein würde.

**§ 140.** Entspricht ein nichtiges Rechtsgeschäft den Erfordernissen eines anderen Rechtsgeschäfts, so gilt das letztere, wenn anzunehmen ist, daß dessen Geltung bei Kenntniß der Nichtigkeit gewollt sein würde.

**§ 141.** Wird ein nichtiges Rechtsgeschäft von demjenigen, welcher es vorgenommen hat, bestätigt, so ist die Bestätigung als erneute Vornahme zu beurtheilen.

Wird ein nichtiger Vertrag von den Parteien bestätigt, so sind diese im Zweifel verpflichtet, einander zu gewähren, was sie haben würden, wenn der Vertrag von Anfang an gültig gewesen wäre.

§ **142**. Wird ein anfechtbares Rechtsgeschäft angefochten, so ist es als von Anfang an nichtig anzusehen.

Wer die Anfechtbarkeit kannte oder kennen mußte, wird, wenn die Anfechtung erfolgt, so behandelt, wie wenn er die Nichtigkeit des Rechtsgeschäfts gekannt hätte oder hätte kennen müssen.

§ **143**. Die Anfechtung erfolgt durch Erklärung gegenüber dem Anfechtungsgegner.

Anfechtungsgegner ist bei einem Vertrage der andere Theil, im Falle des § 123 Abs. 2 Satz 2 derjenige, welcher aus dem Vertrag unmittelbar ein Recht erworben hat.

Bei einem einseitigen Rechtsgeschäfte, das einem Anderen gegenüber vorzunehmen war, ist der Andere der Anfechtungsgegner. Das Gleiche gilt bei einem Rechtsgeschäfte, das einem Anderen oder einer Behörde gegenüber vorzunehmen war, auch dann, wenn das Rechtsgeschäft der Behörde gegenüber vorgenommen worden ist.

Bei einem einseitigen Rechtsgeschäft anderer Art ist Anfechtungsgegner Jeder, der auf Grund des Rechtsgeschäfts unmittelbar einen rechtlichen Vortheil erlangt hat. Die Anfechtung kann jedoch, wenn die Willenserklärung einer Behörde gegenüber abzugeben war, durch Erklärung gegenüber der Behörde erfolgen; die Behörde soll die Anfechtung demjenigen mittheilen, welcher durch das Rechtsgeschäft unmittelbar betroffen worden ist.

§ **144**. Die Anfechtung ist ausgeschlossen, wenn das anfechtbare Rechtsgeschäft von dem Anfechtungsberechtigten bestätigt wird.

Die Bestätigung bedarf nicht der für das Rechtsgeschäft bestimmten Form.

---



**Nichtigkeit und Anfechtbarkeit.** E. I §§ 108—114; II §§ 110—115; III §§ 135—140. C. c. art. 1304—1314, 1131. SBGB. §§ 103, 104, 848, 849. ALR. I 3 §§ 43, 44; 5 §§ 37, 38. W. 1 § 82. D.P. 1 § 120; Pr. Pr. 1 § 71. Eccius 1 § 41. Z-Cr. 1 §§ 126—129; 2 § 319. Cr. 1 §§ 22, 32. Cosack 1 § 53. Endemann 1 §§ 74, 75. —

**I. Nichtigkeit. 1.** Welche Rechtsgeschäfte auf dem Gebiete des Vermögensrechts unter Lebenden das BGB. als nichtig ansieht, ist in den bisherigen Erörterungen bereits erwähnt. Es ist dort auch hervorgehoben, daß über die Nichtigkeit der Ehe besondere Vorschriften gegeben sind, sowohl über Grund, wie über die Geltendmachung und die Wirkung, §§ 1309, 1324 ff.; 1329, 1343 ff. (§ 1586 Abs. 2), §§ 1699, 1703 ff., 1729, 1771, 1899, 2077, 2268, 2279, — ebenso über die Nichtigkeit letztwilliger Anordnungen aus anderen Gründen, als den allgemeinen, §§ 2234, 2235, 2263, 2270, 2298. Von anderen Rechtsgeschäften ist ausdrücklich für nichtig erklärt das des Geschäftsunfähigen und Unzurechnungsfähigen, § 105, das nicht gewollte, durch vis absoluta erzwungene, zum Schein, aus Scherz erklärte, das der Andere als nicht gewollt hat erkennen sollen oder erkannt hat, §§ 116, 117, 118, das Rechtsgeschäft, dem die durch Gesetz oder Vertrag gebotene Form fehlt, § 125, das gegen ein absolut gemeintes gesetzliches Verbot oder gegen die guten Sitten verstoßende Rechtsgeschäft, §§ 134, 135, 138, die Vereinbarung gegen § 248 Abs. 1 (Anatocismus), die direkte oder indirekte Vereinbarung ne dolus praestetur bei allen Verträgen, bei denen eine Gewährleistung in Frage kommt, §§ 443, 445, 476, 493, 515, 651, 540 (581 Abs. 2), 637, die Vereinbarung über Beschränkung des Kündigungsrechts bei Gesellschaft, § 723 Abs. 3, des Rechts auf Theilung und Auseinandersetzung, §§ 749 Abs. 3, 2042, 2044, die Vereinbarung in § 1136 (pact. de non alien., pignor.), in § 1229 (lex comm. bei Pfand), die Abrede einer Vertragsstrafe für Unterbleiben der Eheschließung in § 1297 Abs. 2, der Verzicht in § 1714 Abs. 2, endlich die Verträge auf Unmögliches, § 306 (§ 308), und in §§ 310, 312 (über künftiges Vermögen, Nachlaß eines lebenden Dritten), § 2302 (über Errichtung, Nichterrichtung, Aufhebung, Nichtaufhebung einer Verfügung von Todeswegen), und nach § 795 Abs. 3 die ohne staatliche Genehmigung in den Verkehr gebrachte Schuldverschreibung auf den Inhaber, § 795 Abs. 1.

2. In allen diesen Fällen liegt der Grund der Nichtigkeit des äußerlich sich als Rechtsgeschäft darstellenden juristischen Hergangs im Mangel einer wesentlichen Voraussetzung jedes oder des konkreten Rechtsgeschäfts, ohne die es nicht bestehen kann (Geschäftsfähigkeit, Geschäftswillen, Form) oder im Inhalt, den das Gesetz nicht will. Die Bedeutung der Nichtigkeit ist, wie aus § 141 Abs. 1 folgt, im Entw. I §§ 108, 109 ausdrücklich gesagt war und allen Rechten entspricht, ALR. I 3 §§ 43, 44; 5 §§ 37, 38; II 1 §§ 946, 947; SBGB. §§ 103, 848, 849, C. c. art. 1339, daß das Rechtsgeschäft rechtlich nicht als bestehend gilt, durch den Fortfall des Nichtigkeitsgrundes nicht zur Existenz gelangt, l. 29, 210 D. 50, 17, SBGB. § 104, auch nicht durch Verzicht oder Verjährung, daher auch nicht durch Bestätigung, wenn die Bestätigung nicht als neues Geschäft ohne die Mängel des alten sich darstellt, § 141 Abs. 1, daß es einer Beseitigung des Geschäfts durch Klage grundsätzlich nicht bedarf (Ausnahme bei nichtiger Ehe, § 1329), wenn auch die Klage auf Feststellung der Nichtigkeit gemäß § 256 CPO. (§ 231) nicht ausgeschlossen ist, daß jeder Betheiligte, auch der Dritte, der ein Interesse daran hat, die Nichtigkeit geltend machen kann, RG. 2 S. 228, 230, vgl. oben S. 130, 131 (simulirtes Geschäft), daß den offenliegenden Nichtigkeitsgrund der Richter von Amtswegen beachten muß, RG. 8 S. 134, daß es keinerlei obligatorische Wirkungen erzeugt, weder zwischen den Kontrahenten noch deren Successoren, daß es weder Grundlage von Zinsversprechen, Strafversprechen, § 344, Bürgschaft, noch von Pfand, Hypothek (vgl. § 1163), grundsätzlich nicht Grundlage eines Erfüllungsversprechens oder Schuldanerkenntnisses sein kann, vgl. §§ 762 Abs. 2, 812 Abs. 2, 817 Satz 2, wenn dasselbe nicht als neues Rechtsgeschäft im Sinne des § 141 Abs. 1 sich darstellt, und ihm der Mangel des nichtigen Geschäfts nicht anhaftet, daß endlich durch die Erfüllung allein der Nichtigkeitsgrund nicht beseitigt wird, daß das auf

Grund des nichtigen Geschäfts Geleistete zurückgefordert wird, wobei die §§ 985, 987, 989, 990 ff., 994 ff., und die §§ 812 ff., 818, 819, 822 in Betracht kommen. Erfüllung kann nur nach gehobenem Nichtigkeitsgrund als Bestätigung in Betracht kommen. Vgl. § 814. Rein sind diese Sätze aber nicht durchgeführt. Wie schon früher erwähnt, wird die Nichtigkeit des formlosen Veräußerungsvertrags über ein Grundstück durch die Auflassung, § 313, der Formmangel des Schenkungsversprechens durch die Bewirkung der Leistung, §§ 518 Abs. 2, 2301, der Formmangel der Bürgschaftserklärung durch die Erfüllung der Bürgschaftsverpflichtung geheilt, und nach § 817 kann das ex turpi causa wirklich Geleistete nicht zurückgefordert werden, wenn beide Theile in turpitudine, was nach dem Grundsatz konsequent, daß Niemand sich auf eigene turpitudo berufen kann. Anders nach französ. R. RG. 40 S. 326. Kondiktion im Sinne der §§ 812 ff. ist die Rückforderung des auf Grund nichtigen Rechtsgeschäfts Gegebenen, weil nach BGB., §§ 873, 929, 398, die Einigung über Uebertragung von Eigenthum an beweglicher oder unbeweglicher Sache, über Abtretung einer Forderung, ebenso wie Schuldübernahme, § 414, und Erlaß, § 397, ohne Rücksicht auf das Rechtsgeschäft, das ihre causa darstellt, als solche abstrakt wirkt, wenn sie selbst nicht einen vernichtenden Mangel in sich trägt. Letzteres ist z. B. der Fall bei Uebergabe, Auflassung, Abtretung u. s. w. durch einen Geschäftsunfähigen, Unzurechnungsfähigen, und auf Grund simulirten Rechtsgeschäfts wird regelmäßig auch Uebergabe und Auflassung oder Abtretung simulirt und nichtig sein, aber nicht nothwendig, selbst wo sie nicht durch das dissimulirte Rechtsgeschäft getragen wird. Vgl. oben S. 129.

3. Das nichtige Rechtsgeschäft begründet keinen Anspruch auf Erfüllung und deshalb grundsätzlich auch keinen Anspruch auf das Interesse, das stets einen gültigen Anspruch und ein Geschuldetes voraussetzt. OHG. 16 S. 148, RG. 6 S. 259. Anspruch auf Schadensersatz kann nur aus dem Gesichtspunkt der unerlaubten Handlung oder des dolus oder der culpa begründet sein. So § 307 (309) für den Fall der Nichtigkeit des Vertrages auf eine thatsächlich oder rechtlich wegen gesetzlichen Verbots unmögliche Leistung. ALR. I 5 §§ 53, 284; 11 § 40. In diesem Falle soll der Kontrahent, der die Unmöglichkeit kannte oder kennen mußte, dem anderen für das negative Interesse in dem oben S. 125, 141 dargelegten Sinne, aber nie über das Erfüllungsinteresse hinaus haften, vorausgesetzt, daß der andere die Unmöglichkeit nicht kannte oder kennen mußte, d. h. nach § 122 Abs. 2 in Folge von Fahrlässigkeit nicht kannte. Die gleiche Schadensersatzpflicht trifft nach § 122 Abs. 1 bei dem nach § 118 nichtigen Rechtsgeschäft den, der die Willenserklärung ohne Absicht, zu täuschen, aus Scherz abgegeben hat, dem Anderen gegenüber, der die Erklärung ohne Fahrlässigkeit ernst genommen hat. Vgl. auch § 179 Abs. 2, 3. In beiden Fällen handelt es sich um Anwendung der vom BGB. allgemein nicht geregelten culpa in contrahendo. Für Rechtsgeschäfte, die wegen Geschäftsunfähigkeit des einen Theils nichtig, enthält das BGB. keine gleiche Vorschrift, obwohl bei Geschäften mit Geisteskranken es vorkommen kann, daß der andere Theil von der Geisteskrankheit und der Geschäftsunfähigkeit ohne Fahrlässigkeit keine Kenntniß hat. Die §§ 827, 828, 829 (§ 276 Abs. 2) gewähren nur ein schwaches Mittel, um dem Beschädigten zu helfen. Vgl. S. 116, 117.

4. Nach § 139 ist grundsätzlich das ganze Rechtsgeschäft nichtig, auch wenn nur ein Theil nichtig ist, es müßte denn sein, daß es auch ohne den nichtigen Theil vorgenommen wäre. Ob dies der Fall, ob der Theil so wesentlich, daß ohne ihn das Ganze nicht gewollt sein würde, ist Sache der Prüfung der objek-

tiven und subjektiven Umstände des einzelnen Falls. Vgl. Bolze 21 Nr. 314, 22 Nr. 284. Nur soweit gilt der Satz: utile per inutile non vitiatur. Der § 103 SBGB. sagt z. B., daß das Rechtsgeschäft, wenn seine Nichtigkeit darauf beruht, daß sein Gegenstand eine gewisse Größe übersteigt, bis zu dem erlaubten Betrage bestehen bleibt. l. 20, 29 D. 22, 1; l. 34 pr. l. 35 § 3 C. 8, 54. Vgl. § 1058 SBGB. (Schenkung). Der § 2083 SBGB. schreibt vor, daß bei letztwilligen Verfügungen die Nichtigkeit einzelner Verfügungen die anderen nicht nichtig macht. Vgl. RG. 19 S. 390 (französ. R.). Dagegen bestimmt § 2085 BGB., dem Prinzip des § 139 entsprechend, daß die Unwirksamkeit einer Verfügung im Testament die der übrigen nur zur Folge hat, wenn anzunehmen, daß der Erblasser diese ohne jene nicht getroffen haben würde. Vgl. § 2298 Abs. 3 für den Erbvertrag. Ebenso ist nach § 307 Abs. 2 bei theilweiser Unmöglichkeit der Leistung, auf die der Vertrag gerichtet, der Vertrag in Ansehung des möglichen Theils nur gültig, wenn anzunehmen, daß er hinsichtlich des möglichen Theils allein geschlossen wäre. Das wird z. B. vorliegen, wenn zur Zeit des Vertragsschlusses über ein Hausgrundstück nur ein Apartement, Holzstall, oder eine Laube abgebrannt war. (Cosack.) Wenn dagegen zwei Miteigenthümer ihr Grundstück verkaufen und der Vertrag bezüglich des einen nichtig ist, z. B. wegen Geschäftsunfähigkeit oder wegen mangelnder Form, so kann nach § 139 grundsätzlich weder der eine Miteigenthümer gegen den Käufer auf Uebernahme seines Antheils, noch der Käufer gegen den einen Miteigenthümer auf Erfüllung des ganzen Vertrages oder Ueberlassung seines Antheils klagen. RG. 39 S. 221, StrA. 96 S. 252. RE. 1 S. 561.

Dagegen liegt der Fall des § 139 überhaupt nicht vor, wenn Mehrere sich als Gesammtschuldner verpflichten, §§ 421 ff. (z. B. kaufen, Bürgschaft übernehmen, beauftragen), und die Willenserklärung des einen nichtig ist. Dabei wird die Gültigkeit der einen ganzen Verbindlichkeit durch die Nichtigkeit der anderen ganzen an sich nicht berührt, es müßte denn sein, daß die eine nur mit Rücksicht auf die andere übernommen ist. Vgl. ObTr. 41 S. 45, StrA. 38 S. 51, RG. 32 S. 331. RE. 1 Nr. 123 (124). Das abweichende StrA. 40 S. 352 a. a. O., wo A. im eigenen Namen und zugleich in Vollmacht des B. für diesen ohne Vollmacht Bürgschaft übernommen hatte, das ObTr. die Gültigkeit des ganzen Vertrages verneint, ist unhaltbar. Im § 265 ist bei der Alternativobligation von theilweiser Nichtigkeit überhaupt nicht zu reden. Dagegen gehört § 155 hierher, wonach mangelnde Einigung über einen Punkt beim Vertragsschluß nicht nothwendig den Vertrag nichtig macht, wenn anzunehmen, daß er auch ohne Einigung über diesen Punkt geschlossen wäre. Noch anders liegt die Sache in dem später zu erwähnenden Falle, wo es sich nicht um Nichtigkeit des Rechtsgeschäfts handelt, sondern dasselbe in seiner Wirkung fehl geht, weil der eine Kontrahent ganz oder theilweise zur Verfügung über den Gegenstand des Geschäfts nicht berechtigt war. Vgl. § 185.

5. Nach § 140 soll ein nichtiges Rechtsgeschäft, das den Erfordernissen eines anderen Rechtsgeschäfts entspricht, als das letztere gültig sein, wenn anzunehmen, daß es bei Kenntniß der Nichtigkeit gewollt sein würde. M. 1 § 82 Nr. 5. Der § 101 SBGB. formulirt diesen wenig zutreffend als Konversion bezeichneten Fall dahin, daß gültig bleibt, was von dem Inhalt des nichtigen Geschäfts als besonderes Rechtsgeschäft bestehen bleiben kann. Seuff. Arch. 34 Nr. 269. Anders als bei dem von Anfang an so gewollten dissimulirten Rechtsgeschäft wird hier der in

dem nichtigen Geschäft enthaltene Geschäftswille der Parteien soweit aufrecht erhalten, als es dem Willen entsprechend angesehen werden kann. Es handelt sich dabei nicht um Fälle, in denen die Parteien sich nur im Ausdruck vergriffen haben, sondern immer um Fälle, wo die Parteien entweder die Form nicht erfüllt, oder mehr gewollt haben, als das Gesetz gestattet, aber das, was das Gesetz gestattet, auch gewollt haben, ALR. I 5 § 55; 11 § 41.

So steht z. B. nichts entgegen, anzunehmen, daß wer einen eigenen Wechsel über ein Darlehn ausstellen will, das Schriftstück als Schuldschein will, wenn ein wesentliches Erforderniß des Wechsels fehlt, oder daß der Kaufmann seinen eigenen mangelhaften Wechsel als Verpflichtungsschein, HGB. v. 10. Mai 1897 § 363, gelten lassen will, weil er nichts anderes bezweckt hat, als sich für das Darlehn zu verpflichten. Nur davon kann nicht die Rede sein, den präjudicirten oder verjährten Wechsel nach § 140 zu behandeln. OHG. 18 S. 188, 21 S. 180, 22 S. 305, 9 S. 354, RG. 8 S. 41. Nicht ausgeschlossen ist ferner, daß die Verfügung in einem nichtigen Erbvertrage als testamentarische letztwillige Verfügung aufrecht erhalten wird, vgl. den Fall RG. 28 S. 217, oder Zuwendung durch Erbeinsetzung als Vermächtniß, auch ohne die vom Röm. R. geforderte, dem BGB. unbekannte Kodizillarklausel, oder daß in der nach § 1069 Abs. 2, § 717 Satz 1 nichtigen Bestellung eines Nießbrauchs an einen Gesellschaftsantheil zugleich das gültige Rechtsgeschäft des § 717 Satz 2 als mindestens gewollt enthalten ist und soweit aufrecht erhalten wird.

6. Von Bestätigung eines nichtigen Geschäfts, § 141, kann eigentlich nicht die Rede sein. RG. 27 S. 161, 163 (gem. R.). W. 1 § 83. Heilung der Nichtigkeit ist begrifflich überhaupt nicht möglich, bei dem unsittlichen oder wegen Formmangels nichtigen Geschäft ergiebt sich dies von selbst. Das unter Beobachtung der Form anderweit vorgenommene Geschäft erscheint stets als neues Geschäft, ebenso wenn mit Bezug auf ein zum Scherz oder Schein vorgenommenes formloses Rechtsgeschäft erklärt wird, daß es als ernstlich geschlossenes gelten soll. Etwas anderes sagt § 141 Abs. 1 auch nicht, wenn er auch von Bestätigung spricht. Es versteht sich von selbst, daß die „erneute Vornahme" als neues Geschäft nur wirkt, wenn sie allen Erfordernissen des konkreten Rechtsgeschäfts entspricht und der Mangel des ursprünglichen nichtigen Geschäfts gehoben ist, C. c. art. 1338, 1339.

Das wegen Geschäftsunfähigkeit nichtige Rechtsgeschäft kann nur nach eingetretener Geschäftsfähigkeit, das durch absolute Gewalt erzwungene und deshalb nichtige Rechtsgeschäft nur bei freiem Willen durch erneute Vornahme in der gesetzlich etwa vorgeschriebenen Form bestätigt werden, durch Erfüllung nur da, wo das Gesetz keine Form vorschreibt oder nach dem Gesetz die Erfüllung die Berufung auf den Mangel der Form beseitigt, bei formlosen Rechtsgeschäften dann, wenn nach § 814 durch die Leistung mit Wissen der Nichtschuld die Rückforderung ausgeschlossen ist. So kann selbst die wissentliche freiwillige Zahlung wucherischer Vortheile zu einer Zeit, wo die Nothlage, Unerfahrenheit, der Leichtsinn nicht mehr bestand, die Rückforderung ausschließen. Von selbst versteht sich, daß grundsätzlich das neue Geschäft nicht rückwärts wirkt, wovon § 1325 Abs. 2 für die Ehe eine Ausnahme macht, aber ebenso versteht sich von selbst, daß die Parteien durch ihren Willen die obligatorischen Rechtsfolgen des neuen Geschäfts rückwärts erstrecken können, und für Verträge stellt § 141 Abs. 2 dafür eine Vermuthung auf. Von selbst versteht sich demnach aber auch, daß die Bestätigung des nichtigen

Geschäfts Rechte Dritter nicht berührt, die in der Zwischenzeit entstanden sind, und daß die Bestätigung kein Rechtsverhältniß begründen kann, das zwar zur Zeit des ersten nichtigen Geschäfts zulässig war, aber zur Zeit der Bestätigung unzulässig ist, die Bestätigung nicht weiter wirken kann, als es nach dem Gesetz zur Zeit der Bestätigung statthaft ist. So kann z. B. durch Bestätigung eines vor dem BGB. geschlossenen nichtigen Vertrages über Stockwerkseigenthum nach dem Inkrafttreten des BGB. kein Stockwerkseigenthum begründet werden. Art. 182 EG.

7. Findet auf Grund nichtigen Geschäfts eine Veräußerung durch Uebergabe, Auflassung, Abtretung statt, und trifft die Nichtigkeit auch diese Uebertragungsakte, so kommt in Frage, ob und wieweit die Nichtigkeit auch dem Dritten entgegensteht, der von demjenigen erworben hat, der durch den nichtigen Akt nur formell Rechte erworben hat, materiell nicht Berechtigter geworden ist. Hier ist aus § 142 Abs. 2 der allgemeine Grundsatz zu entnehmen, daß die Nichtigkeit des Rechtsgeschäfts gegen Jeden wirkt, der sie kennt, oder hätte kennen müssen, d. h. aus Fahrlässigkeit nicht kennt. Wo dies nicht vorliegt, treten die Vorschriften in Geltung, die den gutgläubigen Erwerber in seinem Erwerbe von dem Nichtberechtigten schützen, §§ 892, 932. Für das simulirte Rechtsgeschäft ist dies schon oben S. 130 dargelegt. Wer von einem Geschäftsunfähigen oder Unzurechnungsfähigen durch Uebergabe oder Auflassung, oder wer von dem nicht eingetragenen Eigenthümer, der unter Täuschung des Richters und des Anderen fälschlich als der eingetragene Eigenthümer aufgelassen hat, erwirbt, erwirbt durch den nichtigen Rechtsakt nicht, da selbst durch den Glauben des Grundbuchs der Erwerb von nicht Eingetragenen oder Geschäftsunfähigen nicht gedeckt wird.

Aber der Dritte, der von dem so Unberechtigten durch Uebergabe, Auflassung in gutem Glauben und ohne Kenntniß oder fahrlässige Unkenntniß der Nichtigkeit erwirbt, wird nach § 892 und § 932 BGB. wie der Erwerber vom Berechtigten geschützt. Nach § 935 fällt der Schutz bei beweglichen Sachen also fort, wenn das Rechtsgeschäft wegen vis obsoluta nichtig, SBGB. § 850, und die fahrlässige Unkenntniß der Nichtigkeit genügt, um den guten Glauben auszuschließen; grobe Fahrlässigkeit, § 932 Abs. 2, ist nicht erforderlich. Vgl. darüber und die weiteren Anwendungsfälle bei Bestellung von Nießbrauch, Pfand, Hypothek zu den §§ 892, 932 ff., 935, 1007, 1032, 1207, 1208, 1244, 1273, 1138, 1155. Hervorzuheben ist, daß diese Vorschriften sich auf den Erwerb von Forderungen durch Abtretung nicht beziehen. Die Abtretung durch den, der durch nichtige Abtretung nicht Gläubiger geworden, hat deshalb keine Rechtswirkung. Der deb. cessus zahlt wirksam weder an den, der sich durch gefälschte Cession legitimirt, noch an den, der von diesem durch Cession erworben hat. Wirksam zahlt er auch nach den §§ 407, 409, 410 nur an den wahren Gläubiger, oder an den, den er für den wahren Gläubiger halten durfte, weil ihm die Abtretung nicht angezeigt war oder weil ihm der wahre Gläubiger die Abtretung angezeigt hatte, obwohl sie nicht oder nicht wirksam erfolgt war, oder weil der wahre Gläubiger über die Abtretung dem neuen Gläubiger eine (echte) Urkunde ausgestellt hatte, die dem Schuldner vorgelegt ist. Vgl. § 576, der für das Verhältniß zwischen Vermiether und Miether bei Anzeige von Eigenthumswechsel dieselbe Bestimmung trifft, und die §§ 171, 172.

8. Zu den §§ 134 ff. sind bereits zahlreiche Fälle erwähnt, in denen das BGB.

die Vertragsfreiheit durch die Vorschrift beschränkt, daß ein Rechtsgeschäft nicht vorgenommen werden „kann“ oder „darf“. Regelmäßig enthalten diese Vorschriften ein gesetzliches Verbot mit der Wirkung der Nichtigkeit bei Verstoß; Bedeutung und Wirkung des Verbots ist indessen erst bei den einzelnen Vorschriften zu erörtern.

In sehr zahlreichen Vorschriften des BGB. werden ferner Willenserklärungen, Rechtsgeschäfte, Vereinbarungen, Abreden, Bedingung, Zeitbestimmung, Vorbehalt, Verzicht als *unwirksam* erklärt; im § 7 Abs. 1 der KonkO. in der Fassung des Ges. v. 17. Mai 1898 werden auch die Rechtshandlungen des Gemeinschuldners nach der Konkurseröffnung als unwirksam *den Konkursgläubigern gegenüber* bezeichnet, während § 6 Abs. 1 der KonkO. in der alten Fassung von *Nichtigkeit* den Konkursgläubigern gegenüber spricht, vgl. oben zu §§ 134 ff. S. 174. Wie § 7 Abs. 1 KonkO. bezeichnet § 135 BGB. Verfügungen unter Verstoß gegen ein *dem Schutz bestimmter Personen* bezweckendes Veräußerungsverbot *als unwirksam diesen Personen gegenüber*. In beiden Fällen ist von Nichtigkeit oder *relativer* Nichtigkeit so wenig zu reden, wie in den Fällen der §§ 111, 114, 1831, 1832, in denen die *Wirksamkeit* der Geschäfte des beschränkt Geschäftsfähigen und des Vormundes von der Einwilligung, Genehmigung des Vertreters, des Gegenvormundes, des Vormundschaftsgerichts abhängig gemacht ist. In jenen Fällen bleibt das Rechtsgeschäft regelmäßig unter den Kontrahenten wirksam und *kann* volle *unbeschränkte* Wirksamkeit dadurch erlangen, daß der, der die Unwirksamkeit geltend machen kann, es gelten läßt; in diesen Fällen ist das Geschäft nicht unwirksam, sondern in beschränktem Umfange gegen beide Theile wirksam, *diese Wirksamkeit fällt nur nachträglich fort*, ähnlich wie in den Fällen, wo die eingetretene volle Rechtswirkung nachträglich aus bestimmten Gründen ex nunc oder tunc aufgehoben wird (Widerruf §§ 530 ff., 1584, §§ 790, 671, 658, 168, 610, Rücktritt). Von absoluter oder relativer Nichtigkeit ist auch nicht die Rede, wo *der Nichtberechtigte im eigenen Namen oder im Namen des Berechtigten ohne dessen Genehmigung über einen Gegenstand verfügt*, §§ 182 ff., 185. Nach § 185 wird eine solche Verfügung wie nach allen Rechten wirksam, wenn sie genehmigt, oder der Verfügende den Gegenstand nachträglich durch Erbgang oder sonst erwirbt, oder der wirklich Berechtigte sein Erbe mit unbeschränkter Haftung wird. Von *Bestätigung nichtigen Geschäfts* ist dabei nicht die Rede. Der unberechtigt Verfügende selbst kann sich auf die Nichtigkeit, Unwirksamkeit, Ungültigkeit des Geschäfts nicht berufen. l. 20 D. 8, 1. § 179 Abs. 1. ObTr. 3 S. 242; RE. 3 Nr. 270a Erk. b; StrA. 24 S. 147, 61 S. 130.

Von Nichtigkeit ist auch nicht die Rede, wo das Rechtsgeschäft selbst seine Wirksamkeit an aufschiebende oder auflösende Bedingung knüpft, §§ 158 ff. Von Unwirksamkeit spricht das BGB. ferner in den §§ 161, 163, 174, 344, 357, 359. Die Verfügung dessen, der unter aufschiebender Bedingung oder dies bereits verfügt oder unter auflösender Bedingung oder unter dies berechtigt ist, das einseitige Rechtsgeschäft des Bevollmächtigten ohne Vorlegung der Vollmacht, wenn es sofort zurückgewiesen wird, vgl. § 410, § 1160, das Versprechen von Strafe bei Unwirksamkeit des Leistungsversprechens wird für unwirksam erklärt, ebenso in §§ 357, 359 in bestimmten Fällen der Rücktritt, in §§ 554 Abs. 2, 581 Abs. 2 die Kündigung wegen Nichtzahlung des Zinses, wenn sofort aufgerechnet wird, in §§ 388, 925 Abs. 2, § 1017, § 2180 Abs. 2 die bedingte und betagte Aufrechnung, Auflassung, Annahme, Ausschlagung eines Vermächtnisses. Rechtsgeschäfte, Abreden, Vereinbarungen werden ferner für unwirksam erklärt in den §§ 506, 574, 581 Abs. 2, 1056, 1123, 1124 Abs. 2, 1160, — ferner in §§ 1398, 1525, 1550, 1406 (Ehefrau und Ehemann). Nach § 701 ist unwirksam beim receptum die Ablehnung der Haftung durch Anschlag, nach § 2253 der Vorbehalt des Pfandrechts bei Rückgabe des Pfandes, nach § 2160 das Vermächtniß, wenn der Bedachte beim Erbfall nicht lebt, in § 1950 die Annahme oder Ausschlagung eines Theils der Erbschaft. Vgl. andere Vorschriften über Unwirksamkeit in den §§ 779, 883 Abs. 2, 2000, 2077, 2085, 2101, 2109, 2169, 2171, 2192, 2195, 2201, 2202, 2268, 2270, 2289 (2297), 2298, 2337, 2339 Abs. 2. Nach Art. 22 Abs. 2 EG. ist unwirksam Legitimation und Adoption eines Deutschen Kindes durch einen Ausländer, wenn die erforderliche Einwilligung des Kindes oder Dritter fehlt.

Ein Blick in diese Fälle der Unwirksamkeit lehrt, daß der Begriff der Unwirksamkeit, über den das Gesetz selbst nichts sagt, weiter reicht als der der Nichtigkeit und Anfechtbarkeit, beide umfaßt, zugleich aber Fälle trifft, wo die Wirksamkeit nachträglich fortfällt. Unwirksam ist im Allgemeinen, was rechtliche Wirkung nicht hat oder beanspruchen kann, aber bald besteht die rechtliche Unwirksamkeit absolut, bald nur unter Voraussetzung der Geltendmachung oder der Geltendmachung durch bestimmte Personen. So ist der unwirksame Vorbehalt des Pfandrechts bei Aufgabe des Pfandes in § 1253 nichtig, ebenso die bedingte, betagte, beschränkte Auflassung, Annahme, Ausschlagung von Erbschaft und Vermächtniß in §§ 925 Abs. 2, 1017, 1950, 2180 Abs. 2, die unwirksame Bestimmung der Inventarfrist in § 2000, die Ablehnung der Haftung in § 701; in § 2160 wird das Vermächtniß nachträglich nichtig. In anderen Fällen steht die Unwirksamkeit der Anfechtbarkeit nahe. Näher kann dies nur bei den einzelnen Vorschriften dargelegt werden.

**II. Anfechtbarkeit.** 1. Anfechtbar ist nach BGB. eine Willenserklärung (Rechtsgeschäft) wegen Irrthums, § 119, wegen unrichtiger Uebermittelung, § 120, wegen arglistiger Täuschung und widerrechtlicher Drohung, § 123. Vgl. oben S. 132 ff. Zu den anfechtbaren Willenserklärungen gehört auch die Eheschließung und die Verfügung von Todes wegen. Für diese sind in den §§ 1330 ff. (1350, 1586) und in den §§ 2078 ff., §§ 2281 ff. besondere Bestimmungen getroffen, die eine Behandlung für sich erfordern. Die Annahme und Ausschlagung von Erbschaft und Vermächtniß, §§ 1954 ff., 2308, die Anerkennung der Ehelichkeit eines Kindes, § 1599, der Antrag auf Ehelichkeitserklärung eines unehelichen Kindes oder die Einwilligung dazu und die Anerkennung der Vaterschaft, §§ 1731, 1728, 1729, 1718, der Adoptionsvertrag, die Einwilligung dazu, §§ 1755, 1770, sind Willenserklärungen, die der Anfechtung nach §§ 119, 120, 123 unterliegen. Auch für diese Anfechtung gelten einzelne besondere Bestimmungen.

Nicht hierher gehört dagegen: die Anfechtung der Ehelichkeit eines Kindes, §§ 1594 ff., die Anfechtung des Erbschafts-, Vermächtnißerwerbs, Pflichttheilsanspruchs, wegen Erbunwürdigkeit, §§ 2339 ff., die Anfechtung der Entmündigung, § 115, der Todeserklärung, § 1348 Abs. 2, § 1349, weil es sich dabei überall nicht um Anf. von Willenserklärungen handelt. Auch die Anfechtung von Rechtshandlungen in und außerhalb des Konkurses aus dem Ges. v. 21. Juli 1879 (RGBl. 1898 S. 709) und der KonkO. §§ 29 ff. (§§ 22 ff.) fällt nicht bloß nach EG. Art. 32 nicht unter die §§ 142 ff., sondern deshalb, weil diese Anfechtung rechtlich anderer Natur ist, indem sie nichts anderes bewirkt, als daß die angefochtene Rechtshandlung dem Anfechtenden gegenüber als unwirksam und das, was durch die Rechtshandlung aus dem

Vermögen des Schuldners (Gemeinschuldners) herausgezogen, als zu demselben gehörig behandelt wird. R.G. 40 S. 5, 7.

2. Die Anfechtbarkeit im Sinne der §§ 142—144 ist von der Nichtigkeit wesentlich verschieden. Das anfechtbare Rechtsgeschäft ist mangelhaft und nichtig wie das nichtige, *wird nicht nachträglich* nichtig durch die Anfechtung. Aber der Mangel kann nicht von Jedem, auch nicht durch den Richter von Amtswegen, sondern nur *von einem bestimmten Berechtigten, dessen Recht durch den Mangel berührt, geltend gemacht werden*, § 143. Der Berechtigte kann auf die Geltendmachung des Mangels verzichten, durch ausdrücklichen oder stillschweigenden Verzicht, durch ausdrückliche oder stillschweigende Bestätigung, § 144. Verzicht und Bestätigung *heben den Mangel*, den das Gesetz nicht als so schwer ansieht, daß er im öffentlichen Interesse als absolutes Hinderniß einer Rechtswirkung behandelt werden müßte. Aber die Geltendmachung läßt den Mangel wirken wie beim nichtigen Geschäft, d. h. das angefochtene Geschäft (wenn es sich als anfechtbar erweist) gilt als nichtig wie das nichtige Geschäft, § 142, ebenso wie das anfechtbare Geschäft nach Beseitigung des Mangels als rechtswirksames Geschäft gilt, § 144 Abs. 1. Der daraus hervorgehenden Unsicherheit über Wirksamkeit oder Nichtigkeit des anfechtbaren Geschäfts im Interesse des Verkehrs ein Ende zu machen, wird der Berechtigte dadurch gezwungen, daß das Gesetz die Anfechtung in allen Fällen an eine Frist knüpft, deren Versäumung das Anfechtungsrecht vernichtet, also weiter reicht als die Verjährung, § 222.

3. Nach § 121 muß die Anfechtung wegen Irrthums und unrichtiger Uebermittelung *ohne schuldhaftes Zögern* (unverzüglich) nach Kenntniß von dem Irrthum oder unrichtiger Uebermittlung, die Anfechtung wegen Täuschung und Drohung nach § 123 *binnen Jahresfrist* nach Entdeckung der Täuschung und Aufhören der Zwangslage erfolgen; in allen Fällen ist die Anfechtung mit dem Ablauf von dreißig Jahren seit Abgabe der Willenserklärung ohne Rücksicht auf unverschuldetes Zögern oder erlangte Kenntniß und beseitigte Zwangslage ausgeschlossen. Vgl. darüber oben S. 141 unter i, S. 146 unter f, S. 150 unter e. Andere Fristen setzen die §§ 1339, 1350 (EG. Art. 198) bei der Ehe, die §§ 2082, 2283, 2285 bei letztw. Verfügungen, der § 1954 (2308) bei Annahme und Ausschlagung der Erbschaft (Vermächtniß), § 1599 bei der Anerkennung der Ehelichkeit eines Kindes fest. Die Wirkung des unbenutzten Fristablaufs ist die der Bestätigung, § 144. Vgl. unter 7a S. 202.

4. Dem BGB. eigenthümlich ist, daß nach § 143 die Anfechtung grundsätzlich *durch Erklärung des Anfechtungsberechtigten gegenüber dem Anfechtungsgegner* erfolgt. Damit ist die Anfechtung zu einem einseitigen, empfangsbedürftigen Rechtsgeschäft im Sinne des § 130 gestaltet, das keiner Form bedarf, durch Klage oder Einrede vorgenommen werden *kann*, aber dieser Form nicht bedarf. Nach § 130 muß die Erklärung, um wirksam zu sein, dem Gegner *zugehen* in dem dort dargelegten Sinn; sie setzt Geschäftsfähigkeit des Erklärenden und des Gegners voraus, § 131 und der § 132 finden Anwendung. Die Erklärung kann durch einen Bevollmächtigten erfolgen, § 164, und bei Anfechtung *durch Klage* ist in der Vollmacht zur Klage die Vollmacht zur Anfechtung enthalten, aber nach § 174 ist es gerathen, daß der Prozeßbevollmächtigte des Klägers *für Zustellung der begl. Vollmacht mit der Klage sorgt*. Vgl. § 180. Der § 121 enthält für Anfechtung wegen Irrthums und unrichtiger Uebermittelung einem Abwesenden gegen=

über die besondere Bestimmung, daß die Erklärung als unverzüglich erfolgt gilt, wenn sie nur unverzüglich abgesendet ist; nicht erforderlich ist, daß sie dem Gegner unverzüglich zugeht, wenn sie ihm nur überhaupt zugeht. Sonst muß die Erklärung dem Gegner in der gesetzlichen Frist zugehn. Die Erklärung bedarf keines anderen Inhalts, als des erkennbaren Willens, das Geschäft, um das es sich handelt, nicht bestehen lassen zu wollen (Bestreiten der Verpflichtung, nicht anerkennen, Rückforderung). Am deutlichsten erfolgt die Anfechtung durch Klage (Widerklage), aber gefordert ist Klage nur bei Anfechtung der Ehe, § 1341, und im Falle § 1596 (Anfechtung der Ehelichkeit gegen die Person des Kindes).

In einer Reihe anderer Fälle schreibt das Gesetz für die Erklärung eine besondere Form vor: § 1342, §§ 2081, 2281, 2282 Abs. 1, §§ 1599, 1597, §§ 1955 (1945), § 2308, § 2281 Abs. 2, § 2282. Erfolgt die Anfechtung im Rechtsstreit im Wege der Einwendung, so kommt außer dem für die Klageerhebung Bemerkten in Betracht, daß die Prozeßvollmacht, die der Kläger ertheilt hat, nach § 81 (77) CPO. zur Empfangnahme empfangsbedürftiger Willenserklärungen, die keine Prozeßhandlung ist, an sich nicht ermächtigt, die Erklärung dem Prozeßbevollmächtigten gegenüber deshalb allein nicht wirksam ist. Es ist deshalb dafür zu sorgen, daß die von der Partei selbst abgegebene Erklärung vorher oder gleichzeitig dem Kläger selbst zugeht, zugestellt wird, § 132.

Wer der Anfechtungsberechtigte in den Fällen der §§ 119, 120, 123 ist, darüber s. oben S. 140 unter b, S. 146 unter f, S. 150 unter e und § 318. Bei der Ehe, letztwilligen Verfügungen, Anerkennung der Ehelichkeit, Antrag auf Ehelichkeitserklärung, der Einwilligung dazu und bei der Adoption geben die §§ 1331 ff., 1350, 2080, 2279, 2281 ff., 1599, 1728 ff., 1748 ff., 1770 besondere Vorschriften. Der Anfechtungsgegner, dem die anfechtende Erklärung abzugeben ist, bestimmt sich logisch danach, wem die anzufechtende Erklärung abgegeben ist, § 143 Abs. 2, 3. Bei Verträgen ist der Anfechtungsgegner der andere Kontrahent (Käufer, Verkäufer), § 318, bei einseitigen empfangsbedürftigen Erklärungen der Empfänger der Erklärung (Kündigung, Vollmacht, Genehmigung), §§ 167, 182, bei Empfangnahme durch einen Bevollmächtigten der Vollmachtgeber als derjenige, der rechtlich als Empfänger der Erklärung gilt, wenn nicht anzunehmen ist, daß sich die Vollmacht auch auf die Empfangnahme der Anfechtungserklärung bezieht. Nach § 143 Abs. 3 Satz 2 ist bei einseitigen Rechtsgeschäften, die einem Anderen oder einer Behörde gegenüber vorzunehmen, vgl. oben S. 101, 102, der Andere der Anfechtungsgegner, was seinen Grund in der rechtlichen Natur der Erklärung der Behörde gegenüber hat. S. 102.

Ist ein Vertrag oder eine einseitige empfangsbedürftige Willenserklärung durch Drohung seitens eines Dritten erzwungen, so ist die Anfechtung nicht dem Dritten zu erklären. Auch wo bei arglistiger Täuschung durch einen Dritten die Willenserklärung nach § 123 Abs. 2 anfechtbar ist, vgl. oben S. 149 unter d, ist Anfechtungsgegner grundsätzlich nicht der Dritte, sondern der andere Kontrahent, oder der Erklärungsempfänger, der die Täuschung kannte oder kennen mußte, der Dritte nur dann, wenn er aus dem Vertrage unmittelbar ein Recht erworben hat, § 328 Abs. 1. In diesem Falle ist er Anfechtungsgegner auch dann, wenn er die Täuschung nicht selbst verübte, aber kannte oder kennen mußte, § 143 Abs. 2. Bei einseitigen nicht empfangsbedürftigen Erklärungen ist nach § 143 Abs. 4 der Anfechtungsgegner immer der, der auf Grund des Rechtsgeschäfts unmittelbar einen rechtlichen Vortheil erlangt hat, z. B. im Falle des § 928 der Fiskus, im Falle der Dereliktion beweglicher Sache der, der sie in Besitz genommen hat. Indessen soll die Anfechtungserklärung dann, wenn die anzufechtende Erklärung einer Behörde gegenüber abzugeben war, wie z. B. in §§ 928, 976, 1196, 1577 u. a., vgl. oben S. 102, auch der Behörde gegenüber wirksam abgegeben werden können. Vgl. auch §§ 1945, 1953, und zu §§ 875, 876, 880, 1017, 1109, 1168, 1180, 1188, 1183, 1726, 1748, 1491, 1492, 1957 u. a.

5. Die Wirkung der Anfechtung ist, vorausgesetzt natürlich, daß der Anfechtungsgrund dargethan ward, die Nichtigkeit des angefochtenen Geschäfts von Anfang an, § 142 Abs. 1. Vgl. § 1343. Die rechtzeitige Anfechtungserklärung erhält dem Berechtigten alle Ansprüche aus der Nichtigkeit für die Verjährungszeit, § 200. Das anfechtbare Geschäft ist mangelhaft, das Gesetz verlangt nur die Rüge des Mangels, die Rüge des Mangels deckt die Nichtigkeit auf, und nichtig ist das Geschäft, weil es nicht frei gewollt ist bezw. nicht gewollt sein würde, wenn der Irrthum erkannt wäre. Die Anfechtung erklärt, daß das Geschäft nicht gewollt wird und damit fällt es fort, wenn die Erklärung gerechtfertigt, ganz so, wie wenn das Geschäft nie bestanden hätte. Auch alle accessorischen Nebenrechte, Pfand, Bürgschaft fallen regelmäßig fort.

Der § 1957 knüpft an die Anfechtung der anfechtbaren Annahme oder Ausschlagung der Erbschaft die weiter gehende Wirkung, daß sie als Ausschlagung bez. Annahme der Erbschaft gilt, also als die Erklärung, die ohne den Anfechtungsgrund abgegeben wäre. Das angefochtene Geschäft hat im Uebrigen wie das nichtige Geschäft keine obligatorische Wirkung, weder unter den Betheiligten, noch unter deren Universal- oder Singularsuccessoren. Es begründet keinen Anspruch auf Erfüllung, kann aber Anspruch auf Schadensersatz begründen. So giebt der § 122 bei Anfechtung wegen Irrthums (mit Ausnahme in § 2078 Abs. 3 bei letztw. V.) und unrichtiger Uebermittelung dem Gegner des Anfechtungsberechtigten und unter Umständen Dritten den oben S. 141, 125 erörterten Anspruch auf das negative Interesse, vorausgesetzt, daß er den Grund der Anfechtbarkeit nicht kannte oder nicht kennen mußte, § 122 Abs. 2, § 142 Abs. 2. In diesem Falle ist auch § 344 über die Unwirksamkeit der Vereinbarung einer Strafe nicht immer anwendbar; wer sich ohne Verschulden und Kenntniß des Anderen geirrt hat, zahlt die für den Fall des vorbehaltenen Rücktritts versprochene Strafe. Dagegen kann nach § 770 Abs. 1 der Bürge die Befriedigung des Gläubigers verweigern, solange dem Schuldner das Recht zusteht, das seiner Verbindlichkeit zu Grunde liegende Rechtsgeschäft anzufechten. Das fällt natürlich fort, wenn die Bürgschaft die Natur der Schadlosbürgschaft für den Fall der Anfechtung hat, und der Bürge, der die Bürgschaft wissentlich für eine anfechtbare Verbindlichkeit übernommen hat, haftet selbständig wie aus Garantieübernahme. Vgl. l. 13 pr. D. 4, 4.

Eigenartige Schadensersatzansprüche geben die §§ 1351, 1346, 1345 Abs. 1 bei erfolgreicher Anfechtung einer Ehe. Bei widerrechtlicher Drohung und arglistiger Täuschung begründet die darin stets enthaltene unerlaubte Handlung den Anspruch auf Schadensersatz für den Gezwungenen und Betrogenen, §§ 823, 852; ALR. I 4 § 86, aber es versteht sich von selbst, daß als Ersatz nicht das Interesse an der Erfüllung des Rechtsgeschäfts, das ja durch die Anfechtung beseitigt, gefordert werden kann, sondern nur das Interesse daran, daß das Geschäft nicht abgeschlossen wäre, d. h. das, was er nicht hat, weil das nichtige Geschäft geschlossen ist. Ein Beispiel giebt Bolze 21 Nr. 288. Der Restaurateur, der eine Restauration gemiethet hat, weil ihm arglistig ein enormer Konsum vorgespiegelt, kann nicht den Gewinn fordern, den er bei solchem Konsum gehabt hätte, sondern nur die nutzlosen Aufwendungen für das nichtige Geschäft und was er sonst dadurch verloren, daß er es abgeschlossen hat.

Wie bei dem nichtigen Geschäft wird bei dem angefochtenen zurückgegeben, was Jeder von dem Anderen erhalten hat, nach den Grundsätzen von der Verfolgung des Eigenthums oder der ungerechtfertigten Bereicherung, §§ 985 ff., 812 ff., 816, 818, 819, 822. Dabei wird der, der die Anfechtbarkeit kannte oder kennen mußte, als unredlicher Besitzer behandelt, § 819; d. h. Derjenige, der den Irrthum des Andern kannte, der Betrüger und Derjenige, der widerrechtlich durch Drohung bestimmt hat; der Irrende, der Betrogene ist redlicher Besitzer, auch der durch die Drohung bestimmte. Bolze 14 Nr. 288. Macht dem Anfechtungsberechtigten Zufall die Rückgabe des Empfangenen unmöglich, so ist die Anfechtung und die Rückforderung des Gegebenen so wenig ausgeschlossen wie nach § 350 beim Rücktritt. Vgl. §§ 327, 467, § 280 Abs. 2 und zu §§ 812 ff. Der Dritte, der nicht auf Grund des angefochtenen Geschäfts, sondern auf Grund eigenen Geschäfts von dem Anfechtungsgegner erworben hat, wird in derselben Weise und in demselben Umfange geschützt, wie oben bei dem nichtigen Geschäft dargelegt. Die Kenntniß oder das Kennenmüssen der Anfechtbarkeit steht der Kenntniß oder dem Kennenmüssen der Nichtigkeit gleich, sobald die Anfechtung erfolgt, d. h. die Kenntniß der Anfechtung ist nicht erforderlich; der Dritte, der mit Kenntniß der Anfechtbarkeit handelt, handelt auf seine Gefahr. Die Rückforderung unterliegt der Verjährung nach §§ 198, 200. Vgl. dort.

6. Die Wirkung der Anfechtung reicht soweit, als sie geltend gemacht ist. Ob sie auf das ganze Geschäft erstreckt werden kann, wenn nur ein Theil desselben anfechtbar ist, z. B. in dem oben S. 149 erwähnten Fall der Annahme einer Hypothek an Zahlungsstatt bei einem Kauf in Folge arglistiger Täuschung, die den Kauf selbst unberührt ließ, oder ob sich der Anfechtungsgegner die theilweise Anfechtung gefallen lassen muß, richtet sich nach denselben Gesichtspunkten wie sie zu §§ 139, 140 für die Wirkung der theilweisen Nichtigkeit und die s. g. Konversion dargelegt. Es ist Sache der Prüfung des einzelnen Falls, ob neben Beseitigung des anfechtbaren oder angefochtenen Theils das Rechtsgeschäft im Uebrigen noch als von den Parteien oder dem Anfechtungsberechtigten gewollt gelten kann. Nicht anders ist der Fall zu beurtheilen, wo dem Anfechtungsberechtigten mehrere Anfechtungsgegner gegenüberstehen, und die Anfechtung nur gegen den einen geltend gemacht ist, oder der Anfechtungsgrund nur dem einen gegenüber vorliegt.

In dem S. 150 erwähnten Falle, RG. 40 S. 243, wo A und B ihr Grundstück an C verkauft und A allein durch arglistige Täuschung den C zum Kauf bestimmt, würde die Anfechtungserklärung gegenüber dem A erforderlich sein und genügen, um den Vertrag auch gegenüber B zu beseitigen, da der Vertrag mit B allein nicht bestehen kann, vom Betrogenen auch mit B, der allein nicht verkaufen konnte, nicht geschlossen sein würde; andererseits würde auch C nach Anfechtung gegen A, der ihn betrogen, nicht Erfüllung des Vertrages von B allein fordern können. Wenn aber A an B und C verkauft und den B, nicht den C, durch arglistige Täuschung oder widerrechtlich durch Drohung bestimmt, beseitigt die Anfechtung durch B allein den Vertrag nicht auch gegen C, wenn C Gesammtgläubiger und Gesammtschuldner.

§§ 421, 425, 431, 432. Der Fall liegt anders, als der vorerwähnte RG. 40 S. 243. Aber C würde geltend machen können, daß er ohne B nicht gekauft haben würde. Bei Anfechtung nicht empfangsbedürftiger Willenserklärungen, § 143 Abs. 4, liegt die Sache nicht anders.

7. Die Wirkung der Anfechtung kann durch den Widerruf nicht getilgt werden, nur durch Anfechtung der Anfechtungserklärung oder durch eine Bestätigung nach § 141 Abs. 1. Dagegen wird die Anfechtbarkeit beseitigt durch die Versäumung der Anfechtungsfrist und durch Bestätigung, § 144; gleichstehen sich beide aber nicht.

a. Die Versäumung der Anfechtungsfrist, die, wie bereits früher hervorgehoben, eine Präklusivfrist, keine Verjährungsfrist wie in C. c. art. 1304 ist, beseitigt im Falle der §§ 119, 120 die Berufung auf den Irrthum und die unrichtige Uebermittelung und läßt das Geschäft mit dem Inhalt bestehen, mit dem es erscheint. Bei Anfechtbarkeit wegen widerrechtlicher Drohung und arglistiger Täuschung dagegen bleibt, worauf schon S. 147 unter h, S. 150 unter e zu §§ 123, 124 hingewiesen, nach §§ 852, 853 der Anspruch aus der unerlaubten Handlung auf Schadensersatz gegen den Betrüger und den, der die Drohung widerrechtlich ausgeübt hat, auch wenn dieser der bei dem Rechtsgeschäfte Betheiligte, bestehen, § 851 Abs. 1, ebenso der Anspruch auf Herausgabe ungerechtfertigter Bereicherung nach §§ 812 ff., 822, 852 Abs. 2 und nach § 853 verjährt die exceptio doli und metus gegenüber dem Betrüger und dem, der die Drohung ausgeübt hat, nicht. Da der Anspruch auf Schadensersatz nach § 249 auf Wiederherstellung des Zustandes geht, der ohne die schädigende Handlung bestehen würde, so kann, wie im gem. R. durch die Klage aus § 852 Abs. 1 innerhalb der dreijährigen Verjährungsfrist gegen den Kontrahenten, der betrogen oder bedroht hat, und dessen Universalsuccessoren die Wirkung des Rechtsgeschäfts beseitigt werden, auch nachdem die Anfechtungsfrist abgelaufen. Die Klage aus der Bereicherung verjährt in 30 Jahren, nach § 822 geht sie auch gegen den dritten unentgeltlichen Empfänger, und es ist deshalb konsequent, die exc. doli und metus causa trotz der beschränkten Fassung des § 853 gegen den Dritten, gegen den sie sonst, wenn er nicht particeps doli nicht stattfindet, zuzulassen, wenn er auf Grund unentgeltlicher Zuwendung seitens des Betrügers (Bedrohers) fordert, also etwas fordert, was er nach § 822 wieder herausgeben müßte, l. 4 §§ 27 ff., D. 44, 4; l. 6 § 11 D. 42, 8.

b. Bestätigung des anfechtbaren Rechtsgeschäfts durch den Anfechtungsberechtigten, ALR. I 5 §§ 185 ff., RE. 1 Nr. 94 (95), SBGB. § 107, C. c. art. 1338, 1311, beseitigt die Anfechtung und die Anfechtbarkeit so, daß das Geschäft von Anfang an als nicht anfechtbares und vollgültiges wirkt, § 144 Abs. 1, und zwar nicht bloß unter den Betheiligten, sondern auch dem Dritten gegenüber, der getäuscht oder widerrechtlich gedroht hat. Die Bestätigung bedeutet, daß der Bestätigende das Geschäft so will, wie es geschlossen ist. Sie setzt natürlich voraus, daß der Bestätigende den Mangel kennt und frei handelt und unbeschränkt geschäftsfähig ist, da sie einen Verzicht auf ein Recht enthält, § 2284, OHG. 8 S. 134, fordert aber nach Abs. 2 § 144, abweichend von § 141 Abs. 1, nichts als eine ausdrückliche oder stillschweigende Willenserklärung, aus der zu entnehmen ist, daß das anfechtbare

Rechtsgeschäft trotz seines Mangels gewollt ist. So ist eine einseitige Willenserklärung im Sinne des BGB. nicht Genehmigung oder Anerkennung, sondern Verzicht, der keiner Annahme bedarf, weil der Anfechtungsgegner überhaupt kein Recht hat, ausdrücklich erklärt werden kann und dann einer Erklärung dem Verpflichteten gegenüber oder einer Erklärung bedarf, die nach dem Willen des Erklärenden für den Verpflichteten bestimmt ist, vgl. StrA. 52 S. 55, RG. 31 S. 267, aber auch thatsächlich verwirklicht werden kann. Ob letzteres vorliegt, ist konkret zu beurtheilen. Bei bestätigenden Erklärungen zu Dritten, z. B. man werde, wolle nicht anfechten, ist zu prüfen, ob damit eine Erklärung dem Gegner gegenüber gewollt.

Bestätigung ist z. B. zu finden in der freiwilligen Erfüllung erzwungener Verpflichtung, JW. 1896 S. 136, ebenso in der Erfüllung bei Kenntniß von Irrthum oder Betrug, in der Veräußerung des aus dem Geschäft Erlangten mit Kenntniß von dem Irrthum, dem Betrug, dem Zwange, in der Verfolgung des Rechts aus dem Geschäft gegen den Anderen oder Dritten unter gleicher Voraussetzung. Vgl. Bolze 4 Nr. 505, 21 Nr. 316; RG. 26 S. 185, 36 S. 203 (freiwillige Erfüllung erzwungener Verpflichtung). Für das BGB. ist es nicht bedenklich, daß wer sich der Anfechtung eines anfechtbaren Rechtsgeschäfts gegenüber darauf beruft, daß die Anfechtung nach § 144 ausgeschlossen, alle Voraussetzungen des § 144 beweisen muß, d. h. die Bestätigungserklärung, Bestätigungshandlung, und daß dieselbe die rechtliche Bedeutung einer solchen hat, d. h. daß sie mit Kenntniß des Mangels (Irrthums, Täuschung) bezw. nach Aufhören der Zwangslage erfolgt ist. Für den Fall des Irrthums folgt dies direkt aus § 814, im Uebrigen aus dem allgemeinen Grundsatze, daß, wer die Aufhebung eines Rechts behauptet, alles zu beweisen hat, was zur Aufhebung gehört.

Besondere Vorschriften enthalten die §§ 1336, 1337, 1338, 1350 Abs. 2 für die Bestätigung bei der Ehe.

---

## 3. Titel. Vertrag.

§ **145.** Wer einem Anderen die Schließung eines Vertrags anträgt, ist an den Antrag gebunden, es sei denn, daß er die Gebundenheit ausgeschlossen hat.

§ **146.** Der Antrag erlischt, wenn er dem Antragenden gegenüber abgelehnt oder wenn er nicht diesem gegenüber nach den §§ 147 bis 149 rechtzeitig angenommen wird.

§ **147.** Der einem Anwesenden gemachte Antrag kann nur sofort angenommen werden. Dies gilt auch von einem mittelst Fernsprechers von Person zu Person gemachten Antrage.

Der einem Abwesenden gemachte Antrag kann nur bis zu dem Zeitpunkt angenommen werden, in welchem der Antragende den Eingang der Antwort unter regelmäßigen Umständen erwarten darf.

§ **148.** Hat der Antragende für die Annahme des Antrags eine Frist bestimmt, so kann die Annahme nur innerhalb der Frist erfolgen.

§ **149.** Ist eine dem Antragenden verspätet zugegangene Annahmeerklärung dergestalt abgesendet worden, daß sie bei regelmäßiger Beförderung ihm rechtzeitig zugegangen sein würde, und mußte der Antragende dies erkennen, so hat er die Verspätung dem Annehmenden unverzüglich nach dem Empfange der Erklärung anzuzeigen, sofern es nicht schon vorher geschehen ist. Verzögert er die Absendung der Anzeige, so gilt die Annahme als nicht verspätet.

§ **150**. Die verspätete Annahme eines Antrags gilt als neuer Antrag.

Eine Annahme unter Erweiterungen, Einschränkungen oder sonstigen Aenderungen gilt als Ablehnung verbunden mit einem neuen Antrage.

§ **151**. Der Vertrag kommt durch die Annahme des Antrags zu Stande, ohne daß die Annahme dem Antragenden gegenüber erklärt zu werden braucht, wenn eine solche Erklärung nach der Verkehrssitte nicht zu erwarten ist oder der Antragende auf sie verzichtet hat. Der Zeitpunkt, in welchem der Antrag erlischt, bestimmt sich nach dem aus dem Antrag oder den Umständen zu entnehmenden Willen des Antragenden.

§ **152**. Wird ein Vertrag gerichtlich oder notariell beurkundet, ohne daß beide Theile gleichzeitig anwesend sind, so kommt der Vertrag mit der nach § 128 erfolgten Beurkundung der Annahme zu Stande, wenn nicht ein Anderes bestimmt ist. Die Vorschrift des § 151 Satz 2 findet Anwendung.

§ **153**. Das Zustandekommen des Vertrags wird nicht dadurch gehindert, daß der Antragende vor der Annahme stirbt oder geschäftsunfähig wird, es sei denn, daß ein anderer Wille des Antragenden anzunehmen ist.

§ **154**. Solange nicht die Parteien sich über alle Punkte eines Vertrags geeinigt haben, über die nach der Erklärung auch nur einer Partei eine Vereinbarung getroffen werden soll, ist im Zweifel der Vertrag nicht geschlossen. Die Verständigung über einzelne Punkte ist auch dann nicht bindend, wenn eine Aufzeichnung stattgefunden hat.

Ist eine Beurkundung des beabsichtigten Vertrags verabredet worden, so ist im Zweifel der Vertrag nicht geschlossen, bis die Beurkundung erfolgt ist.

§ **155**. Haben sich die Parteien bei einem Vertrage, den sie als geschlossen ansehen, über einen Punkt, über den eine Vereinbarung getroffen werden sollte, in Wirklichkeit nicht geeinigt, so gilt das Vereinbarte, sofern anzunehmen ist, daß der Vertrag auch ohne eine Bestimmung über diesen Punkt geschlossen sein würde.

§ **156**. Bei einer Versteigerung kommt der Vertrag erst durch den Zuschlag zu Stande. Ein Gebot erlischt, wenn ein Uebergebot abgegeben oder die Versteigerung ohne Ertheilung des Zuschlags geschlossen wird.

§ **157**. Verträge sind so auszulegen, wie Treu und Glauben mit Rücksicht auf die Verkehrssitte es erfordern.

---

Vgl. Entw. I §§ 77—90, 290, 294, 828, 829, 874; II §§ 116—127; III §§ 141—153. ALR. I 5 §§ 1, 2, 4, 78, 79, 90—108, 125. SBGB. §§ 782 bis 785, 809—813, 814—819, 838—842. C. c. art. 1101—1108, 1138. W. 1 § 69, 2 §§ 305—310, 318, 319. D. P. 1 § 92, 2 §§ 9—11, §§ 19—22; Pr. Pr. 1 §§ 106, 107, 2 § 11. Eccius 1 §§ 77, 78. RE. 1 Nr. 72 (73, 74), 75. Z-Cr. 2 §§ 320 ff. Endemann 1 §§ 69, 105, 106. Cosack 1 §§ 58, 83. —

**I. 1.** Der Begriff des Vertrages ist nicht bloß für das Gebiet der Schuldverhältnisse, das Obligationenrecht, erheblich, für das er unter Beseitigung der verbindlichen Kraft von pollicitatio und votum, ALR. I 5 § 5 (Gelübde), SBGB. § 770, W. 2 § 304, D. P. 2 § 9, vgl. § 305 mit den Ausnahmen in §§ 80, 81 (Stiftung), § 657 (Auslobung), § 793 (Schuldverschreibung auf den Inhaber) der einzige rechtsgeschäftliche Weg der Begründung von Recht und Pflicht unter Lebenden ist. Verträge giebt es auch auf dem Gebiete des Familien- und Erbrechts, des Sachenrechts, des öffentlichen Rechts. Das BGB. giebt keine Definition, läßt aber aus den §§ 151, 154, 155 den allen Rechten gemeinsamen Begriff erkennen, der erfordert, daß mehrere Personen ihren Willen zur Herstellung, Aenderung, Aufhebung, Feststellung eines Rechtsverhältnisses einigen. mutuus consensus. ALR. I 5

§ 1; SBGB. §§ 782, 783. Unter den Begriff fällt der Schiedsvertrag, BGB. § 220, § 1822 Nr. 12, CPO. § 1025 (§ 851), ebenso wie der Beweisvertrag, StrA. 27 S. 59; OHG. 3 S. 74; ObTr. 11 S. 180, 27 S. 450; RG. 6 S. 201, 10 S. 130, 24 S. 411, und der Vergleich. RE. 1 Nr. 72 (73, 74) Erk. b. und e. Die Einigung erscheint als das Wesentliche des Vertrages in § 154 und in den §§ 873, 880, 925, 926, 929, 1032, 1116, 1205, 1260, den Fällen des sog. dinglichen Vertrages (Uebertragung des Eigenthums an einem Grundstück, Bestellung, Uebertragung von Rechten an einem Grundstück, Belastung solcher Rechte, Prioritätseinräumung, Uebertragung des Eigenthums, Bestellung von Nießbrauch, Pfandrecht an beweglichen Sachen, Bestellung des Schiffspfandrechts). Die Einigung in diesen Vorschriften ist nichts als der Vertrag in § 397 (Erlaß), § 398 (Abtretung), § 414 (Schuldübernahme) und als die Vereinbarung in § 474 HGB. v. 10. Mai 1897 (Uebergabe eines Seeschiffs [Schiffspart] durch Vereinbarung zwischen Veräußerer und Erwerber, daß das Eigenthum sofort auf den Erwerber übergehen soll), war auch in Entw. I § 828 (§ 874) als Vertrag bezeichnet. Die Vertragsnatur der Einigung (Vereinbarung) wird dadurch nicht berührt, daß in diesen Fällen, abweichend von der regelmäßigen Gestaltung der Verträge auf dem Gebiete des Obligationenrechts, der übereinstimmende, zusammenwirkende Wille, Eigenthum (Pfandrecht u. s. w.) zu übertragen und zu erwerben, als solcher abstrakt wirkt, ohne daß es auf Motiv, Bestimmungsgrund, Uebertragungszweck, d. h. die causa, ankommt. Vgl. Entw. I § 829, § 874, § 290 Abs. 2, § 294 Abs. 2. Dies ist von Bedeutung, weil danach die allgemeinen Vorschriften der §§ 145 ff. auf diese Verträge angewendet werden müssen.

2. Das BGB. enthält sich auch jeder lehrhaften Definition der verschiedenen Arten der Verträge, wie sie z. B. C. c. in art. 1102 ff. über ein- und zweiseitige, lästige und wohlthätige, entgeltliche, unentgeltliche aleatorische Verträge giebt, auch SBGB. in § 785, ALR. I 5 in §§ 7, 8; es sagt auch nichts Allgemeines über kausale (materielle) und abstrakte Verträge und Realverträge. Allgemeine Grundsätze entwickeln die §§ 320 ff. über gegenseitige Verträge; die Grundsätze im Uebrigen sind zu §§ 305 ff. und bei den einzelnen Schuldverhältnissen (Darlehn, Leihe, Verwahrung als Realvertrag) zu erörtern. Der Vorschrift, daß Traktate als vorbereitende Verhandlungen keine Forderung begründen, SBGB. § 784, ALR. I 5 § 125, bedurfte es neben § 154 nicht. Das BGB. spricht auch nicht von Punktationen, Motive 1 S. 163, 182, vgl. oben S. 139, und auch nicht von Vorverträgen, Motive 1 S. 178, 184, die als pacta de contrahendo auch nach BGB. ihre Bedeutung haben, wo, wie bei Darlehn, Leihe, Verwahrung, Anspruch und Verpflichtung ihren Grund in der Hingabe einer Sache haben, dadurch erst entstehen, die Begründung von Recht und Pflicht auf Geben und Nehmen der Sache die Natur eines besonderen Vertrages hat, den man Vorvertrag nennen mag; besagt wird damit allein nichts.

Der Vorvertrag ist ein Vertrag mit besonderem Inhalt und aus diesem besonderen Inhalt ergeben sich besondere rechtliche Folgen. Vgl. Arch. f. civ. Praxis Bd. 71 S. 69 ff. (Degenkolb). So giebt § 610 für das pact. de mutuo dando eine besondere Vorschrift für den Fall veränderter Umstände; ferner folgt aus der Natur des Anspruchs auf Hergabe des Darlehns, daß der Darleiher ihn nicht durch Aufrechnung beseitigen kann, § 387, und daß der Anspruch auf Hergabe, durch welche die Verpflichtung aus dem Darlehn begründet werden soll, nicht in dem Sinne abgetreten werden kann, daß der Cessionar dadurch Darlehnsschuldner wird. Vgl. RG.

40 S. 275, 278, 279; 37 S. 336 (Baugelder). In Frage kommt ferner, wie der Tod des einen oder anderen Kontrahenten, bei dem p. de contr. wirkt. Für alle pact. de contr. muß nach ihrer Vertragsnatur gelten, daß sie den Inhalt des Hauptvertrages, dessen Abschluß sie bezwecken, so in sich enthalten, daß ein richterliches Urtheil darauf ergehen kann, sei es, daß der Inhalt sich direkt ergiebt, sei es, daß die Kontrahenten erkennbar machen, daß sie den Inhalt wollen, den das Gesetz subsidiär beim Mangel von Vertragsabreden als Inhalt festsetzt. Vgl. OHG. 9 S. 38 (pact. de ineunda societate), 11 S. 1 (pact. de vend.), und das sehr bedenkliche OHG. 17 S. 218.

Für das BGB. versteht sich von selbst, daß das formlose p. d. contr. wirkungslos ist, wo das Gesetz eine rechtliche Verpflichtung aus dem Hauptvertrage nur bei Beobachtung einer besonderen, die Willenseinigung und deren Verpflichtungswillen feststellenden Form entstehen läßt, § 125. Das trifft für das pact. de cambiando, den Wechselvorvertrag, Wechselschluß, nicht zu, weil die Wechselform nicht Voraussetzung des Verpflichtungswillens, sondern der Scripturobligation ist, wie bei den Schuldverschreibungen auf den Inhaber. Aber es trifft zu z. B. für Bürgschaft, § 766, für das abstrakte Schuldversprechen und Schuldanerkenntniß, §§ 780, 781, und für § 873 Abs. 2, weil das Gesetz in diesen Fällen ohne Erfüllung der Form keinen Verpflichtungswillen und keine Willenseinigung statuirt. Wenn nach § 873 Abs. 2 der Vertrag, durch den die Verpflichtung zur Uebertragung des Eigenthums an einem Grundstück begründet werden soll, der ger. oder notar. Beurkundung bedarf, so kann durch ein mündliches oder schriftliches p. de vend., dessen Gegenstand ein Grundstück, eine Verpflichtung so wenig begründet werden, wie in den sonstigen oben S. 154, 155 aufgezählten Fällen. In RG. 40 S. 46 zu § 15 Abs. 1 des Genossenschaftsges. ist nichts Abweichendes gesagt, weil der auf Abgabe einer schriftlichen unterschriebenen Beitrittserklärung belangte Genosse seinen Beitritt in der Generalversammlung erklärt und das seine Erklärung enthaltende Protokoll unterschrieben hatte, später aber seine Verpflichtung aus diesem Beitritt bestritt.

In Wahrheit stellt sich regelmäßig der in verbindlicher Form geschlossene sog. Vorvertrag, der nicht Vorvertrag eines Realvertrages ist, als der Hauptvertrag selbst dar, und es läßt sich sagen, daß es p. de contr. bei anderen als Realverträgen nicht giebt, oder doch, daß die Scheidung zwischen Vor- und Hauptvertrag rechtlich ohne Bedeutung ist. ObTr. 69 S. 95 (StrA. 88 S. 283), RE. 1 Nr. 120 Erk. a. In diesem Falle lag ein p. d. contr. überhaupt nicht vor, nur ein Vertragsantrag, an den sich der Antragende gebunden hatte, während dem anderen Theil die Erklärung offen stand. A hatte dem B einen Revers ausgestellt, daß er sich verpflichte, ihm oder auf seine Anweisung einem Dritten ein bestimmtes Ackerstück unter den Bedingungen eines früheren Geschäfts innerhalb Jahresfrist zu verkaufen; gemeint war, daß A dem B das Grundstück in der Frist zur Disposition zum Kauf halten sollte. Das war einseitiges Verkaufsanerbieten, dessen Acceptation offen stand, also kein pact. de vend., obwohl B den Revers mitunterzeichnet hatte, und B konnte nicht auf Abschluß des Vertrages oder sein Interesse klagen, nachdem er dem A auf dessen Anfrage mündlich erklärt hatte, er könne das Land nicht gebrauchen, und verdenke dem A nicht, wenn er es anderweit verkaufe. Nach BGB. § 873 Abs. 2 würde der schriftliche Revers überhaupt keine rechtliche Wirkung haben, bei Beobachtung der vorgeschriebenen Form aber allerdings die einseitige Verpflichtung des A, mit B oder dem benannten Dritten formell zu kontrahiren, begründen können. Solche einseitige Verpflichtung kann auch durch letztwillige Verfügung für die Erben begründet werden. Dann handelt es sich nicht um Vorvertrag. Keine Bedeutung hat es, als Vorvertrag den Vertrag zu bezeichnen, durch den A sich verpflichtet, seinen Kohlenbedarf für seine Ziegelei von B zu entnehmen; solch Vertrag ist entweder nichts, wenn er zu unbestimmten Inhalts, oder begründet, wenn Zeitraum und Preise genügend bestimmt, die Verpflichtung zu geben, zu nehmen und zu zahlen wie aus Kauf, d. h. der Vertrag ist Kaufvertrag. Wo der Vorvertrag die Rechte und Pflichten des Hauptvertrages begründet, ist die Unterscheidung zwischen beiden wesenlos und ebenso werthlos, wie wenn der Kaufvertrag (Schenkungsvertrag) als Vorvertrag der Auflassung oder Uebergabe bezeichnet wird.

Das BGB. hat den ganzen Begriff des Vorvertrages mit Recht gestrichen, weil der Vorvertrag entweder nichts ist oder ein Vertrag mit besonderem Inhalt, der in jedem Falle zu ermitteln ist und aus dessen Inhalt seine formellen und materiellen Voraussetzungen und seine rechtlichen Wirkungen zu bestimmen sind, z. B. auch ob er nach § 344 durch Vertragsstrafe gesichert werden kann. Vgl. zu § 344. Ueber das Verlöbniß, das als wirklicher Vorvertrag bezeichnet werden kann, vgl. zu §§ 1297 ff. Das gilt namentlich auch, wenn die Parteien die formelle Beurkundung eines formlos gültigen Vertrages verabreden. Wird die Abrede vor der fertigen Willenseinigung getroffen, so ist ohne Erfüllung der Form grundsätzlich nach § 125 Satz 2, § 154 Abs. 2 der Vertrag überhaupt nicht geschlossen und von Vorvertrag nicht zu reden. Ist der Vertrag mündlich fertig geschlossen und wird dabei oder nachträglich schriftliche oder andere Form verabredet, so handelt es sich nicht um Vorvertrag, der durch die Form zum Hauptvertrag wird, sondern um den Hauptvertrag, der seine *schriftliche Redaktion* durch die Form erhält, vgl. oben S. 160 StrA. 82 S. 282, und aus dem ein Anspruch auf diese Redaktion entsteht, wie ihn z. B. auch § 127 Abs. 2, §§ 371, 403, 1035, 1372, 1528, 2215 geben. Diese Redaktion darf ohne *neue* Willenseinigung keinen anderen Inhalt haben, als der nicht redigirte Vertrag, gewollter neuer Inhalt stellt einen neuen Vertrag her.

**II.** Die §§ 145—155 stellen allgemeine Regeln auf, die für *alle* Verträge gelten sollen, ihre wesentliche Bedeutung aber für die obligationenrechtlichen Verträge haben, zum Theil nur für diese. Sie betreffen das Zustandekommen (Perfektion) des Vertrages aus Antrag und Annahme, und die Hindernisse desselben; der § 156 entscheidet die Streitfrage der Perfektion bei der Versteigerung, der § 157 schließt mit einer wichtigen Auslegungsregel, die zu § 133 erörtert ist.

**1.** Die §§ 145—151 über Antrag und Annahme (Offerte und Acceptation) beruhen mit einigen Abänderungen und Ergänzungen auf den vom gem. und französ. Recht abweichenden Vorschriften des ALR. I 5 §§ 78—85, 90—108 und des alten HGB. Art. 318—323. Das neue HGB. v. 10. Mai 1897 hat die Art. 318 ff. gestrichen und die Grundsätze des BGB. gelten fortan auch für Handelsgeschäfte. Specielles Handelsrecht ist nur noch, daß nach § 362 HGB. *ein Kaufmann, der gewerbsmäßig Geschäfte für Andere besorgt, oder der sich Jemand gegenüber zur Besorgung von Geschäften erboten hat*, auf einen Antrag über Besorgung solcher Geschäfte seitens des Letzteren, oder eines solchen, mit dem er in Geschäftsverbindung steht, *sich erklären muß, sein Schweigen als verpflichtende Annahme gilt.* Vorausgesetzt ist aber, wie in Art. 323 des alten HGB. ein Antrag auf Besorgung eines Geschäfts, z. B. Ein-, Verkaufskommission, Spedition, Fracht; auf Kauf-, Verkaufsofferten, Waarenbestellungen bezieht sich die Vorschrift nicht, auch § 362 Abs. 2 nicht, der dem Kaufmann bei Ablehnung des Auftrags die Pflicht auferlegt, die eingesendeten Waaren einstweilen vor Schaden zu bewahren. Eine ähnliche Vorschrift enthält BGB. § 663 (§ 675) für Aufträge zur Geschäftsbesorgung an solche, die dazu öffentlich bestellt sind (Rechtsanwälte), sich dazu öffentlich oder einer bestimmten Person nicht öffentlich erboten haben. Indessen knüpft das BGB. an das Schweigen nicht das Präjudiz der Annahme, sondern nur die Verpflichtung zum Schadensersatz.

2. Antrag und Annahme müssen sich nach den §§ 145 ff., 154 zu einer übereinstimmenden Erklärung des Vertragswillens zusammenschließen. Damit ist nicht gesagt, daß Antrag und Annahme zeitlich geschieden sein, der Antrag der Annahme vorangehen, die Annahme folgen muß. In zahlreichen Fällen gemeinschaftlicher Verhandlung unter Anwesenden lassen sich Antrag und Annahme überhaupt nicht scheiden; die gemeinschaftlich erklärte Willensübereinstimmung ergiebt, was gegenseitig geboten und angenommen ist und es bedarf der Trennung von Antrag und Annahme nicht. Bei der Eheschließung, bei den Verträgen des Familien- und Erbrechts, § 1317, § 1434, § 1750, § 2276, haben die §§ 145 ff. über Antrag und Annahme überhaupt keine Bedeutung, auch nicht bei der Auflassung, § 925, weil hier überall die übereinstimmende Erklärung bei gleichzeitiger Anwesenheit beider Theile in bestimmter Form gefordert wird. Bedeutung haben sie nur für die obligationenrechtlichen Verträge, sobald sich Antrag und Annahme zeitlich trennen lassen. Dafür stellen die §§ 145—148, 151 die großen allgemeinen Grundsätze auf, daß a) der Antragende an den Antrag gebunden ist, wenn er die Gebundenheit nicht selbst ausgeschlossen hat, § 145, b) die Gebundenheit und damit der Antrag erlischt, wenn die Annahme nicht in der gestellten oder der gesetzlichen Frist erklärt wird, §§ 146, 147, 148, c) der Vertrag perfekt wird mit der rechtzeitigen Erklärung der Annahme dem Antragenden gegenüber, § 151. Die §§ 149, 151, 152 enthalten Modifikationen und Ausnahmen, der § 150 eine dem Art. 322 HGB. entsprechende Vorschrift. Dazu ist zu bemerken:

3. **Antrag.** **a.** Der Antrag ist einseitige Willenserklärung im Sinne des § 130; er wird wirksam mit dem Zugang in dem früher erörterten Sinne und fällt fort, wenn er so widerrufen, daß der Widerruf vor oder mit dem Antrage zugeht, § 130 Abs. 1 Satz 2, Art. 320 HGB. sagt das ausdrücklich, für das BGB. folgt es aus § 130. Der Antrag ist Anerbieten zu einem Vertragsschluß, erfordert deshalb Geschäftsfähigkeit des Antragenden und des Anderen für den Vertragsschluß, den erkennbaren Willen, daß durch die Annahme der Vertrag geschlossen werden soll, und inhaltlich so viel, daß durch die Annahme der Vertrag geschlossen ist. Deshalb ist der Antrag des Geschäftsunfähigen und an einen solchen unwirksam, der Antrag des beschränkt Geschäftsfähigen und an einen solchen nur soweit wirksam, als es der Vertrag selbst ist. Aus § 109 folgt, daß der Antrag an den beschränkt Geschäftsfähigen und die demselben erklärte Annahme unter der Voraussetzung des Abs. 2 § 109 ebenso widerrufen werden kann, wie der Vertrag selbst. Nach §§ 177, 178 gilt dasselbe bei Antrag an den Vertreter (Bevollmächtigten), der keine Vertretungsmacht hat (neg. gestor), wenn der Antragsteller beim Antrag davon keine Kenntniß hatte, und ebenso bei Annahmeerklärung einem solchen gegenüber. Vertrag mit dem neg. gestor bindet

den Kontrahenten bei Kenntniß von der neg. gestio bis zur Genehmigung durch den dominus. Kein Antrag, weil kein Vertragsanerbieten, ist die Anfrage, ob der Andere einen Vertrag bestimmten Inhalts schließen will; solche Anfrage ist Einladung zu Anerbieten, die bejahende Antwort der Antrag, der angenommen werden kann. OHG. 3 S. 161, 22 S. 131. Der Antragsteller ferner, der erkärt, daß er an den Antrag nicht gebunden sein will, § 145, erklärt damit in Wahrheit, daß er sich Freiheit der Erklärung vorbehält. Solche s. g. Offerten kommen im Handelsverkehr mit den Klauseln „freibleibend“, „ohne Verbindlichkeit“, „ohne Obligo“, vor; sie sind keine Offerten, sondern Aufforderungen zu Offerten, vgl. OHG. 14 S. 81, die Erklärung darauf Offerte. Der Art. 337 des alten HGB. sagt, daß kein verbindlicher Antrag zum Kauf ist: das Anerbieten zum Verkauf, das erkennbar für mehrere Personen durch Mittheilung von Preislisten, Lagerverzeichnissen, Proben oder Mustern geschieht, oder bei welchem die Waare, der Preis oder die Menge nicht bestimmt bezeichnet ist. Das HGB. v. 10. Mai 1897 hat den Satz gestrichen, theils weil er ein allgemeiner Grundsatz des bürgerl. Rechts, theils weil die konkrete Beurtheilung des einzelnen Falls zu einem anderen Ergebniß führen könne.

Allgemeiner Grundsatz ist, § 151, daß der Antrag so beschaffen sein muß, daß seine Annahme den Vertrag herstellt. Deshalb muß die Person des Antragstellers, dessen, dem angeboten wird, der Wille, durch den Antrag gebunden zu sein, der Inhalt des angebotenen, durch die Annahme zu schließenden Vertrages erkennbar sein. Ersteres ist z. B. für die Person des Offerenten verneint in ObTr. 4 S. 193, RE. 1 Nr. 72 (73, 74) Erk. a, wo „die Expedition des Erzählers“ durch einen Prospekt zum Subscribiren auf ein Tageblatt nebst Bildern eingeladen, der Beklagte einen solchen Prospekt gezeichnet, und demnächst ein Buchhändler als Verleger des Blatts aus der Zeichnung des Prospekts Klage erhoben hatte. Das ObTr. wies die Klage ab, weil die Expedition des Erzählers keine Person und deshalb die genügende Bezeichnung des Kontrahenten fehle. Das erscheint gerechtfertigt, weil sich die Frage aufwirft, gegen wen der Subscribent aus dem Vertrage hätte klagen sollen. Dadurch wird aber die rechtliche Möglichkeit von Offerten durch Vermittler (Makler, Agenten) für eine dritte (unbestimmte, bestimmte) unbenannte Person unter Vorbehalt der Benennung der Person nicht ausgeschlossen. Die Person des Kontrahenten ist unbestimmt, aber nur vorläufig, und bestimmbar. Vgl. darüber zu §§ 433 ff. (Verkauf und Kauf durch Makler mit Klausel: „Aufgabe [des Verkäufers, Käufers] vorbehalten“).

Wegen Unbestimmtheit der Person desjenigen, dem der Antrag gemacht, müssen grundsätzlich Offerten an das Publikum, an einen unbestimmten Kreis unbestimmter Personen, rechtlich nicht als Offerten, sondern als Einladungen zu Offerten gelten. Das ist namentlich bei Aufforderung zur Zeichnung von Aktien durch öffentliche Prospekte anzunehmen, auch wenn die Aktien den Preis bezeichnen, und zwar auch deshalb, weil der Gegenstand des Vertrages im Uebrigen, das Quantum immer unbestimmt bleibt, erst durch die Zeichnung angegeben wird, die mindestens insoweit erst als Offerte erscheint, die zur Bestimmung des Vertragsinhalts der Annahme bedarf. OHG. 14 S. 298. Auch in dem Aufstellen von Automaten, Fuhrwerken auf öffentlichen Plätzen, in öffentlichen Anbietungen, Ankündigungen von Leistungen ist Einladung zu Offerten enthalten, aus denen es zu einem Vertragsschluß erst dann kommt, wenn die Gegenleistung angeboten und angenommen wird. Dann liegt in der Gegenleistung die Offerte, in deren Annahme die Annahme der Offerte, die zur Leistung aus dem so geschlossenen Vertrage verpflichtet. So bei Ankündigung von Schaustellungen durch den Kauf der Billets, Zahlung des Entrée, bei Automaten das Aufgeben des Geldstücks. Aber wer ankündigt, daß er zu bestimmter Zeit, an bestimmtem Platze Fuhrwerke zur Benutzung gegen bestimmten Preis bereit halten werde, kann nicht aus vertraglichem Verschulden in Anspruch genommen werden, wenn er das Fuhrwerk nicht bereit stellt und deshalb andere theurere Gelegenheit benutzt werden muß. Andererseits wird aus dem Inhalt der öffentlichen Einladung, Ankündigung regelmäßig der Inhalt des daraufhin geschlossenen Vertrages entnommen werden müssen, wenn nicht andere Abreden hinzutreten. Vgl. OHG. 21 S. 195. Der Inhalt der Offerte muß so bestimmt sein, daß der Inhalt des Vertrages danach bestimmt werden kann. Es ist keine verbindliche Kaufofferte, wenn Muster mit Angabe der Preise zur Auswahl des Passenden übersendet werden, weil damit das Kaufobjekt unbestimmt bleibt. OHG. 6 S. 241, 13 S. 1. Vgl. zu §§ 241 ff. RG. 3 S. 64 (Bestimmbarkeit des Gegenstandes).

b. Der Antrag bindet den Antragenden, falls er seine Gebundenheit nicht ausgeschlossen und damit dem Antrag den Rechtscharakter des Antrags genommen hat. Hat er sich den Widerruf vorbehalten, so bedeutet das nur, daß er vor der Annahme nicht gebunden sein will, bis zur Annahme, d. h. bis zur Erklärung derselben, soll widerrufen dürfen. Nach dem Zugang der Annahme ist der Widerruf ausgeschlossen. Der vorbehaltene Widerruf ist ein Recht, dessen Ausübung nie zum Schadensersatz verpflichten kann. Ist der Widerruf nicht vorbehalten, so kann der Antragende doch nach § 148 die Frist bestimmen, für die er gebunden sein will; mit dem unbenutzten Ablauf der Frist fällt die Gebundenheit und der Antrag fort, § 148, wie dies schon früher Rechtens. ALR. I 5 §§ 91 ff. OHG. 3 S. 161, 6 S. 243, 8 S. 396. Bolze 5 Nr. 387, 6 Nr. 318, 9 Nr. 202. Daß der Gegner mit dem Ablauf der Frist gebunden sein, d. h. daß sein Schweigen als Annahme gelten soll, kann der Antragende nach §§ 148, 146 nicht bestimmen. Nur § 516 Abs. 2 läßt dem Schenker Fristbestimmung zur Erklärung über die Annahme der Schenkung mit der Wirkung zu, daß die Schenkung beim Schweigen als angenommen gilt.

Die Frist muß in dem Antrage selbst gestellt sein, kann nicht nachträglich gestellt werden, da der durch den Antrag einmal Gebundene seine Gebundenheit und das Recht des Gegners, sich in der gesetzlichen Frist zu erklären, nicht willkürlich beseitigen kann. Nur verlängert über die gesetzliche Frist hinaus kann die Frist werden. In OHG. 8 S. 996 hatte der zum Abschluß (nicht nur zur Vermittlung) bevollmächtigte Makler des Klägers dem Beklagten ein bestimmtes Quantum Roggen zu bestimmtem Preise offerirt, der Beklagte acceptirt, der Makler dem Kläger die Genehmigung vorbehalten. Hier würde der Vorbehalt der Genehmigung, da der Vertrag durch die Annahme an sich perfekt geworden, bedeutungslos gewesen sein, wenn der Vorbehalt nicht im Antrage enthalten war oder der Beklagte sich den Abschluß unter Vorbehalt der Genehmigung gefallen ließ. In beiden Fällen gestaltete sich die Annahme zu einer Offerte mit Frist zur Annahme, die nur innegehalten wurde, wenn die Genehmigung in der Frist erklärt wurde, die zur Einholung und Erklärung der Genehmigung nach den Umständen erforderlich und genügend war.

ALR. I 5 § 93. OHG. 17 S. 353. Vgl. §§ 177, 178, 182. In dem konkreten Falle ist die Klage des Verkäufers auf Erfüllung abgewiesen, weil die Genehmigung nicht rechtzeitig erklärt war.

c. Erst wenn der Offerent im Antrage keine Frist für die Annahme gestellt hat, kommt der § 147 zur Anwendung. Danach muß bei Antrag unter Anwesenden die Annahme sofort erfolgen, nicht unverzüglich, § 121, sondern statim, auf dem Fuße folgend, bei Abwesenden bis zu dem Zeitpunkt, innerhalb solcher Frist, in welcher der Offerent, unter regelmäßigen Umständen den Eingang der Annahmeerklärung erwarten darf. ALR. I 5 §§ 94, 96—101; SBGB. § 817; HGB. Art. 319.

Anwesend sind die Verhandelnden, wenn sie in eigener Person oder durch zum Vertragsschluß Bevollmächtigte, § 164, (altes HGB. Art. 52, 55, 298) gegenwärtig sind, so daß der sofortige gegenseitige Austausch der Willenserklärung faktisch und rechtlich möglich ist und demgemäß auch von jedem Theil erwartet werden kann. OHG. 5 S. 112, 9 S. 385. Das liegt bei mittelst Fernsprecher verkehrenden Personen dann vor, wenn sie unmittelbar durch denselben mit einander sprechen; der § 147 Abs. 1 Satz 2 behandelt sie deshalb rechtlich als Anwesende.

Abwesend, nicht gegenwärtig, sind die Unterhandelnden, wenn sie nicht in eigener Person oder durch Bevollmächtigte, sondern brieflich, durch Telegraph, durch Boten oder andere Dritte, die nicht Bevollmächtigte, sondern nur Vermittler (Agenten, Makler) mit einander unterhandeln, sei es auf einer oder auf beiden Seiten. Der Antragsteller ist in diesem Falle so lange gebunden, als er die Annahmeerklärung unter regelmäßigen Umständen erwarten darf. Der § 817 SBGB. bestimmt, daß der Antragende nicht mehr gebunden, wenn die Erklärung der Annahme verzögert wird und daß nach den Umständen und der Sitte des Verkehrs zu entscheiden, ob Verzögerung vorliegt. Art. 319 Abs. 1 HGB. bindet den Antragsteller so lange, als er bei ordnungsmäßiger rechtzeitiger Absendung der Antwort deren Eingang erwarten darf, wobei er davon soll ausgehen dürfen, daß der Antrag rechtzeitig angekommen. Die §§ 95 ff. I 5 ALR. geben detaillirte Vorschriften, die auf demselben Gesichtspunkte beruhen. Der § 147 Abs. 2 BGB. stellt alles darauf ab, in welcher Frist der Offerent den Eingang der Antwort unter regelmäßigen Umständen erwarten darf. Welches diese Frist, ist nur konkret unter Berücksichtigung aller Umstände verständig vom Offerenten und vom Richter zu ermessen. Davon kann auch nach BGB. der Offerent ausgehen, daß seine Offerte so angekommen, zugegangen, wie sie unter regelmäßigen Umständen ankommen kann und anzukommen pflegt. Zu berücksichtigen ist dann, daß die Offerte erwogen, beantwortet, die Antwort geschrieben, befördert werden muß und eine gewisse Zeit zur Beförderung braucht. Vgl. OHG. 13 S. 164. In Betracht kommt auch, welches Korrespondenzmittel der Offerent gebraucht; offerirt er telegraphisch, so wird regelmäßig anzunehmen sein, daß er telegraphische Antwort erwartet. Vgl. OHG. 10 S. 278.

Die Umstände können auch so liegen, daß die Beschleunigung der Erklärung sich als geboten von selbst ergiebt. Wird die Offerte nicht den Anderen selbst, sondern dessen Vermittler gemacht, der keine verbindliche Erklärung abgeben kann, so ist bei Bemessung der Frist zu berücksichtigen, daß und welche Zeit der Vermittler braucht, um die Instruktion für die bindende Antwort einzuholen. RG. 18 S. 10. Der § 101 I 5 ALR. verordnet, daß bei Antrag an eine Korporation oder

Gemeinde der Antragende auf die Erklärung so lange warten muß, als für die verfassungsmäßige Beschlußnahme und Bekanntmachung des Beschlusses erforderlich. In StrA. 27 S. 145, 84 S. 262 findet sich praktische Anwendung dieses Satzes. In jenem Falle hatte eine Gemeinde dem Fiskus für einen von ihr gewünschten Chausseebau einen bestimmten Geldbeitrag angeboten, der Fiskus die Chaussee gebaut, im zweiten Falle ebenso Bürger der Stadtgemeinde für den Fall, daß eine Schule an einem gewissen Platz erbaut werde, die Schule war dann an dem Platz erbaut. In beiden Fällen wurde der Klage auf Leistung des Beitrags entgegengesetzt, daß die Offerte nicht rechtzeitig acceptirt, obwohl der Bau nach der Offerte beschlossen und mit dem Bau nach dem Ablauf von einigen Monaten begonnen war. In beiden Fällen ist mit Bezug auf § 101 a. a. O. verurtheilt; der § 147 Abs. 2 (§ 151) BGB. würde in beiden Fällen zu gleichem Ergebniß geführt haben. Wird die Offerte einem Vermittler zur Stellung übergeben, so kann sie nur bis zur Stellung der Offerte durch den Vermittler widerrufen werden. RG. 8 S. 61. Bolze 3 Nr. 418. OHG. 7 S. 105.

**d.** Der Antrag fällt fort, erlischt, ohne daß es einer Erklärung des Offerenten bedarf, wenn er abgelehnt, die Annahme überhaupt nicht oder nicht rechtzeitig, in der gestellten oder gesetzlichen Frist, erklärt wird, § 146, wenn die Annahme nicht glatt, sondern unter Erweiterungen, Einschränkungen oder sonstigen Aenderungen erklärt wird, aus denen sich ein anderer Vertragsinhalt, als der angebotene, ergiebt. Nach § 150 gilt verspätete Annahme und Annahme mit anderem Inhalt als die Offerte als neuer Antrag; der neue Offerent ist an diesen Antrag gebunden, der erste Offerent kann schweigen, wenn er sich darauf nicht einlassen will. Nach BGB. versteht sich von selbst, daß die Ablehnung auch auf schriftliche Offerte keiner Form bedarf. Da die Ablehnung die Offerte beseitigt, § 146, kann nachträgliche Annahme, selbst in der Annahmefrist, nicht die Bedeutung der Annahme haben, der es an einer Offerte fehlen würde, sondern nur die einer Offerte, wie nach früherem Rechte. ObTr. 33 S. 30 (StrA. 21 S. 71). OHG. 6 S. 243. Nichts anderes gilt für verspätete Annahme; da sie als neue Offerte gilt, muß der erste Offerent sich auf sie erklären in der gesetzlichen oder der gestellten Frist. OHG. 14 S. 298; RG. 26 S. 6. (Offerte des Verkäufers zu $22^1/_2$, Annahme des Käufers zu $22^1/_4$ bei sofortiger Drahtantwort; die sofortige Antwort unterbleibt, vielmehr wird erst Tags darauf telegraphisch acceptirt und brieflich Drahtbescheid gefordert. Der Drahtbescheid unterbleibt, der Käufer theilt brieflich die Annahme mit, nachdem Verkäufer bereits über die Waare disponirt hat. Die Klage des Käufers auf Erfüllung ist abgewiesen.) Modificirt ist der Grundsatz durch § 149 für den Fall, daß die Annahmeerklärung rechtzeitig abgesendet, aber verspätet angelangt. Vgl. unter 4 darüber und über verspätete und modificirte Annahme.

**e.** Der Antrag erlischt abweichend vom gem. R. nach § 153 nicht dadurch, daß der Antragsteller vor der Annahme stirbt oder geschäftsunfähig wird, ausgenommen den Fall, wo ein anderer Willen des Antragstellers anzunehmen ist. § 130 Abs. 2. Das ALR. I 5 §§ 106—108 spricht den allgemeinen Grundsatz aus, daß durch den Tod des einen oder anderen Theils (Offerenten oder Oblaten) nach geschehenem Antrage in den Rechten und Pflichten wegen der Annahme nichts geändert wird, die Erben des Oblaten aber zur Annahme nicht berechtigt sind, wenn der Antrag ausdrücklich auf persönliche Begünstigung des Erblassers abzielte (Schenkung), oder wenn nach den allgemeinen

Grundsätzen in §§ 415 ff. I 5 wegen des Todes des einen oder anderen Theils die Erfüllung selbst des fertigen Vertrages nicht gefordert werden kann. Auch § 818 SBGB. bestimmt, daß der Antrag durch den Tod des Offerenten oder des anderen Theils nur dann erlischt, wenn er auf persönlichen Beziehungen beruht, die mit dem Tode wegfallen. Der Art. 297 des alten HGB. stimmt bezüglich der Wirkung des Todes wesentlich mit § 153 überein, betrifft zugleich Aufträge und Vollmachten des Kaufmanns im Handelsgewerbebetrieb. Er ist im neuen HGB. fortgefallen, so daß die Grundsätze des BGB. auch für Handelsgeschäfte zur Anwendung kommen. Auf den Fall des Todes des Gegners des Antragstellers bezieht er sich so wenig wie § 153 BGB.

Im Entw. I § 89 war der Tod oder die Geschäftsunfähigkeit beider Theile für einflußlos erklärt. In § 153 ist die Vorschrift auf den Tod des Antragstellers beschränkt. Damit ist die Frage, wie der Tod oder die Geschäftsunfähigkeit dessen wirkt, dem der Antrag gestellt, der Beurtheilung des einzelnen Falls überlassen. Auch für das BGB. kommt dabei in Betracht, daß der Natur der Sache nach ein Antrag von den Erben dessen, dem der Antrag gestellt, nicht angenommen werden kann, wenn den Vertragsanerbieten nur einen Vertrag mit der Person des Anderen im Auge hatte. Der Erbe dessen, der beschenkt werden sollte, kann die Schenkung deshalb nicht acceptiren, und dasselbe muß überall da gelten, wo durch die Annahme des Vertragsanerbietens ein Rechtsverhältniß begründet werden soll, das rechtlich durch den Tod des Anderen erlischt. Wenn nach § 673 der Auftrag im Zweifel durch den Tod des Beauftragten, die Gesellschaft nach § 727 durch den Tod des Gesellschafters, nach § 1061 der Nießbrauch durch den Tod des Nießbrauchers erlischt, wenn der Verleiher nach § 605 Nr. 3 nach dem Tode des Leihers die Leihe kündigen kann, wenn ebenso der Vermiether und die Erben des Miethers nach § 569 beim Tode des Miethers kündigen können, so liegt es in der rechtlichen Natur des Verhältnisses, daß nach dem Tode dessen, der in solches Verhältniß durch seine Annahme eintreten soll, grundsätzlich das Verhältniß durch Annahme des Erben so wenig begründet werden kann, wie ein gesetzlich unvererbliches Rechtverhältniß oder Recht. Vgl. §§ 38, 81, 530, 514, 1090, 1098, 759, 847, 1300, 1351, 1360, 1502, 1580, 1583, 1615, 1703, 1713 (unvererbliche Rechte).

So ist z. B. in den Fällen der §§ 847, 1300 klar, daß der Vertragsantrag in Bezug auf die Entschädigung von den Erben des Verletzten, der Verführten, der Verlobten nicht angenommen werden kann. Dasselbe ist aber auch in anderen Fällen anzunehmen, wenn sich aus den Umständen ergiebt, daß der Antrag den Erben nicht gemacht sein würde, weil es bei dem Vertrage auf die Person des Anderen ankam. Das kann z. B. bei Werkverdingung, bei Darlehnsofferte, auch bei Kaufofferten vorliegen, und wenn die §§ 569, 581 Abs. 2, 596 beim Tode des Pächters den Erben des Pächters, aber nicht dem Verpächter das Kündigungsrecht geben, so wird dadurch nicht ausgeschlossen, daß der Verpächter an eine Pachtofferte nicht gebunden ist, die nach dem Tode des Oblaten von dessen Erben angenommen wird, da bei der Pacht die Person des Pächters von bestimmendem Einfluß ist. Bei Geschäftsunfähigkeit des Oblaten ist zu fragen, ob anzunehmen, daß seinem gesetzlichen Vertreter der Antrag gestellt wäre, denn nur dieser kann ja den Antrag annehmen. Auch dies ist nur konkret zu beurtheilen. Gleiche Gesichtspunkte sind zu beachten bei der nach § 153 aufzuwerfenden Frage, ob nach dem Willen des Antragenden anzunehmen ist, daß sein Antrag auch dann gelten soll, wenn er vor der Perfektion des Vertrages durch die Annahme stirbt. Der § 672 bestimmt, daß im Zweifel der Auftrag durch den Tod oder die Geschäftsunfähigkeit des Auftraggebers nicht erlischt, aber konkret ist zu prüfen, ob der Auftrag nach dem Tode des Auftraggebers noch angenommen werden kann, d. h. ob anzunehmen, daß der Auftraggeber auch seine Erben hat binden wollen. Davon kann wie bei jedem Antrag z. B. nicht die Rede sein, wenn es sich bei dem angebotenen Vertrage um persönliche Dienstleistungen für oder durch den Antragsteller handelte oder um Leistungen lediglich für seine Person. Es versteht sich von selbst, daß der Dienstbote, der Inspektor, der Lehrer ꝛc., der seine Dienste anbietet, nur seine Person verpflichten will und kann, und daß war für eine Reise, für seine Hochzeit, seine Person die Herstellung einer bestimmten Ausstattung offerirt, seine Person, nicht seine Erben binden will, solch Antrag also nach dem Tode des Antragenden nicht mehr angenommen werden kann. Anders liegt die Sache, wenn der Gutsbesitzer Bestellungen für sein Gut offerirt, oder Dienstleistungen für dasselbe in Auftrag giebt. Ob und wie die vor der Annahme eintretende Geschäftsunfähigkeit des Offerenten wirkt, ist nur konkret nach dem Inhalt des Vertrages zu entscheiden, der durch die Annahme zu Stande kommen soll; bald wird sie, da es sich dabei nur um Geschäftsunfähigkeit wegen Geisteskrankheit, Geistesschwäche, Verschwendung handeln kann, ebenso wie der Tod zu behandeln sein, bald aber auch nicht.

Unbedenklich setzt der § 153 voraus, daß der Antrag vor dem Tode (Geschäftsunfähigkeit) erklärt ist; bei Abgabe der Erklärung unter Anwesenden fällt die Erklärung mit dem Zugang zusammen, und plötzlicher Tod nachher macht die in § 147 Abs. 1 erforderte sofortige Annahmeerklärung unmöglich, die der Todte nicht vornehmen kann. Bei Erklärung unter Abwesenden kann von Abgabe einer Erklärung nicht die Rede sein bevor der Erklärende sich nicht der (schriftlichen, telegraphischen) Erklärung entäußert, sie abgesendet hat. Wird das Schreiben, der Brief, das Telegramm nach dem Tode (Geschäftsunfähigkeit) vorgefunden und abgesendet, so liegt entweder Erklärung eines Unberechtigten vor, die wirkungslos ist, oder des Erben bezw. des gesetzlichen Vertreters. In Frage kommt, ob bei Anwendung des § 153 zu fordern, daß der vor dem Tode (Geschäftsunfähigkeit) abgesendete Antrag vor dem Tode (Geschäftsunfähigkeit) dem Anderen auch zugeht; ist dies anzunehmen, so fällt der Antrag mit dem Tode (Geschäftsunfähigkeit) vor dem Zugang fort, sein Zugehen nachher ist bedeutungslos.

Davon geht für das Preuß. Recht StrA. 97 S. 225 aus. A war zu Zuchthaus verurtheilt; mit dem Antritt der Strafe verlor er nach § 11 Abs. 2 des Preuß. StGB. v. 14. April 1851 die Geschäftsfähigkeit; vor dem Strafantritt offerirte er sein Grundstück dem B zum Kauf mit acht Wochen Frist zur Erklärung; die Offerte ging dem B erst nach dem Strafantritt zu. Sie wurde rechtzeitig angenommen, später aber von A das Grundstück gegen B vindicirt, weil kein Vertrag zu Stande gekommen. Das ObTr. hat angenommen, daß die Offerte wirkungslos, weil sie dem B erst zugegangen, als A sie nicht mehr stellen konnte; die Offerte sei erst mit dem Zugange erklärt. Für das BGB. kann dies nicht angenommen werden. In § 130 Abs. 1 und 2 wird zwischen Zugang und Abgabe der Erklärung geschieden; die Abgabe ist die Entäußerung, wenn diese auch erst wirksam wird mit dem Zugang; ist aber die Willenserklärung zugegangen, so ist Abgabe und Zugang ein einziger untrennbarer Akt, wie Auflassung und Eintragung. Der § 130 Abs. 2 hätte keinen rechten Sinn, wenn er nur besagen sollte, daß die Willenserklärung durch den Tod (Geschäftsunfähigkeit) nach dem Zugang unberührt bleibt. Denn das ist selbstverständlich und brauchte nicht gesagt zu werden, daß eine wirksam gewordene Erklärung nicht durch den Tod (Geschäftsunfähigkeit) unwirksam wird. Der § 130 Abs. 2 hat nach den Motiven S. 175 die Kontroverse abschneiden wollen, und hat diese Absicht deutlich zum Ausdruck gebracht. Vgl. auch zu §§ 1733 Abs. 2, 1753 Abs. 2. Die gegentheilige Annahme würde zu der unleidlichen Konsequenz führen, daß eine Kündigung wirkungslos, wenn der Kündigende nach der Absendung oder vor dem Zugang des Kündigungsschreibens stirbt.

In Frage kann kommen, ob, wenn nach § 153 der Vertrag trotz der Annahme als nicht zu Stande gekommen gilt, weil der Wille des Antragenden entgegensteht, eine Schadensersatzpflicht seiner Erben gegenüber dem Anderen anzuerkennen, der ohne Kenntniß von dem Tode (Geschäftsunfähigkeit) in Annahme der Offerte und derselben entsprechend gehandelt, z. B. die Bestellung in Ausführung genommen oder gebracht hat. Von culpa in contrah., §§ 122, 307, 694, oder culpa überhaupt wird nur ausnahmsweise die Rede sein können, Schadensersatzpflicht deshalb regelmäßig nicht vorliegen; immer kann es sich nur um das negative Interesse handeln, auch dann, wenn die Erben oder gesetzlichen Vertreter oder den Offerenten selbst etwa der Vorwurf eines Verschuldens dadurch trifft, daß dem Anderen trotz Kenntniß von der Offerte keine Mittheilung von dem Tode oder der eingetretenen Geschäftsunfähigkeit gemacht ist.

Die Wirkung der Konkurseröffnung über das Vermögen des Offerenten oder des Anderen nach Stellung oder vor Zugang des Antrages ist nicht nach § 153 zu beurtheilen, weil die Konkurseröffnung Geschäftsunfähigkeit im Sinne des BGB. nicht bewirkt. Nach § 6 (§ 5) KonkO. kann mit Wirkung gegen die Masse der Gemeinschuldner nicht mehr acceptiren und ihm auch die Acceptation nicht mehr erklärt werden. Vgl. auch § 23 (§ 19a), § 27 (§ 21a) KonkO. und ferner den § 728 BGB., HGB. Art. 123, HGB. v. 10. Mai 1897 § 131, wonach Auftrag bezüglich der Konkursmasse und Gesellschaft durch den Konkurs des Auftraggebers und eines Gesellschafters erlischt und aufgelöst wird. In beiden Fällen ist die Wirkung der Konkurseröffnung von denselben Gesichtspunkten aus zu beurtheilen, die für § 153 maßgebend sind.

**4. Annahme. a.** Die Annahme ist empfangsbedürftige Willenserklärung im Sinne des § 130 wie der Antrag. Sie wird deshalb grundsätzlich wirksam erst durch die Erklärung, d. h. durch den Zugang und kann widerrufen werden nur vor oder mit dem Zugang. § 151. Schon früher, oben S. 123, ist darauf aufmerksam gemacht, daß die Wirkung der zugegangenen Erklärung dadurch nicht beseitigt wird, daß der Andere abwesend, krank, zeitweilig geistig gestört ist, schläft, für seine Vertretung nicht gesorgt hat, das zugegangene Annahmeschreiben nicht liest, fortwirft, vernichtet, keine Vorkehrungen trifft, daß es nach dem Zugange zu seiner Kenntniß gelangt. ObTr. 23 S. 154; OHG. 8 S. 80. Wie jede Willenserklärung kann sie ausdrücklich, stillschweigend, formlos erfolgen, abgesehen von den Fällen, wo der Vertrag zu seinem Rechtsbestande eine besondere Form nach Gesetz oder Abrede und insbesondere auch die Form für die Annahmeerklärung fordert. Vgl. unter 5. Ueberhaupt keine Erklärung der Annahme lag z. B. vor in StrA. 2 S. 51, wo A bei dem Agenten einer Gesellschaft Versicherung beantragt, der Agent die Police zur Aushändigung erhalten, aber nicht ausgehändigt hatte, weil vor dem Eingange der Police bei ihm das versicherte Gebäude abgebrannt war, in StrA. 90 S. 252, wo A einen Erbrezeß zum gerichtlichen Protokoll genehmigt, die Genehmigung aber vor Absendung des Protokolls an den requirirenden Richter zum Protokoll widerrufen hatte, ebenso ObTr. 19 S. 69, ObTr. 43 S. 42 (StrA. 37 S. 202), wo A durch einen Fuhrmann dem B Getreide zu bestimmtem Preise „bis mit umgehender Zusage" offerirt, der Fuhrmann die erhaltene schriftliche Zusage nicht abgeliefert hatte. Auch hier ist Stillschweigen allein an und für sich keine stillschweigende Willenserklärung. Vgl. oben S. 153, 154.

Das BGB. stellt so wenig wie das HGB. einen allgemeinen Grundsatz auf, daß Schweigen als Genehmigung zu gelten habe; es enthält vielmehr eine Reihe specieller Vorschriften, in denen Schweigen als Ablehnung gilt, § 108 (1829), § 177 (§§ 180, 458), § 415 Abs. 2, § 496 Satz 1, §§ 1003, 1007, 1396, 1448, 1519, 1525, 1545, 1550, 2202, 2307, und in denen es als Zustimmung gilt, § 416 Abs. 1, § 496 Satz 2, § 516, § 1405 Abs. 2. Vgl. HGB. v. 10. Mai 1897 § 85. In anderen Fällen knüpft es an ein bestimmtes schweigendes Verhalten ein Präjudiz, z. B. in §§ 111, 114, 174, 182, 359, 410, 412, 1160, 1161, 1643, 1686, 1831 (Mangel unverzüglicher Zurückweisung bei Verhandeln mit wirklichen, aber nicht legitimirten Bevollmächtigten u. a.), an den mangelnden Vorbehalt in § 341 Abs. 3, §§ 464, 640, 1238. Als wirkliche stillschweigende Willenserklärung ist die Fortsetzung von Miethe, Pacht und Dienstverhältniß nach Ablauf der Zeit in den §§ 568, 581, 625 aufzufassen. Im Allgemeinen ist zu sagen, daß das Schweigen auf Antrag nicht als Annahme gelten kann, wenn nicht besondere Umstände, ein Handeln oder anderweites Unterlassen des Antragsempfängers hinzutritt, die auf die Annahme hinweisen, OHG. 1 S. 76, 3 S. 116, 10 S. 187, 16 S. 40; RG. 3 S. 64, oder wenn die Umstände des Falles so liegen, daß nach Treu und Glauben im Geschäfts- und Handelsverkehr ein Handeln geboten ist, weil ohnedies das Schweigen als Täuschung oder als unzulässige Spekulation erscheint. OHG. 1 S. 76, 148; 2 S. 116, 3 S. 4, 113, 274, 426; 11 S. 432, 13 S. 44, 15 S. 94, 24 S. 195. RG. 30 S. 59. Dahin gehört HGB. v. 10. Mai 1897 § 85, wonach der Geschäftsherr, dem der Agent mittheilt, daß er ein Geschäft abgeschlossen hat, obwohl er nur mit der Vermittelung betraut, dem Dritten unverzüglich die Ablehnung erklären muß, wenn das Geschäft nicht als genehmigt gelten soll. Vgl. OHG. 13 S. 44. Wenn der Prinzipal den Agenten anweist, oder veranlaßt, eine Reise zu Geschäftszwecken zu machen, und der Agent zusagt, mit dem Hinzufügen, selbstverständlich seien ihm die Reisespesen zu vergüten, so darf der Prinzipal nicht schweigen, den Agenten die Reise machen lassen und nachträglich die Reisespesen verweigern. OHG. 14 S. 426, 430.

Niemand wird durch Zusendung unbestellter Waare zur Erklärung verpflichtet und durch bloßes Schweigen Käufer, aber wird ihm ohne Preisangabe bestellte Waare mit Faktura übersendet und behält er die Waare, so darf er auf die Faktura nicht schweigen, wenn er die Preise nicht bewilligen will. Noch weniger darf er unbestellte Waare verbrauchen, und wenn ihm bestellte und unbestellte Waare übersandt wird, er einen Theil der unbestellten Waare zurücksendet, den anderen behält, so ist daraus die Annahme der behaltenen Waare zu entnehmen. OHG. 16 S. 40. Vgl. auch OHG. 9 S. 406 (jahrelanges Schweigen auf Anzeige von Rücktritt). Dagegen ist in ObTr. 9 S. 213, RE. 2 Nr. 211 Erk. a, angenommen, daß das Schweigen nicht Annahme in einem Falle, wo A von B für Hölzer Kaufpreis zu fordern, B einseitig vor Gericht die Cession einer Hypothek an A mit dem Bemerken, daß er die Valuta in Hölzern erhalten habe, erklärt und die Cession dem A übersendet hatte. Dasselbe würde nach BGB. § 364 anzunehmen sein, ebenso aber auch, wie in ObTr. 12 S. 281, RE. 2 Nr. 246 Erk. a, daß es einer ausdrücklichen Annahmeerklärung nicht bedarf, wenn A für Schuld des B an C in gerichtlicher Urkunde Bürgschaft übernimmt, die Urkunde dem C übersendet. Daraus, daß C schweigt, kann A der Klage aus der Bürgschaft den Mangel der Annahme nicht entgegensetzen. BGB. §§ 765, 766.

b. Von dem Grundsatz, daß die Annahme dem Offerenten erklärt werden muß, enthält eine Ausnahme der § 151 insofern, als in den Fällen, die er im Auge hat, der Vertrag durch die Annahme zu Stande kommt, ohne daß der Offerent von der Annahme zu wissen braucht und ohne daß ihm auch nur die Möglichkeit gegeben ist, von der Annahme zu wissen. Daß die Annahme erfolgt und kundgegeben ist, wird auch hier vorausgesetzt; ohne die Annahme erlischt der Antrag auch hier und auch hier ist der Offerent nicht auf unbestimmte Zeit an den Antrag gebunden, § 151 Satz 2. Es handelt sich also nicht um die Frage, ob der Gegner des Offerenten durch stillschweigende Annahme gebunden, sondern ob der Offerent durch einen Akt der Annahme gebunden. Die Erklärung der Annahme soll nach § 151 Satz 1 zur Perfektion des Vertrages nicht erforderlich sein, wenn der Offerent sie nach der Verkehrssitte nicht zu erwarten oder selbst darauf (ausdrücklich oder stillschweigend) verzichtet hat. Neues Recht ist dieser Satz nicht. Vgl. Kohler in Ring's Archiv für bürg. Recht 1 S. 320. Für das Preuß. R. geht davon StrA. 18 S. 280, RE. 2 Nr. 195 Erk. d, in einem Falle aus, der ein Beispiel der praktischen Bedeutung des Satzes auch für das BGB. giebt. A in Mühlheim hatte bei B in Sheffield (England) eine Quantität Gußstahl mit der Bitte um möglichst schleunige Sendung an eine aufgegebene Adresse und umgehende Faktura bestellt. Es war klar, daß der Besteller eine Annahmeerklärung nicht erwartete, nicht verlangte, sondern die Ausführung, und in der Ausführung die Annahmeerklärung sehen wollte. B führte die Bestellung aus, sandte die Waare mit Dampfer an die Adresse, der Dampfer ging mit der Waare verloren. Hier ist nach Preuß. und Engl. R. angenommen, daß der Vertrag mit der Ausführung der Bestellung durch Absendung der Waare perfekt geworden und A zur Zahlung der Preise verurtheilt, weil nach §§ 128, 129 I 11 ALR. die Uebergabe der Waare mit der Abladung auf den Dampfer erfolgt und damit die Gefahr auf den Käufer übergegangen. Nach BGB. würde gemäß § 151 und §§ 446, 447 ebenso zu entscheiden sein.

Aehnlich liegen die oben erwähnten Fälle StrA. 27 S. 145, 84 S. 262. Ebenso OHG. 18 S. 246 für SBGB. und RG. 2 S. 44, 36 S. 323 für Preuß. R. in Fällen der Bestellung zur umgehenden Uebersendung an den Besteller selbst. In RG. 36 S. 323 war ein Lotterieloos zur umgehenden Uebersendung bestellt, an den Besteller übersandt, aber in Folge unrichtiger Adresse als unbestellbar zurückgekommen, demnächst mit Gewinn gezogen. Der Lotteriekollekteur ist zur Auszahlung des Gewinns verurtheilt, weil der Vertrag durch die Uebersendung perfekt und auch dadurch nicht rückgängig geworden, daß der Kollekteur dem Besteller auf dessen Anfrage nach dem Verbleib des Looses ein anderes geschickt hatte. In solchem Falle fordert auch die Verkehrssitte keine Erklärung der Annahme. Im kaufmännischen und Geschäftsverkehr kann dasselbe angenommen werden bei fortgesetzter Geschäftsverbindung mit regelmäßiger Effektuirung ohne vorherige Anzeige der Annahme der Bestellung, auch bei Aufträgen z. B. zum Ankauf, Verkauf an der Börse. Bolze 2 Nr. 916, OHG. 14 S. 298, 301.

Vielfach wird in diesen Fällen auch eine Verpflichtung des Anderen zur Erklärung auf den Antrag anzunehmen sein; grundsätzlich besteht aber, wie bereits betont, solche Pflicht nicht. Es kommt deshalb in Frage, wie lange der Offerent, der keine Annahme erklärung zu erwarten hat, an seine Offerte gebunden ist. § 151 Satz 2 verweist auf den aus dem Antrage oder den Umständen zu entnehmenden Willen des Offerenten, der natürlich nicht willkürlich von dem Offerenten bestimmt werden kann, wenn er ihn nicht im Antrage selbst bestimmt hat, sondern der Auslegung nach Treu und Glauben unterliegt. Der Offerent kann z. B. bestimmen, daß ihm von der Effektuirung in bestimmter Frist Anzeige zu machen; erfolgt die Anzeige nicht, so kann er die Effektuirung als verspätete Annahme behandeln, ebenso, wenn er umgehende Effektuirung verlangt und die Effektuirung nicht umgehend, sondern verspätet erfolgt. Trifft die umgehend bestellte und abgesendete Sendung verspätet ein, so ist § 149 nicht anzuwenden; der durch die umgehende Effektuirung perfekt gewordene Vertrag bleibt bestehen; der Zugang der Waare ist dem Zugang der Annahme nicht gleich zu behandeln. In Fällen anderer Art müssen die konkreten Umstände entscheiden; ist z. B. schleunige, möglichst schleunige, baldige Effektuirung verlangt, so kann der Offerent die Offerte als abgelehnt behandeln, wenn sie nicht in der Zeit ausgeführt wird, die für die ordnungsmäßige Ausführung ausreicht. Von selbst versteht sich, daß der Gegner des Offerenten im Falle des § 151 durch die Handlung gebunden ist, aus der die Annahme folgt, aber während der Offerent in der ganzen Dauer der Zeit, die diese Handlung erfordert, gebunden ist, kann Gebundenheit des Anderen erst mit der Vollendung der Handlung angenommen werden, also bei Bestellungen zur Absendung von Waare nicht mit der Herstellung, Verpackung, sondern mit der Absendung der Waare.

c. Die Annahmeerklärung bewirkt, wo eine Erklärung erforderlich, die Perfektion nur, wenn sie rechtzeitig zugegangen ist. In ALR. I 5 §§ 104, 105 und HGB. Art. 319 Abs. 2 ist der Fall geregelt, wo die Annahme rechtzeitig abgesendet, aber verspätet zugegangen. Nach LR. macht sich der Offerent schadensersatzpflichtig, wenn er in solchem Falle nicht umgehend erklärt, daß er den Antrag zurücknimmt. Nach Art. 319 Abs. 2, der durch § 149 BGB. ersetzt ist, muß der Offerent ohne Verzug nach dem verspäteten Eintreffen der Annahmeerklärung dem Anderen den Rücktritt erklären, wenn er dies nicht schon vorher gethan hat, sonst besteht der Vertrag trotz des verspäteten Zugangs der Annahme. Nach § 149 BGB. gilt die rechtzeitig abgesendete, aber verspätet eingetroffene (zugegangene) Annahmeerklärung als wirksam, der Vertrag als perfekt, wenn der Empfänger erkennen mußte, daß die Erklärung rechtzeitig abgesendet und bei regelmäßiger Beförderung rechtzeitig zugegangen sein würde, und nicht unverzüglich (ohne schuldhaftes Zögern, § 121 Satz 1) nach dem Empfange der Erklärung dem Annehmenden anzeigt, daß die Erklärung verspätet eingetroffen. Neu ist an dieser Vorschrift das subjektive Erforderniß, daß der Offerent die rechtzeitige Absendung erkennen mußte und in dem objektiven Erforderniß der Anzeige, daß nicht der Rücktritt, sondern die Verspätung anzuzeigen ist. Beide Vorschriften beruhen auf der Billigkeit. Sendet der Annehmende die Annahmeerklärung verspätet ab, so muß er wissen, daß die Annahme verspätet ankommen muß und der Vertrag nicht zu Stande kommen kann, daß er auch keinen Anspruch auf eine Mittheilung hat, da es einer Erklärung auf verspätete Annahme nach § 150 Abs. 1 nicht bedarf. Sendet er aber die Annahmeerklärung rechtzeitig ab, so darf er annehmen, daß die Annahmeerklärung rechtzeitig ankommen und der Vertrag perfekt sein werde; er kann dadurch veranlaßt werden, sich auf den Vertrag einzurichten.

Für die Beweislast ergiebt sich aus §§ 149, 151, daß der Antragsempfänger, der seinen Anspruch aus dem perfekten Vertrage auf § 149 stützt, beweisen muß, wann er die Offerte erhalten, wann er die Annahmeerklärung abgesendet, wann sie dem Offerenten zugegangen; außerdem hat er die Umstände darzulegen, aus denen zu entnehmen, daß der Offerent die rechtzeitige Absendung hat erkennen müssen. Denn dies sind die Voraussetzungen für die Perfektion des Vertrages im Falle § 149. Daß die Perfektion trotzdem nicht eingetreten, weil der Offerent unverzüglich nach dem Empfange der Annahmeerklärung oder schon vorher die Anzeige der Verzögerung abgesendet hat, hat der Offerent als die Thatsache zu beweisen, durch welche der regelmäßige Eintritt der Perfektion des Vertrages beseitigt wird. In OHG. 13 S. 162 hatte A unter dem 13. Oktober schriftlich dem B Kartoffeln zur sofortigen Annahme offerirt, B unter dem 15. Oktober schriftlich angenommen, A unter dem 20. Oktober seinen Rücktritt erklärt. Als B auf Erfüllung klagte, wurde streitig, ob B die Offerte am 14. oder 15. Oktober erhalten, A die Annahmeerklärung am 16. oder 17. oder am 20. Oktober erhalten. Unstreitig war, daß nach dem gewöhnlichen Postenlauf zwischen den beiden in Frage kommenden Orten die Schreiben am ersten oder zweiten Tage nach der Ablieferung der Post dem Adressaten zugehen. Das OHG. hat hier angenommen, daß B den Beweis der rechtzeitigen Annahme zu führen habe, wobei es in Betracht zieht, daß nach dem durch das BGB. beseitigten Art. 321 HGB. der Vertrag mit der Absendung der Annahmeerklärung perfekt wird, während nach § 151 BGB. der Vertrag erst mit der Annahme, d. h. dem Zugange der Erklärung, perfekt wird. Nach BGB. ist deshalb rechtzeitige Absendung und der Zugang zu beweisen, ohne beides ist auch das subjektive Erforderniß des § 149 nicht zu beurtheilen. Den Beweis der rechtzeitigen Rücktrittserklärung legt das OHG. dem Beklagten A auf, wobei es wiederum erwägt, daß nach dem unstreitigen Postenlauf die Vermuthung dafür spreche, daß das Annahmeschreiben dem A am 16. oder 17. Oktober zugegangen, weshalb er zu beweisen habe, daß er es erst am 20. erhalten, obwohl es in Bd. 13 S. 43, 46 eine Vermuthung dafür, daß ein abgesendeter Brief zugegangen, ablehnt. Für das BGB. folgt aus §§ 149, 151, daß der Zugang und sein Zeitpunkt dem Offerenten, vom Offerenten die Absendung der Anzeige und deren Zeitpunkt zu beweisen ist. Cosack, Handelsrecht 3. Aufl. § 25 unter II nimmt an, daß nach BGB. dem Antragsempfänger die Beweislast dafür obliegt, daß der Offerent die Verspätungsanzeige nicht abgesendet hat. Dafür scheint die Fassung des Satz 2 § 149 zu sprechen, aus der entnommen werden könnte, daß die Verzögerung der Anzeige Voraussetzung der Perfektion des Vertrages, indessen nöthigt diese Fassung im Zusammenhang mit Satz 1 nicht zu einer Abweichung von den allgemein gültigen Grundsätzen der Beweislastregelung.

Darüber läßt § 149 keinen Zweifel, daß es darauf nicht ankommt, ob der Antragsempfänger geglaubt hat, er habe die Annahme rechtzeitig abgeschickt. Ferner geht aus § 147 Abs. 2 hervor, daß der Offerent annehmen kann, die Offerte sei rechtzeitig angekommen. Muß er aus der Annahmeerklärung entnehmen, daß die Offerte verspätet angelangt und die Annahme deshalb verspätet abgesandt und zugegangen, so muß er die Verspätung anzeigen, sonst nicht. Die Umstände können auch so liegen, daß der Antragsempfänger erkennen muß, daß die Offerte ihm verspätet zugegangen und seine Annahmeerklärung keinen Zweck mehr hat; dann kann er sich auf Annahmeerklärung und Nichtanzeige nicht berufen.

Alle diese Grundsätze kommen auch zur Anwendung, wenn der Antrag durch Boten übermittelt und der Bote mit der Annahmeerklärung oder deren Uebermittelung betraut ist. Vgl. ALR. I 5 §§ 99, 100.

**d.** Die Annahme muß, um zum Vertragsschluß zu führen, naturgemäß dem Antrage inhaltlich entsprechen, OHG. 3 S. 280, Abweichungen hindern ihre Wirkung; für Bedingungen und Einschränkungen sagt Art. 322 HGB. es ausdrücklich mit dem Zusatz, daß solche Annahme als neuer Antrag gilt. Dasselbe wurde für verspätete Annahmeerklärung schon bisher angenommen, OHG. 15 S. 43, in § 150 ist es ausdrücklich gesagt. Verspätete und Annahme unter Erweiterungen, Einschränkungen, anderen Aenderungen gilt als neuer Antrag, durch den der Antrag des Offerenten so erlischt, wie oben bereits erörtert, daß er nicht mehr angenommen werden kann. Das muß grundsätzlich auch da gelten, wo der Offerent dem Anderen eine Frist zur Annahme gestellt hat. Als neuer Antrag bedarf auch die verspätete Annahme der Annahme sive re sivi verbis. Vgl. oben RG. 26 S. 6. Bedingte Annahme ist auch Annahme mit Frist zur Erklärung, beschränkte die Annahme unter Ablehnung einer Bedingung der Offerte, Annahme unter anderen Zahlungs-, Deckungs-, Lieferzeitbedingungen, ferner Annahme auf einen Theil des Angebots, das als Gesammtanerbieten gemeint.

Ein Beispiel von wirkungsloser Annahme durch Annahme unter Ablehnung der Bedingung der Offerte giebt RG. 28 S. 320 (der Lotteriekollekteur übersendet dem Spieler von Nr. 11471 das Loos 17471 mit dem Ersuchen um Rücksendung des Looses 11471, das ihm irrthümlich übersandt sei; der Spieler erklärt, er werde beide Loose behalten; auf Nr. 17471 fällt der Hauptgewinn; die Klage auf Auszahlung des Gewinns ist abgewiesen). Ob bei Anerbieten mehrerer Gegenstände das Anerbieten als einheitliches oder mehrfaches aufzufassen, das nur ganz oder auch theilweise anzunehmen, ist nur konkret zu finden. Vgl. OHG. 16 S. 155 (Bestellung auf ein Quantum Nüsse und ein Faß Preißelbeeren zu sofortiger Absendung der Nüsse an Adresse und sofortiger Annahme; die Annahme erfolgt auf die Nüsse, mit der Erklärung, daß sie an die aufgegebene Adresse sofort abgesendet werden; der Besteller schweigt. Verurtheilung zur Bezahlung der Nüsse). Ob Annahme mit dem Zusatz „Brief näheres", „Brief folgt" als glatte Annahme zu gelten hat, ist konkret zu beurtheilen; regelmäßig wird die Klausel als ein Vorbehalt anzusehen sein, der die glatte Annahme in Zweifel läßt, die Perfektion hindert, wenn kein Brief folgt oder wenn der Brief ergiebt, daß in einem Punkte Annahme und Antrag abweichen, OHG. 12 S. 290, wo der Antrag Kasse, der Brief Kredit verlangt, und Bolze 11 Nr. 204, wo Kaufangebot mit dem Zusatz „Brief folgt" angenommen, der Brief ausgeblieben war, unbedingte Annahme erst 10 Tage später erklärt war; die Klage des Käufers wurde abgewiesen.

5. **Perfektion. a.** Durch die Annahme des Antrags wird der Vertrag nach

§ 151 perfekt, grundsätzlich also *durch den Zugang der Annahmeerklärung*, in den Fällen des § 151, in denen es *der Erklärung* nicht bedarf, durch die Vollendung der Handlung, die nach dem Antrage gefordert wurde. Der Satz des Art. 321 HGB., daß als Zeitpunkt der Perfektion, vorausgesetzt, daß die Annahmeerklärung zugegangen, der Zeitpunkt *der Abgabe der Erklärung behufs der Absendung* gilt, ist nicht aufgenommen und auch im HGB. v. 10. Mai 1897 gestrichen. Nach BGB. kann deshalb auch nicht, wie für Art. 321 HGB. konsequent angenommen, OHG. 7 S. 1, 11, 12, RG. 34 S. 137, der Ort des Vertragsschlusses, an den Ort, von wo abgesendet ist, verlegt werden, *vielmehr muß als Ort des Vertragsschlusses der Ort angesehen werden, wo der Vertrag durch den Zugang der Annahmeerklärung zeitlich zu Stande gekommen ist.* Zeit und Ort können für die Perfektion nicht getrennt werden. Von Wichtigkeit ist dies für die Anwendung des Art. 11 EG. (locus regit actum) und viele andere Fragen (Gefahrübergang, Vertragsfähigkeit, Marktpreis u. a.).

**b.** Wo das Gesetz oder Rechtsgeschäft für den Vertrag eine besondere Form, schriftliche, gerichtliche, notarielle Beurkundung, erfordert, kann nach § 125 von Perfektion des Vertrages vor Erfüllung der Form nicht die Rede sein, § 154 Abs. 2. Grundsätzlich muß die Form die zusammenwirkende Willensübereinstimmung feststellen; wo Antrag und Annahme geschieden, nicht eine einzige Urkunde den Vertragsinhalt konstatirt, muß der Antrag und die Annahme die Form erfüllen und außerdem *der Austausch der beiden Erklärungen* stattfinden; bei einer einzigen Urkunde erfolgt er durch die Unterschrift *beider* Theile, § 126 Abs. 2 Satz 1, bei Telegramm und Korrespondenz durch den Austausch der Schriftstücke, § 127 Satz 2, bei Aufnahme mehrerer gleichlautender Urkunden dadurch, daß *jeder Theil die für den anderen Theil bestimmte Urkunde unterzeichnet*, § 126 Abs. 2 Satz 2, *und sie ihm zugehen läßt.* Letzteres sagt § 127 nicht ausdrücklich, es versteht sich aber von selbst aus dem Begriff des Vertrages. Wenn jeder Kontrahent die von ihm allein unterschriebene Urkunde behält, oder die ihm zur Unterschrift übersendete Urkunde zwar unterschreibt, aber die Unterschrift demnächst vernichtet oder die Urkunde nicht zurückgiebt, *obwohl sie zur Rückgabe bestimmt ist*, so fehlt es an der Erklärung des Willens dem Anderen gegenüber. Dies ist altes Recht. ObTr. 45 S. 57, 61 (StrA. 42 S. 50); RE. 1 Nr. 82 (83, 84) Erk. a; ObTr. 5 S. 30; StrA. 38 S. 115; JW. 1896 S. 212 Nr. 48; ObTr. 19 S. 69 (durchstrichene Genehmigungserklärung). Vgl. oben StrA. 2 S. 51. Anders, wenn der Vertrag mündlich durch Offerte und Annahme zu Stande gekommen, nachträglich schriftliche Redaktion verabredet und nur ein Theil die Urkunde unterzeichnet. Vgl. oben S. 159, 160 und OHG. 12 S. 52. Anders liegt die Sache natürlich auch da, wo das Gesetz die Form nur für die Erklärung des einen Theils fordert, wie z. B. nach BGB. wie nach Preuß. R. für die Abtretungserklärung, §§ 403, 1154, das Schenkungsversprechen, § 518, die Bürgschaftserklärung, § 766, der Leibrentenvertrag, § 761, Schuldversprechen und Schuldanerkenntniß, §§ 780, 781, § 518. In diesen Fällen bedarf es für die Annahmeerklärung keiner Form (ObTr. 12 S. 281, 21 S. 351, Bürgschaft und Cession).

Eine Ausnahme statuirt § 152 für den Fall des § 128. Nach § 128 ist die gesetzliche Form gerichtlicher oder notarieller Beurkundung erfüllt, wenn zuerst der Antrag und dann die Annahme beurkundet, und nach § 152 soll der so unter Abwesenden beurkundete *Vertrag mit der Beurkundung der Annahme* als per=

fekt gelten, wenn nicht ein Anderes bestimmt ist. Es ist also nicht erforderlich, daß die Annahmeurkunde dem Gegner zugeht; Zeit und Ort des Vertragsschlusses bestimmen sich durch die Annahmeurkunde. Vorausgesetzt immer, daß die Parteien nichts anderes bestimmt haben, d. h., daß nicht ihr entgegenstehender Wille ausdrücklich oder stillschweigend erklärt ist, und nach § 152 Satz 2 kommt der § 151 Satz 2 immer zur Anwendung, d. h. es kommt auf die konkrete Sachlage an, wie lange derjenige, der seine Erklärung förmlich abgegeben hat, auf die förmliche Erklärung des Anderen zu warten hat. Wenn A in Berlin sein Grundstück dem B in Breslau durch mündlichen oder schriftlichen Vertrag verkauft, so ist nach § 873 Abs. 2, § 125 der Vertrag nicht perfekt; er wird erst perfekt, wenn beide die Erklärung in der Form des § 873 Abs. 2 abgegeben haben; sie können verabreden, daß beides an einem bestimmten Tage in Berlin bezw. Breslau geschehen soll; dann ist anzunehmen, daß der Vertrag mit der Abgabe der Erklärungen perfekt, kein Theil aber gebunden, wenn der andere seine Erklärung nicht an dem bestimmten Tage abgegeben hat. Ist das Grundstück vorher übergeben, so wird anzunehmen sein, daß der Vertrag nach § 152 mit der Beurkundung der Annahme perfekt sein soll. Es kann aber auch verabredet sein, daß die Urkunden ausgewechselt werden sollen, dann kann die Perfektion erst mit der Auswechslung angenommen werden.

Besondere Vorschriften geben die §§ 497, 505 für die Perfektion des Wiederkaufs und Vorkaufs. Beide kommen nach Satz 2 Abs. 1 § 497 und Satz 2 Abs. 1 § 505 durch die formlose Erklärung seitens des Berechtigten an den Verpflichteten zu Stande, auch wo es sich um Grundstücke handelt. § 1098. Die Form gilt hier als durch die Form des Hauptvertrages erfüllt, der das Recht begründet. Vgl. zu §§ 497 ff., 504 ff.

**c.** Antrag und Annahme bringen den Vertrag zu Stande, wenn dadurch Willensübereinstimmung erzielt ist und der Inhalt der Willensübereinstimmung alle Punkte umfaßt, die nach dem Gesetz erforderlich sind, um den gewollten konkreten Vertrag darzustellen. Ueber welche Punkte nach dem Gesetz Uebereinstimmung vorhanden sein muß, um den Vertrag darzustellen, bestimmt sich nach der rechtlichen Natur des konkreten Vertrages. Vgl. z. B. zu §§ 433 ff. beim Kauf. Bei jedem Vertrage giebt es aber Punkte, über welche die Kontrahenten Vereinbarung treffen können, um den Vertrag näher auszugestalten, und Vereinbarung treffen müssen, wenn sie nicht wollen, daß die für den Fall des Mangels einer Vereinbarung gegebene gesetzliche Regel über Ort, Zeit, Beschaffenheit, Kündigung, Verzinsung zur Anwendung kommt. Ist aus dem ausdrücklich oder stillschweigend erklärten Willen der Parteien zu entnehmen, daß sie über solche oder über irgend welche anderen Punkte eine Vereinbarung gewollt haben, so ist der Vertrag ohne diese Vereinbarung nicht perfekt. Dieser Grundsatz folgt aus § 154 und steht in Uebereinstimmung mit dem gem., Preuß. R. und SBGB., l. 9 pr. D. 18, 1; ALR. I 5 § 125; SBGB. § 783, § 827. Nur bestimmt § 154 Abs. 1 Satz 2 zum Theil abweichend vom Preuß. und Sächs. R., daß die schriftliche Aufzeichnung selbst der wesentlichen einzelnen Punkte nicht bindet, wenn die Vereinbarung über selbst unwesentliche Punkte vorbehalten. Auch nach BGB. ist der Kaufvertrag trotz Uebereinstimmung über res und pretium nicht perfekt, wenn anzunehmen, daß nach dem erkennbaren Willen auch nur des Käufers noch eine Vereinbarung über den Zahlungsmodus (Kasse oder Kredit) hat getroffen werden sollen. RG. 41 S. 330. Vorausgesetzt ist nach Satz 1 Abs. 1 § 154 aber, daß dieser Willen kein rein innerlicher geblieben.

Behindert wird die Perfektion, wenn die Wirksamkeit des Vertrages nach dem Gesetz oder der Willenserklärung der Kontrahenten von der Zustimmung, Genehmigung eines Dritten abhängig ist, §§ 177 ff., § 182. In ObTr. 50 S. 126, RE. 2 Nr. 196 Erk. c, wo der Pfarrer Namens der Kirchengemeinde eine Scheune verkauft und übergeben hatte, die Scheune abgebrannt war, bevor die nach dem Gesetz erforderliche Genehmigung der staatlichen Aufsichtsbehörde auch nur eingeholt war, ist die Klage der Gemeinde auf Zahlung des Kaufpreises deshalb abgewiesen, wie sie nach BGB. abzuweisen sein würde. Der Genehmigung nach dem Untergange würde der Vertragsgegenstand fehlen. Vgl. auch oben ObTr. 19 S. 69 und StrA. 2 S. 51. Nicht gehindert wird die Perfektion durch suspensive Bedingung, die nicht den Abschluß, sondern den Inhalt des Rechtsgeschäfts bedingt, eine Vertragsbedingung des Geschäfts ist. Wenn A unbestellte Waare dem B zum Kauf auf Probe mit Stellung einer Frist übersendet, so ist er nach § 145 an die Offerte gebunden, B zu keiner Erklärung und in keiner Beziehung obligatorisch verpflichtet, bevor er die Annahmeerklärung abgiebt. Schließen aber A und B gemäß §§ 495, 496 einen Kaufvertrag auf Probe oder Besicht mit oder ohne Frist, so ist ein perfekter Vertrag geschlossen, bei dem Billigung oder Besicht Geschäftsbedingung, der Verkäufer gebunden, der Käufer wie aus angenommener Offerte berechtigt und in gewissem Umfang auch verpflichtet, insofern er bei Uebergabe der Sache sich erklären muß und vor der Erklärung aus dem Vertrage für Verschulden bezüglich der Sache haftet. Vgl. OHG. 7 S. 320 und das Nähere zu §§ 495, 496, auch RG. 34 S. 303, wo A dem B für bestimmte Summen das Recht der Ausnutzung eines Patentes für bestimmte Bezirke übertragen hatte und in dem Vertrage bestimmt war, daß B berechtigt, binnen drei Monaten zu erklären, ob er für die gleiche Summe die Licenz auch noch für bestimmte andere Bezirke erwerben wolle.

Wenn der mit der Vermittelung, nicht mit dem Abschluß beauftragte Agent dem A Waare ohne Benennung des Verkäufers offerirt (Aufgabe vorbehalten) und A acceptirt unter der Bedingung, daß der zu benennende Verkäufer Primaablader, RG. 33 S. 131, so liegt nichts als bedingte Annahme und damit eine Offerte bestimmten Geschäftsinhalts vor, an die A gebunden, bis sie durch Benennung des Verkäufers in angemessener Frist angenommen, erst durch die Annahme ist der Vertrag perfekt, dessen Erfüllung verlangt werden kann, wenn der Verkäufer Primaablader. Hat A von dem zum Abschluß berechtigten Vertreter des Verkäufers auf dessen Offerte unter Vorbehalt der Aufgabe des Verkäufers, der Primaablader sein soll, gekauft, RG. 38 S. 185, so liegt fertiger Kaufvertrag vor, dessen Perfektion nicht dadurch aufgeschoben, daß der Käufer nur von einem Primaablader zu nehmen braucht und von dem Vertrage zurücktreten kann, wenn mit der Benennung des Verkäufers gezögert wird oder der benannte kein Primaablader ist.

**d.** Gehindert wird die Perfektion des Vertrages nach § 155, wenn die Willensübereinstimmung nur scheinbar vorhanden ist, weil die Parteien sich über einen Punkt, über den sie sich haben vereinbaren wollen und vereinbart haben, in Folge Mißverständniß nicht geeinigt haben. Vgl. oben S. 137, 141. Der Vertrag bleibt indessen nach § 155 bestehen, wenn der Punkt, über den die Willensübereinstimmung nur scheinbar besteht, so beschaffen, daß anzunehmen, der Vertrag wäre auch ohne Vereinbarung über ihn geschlossen. In solchem Falle ist über den Punkt vom Richter nach den gesetzlichen Bestimmungen so zu entscheiden, wie wenn nichts verabredet. SBGB. §§ 827, 837, 840, 841, 842. Sorgsam zu scheiden ist von diesem Falle der, wo beide dasselbe wollen, nur in der Bezeichnung (demonstratio) fehl greifen. Wenn A von seinem Grundstück dem B zwei Parcellen verkaufen und B nur diese erwerben will, und beide in dem Vertrage oder bei der Auflassung eine falsche Nummer des Grundbuchs bezeichnen oder übersehn, daß auf dem Grundbuchblatt nicht bloß die beiden Parcellen, sondern noch ein anderes Grundstück eingetragen ist, so wird dadurch die Perfektion des Vertrages nicht berührt, sondern nur die Anfechtung der Auflassung wegen Irrthums in der Erklärung begründet.

Wenn aber A sein Grundstück Nr. 1 an B verkaufen, B das Grundstück Nr. 2 erwerben will, und die Auflassung von Nr. 1 erklärt wird, indem B annimmt, Nr. 2 werde aufgelassen, so ist der Vertrag wegen mangelnder Willensübereinstimmung ebenso wenig perfekt, wie wenn A an B verkaufen will und an den Bevollmächtigten des C in der Meinung verkauft, derselbe sei Bevollmächtigter des B., oder A an B zahlt, um seine Schuld zu tilgen, B aber die Zahlung als Tilgung der Schuld des C annimmt, oder A übergiebt, um zu verpfänden, B annimmt, um Eigenthum zu erwerben, Bolze 1 Nr. 766; StrA. 92 S. 36; OHG. 23 S. 133; ObTr. 76 S. 253, 78 S. 86; RG. 1 S. 415, 17 S. 77, 28 S. 307, 20 S. 225, 36 S. 316; RE. 2 Nr. 193 a, 3 Nr. 261; während nach §§ 925, 929 der übereinstimmend gewollte Eigenthumsübergang dadurch nicht gehindert wird, daß der eine schenken, der andere kaufen will. Von der Wirkung des Irrthums im Sinne der §§ 119, 121 ist hier nicht die Rede, sondern das Geschäft ist nichtig, nicht zu Stande gekommen, weil die Willensübereinstimmung fehlt, während bei Irrthum z. B. über die Eigenschaften einer von beiden Theilen als Vertragsgegenstand gewollten Sache der Wille übereinstimmt, oder der Wille des einen Theils durch den Irrthum beeinflußt ist.

Aus § 155 sind auch die bekannten Fälle des gem. R., l. 52 D. 19, 2, SBGB. § 839 zu entscheiden, wenn A zu 10 verkaufen, B zu 20 kaufen, oder A zu 20 verkaufen, B zu 10 kaufen will, und Jeder glaubt, daß der Andere will, was er selbst will. In beiden Fällen besteht keine Willenseinigung, aber im ersten Fall ist auch nach BGB. anzunehmen, daß zu 10 verkauft und gekauft, weil anzunehmen, daß B zu 10 gekauft haben würde, während im zweiten Falle nicht anzunehmen, daß B zu 20 gekauft haben würde. Vgl. RG. 6 S. 100 (Eisenbahnfrachtbeförderung auf Grund eines Druckfehlers im Tarif, durch den die Fracht höher gestellt, als gewollt; Perfektion des Vertrages zu dem gewollten niedrigeren Satz). Wenn die sonst einigen Parteien darüber dissentiren, ob der Preis am 1. oder 15. zu zahlen, oder sofort oder binnen drei Tagen zu zahlen, oder das Darlehn mit 3 oder 4 Monaten kündbar, oder die Hypothek 1 statt 2 in part. pretii zu übernehmen, ist konkret zu befinden, ob der Dissens erheblich genug, um den Bestand des ganzen Vertrages in Frage zu stellen. Bolze 7 Nr. 68. Bei Dissens über Baar- oder Kreditkauf, über Kündbarkeit oder Unkündbarkeit von Darlehn, Miethe, Pacht für den einen oder anderen Theil kann dies sehr wohl der Fall sein. RG. 41 S. 330. Allgemeine Grundsätze lassen sich darüber nicht aufstellen. Näheres über Dissens bei der Uebergabe und Auflassung, insbesondere die Fälle der l. 35 D. 41, 1, l. 49 D. 17, 1 vgl. zu §§ 929 ff.

6. **Versteigerung.** Der § 156 entscheidet, abweichend von SBGB. § 819, die bekannte Kontroverse dahin, daß die Aufforderung zum Bieten nicht Offerte, das Gebot die Offerte, die erst durch die in dem Zuschlag enthaltene Annahme zum perfekten Vertrage führt. An die Offerte ist der Bieter deshalb auch nicht mehr ge-

bunden, wenn ein Uebergebot abgegeben oder ohne solches die Versteigerung ohne Zuschlag geschlossen wird. Der § 72 des Ges. v. 24 März 1897 über die Zwangsversteigerung und Zwangsverwaltung beruht auf dem gleichen Grundsatz. Das zugelassene Gebot erlischt mit dem zugelassenen Uebergebot und durch einstweilige Einstellung des Verfahrens oder Aufhebung des Termins. Der § 156 findet auf alle öffentlichen Versteigerungen des BGB., §§ 383, 384, 489, 753, 754, 966, 975, 979 ff., 1219 ff., 1235 ff., Anwendung, ebenso auf die Versteigerungen durch den Gerichtsvollzieher in der Zwangsvollstreckung. CPO. §§ 814 ff., 816, 817 (Ges. v. 17. Mai 1898).

---

## 4. Titel. Bedingung. Zeitbestimmung.

§ **158**. Wird ein Rechtsgeschäft unter einer aufschiebenden Bedingung vorgenommen, so tritt die von der Bedingung abhängig gemachte Wirkung mit dem Eintritte der Bedingung ein.

Wird ein Rechtsgeschäft unter einer auflösenden Bedingung vorgenommen, so endigt mit dem Eintritte der Bedingung die Wirkung des Rechtsgeschäfts; mit diesem Zeitpunkte tritt der frühere Rechtszustand wieder ein.

§ **159**. Sollen nach dem Inhalte des Rechtsgeschäfts die an den Eintritt der Bedingung geknüpften Folgen auf einen früheren Zeitpunkt zurückbezogen werden, so sind im Falle des Eintritts der Bedingung die Betheiligten verpflichtet, einander zu gewähren, was sie haben würden, wenn die Folgen in dem früheren Zeitpunkt eingetreten wären.

§ **160**. Wer unter einer aufschiebenden Bedingung berechtigt ist, kann im Falle des Eintritts der Bedingung Schadensersatz von dem anderen Theile verlangen, wenn dieser während der Schwebezeit das von der Bedingung abhängige Recht durch sein Verschulden vereitelt oder beeinträchtigt.

Den gleichen Anspruch hat unter denselben Voraussetzungen bei einem unter einer auflösenden Bedingung vorgenommenen Rechtsgeschäfte derjenige, zu dessen Gunsten der frühere Rechtszustand wiedereintritt.

§ **161**. Hat Jemand unter einer aufschiebenden Bedingung über einen Gegenstand verfügt, so ist jede weitere Verfügung, die er während der Schwebezeit über den Gegenstand trifft, im Falle des Eintritts der Bedingung insoweit unwirksam, als sie die von der Bedingung abhängige Wirkung vereiteln oder beeinträchtigen würde. Einer solchen Verfügung steht eine Verfügung gleich, die während der Schwebezeit im Wege der Zwangsvollstreckung oder der Arrestvollziehung oder durch den Konkursverwalter erfolgt.

Dasselbe gilt bei einer auflösenden Bedingung von den Verfügungen desjenigen, dessen Recht mit dem Eintritte der Bedingung endigt.

Die Vorschriften zu Gunsten derjenigen, welche Rechte von einem Nichtberechtigten herleiten, finden entsprechende Anwendung.

§ **162**. Wird der Eintritt der Bedingung von der Partei, zu deren Nachtheil er gereichen würde, wider Treu und Glauben verhindert, so gilt die Bedingung als eingetreten.

Wird der Eintritt der Bedingung von der Partei, zu deren Vortheil er gereicht, wider Treu und Glauben herbeigeführt, so gilt der Eintritt als nicht erfolgt.

§ **163.** Ist für die Wirkung eines Rechtsgeschäfts bei dessen Vornahme ein Anfangs- oder ein Endtermin bestimmt worden, so finden im ersteren Falle die für die aufschiebende, im letzteren Falle die für die auflösende Bedingung geltenden Vorschriften der §§ 158, 160, 161 entsprechende Anwendung.

---



**Bedingung und Zeitbestimmung.** condicio, dies. E. I §§ 128–143; II §§ 128–133; III §§ 154–159. ALR. I 4 §§ 99–144, 163–169; 11 § 264; 12 §§ 478–507. SBGB. §§ 108–115, 132, 593, 632, 871–892, 2117–2150. C. c. art. 1168–1180, 1181, 1182, 1183, 1184, 1185–1188. W. 1 §§ 86–100. D. P. 1 §§ 105–111, 113–116; Pr. Pr. 1 §§ 86–93. Eccius 1 §§ 36, 37, 38. RE. 1 Nr. 65–71. Grützmann 1 §§ 28–30. Z-Cr. 1 § 130; 2 §§ 282, 283. Cr. 1 §§ 34–36. Endemann 1 §§ 76–79. Cosack 1 §§ 61, 62.

**I. Bedingung.** 1. Die §§ 158—163 gelten nach ihrer Stellung im allgemeinen Theil für alle Rechtsgeschäfte, einseitige und zweiseitige, die Verträge des Obligationen-, Sachen-, Familien- und Erbrechts. Nach § 388 ist aber Aufrechnung und nach § 925 die Auflassung unter Bedingung oder dies unwirksam (wie mancip. und in jure cessio), d. h. die Aufrechnung mit cond. oder dies gilt als nicht geschehen, die Auflassung mit cond. oder dies darf der Grundbuchrichter nicht entgegennehmen und eintragen und ist es trotzdem geschehen, so gilt sie als nicht erfolgt und bewirkt keine Eigenthumsübertragung. Auf dem Gebiete des Familienrechts läßt § 1317, EG. Art. 40 unter II § 7 Abs. 2 die Eheschließung, § 1598 Abs. 2 die Anerkennung der Ehelichkeit eines Kindes, §§ 1742, 1768 die Adoption und ihre Aufhebung, § 1724 die Ehelichkeitserklärung eines unehelichen Kindes unter Bedingung und mit dies nicht zu. Nach §§ 1947, 2180 kann die Erbschaft unter Bedingung oder mit dies weder angenommen noch ausgeschlagen werden und bedingte, betagte Annahme oder Ausschlagung eines Vermächtnisses ist unwirksam. Ihrer Natur nach vertragen auch Kündigung und Mahnung keine Bedingung die die Wirkung aufschiebt, d. h. den Schuldner im Unsicheren läßt, ob Erfüllung verlangt wird und wann, ob das Rechtsverhältniß gelöst ist oder nicht, OHG. 4 S. 342, 343. (Kündigung eines Dienstverhältnisses für den Fall, daß der Gekündigte sein Verhalten nicht ändert, ist keine wirksame Kündigung.) Auf dem Gebiete des Erbrechts enthalten die §§ 2066, 2074, 2075, 2076, 2105, 2108, 2162, 2177, 2179, 2103 ff. für bedingte und befristete Erbeinsetzung und Vermächtniß einzelne specielle Vorschriften, die zum Theil Auslegungsregeln, zum Theil aber für die Erkenntniß des Wesens der Bedingung von Bedeutung. Von solcher Bedeutung sind ferner die §§ 755, 1113, 1204, 1209, wonach Bürgschaft, Hypothek, Pfand für bedingte Verbindlichkeit und Forderung zulässig, die Zeit der Bestellung des Pfandes für den Rang der bedingten Forderung maßgebend ist, sobald sie zur Entstehung gelangt. In den §§ 455, 495 endlich wird eine Vermuthung für suspensive Bedingung aufgestellt bei dem pact. reserv. dom. bei Kauf und bei Kauf auf Probe oder Besicht.

2. Das BGB. definirt anders als ALR. I 4 § 100, C. c. art. 1168, die Bedingung nicht; der Begriff wird als feststehend vorausgesetzt. Unterschieden wird nur zwischen aufschiebender (suspensiver) und auflösender (resolutiver) Bedingung, § 158, und ihre Wirkung während der Schwebezeit, des Zeitraums, in dem ihr Eintritt oder Nichteintritt unentschieden, und nach ihrem Eintritt geregelt, §§ 158, 159, 160, 161. Der § 162 giebt in Uebereinstimmung mit dem bisherigen Recht Vorschrift über dolose Herbeiführung oder Verhinderung des Eintritts. Das BGB. enthält sich auch, mit Recht, jeder Bestimmung über positive, affirmative, negative, potestative, kasuelle, nothwendige, unmögliche, selbstverständliche Bedingungen, condiciones juris, tacitae, in praesens, in praeteritum collatae, wie sie zum Theil das ALR., SBGB. und der C. c. geben. Solche lassen sich aus dem Begriffe der Bedingung von selbst ableiten. Die unsittliche Bedingung ist nicht erwähnt, weil nach § 138 Abs. 1 das Rechtsgeschäft nichtig ist, das gegen die guten Sitten verstößt, deshalb auch das Rechtsgeschäft nichtig sein muß, keine Wirkung haben kann, dessen Wirkung in einer gegen die guten Sitten verstoßenden Weise abhängig gemacht ist. Vgl. oben zu § 138 S. 182. Denn nach BGB. ist die Bedingung Bestandtheil, Inhalt des fertigen Rechtsgeschäfts, kein Rechtsgeschäft neben demselben. Das Rechtsgeschäft wird durch die Bedingung charakterisirt. Durch die Bedingung

wird nach § 158 der Eintritt der Wirkung oder die Beendigung der Wirkung des Rechtsgeschäfts hinausgeschoben; inzwischen besteht ein Schwebezustand; die Bedingung kann eintreten oder nicht eintreten, erfüllt werden oder ausfallen, §§ 159, 162. In dieser rechtlichen Bedeutung der Bedingung liegen die Elemente des vom BGB. vorausgesetzten Begriffs. Auch nach BGB. ist das zur Bedingung Gesetzte wie im gemeinen und in allen anderen Rechten ein zukünftiges und ungewisses Ereigniß, mag es ein Handeln oder ein Geschehen sein, und die Entstehung oder das Ende des gewollten Rechtsverhältnisses wird davon abhängig gemacht, nicht das Rechtsgeschäft.

Für den Abschluß des bedingten Rechtsgeschäfts gelten deshalb, soweit es sich um die Voraussetzungen jedes Rechtsgeschäfts (Geschäftsfähigkeit, Form, zulässiger Inhalt) handelt, dieselben Grundsätze wie für das unbedingte Rechtsgeschäft, sie müssen zur Zeit des Geschäftsabschlusses vorhanden sein. In § 308 Abs. 2 ist dies insofern modificirt, als die Unmöglichkeit der suspensiv bedingten oder mit dies a quo versprochenen Leistung nicht schadet, wenn sie bei Eintritt der Bedingung gehoben. Aus dem Begriff der wahren Bedingung fällt auch nach BGB. heraus die cond. in praesens oder praeter collata, die unmögliche und die nothwendige Bedingung. Bedingungen im weiteren Sinne, uneigentliche, in welchem unter den Begriff alle Geschäftsbedingungen, Abrede über Qualität, Quantität, Erfüllungszeit, Kündigung, Zweck, Bestimmung u. a. fallen, l. 10 § 1 D. 14, 2, sind sie auch, und wo das Gesetz bedingslose Erklärung fordert, wie in den oben aufgeführten Vorschriften, sind auch solche Bedingungen nicht zuzulassen, E. I § 133. Aber die eigenthümlichen Wirkungen der wahren Bedingung bestehen nicht. ALR. I 4 §§ 140 ff. SBGB. §§ 881—883. C. c. art. 1881 Abs. 3. Wenn A ein Grundstück unter der Bedingung kauft, daß die polizeiliche Erlaubniß zu seiner Bebauung nach dem Fluchtliniengesetz inzwischen ertheilt ist, oder daß es bei der letzten Ueberschwemmung nicht überfluthet war, was beide nicht wissen, oder wenn A dem B unter der Bedingung schenkt, daß derselbe seine Prüfung bestanden hat, worüber B noch keine Auskunft hat, oder daß er dem C das Leben gerettet hat, so ist das nichts anderes, als wenn ein Grundstück zur Bebauung oder ein der Ueberfluthung nicht ausgesetztes Grundstück gekauft oder für bestandene Prüfung oder für Lebensrettung geschenkt wird. In beiden und ähnlichen Fällen, z. B. Kauf unter der Bedingung, daß an bestimmtem Tage vorher der Kurs in London 98 war, ist die Wirkung des Geschäfts dieselbe, das Rechtsgeschäft unbedingt und die Wirkung unbedingt, wenn die ausdrücklich vorausgesetzte Thatsache richtig ist. In beiden Fällen kann die Erfüllung nicht verlangt und die erfolgte Erfüllung rückgängig gemacht werden, wenn die vorausgesetzte Thatsache nicht geschehen ist; in beiden Fällen kann der Nachweis der Thatsache ausdrücklich oder stillschweigend zur Bedingung gemacht werden; dann wird dadurch die Erfüllung hinausgeschoben, d. h. betagt, nicht die Wirkung des Rechtsgeschäfts. OHG. 19 S. 50. Und ist eine vorhandene Thatsache nicht zur Bedingung gemacht, kann das perfekte Rechtsgeschäft nicht um deswillen allein rückgängig gemacht werden, weil sie einseitig von dem einen Kontrahenten zu einer nicht ausgedrückten Voraussetzung gemacht. RG. 24 S. 169, oben S. 135. Voraussetzung und Bedingung haben nach BGB. nichts mit einander zu thun, auch nichts mit dem modus, den das BGB. als allgemeinen Begriff nicht kennt. Siehe unter IV. Vgl. auch weiter unten und zu § 163.

Das BGB. brauchte nicht zu sagen, daß wenn die Wirkung des Rechtsgeschäfts aufschiebend an das Eintreten eines Ereignisses geknüpft, das zur Zeit der Vornahme des Rechtsgeschäfts nicht eintreten kann, oder das Nichteintreten eines solchen, das eintreten muß, die Wirkung überhaupt nicht gewollt ist, condicio impossibilis; das ist ebenso selbstverständlich, wie daß die Wirkung unbedingt gewollt, wenn sie an das Eintreten eines Ereignisses geknüpft, das eintreten muß, oder an das Nichteintreten dessen, was nicht eintreten kann, condicio necessaria. ALR. I 4 §§ 100 ff., SBGB. §§ 884 ff., C. c. art. 1172, 1173. Dasselbe ergiebt sich für die auflösende Bedingung dieser Art. Zu beachten ist nur, daß die §§ 308, 309 auch auf die unmögliche Bedingung anzuwenden. In dem Falle der s. g. Bedingung des Eintretens des Nothwendigen ist scharf zuzusehen, ob nicht ein dies gewollt ist. l. 79 pr. D. 35, 1. ALR. I 4 § 127. RG. 8 S. 240 (gem. R.) weiter unten. Das BGB. brauchte auch nicht zu sagen, daß was nach dem Gesetz oder der Natur des Rechtsverhältnisses Bedingung der Wirkung, die selbstverständliche Bedingung, cond. tacita, SBGB. § 888, Entw. I § 140, das Geschäft nicht bedingt macht, sondern das Geschäft unbedingt oder gar nicht bestehn läßt oder die Erfüllung an einen dies knüpft. OHG. 9 S. 329. Vorbehalt der gesetzlich erforderlichen Genehmigung macht das Geschäft nicht bedingt, sondern hindert die Perfektion. Vgl. ObTr. 19 S. 69, oben S. 217. Die eventuelle processuale Aufrechnung ist nicht bedingte Aufrechnung, weil sie die Wirkung der Aufr. an zweiter Stelle, dann aber unbedingt will. Ueber unverständliche und widersinnige Bedingung, Entw. I § 139, ALR. I 4 § 132, SBGB. § 886, sagt das BGB. nichts, weil es sich von selbst versteht, daß wenn sie das, was gewollt ist, unerkennbar läßt, die ganze Willenserklärung nichts ist; die Sache kann aber auch so liegen, daß ein Theil dessen, was gewollt, klar, ein Theil unklar ist; dann ist es Sache konkreter Prüfung, für die sich keine Regel aufstellen läßt, und wieweit der unklare Wille auch den klaren beseitigt, § 139.

3. Die Wirkung des Rechtsgeschäfts kann in Beginn und Ende von einer Handlung des einen oder anderen Theils abhängig gemacht werden, die in dessen freiem Willen steht (potestative Bedingung). Dies und Bedingung überhaupt liegt nicht vor, wenn nicht Recht oder Pflicht, sondern die Erfüllung der unbedingt begründeten Verpflichtung von der Potestativbedingung abhängig gemacht. Für Vermächtniß stellt § 2181 die Vermuthung auf, daß die Leistung mit dem Tode des Beschwerten fällig, wenn die Zeit der Erfüllung seinem freien Belieben überlassen. Für obligatorische Verpflichtungen unter Lebenden ist § 226 und § 242 zu berücksichtigen. Die Bestimmung im Kaufvertrage, daß die 100 M., die der Käufer jährlich unbedingt an den Verkäufer als Theil des Auszugs zu zahlen, gezahlt werden sollen, „wenn der Verkäufer es verlangt", bedingt das Recht des Verkäufers nicht, sondern stellt die Zeit der Forderung der Erfüllung in seine Hand, und der Gläubiger, der sich die Forderung überweisen läßt, fordert sie aus dem Recht seines Schuldners, die Erfüllung jederzeit zu fordern. ObTr. 18 S. 151, RE. 1 Nr. 65 (66, 67) Erk. a. Der Schuldner, der seine anerkannte Schuld zu zahlen verspricht, wenn sein Hausbau vollendet und der Feuerkassenschein ertheilt, ist nicht bedingt verpflichtet, weil er unbedingt schuldet, kann nur die Zahlung ablehnen, bis die verabredete Zeit gekommen, und schuldet sofort, wenn er vor der Vollendung des Baues verkauft. StrA. 85 S. 112, RE. a. a. O. Erk. c. Bedingung der Zahlung des Kaufpreises „bei Uebergabe, Auflassung, Abschreibung" stipulirt keine bedingte Verpflichtung, sondern Verpflichtung

zur Zahlung (Erfüllung) zu einem künftigen Zeitpunkt, und wenn Spieler eines Looses nichts weiter bedingen, als daß Jeder seinen Beitrag pünktlich zu zahlen habe, so sind die Wirkungen der Nichtzahlung oder nicht pünktlichen Zahlung nicht nach den Vorschriften über suspensive oder resol. Bedingung zu beurtheilen, sondern nach der Vorschrift von der Erfüllung der Verträge und dem Verzuge, RG. 28 S. 327. Bedingung im Sinne § 158 liegt in solchem Falle so wenig vor wie bei der durch Gegenleistung bedingten Leistung, OHG. 24 S. 237, StrA. 56 S. 33. Daß der Verkauf unter der Bedingung des Wiederkaufs kein (resolutiv) bedingtes Rechtsgeschäft, StrA. 55 S. 294, darüber lassen die §§ 497ff. kein Bedenken mehr; diese Bedingung bedingt nicht den Verkauf, sondern schafft ein selbständiges Recht.

In ALR. I 4 § 108 ist bestimmt, daß die Erklärung keine rechtliche Wirkung hat, wenn die beigefügte aufschiebende Bedingung so beschaffen, daß sie von einer ganz unbestimmten Willkür des Erklärenden oder dessen, der durch die Erklärung verpflichtet werden soll, abhängt. Aehnlich sagt SBGB. § 876, daß eine Bedingung nicht auf das bloße Wollen des Verpflichteten gestellt werden kann, wohl aber auf eine von der Willkür des Verpflichteten abhängige äußere Handlung. Nach C. c. art. 1174 ist jede Obligation nichtig, die auf eine Potestativbedingung dessen gestellt, der sich verpflichtet. Entw. I § 138 bestimmte, daß die Bedingung in einer Handlung bestehen kann, die von der Willkür des Verpflichteten abhängt, daß die Verpflichtung aber unwirksam, wenn die aufschiebende Bedingung in dem bloßen Wollen des Verpflichteten besteht. Das war der Satz des SBGB. § 876; er ist wegen seines doktrinären Charakters gestrichen, die Frage der Bedeutung des „si volam“, „si voluerim“ deshalb nach BGB. aus allgemeinen Grundsätzen zu entscheiden. Aus diesen folgt aber weiter nichts, als daß Niemand mit rechtlicher Wirkung wollen und zugleich nicht wollen, sich verpflichten und zugleich nicht verpflichten kann, weil in solchem Falle ein rechtlich bedeutsamer Wille überhaupt nicht vorliegt. Etwas anderes besagen auch die bekannten Quellenstellen l. 108 § 1 D. 45, 1, l. 7 pr. D. 18, 1, nicht, die einen Vertrag als nichtig bezeichnen, der die Verpflichtung in die nackte Willkür des Schuldners stellt. Von Bedingung ist dabei überhaupt so wenig zu reden, wie bei den selbstverständlichen Bedingungen. Ob der Fall so liegt, ist lediglich Auslegungsfrage. Ein prägnantes Beispiel liefert RG. 40 S. 195, wo der Schuldner die Nachzahlung der in Folge Akkordes zum Theil unbefriedigt gebliebenen Forderung als formelle Verpflichtung, aber zugleich als Ehrenschuld unter Ausschluß gerichtlichen Vorgehens übernommen hatte, sobald er in den Besitz genügender Mittel kommen und nach seinem Ermessen zur Zahlung im Stande sein würde. In diesem gemeinrechtlichen Falle hat das RG. unter Bezug auf eine Reihe von Quellenstellen, die grade auf die Auslegung und auf die Vermuthung verweisen, daß nicht die Willkür, sondern das objektiv als boni viri arbitrium zu fassende billige Ermessen des Verpflichteten maßgebend sein solle, l. 22 § 1 D. 50, 17 l. 7 pr. D. 18, 1 l. 77, 79, D. 17, 2, l. 69 § 4 D. 23, 3, angenommen, daß der Schuldner sich habe verpflichten wollen, wenn auch unter der Bedingung, daß er zur Nachzahlung im Stande, und daß auch die Frage, ob er im Stande, nicht von der willkürlichen Entscheidung des Schuldners abhängig, sondern davon, ob er nach den objektiven Umständen als ehrlicher Mann im Stande zu zahlen. Der Eintritt besserer Vermögensverhältnisse war hier als zukünftiges

Ungewisses die aufschiebende Bedingung, von der die Wirkung der übernommenen Verpflichtung abhing, wie in den ähnlichen Fällen StrA. 9 S. 335, OHG. 2 S. 185, RG. 28 S. 176. Lediglich auf Auslegung beruhen auch OHG. 18 S. 258, 23 S. 81, wo der Principal dem Angestellten Gehaltserhöhung vertragsmäßig unter der Bedingung zugesagt, daß derselbe „sich nach seinem Wunsche einrichte", „daß man mit seinen Leistungen zufrieden". Darin ist einmal mera voluntas, die sich weder jetzt noch zukünftig bindet, das andere Mal, wo die Zulage nach bestimmter Frist versprochen, sogar unbedingte Verpflichtung gefunden, die nur durch den Nachweis von Thatsachen zu beseitigen, durch die Unzufriedenheit zu begründen.

Aus dem obigen allgemeinen Grundsatz folgt aber weder die Unzulässigkeit des pact. displicentiae, das die Auflösung des Rechtsverhältnisses von dem Willen des einen Kontrahenten abhängig macht und unter § 346 BGB. fällt, noch die Unzulässigkeit der Begründung eines Rechtsverhältnisses, in dem der eine Theil definitiv gebunden, der andere Theil nur gebunden, wenn er in bestimmter oder bestimmbarer Frist seinen Willen erklärt oder nicht erklärt. Verschieden von dem Falle der Offerte mit Frist, die den Offerenten binnen der Frist auch bindet, den Gegner gar nicht bindet, ist dieser Fall dadurch, daß die definitive Gebundenheit des einen Kontrahenten auf dem Konsense beider Theile beruht. Dahin gehört der Fall des Kaufs auf Probe, Besicht, §§ 495, 496, und in RG. 34 S. 305, oben S. 224. In beiden Fällen liegt Potestativbedingung, die von einem Handeln abhängt, ebenso vor wie bei der Klausel im Wechsel, daß die Präsentation bei einem vom Aussteller zu benennenden Domiziliaten zu erfolgen habe. OHG. 3 S. 291, 299.

**4.** Eine Verbindung von potestativer und kasueller Bedingung liegt vor, wenn Inhalt der Bedingung ein Handeln, das zwar von dem Willen des Berechtigten oder Verpflichteten abhängt, aber zugleich durch andere Umstände bestimmt werden kann. Dahin gehört z. B. die Bedingung in Polizen und Schlußscheinen, daß der Anspruch in bestimmter Frist geltend zu machen, die Bedingung, daß die bis zu bestimmter Zeit stipulirte Ausschließung der Kündbarkeit eines Darlehns mit unpünktlicher Zinszahlung fortfällt oder das Miethsverhältniß bei nicht pünktlicher Zahlung der Miethe aufhört, bei Kauf die Bedingung der pünktlichen Zahlung des Kaufpreises, die mit dem verschiedensten Inhalt zu denken, als aufschiebend oder auflösend für das Kaufgeschäft und für die Eigenthumsübertragung. Vgl. zu § 455, wo bei dem pact. reserv. dom. aufschiebende Bedingung für die Eigenthumsübertragung vermuthet wird, wie im § 495 bei dem Kauf auf Probe (Besicht) für das Kaufgeschäft. Die Bedingung der Kündbarkeit im Falle nicht pünktlicher Zinszahlung schiebt die Kündbarkeit auf und ist auflösende Bedingung für die Beschränkung des Kündigungsrechts. Durch ihre rechtliche Natur sind susp. bedingt die Regreßforderungen des Bürgen und des correus und im Sinne § 158 Abs. 1 oder § 163 das Eventualrecht des Ersatz- und des Nacherben, auflösend das Recht des Erben und Vorerben, §§ 2103 ff. Wie Vorbehalt bei Eigenthumsübertragung, so kann auch Vorbehalt bei Erfüllung, Zahlung, die Natur der (resol.) Bedingung annehmen, obwohl das BGB. darüber keine Vorschriften giebt, wie sie ALR. I 16 §§ 160 ff. enthält. Vgl. darüber zu §§ 362 ff.

**5.** Der § 163 I 4 ALR. bestimmt, daß als Bedingung zu erachten, wenn Entstehung oder Auflösung eines Rechts von einer ungewissen Zeit abhängig gemacht. Nach Entw. I § 143 sollte ebenso ein Termin, von dem ungewiß, ob er eintreten werde, dies inc. an, als Bedingung angesehen werden. Dies ist gestrichen, weil es als Regel nicht überall zutreffe, und dies ist richtig. Auch hier ist Auslegungsfrage, ob das ungewisse Ereigniß als Bedingung für Entstehung oder Ende des Rechts, oder als dies für die Erfüllung gemeint. In StrA. 22 S. 66 (preuß. R.) hatte der Sohn in dem Ueberlassungsvertrage mit dem Vater sich verpflichtet, an die Schwester bei ihrer Verheirathung oder wenn sie 30 Jahre alt, eine bestimmte Summe zu zahlen; ob sie sich verheirathen oder 30 Jahre alt werden würde, war ungewiß; die Verheirathung oder das Erreichen des 30. Lebensjahres konnte vom Vater als sicher vorausgesetzt und nur als dies für die Erfüllung der unbedingt auferlegten Verpflichtung gemeint sein. Als die Schwester unverheirathet vor dem 30. Lebensjahre starb, klagten ihre Erben auf Zahlung, wurden aber abgewiesen, weil die Stipulation zur Versorgung der Schwester, d. h. als bedingtes und nicht vererbliches Recht gewollt sei. Dasselbe konnte in ObTr. 58 S. 126, RE. 2 Nr. 223 Erk. b. in Frage kommen, wo der Mann kurz vor seinem Tode der Frau sein Grundstück für bestimmten Preis unter der Bedingung verkauft, es für denselben Preis der Tochter nach der Großjährigkeit zu verkaufen. In RG. 8 S. 140 (gem. R.) ist dagegen in einem ganz gleichen Falle (im Ueberlassungsvertrage hatte der Sohn als Wirth als Abfindung für seine Geschwister Zahlung einer Summe bei Verheirathung oder Selbständigkeit übernommen, eine Schwester war vorher gestorben, die Geschwister forderten die Abfindung) die Bestimmung des Vertrages dahin ausgelegt, daß die Abfindung unbedingt gewollt, das Ereigniß nur als dies beigefügt. l. 19 D. 35, 1; l. 69 D. 28, 5; l. 26 § 1 D. 36, 2, l. 46 D. 36, 1. Sicher lag keine Bedingung, sondern dies der Erfüllung vor in RG. 2 S. 143, wo Holz zum Bau geliefert und der Preis zur Hälfte unter der Bedingung, daß der Putz des Hauses vollendet, zur Hälfte unter der Bedingung, daß das Haus in die Feuerkasse aufgenommen, bezahlt werden sollte. Damit wurde die Fälligkeit bestimmt. Ebenso sicher liegt Bedingung vor, wenn Zahlung versprochen, falls der Promissar den 20. Geburtstag erlebt, oder die Auflösung des Kaufs eines Pferdes daran geknüpft, daß sich die Geschwulst am Beine des Pferdes nicht lege. StrA. 78 S. 368. In diesem Falle war es nur Auslegungsfrage, wann die Bedingung als erfüllt anzusehen, ob dann, wenn sich die Unmöglichkeit der Heilung herausgestellt, oder schon dann, wenn die Zeit der Heilung nicht abzusehen.

**II.** Das Wesen der Bedingung erschöpft sich in ihrer Wirkung vor der Entscheidung der Bedingung und nachher. §§ 158, 159, 160, 161. ALR. I 4 §§ 102, 103, 109, 110, 111, 115ff. SBGB. §§ 112, 871, 872ff., 889. C. c. art. 1179ff.

**1.** Nach allen Rechten hat der unter aufschiebender Bedingung Berechtigte schon vor dem Eintritt der Bedingung, pendente conditione, ein Recht und ist Gläubiger, nur hat das Gläubigerrecht noch nicht den Inhalt, die Wirkung des unbedingt gewordenen Rechts und ebenso ist der Inhalt der Verpflichtung des bedingt Verpflichteten nicht der der unbedingten Verpflichtung (tantum spes, expectari oportet), §§ 158, 160, 161, 162. Der aufschiebend bedingt Berechtigte hat noch keinen Anspruch im Sinne §§ 194, 198, er kann nicht klagen, die Verjährung kann pend. cond. gegen ihn nicht beginnen. Vgl. WO. Art. 78 Abs. 2, 79 Abs. 2. Deshalb die Vorschrift in § 2162 über die Unwirksamkeit bedingter Vermächtnisse, wenn die Bedingung nicht binnen 30 Jahren eingetreten. Er kann mit bedingter Forderung auch nicht aufrechnen, ALR. I 16 § 311, BGB. § 387, aber im Konkurse des bedingt Verpflichteten trifft schon dies nicht zu. Nach § 57 (47)

KonkO. kann der aufschiebend bedingt Berechtigte zum Zwecke der künftigen Aufrechnung seiner Forderung bei Eintritt der Bedingung gegen das, was er zur Konkursmasse unbedingt schuldet, Sicherstellung verlangen, § 232 BGB. Die bedingte Forderung ist ferner, wie bereits erwähnt, zulässiger Gegenstand von Bürgschaft, Pfand, Hypothek, §§ 765, 1113, 1204 BGB., und nach § 1209 ist der Zeitpunkt der Bestellung des Pfandrechts für den Rang der Forderung maßgebend, sobald sie zur Entstehung gelangt, § 879 Abs. 1. Sie ist auch Gegenstand der Pfändung in der Zwangsvollstreckung, CPO. § 844 (743), und kann übertragen werden, soweit nicht die Natur des unbedingten Anspruchs entgegensteht. RG. 8 S. 189. StrA. 59 S. 28, §§ 398—400. C. c. art. 2125.

Nach CPO. §§ 916 (796), 936 (815) findet Arrest und einweilige Verfügung auch wegen bedingter und betagter Ansprüche statt, wenn nicht der bedingte Anspruch wegen der entfernten Möglichkeit des Eintritts der Bedingung ohne gegenwärtigen Vermögenswerth ist, und im Falle § 52 BGB. wird ein Recht auf Sicherstellung gegen den Schuldner gegeben, der eine juristische Person ist. Nach §§ 66, 67 (59, 60) KonkO. berechtigen im Konkurse Forderungen unter aufschiebender Bedingung für die Abschlagsvertheilungen zur Sicherstellung. Vgl. §§ 154 (142), 168, 171 KonkO. In allen diesen Vorschriften erscheint der bedingte Anspruch als Vermögensrecht. Das gilt auch dann, wenn das Eigenthum aufschiebend bedingt übertragen. Der Berechtigte ist noch nicht Eigenthümer, aber, daß er Eigenthümer werden kann, berechtigt ihn zum Besitz im Sinne § 868, macht ihn zum unmittelbaren Besitzer. Nach §§ 1519, 1520 ist deshalb anzunehmen, daß, was die Eheleute durch Vertrag vor der Eheschließung unter der susp. Bedingung der Eheschließung erwerben, mit der Eheschließung nicht Gesammtgut, sondern eingebrachtes Gut wird. Vgl. StrA. 67 S. 34, RE. 1 Nr. 68 (69) Erk. a. Das bedingte Recht fällt als Vermögensrecht in die Konkursmasse des Berechtigten und der Erwerb durch Eintritt der Bedingung nach der Konkurseröffnung gehört zur Konkursmasse. KonkO. § 1 Abs. 1. Das unbedingt gewordene Recht ist kein neues Recht und es ist deshalb keine Klageänderung, wenn das bedingte Recht erst im Laufe des Rechtsstreits unbedingt wird. RG. 1 S. 425, 8 S. 416. Das bedingte Recht geht als Vermögensrecht auf die Erben über, soweit das unbedingte Recht übergehen würde, d. h. wenn es nicht an die Person des Berechtigten geknüpft. ALR. I 4 §§ 161, 162. SBGB. § 889. C. c. art. 1179, 1180. Vgl. oben S. 233 StrA. 22 S. 66. Entw. I § 132 sagte dies für das bed. Recht und die bed. Pflicht ausdrücklich; die Bestimmung ist als nicht erforderlich gestrichen. Vgl. §§ 2108, 2179, 2074 für letzwillige Zuwendungen.

2. Ebenso ist der Verpflichtete bezw. sein Erbe pendente cond. noch nicht zur Leistung oder Gewährung verpflichtet. Er fordert deshalb zurück, was er irrthümlich als unbedingt geschuldet geleistet hat. § 814 (§ 813 Abs. 2). Bei susp. bedingter Uebertragung von Eigenthum, Forderung, Recht bleibt der bedingt Uebertragende Eigenthümer, Gläubiger, Berechtigter. Verjährung und Ersitzung laufen gegen ihn. Für Rechtsstreit ist er legitimirt und res jud. gegen ihn macht res jud. gegen den bedingt Berechtigten bei Eintritt der Bedingung, CPO. § 325 (293 c.), vorbehaltlich des Schutzes, den ihm CPO. § 325 Abs. 2 bei Erwerb im guten Glauben gewährt. Aber nach § 160 ist derjenige, der sich bedingt verpflichtet hat, pend. c. soweit persönlich gebunden, daß er nichts thun darf, wodurch das bei Eintritt der Bedingung entstehende Recht vereitelt oder beeinträchtigt wird, widrigenfalls er sich schadensersatzpflichtig macht, und nach § 161 ist

derjenige, der suspensiv bedingt über einen Gegenstand, d. h. Sache oder Forderung oder Recht verfügt hat, d. i. die Sache oder die Forderung oder das Recht susp. bedingt veräußert, übertragen oder ein Recht daran begründet hat, dinglich insofern gebunden, als jede weitere Verfügung, die er pend. c. getroffen hat, nach Eintritt der Bedingung unwirksam insoweit ist, als das unbedingt gewordene Recht ohne die Unwirksamkeit vereitelt oder beeinträchtigt werden würde. Der Zusammenhang und Gegensatz der Vorschriften in § 160 und § 161 wird klar aus den beiden Fällen: **a)** Ist verkauft unter der aufschiebenden Bedingung, daß der Käufer in bestimmter Frist Anzahlung leistet, oder ist in gehöriger Form die Schenkung einer bestimmten Sache versprochen, die Sache nicht übergeben, so hat der bedingt Berechtigte nur einen bedingten obligatorischen Anspruch, in Bezug auf das Objekt und das, was das ALR. Recht zur Sache nennt, § 124 I 2. Nach BGB. wirkt dies Recht zur Sache gegen den Dritten nie, nur der Verpflichtete haftet aus dem Schuldverhältniß gemäß §§ 276, 278, 521, 1967 ff. obligatorisch dafür, daß er dem bedingt Berechtigten bei Eintritt der Bedingung leisten kann; er ist bei Eintritt der Bedingung ebenso verpflichtet wie der unbedingt Verpflichtete, d. h. zur Leistung oder zum Schadensersatz wegen Nichterfüllung. In Verzug geräth er erst nach dem Eintritt der Bedingung und auch nicht anders als unter den Voraussetzungen der §§ 284 ff. Zufall und Unmöglichkeit der Erfüllung wirken vor und nach Eintritt der Bedingung nicht anders als nach §§ 279 ff., 323 ff. bei der unbedingten Verpflichtung. C. c. art. 1182.

**b)** Ist aber nicht bloß verkauft oder Schenkungsversprechen geleistet, sondern die Sache unter aufschiebender Bedingung übergeben, verpfändet, die Forderung oder das Recht übertragen, so bleibt der Uebertragende zwar noch Eigenthümer, Gläubiger, Berechtigter, aber nicht bloß obligatorisch wie nach § 160 verpflichtet, sondern jede anderweite rechtliche Verfügung, die er zum Nachtheil des bedingt Berechtigten trifft, ist nach § 161 soweit unwirksam, d. h. nichtig, als sie zum Nachtheil des Berechtigten gereicht, der im Sinne § 135 I 2 ALR. ein Recht auf die Sache hat. Der § 135 findet hier auch insofern Anwendung, als nach der ausdrücklichen Vorschrift des § 161 Abs. 1 Satz 2 Eingriff in das bedingte Recht durch Arrest, Zwangsvollstreckung oder Handlungen des Konkursverwalters der Verfügung durch den bedingt Verpflichteten gleichsteht, und als nach § 161 Abs. 3 die Vorschriften zu Gunsten derjenigen Anwendung finden, die Rechte von einem Unberechtigten herleiten. D. h. wer von dem bedingt Verpflichteten die bereits verkaufte und aufschiebend bedingte, nicht unbedingt zum Eigenthum oder Pfand übergebene bewegliche Sache zum Eigenthum oder Pfand erwirbt, vgl. §§ 930, 931, 933, erwirbt Eigenthum oder Pfand (oder Nießbrauch) nur bei gutem Glauben, nicht, wenn er wußte oder nur durch grobe Fahrlässigkeit nicht wußte, daß der Eigenthümer bereits verkauft, verpfändet, übergeben hatte. ALR. I 11 §§ 258 ff., 264. Dasselbe gilt für das Pfandrecht des Arrestvollziehers und des Pfändungspfandgläubigers und gegen die Konkursmasse des bedingt Verpflichteten. Wird die Sache in der Zwangsvollstreckung versteigert und geht sie dadurch dem bedingt Berechtigten verloren, weil Gläubiger und Erwerber in gutem Glauben, so ist der bedingt Verpflichtete nach Eintritt der Bedingung schadensersatzpflichtig; bei bösem Glauben des Gläubigers allein ist § 816 anzuwenden, der Gläubiger giebt als Bereicherung heraus, was er erhalten. Bei bösem Glauben des

Erwerbers macht der Berechtigte sein Recht gegen ihn geltend. Die bei Eintritt der Bedingung in der Konkursmasse befindliche Sache fordert der Berechtigte aus der Masse nach § 43 (35) KonkO., den Werth der im Konkurse veräußerten nach § 46 (38) KonkO. Zu beachten ist auch hier, daß die Vorschriften zu Gunsten derjenigen, die Rechte von einem Nichtberechtigten herleiten, auf die Uebertragung von Forderungen nicht Anwendung finden, Uebertragung an einen Anderen nach erfolgter susp. bed. Uebertragung der Forderung daher nach Eintritt der Bedingung wirkungslos ist, mag der Cessionar in bona oder mala fide sein.

**3.** Bei der auflösenden Bedingung steht der Eventualberechtigte zu dem, dessen Recht mit dem Eintritt der Bedingung aufhören soll, (Vorerbe-Nacherbe, Fideikommißbesitzer-Fideikommißnachfolger, EG. Art. 59, 61, Schenkung mit Rückfall, Eigenthumsübertragung mit Rückfall, Reuvertrag, lex commissoria, §§ 358, 360, 1149, 1238, 1229, 1277) im Wesentlichen so wie die der suspensiv bedingt Berechtigte zu dem susp. bedingt Verpflichteten. Der bedingt Verpflichtete (Belastete) ist pend. c. Eigenthümer, Gläubiger, Berechtigter mit allen Rechten; er ist aktiv und passiv allein legitimirt, was in dem obigen ObTr. 58 S. 126 (StrA. 67 S. 203), RG. 2 Nr. 223 Erk. b, für die Passivlegitimation ohne Grund verneint ist, zur Aufrechnung berechtigt, Verjährung und Ersitzung beginnen und laufen gegen ihn, Judikat zu seinen Gunsten wirkt für, Judikat zu seinen Ungunsten, aber nicht gegen den Eventualberechtigten, wenn damit eine Verfügung sanktionirt würde, zu der der Eventualverpflichtete nicht befugt, CPO. § 326 (§ 293 d), was damit zusammenhängt, daß der Eventualberechtigte nach § 158 Abs. 2 nicht Rechtsnachfolger des bedingt Verpflichteten ist. Nach KonkO. § 66 (§ 59) wird Forderung unter auflösender Bedingung im Konkurse als unbedingt geltend gemacht; vgl. § 168 Nr. 4 (§ 155) KonkO. Nach § 160 Abs. 2, § 161 Abs. 2, 3, ist der bedingt Verpflichtete ebenso gebunden wie der suspensiv bedingt Verpflichtete, der hier besonders wichtige Schutz des gutgläubigen Dritten, der von dem bedingt Verpflichteten erwirbt, durch § 161 Abs. 3 gewahrt. Vgl. §§ 2112, 2113 Abs. 3, 2115 für das Verhältniß des Vorerben und Nacherben und EG. Art. 61 für Lehn, Fideikommiß und ähnliche Eventualrechte. Der für den Fall des Eintritts der auflösenden Bedingung Berechtigte ist suspensiv bedingt berechtigt, hat wie dieser keinen gesetzlichen Anspruch auf Sicherheitsleistung, ALR. I 4 §§ 121 ff. In § 2128 ist auch dem Nacherben ein Recht darauf nur bei Gefährdung seines Rechts gegeben. Auch die cautio Muciana ist dem BGB. nicht bekannt. Vgl. unten und zu § 2076. Jeder Eventualberechtigte kann nach den oben angezogenen Vorschriften in CPO. §§ 916, 936 im Wege des Arrestes und der einstweiligen Verfügung dasselbe erreichen. Nach § 773 (690 b) CPO. soll ein zur Vorerbschaft gehöriger Gegenstand in der Zwangsvollstreckung nicht veräußert oder überwiesen werden, wenn die Veräußerung, Ueberweisung nach § 2115 BGB. dem Nacherben gegenüber unwirksam, und der Nacherbe hat die Widerspruchsklage aus § 771 (§ 690) CPO. Dieselbe Klage hat jeder Eventualberechtigte, sobald er Arrest oder einstweilige Verfügung erlangt hat, nach § 772 (690 a) CPO., § 136 BGB. Eventualrecht und Eventualpflicht sind aktiv und passiv vererblich wie das susp. bed. Recht und die susp. bed. Pflicht. Vgl. § 2108 für den Fall der Vor- und Nacherbschaft.

**4.** Ausfall und Eintritt der Bedingung. **a)** Es versteht sich von selbst, daß bei Ausfall der susp. und der res. Bedingung kein Recht entsteht und bei Ausfall der res. Bedingung das res. bedingte Recht unbedingt wird, wie dies

Entw. I § 131 ausdrücklich bestimmte. Alles, was zur Sicherung des bedingten Rechts geschehen, verliert damit seinen Grund. b) Die Wirkung des Eintritts der Bedingung, kann legislatorisch verschieden gestaltet werden. Nach Röm. R. wirkte der Eintritt grundsätzlich rückwirkend; das susp. bed. Rechtsgeschäft galt als unbedingtes, quasi purum von Anfang an, das resol. bedingte als nie vorhanden. l. 8 pr. D. 18, 6, l. 2 D. 18, 2. Ebenso C. c. art. 1179, 1183. Im gem. R. ist dies kontrovers. Anders ALR. I. 4 §§ 101, 102, 141, 163, §§ 115, 118, 163; 11 §§ 258, 261 ff., 290, 297 ff., 331; 12 §§ 478, 483, 489 und in der Hauptsache SBGB. §§ 112, 132, 484, 593, 651, 796, 872, 2506, 2518. Erst durch den Eintritt der susp. Bedingung wird das Recht (Eigenthum, Erbschaft, Vermächtniß) erworben, und erst mit dem Eintritt der resol. Bedingung hört das Recht auf, geht verloren. Nach § 116 I 4 werden die gezogenen Nutzungen nur dann herausgegeben, wenn aus den Umständen zu entnehmen, daß nach der Absicht der Parteien beim Eintritt der Bedingung das Recht als ungültig von der Zeit der Einräumung an habe angesehen werden sollen. So lag ObTr. 38 S. 14, RE. 1 Nr. 65 (66, 67) Erk. c, wo nach einem Vertrage von 1818 das Tuchmachergewerk in G. alle seine Tuche auf der Mühle des A walken und auch für dort nicht gewalkte Tuche zahlen mußte, 1847 der Müller mit B paktirt hatte, daß B gegen eine an A zu zahlende Entschädigung seine Tuche selbst solle walken dürfen, der Vertrag aber aufgehoben sein sollte, falls der Vertrag von 1818 durch Judikat aufgehoben werden sollte. Als B 1852 zur Zahlung an A für 1850, 1851 rechtskräftig verurtheilt war, wurde 1855 durch rechtskräftiges Urtheil der Vertrag von 1818 für ungültig erklärt und daraufhin A zur Rückzahlung der gezahlten Judikatssumme verurtheilt, indem angenommen wurde, daß dies dem Willen der Parteien bei dem Vertragsschlusse von 1847 entspreche.

Das BGB. läßt in § 158 Abs. 1, 2, § 159 keinen Zweifel darüber, daß es die Rückwirkung des Eintritts der Bedingung grundsätzlich ausschließt, wenn nicht die Parteien sie gewollt haben, in welchem Falle sie einander persönlich, obligatorisch zur Gewährung dessen verpflichtet sind, was der Berechtigte gehabt haben würde, wenn er schon zu dem gewollten früheren Zeitpunkt unbedingt berechtigt gewesen wäre. Damit ist die gemeinrechtliche Streitfrage beseitigt. Das susp. bedingte Recht entsteht mit seiner Wirkung nach § 158 Abs. 1 erst durch den Eintritt der Bedingung; aus dem bedingten Kaufvertrage werden Verkäufer und Käufer erst jetzt berechtigt und verpflichtet; der Cessionar wird erst jetzt Gläubiger; der dem die Sache susp. bedingt zum Eigenthum oder Pfand übergeben, erst jetzt Eigenthümer oder Pfandgläubiger. Auf Zinsen und Früchte aus der früheren Zeit hat er keinen Anspruch. Was oben als Wirkung des bedingten Rechts während des Schwebezustandes dargelegt, ist nicht Wirkung des unbedingten Rechts und Rückwirkung der eingetretenen Bedingung, sondern Wirkung der obligatorischen Gebundenheit des Verpflichteten und der dinglichen Belastung der Sache, der Forderung, des Rechts. Mit Eintritt der auflösenden Bedingung hört nach § 158 Abs. 2 die Wirkung des Rechtsgeschäfts auf und der frühere Rechtszustand tritt wieder ein, d. h. von jetzt an und für die Zukunft. Das unter auflösender Bedingung übertragene Eigenthum fällt, ohne Weiteres, ohne neuen Akt an den früheren Eigenthümer zurück oder geht auf den, der Eigenthümer werden soll, ohne Weiteres über; SBGB. §§ 791, 875; bis dahin aber wirkt das Eigenthum nur für den bisherigen Eigen=

thümer; er behält die gezogenen Früchte. Obligatorisch gebunden ist der bisherige Eigenthümer wie der bedingt Verpflichtete dem suspens. bed. Berechtigten gegenüber; er haftet nach dem Rechtsverhältniß für Verschulden, nicht für Zufall. Seine Verfügungen, z. B. Pfandbestellung, Hypothek, Grundschuld, Nießbrauch, Eigenthumsübertragung werden nach § 161 unwirksam, soweit nicht der gute Glauben des Dritten, zu dessen Gunsten verfügt, der dinglichen Wirkung entgegensteht. Die obligatorische Verpflichtung dessen, der verfügt hat, zur Wiederherstellung des früheren Zustandes der Sache und des Rechts und ev. Schadensersatz tritt ein, soweit die Unwirksamkeit dem Dritten gegenüber nicht geltend gemacht werden kann. Ist ein Darlehn auf Kündigung mit der Abrede gegeben, daß die Kündigung bei prompter Zinszahlung nicht vor Ablauf von 10 Jahren zulässig, so ist die Beschränkung der Kündbarkeit auflösend bedingt durch prompte Zinszahlung; wird auch nur einmal nicht prompt gezahlt, so ist die Bedingung eingetreten und damit nach § 158 Abs. 2 die unbeschränkte Kündbarkeit hergestellt; diese wird deshalb dadurch nicht beseitigt, daß der Verpflichtete die versäumten Zinsen nachträglich, oder spätere Zinsen pünktlich bezahlt. ObTr. 32 S. 11, 67 S. 206, RE. 1 Nr. 65, (66, 67) Erk. d.

Anders ist dies, wo wie häufig bei der lex comm., der Verwirkungsklausel, dem Reuvertrage, an den Eintritt der auflösenden Bedingung nicht die Auflösung des Rechtsverhältnisses, die Wiederherstellung des früheren Zustandes, sondern nur ein Wahlrecht des Berechtigten geknüpft ist. Dann muß von dem Wahlrecht Gebrauch gemacht werden und die getroffene Wahl entscheidet. So bei der häufigen Abrede in Miethsverträgen, die auf bestimmte Zeit geschlossen, daß bei unpünktlicher Miethszahlung der Vermiether zur Exmission, Kündigung, Auflösung des Vertrages berechtigt. Vgl. RE. 3 Nr. 295 und zu §§ 553 ff., und über die Bedeutung des Vorbehalts der Rechtsverwirkung zu §§ 360, 455, 1238. Aus der Nichtrückwirkung der auflösenden Bedingung folgt ferner z. B., daß der Versicherungsnehmer, nachdem er sein Recht aus der Versicherung, das durch die rechtzeitige Zahlung der Prämie auflösend bedingt, durch nicht rechtzeitige Zahlung verloren, früher gezahlte Prämien nicht zurückfordern kann. Vgl. RG. 21 S. 329 für französ. R., wo trotz C. c. art. 1183 die Rückwirkung in diesem Falle verneint, weil der Versicherer gegen die bezahlten Prämien das Risiko getragen habe und diese seine Leistung ihm nicht zurückgegeben werden könne. Darauf beruht auch Art. 902 des alten HGB., § 897 des neuen HGB. über das Ristorno. Ist Rückwirkung, z. B. Ersatz der gezogenen Früchte, gewollt, so folgt daraus nach § 159 nichts weiter, als die rechtsgeschäftliche, obligatorische Verpflichtung, dem Berechtigten zu leisten, was er gehabt hätte, wenn das Rechtsgeschäft ex tunc wirksam gewesen wäre; gegen Dritte geht dieser Anspruch nicht.

5. a) Daß auf Erfüllung der Bedingung nicht geklagt werden ann, non est in obligatione, quod est in conditione, l. 41 pr. D. 18, 1, SBGB. § 871, versteht sich auch für das BGB. nach dem Begriff der Bedingung von selbst. Darüber, ob und wann die Bedingung als erfüllt oder ausgefallen gilt, enthält das BGB. nur die Vorschrift in § 162, daß die Bedingung als eingetreten gilt, wenn ihr Eintritt wider Treu und Glauben verhindert, ihr Ausfall herbeigeführt wird durch den, dem der Eintritt zum Nachtheil gereichen würde, und daß sie als nicht eingetreten gilt, wenn ihr Eintritt wider Treu und Glauben durch den herbeigeführt ist, zu dessen Vortheil der Eintritt gereicht. Für letztwillige

Zuwendungen bestimmt § 2076, daß die Bedingung, die den Vortheil eines Dritten bezweckt, im Zweifel als erfüllt gilt, wenn der Dritte die zur Erfüllung erforderliche Mitwirkung verweigert. Für Zuwendungen unter der Bedingung, daß der Bedachte während eines Zeitraums von unbestimmter Dauer, z. B. so lange er lebt, etwas thut oder unterläßt, was lediglich von seinem Willen abhängt, (negative potestative Bedingung, z. B. daß der Bedachte nicht wieder heirathet) giebt § 2075 die Auslegungsregel, daß die Zuwendung als unter der auflösenden Bedingung erfolgt angesehen werden soll, daß der Bedachte die Handlung vornimmt oder das Thun unterläßt, während das Röm. R. in diesem Falle sich nach l. 73 D. 35, 1 dadurch half, daß die Bedingung als erfüllt galt, wenn der Honorirte Kaution für die Rückgabe der Zuwendung bei Zuwiderhandlung stellte (cautio Muciana). Die Vorschrift des § 162 entspricht den ähnlichen Vorschriften in l. 161 D. 50, 17, l. 85 § 7 D. 45, 1, l. 2 § 4 D. 35, 1 über Fiktion der erfüllten Bedingung, in §§ 105—107, 117—119 I 4 ALR., SBGB. § 111, C. c. art. 1178.

Daß § 162 sich auf den Fall der rein potestativen Bedingung nicht beziehe, läßt sich nicht sagen; unredliches Einwirken auf die freie Handlung ist sehr wohl denkbar. Solches unredliches Einwirken auf die Erfüllung oder den Ausfall der Bedingung wird durch § 162 immer gefordert. Ob es vorliegt, ist konkret zu ermessen. In Vertragsverhältnissen kann die Berufung auf Eintritt oder Ausfall der Bedingung als unredlich erscheinen, wenn sie durch vertragswidriges Verhalten herbeigeführt, auch wenn das vertragswidrige Verhalten zunächst nicht auf die Vereitelung des Rechts des Gegners gerichtet war. Das unredliche Verhalten kann Handeln oder Unterlassen sein. Wird der Eintritt der Bedingung dadurch verhindert oder verzögert, so gilt die Bedingung zu dem Zeitpunkt als erfüllt, in welchen sie ohne das unredliche, vertragswidrige Verhalten erfüllt worden wäre; ebenso bei Ausfall. Die bisherige Praxis des gem. und des preuß. R. bietet für beide Fälle zahlreiche Beispiele. Vgl. RE. 1 (2. Aufl.) Nr. 65 (66, 67) S. 292. Wenn dem Angestellten nach 10jährigem ununterbrochenen Dienst eine Gehaltszulage zugesagt, so kann sie ihm nicht versagt werden, wenn er vor Ablauf der 10 Jahre ohne Grund entlassen und auf Grund rechtskräftigen Urtheils wieder in den Dienst hat aufgenommen werden müssen. Wenn Präsentation des eigenen Wechsels auf Sicht in bestimmter Frist bei einem vom Aussteller zu benennenden Domiziliaten bedungen und der Aussteller den Domiziliaten nicht benennt, kann er nicht rügen, daß der Wechsel ihm selbst präsentirt. OHG. 3 S. 291. Wenn der Darlehnsgläubiger, der Vermiether, Verpächter nur bei unpünktlicher Zinszahlung zur Kündigung berechtigt, kann er sich auf den Eintritt der Resolutivbedingung für die Beschränkung des Kündigungsrechts nicht berufen, wenn er den Schuldner durch die Erklärung, es komme ihm auf ein Paar Tage später nicht an, zur unpünktlichen Zahlung verleitet. Wenn A für ein ihm verkauftes Patentrecht nur unter der Bedingung zu zahlen hat, daß der Ingenieur des Verkäufers bei ihm eintritt und ein Jahr bleibt, so kann er sich auf den Ausfall der Bedingung nicht berufen, wenn er den Ingenieur im Laufe des Jahres ohne Grund entläßt. OHG. 21 S. 124. Wenn der Schuldner Zahlung der Restschuld verspricht, wenn er zu besseren Vermögensverhältnissen gelangt, kann er sich auf den Nichteintritt der Bedingung nicht berufen, wenn er das erworbene Vermögen nicht zur Befriedigung des Gläubigers, sondern für sich verwendet hat. Bolze 5 Nr. 207, 208, 10 Nr. 196. Ist das Recht aus der Versicherung suspensiv dadurch bedingt, daß der Versicherte es in bestimmter Frist nach dem Schadensfalle klagend geltend macht, so kann die Versicherungsgesellschaft die Nichtinnehaltung der Frist nicht excipiren, wenn sie durch Vergleichsverhandlungen den Versicherten hingehalten hat. ObTr. 21 S. 164 (StrA. 2 S. 130). RG. 4 S. 158, 19 S. 132. Andererseits liegt unredliches Verhalten im Sinne des § 162 nicht vor, wenn das Proxenetikum dem Kaufvermittler bei Zahlung des Kaufgeldes gezahlt werden soll, der Käufer nicht zahlt und nicht zahlen kann und der Kaufvertrag deshalb rückgängig gemacht wird. StrA. 27 S. 355, 97 S. 267; vgl. auch RG. 10 S. 296 (franz. R. Vergleich im Prozeß). Seuffert, Arch. 32 Nr. 300, 36 Nr. 179. In dem hübschen Beispiele Cosacks a. a. O. S. 193, wo dem A ein Vermächtniß zufallen soll, wenn er die B heirathet, andernfalls dem C, und dann C die B heirathet, wird alles auf die konkrete Prüfung ankommen, ob C wider Treu und Glauben gehandelt hat; sicher ist es anzunehmen, wenn C die mit A bereits verlobte B zur Auflösung der Verlobung überredet.

**b)** Das ALR. I 4 §§ 112, 113, 139, 161, 162; 12 §§ 485, 490 ff., das SBGB. §§ 111, 891, 892, und der C. c. art. 1175, 1176, 1177 geben eine Reihe von Vorschriften zur Entscheidung der Frage, wann die Bedingung als erfüllt oder ausgefallen anzusehen, namentlich für den Fall der Bedingung in favorem tertii (z. B. Verkauf, Vermächtniß unter der Bedingung, daß der Käufer, der Bedachte einem Dritten eine Sache zu bestimmten günstigen Bedingungen überläßt, der Dritte lehnt ab) darüber, wie die Weigerung des Dritten wirkt, über das Recht der Erben des Belasteten, die Bedingung zu erfüllen, über das Wahlrecht des Belasteten bei alternativer Bedingung. Vgl. auch Windscheid 1 § 92 Anm. 3 ff. über gem. R. Da das BGB. sich abgesehen von §§ 2075, 2076 für letztwillige Zuwendungen jeder Vorschrift über solche Zweifelsfragen enthält, sind sie nach den allgemeinen Grundsätzen der Auslegung unter Berücksichtigung des vermuthlichen Willens der Parteien zu entscheiden, §§ 133, 157 BGB., wie dies auch C. c. art. 1175 vorschreibt. Allgemein gültige abstrakte Regeln lassen sich, soweit sie sich nicht aus der Natur der affirmativen und negativen Bedingung von selbst ergeben, nicht aufstellen. Vgl. Cosack a. a. O. S. 193.

**III. Befristung.** **a)** Befristet im Sinne des § 163 ist ein Rechtsgeschäft nur, wenn es selbst *seine Wirkung* an einen Anfang- oder Endtermin knüpft, d. h. wenn vor dem Anfangstermin Recht und Pflicht als solche aus dem Rechtsgeschäft nicht bestehen, mit dem Endtermin die Wirkung, Recht und Pflicht fortfällt. Ohnedies könnte § 163 die Bestimmung eines Anfangtermins nicht der aufschiebenden, die eines Endtermins der auflösenden *Bedingung* gleichstellen und die §§ 158, 160, 161 darauf zur Anwendung bringen. Festzuhalten ist deshalb, daß der Anfangs- und Endtermin des § 163 mit der *Erfüllung so wenig zu thun hat, wie die Bedingung.* Der § 141 Entw. I stellte nebeneinander den Anfangstermin, von dem *die Wirkung*, und den, von dem *die Geltendmachung* abhängig gemacht, C. c. art. 1041, und stellte den Anfangstermin *in ersterem Sinne* der Bedingung gleich, verstand unter Termin einen bestimmten künftigen Zeitpunkt, dies, Kalendertag oder ein künftiges Ereigniß, dessen Eintritt gewiß, dies certus an. Der § 142 Entw. I behandelte den künftigen bestimmten Zeitpunkt und das künftige gewisse Ereigniß als Endtermin der auflösenden Bedingung gleich. Das ALR. bestimmt in I 4 §§ 164 ff., daß, wenn eine bestimmte Zeit dergestalt beigefügt, daß mit dem Ablauf *die Ausübung des Rechts* ihren Anfang nehmen soll, *das Recht als erworben zu achten*, deshalb auf die Erben übergeht, das Recht von selbst wieder aufhört, wenn eine gewisse Zeit so beigefügt, daß dadurch *die*

Dauer des Rechts bestimmt werden soll. In beiden Fällen soll der Verpflichtete bezw. der auf Zeit Berechtigte zum Nachtheil des Rechts des Anderen nichts vornehmen. Das SBGB. enthält in § 115 die Vorschrift, daß durch Beifügung eines dies certus an das Rechtsgeschäft nicht bedingt wird, stellt in § 2121, § 2149 bei letztwilligen Verfügungen den dies certus an, incertus quando der Bedingung gleich; nach § 291 wirkt Eigenthumsübertragung mit dies ad quem nur obligatorisch. Vgl. §§ 593, 651.

Das BGB. läßt in § 163 den Fall, wo nur die Geltendmachung, Ausübung des Rechts an einen dies geknüpft, außer Betracht. Anfangs- und Endtermin im Sinne des § 163 ist nach dem Begriff des Termins ein Kalendertag oder ein Ereigniß, dessen Eintritt gewiß, dies certus an (certus an, certus quando, certus an, incertus quando, z. B. der Tod eines Menschen). Der dies incertus an, certus quando, wie z. B. der Termin der Volljährigkeit, und der dies incertus an et quando, wie z. B. der Termin der Verheirathung, der Errichtung eigener Wirthschaft, wird regelmäßig als Bedingung gemeint sein, oft auch der dies certus an, incertus quando. Ob aber das Rechtsgeschäft seine Wirkung an den Termin als Anfangstermin so knüpft, daß es vorher weder als fertiges Recht besteht, noch ausgeübt werden kann, ist nach § 163 lediglich Auslegungsfrage. Sowohl der dies certus wie der dies incertus (an und an et quando) kann, wie im röm. und gem. R., so gemeint sein, daß Recht und Pflicht definitiv entstehen, nur die Fälligkeit von dem Eintritt des Ereignisses abhängen soll, dessen Eintritt als gewiß gedacht und vorausgesetzt ist. Beispiele sind oben bei der Bedingung angeführt. Namentlich RG. 2 S. 143, 8 S. 140 gehören hierher; in jenem Falle war unzweifelhaft, daß dies inc. an et qu. für die Fälligkeit des Kaufgeldes für das gelieferte Holz vorlag, in diesem führte die Auslegung dahin, daß die Abfindung jedenfalls geschuldet sein und bei Heirath oder Errichtung selbständiger Wirthschaft gezahlt werden sollte, wobei angenommen wurde, daß die Geschwister sich jedenfalls verheirathen oder selbständig machen würden, so daß, als beides nicht eintrat, sich nur fragen konnte, wie der Fälligkeitstermin anderweit zu bestimmen, für den sich im Falle RG. 2 S. 143 der Zeitpunkt der Vollendung des Baus bei gehöriger Fortführung der Arbeiten von selbst ergab. Ebendahin gehören die oben bei der Bedingung erwähnten Fälle ObTr. 18 S. 151, StrA. 85 S. 112, 22 S. 66, ObTr. 58 S. 126. In solchen Fällen handelt es sich nicht um Befristung im Sinne des § 163, welche die Wurzel des Rechts, sondern um Betagung, welche die Fälligkeit betrifft. Der Betagte ist von dem befristeten Rechtsgeschäft im § 163 genau zu scheiden. Um betagte Verbindlichkeit handelt es sich in § 28 Abs. 2; Darlehnshingabe mit Stipulirung einer Kündigungsfrist ist nicht Rechtsgeschäft im Sinne § 163; die Kündigung macht das unbetagte Darlehn zum betagten; die Ausschließung der Kündigung bis zum bestimmten Termin aber läßt das Kündigungsrecht erst mit dem Eintritt des Termins entstehen. Von betagter Verbindlichkeit spricht § 813 Abs. 2, und wenn er die Rückforderung vorzeitiger Leistung und die Erstattung von Zwischenzinsen ausschließt, C. c. art. 1185, 1186, l. 46 pr. D. 45, 1, ALR. I 16 § 168, SBGB. § 1521, so handelt er wie § 272 von Bezahlung bestehender Schuld vor Fälligkeit, nicht von Bezahlung bedingter oder der ihr in § 163 gleichgestellten befristeten Schuld. Betagte Vermächtnisse und Auflagen werden in § 2217 Abs. 2 erwähnt.

Sonst spricht das BGB. von Betagung nicht. In § 2181 handelt es sich um betagtes Vermächtniß, das mit dem Tode des Beschwerten fällig sein soll, wenn die Zeit der Erfüllung in sein freies Belieben gestellt. In §§ 765, 1113, 1204, 1209 wird Bürgschaft, Hypothek und Faustpfand für bedingte und künftige Schuld und Forderung zugelassen, in den oben bei der Bedingung aufgeführten §§ 388, 925, 1317, Art. 40 II § 7 EG., §§ 1598, 1724, 1742, 1768, 1947, 2180 Abs. 2, 2202 wird neben der Bedingung die Zeitbestimmung für unwirksam erklärt. Künftige Schuld und Forderung kann nur Schuld und Forderung im Sinne § 163 sein, weil für noch nicht fällige Schuld und Forderung Bürgschaft und Sicherung sich von selbst versteht, da sie gerade dafür bestimmt. Zeitbestimmung ist jede Zeitbestimmung, die Befristung wie die Betagung. Dies im Sinne § 163 ist der Anfangstermin im § 308 Abs. 2 und in den die letztwilligen Zuwendungen betreffenden §§ 2066, 2103—2106, 2162, 2163, 2177—2179, wie § 2179 direkt ergiebt. In KonkO. §§ 57 (47), 68 (58) ist betagte Forderung die ihrer Existenz nach sichere, noch nicht fällige, ebenso in §§ 916 (796), 936 (815) CPO. Auch die in den §§ 257—259 (231a—c) CPO. zugelassenen Klage auf künftige Zahlungsleistung, Entrichtung setzt existentes, sicheres Recht, in Zukunft fällige Leistung voraus; § 291 BGB.; die in § 257 zugelassene Klage auf künftige Räumung bei Eintritt des stipulirten Kalendertages rechtfertigt sich dadurch, daß bei dem Eintritt des Kalendertages nach § 163 die Entstehung des Rechts auf Räumung nach § 163 sicher ist, wie die Pflicht zur Räumung.

b. Wo der Fall des § 163 nach dem Inhalt des dadurch qualificirten Rechtsgeschäfts vorliegt, finden die §§ 158, 160, 161 Anwendung wie bei der Bedingung. Während des Schwebezustandes vor dem Anfangstermin besteht noch kein wirksames Recht und keine wirksame Pflicht, aber das Recht ist der Sicherung zugänglich und soweit vererblich, als das unbefristete Recht vererblich ist. Vgl. §§ 2066 ff., 2177 ff. für letztwillige Zuwendungen. Das befristete Vermächtniß wird erworben, fällt an erst mit dem Eintritt des Termins. Die obligatorische und dingliche Gebundenheit ist dieselbe wie bei der aufschiebenden Bedingung. Beim Endtermin ist der Prinzipalberechtigte voll Berechtigter mit der Beschränkung, die sich aus dem Eventualrecht ergiebt; mit dem Eintritt des Endtermins tritt die Wirkung des Eventualrechts direkt ein, wie bei der auflösenden Bedingung. Von Anwendung des § 159, den § 163 auch nicht bezieht, kann nicht die Rede sein, weil, wenn das Rechtsgeschäft solche Bestimmung trifft, von Anfangs- und Endtermin nicht mehr die Rede ist. Der § 162 ist in § 163 nicht bezogen. Dolose Herbeiführung des Endtermins ist möglich, wie der Fall StrA. 64 S. 17, RG. 2 unter Nr. 208, 1 unter Nr. 167, zeigt, wo das an den Tod des Auszüglers als Endtermin geknüpfte Auszugsrecht sein vorzeitiges Ende dadurch gefunden, daß der verpflichtete Hofbesitzer den Auszügler ermordet hatte. Der § 162 Abs. 2 könnte hier keine Anwendung finden, weil damit aus dem befristeten ein unbefristetes Recht gegen den Sinn und Zweck des Rechtsgeschäfts gemacht würde. Aber auch nach BGB. würde der Mörder oder seine Erben die Bereicherung herausgeben müssen, die sie dadurch erlangt, daß der Werth des Grundstücks durch den Fortfall des Auszugs erhöht ist. § 812, § 852 Abs. 2. Seine wesentliche Bedeutung hat der § 163 nicht sowohl für obligatorische Rechtsgeschäfte, als für Rechtsgeschäfte, durch die Eigenthum und andere dingliche Rechte begründet werden sollen. Bei rein obligatorischen Rechtsgeschäften erscheint die Befristung regelmäßig als Bestimmung der Fälligkeit, und etwas anderes ist es auch nicht, wenn den Erben die Auszahlung des Vermächtnisses zu bestimmter Zeit auferlegt wird. StrA. 85 S. 129.

Ein praktischer Unterschied zwischen dem Fall, wo ein nach drei Monaten zahlbarer Wechsel acceptirt und gegeben wird und wo ein Darlehn auf 3 Monate gegeben und genommen wird (Windscheid 1 § 96 Anm. 5), ist kaum erkennbar; in beiden Fällen wird geschuldet, aber die Fälligkeit ist hinausgeschoben, nur die Begründung der Schuld ist verschieden, dort durch die Schrift, hier durch den Geldempfang gegeben; unter den § 163 fallen beide Fälle nicht. Daß wahrer Termin im Sinne § 163 auch bei obligatorischen Rechtsgeschäften vorkommen kann, zeigen die obigen Beispiele. Für die Uebertragung von Eigenthum und dinglichen Rechten mit Anfangs- oder Endtermin dagegen ist daran festzuhalten, daß das Recht erst mit dem Anfangstermin entsteht, mit dem Endtermin aufhört und ohne Weiteres zurückfällt.

c. Nicht unter § 163 gehören die Fälle, in denen durch (Gesetz oder) Willenserklärung, Vertrag, die Entstehung oder der Bestand eines Rechts an seine Ausübung, Geltendmachung in bestimmter Frist gebunden ist. Der Ablauf der Frist wirkt dabei nicht wie in § 163 für sich, sondern in Verbindung mit einem anderen Umstand. Wenn der Verkäufer sich das Wiederkaufsrecht für Jahresfrist vorbehält, §§ 497, 503, so fällt mit dem Ablauf der Frist das Recht fort, wenn die Erklärung, das Wiederverkaufsrecht auszuüben, nicht in der Frist erfolgt, und erfolgt die Erklärung, so besteht das Recht für die Dauer der Verjährungsfrist. Wenn durch Vertrag (Statut, Police) das Recht aus demselben an Klage oder Geltendmachung anderer Art gebunden, so entsteht das Recht entweder nicht oder wird verwirkt durch den unbenutzten Ablauf der Frist. Wird Garantie für Haltbarkeit, Güte, Brauchbarkeit für bestimmte Zeit übernommen, so wird die Haftung an die Entdeckung und Anzeige des Mangels in der Garantiefrist geknüpft und durch die Anzeige die Geltendmachung des Mangels für die Dauer der Verjährung erhalten. Vgl. zu § 486. In allen diesen und ähnlichen Fällen handelt es sich um ihrer rechtlichen Natur nach wesentlich verschiedene Präklusivfristen, mit denen der § 163 so wenig zu thun hat, wie mit den gesetzlichen Präklusivfristen. Ueber die Natur dieser gesetzlichen Präklusivfrist und ihren Unterschied von der Verjährungsfrist vgl. zu §§ 194 ff. Weder um § 163 noch um Präklusivfrist würde es sich auch nach BGB. im Falle StrA. 4 S. 180 handeln, wo A aus seiner Heerde an B 80 Stück mit der Abrede verkauft, daß B bis 1. September auszuzeichnen, bis 1. Oktober abzunehmen habe, B nur 60 Stück auszeichnete und abnahm und der zweite Richter wunderlicher Weise annahm, daß nach § 167 I 4 ALR. der Kauf in Bezug auf die 20 Stück durch die unterbliebene Zeichnung überhaupt nicht zu Stande gekommen. Hier handelte es sich lediglich um die Frage und die Folgen des Verzugs, § 296.

**IV. Beweislast.** Die bekanntlich streitige Frage der Beweislast bei Bedingung und Befristung hat das BGB. abweichend vom Entw. I §§ 196, 197 nicht geregelt. Der Entw. I schrieb vor, daß bei Streit über Beifügung einer susp. oder resol. Bedingung, eines Anfangs- oder Endtermins die Beweislast den treffe, der Rechte aus unbedingtem, unbefristetem Rechtsgeschäft geltend mache, ebenso wie den die Beweislast treffe, der aus der Erfüllung oder dem Ausfall einer Bedingung Rechte herleite. Ausdrücklich bestimmt das BGB. die Beweislast nur in einzelnen Fällen, vgl. §§ 179, 282, 358, 363, 442, 542, 636, 2294, 2297; in anderen ist die Regelung aus der Fassung zu entnehmen. Nach § 163 ist die Beweislast für Bedingung und Termin im Sinne des § 163 gleichmäßig zu entscheiden. Die CPO. § 289 (§ 262) verweist bei sog. qualificirtem Geständniß auf die Prüfung der Beschaffenheit des einzelnen Falles, und giebt dadurch zu erkennen, daß sich eine für alle Fälle durchgreifende Regel nicht aufstellen läßt. Von dieser Auffassung ist auch das BGB. geleitet. Für Bedingung und Befristung hat sich die Praxis der gemeinrechtlichen Gerichtshöfe, das Preuß. ObTr., das OHG. und das RG. fest dahin entschieden, daß wer sich auf aufschiebende Bedingung oder Anfangstermin beruft, leugnet, und damit dem Gegner den Beweis des unbedingten oder nicht befristeten Geschäfts zuweist; wer sich auf auflösende Bedingung oder Endtermin und deren Eintritt beruft, eine Einrede erhebt, die er zu beweisen hat. ObTr. 72 S. 207 (StrA. 91 S. 307). RE. 1 Nr. 68 (69). OHG. 2 S. 92, 4 S. 128, 10 S. 233, 23 S. 52 (mit Citaten) u. RG. 28 S. 145. An dieser Praxis ist für das BGB. nach seinem Begriff der Bedingung und des Termins und deren rechtlicher Wirkung festzuhalten. Die aufschiebende Bedingung und der Anfangstermin lassen die Wirkung des Rechtsgeschäfts in der Schwebe; Nichteintritt beseitigt die Wirkung, Wirkung gewinnt es erst durch Erfüllung der Bedingung und Eintritt des Termins. Daraus folgt, daß wer solche Bedingung oder Anfangstermin behauptet, bestreitet, schon jetzt verpflichtet zu sein, daß deshalb vom Anderen das unbedingte, unbestrittene Geschäft oder Erfüllung der Bedingung und Eintritt des Termins zu beweisen ist. Das an auflösende Bedingung oder Endtermin geknüpfte Geschäft besteht und wirkt rechtlich; wer das Geschäft einräumt, räumt ein, daß er verpflichtet war und hat deshalb zu beweisen, daß seine entstandene Verpflichtung resolutiv bedingt oder befristet worden und durch Eintritt der Bedingung oder des Termins aufgehoben.

Wenn der Schuldner Erlaß, Stundung, Ermäßigung behauptet, der Gläubiger dies einräumt, aber behauptet, daß es unter der Bedingung der Sicherstellung einer anderen oder des Restes der Forderung oder Zahlung des Diskonts erfolgt, so hat der Schuldner den unbedingten Erlaß u. s. w. zu beweisen; wenn der Makler für Vermittlung der Ehe Provision fordert, der Andere das Provisionsversprechen zugiebt, aber behauptet, daß ein bestimmtes Vermögen der Frau bedungen, so hat der Makler das unbedingte Versprechen zu beweisen; wenn der betagte Bürge (Expromittent) die Bürgschaft zugiebt, aber behauptet, daß er sie nur unter der Bedingung einer Sicherstellung aus dem Vermögen des Schuldners übernommen, so hat der Gläubiger die unbedingte Bürgschaft zu beweisen. In OHG. 2 S. 92, wo auf Lieferung des geschlossenen Getreides geklagt, der Verkäufer behauptet, es sei verabredet, der Käufer habe die Säcke zu liefern, ist dagegen dem Verkäufer der Beweis auferlegt, weil seine Einwendung nichts besagte, als daß er von der unbedingt übernommenen Verpflichtung zur Lieferung dadurch befreit, daß die Säcke nicht geliefert. Der Einrede gegenüber, daß auf Probe gekauft, hat nach § 495 regelmäßig der Verkäufer den unbedingten Geschäftsschluß zu beweisen, aber wenn der Käufer behauptet, es sei verabredet, er solle zur Rückgabe berechtigt sein, wenn ihm die Sache nicht gefalle, hat er diese auflösende Bedingung zu beweisen. Der Kläger, der Geld zurückfordert, weil er es zur bestimmten Verwendung gegeben, hat dies zu beweisen, wenn der Bekl. behauptet, er habe es als Darlehn erhalten; aber daß das Geld zu dem erwiesenen Zweck verwendet, hat der Empfänger als die Thatsache zu beweisen, durch welche die durch die Hingabe an sich begründete Rückforderung aufgehoben. Vgl. zu § 812. Andere Beispiele in RE. 1 Nr. 68 (69).

**V. modus. Endzweck. Auflage.** Das ALR. behandelt in I 4 §§ 152 ff. den Zweck, Endzweck, modus als eine allgemeine Form der Einschränkung einer

Willenserklärung bei Verträgen wie bei letztwilligen Verfügungen. Vgl. I 5 § 226; 12 § 61; 11 § 1053ff. (don. sub modo); 12 §§ 488, 508ff. Die Rückforderung des außerhalb eines Vertrages zu einem zu erfüllenden und zu unerlaubtem Zweck Gegebenen wird in I 16 §§ 200ff. behandelt. Angedeutet wird in I 4 §§ 152; 12 §§ 468, 508 der Unterschied des modus qualificatus, der den Vortheil des Promittenten oder eines Dritten, und des modus simplex, der den eignen Nutzen des Empfängers betrifft, und in § 153 das Wesen des modus als nicht suspensiv im Gegensatz zur Bedingung (si feceris — ut facias) hervorgehoben. Eine Klage auf Erfüllung des modus giebt es nicht; das Recht geht wie bei der auflösenden Bedingung verloren, wenn der Zweck nicht erfüllt. Vgl. aber I 12 §§ 511ff. Alles das weicht erheblich vom R. und gem. R. ab, das den modus als Belastung und bei Schenkung und letztwilligen Verfügungen behandelt. W. 1 §§ 97, 98ff., D. P. 1 § 115, Pr. Pr. 1 § 93. Eccius 1 § 38. Auch das franz. R., C. c. art. 953ff., 1046, und das SBGB. §§ 1065, 1066, 2151ff., 2417, 2431ff., 2584ff. behandeln den modus (condition) als Auflage nicht suspensiver und resolutiver Art mit Klage auf Erfüllung oder Rückgabe bei Schenkung und letztwilligen Verfügungen.

Auch das BGB. hat den modus aus dem allgemeinen Theil ausgeschieden und giebt nur Vorschriften über die Auflage bei Schenkungen, §§ 525ff., § 330 und letztwilligen Verfügungen, §§ 2192ff., §§ 1940, 1941 (§ 2279). Vgl. dort. Für die Behandlung der Zweckbestimmung in dem ihr im ALR. gegebenen Umfange bedurfte es auch keiner besonderen Vorschriften. Wo es sich in Vertragsverhältnissen um Verpflichtung zur Verwendung handelt, von dem die Bestimmung zu einem Gebrauchs- oder wirthschaftlichen Zwecke streng zu scheiden, RG. 22 S. 86, StrA. 37 S. 85, reichen die Grundsätze von Erfüllung der Verträge und von der ungerechtfertigten Bereicherung völlig aus. Solche Fälle sind in ObTr. 37 S. 22 (StrA. 27 S. 137), 49 S. 52 OHG. 1 S. 154 nach Preuß. R. entschieden und würde nach BGB. nicht anders zu entscheiden sein. Vgl. RE. 1 Nr. 70. Wenn der Müller vertragsmäßig vom Fiskus Reparaturholz für die Mühle zu bestimmtem niedrigen Preise zu erhalten hat, zum Bau erhält, aber nicht verwendet, sondern verkauft, ObTr. 37 S. 22, oder wenn A nach Abrede mit seinen Gläubigern einem derselben seinen Baarbestand übergiebt, um ihn zur Vertheilung unter die Gläubiger ev. Ablieferung zur Konkursmasse zu verwenden, OHG. 9 S. 157, bedarf es keiner besonderen Vorschriften über modus, um dahin zu gelangen, daß der Müller das Holz oder den Werth nach Abzug des an den Fiskus Gezahlten herausgeben muß, §§ 812, 815, und daß im zweiten Falle der Gläubiger aus dem Empfang zur Rückerstattung oder Vertheilung oder Ablieferung an die Masse, nicht aber zur Zahlung an einen Gläubiger verpflichtet ist, der sich den nicht bestehenden Anspruch des Gemeinschuldners auf Zahlung hatte überweisen lassen, bevor der Empfänger die Gelder zur Masse abgeliefert hatte. In diesen und ähnlichen Fällen qualificirt der Zweck die Rechtsnatur des onerosen Geschäfts ähnlich der Bedingung, stellt ein Verhältniß von Leistung und Gegenleistung aus demselben Rechtsgeschäft her, wovon bei liberaler Zuwendung mit Zweckbestimmung für den Bedachten oder einen Dritten nicht die Rede ist. OHG. 10 S. 26, 36.

Seine eigenthümliche, besondere Bedeutung hat der Zweck im weiteren und anderen Sinne in den §§ 21, 22, 33, 43, 57, 87, bei Vereinen und Stiftungen, in §§ 705, 726 bei der Gesellschaft, in § 226 (Rechtsausübung zum Zwecke der Schadenszufügung) und in §§ 817, 819 Abs. 2 (verwerflicher Zweck).

### 5. Titel. Vertretung. Vollmacht.

§ **164**. Eine Willenserklärung, die Jemand innerhalb der ihm zustehenden Vertretungsmacht im Namen des Vertretenen abgiebt, wirkt unmittelbar für und gegen den Vertretenen. Es macht keinen Unterschied, ob die Erklärung ausdrücklich im Namen des Vertretenen erfolgt oder ob die Umstände ergeben, daß sie in dessen Namen erfolgen soll.

Tritt der Wille, in fremdem Namen zu handeln, nicht erkennbar hervor, so kommt der Mangel des Willens, im eigenen Namen zu handeln, nicht in Betracht.

Die Vorschriften des Abs. 1 finden entsprechende Anwendung, wenn eine gegenüber einem Anderen abzugebende Willenserklärung dessen Vertreter gegenüber erfolgt.

§ **165**. Die Wirksamkeit einer von oder gegenüber einem Vertreter abgegebenen Willenserklärung wird nicht dadurch beeinträchtigt, daß der Vertreter in der Geschäftsfähigkeit beschränkt ist.

§ **166**. Soweit die rechtlichen Folgen einer Willenserklärung durch Willensmängel oder durch die Kenntniß oder das Kennenmüssen gewisser Umstände beeinflußt werden, kommt nicht die Person des Vertretenen, sondern die des Vertreters in Betracht.

Hat im Falle einer durch Rechtsgeschäft ertheilten Vertretungsmacht (Vollmacht) der Vertreter nach bestimmten Weisungen des Vollmachtgebers gehandelt, so kann sich dieser in Ansehung solcher Umstände, die er selbst kannte, nicht auf die Unkenntniß des Vertreters berufen. Dasselbe gilt von Umständen, die der Vollmachtgeber kennen mußte, sofern das Kennenmüssen der Kenntniß gleichsteht.

§ **167**. Die Ertheilung der Vollmacht erfolgt durch Erklärung gegenüber dem zu Bevollmächtigenden oder dem Dritten, dem gegenüber die Vertretung stattfinden soll.

Die Erklärung bedarf nicht der Form, welche für das Rechtsgeschäft bestimmt ist, auf das sich die Vollmacht bezieht.

§ **168**. Das Erlöschen der Vollmacht bestimmt sich nach dem ihrer Ertheilung zu Grunde liegenden Rechtsverhältnisse. Die Vollmacht ist auch bei dem Fortbestehen des Rechtsverhältnisses widerruflich, sofern sich nicht aus diesem ein Anderes ergiebt. Auf die Erklärung des Widerrufs findet die Vorschrift des § 167 Abs. 1 entsprechende Anwendung.

§ **169**. Soweit nach den §§ 674, 729 die erloschene Vollmacht eines Beauftragten oder eines geschäftsführenden Gesellschafters als fortbestehend gilt, wirkt sie nicht zu Gunsten eines Dritten, der bei der Vornahme eines Rechtsgeschäfts das Erlöschen kennt oder kennen muß.

§ **170**. Wird die Vollmacht durch Erklärung gegenüber einem Dritten ertheilt, so bleibt sie diesem gegenüber in Kraft, bis ihm das Erlöschen von dem Vollmachtgeber angezeigt wird.

§ **171**. Hat Jemand durch besondere Mittheilung an einen Dritten oder durch öffentliche Bekanntmachung kundgegeben, daß er einen Anderen bevollmächtigt habe, so ist dieser auf Grund der Kundgebung im ersteren

Falle dem Dritten gegenüber, im letzteren Falle jedem Dritten gegenüber zur Vertretung befugt.

Die Vertretungsmacht bleibt bestehen, bis die Kundgebung in derselben Weise, wie sie erfolgt ist, widerrufen wird.

§ **172.** Der besonderen Mittheilung einer Bevollmächtigung durch den Vollmachtgeber steht es gleich, wenn dieser dem Vertreter eine Vollmachtsurkunde ausgehändigt hat und der Vertreter sie dem Dritten vorlegt.

Die Vertretungsmacht bleibt bestehen, bis die Vollmachtsurkunde dem Vollmachtgeber zurückgegeben oder für kraftlos erklärt wird.]

§ **173.** Die Vorschriften des § 170, des § 171 Abs. 2 und des § 172 Abs. 2 finden keine Anwendung, wenn der Dritte das Erlöschen der Vertretungsmacht bei der Vornahme des Rechtsgeschäfts kennt oder kennen muß.

§ **174.** Ein einseitiges Rechtsgeschäft, das ein Bevollmächtigter einem Anderen gegenüber vornimmt, ist unwirksam, wenn der Bevollmächtigte eine Vollmachtsurkunde nicht vorlegt und der Andere das Rechtsgeschäft aus diesem Grunde unverzüglich zurückweist. Die Zurückweisung ist ausgeschlossen, wenn der Vollmachtgeber den Anderen von der Bevollmächtigung in Kenntniß gesetzt hatte.

§ **175.** Nach dem Erlöschen der Vollmacht hat der Bevollmächtigte die Vollmachtsurkunde dem Vollmachtgeber zurückzugeben; ein Zurückbehaltungsrecht steht ihm nicht zu.

§ **176.** Der Vollmachtgeber kann die Vollmachtsurkunde durch eine öffentliche Bekanntmachung für kraftlos erklären; die Kraftloserklärung muß nach den für die öffentliche Zustellung einer Ladung geltenden Vorschriften der Civilprozeßordnung veröffentlicht werden. Mit dem Ablauf eines Monats nach der letzten Einrückung in die öffentlichen Blätter wird die Kraftloserklärung wirksam.

Zuständig für die Bewilligung der Veröffentlichung ist sowohl das Amtsgericht, in dessen Bezirke der Vollmachtgeber seinen allgemeinen Gerichtsstand hat, als das Amtsgericht, welches für die Klage auf Rückgabe der Urkunde, abgesehen von dem Werthe des Streitgegenstandes, zuständig sein würde.

Die Kraftloserklärung ist unwirksam, wenn der Vollmachtgeber die Vollmacht nicht widerrufen kann.

§ **177.** Schließt Jemand ohne Vertretungsmacht im Namen eines Anderen einen Vertrag, so hängt die Wirksamkeit des Vertrags für und gegen den Vertretenen von dessen Genehmigung ab.

Fordert der andere Theil den Vertretenen zur Erklärung über die Genehmigung auf, so kann die Erklärung nur ihm gegenüber erfolgen; eine vor der Aufforderung dem Vertreter gegenüber erklärte Genehmigung oder Verweigerung der Genehmigung wird unwirksam. Die Genehmigung kann nur bis zum Ablaufe von zwei Wochen nach dem Empfange der Aufforderung erklärt werden; wird sie nicht erklärt, so gilt sie als verweigert.

§ 178. Bis zur Genehmigung des Vertrags ist der andere Theil zum Widerrufe berechtigt, es sei denn, daß er den Mangel der Vertretungsmacht bei dem Abschlusse des Vertrags gekannt hat. Der Widerruf kann auch dem Vertreter gegenüber erklärt werden.

§ 179. Wer als Vertreter einen Vertrag geschlossen hat, ist, sofern er nicht seine Vertretungsmacht nachweist, dem anderen Theile nach dessen Wahl zur Erfüllung oder zum Schadensersatze verpflichtet, wenn der Vertretene die Genehmigung des Vertrags verweigert.

Hat der Vertreter den Mangel der Vertretungsmacht nicht gekannt, so ist er nur zum Ersatze desjenigen Schadens verpflichtet, welchen der andere Theil dadurch erleidet, daß er auf die Vertretungsmacht vertraut, jedoch nicht über den Betrag des Interesses hinaus, welches der andere Theil an der Wirksamkeit des Vertrags hat.

Der Vertreter haftet nicht, wenn der andere Theil den Mangel der Vertretungsmacht kannte oder kennen mußte. Der Vertreter haftet auch dann nicht, wenn er in der Geschäftsfähigkeit beschränkt war, es sei denn, daß er mit Zustimmung seines gesetzlichen Vertreters gehandelt hat.

§ 180. Bei einem einseitigen Rechtsgeschäft ist Vertretung ohne Vertretungsmacht unzulässig. Hat jedoch derjenige, welchem gegenüber ein solches Rechtsgeschäft vorzunehmen war, die von dem Vertreter behauptete Vertretungsmacht bei der Vornahme des Rechtsgeschäfts nicht beanstandet oder ist er damit einverstanden gewesen, daß der Vertreter ohne Vertretungsmacht handele, so finden die Vorschriften über Verträge entsprechende Anwendung. Das Gleiche gilt, wenn ein einseitiges Rechtsgeschäft gegenüber einem Vertreter ohne Vertretungsmacht mit dessen Einverständnisse vorgenommen wird.

§ 181. Ein Vertreter kann, soweit nicht ein Anderes ihm gestattet ist, im Namen des Vertretenen mit sich im eigenen Namen oder als Vertreter eines Dritten ein Rechtsgeschäft nicht vornehmen, es sei denn, daß das Rechtsgeschäft ausschließlich in der Erfüllung einer Verbindlichkeit besteht.

---

**Vertretung. Vollmacht.** E. I §§ 115—126; II §§ 134—149; III §§ 160—177. ALR. I 13 §§ 1—216. SBGB. §§ 101, 788—791, 846, 1295 ff. C. c. art. 1984 ff., 2005 ff. W. 1 §§ 73, 74. D. P. 1 §§ 117 ff.; Pr. Pr. 1 §§ 113, 114, 116; 2 § 183. Eccius 1 §§ 42, 74; 2 § 141. RE. 2 Nr. 236—241. Grützmann 1 § 26, 2 § 167. Z=Cr. 2 §§ 390 ff. Cr. 1 § 28. Endemann 1 §§ 80—82. Cosack 1 §§ 66—69.

**I. 1.** Die §§ 164, 165, 166, 181 stellen die großen Grundsätze für jede Vertretung fest, die auf gesetzlicher Ermächtigung und die auf rechtsgeschäftlicher Vollmacht beruhende. Die §§ 167—176 geben die Grundsätze für die Vollmacht, die §§ 177—180 für den Fall, wo dem, der als Vertreter auftritt, die gesetzliche oder rechtsgeschäftliche Vollmacht zur Vertretung fehlt. Entw. I § 115 sagte ausdrücklich, daß Rechtsgeschäfte durch einen Vertreter und gegenüber einem solchen vorgenommen werden können, sofern nicht die Natur des Rechtsgeschäfts oder das Gesetz entgegenstehe. Dieser die Vertretung in Uebereinstimmung mit dem gem. R. und allen modernen Rechten, ALR. I 13 § 1, SBGB. § 101, grundsätzlich zulassende Rechtssatz ist im BGB. nicht ausgesprochen, folgt aber aus den §§ 164 ff. von selbst. Durch das BGB. ausgeschlossen ist jede oder doch die gesetzliche Stellvertretung bei einer Reihe von Rechtsgeschäften des Familien- und Erbrechts, insbesondere Eheschließung, Verfügung von Todeswegen, u. a. Vgl. §§ 1307, 1317, 1336, 1337 Abs. 3, 1358, 1437, 1516, §§ 1595, 1598 (Anfechtung und Anerkennung der Ehelichkeit), §§ 1728 ff., 1748, 1755, 1770, 2064, 2254, 2256, 2274, 2282, 2290, 2296 (Testament, Erbvertrag, Widerruf, Anfechtung), §§ 2347, 2351, 2352 (Erbverzicht). Vgl. auch § 1872 (Familienrathsmitglied), CPO. §§ 612 (572 b), 641 (592 b).

**2.** Die gesetzliche Vertretung ordnet das BGB. wie alle Rechte für Geschäftsunfähige und beschränkt Geschäftsfähige durch den Inhaber der elterlichen Gewalt, Vormund, Pfleger, §§ 1627, 1630, 1795, 1796, um die mangelnde Geschäftsfähigkeit zu ersetzen und die Rechtsfähigkeit für den Rechtsverkehr praktisch zu machen. Im Zusammenhang mit dem ehelichen Güterrecht und eigenthümlich ist geregelt die Vertretung der Ehefrau durch den Ehemann, vgl. insbesondere §§ 1375, 1381, 1442 Abs. 2, 1487, 1525, 1519, 1549. Gesetzliche Vertreterin des Mannes ist die Ehefrau nach § 1357 in Ausübung der sog. Schlüsselgewalt (Rechtsgeschäfte innerhalb des häuslichen Wirkungskreises gelten als im Namen des Mannes geschlossen, wenn die

Umstände nicht ein Anderes ergeben). Um gesetzliche Vertretung handelt es sich bei der Nachlaßverwaltung für den Erben, §§ 1984, 1985, bei der Verwaltung der Konkursmasse, § 6 (§ 5) KonkO.; der Testamentsvollstrecker leitet sein Recht stets von dem Willen des Erblassers ab, §§ 2197 ff.; das Gesetz bestimmt nur aushülfsweise den Umfang seiner Vollmacht, §§ 2203 ff. Gesetzlich geordnet sind ferner Vertetungsverhältnisse der verschiedensten Art bei der Aktiengesellschaft, HGB. §§ 231, 247, 268 Abs. 2, 298 (Art. 223, 194), bei den Genossenschaften, §§ 24 ff. GenossGes., bei den Gesellschaften m. b. H., §§ 35 ff. Ges. v. 20. April 1892, bei der offenen Handelsgesellschaft, HGB. §§ 125 ff., 145 ff., 149 ff. (Art. 114 ff.). Dahin gehört endlich die Vertretungsbefugniß des See- und Binnenschiffers, HGB. §§ 526 ff. (Art. 495 ff.), Ges. betr. die Binnenschiffahrt v. 15. Juni 1895 §§ 15 ff., des Korrespondentrheders, HGB. §§ 493, 494 (Art. 460, 461). Vgl. auch die §§ 850, 1141, 1189 (1187), 1075 (1074) BGB., Flößereiges. v. 15. Juni 1895 § 15 (Floßführer). Dem gesetzlichen Vertreter ist gesetzlich gleichgestellt in BGB. §§ 26 (48), 86, 88 der Vorstand der Vereine und der Stiftungen als ihr Willensorgan, durch das sie lebendig in den Verkehr treten. Vgl. oben zu §§ 21 ff., S. 33, 45. Ueber die gesetzliche Vertretungsbefugniß des Gerichtsvollziehers vgl. CPO. §§ 808, 815, 819, 897, 898 (§§ 712, 716a, 720, 779c, 779d) und unter 3.

3. Vertretung im Sinne der §§ 164 ff. liegt begrifflich nach §§ 164 ff. nur dann vor, wenn der Vertreter zur Abgabe einer Willenserklärung im Namen des Vertretenen befugt ist und die Willenserklärung im Namen des Vertretenen abgiebt (aktive Vertretung). Nach Abs. 3 § 164 steht dem der Fall der passiven Vertretung gleich, wo eine Willenserklärung einem Dritten gegenüber so abgegeben wird, daß sie als die einem Anderen gegenüber abgegebene Willenserklärung gelten soll; vorausgesetzt wird, daß der Dritte befugt ist, die Willenserklärung ihm selbst gegenüber als Willenserklärung dem Anderen gegenüber in Empfang zu nehmen. In beiden Fällen handelt es sich um rechtsgeschäftliche Vertretung. Auftrag zu unerlaubter Handlung begründet nie Vertretung in der unerlaubten Handlung. Von aktiver Vertretung namentlich ist nur die Rede, wenn der Vertreter seinen Willen im Namen eines Anderen und damit dessen Willen erklärt. Wenn A im Namen des B kauft, verkauft, miethet, vermiethet, darleiht, Bürgschaft übernimmt, erklärt er seinen Willen, aber so, daß dieser Wille als der des B gelten, für und gegen denselben wirken soll. Auf die größere oder geringere Selbständigkeit des Vertreters bei der Willensfassung kann es nicht ankommen. Vertreter ist auch der, dem die Formel der Willenserklärung oder das Detail des Geschäfts so genau vorgeschrieben, daß er selbständig nichts mehr zu entschließen hat. Organ des Willens des Vertretenen wird er durch die eigene Erklärung. OHG. 6 S. 404, 406; 15 S. 260. Für die Fälle der gesetzlichen Vertretung, wo die Vertretung gerade den Sinn hat, die dem Vertretenen fehlende Willens- und Handlungsfähigkeit zu ersetzen, ergiebt sich dieser Begriff der Vertretung von selbst; der Vertreter tritt kraft gesetzlicher Ermächtigung an die Stelle der Person des Vertretenen oder er repräsentirt dessen Person. Soweit reicht die Vertretung der Einzelperson auf Grund rechtsgeschäftlicher Vollmacht nicht, was vielfach von Bedeutung ist. Aber auch die Vertretung kraft rechtsgeschäftlicher Vollmacht ist eine solche immer nur, wenn sie Vertretung im Willen, im rechtsgeschäftlichen Handeln ist.

Durch diese Begriffsmomente, rechtliches Handeln und Handeln im Namen eines Anderen, scheidet aus dem Rechtsinstitut der Vertretung im Sinne der § 164 ff. aus:

**a.** Die Vertretung im faktischen Handeln und in der Kundgebung, Uebermittlung oder auch der Entgegennahme fremder Willenserklärung. Auf diesen bedeutsamen Unterschied ist oben S. 33 ff., 45 bereits hingewiesen; der Bote, die Post, die Telegraphenanstalt sind Werkzeuge für die Uebermittlung der Willenserklärung, § 120, nicht Willensorgane für die Willenserklärung. Vgl. OHG. 2 S. 402, 436; 13 S. 328, 18 S. 200, 20 S. 311. StrA. 87 S. 367. RE. 2 Nr. 236 Erk. a. Der Vicewirth des Hauses ist regelmäßig Vertreter des Eigenthümers, aber der Hausmann, bei dem Briefe abgegeben und mündliche Bestellungen gemacht werden sollen, steht dem Briefkasten gleich. Der Beauftragte, der Agent, der Mäkler, der nicht abzuschließen, sondern nur zu vermitteln oder Offerten anzunehmen und zu übermitteln hat, HGB. §§ 84 ff., 93 ff., ist nicht Vertreter, sondern Werkzeug seines Auftraggebers; er handelt im Auftrage, nicht in Vollmacht, § 107. Uebermittelt er dem Prinzipal eine erhaltene Offerte anders oder in anderem Sinne als er sie erhalten, so findet § 120 Anwendung; der Agent ist Uebermittler für seinen Auftraggeber, nicht Bevollmächtigter oder Uebermittler des Dritten, und der Auftraggeber hat das Geschäft so zu nehmen, wie es dem Uebermittler angetragen ist, oder es anzufechten. RG. 12 S. 15, 30 S. 29, 214, 217; 36 S. 245. Bolze 18 Nr. 473. Der § 85 HGB. schreibt im Interesse des Verkehrs und von Treu und Glauben vor, daß, wenn ein Agent ein Geschäft im Namen des Auftraggebers abschließt, das er nur zu vermitteln befugt, der Auftraggeber unverzüglich nach Mittheilung von dem Abschluß dem Dritten gegenüber das Geschäft ablehnen muß, widrigenfalls es als von ihm genehmigt gilt. Vgl. auch HGB. § 97 und zu BGB. § 177. Kein Vertreter im Sinne des § 164 ist der Arbeiter, Hausmann, dem der Hauswirth die ihm gesetzlich obliegende Reinigung des Bürgersteiges überträgt, RG. 41 S. 211 (wo er als Vertreter in anderem Sinne bezeichnet. Vgl. zu § 831, § 278). Vgl. das Weitere unter II.

**b.** Nach dem Begriff der Vertretung scheidet aus derselben aus das rechtliche Handeln im eigenen Namen für, im Auftrage, im Interesse eines Anderen. Das BGB. stellt für diesen Fall der sog. indirekten, mittelbaren Stellvertretung, die in den handelsrechtlichen Instituten der Kommission und Spedition, HGB. §§ 383 ff., 407 ff. (Art. 360 ff., 379 ff.) ihre besondere Ausbildung erhalten hat, keine besonderen Grundsätze auf, es kommen deshalb die allgemeinen Grundsätze zur Anwendung. Diese führen wie im gem., Preuß. und Franz. R. dahin, daß das Geschäft zunächst nur für den wirkt, der es im eigenen Namen geschlossen hat, daß derselbe Forderung, Eigenthum und Besitz für sich erwirbt, und nur aus dem zwischen ihm und dem Auftraggeber (Vertretenen) bestehenden Rechtsverhältniß obligatorisch zur Herausgabe, Uebertragung dessen verpflichtet ist, was er durch die Ausführung des Auftrages erhalten hat, und zwar ohne Unterschied, ob der Dritte von dem Auftrag gewußt oder nicht gewußt hat. Der Dritte will vielleicht mit dem Auftraggeber sich nicht einlassen, wohl aber mit dem Beauftragten, und kann deshalb den Auftrag ignoriren, wenn der Beauftragte nicht zu erkennen giebt, daß er im Auftrage handelt. § 667 BGB. Vgl. für das frühere R. PlPr. 2052, ObTr. 17 S. 19, RE. 2 Nr. 239a Erk. a (Eigenthumserwerb), ObTr. 69 S. 226 (StrA. 90 S. 157, Forderungserwerb), StrA. 5 S. 192, OHG. 4 S. 173, 174; 19 S. 78, 21 S. 263, 25 S. 250; RG. 11 S. 53, 56. Vgl. auch RE. 2 Nr. 241 S. 609. Darauf beruht der § 7 des Depotges. v. 5. Juli 1896 (RGBl. S. 183). Derselbe bestimmt im Anschluß an die Vorschriften in §§ 3 ff. über die Pflichten des Einkauf-Kommissionärs, daß das Eigenthum an den eingekauften, eingetauschten Werthpapieren mit der dem Kommissionär obliegenden Absendung des Stückeverzeichnisses auf den Kommittenten übergeht. Er setzt also einen besonderen Willensakt des Kommissionärs voraus, aus dem die Eigenthumsübertragung folgen soll, OHG. 19 S. 78, RG. 11 S. 52. Satz 2 Abs. 1 des § 7 sagt aber zugleich, daß die Bestimmungen des bürgerlichen Rechts unberührt bleiben, die den Uebergang des Eigenthums schon in einem früheren Zeitpunkt eintreten lassen. An solchen Bestimmungen fehlt es, indessen ist auch nach BGB. anzunehmen, daß Besitz und Eigenthum auf den Auftraggeber, wenn der Beauftragte im eigenen Namen gehandelt hat, mit dem Augenblick übergehen, in dem der Beauftragte entweder die Ausführung angezeigt oder sonst zu erkennen gegeben hat, daß die Ausführung für den Auftraggebeber gelten soll. Das BGB. enthält, abweichend von Entw. I §§ 801, 805, 809, keine Vorschriften über den Besitzerwerb durch Stellvertreter, aber der von Planck zu § 164 erwähnte Fall kann nicht so entschieden werden, wie dort geschehen. Die Hausdame des A kauft mit dem ihr zu diesem Zweck übergebenen Gelde silberne Löffel, sie stirbt auf dem Rückwege vom Laden nach Hause, oder die Löffel werden ihr auf dem Wege oder im Hause des A abgepfändet, bevor sie an A abgeliefert sind. Die Löffel sollen zum Nachlaß oder zur Konkursmasse der Dame gehören. Das wird kein Richter annehmen, wenn der Verkäufer gewußt hat, daß die Dame Hausdame des A und keine besonderen Umstände dafür vorliegen, daß er angenommen, sie kaufe die Löffel für sich; wurden die Löffel nicht bezahlt, sondern kreditirt, so wird noch weniger anzunehmen sein, daß der Dame und nicht dem A kreditirt. Aber auch wenn der Verkäufer von der Stellung der Käuferin im Hause des A nichts gewußt, wird nach § 855 und den Umständen des Falls doch angenommen werden müssen, daß die Dame den Besitz und das Eigenthum der Löffel nur für A hat erwerben wollen und können und dementsprechend auch im Moment der Uebergabe für A erworben hat. l. 3 § 18, l. 47 D. 41, 2, l. 67 pr. D. 47, 2. Vgl. zu § 930 u. RG. 30 S. 142 (gem. R.), 11 S. 124, 128; 41 S. 1, 4, 5. Die Fassung des § 855 steht seiner Anwendung auf den Fall nicht entgegen. Vgl. Dernburg, das bürgerl. R. 3 (Sachenrecht) S. 61, 62. Das Interesse des Dritten wird, wo es erforderlich, sehr wohl geschützt werden können. Aus § 164 Abs. 2 folgt nicht, daß der Dritte nicht auch den als Kontrahenten behandeln kann, der durch den Beauftragten mit ihm hat kontrahiren wollen, wenn auch der Beauftragte im eigenen Namen kontrahirt hat, vorausgesetzt, daß der Auftraggeber das Geschäft als sein eigenes genehmigt.

c. Die Frage, ob eine Person als Vertreter, aktiv oder passiv, gehandelt hat, ist nach § 164 Abs. 1 Satz 2 nach den Umständen zu entscheiden; eine ausdrückliche Erklärung, daß in fremdem Namen gehandelt werde, ist nicht erforderlich. Die Art. 52 Abs. 2 (298), 114 Abs. 2, 230 des alten HGB. sagten dasselbe für die Geschäfte des Prokuristen, Handlungsbevollmächtigten, für Vollmacht zu Handelsgeschäften, für die Geschäfte des Gesellschafters und des Vorstandes der Aktiengesellschaft; im neuen HGB. ist der Satz als allgemeiner Grundsatz für alle Rechtsgeschäfte, auch des Handelsrechts, nicht besonders ausgedrückt. Art. 2 EG. z. HGB. v. 10. Mai 1897. Der § 36 des Ges. v. 20. April 1892 spricht den Satz für die Rechtsgeschäfte des Geschäftsführers der Ges. m. b. H. ausdrücklich aus, ebenso § 24 des GenossenschGesetzes. Den Beweis, daß in eigenem Namen gehandelt, hat der zu führen, der aus dem eigenen

Handeln gegen die Person Rechte herleitet; die Behauptung, daß man im fremden Namen gehandelt, ist stets Leugnen. Das ist in StrA. 14 S. 292, 43 S. 101, RE. 1 Nr. 68, 69, verkannt, aber ebenso sicher, wie daß derjenige, der einen Anderen aus dem Handeln eines Vertreters in Anspruch nimmt, die bestrittene Vertretungsbefugniß (Vollmacht, gesetzliche Ermächtigung) zu beweisen hat. RG. 2 S. 194. OHG. 19 S. 316. Eine gesetzliche Vermuthung dafür, daß Jemand als Vertreter gehandelt hat, besteht nicht. RE. 2 Nr. 238 S. 583. Nur muß derjenige, der in fremdem Namen handeln will, diesen Willen erkennbar machen. Im Abs. 2 § 164 wird dies ausdrücklich mit dem Hinzufügen ausgesprochen, daß der Mangel des Willens, im eigenen Namen zu handeln, nicht in Betracht kommt, wenn der Wille, in fremdem Namen zu handeln, nicht hervorgetreten ist. D. h. es wird nicht bloß Mentalreservation nicht beachtet, sondern wer als Kontrahent auftritt, wird als Kontrahent behandelt, auch wenn etwa der Thatbestand des § 119 vorliegen sollte; und wenn bewiesen, daß das Geschäft von dem Beklagten schlechthin geschlossen, hat der Beklagte die Umstände zu beweisen, aus denen folgt, daß er in fremdem Namen kontrahirt hat. Dies ist alten Rechts. Vgl. OHG. 4 S. 274, 18 S. 294, 23 S. 57, 22 S. 222, RG. 2 S. 194, 3 S. 122.

Beispiele dafür, wie es konkret zweifelhaft sein kann und deshalb konkret zu entscheiden ist, ob im eigenen Namen oder unter eigenem Namen als Vertreter eines Anderen gehandelt, giebt Cosack a. a. O. § 66 S. 217. Andere Beispiele in OHG. 18 S. 294, RG. 17 S. 73, StrA. 24 S. 31. Dort hatte A den B beauftragt, ein Pferd zu verkaufen, B bekannt gemacht, daß er das Pferd des A zu verkaufen habe, C das Pferd gekauft und auf dem Hofe des A übergeben erhalten. In dem schriftlichen Kaufvertrage war B als Verkäufer bezeichnet, als C gegen B aber redhibitorisch klagte, die Klage abgewiesen, nachdem erwiesen, daß dem C der Sachverhalt bekannt, aus welchem folgte, daß trotz der Bezeichnung des B als Verkäufer im Kaufvertrage nach dem Willen des B und C, B nur als Vertreter des A gehandelt hatte. In RG. 17 S. 73 hatte Georg D, dessen Name zugleich Firma der von ihm vertretenen Handelsgesellschaft war, ein Haus der Gesellschaft für ein Darlehn verpfändet. Später wurde Nichtigkeit der Verpfändung behauptet, weil D das ihm nicht gehörige Haus verpfändet. Hier war lediglich aus den Umständen zu ermitteln, ob D im eigenen Namen, oder im Namen der Firma gehandelt hatte. In StrA. 34 S. 31 war völlig klar, daß unter, nicht im eigenen Namen kontrahirt war. A war Generalbevollmächtigter der Holzhandlung B und hatte für dieses Geschäft den C als Aufseher engagirt, C die Stelle angetreten und längere Zeit in derselben fungirt. Als C gegen B seinen Lohn forderte, wurde excipirt, daß A ihn nicht ausdrücklich als Bevollmächtigter engagirt habe, was offenbar unerheblich war, weil die Sachlage keinen Zweifel ließ, daß A unter seinem Namen berechtigt den C für B engagirt und C nur für B hatte engagirt sein wollen. Vgl. auch OHG. 1 S. 56, 15 S. 78, 17 S. 98, 12 S. 134.

**d.** Mit dem Begriff der Vertretung hängt die jetzt durch § 181 entschiedene Frage zusammen, ob der Vertreter des A im Namen des Vertretenen A mit sich selbst oder als Vertreter des A mit sich als Vertreter des B kontrahiren oder ein einseitiges Rechtsgeschäft vornehmen kann. Aus der Rechtslogik folgt nur, daß Niemand im eigenen Namen mit sich selbst im eigenen Namen ein Rechtsgeschäft vornehmen, Niemand z. B. seine Sache von sich selbst kaufen kann. Und selbst hiervon macht das Gesetz bei öffentlichen

Versteigerungen zum Zwecke des Selbsthilfeverkaufs, Pfandverkaufs, bei der Zwangsversteigerung von Grundstücken eine Ausnahme, indem es nicht bloß den Gläubiger, sondern auch den Schuldner, Eigenthümer mitbieten läßt, was allerdings in der bestimmungsmäßen Natur der öffentlichen Versteigerung seinen Grund hat. HGB. § 373 Abs. 4, §§ 376, 388, 407, 417, 437, BGB. § 1239 Abs. 1, §§ 383 ff., CPO. § 816 (717) Abs. 4, ZwVGes. v. 24. März 1897 § 68 Abs. 3. Vgl. RG. 5 S. 58. Das in seiner Wirkung durch § 458 beschränkte Verbot in den §§ 456, 457 BGB. fällt nicht unter die Fälle des § 181. Aus der Natur des Prozesses folgt auch, daß der Kläger nicht gegen sich selbst als Vertreter eines Anderen prozessiren kann, oder umgekehrt. RG. 7 S. 123. Der Entw. CPO. § 53a schlug eine Bestimmung vor, daß ein Vertreter nicht im Namen des Vertretenen einen Rechtsstreit mit sich selbst oder als Vertreter eines Dritten führen könne; dies ist als selbstverständlich gestrichen. Da das Geschäft des Vertreters nach §§ 164, 166 zwar in seiner Person zu Stande kommt, aber erst in der Person des Vertretenen wirkt, steht die Rechtslogik an sich nicht entgegen, daß der Vertreter für den Vertretenen mit sich selbst und für sich oder für einen Anderen, den er vertritt, ein Rechtsgeschäft schließt. Praktische Bedenken dagegen erweckt nur die mögliche Kollision der Interessen und die Möglichkeit von Mißbrauch und Arglist. Das OHG. 8 S. 392 hatte deshalb für unvereinbar mit den allgemeinen Grundsätzen der Grenzen der Vertretungsmacht und den Grundsätzen des Civilrechts erklärt, daß der geschäftsführende Gesellschafter mit dem Schuldner der Gesellschaft gültig vereinbaren könne, was derselbe der Gesellschaft schulde, solle fortan ihm persönlich geschuldet und an ihn gezahlt werden, die Klage auf Zahlung abgewiesen. Vgl. auch OHG. 15 S. 22, 18 S. 277. Auf einen anderen Standpunkt stellte sich RG. 6 S. 11, 7 S. 119. In ersterem Falle waren dieselben Personen der Vorstand zweier eingetragenen Genossenschaften; sie hatten Zahlungen für die Genossenschaften bald aus der einen, bald aus der anderen Kasse geleistet, von Zeit zu Zeit abgerechnet und das Ergebniß in die Bücher als baar gezahlt und erhalten eingetragen. Als die eine Genossenschaft in Konkurs verfiel, machte die andere ihr buchmäßiges Guthaben im Konkurse geltend, was die Instanzen ablehnten, das Reichsgericht unter Bezug auf l. 9, § 5, 7 D. 26, 7, l. 5 § 4 D. 26, 8 (Zahlung und Darlehnshingabe durch tutor aus dem Vermögen des Mündels an sich oder umgekehrt, Kauf von Sachen des Mündels durch den tutor in der Versteigerung), ALR. II 2 § 169 (Belegen eingezogener Kapitalien des Kindes durch den Vater bei sich selbst) zuließ. Im zweiten Falle ließ das RG. zu, daß einer von mehreren Liquidatoren einer Handelsgesellschaft zum Zwecke der Geldbeschaffung für die Liquidation auf die Gesellschaft in Liquidation zog, mit einem zweiten Liquidator acceptirte und den Wechsel gegen die Gesellschaft einklagte. Vgl. auch RG. 24 S. 87 (Ehemann zieht auf die Frau und acceptirt als ihr Bevollmächtigter).

Auf demselben Standpunkt steht § 181 BGB., insofern er zuläßt, daß dem Vertreter gestattet wird, d. h. durch den Vertretenen oder das Gesetz, im Namen des Vertretenen mit sich oder als Vertreter eines Dritten ein Rechtsgeschäft vorzunehmen, solch Geschäft also nicht als der Rechtslogik widersprechend ansieht. Aber ohne solche Ermächtigung läßt § 181, abweichend von Entw. I §§ 45, 50, 61, 1651 (1503), 1326 Abs. 2 (1370, 1417), im Interesse der Verhinderung des Mißbrauchs der Doppelstellung, solch Rechtsgeschäft nur dann zu, wenn es ausschließlich in der Erfüllung einer Verbindlichkeit besteht; Rechtsgeschäft anderer Art ist abweichend von § 458 nichtig. Die Ermächtigung muß in der Vollmacht enthalten sein, ausdrücklich oder stillschweigend. Der § 1795, der nach dem § 1630 Abs. 2, § 1915 auch auf den Inhaber der elterlichen Gewalt und den Pfleger Anwendung findet, läßt nach Abs. 2 den § 181 ausdrücklich unberührt. Danach ist jedes Rechtsgeschäft nichtig, welches der Bevollmächtigte, der Vormund, Vater (Mutter), Pfleger mit sich selbst Namens des Kindes, Mündels oder als Vertreter eines anderen Vertreters des Kindes, Mündels mit sich selbst abschließt. Das gilt für ein- und zweiseitige Rechtsgeschäfte (Kündigung, Mahnung). Der Vormund kann für den Mündel nicht an sich selbst verkaufen oder dem Mündel in seinem Namen oder im Namen eines anderen Mündels oder sonst von ihm Vertretenen verkaufen, oder für sich Namens des Mündels die Eintragung einer Hypothek auf dessen Grundstück bewilligen, oder sich ein Darlehn aus dem Vermögen des Mündels oder dem Mündel aus seinem Vermögen geben. Alles das gilt auch für den Gewaltinhaber. Vgl. RG. 6 S. 15. ALR. II 18 §§ 46, 252, 254, 485. Das Geschäft, das der Vormund (Vater, Pfleger) mit dem Mündel selbst schließt, ist nicht nichtig, aber, da er sich nach § 181 die Genehmigung nicht selbst ertheilen kann, bis zur Bestellung eines Pflegers und dessen Genehmigung unwirksam. Vgl. oben zu §§ 104 ff. S. 110. Der Vater oder Vormund kann deshalb an das Kind oder den Mündel selbst auch nicht zahlen. Vgl. ObTr. 67 S. 294, RE. 1 Nr. 54 (55, 56) Erk. b., 50 S. 330, RE. 4 Nr. 327a, Erk. c. RG. 6 S. 15, C. c. art. 450, SBGB. § 1919. Vgl. das Nähere zu §§ 1630, 1795. Besondere Vorschriften giebt § 1409 Satz 2 und § 1457 Satz 2 für den Fall, daß die Frau zugleich Vormund des Mannes ist, sie übt dann selbst die Rechte aus, die der Mann ihr gegenüber bei der Verwaltung des Eingebrachten und des Gesammtguts hat; die Doppelstellung fällt hier in Wirklichkeit fort.

Eine Ausnahme macht der § 181 in allen Fällen der Vertretung für Erfüllungsgeschäfte, d. h. für solche Geschäfte, durch die der Vertreter seine oder eines anderen Vertretenen Schuld gegenüber dem Vertretenen erfüllt oder sich wegen seiner oder eines anderen Vertretenen Forderung an den Vertretenen befriedigt, sei es durch Zahlung oder Aufrechnung, vorausgesetzt natürlich, daß seine Vertretungsmacht die Erfüllung und die gewählte Art der Erfüllung einschließt. Danach kann der Vertreter aus der in seinen Händen befindlichen Kasse des Vertretenen das Geld zu seiner Befriedigung entnehmen, durch Einzahlung in dieselbe sich von seiner Schuld befreien, die Aufrechnung durch Erklärung gegen sich selbst bewirken. Das darin enthaltene Rechtsgeschäft muß natürlich irgendwie zu Tage treten, z. B. durch Bucheinträge, Erklärung zu Zeugen oder thatsächliche Ausführung, die Einlegung oder Hinwegnahme aus der Kasse. Für andere als solche Erfüllungsgeschäfte, also zur Begründung von Recht und Pflicht durch Rechtsgeschäft des Vertreters mit sich selbst oder als Vertreter eines Anderen ist erforderlich, daß es ihm gestattet ist, durch das Gesetz oder den Vertretenen. Ueber die Frage, ob im Falle des § 1975 dem Vormund (Pfleger, Vater) die Ermächtigung durch das Vormundschaftsgericht ertheilt werden kann, vgl. zu § 1795. Vgl. auch die §§ 1409, 1457.

Die Rechtssätze des § 1009, daß die Belastung gemeinschaftlicher Sache zu Gunsten der Person oder des Grundstücks eines Miteigenthümers statthaft und die Belastung eines Grundstücks zu Gunsten des anderen dadurch nicht ausgeschlossen, daß der Eigenthümer jenes zugleich Miteigenthümer dieses, können nicht mit dem § 181 in Zusammenhang gebracht werden. Bei juristischen Personen können Statuten, Satzungen, Beschlüsse der Verbandsmitglieder die Ermächtigung geben. Ohnedies ist bei ihnen ebenso wie bei den Vertretern der Aktiengesellschaften, offenen Handelsgesellschaften, anderen Gesellschaften und den Genossenschaften, bei Prokuristen, Handlungsbevollmächtigten u. s. w. die Vertretungsmacht durch § 181 beschränkt. Vgl. HGB. §§ 247, 248, 272; GenossGes. § 39. Nach alledem würde der Fall in OHG. 8 S. 392 jetzt ebenso zu entscheiden sein, wie er damals entschieden. In RG. 9 S. 11 würde in Betracht kommen, daß, wenn zwei Genossenschaften wissentlich denselben Vorstand haben, ohne Weiteres anzunehmen ist, daß sie den Geschäftsverkehr so gestalten, wie er sich in dem entschiedenen Falle gestaltet hatte. In den Fällen RG. 7 S. 119, 24 S. 87 ist auch nach BGB. zweifellos, daß die Gültigkeit des Wechsels dadurch, daß der Aussteller Namens des Bezogenen acceptirt, nach Art. 4, 6 WO. nicht berührt wird, das Recht des dritten Wechselinhabers aus diesem Umstande allein deshalb, nicht in Frage gezogen werden kann, ihm vielmehr wie früher Kollusion mit dem ungetreuen Bevollmächtigten nachzuweisen ist, um sein Wechselrecht zu beseitigen. In dem Falle RG. 7 S. 119, wo der Vertreter selbst aus dem Wechsel klagte, würde derselbe nach § 181 jetzt aber allerdings den Beweis zu erbringen haben, daß ihm der Wechselzug und das Accept Namens der Gesellschaft in Liquidation gestattet worden.

**4.** Die Rechtsnatur und das Wesen der Vertretung erschöpft sich nach § 164 Abs. 1 Satz 1 in Uebereinstimmung mit allen anderen Rechten darin, daß das von dem Vertreter im Namen des Vertretenen geschlossene Rechtsgeschäft zwar in seiner Person zu Stande kommt, aber weder für noch gegen ihn, sondern unmittelbar für und gegen den Vertretenen wirkt, so daß nicht der Vertreter, sondern nur der Vertretene berechtigt und verpflichtet wird. ALR. I 13 §§ 1, 85, 153. SBGB. §§ 788, 1317. C. c. art. 1997, 1998. Für das Handelsrecht war dieser Rechtssatz in HGB. Art. 52, 298, 502 für Prokura, jede Handlungsvollmacht und die Rechtsgeschäfte des Schiffers ausdrücklich ausgesprochen. Im neuen Handelsgesetzbuch ist der Satz des Art. 502 im § 533 wiederholt, im Uebrigen ist er als Satz, der sich aus dem Reichsrecht des § 164 ergiebt, in den §§ 43, 54 und der Art. 298 überhaupt gestrichen. Für den Prozeßbevollmächtigten sagt CPO. § 85 (81), daß seine Prozeßhandlung so wirkt, als sei sie von der Partei vorgenommen (Geständniß). Aus dem großen Grundsatz des § 164 Abs. 1 Satz 1 ergeben sich eine Reihe von Folgen.

**a.** Der Vertreter darf nicht handlungsunfähig sein, §§ 104, 105 Abs. 2, weil er als solcher einen rechtsgeschäftlichen Willen weder fassen, noch erklären, noch eine Willenserklärung entgegennehmen kann; als Werkzeug übermitteln, überbringen, empfangen kann auch der Geschäftsunfähige. Der Vertreter braucht aber nicht verpflichtungsfähig, geschäftsfähig zu sein, da er durch seine Willenserklärung nicht verpflichtet wird. Diesen selbstverständlichen Satz spricht § 165 ausdrücklich aus. HGB. § 179 Abs. 3 Satz 2, § 682. Danach können der Minderjährige, der Verschwender und die im § 114 sonst noch bezeichneten Personen mit Wirkung gegen den Vertretenen vertreten. In Zusammenhang damit steht, daß nach § 1780 (1915) zum Vormund (Pfleger) nicht bestellt werden kann, d. h. darf, wer geschäftsunfähig ist. Außerdem darf aber auch als solcher nicht bestellt werden, wer wegen Geistesschwäche, Verschwendung, Trunksucht entmündigt, obwohl er nach § 114 beschränkt geschäftsfähig ist. Nach § 2201 ist die Ernennung des Testamentsvollstreckers unwirksam, wenn er geschäftsunfähig, in der Geschäfts=

fähigkeit beschränkt, oder auch nur nach § 1910 unter Pflegschaft gestellt. In allen diesen Fällen ist, zum Theil abweichend von § 165, die Bestellung nichtig, eine Vertretungsmacht also materiell nicht vorhanden. Dagegen soll nach § 1781 Nr. 1, 2 der Minderjährige oder nach §§ 1706, 1710 Beschränkte nicht zum Vormund (Pfleger) bestellt werden; die trotzdem erfolgte Bestellung ist nicht nichtig und die Vertretungsmacht besteht. Die elterliche Gewalt wiederum ruht nach §§ 1676, 1686, wenn der Inhaber geschäftsunfähig, in der Geschäftsfähigkeit beschränkt, oder nach § 1910 Abs. 1 einen Pfleger erhalten hat; damit hört die gesetzliche Vertretungsmacht auf. In allen sonstigen Fällen von Vertretung findet der § 165 Anwendung.

b. Da das Rechtsgeschäft des Vertreters in seiner Person zu Stande kommt, die rechtsgeschäftliche Willenserklärung seine Willenserklärung, ist aus seiner Person zu beurtheilen, ob die Willenserklärung wirksam abgegeben oder wegen Mangel des Willens nichtig oder anfechtbar ist, § 166 Abs. 1. Das durch absolute Gewalt gegen den Vertreter erzwungene Rechtsgeschäft ist nichtig; das durch Bedrohung, Täuschung, Irrthum des Vertreters beeinflußte durch den Vertretenen anfechtbar, SBGB. § 847; ob ernstlich oder zum Schein gewollt, kann nur aus der Person des Vertreters beurtheilt werden. Ebenso kommt noch § 166 Abs. 1 da, wo die Kenntniß oder das Kennenmüssen für die rechtliche Wirkung des Rechtsgeschäfts von Bedeutung ist, die Kenntniß des Kennenmüssens des Vertreters in Betracht. Beide Sätze sind kein neues Recht; sie ergeben sich mit Nothwendigkeit unmittelbar daraus, daß durch die Willenserklärung des Vertreters das Geschäft zu Stande kommt, der Vertretene es deshalb für und gegen sich nur so nehmen kann, wie es zu Stande gekommen. OHG. 6 S. 404; 15 S. 26. Der Prokurist, Handlungsbevollmächtigte, Bevollmächtigte, gesetzliche Vertreter, der gestohlene Werthpapiere Namens des Vertretenen kauft, wissend, daß sie gestohlen, erwirbt dem Vertretenen kein Eigenthum. HGB. Art. 306 ff.; HGB. v. 10. Mai 1897 § 366. BGB. §§ 932 ff., OHG. 6 S. 404, 406, und ObTr. 76 S. 180, 200, 201, RE. 3 Nr. 175 S. 355, RE. 2 Nr. 241, S. 613, 614, wo der Rechtssatz auf einen Fall angewendet, in dem die dingliche Wirkung eines nicht eingetragenen Kohlenabbaurechts nach Preuß. R. davon abhing, ob derjenige, der das belastete Grundstück nach der Konstituirung des Rechts durch einen Bevollmächtigten erworben, die Existenz des Rechts gekannt. Das Wissen des Bevollmächtigten ist für erheblich erachtet. Dasselbe gilt jetzt nach § 166 im Falle des § 892 BGB. Ebenso RG. 9 S. 143 (Besitzerwerb durch socius); 15 S. 264 (Kenntniß des Bevollmächtigten von Prioritätscession).

Dasselbe gilt ferner, wo das Wissen von Mängeln der Sache die Gewährleistung ausschließt, z. B. §§ 460, 463, 464, ferner in den Fällen der §§ 122 Abs. 2, 142 Abs. 2, 169, 179 Abs. 3, 307 Abs. 1, 405, 1424, 1682 u. a. Vgl. auch § 254 Abs. 2. Aus dem Satze, daß der Vertretene das Geschäft so nehmen muß, wie es geschlossen ist, § 166 Abs. 1, folgt zugleich, daß der Vertretene auch für Gewalt, Drohung, Täuschung durch den Vertreter, für dolus und culpa desselben in contrahendo und contractu, so haftet, wie wenn er selbst das Geschäft geschlossen, l. 15 § 2 D. 4, 3. Vgl. zu § 278, der auf demselben Gedanken beruht und RG. 12 S. 112, 26 S. 109 und § 232 (210) CPO., wonach Versäumniß, die der Vertreter verschuldet, nicht als unverschuldet gilt. Darauf beruht für Preuß. R. StrA. 83 S. 268, RE. 2 Nr. 241 Erk. c, wo der Ehemann als Bevollmächtigter der Frau kontrahirt hatte und die

Frau in Anspruch genommen wurde, *weil der Mann betrüglich gehandelt hatte*. Gefolgert wurde es aus §§ 85, 153 I 13 ALR., wonach das Verhalten des Bevollmächtigten so angesehen wird, als sei es das des Machtgebers. Ebenso OHG. 6 S. 404, 406, wo der Prokurist betrüglich Koakseisen als reines Holzkohleneisen verkauft hatte. RG. in Seuffert 41 Nr. 204. Hat ein Dritter den Anderen, mit dem der Bevollmächtigte kontrahirt, durch arglistige Täuschung zum Geschäftsabschluß bewogen, § 123 Abs. 2, so ist das Rechtsgeschäft anfechtbar, wenn *der Bevollmächtigte* die Täuschung kannte oder kennen mußte, aber auch wenn *der Vollmachtgeber* die Täuschung verübt hat, denn er ist kein Dritter im Sinne des § 123 Abs. 2 Satz 1. Wenn *der Vollmachtgeber* die durch einen Dritten verübte Täuschung kannte oder kennen mußte, so wird nach § 123 Abs. 2 Satz 2 die Anfechtung dadurch, daß *der Bevollmächtigte* die Täuschung nicht kannte oder kennen mußte, nicht beseitigt. Daneben besteht die eigene Haftung des Vertreters aus dem Delikt, wie im Falle des § 31 (89) die des Vorstandsmitglieds und des gesetzlichen Vertreters. Daß sich daraus aber kein allgemeiner Rechtssatz dahin ableiten läßt, daß der Vertretene, abgesehen von § 31 (89), auch für den *außerkontraktlichen* Schaden haftet, der nicht durch den Vertrag oder dessen Ausführung, Erfüllung, sondern bei Gelegenheit desselben angerichtet, daß der § 166 auch nicht auf Gehülfen und Werkzeuge Anwendung findet, RG. 9 S. 346, darüber vgl. zu §§ 278, 831.

c. Daraus, daß nach § 166 Abs. 1 für die rechtliche Beurtheilung der inneren Willensmomente „nicht die Person des Vertretenen, sondern die des Vertreters in Betracht kommt", folgt nicht, daß *nur* die des Vertreters in Betracht kommt. Eine Ausnahme statuirt ausdrücklich § 166 Abs. 2. Danach soll bei Vertretung *auf Grund rechtsgeschäftlicher Vollmacht*, also nicht bei *gesetzlicher Vertretung*, die Kenntniß (das Kennenmüssen) *des Vertretenen* trotz der Unkenntniß des Vertreters in Betracht kommen, *sobald das Rechtsgeschäft des Vertreters auf bestimmten Weisungen des Vollmachtgebers beruht*. Zu denken ist dabei z. B. an den Fall, wo A dem B Vollmacht zum Kauf eines gestohlenen Werthpapiers von C giebt, wissend, daß es gestohlen, B von C kauft, ohne zu wissen, daß es gestohlen. Das Geschäft ist nach § 166 Abs. 1 in der Person des B wirksam zu Stande gekommen, aber es soll für A nicht wirken, weil A in mala fide war. SBGB. § 846. Es folgt dies im Grunde genommen aus dem Satze, daß die Wirkung des Geschäfts in der Person des Vertretenen eintritt, diese Wirkung fehlgehen muß, wenn sie in der Person des Vertretenen rechtlich nicht eintreten kann. Der § 166 Abs. 2 erscheint danach zu eng gefaßt. Soll der Prokurist, der in gewissen Grenzen eine allgemeine Vertretungsmacht hat und bestimmter Weisungen des Prinzipals nicht bedarf, gestohlene Werthpapiere für den Prinzipal wirksam erwerben können, ogleich dieser von dem Diebstahl Kenntniß hat, vielleicht bei dem Ankauf zugegen ist? *Dernburg*, Pr. Pr. 1 § 154 Anm. 12. *Planck* kommt zu § 166 unter 2 zu dem Ergebniß, daß *der Generalbevollmächtigte*, der gutgläubig kauft, dem Machtgeber Eigenthum erwirbt, *auch wenn dieser Kenntniß von dem Geschäft hatte und wußte, daß die Sache dem Verkäufer nicht gehörte*. Dies dem Rechtsbewußtsein widersprechende ungesunde Ergebniß zeigt, daß der § 166 Abs. 2 besser fortgeblieben wäre, wie bei der zweiten Lesung beantragt wurde. Protokolle S. 139, 142, 143.

Die Praxis wird den § 166 Abs. 2 dem Bedürfniß des Verkehrs und dem Rechtsbewußtsein entsprechend gestalten müssen. *Seine Beschränkung auf den*

Fall der rechtsgeschäftlichen Vollmacht hat ihren Grund darin, daß bei der gesetzlichen Vertretung wie bei der Repräsentation von juristischen Personen die Person des Vertretenen juristisch zurücktritt, mit der des Vertreters eins ist, der Wille des Vertretenen regelmäßig gar nicht in Betracht kommt. Cosack giebt im § 67 unter 5 als Beispiel den Fall, daß der minderjährige A, wissend, daß sein Freund B gestohlene Werthpapiere hat, seinen Vormund C veranlaßt, die Papiere zu erwerben. C ist in gutem Glauben und erwirbt deshalb nach §§ 932, 935 Abs. 2 dem A das Eigenthum der Papiere. Diesem Ergebniß ist nicht auszuweichen, und es ist auch ganz unantastbar, wenn der Vormund die Papiere ohne Wissen und Willen des Mündels erworben, der Mündel erst nachträglich von dem Erwerb der Papiere erfährt, von denen er weiß, daß sie gestohlen sind. Aber das Ergebniß in dem Cosackschen Falle würde geradezu anstößig sein, wenn es bedeutete, daß der Mündel die Papiere behalten darf. Das sagt auch Cosack nicht. Hätte auf A's Veranlassung B dem Vormund die Papiere für A geschenkt, so würde auf Klage des Bestohlenen der Vormund sie nach §§ 816, 822 unbedenklich herausgeben müssen, und in dem Falle Cosacks folgt dasselbe aus § 826, weil der Mündel sich die Papiere in strafbarer und gegen die guten Sitten verstoßender Weise verschafft hat und die Herausgabe den Schadensersatz darstellt, den er nach § 826 leisten muß.

Bei der gesetzlichen Vertretung kommen Willensmängel des Vertretenen nie in Betracht, nur Willensmängel des Vertreters; irrt dieser, ist er getäuscht, bedroht, so hängt die Anfechtbarkeit des Geschäfts lediglich von seiner Person ab. Für die rechtsgeschäftliche Vertretung gilt auch dies nicht unbedingt; auch § 166 Abs. 1 ist insofern nicht glücklich gefaßt. Wollte der Vertretene die Wirkung des vom Vertretenen geschlossenen Rechtsgeschäfts so wie es geschlossen, so kann er sich ohne Arglist nicht darauf berufen, daß der Vertretene das Geschäft in Folge Irrthums so nicht gewollt habe. SBGB. §§ 846, 847. l. 34 § 1 D. 41, 2. Cosack giebt § 67 unter 6 das Beispiel: A bevollmächtigt den B, ein bestimmtes Bild zu bestimmtem Preise zu kaufen, wissend, daß das Bild kein Original, sondern Kopie; B kauft in der Meinung, das Bild sei Original, was ihm der Verkäufer auch sagt. A kann nicht den Irrthum des B excipiren. Die Sache gestaltet sich anders, wenn A dem B den Preis nicht limitirt, B in Folge seines Irrthums den Preis für ein Original bewilligt hat. So hat auch A das Geschäft nicht gewollt und der Irrthum des B kommt deshalb nach § 166 Abs. 1 für ihn in Betracht. Dieser Entscheidung Cosack's ist ohne Bedenken beizutreten. Fraglich ist seine Entscheidung in seinem Beispiel 2: A bevollmächtigt den B, ein Bild für 2000 Gulden zu kaufen; B will für 2000 Mark kaufen, verspricht sich und sagt 2000 Gulden. Cosack entscheidet für Anfechtbarkeit. Das ist fraglich, weil A das Geschäft für 2000 Gulden gewollt hat. In diesem Falle bleibt aber möglich, daß auch A das Geschäft für 2000 Gulden nicht gewollt haben würde, wenn er es selbst geschlossen. Die Beispiele zeigen, daß der § 166 der Praxis erhebliche Schwierigkeiten schaffen wird. Vgl. W. 1 § 73 Anm. 21a.

**d.** Das Geschäft des Vertreters wirkt unmittelbar für und gegen den Vertretenen, nicht für oder gegen den Vertreter, vorausgesetzt natürlich, daß es sich innerhalb der Vertretungsmacht bewegt, § 177. Nur der Vertretene wird Gläubiger und Schuldner. Die actiones adj. qualitalis des Röm. R., actio inst., exerc., de pec., tributoria sind dem BGB. fremd. Vgl. RG. 2 S. 166,

15 S. 207. OHG. 13 S. 328. Die actio de i. r. verso hat in dem Anspruch aus ungerechtfertigter Bereicherung, §§ 812 ff., ihre besondere Gestaltung erhalten. Der Vertretene erwirbt unmittelbar Eigenthum und Besitz, den Besitz, selbst wenn der Auftrag nur ein allgemeiner war und ohne Kenntniß des Vertretenen von der Ausführung. Darin ist es bei dem gem. und Preuß. R. geblieben. Vgl. zu § 868 RE. 1 Nr. 140. ObTr. 22 S. 321, RE. 1 Nr. 141 Erk. b. OHG. 25 S. 250, 254. RG. 19 S. 248, 22 S. 226, 228. Ueber die Frage des Besitzerwerbes, wenn der bevollmächtigte Vertreter im eigenen Namen gehandelt hat, vgl. oben und zu §§ 854 ff. RG. 11 S. 52, 56, 124, 128; 30 S. 142 (gem. R.). ObTr. 17 S. 19, RE. 2 Nr. 239a Erk. a. Um den Vertreter zu berechtigen und zu verpflichten, müssen besondere Umstände hinzutreten, Mangel oder Ueberschreiten der Vollmacht. Der Vertreter haftet auch aus Empfang für den Machtgeber nicht, auch nicht aus dem Gesichtspunkt der §§ 812 ff. Möglich ist, daß der Vertreter einen Anspruch gegen Dritte auf Herausgabe dessen hat, was sie von ihm erhalten, wenn es auf Versehen beruht, für das er dem Vertretenen haftet. l. 57 § 1 D. 12, 6. RG. 10 S. 112. Vgl. zu §§ 812 ff.

Von selbst versteht sich, daß die Frage, ob und wie das Geschäft für oder gegen den Vertretenen rechtlich wirkt, nach der Person des Vertretenen zu beurtheilen ist, insbesondere, ob es erlaubt, ob der Vertretene erwerben konnte, ob das Geschäft ein Handelsgeschäft. HGB. §§ 343 ff., 347, 349, 350 u. a. So bedarf der Ausländer, der ohne staatliche Genehmigung im Inlande Grundeigenthum nicht erwerben kann, der Genehmigung, auch wenn er durch einen Inländer erwirbt. Ist für das Rechtsgeschäft eine Form erforderlich, um den Vertretenen zu verpflichten, so muß der Vertreter sie beobachten, umgekehrt nicht.

Das Rechtsverhältniß zwischen dem Vertreter und dem Vertretenen, die gegenseitigen Ansprüche, gestalten sich nach dem Rechtsgrunde der Vertretung; für sie ist es unerheblich, ob der Vertreter im eigenen Namen oder in dem des Vertretenen handelt, wenn das Geschäft nur in Wahrheit das des Vertretenen. OHG. 21 S. 263. Nach diesem Rechtsgrunde bestimmt sich insbesondere der Umfang der Vertretungsmacht, die Haftung des Vertreters für diligentia, OHG. 6 S. 215, 21 S. 262, sein Anspruch auf Belohnung, Entschädigung, Entlastung, der Anspruch des Vertretenen auf Rechenschaft, vgl. §§ 86, 666, 675, 681, 713, 740, 1667, 1681, 1840, 1841, 1890, 2130, 2218, der gesammte Inhalt der gemeinrechtlichen actio directa und indirecta. Vgl. über alles dieses zu §§ 662 ff.

**II. Vollmacht.** Die §§ 167—176 geben den Begriff der Vollmacht, ihre Begründung und ihr Erlöschen.

**1.** Vollmacht ist nach § 167 abweichend vom ALR., dem SBGB. und dem C. c., aber übereinstimmend mit der gemeinr. Doktrin, begrifflich das einseitige Rechtsgeschäft (kein Vertrag), dessen Inhalt die Ertheilung der Vertretungsmacht ist. Als solches unterliegt es dem Recht des Ortes, wo es vorgenommen. Vgl. OHG. 8 S. 151 und RG. 12 S. 34. Nach den §§ 167, 171, 172, 174 Satz 2 kann dies Rechtsgeschäft, wie nach gem. R., durch Erklärung dem zu Bevollmächtigenden oder dem Dritten gegenüber, mit dem der Vertreter handeln soll, oder durch öffentliche Bekanntmachung kundgegeben werden. Nach § 172 steht der Kundgabe an den Dritten gleich, wenn der Vollmachtgeber dem Vertreter eine schriftliche Vollmacht ausgehändigt hat und der Vertreter sie dem Dritten vorlegt. Etwas anderes als solcher Kundgabe bedarf es nicht. Der Annahme bedarf es nicht. Erfolgt die

Kundgabe gegenüber einem Dritten, mit dem nicht verhandelt werden soll, aber zu dem Zweck, daß dieser sie dem Dritten, für den sie bestimmt, mittheilt, so ist die Vollmacht mit dieser Mittheilung ertheilt. Nach § 130 wird die Vollmacht mit dem Zugang wirksam. Einer Form bedarf die Vollmacht nach § 167 Abs. 2, ebenfalls abweichend von ALR. I 13 §§ 8ff., nicht. Eine Ausnahme macht § 1945 Abs. 2 für die Vollmacht zur Ausschlagung einer Erbschaft. Andere Ausnahmen macht die CPO. § 80 (76) für Prozeßvollmachten, vgl. § 88 (84), die GrBO. v. 24. März 1897 §§ 29, 30, 32, das ZwVGes. v. 24. März 1897 § 71 Abs. 2 (Bieter), das Ges. üb. die Angel. der freiw. Gerichtsb. §§ 13, 108, 109. Vgl. auch HGB. § 252 Abs. 2, und für den Testamentsvollstrecker §§ 2197 ff. Einen indirekten Zwang zu schriftlicher Vollmachtsertheilung übt § 174, insofern bei einseitigem Rechtsgeschäft, z. B. Kündigung, Mahnung, wie in §§ 111, 410, 1160, Niemand, dem die Bevollmächtigung nicht durch den Machtgeber mitgetheilt, sich mit dem Bevollmächtigten einzulassen braucht, wenn derselbe nicht eine Vollmachtsurkunde vorlegt. Vgl. § 1831.

Aber der Dritte muß nach § 174 von dem Rechte auf Vorlegung oder Zurückweisung Gebrauch machen, sonst ist das Rechtsgeschäft des Vertreters, der wirklich Vollmacht hat, wirksam und kann nicht nachträglich zurückgewiesen werden. So schon ObTr. 78 S. 22, wo der Schuldner eine auf seinem Grundstück eingetragene Hypothek durch seinen bevollmächtigten Anwalt dem Gläubiger gekündigt und, als der Gläubiger die Zahlung nicht nahm, hinterlegt hatte, der Gläubiger sich später auf die Ungültigkeit der Kündigung berief, weil ihm keine Vollmacht vorgelegt sei. ALR. I 13 §§ 91, 140, 141. Für Verträge bedürfte es solcher Vorschrift nicht; auf die Offerte eines Bevollmächtigten braucht sich überhaupt Niemand zu erklären und die Annahmeerklärung eines Bevollmächtigten, dessen Vollmacht man bezweifelt, kann als einseitige Willenserklärung nach § 174 ebenso zurückgewiesen werden, wie ein einseitiges Rechtsgeschäft, vorausgesetzt, daß die Zurückweisung nicht gegen Treu und Glauben verstößt, was möglich, wenn ein guter Grund fehlte, die Bevollmächtigung zu bezweifeln.

Da die Vollmacht keine Form fordert, kann sie auch stillschweigend ertheilt werden, wie Zustimmung und Genehmigung, § 182. ALR. I 13 §§ 119ff., 129ff. geben besondere Vorschriften über vermuthete und stillschweigende Vollmachten; die sog. vermuthete Vollmacht war in Wahrheit nicht Vollmacht. Die stillschweigende Vollmacht wurde aus den Umständen geschlossen. Davon hat das BGB. mit Recht nichts aufgenommen, mit Ausnahme des § 130 I 13 in § 370, wonach der Ueberbringer einer Quittung zur Empfangnahme der Leistung als ermächtigt gilt, wenn dem Leistenden nicht Umstände bekannt, die der Annahme der Ermächtigung entgegenstehen, eine Vorschrift, die auch der im neuen HGB. mit Rücksicht auf § 370 BGB. gestrichene Art. 296 HGB. enthielt. Vgl. zu § 370. Aehnlicher Art ist die Vorschrift des alten HGB. Art. 50, § 56 des neuen HGB., daß der in einem Laden oder offenen Waarenlager Angestellte zu Verkäufen und Empfangnahmen, die in solchen gewöhnlich geschehen, als ermächtigt gilt. Auch hier kann die Ermächtigung ausgeschlossen oder beschränkt sein und der damit Bekannte kann sich auf die stillschweigende Ermächtigung nicht berufen (Einrichtung einer Zahlstelle, Anschlag u. a.). Die Vorschrift des Art. 51 des alten HGB. und des § 129 I 13, daß der Ueberbringer von Waaren mit unquittirter Rechnung zur Zahlungempfangnahme nicht als ermächtigt gilt, und daß Anvertrauen eines Schuldscheins keine Vollmacht zur Erhebung der verschriebenen Summe enthält, hat das neue HGB.' und das BGB. so wenig aufgenommen, wie den § 131 I 13 ALR., daß der mit dem Verkauf einer beweglichen Sache Beauftragte zum Empfange des Kaufgeldes Zug um Zug gegen die Uebergabe der Sache berechtigt ist. Nach BGB. ist in diesen Fällen konkret zu prüfen, ob stillschweigende Vollmachtsertheilung anzunehmen. Wer gegen baar verkauft, oder Darlehn gegen Eintragung oder Cession einer Hypothek bewilligt hat und zur Uebergabe, Eintragungsbewilligung, Cession bevollmächtigt, kann regelmäßig nicht anders wollen als daß dem, dem die Sache zur Uebergabe gegeben, und dem zur Eintragungsbewilligung, Cession Bevollmächtigten auch gezahlt werde. StrA. 57 S. 82. Wer sich einem Dritten gegenüber so verhält, daß derselbe eine Person als seinen Bevollmächtigten anzusehen berechtigt erscheint, wer z. B. wiederholt duldet, daß einem Agenten oder Angestellten gezahlt wird, obwohl derselbe zur Entgegennahme nicht bevollmächtigt, oder daß eine in seinem Geschäft thätige Person Käufe abschließt, zu denen sie nicht berechtigt, die Waare aber abnimmt und bezahlt, kann sich ohne Verletzung von Treu und Glauben nicht darauf berufen, daß er keine Vollmacht ertheilt, wenn der Dritte sich in späteren Fällen darauf verläßt, daß die Person Vollmacht hat. OHG. 10 S. 141 (Ehemann im Geschäft der Frau), 13 S. 211 (Zahlung an Agenten). Vgl. l. 11 § 5 D. 11, 3, OHG. 1 S. 150, 5 S. 207, 6 S. 400, 9 S. 104, 12 S. 277, RG. 1 S. 8.

Der Rechtssatz in § 714, daß der *zur Geschäftsführung* befugte Gesellschafter im Zweifel *zur Vertretung* der anderen Gesellschafter ermächtigt, und in § 1357, daß Rechtsgeschäfte der Frau, die *innerhalb ihres häuslichen Wirkungskreises* (Schlüsselgewalt, Wirthschaftsführung) liegen, als im Namen des Mannes vorgenommen gelten, wenn die Umstände nicht ein Anderes ergeben, beruht auf einem Rechtsgedanken, der eine weitere Anwendung zuläßt und fordert. Wer durch Auftrag, Dienstvertrag oder sonst einem Anderen eine Geschäftsführung oder Verwaltung überträgt, die ohne Abschluß von Rechtsgeschäften im Allgemeinen oder nach den Umständen nicht ausführbar, ermächtigt den Anderen auch ohne ausdrückliche Vollmacht stillschweigend zur Vertretung für solche Rechtsgeschäfte, die gewöhnlich oder nach den besonderen Umständen in den Kreis der übertragenen Geschäftsführung fallen. Der in ALR. I 14 § 109 aufgestellte Grundsatz, daß *der Verwalter fremder Güter als Bevollmächtigter anzusehen, soweit von ihm fremde Geschäfte besorgt werden*, § 129 I 14, gilt auch für das BGB., das sich jeder Vorschrift über den Verwaltungsvertrag enthält, der unter die allgemeinen Vorschriften vom Auftrag, §§ 662 ff., fällt. Wenn der Gutsbesitzer, der sich nicht auf dem Gute aufhält, entfernt im Inlande oder Auslande wohnt, die Verwaltung, Bewirthschaftung des Guts einem Inspektor, Verwalter, Administrator überträgt, so ist darin, auch wenn keine ausdrückliche Vollmacht ertheilt, die stillschweigende Bevollmächtigung zur Vertretung so weit enthalten, als sie erforderlich und üblich. Vgl. RG. 23 S. 249. Derselbe Grundsatz ist auf ähnliche Fälle anzuwenden.

**2.** Begrifflich liegt Vollmacht im Sinne des BGB. nur vor bei *Ermächtigung zur Vertretung* in dem unter I dargelegten Sinn. Auf demselben Standpunkte steht das gemeine und auch die Praxis des Preuß. R. RG. 25 S. 223 (Vollmacht im Sinne des Stempelgesetzes), obwohl mandatum und Auftrag unterschiedslos für die Vollmacht im eigentlichen Sinne und den Auftrag zu faktischem Handeln gebraucht werden. StrA. 56 S. 179. OHG. 7 S. 315. Inhalt der Vollmacht ist die Ermächtigung zu Willenserklärungen aller Art, soweit sie auf Begründung, Uebertragung

Auflösung von Rechtsverhältnissen gerichtet sind oder dazu in rechtlicher Beziehung stehen, wie z. B. die Prozeßvollmacht. CPO. §§ 81 (77) ff. Nach BGB. ist die Ermächtigung, im eigenen Namen für den Machtgeber zu handeln, Kommission, Spedition, das Inkassomandat durch Vollgiro, das mandatum qualific., § 778, nicht Vollmacht, sondern Auftrag, wohl aber die Ermächtigung, im Namen des Machtgebers sich zu verpflichten, zu zahlen, Zahlung, Erfüllung in Empfang zu nehmen. Fälle, wo der Begriff der Vollmacht fortfällt, weil der Begriff der Vertretung fehlt, sind unter I aufgeführt (Aufgabe eines Telegramms als Vertrag über Beförderung, Auftrag zum Inseriren, zum Vermitteln, Agent, Mäkler, Auftrag zur Führung fremder Geschäfte, Auftrag zur Entgegennahme von Zeichnungen an eine Zeichenstelle, OHG. 17 S. 46, Auftrag, sich für einen Anderen oder den Auftraggeber zu verbürgen, § 775. Vgl. auch OHG. 20 S. 192, 22 S. 231. RG. 12 S. 15, 18 S. 157). Ihre besondere Natur hat die Anweisung, §§ 783, 790, 791, 792. — In OHG. 7 S. 315 ist die Bedeutung des Auftrags zur Unterschrift behandelt und dabei unterschieden zwischen dem Auftrag zur faktischen Dienstleistung durch Unterschrift und der Vollmacht zur Unterschrift als Rechtsakt. Für das BGB. hat diese Unterscheidung keine Bedeutung, wo nach §§ 126, 127 die eigenhändige Unterschrift zur Erfüllung der Form der Willenserklärung nöthig ist. Auftrag zur Unterschrift ohne Vollmacht zur Willenserklärung ist unwirksam. Vgl. oben S. 156, 157.

Ausgeschlossen ist die Vollmacht begrifflich, wo eine rechtliche Handlung aufgetragen, die der Auftraggeber selbst rechtlich nicht vornehmen kann. Potest quis facere per alium, quod potest facere per se ipsum. Die im Prozeß nach § 78 (74) CPO. gebotene Vertretung ist eine Ausnahme. § 79 (75) CPO. Der Auftrag an den Schiedsrichter ist deshalb nicht Vollmacht, ObTr. 45 S. 435, StrA. 41 S. 207. Deshalb muß auch daran festgehalten werden, daß der Gerichtsvollzieher Bevollmächtigter, Vertreter des auftraggebenden Gläubigers nur soweit ist, als das Gesetz ihm die Vertretungsbefugniß überträgt. Eccius 2 § 141 Anm. 17. CPO. §§ 815, 819, 897 (716a, 720, 779), vgl. CPO. § 898 (779a). Im Uebrigen ist er Beauftragter, namentlich bei der Pfändung, CPO. § 808 (712). Vgl. CPO. §§ 754, 755 (675, 676). Davon geht auch RG. 9 S. 361 (gem. R.), 16 S. 396, 406 (Plenum, Preuß. R.) aus, wo aus dem Auftragsverhältniß die principale Haftung des Gerichtsvollziehers aus Verschulden bei Vornahme seiner Amtshandlung abweichend von ALR. II 10 §§ 68, 85ff., 91 hergeleitet ist. RG. 10 S. 233 für Preuß. R. anders. BGB. §§ 662, 664. Vgl. auch RG. 14 S. 358, 364: Haftung des auftraggebenden Gläubigers für widerrechtliche Pfändung gegen einen Dritten, der nicht Schuldner. Es ist deshalb nicht richtig, wenn RG. 39 S. 160 sagt, daß der Gerichtsvollzieher bei der Pfändung als Vertreter des Gläubigers handelt, und daß der Gläubiger deshalb kein Pfändungspfandrecht an Sachen erwirbt, die dem Schuldner nicht gehören, wenn er in bona, der Gerichtsvollzieher in mala fide. In Frage kann die bona oder mala fides des Gerichtsvollziehers nur im Falle des § 898 (797d) CPO. kommen, wo er wirklich als Vertreter des Gläubigers handelt, seine mala fides dem Gläubiger schadet, seine bona fides dem Gläubiger nicht nützt, der selbst in mala fide. Die §§ 1207, 2208 BGB., Art. 306 HGB., § 366 des neuen HGB. finden auf das Pfändungspfandrecht keine Anwendung. CPO. § 771 (690). RG. 26 S. 102. Im Uebrigen ist anzunehmen, daß der Auftraggeber durch eine widerrechtliche Amtshandlung des Gerichtsvollziehers kein Recht erwerben kann.

Dem Begriff der Vollmacht widerstrebt nicht das mandatum in rem suam des Bevollmächtigten, Vollmacht z. B. zur Einziehung einer Forderung mit der Abrede, daß der Bevollmächtigte sich aus dem Eingezogenen wegen einer Forderung befriedige, oder das Eingezogene als Geschenk behalte. Auch in solchem Falle liegt Auftrag zu einer Handlung vor, die rechtliche Wirkung so haben soll, als wenn der Auftraggeber sie vorgenommen. Vgl. RG. 31 S. 164. Dagegen fällt der Begriff der Vollmacht fort, wo dem Anderen keine Vertretung, sondern ein eigenes selbständiges Recht übertragen wird. Uebergabe eines Acceptes in blanco mit der Ermächtigung zur Ausfüllung ist nicht Vollmacht, OHG. 13 S. 298, ObTr. 58 S. 331, RE. 1 Nr. 167 Erk. a, so wenig wie die vertragsmäßig dem Verkäufer eingeräumte Befugniß, bei Verzug des Käufers durch einen Makler verkaufen zu lassen. Vgl. RE. 2 Nr. 236 S. 556, 557.

3. Aus dem Vorstehenden und aus §§ 167, 168, 170, 171 ergiebt sich, daß Vollmacht und Auftrag sorgsam zu scheiden sind. Der Auftrag, der nach § 662 durch Vertrag zu Stande kommt, kann die Vollmacht enthalten, aber das ist nicht nöthig und nicht immer der Fall; der Kommissionär ist Beauftragter, aber nicht Bevollmächtigter. Vollmacht kann auch ohne Auftrag bestehen, ohne daß eine actio mand. dir. und contr. gegeben. *Auch wo die Vollmacht auf Auftrag beruht, handelt der Vertreter auf Grund der Vollmacht, nicht des Auftrags.* Die Vollmacht als einseitiges Rechtsgeschäft begründet für sich allein keine Pflicht für den, dem sie erklärt ist; ob er verpflichtet, von ihr Gebrauch zu machen, bestimmt sich nach dem Rechtsverhältniß, auf dem sie beruht, aus dem sie hervorgegangen. Vgl. RechtsanwaltsO. § 30. Aus den §§ 168 ff. ergiebt sich, daß *sie fortbestehen kann, auch wenn das Rechtsverhältniß beendet ist.* Die Scheidung zwischen Vollmacht und Auftrag, Vertretung und Geschäftsführung tritt nicht bloß im BGB., sondern auch im HGB. hervor, besonders charakteristisch in den die Versicherung für fremde Rechnung regelnden Art. 786, 787 des alten, §§ 782, 783 des neuen HGB.

Danach ist die Gültigkeit und Wirksamkeit der Vollmacht lediglich nach der Willenserklärung zu beurtheilen, durch die sie ertheilt ist. *Ertheilen* kann sie nur der Geschäftsfähige, §§ 104 ff., 107, 112, für den Geschäftsunfähigen sein gesetzlicher Vertreter innerhalb seiner gesetzlichen Vertretungsbefugniß. Vgl. BGB. §§ 30, 86, und 1822 Nr. 11, 1643, HGB. § 238. Vgl. § 165 und unter I 4a. *Nichtig ist sie in allen Fällen, in denen sonst eine Willenserklärung nichtig ist.* Die §§ 116 bis 118, 122 finden Anwendung, wie bei jeder Willenserklärung. Bei Kundgebung der Vollmacht gegenüber dem Dritten, durch öffentliche Bekanntmachung und im Falle § 172 (Aushändigung und Vorlegung der V.) kann der Vollmachtgeber sich natürlich auf Vorbehalt, Scherz, Schein, der nur von dem Bevollmächtigten erkannt werden sollte oder erkannt ist, nicht berufen. Vgl. oben zu §§ 116 ff. S. 130 Abs. 3. Der § 122 Abs. 2 findet auch Anwendung. *Das Rechtsgeschäft, das auf Grund einer hiernach nichtigen Vollmachtsertheilung von dem Bevollmächtigten mit einem Dritten vorgenommen, ist nicht nichtig, aber so zu behandeln, als ob es von einem Nichtbevollmächtigten vorgenommen.* § 179. Dies gilt für jede Vollmachtsertheilung, auch die der §§ 170, 171, 172, in denen eine wirksame Erklärung ebenso vorausgesetzt wird, wie im § 167. *Die nichtige Vollmacht ist keine Vollmacht.* Ist das Rechtsgeschäft nichtig, auf dem die Vollmachtsertheilung beruht, so ist die Vollmachtsertheilung nichtig, wenn der Nichtigkeitsgrund auch die Willenserklärung trifft, die die Vollmacht enthält. Das ist z. B. nicht der Fall, wenn das Rechtsgeschäft wegen Formmangels nichtig, da die Vollmacht keiner Form bedarf. Die formlose Vollmacht zur Einziehung formlos geschenkter Forderung ist gültig und nach Einziehung der Forderung kann der Schenker sich auf die Nichtigkeit der Schenkung nicht berufen. § 518. Vollmachtsertheilung an einen Minderjährigen oder sonst beschränkt Geschäftsfähigen ist nach § 165 nie nichtig; ist sie mit einem Verwaltungsvertrage (Auftrag) verbunden, den der Minderjährige nach §§ 108, 109 allein wirksam nicht abschließen kann, so kann der Machtgeber die Vollmacht wie den Verwaltungsvertrag widerrufen, und damit fällt die Vollmacht fort, ebenso wie wenn die Genehmigung des Verwaltungsvertrags versagt wird. Aber dann finden die §§ 170 ff. Anwendung, d. h. die Vollmacht, die nicht nichtig war, besteht dem gutgläubigen Dritten gegenüber so lange, bis sie widerrufen ist.

In gleicher Weise muß die wegen Irrthums, widerrechtlicher Drohung, arglistiger Täuschung anfechtbare Vollmachtsertheilung behandelt werden, §§ 119, 120, 121, 123, 124, 143 Abs. 2, 3, und ebenso ist, wenn das Rechtsgeschäft anfechtbar, auf dem die Vollmachtsertheilung beruht, zu beurtheilen, ob die Vollmachtsertheilung anfechtbar.

Ist der Machtgeber durch widerrechtliche Drohung zur Vollmachtsertheilung bestimmt, so muß, sobald die Anfechtung gemäß § 124 erfolgt ist, die Vollmachtsertheilung nach § 142 Abs. 1 als nichtig gelten, das von dem Bevollmächtigten geschlossene Geschäft als Geschäft, das ohne Vertretungsmacht abgeschlossen, §§ 177, 179, ohne Unterschied, ob die Drohung von dem Bevollmächtigten oder einem Dritten ausgegangen, ob die Vollmachtsertheilung durch Erklärung dem Bevollmächtigten oder dem Dritten gegenüber, oder durch öffentliche Kundgebung erfolgt ist. Es ist kein Grund vorhanden, die §§ 123, 124 auf die Willenserklärung in den §§ 170, 171, 172 nicht anzuwenden; wenn dieser Dritte oder der Dritte, mit dem der Bevollmächtigte verhandelt hat, von dem Mangel der Vollmachtsertheilung Kenntniß hat, so ist nach § 142 Abs. 2, § 173 ganz unzweifelhaft, daß mit der erfolgreichen Anfechtung der Vollmachtsertheilung dieselbe auch ihm gegenüber nichtig ist und das Geschäft nach §§ 177, 179 zu beurtheilen ist. Anders gestaltet sich die Sache nach den §§ 170—172 in dem Falle, wo der, dem die Vollmacht erklärt oder mit dem auf Grund der vorgelegten Vollmacht verhandelt ist, in gutem Glauben war. Da der Bedrohte die Vollmachtsertheilung trotz der Bedrohung bestehen lassen kann, so gilt sie dem gutgläubigen Dritten gegenüber, dem sie erklärt ist oder mit dem auf Grund der vorgelegten Vollmacht verhandelt ist, als bestehend, bis sie ihm gegenüber angefochten oder widerrufen ist. Es ist unmöglich, dem Bedrohten auch dem Dritten gegenüber die einjährige Frist des § 124 laufen zu lassen mit der Wirkung, daß alle von ihm in dieser Frist mit dem Bevollmächtigten, der bei Drohung durch Dritten möglicherweise auch in gutem Glauben ist, geschlossenen Geschäfte nichtig sind.

Aus den §§ 170—173 ist, wenn sie sich auch buchstäblich nur auf das Erlöschen wirksam ertheilter Vollmacht beziehen, der mit den Grundsätzen des ALR. und des gem. R. übereinstimmende Grundsatz zu entnehmen, daß durch die formelle Bevollmächtigung, mag sie auf Schrift oder Erklärung dem Dritten gegen=

über beruhen, die Legitimation des Bevollmächtigten Dritten gegenüber begründet wird, bis sie gehörig widerrufen wird. Die §§ 370, 405, 409, 410, 576 beruhen auf dem gleichen Gedanken. Auch nach BGB. ist wie nach ALR. I 13 §§ 112, 113 anzunehmen, daß der Machtgeber, der dem Bevollmächtigten ein Vollmachtsblanket giebt, durch die auf Grund der Vollmacht geschlossenen Geschäfte verpflichtet wird, auch wenn der Bevollmächtigte das Blanket, ohne oder wider seinen Willen ausgefüllt hat. Keinenfalls darf der durch Drohung zur Vollmachtsertheilung Bestimmte nach Aufhören der Zwangslage die ertheilte Vollmacht in den Händen des Bevollmächtigten belassen oder den Dritten, dem er die Vollmacht erklärt hat, §§ 170, 171, in dem Glauben belassen, daß die Vollmacht mit seinem freien Willen ertheilt sei.

Bei Bestimmung zur Vollmachtsertheilung durch arglistige Täuschung kommt hinzu, daß nach § 123 Abs. 2 die Täuschung überhaupt nur von Bedeutung ist, wenn sie durch den erfolgt ist, dem die Vollmacht erklärt ist, oder wenn sie diesem bekannt war oder bekannt sein mußte. Der dritte Gutgläubige, dem die Vollmacht erklärt oder mit dem auf Grund vorgelegter Vollmacht verhandelt, ist danach und nach §§ 170ff. immer sicher, bis die Vollmacht ihm gegenüber widerrufen wird. Andererseits ist aus § 123 Abs. 2 Satz 2 zu folgern, daß der bösgläubige Dritte, der aus dem Geschäftsschluß mit dem Bevollmächtigten gegen den Machtgeber Rechte herleitet, sich die Berufung auf die Täuschung stets gefallen lassen muß, wenn er wußte oder wissen mußte, daß der Machtgeber durch arglistige Täuschung zur Vollmachtsertheilung bestimmt war. Ueber arglistige Täuschung gegen den Bevollmächtigten beim Geschäftsschluß auf Grund der Vollmacht und arglistige Täuschung dabei durch den Bevollmächtigten vgl. S. 150 und oben zu § 166.

Nicht anders verhält es sich, wenn der Machtgeber durch Irrthum zur Vollmachtsertheilung bestimmt ist, §§ 119, 120, 121. Hängt die Vollmachtsertheilung mit einem anderen Rechtsgeschäft zusammen, das durch Irrthum beeinflußt ist, so ist konkret zu fragen, ob auch die Vollmachtsertheilung von dem Irrthum betroffen. Der Gutsbesitzer, der einen Verwalter, der Kaufmann, der einen Handlungsgehülfen, Agenten, Reisenden engagirt und Vollmacht oder Prokura giebt, kann das Engagement wegen Irrthums über wesentliche persönliche Eigenschaften des Engagirten anfechten und die Anfechtung wird sich dann grundsätzlich auf die Vollmachtsertheilung erstrecken. Für die eingetragene Prokura folgt aus § 15 HGB. (HGB. Art. 46) von selbst, daß die Prokura dem gutgläubigen Dritten gegenüber trotz des Irrthums so lange als bestehend gilt, bis sie gelöscht oder dem Dritten gegenüber widerrufen. Dasselbe muß gelten, wenn der Gutsherr unwissentlich einen wegen Diebstahls, Unterschlagung bestraften Menschen als Verwalter engagirt und bevollmächtigt und erst vielleicht nach Jahren dahinter kommt, daß er sich über die Person geirrt. Es wäre für den Verkehr völlig unerträglich, wenn die Anfechtung der Vollmachtsertheilung gemäß § 142 die Folge hätte, daß alle Rechtsgeschäfte, die der ungetreue Verwalter in der Zwischenzeit geschlossen, mit dem Fortfall der Vollmachtsertheilung rückwärts als ohne Vollmacht geschlossen angesehen werden müßten. In solchem Falle finden die §§ 170—173 berechtigte Anwendung, § 142 Abs. 2.

Hat in dem oben S. 136 unter d behandelten Falle, wo B als Kommissionär verkauft hatte, B durch das verstümmelte Telegramm Auftrag und Vollmacht, im Namen des A zu verkaufen, erhalten, so lassen sich Auftrag und Vollmacht nicht trennen, beide werden durch die unverzügliche Anfechtung nichtig, das auf Grund des Telegramms von B im Namen des A mit C geschlossene Geschäft ist nach §§ 177, 179 zu behandeln, A nach § 122 dem B zum Schadensersatz verpflichtet, wenn B die Verstümmelung nicht erkannt hat. Hat B sie erkannt und doch abgeschlossen, so haftet er dem C nach § 179 Abs. 1. B hat nach § 122 Abs. 2 keinen Anspruch gegen A. Hat A das Telegramm an C selbst abgelassen und diesen in Irrthum versetzt, so muß er die Vollmachtsertheilung diesem gegenüber unverzüglich anfechten, § 143 Abs. 3 Satz 1; er haftet dem C nach § 122 für das neg. Interesse, wenn dieser inzwischen mit B abgeschlossen hat. (Vgl. über das negative Interesse oben S. 125, 141.) Hat C die Verstümmelung erkannt, so hat er nach § 122 Abs. 2, § 179 Abs. 3 keinerlei Anspruch. Daneben kann von einem Anspruch des C gegen B nur die Rede sein, wenn dieser etwa von A auch Auftrag und Vollmacht richtigen Inhalts erhalten und doch falsch abgeschlossen hatte. Die Anwendung der §§ 170ff. fällt hier fort, weil die Willenserklärung selbst den Irrthum in sich trägt, ebenso wie wenn die ertheilte und vorgelegte schriftliche Vollmacht einen nachweisbaren Schreibfehler enthält.

**4.** Das BGB. sagt abweichend vom ALR. I 13 §§ 98ff., C. c. art. 1987, 1988, 1989, SBGB. § 1306, HGB. §§ 49, 54 (Art. 42, 47), CPO. §§ 81, 82, 83 (§§ 77ff.) nichts über den Umfang der Vollmacht, auch nichts darüber, daß für gewisse Geschäfte (Erwerb, Veräußerung von Grundstücken, Abtretung von Forderungen, Schenkung, Darlehn, Wechsel, Vergleich, Schiedsvertrag) eine generelle Vollmacht nicht genügt, die Vollmacht ausdrücklich darauf gerichtet sein muß (Specialvollmacht), auch nichts über Substitutionsbefugniß, über die Haftung mehrerer Machtgeber, SBGB. § 1316, über die Frage, ob bei Vollmacht an mehrere Personen nur alle oder eine für alle zu handeln berechtigt, ob die Vollmacht auf die Erben erstreckt werden kann, ALR. I 13 §§ 186ff.

**a.** Nach BGB. ist der Umfang der Vollmacht wie im gem. R. lediglich durch Auslegung unter Beobachtung der konkreten Sachlage zu finden. Für das Verhältniß zwischen dem Machtgeber und dem Bevollmächtigten, die innere Seite der Vollmacht, entscheidet das, was sie mündlich oder schriftlich abgemacht haben. Im Verhältniß zu dem Dritten, mit dem der Bevollmächtigte zu handeln hat, für die äußere Seite, gilt das nicht unbedingt, selbst abgesehen von den Fällen, in denen das objektive Recht den Umfang der Vollmacht so begrenzt, daß ihre Beschränkung nach innen im Verhältniß nach außen entweder ganz wirkungslos ist oder nur gegen den wirkt, der sie kennt und dolos mißachtet. Vgl. z. B. HGB. § 54 Abs. 3, 50 Abs. 1 (Art. 43 Abs. 1, 47 HGB.). HGB. § 531 (Art. 500). Genossenschafts-Ges. § 29. OHG. 6 S. 131. RG. 9 S. 148. Bolze 4 Nr. 447. Im Allgemeinen ist anzunehmen, daß der Dritte, der sich mit einem Bevollmächtigten einläßt, dies auf seine Gefahr thut, sich darum zu kümmern hat, ob Vollmacht vorhanden und in welchem Umfange. Ist schriftliche Vollmacht ertheilt, so hat der Dritte zuzusehen, daß sie ihm vorgelegt wird; er kann dann dieser Vollmacht folgen; ist dem Dritten die Vollmachtsertheilung durch den Machtgeber mitgetheilt, so entscheidet der Inhalt der Mittheilung; spezielle Instruktionen, die der Machtgeber dem Bevollmächtigten ertheilt, berühren, wenn sie dem Dritten nicht mitgetheilt werden, ihn nicht, nur das Verhältniß zwischen Machtgeber und Bevollmächtigten. Zu beachten bleibt, daß der Dritte sich auf den Wortlaut oder den sonstigen Inhalt der Vollmacht nicht berufen kann, wenn ihm der abweichende Wille des Machtgebers bekannt ist oder er erkennen kann, daß die Vollmacht gemißbraucht wird. RG. 15 S. 206. l. 17 § 4 D. 14, 3 (exceptio doli gen.).

Lautet die Mittheilung allgemein ohne Beschränkung auf eine Zeit oder ein bestimmtes Geschäft, so kann der Dritte der Mittheilung folgen, bis sie zurückgenommen wird; ist sie für ein bestimmtes Geschäft gegeben, so muß der Dritte damit rechnen, daß für andere, spätere Geschäfte die Ermächtigung [illegible] kann. Vgl. OHG. [illegible] S. 313, 375. Im Uebrigen ist auf die Natur des Geschäfts, für das der Bevollmächtigte auftritt, und darauf zu sehen, was zur Ausführung desselben erforderlich, üblich, angemessen. Vgl. ALR. I 13 § 167. Wie bisher ist z. B. anzunehmen, daß der Bevollmächtigte zum Bieten in der Zwangsversteigerung auch bevollmächtigt zur Sicherheitsleistung für das Gebot, daß der Agent einer Versicherungsgesellschaft, der Anträge an- und aufzunehmen befugt, auch alle darauf bezüglichen Anträge anzunehmen, auch Anträge abzulehnen befugt, daß der zum Geschäftsabschluß Bevollmächtigte befugt, zu Gunsten des Machtgebers Vertragsstrafen auszubedingen, zu seinen Lasten nur, wenn dies üblich. Was gewöhnlich in den Rahmen der konkreten Vollmacht fällt, ist als gewollt anzunehmen, anderes nicht, oder nur, wenn die Vollmacht darauf gerichtet. Danach ist z. B. zu beurtheilen, ob Verpflichtung durch Wechselschrift in der Vollmacht liegt. OHG. 22 S. 114, 194. RE. 2 Nr. 239. Im HGB. § 54 Abs. 2 (Art. 47 Abs. 2 HGB.) ist dem Handlungsbevollmächtigten die Befugniß zur Eingehung von Wechselverbindlichkeiten ohne besonders darauf gerichtete Ermächtigung versagt, ebenso in § 493 HGB. (Art. 460 HGB.) dem Korrespondentrheder. Vgl. auch §§ 1822 Nr. 9, 1643 Abs. 1, wonach der Vater als Inhaber der elterlichen Gewalt und der Vormund zur Eingehung von Wechselverbindlichkeiten Namens des Kindes, Mündels der Genehmigung des Vormundschaftsgerichts bedarf.

Der allgemeine Grund dieser und der früheren gesetzlichen Vorschriften über das Erforderniß einer Spezialvollmacht ist darin zu suchen, daß in den gewöhnlichen, üblichen Rahmen der Vollmacht solche Geschäfte präsumtiv nicht fallen, die für Person und Vermögen in formeller und materieller Beziehung von besonderer, weittragender Bedeutung sind. Dieser Gesichtspunkt bleibt auch für das BGB. zu beachten. ALR. I 13 §§ 134, 139 sagt, es werde in keinem Falle vermuthet, daß der zum Verkauf Bevollmächtigte das Kaufgeld zu kreditiren befugt, wenn nicht Kreditiren in dem konkreten Geschäftsverkehr üblich, und § 393 HGB. (Art. 369 HGB.) macht es vom Handelsgebrauch abhängig, ob der Kommissionär kreditiren oder Vorschuß zu leisten befugt. Auch nach BGB. ist im einzelnen Falle zu prüfen, sowohl ob Kreditgeben, als auch, ob Kreditnehmen üblich. Als Regel ist Baarkauf anzunehmen. Dem Bevollmächtigten, der kauft, darf der Verkäufer nicht ohne Weiteres kreditiren; regelmäßig thut er es auf seine Gefahr, wenn der Bevollmächtigte gegen baar kaufen sollte und das Geld zur Bezahlung erhalten hat. Der Bevollmächtigte, der sich kreditiren läßt, statt bezahlt, hat ein anderes Geschäft geschlossen, als ihm aufgetragen war. Es kommt indessen auch hier auf die Umstände an. Der Mann, dessen Frau und der Dienstherr, dessen Gesinde Sachen borgt, obwohl sie das Geld zur Bezahlung erhalten, wird dem Verkäufer zur Bezahlung nicht verpflichtet, wenn der Verkäufer nicht mit gutem Grunde annehmen durfte, daß Kredit verlangt war. Das kann z. B. der Fall sein, wenn längere Zeit auf Kredit entnommen und dann bezahlt war; aber namentlich z. B. darf der Verkäufer nicht längere Zeit und erhebliche Beträge kreditiren, ohne sich zu vergewissern, ob die Ermächtigung vorhanden, auf Borg zu nehmen. Durch das Verhalten im Verkehr und Stillschweigen kann danach der Umfang wie der Bestand der Vollmacht begründet werden.

**b.** Bezüglich der Substitutionsbefugniß ist auch für das BGB. anzunehmen, daß sie nach der Vertrauensnatur der Vollmacht grundsätzlich ausgeschlossen ist. ALR. I 13 § 37. C. c. art. 1994. SBGB. § 1307. OHG. 25 S. 91. Für die Prokura und die Handlungsvollmacht ist es ausdrücklich bestimmt, HGB. § 52 Abs. 2, § 58 (Art. 53 HGB.), in § 664, der nach §§ 27, 86, 713, 2218 auch auf den Vorstand von Vereinen, Stiftungen, den geschäftsführenden Gesellschafter und den Testamentsvollstrecker Anwendung findet, — für den Auftrag. Die durch das BGB. als Vorschriften des öffentlichen Rechts unberührt gebliebenen §§ 41 ff. I 13 sagen es ausdrücklich für die Geschäfte eines öffentlichen Amts; für die Funktion des gesetzlichen Vertreters (Vormunds, Inhabers der elterlichen Gewalt, des Konkursverwalters) versteht sich der Satz von selbst. Auch nach CPO. § 81 (77) ist der Prozeßbevollmächtigte zur Bestellung eines Vertreters, d. h. für eine einzelne Prozeßhandlung, RG. 11 S. 368, aber nicht zur Uebertragung der ganzen Prozeßvollmacht, wohl aber zur Bestellung des Bevollmächtigten für die höheren Instanzen ermächtigt. Letzteres betrifft nicht die Substitution, sondern den Umfang der Vollmacht, die dahin ausgedehnt, daß der Prozeßbevollmächtigte der ersten Instanz Vollmacht für Instanzen ertheilen kann, für die er selbst Vollmacht nicht hat, selbst nicht haben kann.

Ist die Substitution durch das Gesetz oder durch den Machtgeber ausdrücklich oder stillschweigend gestattet, so kann darin die Vollmachtsertheilung an den Substituten liegen und dann steht der Substitut zum Machtgeber wie der Bevollmächtigte selbst, ALR. I 13 § 40; C. c. art. 1994 Abs. 3; StrA. 41 S. 39; RE. 2 Nr. 239 S. 590, 591, der Bevollmächtigte kann sich nur durch die Auswahl des Substituten verantwortlich machen. Wohl zu scheiden von dieser Substitution ist der Fall, wo der Bevollmächtigte sich bei Ausführung des Auftrags, auf dem die Vollmacht beruht, anderer Personen bedient, I 13 § 46. BGB. § 664, § 278. Vgl. dort RG. 23 S. 96 und den Fall, wo bei gesetzlicher Vertretung oder bei Generalvollmacht nicht die ganze Vertretungsmacht übertragen wird, was unstatthaft, sondern für ein einzelnes Rechtsgeschäft Vollmacht ertheilt wird. In der Natur der Sache liegt z. B., daß der Vormund, Konkursverwalter, Generalbevollmächtigte Prozeßvollmacht ertheilen kann. Vgl. RG. 41 S. 263.

Ist Substitution ohne Ermächtigung, Genehmigung, Befugniß erfolgt, so entsteht ein Rechtsverhältniß zwischen dem Vertretenen und dem Substituten so wenig, wie wenn der Bevollmächtigte den Substituten im eigenen Namen bevollmächtigt hat. Was der Substitut handelt, ist nach §§ 177, 179, 677 ff., 687 zu behandeln.

**c.** Nach ALR. I 13 §§ 186, 190, 191, SBGB. § 1324 kann die Vollmacht auf die Erben des Machtgebers erstreckt werden. Mit der Frage, ob die Vollmacht durch den Tod des Machtgebers erlischt, hat dies nichts zu thun. Nach röm. und gem. R. erlischt die Vollmacht wie nach LR. durch den Tod, gleichwohl wird das mand. post mortem in einer Reihe von Fällen, namentlich dann anerkannt, wenn das Rechtsgeschäft erst nach dem Tode ausgeführt werden kann oder soll. l. 12 § 17, l. 13 D. 17, 1. l. 9 § 1 D. 23, 3. l. 2 § 2 D. 34, 3. l. 18 § 2 D. 39, 6. Auch § 190 I 13 ALR. behandelt den Fall, daß das Geschäft seiner Natur nach erst nach dem Tode des Machtgebers ausgeführt werden kann, als Aus=

nahme von der Regel. Nach BGB. wird die auf Auftrag (Dienstmiethe) beruhende Vollmacht durch den Tod des Machtgebers nicht aufgehoben. Damit ist aber so wenig wie im LR. und gem. R. durch die entgegengesetzte Vorschrift über die Erstreckung der Vollmacht auf die Erben und den Fall der Ausführbarkeit des Geschäfts nur nach dem Tode etwas bestimmt. Die §§ 2197 ff. über den Testamentsvollstrecker, der nur *in der Form des Testaments* zur Exekution *der letztwilligen Verfügungen* des Erblassers berufen werden kann, kommen direkt nicht in Betracht. Sie ergeben aber in Verbindung mit den Vorschriften über die Form der letztwilligen Verfügungen, daß eine Vollmacht unter Lebenden mit Wirkung für die Erben nie in dem Sinne ertheilt werden kann, daß der Bevollmächtigte nach dem Tode des Machtgebers ausführt, was dieser nur in der Form der letztwilligen Verfügung wollen und einem Testamentsvollstrecker in der Form des § 2197 übertragen konnte.

Für das ALR. ist in ObTr. 64 S. 78 (StrA. 81 S. 21), RE. 2 Nr. 236 Erk. b, angenommen, daß der Generalbevollmächtigte, dem der Machtgeber *für sich und seine Erben* Vollmacht auch zu Schenkungen ertheilt hat, nach dem Tode des Machtgebers nicht aus dem Nachlaß schenken kann. Das ObTr. hat dies *selbst unter der Voraussetzung, daß solcher Umfang der Vollmacht gewollt*, für unzulässig erklärt. Der § 186 I 13 gestattet die Ausdehnung der Vollmacht auf die Erben *nur zu dem praktischen Zwecke, die Vollendung eines Geschäfts durch dieselbe Person zu ermöglichen, die mit der Ausführung begonnen.* Das BGB. steht auf keinem anderen Standpunkt. Auch nach BGB. kann die Vollmacht nicht dazu dienen, ein Vermächtniß auszuführen, das nicht in der Form des Gesetzes errichtet ist. Auch nach BGB. werden die Erben selbst dann nicht gebunden, wenn der Erblasser auf seinem Sterbebette oder während der letzten Krankheit oder sonst bei Lebzeiten einen Dritten beauftragt, nach seinem Tode eine Sache aus dem Nachlaß zu schenken oder Schuldscheine dem Schuldner behufs Vernichtung zum Zwecke des Schulderlasses zurückzugeben. Gruchot 36 S. 953. RG. I 135, 1898. Urt. v. 28. Sept. 1898. Dagegen ist auch nach BGB. nicht ausgeschlossen, daß der Gläubiger bei Lebzeiten den Schuldner bevollmächtigt, nach des Gläubigers Tod die Schuld an einen Dritten zur Berichtigung von Nachlaßschulden zu zahlen. ObTr. 67 S. 97 (StrA. 84 S. 226). RE. 2 Nr. 237 Erk. f. Darin ist eine letztwillige Disposition nicht zu finden, die unverbindlich und die Zahlung des Schuldners an den bezeichneten Dritten unverbindlich machen würde. Den Erben muß in solchem Falle aber der Widerruf der Vollmacht zugestanden werden, wie dem Erblasser selbst.

**d.** Ueber das Rechtsverhältniß mehrerer Machtgeber und mehrerer Bevollmächtigten, ALR. I 13 §§ 201 ff., 210 ff.; C. c. art. 1995, 2002, sagt das BGB. nichts, es kommen deshalb die §§ 420 ff., 431 zur Anwendung. Vgl. dort RG. 32 S. 322 (mehrere Mündel desselben Vormunds). Die Frage, ob mehrere Bevollmächtigte nur gemeinschaftlich handeln können oder Jeder für Alle, ist konkret zu entscheiden. Vgl. HGB. § 48 Abs. 2 (Art. 41 Abs. 3). Für die Gesellschafter enthalten §§ 709, 710 BGB., für die Prozeßvollmacht § 84 (80) besondere Vorschriften. Vgl. auch HGB. §§ 115, 125 Abs. 2 (Art. 86 Nr. 4, 100, 115), § 491 (Art. 458, Mitrheder). In allen Fällen der *Kollektivvollmacht* ist das Handeln auch des Einzelnen verbindlich, wenn die Anderen eingewilligt haben oder genehmigen. OHG. 17 S. 402.

**5.** *Erlöschen der Vollmacht.* **a.** Im gem. R. wird das Erlöschen der Vollmacht durch Rücktritt (Widerruf) und Tod behandelt; der Widerruf steht grundsätzlich beiden Theilen frei, ein Verzicht darauf ist unwirksam; der Tod des einen oder anderen Theils hebt sie auf, ebenso die Geschäftsunfähigkeit. Als Rechtssatz gilt aber, daß dem Bevollmächtigten wie dem Dritten, mit dem er verhandelt, das Erlöschen der Vollmacht nicht entgegengesetzt werden kann, wenn sie in unverschuldeter Unkenntniß von der Thatsache waren, die das Erlöschen herbeigeführt hat. l. 22 § 16, l. 22 §§ 1 D. 17, 1. l. 11 §§ 2 ff. D. 14, 3. l. 12 § 2, l. 34 § 3 D. 46, 3. RG. 3 S. 186, 35 S. 139. OHG. 13 S. 167. Nach ALR. I 13 §§ 159 ff. erlischt der Vollmachtsauftrag durch Widerruf (Kündigung), der regelmäßig frei steht, durch Tod und Geschäftsunfähigkeit; nach § 197 wird der einem Kaufmann ertheilte Auftrag durch seinen Konkurs für widerrufen erachtet, OHG. 2 S. 436, 438, RG. 27 S. 248, bei Konkurs des Machtgebers soll der Bevollmächtigte nur bei Gefahr im Verzuge noch handeln dürfen, sonst die Anweisung des Verwalters abwarten. Zum Schutz des gutgläubigen Dritten dient der Rechtssatz, daß Belassen der schriftlichen Vollmacht in den Händen des Bevollmächtigten, unterlassene Benachrichtigung des Dritten von dem Widerruf als culpa lata des Machtgebers gilt. §§ 167, 168, und die wichtige Vorschrift des § 200 I 13, daß die Unkenntniß des Dritten von dem Tode, der eingetretenen Geschäftsunfähigkeit des Machtgebers nicht schadet, selbst wenn der Bevollmächtigte davon unterrichtet war. Vgl. RE. 2 Nr. 238. Wesentlich auf demselben Standpunkt steht das SBGB. §§ 1319—1327 mit einer erheblichen Beschränkung des Schutzes des Dritten im § 1327 und der C. c. art. 2003 ff., insbesondere art. 2005, 2008, 2009.

Das alte HGB. Art. 54 bestimmt, daß Prokura und Handlungsvollmacht jederzeit widerruflich, durch den Tod des Prinzipals nicht erlöschen, und Art. 297 dehnt die Vorschrift über die Wirkung des Todes auf alle Handelsvollmachten eines Kaufmanns aus, auch wenn sie nicht Handlungsvollmacht. Das neue HGB. bestimmt im § 52 für die Prokura, daß sie ohne Rücksicht auf das der Ertheilung zu Grunde liegende Rechtsverhältniß jederzeit widerruflich, durch den Tod des Prinzipals nicht erlischt. Bei Widerruf wird der gutgläubige Dritte durch die allgemeine Vorschrift der §§ 53, 15 HGB. (Art. 45, 46) geschützt, daß die Prokura und ihr Erlöschen in das Handelsregister einzutragen und daß eine einzutragende Thatsache, die nicht eingetragen und bekannt gemacht, dem gutgläubigen Dritten nicht entgegensteht, selbst bei Eintragung und Bekanntmachung nicht, wenn er beweist, daß er sie weder kannte, noch kennen mußte. Für die Handlungsvollmacht und die gewöhnliche Handelsvollmacht (Vollmacht zu individuellen Handelsgeschäften) enthält das neue HGB. dagegen keine Spezialvorschriften mehr; sie unterliegen deshalb bezüglich der Frage des Erlöschens den Vorschriften des BGB. Für das Erlöschen der Vertretungsmacht des Gesellschafters bei der offenen Handelsgesellschaft, des Vorstandes bei der Aktiengesellschaft und eingetragenen Genossenschaften, des Geschäftsführers bei der Ges. m. beschr. Haftung sind ebenso wie bezüglich der Liquidatoren die besonderen Vorschriften dieser Spezialgesetze in Verbindung mit § 15 HGB. und Art. 10 unter IV des EGes. z. HGB. v. 10. Mai 1897 zu beachten.

Für die Prozeßvollmacht giebt CPO. §§ 86, 87 (82, 83) die Vorschrift, daß sie weder durch den Tod, noch die Verminderung seiner Prozeßfähigkeit oder gesetzliche Vertretung des Vollmachtgebers aufgehoben wird, Kündigung dem Gegner gegenüber erst durch Anzeige des Erlöschens, im Anwaltsprozeß durch Anzeige der Bestellung des anderen Anwalts rechtlich wirkt. Vgl. §§ 239 (217) ff.

**b.** Nach BGB. bestimmt sich das Erlöschen der Vollmacht grundsätzlich nach dem Rechtsverhältniß, das ihrer Ertheilung zu Grunde liegt. Außerdem erlischt sie durch Widerruf, wenn nicht der Widerruf durch das Rechtsverhältniß ausgeschlossen ist, § 168. Die allgemeine Wirkung des Erlöschens ist, daß der Bevollmächtigte die Vollmachtsurkunde zurückgeben muß und daß die Vertretungsbefugniß aufhört. Ein Retentionsrecht an der Vollmachtsurkunde besteht wie nach früherem R. nicht, § 175. § 83 I 13. RG. 6 S. 186. Der Nachsatz, daß mit dem Erlöschen der Vollmacht die Vertretungsbefugniß aufhört, ergiebt sich als Regel aus den in den §§ 169, 170—174 statuirten Ausnahmen. Diese zum Schutz des gutgläubigen Verkehrs bestimmten Ausnahmen bestehen, zum Theil abweichend von dem bisherigen Recht, in folgenden Punkten:

*α.* Nach den §§ 674, 675, 729 gilt der auf Auftrag, Dienstvertrag, Werkvertrag, Gesellschaftsverhältniß beruhende Auftrag und die damit verbundene Vollmacht auch nach dem Erlöschen, wenn das Erlöschen nicht auf Widerruf beruht, zu Gunsten des Bevollmächtigten so lange als fortbestehend, bis er das Erlöschen kennt oder kennen muß. Vgl. HGB. § 131. D. h. die Vertretungsmacht gilt nicht als erloschen, die §§ 177, 179, 180 finden nicht Anwendung, und dies gilt, wie aus § 169 folgt, auch zu Gunsten des Dritten, dieser müßte denn bei Vornahme des Rechtsgeschäfts das Erlöschen, d. h. die Thatsache, aus der es folgt, gekannt haben oder haben kennen müssen, was ihm zu beweisen ist. Wird dies bewiesen, so fällt jeder Anspruch des Dritten fort, § 164 Abs. 1 Satz 1, § 179 Abs. 3, während für den Bevollmächtigten Ansprüche aus dem Verhältniß zum Machtgeber bestehen können. Von Bedeutung ist die Vorschrift für die Fälle, wo die Vollmacht durch Tod, Geschäftsunfähigkeit, Eintritt resolutiver Bedingung erlischt. Kennt der Bevollmächtigte das Erlöschen der Vollmacht, so ist seine Vertretungsmacht erloschen und der Dritte ist, abweichend von § 200 I 13 ALR., auch bei gutem Glauben nur unter den Voraussetzungen zu *β* geschützt. Ueber den Fall des Erlöschens der Vollmacht durch Konkurs vgl. unter c.

*β.* Ist die Vollmacht durch Erklärung dem Dritten gegenüber ertheilt, oder die Vollmachtsertheilung dem Dritten selbst oder durch öffentliche Bekanntmachung kundgegeben, oder eine Vollmachtsurkunde ertheilt und vorgelegt, so kann der Dritte, der das Erlöschen der Vertretungsmacht nicht kannte oder kennen mußte, darauf vertrauen, daß die Vertretungsmacht besteht, bis ihm das Erlöschen angezeigt, die kundgemachte Vollmacht ihm gegenüber bez. öffentlich widerrufen, die Vollmacht zurückgegeben oder für kraftlos erklärt ist, §§ 170—173. Die Kraftloserklärung erfolgt durch den Vollmachtgeber, nicht durch Ausschlußurtheil im Aufgebotsverfahren, sondern gemäß § 176 durch öffentliche Bekanntmachung der Erklärung des Vollmachtgebers, CPO. §§ 204, 205 (187, 188), für die nach § 176 Abs. 2 nur das Amtsgericht zuständig ist, das dabei in einer Angelegenheit der freiwilligen Gerichtsbarkeit handelt, auf die das Ges. v. 17. Mai 1898 (RGBl. S. 189, 771) Anwendung findet. Der § 176 sagt nichts über die Voraussetzungen des Antrags auf Kraftloserklärung, fordert nichts als den Antrag, keine Begründung und Glaubhaftmachung. Ohne Veranlassung wird der Antrag nicht gestellt werden, schon weil der Antragsteller die Kosten trägt. Anlaß kann geben der Verlust der Vollmachtsurkunde, die Abwesenheit des Bevollmächtigten, selbst die Weigerung der Herausgabe der Urkunde, die den Vollmachtgeber gefährdet, weil nach § 172 Abs. 2 wie nach

ALR. I 13 § 161 das Abfordern der Vollmacht nicht genügt, die Vollmacht zurückgegeben werden muß. OHG. 13 S. 194. ObTr. 22 S. 200. RE. 2 Nr. 238 Erk. b. Ohne dies gilt sie dem Machtgeber und dem gutgläubigen Dritten gegenüber als bestehend, bis sie für kraftlos erklärt ist. § 176 Abs. 2. Mit Ablauf der nach § 187 Abs. 1, § 188 zu berechnenden Frist ist die Vollmacht rechtlich erloschen, mag der Dritte von der öffentlichen Bekanntmachung Kenntniß erhalten haben oder nicht. Sie gilt als widerrufen; ist der Widerruf unzulässig, so hat die Kraftloserklärung keine Bedeutung. § 176 Abs. 3.

Wo die §§ 170—173 zum Schutz des gutgläubigen Dritten Anwendung finden, macht er seine Rechte gegen den Machtgeber so geltend, wie wenn die Vollmacht bestanden. Alles dies gilt auch von der Abänderung der Vollmacht, die für ein bestimmtes Geschäft oder einen fortlaufenden Geschäftsverkehr ertheilt ist. OHG. 10 S. 374, 381; 22 S. 373. Der Machtgeber hat, sobald die in den §§ 170, 171, 172 vorausgesetzte Vollmachtsertheilung ihm bewiesen, die Thatsachen zu beweisen, aus denen das Erlöschen folgt, auch die mala fides des Dritten. Ist er dem Dritten gebunden, so behält er natürlich seine Regreßansprüche gegen den Bevollmächtigten. Dabei kommen in Betracht die §§ 678ff., 812, 816, 818ff., 822. Für den Fall, wo die Vollmacht dem Bevollmächtigten mündlich erklärt oder schriftliche Vollmacht ertheilt, die Vollmacht aber nicht vorgelegt ist, finden die §§ 170ff. keine Anwendung. Der Dritte handelt hier ebenso auf seine Gefahr, wie wenn er sich mit einem Bevollmächtigten, der ihm für ein Geschäft Vollmacht vorgelegt hat, auf ein anderes Geschäft einläßt, ohne sich die Vollmacht wieder vorlegen zu lassen, die abgefordert und zurückgegeben ist. Der für das gem., Preuß. und das Handelsrecht angenommene Rechtssatz, daß der Machtgeber, der auch nur weiß, mit welchem Dritten der Bevollmächtigte verhandelt, sich das Unterlassen der Benachrichtigung des Dritten von dem Widerruf und des Abforderns der nicht vorgelegten Vollmacht als culpa lata anrechnen lassen muß, vgl. SBGB. § 1327, StrA. 57 S. 82, 75 S. 153, OHG. 4 S. 294, 302; 13 S. 193, 195, und insbesondere 16 S. 337, RG. 9 S. 313, RE. 2 Nr. 238 S. 582, 583, l. 11 §§ 2—5 D. 14, 3, l. 12 § 2, l. 34 § 3 D. 46, 3, läßt sich im Falle der mündlichen Vollmachtsertheilung an den Bevollmächtigten aus dem BGB. nicht herleiten. Die Sache kann sich aber so gestalten, daß der Machtgeber, sobald er durch Verhandeln des Bevollmächtigten mit dem Dritten zu demselben in ein Rechtsverhältniß getreten ist, durch Treu und Glauben verpflichtet ist, den Dritten nicht in Unkenntniß von dem Erlöschen der Vollmacht zu lassen, und sich durch das Unterlassen schadensersatzpflichtig macht oder sogar sich so behandeln lassen muß, als ob die Vollmacht nicht widerrufen. Das wird namentlich für den Handelsverkehr zu beachten sein.

Darüber, daß die §§ 170 bis 173 analoge Anwendung da finden, wo die Vollmachtsertheilung nicht von Anfang an nichtig, sondern durch Anfechtung beseitigt wird, vgl. oben S. 264, 265.

**6.** Nach § 168 bestimmt sich das Erlöschen der Vollmacht **a.** nach dem Rechtsverhältniß, das ihrer Ertheilung zu Grunde liegt, d. h. nicht, daß sie mit diesem Rechtsverhältniß erlischt, sondern, daß aus dem Rechtsverhältniß die Dauer der Vollmacht zu entnehmen ist. Daneben versteht sich von selbst, daß, wenn die Vollmacht selbst ihre Dauer direkt oder indirekt bestimmt, diese Bestimmung entscheidet, vgl. § 725, daß, wenn die Vollmacht für ein individuelles Geschäft ertheilt, sie mit der Beendigung des Geschäfts von selbst ihr Ende erreicht, daß eine ohne Anlehnung an ein Rechtsverhältniß (mandatum, quod originem ex amicitia trahit), ohne Beschränkung auf eine Zeitdauer ertheilte Vollmacht nur durch Widerruf erlischt. Solche Vollmacht erlischt durch den Tod und die Geschäftsunfähigkeit des Bevollmächtigten, nicht durch seinen Konkurs, §§ 6, 7 (5, 6) KO., oder Beschränkung seiner Geschäftsfähigkeit, auch nicht durch den Tod, die Geschäftsunfähigkeit, die Verschollenheit des Machtgebers, § 130 Abs. 2, falls nicht aus den Umständen folgt, daß die Vertretung nur der Person des Machtgebers dienen sollte, oder der oben unter 4c behandelte Fall vorliegt. Nach § 23 (19a) KO. wird auch durch den Konkurs des Machtgebers die Vollmacht nicht beseitigt, wenn sie sich nicht auf das zur Konkursmasse gehörige Vermögen bezieht. Die Vollmacht erlischt nicht durch Einleitung der Vormundschaft oder der Abwesenheitspflegschaft über einen Großjährigen. Vgl. § 1911 Abs. 1 und 2. Anders StrA. 86 S. 130. Regelmäßig erlischt die Vollmacht, wenn sie auf Auftrag, Dienstmiethe oder Werkvertrag beruht, nicht durch den Tod oder die Geschäftsunfähigkeit des Auftraggebers, §§ 672, 675, dagegen regelmäßig durch den Tod des Bevollmächtigten, § 673, ferner regelmäßig die Vollmacht des Gesellschafters durch die Auflösung der Gesellschaft. §§ 723 ff., 736, 737. Vgl. für die Gesellschaften des Handelsrechts HGB. §§ 131 ff., 143, 148, 15, 161 Abs. 2; §§ 231 ff., 234, 235, 244, 247. Ges. v. 20. April 1892 betr. die Ges. m. b. H. §§ 35 ff., 39.

**b.** Die Vollmacht erlischt durch Widerruf, der nach § 168 Satz 3, § 167 Abs. 1 sowohl dem Bevollmächtigten wie dem Dritten erklärt werden kann, ausdrücklich oder stillschweigend (durch Abfordern der Vollmacht, Bestellung eines anderen Bevollmächtigten und Mittheilung davon, C. c. art. 2006, eigene Besorgung des Geschäfts, SBGB. § 1320), als einseitige empfangsbedürftige Willenserklärung nach § 130 durch den Zugang wirksam wird, so daß Fälle eintreten können, in denen weder der Dritte noch der Bevollmächtigte Kenntniß von dem Widerruf haben, und der Widerruf doch rechtlich wirkt. Wird der Widerruf dem Dritten erklärt, so erlischt die Vollmacht auch ohne Erklärung an den Bevollmächtigten. Der Bevollmächtigte ist dann durch § 179 Abs. 3 geschützt, und kann seinerseits aus dem Unterlassen der Erklärung ihm gegenüber Ersatzansprüche an den Machtgeber haben. Aus § 168 Satz 2 folgt, daß der Widerruf, wie nach bisherigem Recht, der Natur der Vollmacht entsprechend, grundsätzlich auch bei dem Fortbestehen des Rechtsverhältnisses, auf dem die Vollmacht beruht, freisteht. Denn an sich bedeutet die Vollmacht weiter nichts, als die Ermächtigung für den Bevollmächtigten, Namens des Machtgebers zu handeln, und die Verpflichtung des Machtgebers, das so Gehandelte als ihn verpflichtend anzuerkennen, aber keine Verpflichtung, nur durch den Bevollmächtigten zu handeln. Vgl. BGB. §§ 27, 85, 671, für die Prokura HGB. § 52 oben unter 5a, und HGB. §§ 231 Abs. 3, 243 Abs. 4, § 492 Abs. 2, Ges. v. 20. April 1892 § 38 Abs. 1, Genoss.Ges. § 24 Abs. 3.

Der Widerruf soll nach § 168 Satz 2 ausgeschlossen sein, wenn sich die Unwiderruflichkeit aus dem Rechtsverhältniß ergiebt. Damit kann nicht gemeint sein, daß bei Begründung des Rechtsverhältnisses willkürlich durch Vertrag die Widerruflichkeit ausgeschlossen, ein Recht auf Ertheilung oder Belassung der Vollmacht begründet, auf den Widerruf verzichtet werden kann. ObTr. 16 S. 166, OHG. 23 S. 324, RG. 27 S. 35 (Vertrag über Bestellung eines Prokuristen). Vgl. § 27 Abs. 2 Satz 2. Der Sinn des Gesetzes ist der, daß aus der Natur des begründeten Rechtsverhältnisses die Unwiderruflichkeit sich ergeben muß, die Verpflichtung, nur durch den Bevollmächtigten zu handeln, die Berechtigung für den Bevollmächtigten, allein zu handeln. Wenn eine Eisenbahngesellschaft einem Bankier Auftrag und Vollmacht ertheilt, alle Auszahlungen während der Dauer des Baues gegen Provision zu leisten, eine Gesellschaft einem Bücherrevisor die Liquidation überträgt, wenn A den B zum Verkauf zu bestimmtem Preis gegen Provision und (oder) Anspruch auf den erzielten Mehrerlös bevollmächtigt, gegen Belohnung Vollmacht ertheilt, mit seinen Gläubigern einen Vergleich herbeizuführen, so ergiebt sich aus der Natur des Auftrags und des Rechtsverhältnisses die Unwiderruflichkeit so wenig, wie im Falle des Auftrags zur Spedition oder Verfrachtung, oder des Engagements eines Handlungsgehülfen mit Prokura. In allen solchen Fällen erwächst bei Widerruf gegen vertragsmäßige Abmachung nur der Anspruch auf das Interesse aus dem vertragswidrigen Widerruf, das sich auf die ganze vertragsmäßige Gegenleistung erstrecken und durch Vertragsstrafe trotz § 344 gesichert werden kann. ObTr. 16 S. 166, StrA. 21 S. 31, 64 S. 237, 69 S. 46. OHG. 6 S. 180, 16 S. 375, 23 S. 324, 329 (Vertragsstrafe), 13 S. 221, 19 S. 258. Bei dem Handlungsgehülfen, der mit Prokurarecht engagirt, wird sich namentlich fragen, ob ihm nach Entziehung der Prokura die Leistung von Diensten ohne Prokura zuzumuthen.

Das ändert sich zunächst da, wo wie bei der Gesellschaft die Vertretungsmacht ein eignes Recht des vertretungsberechtigten Gesellschafters ist, das auf dem konkreten Gesellschaftsvertrage, dem Recht am Gesellschaftsvermögen und an der Firma beruht. Dies Recht kann nicht einseitig durch die anderen Gesellschafter widerrufen werden, sondern nur nach Maßgabe des Gesellschaftsvertrags und aus den Gründen des Gesetzes. BGB. §§ 27 Abs. 2 Satz 2, 712, 715, HGB. § 127, Ges. v. 20. April 1892 § 38 Abs. 2. Ebenso kann sich die Sache da gestalten, wo die Vollmacht nach dem Grundgeschäft nicht dem Interesse des Machtgebers oder nicht ihm allein, sondern dem Bevollmächtigten oder zugleich ihm, oder ihm und Anderen dienen soll, das oder die Geschäfte des Bevollmächtigten in Wahrheit nicht Geschäfte des Machtgebers sind. Darunter fällt namentlich das mandatum in rem suam oder alienam. Wenn die Gläubiger des A zusammentreten und mit ihm vereinbaren, daß er seinen Baarbestand und seine Aktiva einem der Gläubiger oder einem Dritten mit der Vollmacht übergiebt und überträgt, die Aktiva einzuziehen und nebst dem Baarbestand zu vertheilen, so ist solches Mandat nebst der Vollmacht bis zur Konkurseröffnung unwiderruflich, weil die Widerruflichkeit mit dem Rechtsgeschäft nicht vereinbar ist, auf dem die Vollmacht beruht. OHG. 9 S. 158. Unvereinbar ist die Widerruflichkeit der Vollmacht mit der Abrede zwischen Pfandschuldner und Pfandgläubiger, daß der letzte das Pfand verkaufen und sich aus dem Erlöse befriedigen soll, §§ 1245, 1246, vgl. §§ 753, 1003, 1007, ebenso, wenn der Schuldner dem Gläubiger Vollmacht zur Einziehung einer Forderung ertheilt, damit der Gläubiger sich aus dem eingezogenen Betrage befriedige, wenn auf Grund verbindlicher Schenkung dem Beschenkten Vollmacht zur Einziehung geschenkter Forderung ertheilt wird, wenn die Miteigenthümer die Theilung beschlossen und einem Miteigenthümer Vollmacht zum Verkauf behufs Theilung des Erlöses gegeben. Vgl. RG. 27 S. 35, 37; 30 S. 122, 31 S. 164. Ueber Anweisung vgl. §§ 783, 790 Satz 2.

Zu beachten ist für diese Fälle, daß die Frage der Widerruflichkeit oder Unwiderruflichkeit regelmäßig nur zwischen dem Machtgeber und Bevollmächtigten auszumachen ist. Ist der Widerruf unwiderruflicher Vollmacht dem Dritten erklärt, so muß sich dieser auf den Widerruf berufen können, da ihm nicht zuzumuthen, auf seine Gefahr mit dem Bevollmächtigten zu handeln. Andrerseits muß dem Dritten der Nachweis zustehn, daß was er mit dem Bevollmächtigten gehandelt, den Machtgeber trotz Widerrufs bindet, weil die Vollmacht unwiderruflich; das ist kein exc. de jure tertii, sondern Berufung auf eignes Recht.

Ueber die Widerruflichkeit der Vollmacht durch den Bevollmächtigten sagt das BGB. nichts und konnte darüber nach seiner Konstruktion der Natur der Vollmacht nichts sagen. Nach BGB. kann das Recht zum Verzicht auf das Recht aus der einseitigen Vollmachtserklärung nur nach dem Rechtsverhältniß beurtheilt werden, das der Erklärung zu Grunde liegt. Danach und nach § 671 Abs. 1 ist der Verzicht auf die Vollmacht, die Rückgabe derselben immer statthaft. ALR. I 13 §§ 159, 161, 172 ff. C. c. art. 2007. OHG. 16 S. 166, 169. (Besonders gestalteter Fall der Kündigung.) Nach EBGB. § 1323 soll der Bevollmächtigte auf das Recht, den Auftrag zurückzugeben, verzichten können. Solcher Verzicht ist nach BGB. unbeschränkt überhaupt nicht wirksam; wirksam beim Auftrag, Dienstmiethvertrag und der Gesellschaft für bestimmte Zeit. § 671 Abs. 1, 3. Aber ein andrer Anspruch als auf das Interesse kann aus dem Widerruf nicht entstehen.

c. **Konkurs.** Nach § 23 KO. (§ 19a) erlischt ein ertheilter Auftrag durch die Konkurseröffnung über das Vermögen des Auftraggebers, es sei denn, daß sich der Auftrag nicht auf das zur Konkursmasse gehörige Vermögen bezieht; dasselbe gilt nach Abs. 2 für Dienst- und Werkverträge auf Geschäftsbesorgung für den Gemeinschuldner. Gemäß § 168 Abs. 1 Satz 1 erlischt danach auch die auf Auftrag beruhende Vollmacht. Nach § 728 wird die Gesellschaft des BGB. durch die Eröffnung des Konkurses über das Vermögen eines Gesellschafters aufgelöst. Damit fällt wie bei den Gesellschaften des Handelsrechts, HGB. § 131 Nr. 3, 5, Ges. v. 20. April 1892 § 13 Abs. 3, § 60 Nr. 4, OHG. 5 S. 390, 7 S. 71, auch die Befugniß zur Geschäftsführung und zur Vertretung fort. Daß die Vollmacht, die nicht auf Auftrag oder einem anderen Rechtsverhältniß beruht, durch die Eröffnung des Konkurses über das Vermögen des Machtgebers erlischt, soweit sie sich auf das zur Masse gehörige Vermögen bezieht, folgt aus § 23 KO. wie aus den §§ 6, 7 (5, 6) KO. Verliert der Machtgeber als Gemeinschuldner die Befugniß, sein zur Masse gehöriges Vermögen zu verwalten und darüber zu verfügen, und sind Rechtshandlungen des Gemeinschuldners nach der Konkurseröffnung vorbehaltlich der §§ 892, 893 BGB. den Konkursgläubigern gegenüber unwirksam, § 15 (12) das., so muß dies nothwendig auch von den Rechtshandlungen des Bevollmächtigten gelten, der nicht mehr Recht haben kann, als der Machtgeber selbst. Der § 8 (7) KO. gilt für Leistungen an den Bevollmächtigten wie für Leistungen an den Machtgeber. Das Handelsrecht giebt für Handlungsvollmacht und Handelsvollmacht keine abweichende Vorschrift. OHG. 24 S. 193 (gem. R. Handlungsbevollmächtigter). Für die eingetragene und nicht eingetragene Prokura kommt § 15 HGB., § 112 (104) KO. in Betracht.

Nach § 23 Abs. 1 Satz 2 KonkO. finden § 672 Satz 2 und § 674 BGB. auf die erloschene Vollmacht Anwendung, d. h. die Vollmacht gilt insoweit als fortbestehend, als bei Gefahr im Verzuge der Bevollmächtigte in Fortsetzung des Geschäfts handeln muß, und bis der Bevollmächtigte von der Konkurseröffnung Kenntniß erlangt hat oder haben muß, gilt die Vollmacht zu seinen Gunsten als fortbestehend, § 169. Nach § 27 (21a)

KO. soll der Bevollmächtigte die Ersatzansprüche, die er aus seinem Handeln nach der Konkurseröffnung nach § 672 Satz 2 hat, als Massegläubiger haben, etwaige Ansprüche aus Handeln nach § 674 als Konkursgläubiger. Gleiche Vorschrift giebt § 28 (21 b) KO. zu Gunsten des Gesellschafters, der nach der Konkurseröffnung zur Abwendung von Gefahr im Verzuge oder in unverschuldeter Unkenntniß von der Konkurseröffnung gehandelt hat. Beide Vorschriften sind von Bedeutung für die Auslegung des § 23 KO. Sie ergeben, daß das Handeln des Bevollmächtigten, nach der Konkurseröffnung die Konkursmasse nur in den Fällen des § 672 Satz 2, 728 Satz 2 verpflichtet, im Falle der §§ 674, 729 dagegen die Masse nicht verpflichtet wird, nur ein obligatorischer Anspruch des Bevollmächtigten besteht, der nur aus seinem Verhältniß zum Machtgeber hergeleitet werden kann. Damit und mit §§ 6, 7 KO. würde unvereinbar sein, wenn man dem Dritten, der von dem Erlöschen der Vollmacht durch den Konkurs unverschuldet keine Kenntniß gehabt, einen Anspruch aus dem nachher geschlossenen Geschäft gegen die Masse geben wollte. Selbst für die Fälle der §§ 170—172 ist dies nach § 23 KO. nicht anzunehmen. Vielmehr ist das nach der Konkurseröffnung geschlossene Geschäft, wenn der Verwalter es nicht genehmigt, § 177, nach § 179 zu behandeln. Die §§ 27, 28 KO. könnten von den Ersatzansprüchen des Bevollmächtigten (Gesellschafters) als Konkursgläubigers nicht sprechen, wenn nicht § 179 Abs. 2 BGB. als anwendbar gedacht. Nach Art. 2 EG. z. HGB. wird alles dies auch für Prokura, Handlungsvollmacht, die Handelsgesellschaften gelten müssen.

Ueber die Einwirkung des Konkurses des Bevollmächtigten auf die ihm ertheilte Vollmacht enthalten sich das BGB. und die KO. jeder Bestimmung. Grundsätzlich erlischt die Vollmacht nicht, da das Handeln des Bevollmächtigten im Namen des Machtgebers nur diesen, nicht die Konkursmasse des Bevollmächtigten berührt. Vgl. auch § 3 (2) Abs. 1 KO. Für die Gesellschaft folgt aus § 728, daß die dem Gesellschafter ertheilte Vertretungsmacht mit der Konkurseröffnung über sein Vermögen fortfällt. Vgl. HGB. § 131 Nr. 5. Eine Vorschrift, wie sie § 197 I 13 ALR. enthält, hat weder das BGB. noch die KO. Regelmäßig wird ein Grund zum Widerruf gegeben sein.

7. In den §§ 86 ff. I 13 ALR. ist der Fall besonders behandelt, wo der Machtgeber und der Bevollmächtigte über einen und denselben Gegenstand mit einem Dritten verhandeln. Vgl. RE. 2 Nr. 241 Erk. c. Danach soll regelmäßig das früher geschlossene Geschäft gelten, das vom Bevollmächtigten später abgeschlossene, wenn der Machtgeber durch Unterlassen der Benachrichtigung des Bevollmächtigten kulpos gehandelt hat, überall Schadensersatzanspruch vorbehalten. Nach BGB. ist davon auszugehen, daß der Machtgeber durch die Vollmachtsertheilung auf die eigene Geschäftsführung nicht verzichtet, aus seinem Geschäfte dem Dritten haftet, ebenso aber auch dem, mit dem der Bevollmächtigte verhandelt hat. Letzteres kann sich dadurch ändern, daß der Bevollmächtigte von dem in dem eigenen Handeln des Machtgebers enthaltenen Widerruf Kenntniß hat. Wieweit dieser Widerruf auch gegen den Dritten wirkt und seinen Anspruch ausschließt oder trotz des Widerrufs bestehen läßt, ist nach den obigen allgemeinen Grundsätzen zu entscheiden. Der frühere oder spätere Abschluß des Geschäfts allein entscheidet nach BGB. nicht, wenn es sich nicht um Forderungsübertragung handelt. So kann es dahin kommen, daß der Machtgeber aus beiden Geschäften auf Erfüllung oder Schadensersatz haftet. Die mala fides des Dritten kommt nur insoweit in Betracht, als sie die Kenntniß

des Widerrufs betrifft oder den Eigenthumserwerb hindert. Schadensersatzansprüche können nach der Gestaltung der Sachlage auch zwischen Machtgeber und Bevollmächtigtem entstehen.

8. Auf die Fälle der gesetzlichen Vertretungsmacht beziehen sich die §§ 167, 168 ff. nicht. Für Vereine, insbesondere die eingetragenen Vereine, sind die §§ 26, 27, 40, 42, 43, 45, 48, 64, 67, 68, 70, 71, 74 ff. zu beachten, §§ 86, 88 für die Stiftung. Für die gesetzliche Vertretungsmacht des Inhabers der elterlichen Gewalt, des Vormundes und des Pflegers und ihr Erlöschen enthalten die §§ 1424, 1682, 1683 (1893, 1915) analoge Vorschriften wie § 169 (674, 729). Von Anwendung der §§ 170 ff. ist nicht die Rede. Grundsätzlich erlischt die Vertretungsmacht mit der Entziehung der Vertretungsmacht und dem Ende des vormundschaftlichen Amts. Daß auch die Vollmacht, die der gesetzliche Vertreter innerhalb seiner Vertretungsmacht ertheilt hat, erlischt, läßt sich nicht sagen; CPO. § 86 (82) verneint es für die Prozeßvollmacht. Die Vollmacht, die er ertheilt hat, ist rechtlich Vollmacht des von ihm Vertretenen, nicht Substitution. Daß bei Wechsel in der Person des Vormundes die von ihm dem Verwalter des Gutes des Mündels ertheilte Vollmacht erlöschen soll, ist durch nichts zu rechtfertigen. Aus § 168 Satz 1 ist es nicht herzuleiten; derselbe paßt für den Fall nicht.

Aus § 1822 Nr. 5 folgt, daß der Vormund mit Genehmigung des Vormundschaftsgerichts Verträge schließen kann, die den Mündel auch für die Zeit der Volljährigkeit binden. Vgl. § 1643 über die Anwendung des § 1822 auf den Inhaber der elterlichen Gewalt. Daraus ist zu entnehmen, daß der Vormund den Mündel grundsätzlich nicht über die Zeit der Dauer der Vormundschaft binden kann. Aber daraus folgt nichts, als daß der frühere Mündel solche Verträge durch Rücktritt oder Kündigung beseitigen kann. Ebenso steht dem Volljährigen der Widerruf der Vollmacht zu; er wäre sehr übel daran, wenn er abwesend, auf Reisen, und der Verwalter seines Gutes sofort nach dem Eintritt der Volljährigkeit vollmachtslos wäre. Davon geht auch RG. 41 S. 265 aus. Daselbst wird nur mit Recht eine Ausnahme für den Fall der Generalvollmacht und deren Benutzung für einen Prozeß gemacht, der erst nach eingetretener Volljährigkeit entstanden. Hier tritt die Regel ein, daß der Vormund für Angelegenheiten, die mit der vormundschaftlichen Verwaltung nicht zusammenhängen und erst nach der Beendigung der Vormundschaft Fürsorge fordern, aufzutreten nicht befugt ist.

Analoge Anwendung findet alles dies auf die Vollmacht des Konkursverwalters, des Testamentsvollstreckers und des Vorstandes einer juristischen Person.

**III. Vertretung ohne Vertretungsmacht.** falsus procurator. Die §§ 177 bis 180 finden Anwendung auf die gesetzliche und die auf Rechtsgeschäft beruhende Vertretung. Ohne Vertretungsmacht handelt, wer überhaupt keine hat, oder sie nicht mehr hat (zeitliche Ueberschreitung), oder sie inhaltlich überschreitet. Solche Ueberschreitung liegt z. B. beim Vormund (Pfleger) und dem Inhaber der elterlichen Gewalt vor, wenn ein Vertrag ohne die erforderliche Genehmigung des Gegenvormunds oder des Vormundschaftsgerichts abgeschlossen wird, §§ 1812, 1821, 1822, 1824, 1630, 1631, 1828 ff. Ebenso liegt die Sache, wo nach dem Gesetz der Vorstand einer politischen oder Kirchengemeinde für gewisse Geschäfte an die Genehmigung der Gemeindevertretung und (oder) einer Aufsichtsbehörde gebunden ist. Vgl. z. B. Preuß. Kirchengem.- und Synodal-O. v. 10. Septbr. 1873 §§ 22, 31; Ges. v. 3. Juni 1876 Art. 21, 24; Preuß. Städte-O. v. 30. Mai 1853 §§ 50, 56. Landgem.-O. v. 3. Juli 1891

§§ 88, 103, 114. Ob theilweise Ueberschreitung der Vertretungsmacht das ganze Geschäft oder nur den Theil, der außerhalb der Vertretungsmacht liegt, den §§ 177 ff. unterwirft, ist nur konkret zu entscheiden. Die Theilung darf die Interessen des Vertretenen jedenfalls nicht verletzen. ALR. I 13 § 90. l. 3 § 2, l. 33 D. 17, 1. l. 3 §§ 2—4, l. 22 C. 8, 41.

Beispiele geben ObTr. 76 S. 294, RE. 2 Nr. 241 Erk. b, wo der Kassirer eines Vorschußvereins statutenmäßig nur Einzahlungen unter 50 Thlrn. als Darlehn annehmen durfte, wiederholt höhere Einzahlungen angenommen hatte. Aus denselben ist der Vorschußverein in Höhe von je 50 Thlrn. für verhaftet erklärt. Ebenso im ähnlichen Falle OHG. 4 S. 219, 223. Darauf ist schon oben verwiesen, daß wo das Gesetz die Vertretungsmacht so bestimmt, daß ihre Beschränkung unstatthaft, z. B. HGB. § 50 Abs. 1, dem Dritten die Ueberschreitung nur bei dolus entgegengesetzt werden kann, der aus seinem Wissen der internen Beschränkung allein nicht herzuleiten ist, sondern Kollusion oder Kenntniß vom Mißbrauch der Vertretungsmacht voraussetzt. RG. 9 S. 148. OHG. 5 S. 295, 19 S. 334.

Von Ueberschreiten der Vertretungsmacht ist auch nicht die Rede, wenn der Vertreter innerhalb der Vertretungsmacht handelt, aber das Geschäft zum Nachtheil des Vertretenen abschließt, z. B. weil er die Willensmeinung des Vertretenen falsch aufgefaßt hat. RG. 1 S. 8. Wo hiernach Handeln ohne Vertretungsmacht vorliegt, stellt das BGB. in den §§ 177, 178 und in § 179 für Verträge zwei allgemeine Grundsätze auf, von denen der in §§ 177, 178 altes Recht ist, der in § 179 eine bekannte Kontroverse entscheidet.

1. Nach allen Rechten wird der Vertretene durch den Vertrag, der ohne Vertretungsmacht in seinem Namen geschlossen, ohne seine Genehmigung weder berechtigt, noch verpflichtet, ALR. I 13 §§ 9, 96, 127, 171, 142—146; SBGB. §§ 789, 1340; C. c. art. 1998 Abs. 2, 1338 Abs. 3; l. 24 D. 3, 5; l. 124 D. 46, 3, verpflichtet nur insoweit, als er etwas erhalten hat. l. 57 § 1 D. 12, 6. Sowohl der Vertreter, der sich als solcher gerirt, wie der Dritte, handelt auf die Gefahr hin, daß das Geschäft nicht genehmigt wird, der Vertreter, der die Vollmacht überschreitet, selbst dann, wenn das Geschäft ausnahmsweise dem Dritten gegenüber rechtswirksam. RG. 34 S. 163 (gem. R.). l. 5 D. 17, 1. Bis zur Genehmigung geht der Vertrag den Vertretenen nichts an; namentlich erwirbt der Vertreter Besitz sich, nicht dem Vertretenen; vor der Genehmigung haftet der Vertretene nicht. Vgl. RG. 24 S. 307 für gem. und preuß. R. und OHG. 2 S. 301, wo der Agent eines Kaufmanns sich von dem flüchtigen Schuldner desselben auf der Flucht den noch nicht fälligen Kaufpreis für gelieferte Waaren hatte zahlen lassen und von dem Konkursverwalter auf Rückzahlung belangt wurde. Das wäre auch nach BGB. unstatthaft, wenn der Agent, der nicht vertretungsberechtigt war, das Geld dem Principal eingesandt und dieser es angenommen und damit die Vertretung genehmigt hätte. Denn mit der Genehmigung gilt wie nach früherem R. das Geschäft von Anfang an als Geschäft des Vertretenen mit allen Wirkungen auch im Konkurse des Vertreters, § 184. RG. 24 S. 307. OHG. 10 S. 267, 15 S. 46, 47; 13 S. 16, 44. Dabei ist aber festzuhalten, daß der Vertretene das Geschäft dann auch so zu nehmen hat, wie er es zu nehmen hätte, wenn es mit Vertretungsmacht geschlossen. In StrA. 11 S. 206 ist vom ObTr. deshalb zu Unrecht angenommen, daß der Principal, dessen zum Ankauf von Werthpapieren nicht

berechtigter Handlungsdiener grob fahrlässig vom Diebe Werthpapiere kauft, durch Genehmigung des Geschäfts bona fide Eigenthum erwirbt.

Daraus, daß der Vertretene berechtigt, das Geschäft zu genehmigen, ist im gem. und preuß. R. gefolgert, daß ihm dies Recht dadurch nicht abgeschnitten werden kann, daß der Dritte von dem Vertrage zurücktritt oder mit dem falsus procurator die Aufhebung verabredet, l. 24 D. 3, 5; RG. 17 S. 77, 38 S. 185, 40 S. 235. Davon macht § 178 (1830) die gerechte und billige Ausnahme wie § 109, daß der Dritte durch Widerruf dem Vertreter oder dem Vertreter gegenüber von dem Vertrage bis zur Genehmigung des Vertrages zurücktreten kann, wenn er den Mangel der Vertretungsmacht nicht gekannt hat; die Kenntniß ist ihm zu beweisen. In allen Fällen kann er den von der Genehmigung oder ihrer Verweigerung abhängigen Schwebezustand dadurch beseitigen, daß er von dem Vertretenen Erklärung über Genehmigung und Verweigerung fordert. Die Erklärung, die sonst nach § 182 formlos, ausdrücklich oder stillschweigend, sowohl ihm wie dem Vertreter gegenüber erfolgen kann, muß auf solche Forderung nach § 177 Abs. 2 ihm gegenüber binnen 2 Wochen erfolgen, widrigenfalls die Genehmigung als verweigert gilt. In diesem Falle hat sogar Genehmigung oder ihre Verweigerung, die nur dem Vertreter gegenüber vor der Forderung erklärt ist, keine Wirkung. Vgl. in § 458 eine Anwendung des § 177 Abs. 2.

Alles dies gilt auch für das Handelsrecht, das nur in § 85 HGB. den übrigens schon bisher in der Praxis des OHG. und RG. mehrfach angenommenen Spezialsatz ausspricht, daß ein Geschäft, das der Handlungsagent (§ 84 HGB.) im Namen des Geschäftsherrn ohne Ermächtigung dazu abschließt, als genehmigt gilt, wenn der Geschäftsherr nicht unverzüglich nach erlangter Kenntniß vom Abschluß dem Dritten die Ablehnung erklärt. Im Handelsverkehr wird dieser auf der Beachtung von Treu und Glauben im Verkehr beruhende Satz wohl auch in ähnlichen Fällen anzuwenden sein. OHG. 1 S. 80, 148, 150, 153; 4 S. 294, 305; 10 S. 374, 381.

2. Wird die Genehmigung des ohne Vertretungsmacht geschlossenen Vertrages verweigert, so entsteht die Frage, wie sich das Verhältniß zwischen dem Vertreter und dem Dritten gestaltet. Aus ALR. I 13 §§ 9, 96, 151 ist nur ein Anspruch auf Entschädigung herzuleiten, der fortfällt, wenn der Dritte den Mangel der Vertretungsmacht kannte. RE. 2 Nr. 237 S. 572, 573; RG. 6 S. 258, 10 S. 257, 32 S. 331. Gemeinrechtlich und im französ. R. ist streitig, ob dem Dritten der Anspruch auf Erfüllung gegen den Vertreter mit oder ohne Rücksicht auf ein Verschulden desselben aus dem Gesichtspunkt eines Garantieversprechens für die Befugniß zur Vertretung zusteht. Vgl. RG. 6 S. 214, 35 S. 145. Das SBGB. § 789 stellt den Grundsatz auf, daß der Vertreter dem Dritten nach dessen Wahl persönlich auf Erfüllung oder Schadensersatz haftet und das alte HGB. enthält in Art. 55, 298 denselben Grundsatz für den, der als Prokurist oder Handlungsbevollmächtigter oder auf Grund Vollmacht zu einem Handelsgeschäfte ein Geschäft abschließt, ohne Prokura, Handlungsvollmacht oder Vollmacht zu haben, oder seine Vollmacht überschreitet; es schließt seine Haftpflicht aus, wenn der Dritte sich mit ihm eingelassen hat, obwohl er den Mangel oder die Ueberschreitung kannte. C. c. art. 1997.

Das BGB. löst die schwierige und nur legislatorisch zu lösende Frage im § 179 in angemessener Weise durch die Rechtssätze a) daß der Vertreter ohne Vertretungsmacht dem Dritten nach dessen Wahl auf Erfüllung oder Schadensersatz haftet, b) daß die Haftung sich auf das negative Interesse in dem zu § 122 entwickelten

Sinn beschränkt, wenn er den Mangel der Vertretungsmacht nicht gekannt hat, und c) daß jede Haftung fortfällt, wenn der Dritte den Mangel der Vertretungsmacht kannte oder kennen mußte. Der in Abs. 3 Satz 2 hinzugefügte Satz, daß der in der Geschäftsfähigkeit beschränkte Vertreter nicht haftet, wenn er nicht mit Zustimmung seines gesetzlichen Vertreters gehandelt hat, versteht sich, da es sich in § 179 um obligatorische Haftung handelt, nach §§ 106 ff. von selbst. Seine Haftung kann wie in § 682 bei neg. gestio nur auf Bereicherung oder unerlaubte Handlung gegründet werden. Diese Sätze haben, nachdem die Art. 55, 298 des alten HGB. im neuen gestrichen, Geltung auch für das Handelsrecht. Eine Spezialvorschrift ähnlicher Natur enthält nur § 95 HGB. für Geschäfte des Handelsmäklers mit der Klausel „Aufgabe vorbehalten".

Für die Vertretung im Prozeß ohne Vertretungsmacht vgl. CPO. § 89 (85) und § 579 (542) Nr. 4. Eine durch das BGB. nach EG. Art. 32 unberührt gebliebene analoge Vorschrift giebt WO. Art. 95 (Wechselschrift eines Bevollmächtigten ohne Vollmacht; Wechselschrift von Vormündern und anderen Vertretern mit Ueberschreitung ihrer Befugnisse; eigene persönliche Haftung).

Zu § 179 ist noch zu bemerken:

**a.** Der Anspruch auf Erfüllung oder Schadensersatz setzt nichts voraus, als den Nachweis, daß der Beklagte den Vertrag als Vertreter geschlossen und sein Vertretener die Genehmigung verweigert. Den Mangel der Vertretungsmacht hat der Kläger nicht zu beweisen. Die Existenz derselben hat der Beklagte zu beweisen. (Anders für früheres R. OHG. 18 S. 158.) Verschulden des Beklagten ist nicht gefordert, § 179 Abs. 1. Die Erfüllung ist so zu fordern, wie sie vom wahren Machtgeber zu fordern gewesen wäre. Vgl. OHG. 11 S. 358. Der Schadensersatz ist der Ersatz des Schadens, der dem Dritten daraus entsteht, daß er die Erfüllung vom Vertretenen nicht fordern kann, §§ 249—252. In sehr vielen Fällen wird es dem Dritten nur hierauf ankommen können, da der Vertreter jene Erfüllung überhaupt nicht wird leisten können. Regelmäßig wird es sich um Restitution und Geldersatz handeln, oder nur um letzteres. So fordert der Tuchkaufmann, der vom nicht befugten Vertreter gekauft hat, die Anzahlung zurück und den Gewinn, den er gemacht hätte, wenn ihm geliefert wäre, oder der, der verkauft hat, den Wiedererlös bei anderem Verkauf. RG. 6 S. 214 (gem. R.). Dazu kann bei Verschulden des Beklagten auch andrer Schadensersatz (Kosten eines Vorprozesses gegen den vermeintlichen Vertretenen) treten. Selbstverständlich hat der falsus procurator keinen Anspruch aus dem Geschäft, wenn der Dritte nicht Erfüllung fordert. Erfüllung und Schadensersatz sind in obligatione, aber nur eines wird nach Wahl des Gläubigers (des Dritten) wirklich geschuldet und ist zu leisten. Die §§ 262, 264, 265 sind deshalb anzuwenden.

**b.** Um den Anspruch gemäß § 179 Abs. 2 zu beschränken, hat der beklagte Vertreter zu beweisen, daß er den Mangel nicht gekannt hat. Möglich ist solche Nichtkenntniß z. B. bei Fälschung der Vollmacht, bei Irrthum über Person und Inhalt, bei Nichtkenntniß des Widerrufs der Vollmacht, ohne daß dieselbe dadurch wirksam bleibt, Unkenntniß der Nichtigkeit, Unwirksamkeit der Vollmacht u. a.

**c.** Um den Anspruch gemäß § 179 Abs. 3 auszuschließen, ist dem Dritten die Kenntniß oder das Kennenmüssen des Mangels zu beweisen, vgl. OHG. 17 S. 176, ebenso die mangelnde Verpflichtungsfähigkeit. Die Zustimmung des gesetzlichen Vertreters hat der Dritte zu beweisen.

3. Für einseitige Rechtsgeschäfte, die nicht empfangsbedürftig, schließt § 180 Satz 1 Vertretung ohne Vertretungsmacht unbedingt aus. Für empfangsbedürftige giebt Satz 2 Vorschriften, die in ihrer abstrakten Formulirung vielleicht ebenso gut hätten fortbleiben können. Wenn A, der nicht Gläubiger oder Vermiether ist, dem Schuldner oder Miether B kündigt, oder ihn mahnt, so hat das selbstverständlich keine rechtliche Bedeutung und B braucht sich darauf nicht nur nicht einzulassen, sondern kann es unbeachtet lassen. Der wahre Gläubiger, Vermiether kann nicht etwa nachträglich das Rechtsgeschäft ratihabiren. Wenn dagegen A im Auftrage oder als Bevollmächtigter des Gläubigers (Vermiethers) auftritt und als solcher kündigt oder mahnt, so darf B nach §§ 174, 180 sich nicht passiv verhalten, sondern handelt auf seine Gefahr, wenn er es thut. Hat A Vollmacht, Auftrag, ist er gesetzlicher Vertreter, so ist das einseitige Rechtsgeschäft wirksam, wenn B nicht unverzüglich erklärt, daß er die Vorlegung der Vollmacht (Ermächtigung, Bestallung) verlange. Vgl. § 1831. Hat A keine Vollmacht (Ermächtigung, Vertretungsmacht), so ist das Rechtsgeschäft natürlich ebenso unwirksam, wie wenn es ein Nichtberechtigter vorgenommen hat, und B handelt auf seine Gefahr, wenn er sich auf Kündigung, Mahnung des Nichtlegitimirten einläßt, sich auf die Rückzahlung des in Wahrheit nicht gekündigten Kapitals, die Räumung der in Wahrheit nicht gekündigten Wohnung einrichtet, das Geld beschafft oder eine andere Wohnung miethet.

Stellt sich die Unwirksamkeit der Kündigung, Mahnung demnächst heraus, und wird sie auch nicht nachträglich genehmigt, so hat B gegen A Anspruch auf Ersatz des ihm durch dessen unberechtigtes Verhalten entstandenen Schadens. Alles dies ergiebt sich aus § 180 Satz 1, 2 und würde sich auch ohne diese Vorschrift als selbstverständlich ergeben. Es würde sich auch aus § 254 von selbst ergeben, daß B sich an A nicht regrediren kann, wenn er wußte, daß A ohne Auftrag, Vollmacht, Ermächtigung handelte. Nach Satz 2 sollen aber, wenn B sich auf das unlegitimirte Handeln unvorsichtig oder wissentlich eingelassen hat, die Vorschriften über Verträge, d. h. die §§ 177—179 entsprechende Anwendung überhaupt finden. Daraus folgt, daß B, wenn er sich in gutem Glauben befunden und erst nachträglich dahinter kommt, daß A unbefugt gehandelt hat, die Kündigung, Mahnung nachträglich dem A gegenüber zurückweisen kann, wenn der Gläubiger, Vermiether, nicht inzwischen die Kündigung, Mahnung genehmigt hat. § 178. Den bis dahin entstandenen Schaden hat A ihm nach Maßgabe § 179 Abs. 1, 2 zu ersetzen. B kann auch gemäß § 177 Abs. 2 handeln, um sich Gewißheit über den Bestand der Mahnung, Kündigung zu verschaffen. Wußte er, daß A nicht legitimirt war, so hat er nur den Weg des § 177 Abs. 2, um der Unsicherheit ein Ende zu machen. Wird das Rechtsgeschäft genehmigt, so gilt es wie der Vertrag als von Anfang an wirksam, § 184. Wird es nicht genehmigt, so ist es wirkungslos; von Verpflichtung des falsus procurator auf Erfüllung kann nicht die Rede sein; es bleibt nur der Anspruch auf Schadensersatz gegen ihn nach § 179 Abs. 1, 2.

Alles das soll nach Satz 3 § 180 gelten, wenn ein solches einseitiges Rechtsgeschäft einem Vertreter ohne Vertretungsmacht gegenüber vorgenommen und dieser damit einverstanden ist. Auch hier versteht sich von selbst, daß der Gläubiger nur dem Schuldner kündigen und ihn mahnen kann, nicht für ihn einem Vertreter gegenüber, der es nicht ist, daß solche Kündigung, Mahnung so wenig rechtl. Bedeutung hat, wie die an den Nichtschuldner, selbst wenn der Schuldner sie erfahren sollte. Der Vertreter ohne Vertretungsmacht kann sich passiv verhalten, da ein nihil actum vorliegt. Soweit hätte es keiner Vorschrift bedurft, und die Vorschrift, die der Satz 3 trifft, ist von sehr zweifelhaftem praktischen Werth. Die §§ 177 bis 179 sollen auch hier Anwendung finden, wenn das Rechtsgeschäft mit dem Einverständniß des als Vertreter Angegangenen vorgenommen wird. Wann solches anzunehmen, kann schon fraglich werden; in einfachem Schweigen kann es nie gefunden werden. Ist es anzunehmen, so ist der Gläubiger an das Rechtsgeschäft gebunden, bis die Genehmigung oder deren Verweigerung feststeht. Der § 177 Abs. 2 findet Anwendung, auch § 178 und § 179, dessen Voraussetzungen auch hier vorliegen können. Nur kann es sich auch hier immer nur um Schadensersatz handeln.

Ueber einseitige Rechtsgeschäfte des Inhabers der elterlichen Gewalt und des Vormundes (Pflegers), zu denen die erforderliche Genehmigung des Vormundschaftsgerichts oder des Gegenvormundes fehlt, vgl. zu den §§ 1643, 1828—1831, 1832.

---

## 6. Titel. Einwilligung. Genehmigung.

§ **182**. Hängt die Wirksamkeit eines Vertrags oder eines einseitigen Rechtsgeschäfts, das einem Anderen gegenüber vorzunehmen ist, von der Zustimmung eines Dritten ab, so kann die Ertheilung sowie die Verweigerung der Zustimmung sowohl dem einen als dem anderen Theile gegenüber erklärt werden.

Die Zustimmung bedarf nicht der für das Rechtsgeschäft bestimmten Form.

Wird ein einseitiges Rechtsgeschäft, dessen Wirksamkeit von der Zustimmung eines Dritten abhängt, mit Einwilligung des Dritten vorgenommen, so finden die Vorschriften des § 111 Satz 2, 3 entsprechende Anwendung.

§ **183**. Die vorherige Zustimmung (Einwilligung) ist bis zur Vornahme des Rechtsgeschäfts widerruflich, soweit nicht aus dem ihrer Ertheilung zu Grunde liegenden Rechtsverhältnisse sich ein Anderes ergiebt. Der Widerruf kann sowohl dem einen als dem anderen Theile gegenüber erklärt werden.

§ **184**. Die nachträgliche Zustimmung (Genehmigung) wirkt auf den Zeitpunkt der Vornahme des Rechtsgeschäfts zurück, soweit nicht ein Anderes bestimmt ist.

Durch die Rückwirkung werden Verfügungen nicht unwirksam, die vor der Genehmigung über den Gegenstand des Rechtsgeschäfts von dem Genehmigenden getroffen worden oder im Wege der Zwangsvollstreckung oder der Arrestvollziehung oder durch den Konkursverwalter erfolgt sind.

§ **185**. Eine Verfügung, die ein Nichtberechtigter über einen Gegenstand trifft, ist wirksam, wenn sie mit Einwilligung des Berechtigten erfolgt.

Die Verfügung wird wirksam, wenn der Berechtigte sie genehmigt oder wenn der Verfügende den Gegenstand erwirbt oder wenn er von dem Berechtigten beerbt wird und dieser für die Nachlaßverbindlichkeiten unbeschränkt haftet. In den beiden letzteren Fällen wird, wenn über den

**Gegenstand mehrere mit einander nicht in Einklang stehende Verfügungen getroffen worden sind, nur die frühere Verfügung wirksam.**

---

**Einwilligung. Genehmigung.** (Konvalescenz.) E. I § 127; II §§ 150—153; III §§ 178—181; M. 1 § 74³, § 83⁵·¹⁰, § 172⁵·⁷; D. P. 1 § 84 unt. 2, §§ 122, 216; Endemann 1 § 83; Cosack 1 § 70.

1. Die §§ 182—185 stellen einzelne allgemeine Grundsätze für die zahlreichen Fälle auf, in denen bei Verträgen und einseitigen empfangsbedürftigen Rechtsgeschäften die Zustimmung eines Dritten erforderlich ist, um dem Rechtsgeschäft Wirksamkeit zu verleihen. Wo es sich nicht um Rechtsgeschäfte dieser Art handelt, wo die Zustimmung eines Dritten nicht zur Rechtswirksamkeit des Rechtsgeschäfts erforderlich ist, finden die §§ 182—184 nicht Anwendung, vgl. z. B. §§ 549, 1305 ff., 1723, 1725 ff.; 32, 33, 35, 1783, 1887, 1565; 409, 576 u. a. Solche Fälle sind allen Rechten bekannt; allgemeine Grundsätze stellt weder das LR., noch das sächs. und französ. R. auf; sie behelfen sich mit Einzelvorschriften. Das ALR. giebt solche in I 4 und in dem ergänzenden Ges. v. 12. Juli 1875, betr. die Geschäftsfähigkeit Minderjähriger, in den zu §§ 164 ff. erwähnten §§ 142 ff. I 13 über die Genehmigung von Geschäften, die der Bevollmächtigte unter Ueberschreitung der Vollmacht geschlossen hat, und an zahlreichen anderen Stellen in I 5, II 1 und II 2. In I 11 §§ 140—142; 20 §§ 16, 76, 78; 15 §§ 8—10 endlich findet sich der Grundsatz, daß Eigenthum und Pfandrecht, das der Nichteigenthümer übertragen und bestellt, konvalesciren, wenn der Verkäufer, Verpfänder nachträglich das Eigenthum erwirbt oder der Eigenthümer Erbe des Verkäufers, Verpfänders ohne Vorbehalt wird. Aehnliche Grundsätze enthält das SBGB. § 470 (Verpfändung fremder Sachen, Konvalescenz), § 570 Satz 2 (Bestellung einer Grunddienstbarkeit am Grundstück mehrerer Eigenthümer durch einen; Konvalescenz, wenn er Alleineigenthümer wird); § 1340 (Ratihabition).

2. Die Hauptfälle, für die die §§ 182—184 Anwendung finden, sind im BGB.:

**a.** die Rechtsgeschäfte der beschränkt Geschäftsfähigen, die der vorherigen Zustimmung, in § 183 als Einwilligung bezeichnet, oder wenn sie ohne solche vorgenommen, der nachträglichen Zustimmung, in § 184 als Genehmigung bezeichnet, des gesetzlichen Vertreters (Vaters, Vormundes, Pflegers) bedürfen. §§ 107, 108, 111, 114. In vielen Fällen bedarf der gesetzliche Vertreter seinerseits wiederum der „Genehmigung" des Vormundschaftsgerichtes oder des Gegenvormundes, unter der die Zustimmung im Sinne der §§ 183, 184 zu verstehen ist, §§ 1643, 1812—1816, 1819—1822, 1824, 1825, 1831, 1832.

**b.** die Rechtsgeschäfte des Vertreters ohne Vertretungsmacht, die zur Wirksamkeit für und gegen den Vertretenen der Genehmigung desselben bedürfen. § 177.

**c.** die Rechtsgeschäfte des Ehemannes, zu denen er der Zustimmung der Ehefrau, und die der Ehefrau, zu denen sie der des Ehemannes bedarf. §§ 1375, 1395 ff., 1525, 1550; 1444—1446, 1448, 1519, 1549.

**d.** die Rechtsgeschäfte, die der Vorerbe nur mit Genehmigung des Nacherben vornehmen kann, und zu denen dieser unter Umständen seine Einwilligung ertheilen muß. §§ 2119, 2120.

**e.** das Rechtsgeschäft der Schuldübernahme in den §§ 415, 416, der Verkauf gegen die Vorschriften der §§ 456, 457 in § 458, und die Rechtsgeschäfte in den §§ 876, 877, 880, 1071, 1245, 1255, 1276, 1375 u. a., die mittelbar in das Recht eines Anderen eingreifen und deshalb ohne seine Zustimmung nicht vorgenommen werden können.

3. Die großen Grundsätze für die Zustimmung (Einwilligung und Genehmigung) sind, daß die Zustimmung a) grundsätzlich der Form des Rechtsgeschäftes nicht bedarf, das durch die Zustimmung wirksam werden soll; b) bei Verträgen jedem der beiden Kontrahenten, bei einseitigen Rechtsgeschäften sowohl dem, der die Erklärung abgegeben, wie dem, dem gegenüber sie abgegeben, ebenso erklärt werden kann wie die Verweigerung; c) daß die vorherige Zustimmung zu einem erst vorzunehmenden Rechtsgeschäft grundsätzlich widerruflich ist, bis das Rechtsgeschäft vorgenommen ist, und der Widerruf sowohl dem einen oder anderen Theil erklärt werden kann; d) daß die nachträgliche Zustimmung grundsätzlich so wirkt, wie wenn dem Rechtsgeschäfte vor seiner Vornahme zugestimmt ist. Alle diese Rechtssätze sind aber nicht ausnahmslos.

a. Ausnahmen von der Formlosigkeit enthalten die §§ 1516, 1517, 1730, 1748, 1828, 2120 und der § 29 der GrBO. für die Erklärungen, die für den Grundbuchverkehr bestimmt sind. Vgl. auch ZwVGes. v. 24. März 1897 § 81. Bei der vorherigen Zustimmung zu einem einseitigen Rechtsgeschäft (z. B. Kündigung) — § 111 Satz 1, § 180 Satz 1, § 1398, § 1831 — besteht ein indirekter Zwang zur schriftlichen Form insofern, als nach § 182 Abs. 3, § 111 Satz 2, 3, § 1831, Niemand sich auf ein solches Rechtsgeschäft ohne Nachweis der Zustimmung einzulassen braucht, die Zurückweisung das Rechtsgeschäft auch bei vorhandener Zustimmung unwirksam macht. Vgl. §§ 114, 174, 359, 410, 1643, 1686, 412, 1160, 1161. Als selbstverständlich erscheint, daß das einseitige Rechtsgeschäft, das unwirksam, weil es ohne die erforderliche vorherige Zustimmung vorgenommen, durch nachträgliche Zustimmung (Genehmigung) nicht wirksam werden kann. Der Rechtssatz des § 185 hat damit nichts zu thun. Vgl. dort.

b. Von dem Grundsatz zu b enthalten Ausnahmen der § 108 Abs. 2, § 177 Abs. 2, § 1396 Abs. 2, die §§ 876, 880, 1070, 1178, 1180, 1183, 1245, 1255, 1276, 1448 Abs. 2, 1748, 1828, 1831, 1832. Von Bedeutung ist namentlich, daß die Genehmigung des Vormundschaftsgerichtes (Gegenvormundes) nur dem Vormund gegenüber erklärt oder versagt werden kann und dem anderen Theile gegenüber erst wirksam wird, wenn der Vormund sie ihm mittheilt, §§ 1828, 1829, 1832. Nach § 1643 finden diese Vorschriften entsprechende Anwendung, wo der Vater der Genehmigung des Vormundschaftsgerichtes bedarf. Vgl. § 55 des Ges. üb. die freiw. Gerichtsb. v. 17. Mai 1898. Daraus, daß § 182 keine Bestimmung über die Wirkung der Zustimmung und ihrer Versagung trifft, wie § 1829 Abs. 1 Satz 2, folgt nichts für die Frage der Perfektion des Geschäfts, das ohne die Zustimmung eines Dritten nicht wirksam. Vgl. darüber S. 224.

In ObTr. 19 S. 69 hatte der Bauleiter A mit B über Arbeiten zum Bahnhofsbau einen Vertrag unter Vorbehalt der Genehmigung der vorgesetzten Baubehörde geschlossen, die Behörde die Genehmigung auf dem schriftlichen Vertrage ertheilt und den Vertrag dem A zurückgesandt, A ihn aber der Behörde wieder eingesandt, weil B inzwischen unsicher geworden war. Für das BGB. kann aus § 182 nicht gefolgert werden, daß der Vertrag durch die Genehmigungserklärung der Behörde dem A gegenüber perfekt geworden war, bevor sie dem B zur Kenntniß gebracht. Ob die §§ 182 ff. auf den Fall analoge Anwendung finden, wo wie bei der Kollektivvollmacht das Handeln des Einzelnen ohne Mitwirkung des Anderen unwirksam, ist nach HGB. § 48 Abs. 2 (Art. 41 Abs. 2) fraglich. Handeln mit Zustimmung des Anderen ist gemeinschaftliches Handeln, Handeln ohne Zustimmung Handeln ohne Vollmacht. Die §§ 177 ff. finden darauf Anwendung. Die nachträgliche Zustimmung des Kollektivbevollmächtigten erscheint zunächst auch als Genehmigung des Vertretenen. § 177. In RG. 40 S. 17 ist angenommen, daß die Genehmigung des Mitbevollmächtigten nur wirksam, wenn sie dem Dritten gegenüber erklärt, wobei wohl davon ausgegangen, daß damit erst das gemeinschaftliche Handeln hergestellt. Es steht aber nicht entgegen, die Genehmigung des Mitbevollmächtigten als Genehmigung des Vertreters und so gelten zu lassen wie die des Vertretenen; dann läßt sich die Anwendung des § 182 rechtfertigen. Davon geht OHG. 17 S. 402 für das frühere Recht und die Kollektivprokura aus.

**c.** Die Widerruflichkeit der vorherigen Zustimmung bis zur Vornahme des Rechtsgeschäftes (§ 183) versteht sich für alle die Fälle von selbst, wo die Zustimmung von dem ausgeht, den das Geschäft allein angeht und der freier Herr des Geschäfts ist. Die Ausnahmen von dem Grundsatz der Widerruflichkeit, die in den §§ 876, 880, 1071, 1178, 1183, 1245, 1255, 1276, 1516, 1517, 1726, 1748, 2291 statuirt, haben ihren Grund darin, daß die Zustimmung in diesen Fällen nicht ein zukünftiges Rechtsgeschäft betrifft, sondern einen Rechtszustand herstellt, ein Recht für einen Anderen begründet. Aus dem Rechtsverhältniß, auf dem die Ertheilung der vorherigen Zustimmung beruht, kann die Unwiderruflichkeit in allen den Fällen sich ergeben, in denen die Unwiderruflichkeit der Vollmacht sich aus dem Rechtsverhältniß ergiebt; die vorherige Zustimmung zu einem vorzunehmenden Rechtsgeschäft hat ganz die Natur des mand. ad hoc. Deshalb sind auch die §§ 169, 170 ff. auf die Ertheilung und den Widerruf anwendbar. E. I § 127 Abs. 3.

**d.** Der Rechtssatz des § 184 über die grundsätzlich rückwirkende Kraft der nachträglichen Genehmigung ist alten Rechts. Das genehmigte Rechtsgeschäft wird so behandelt, als sei es von Anfang an mit Zustimmung vorgenommen. Dies ist eine dem präsumtiven Willen entsprechende Regel; sie fällt fort, wenn der Genehmigende es anders will. Von selbst versteht sich, was der Abs. 2 § 184 ausdrücklich sagt, daß die Genehmigung nicht Rechte beseitigen kann, die in der Zwischenzeit durch den Genehmigenden selbst oder im Wege Rechtens durch Zwangsvollstreckung, Arrestvollziehung oder Verfügung des Konkursverwalters erworben sind. C. c. art. 1338 Abs. 3. Wenn der minderjährige A ohne Genehmigung des Vormundes günstig verkauft und der Vormund dieselbe Sache billiger verkauft und übergiebt oder verpfändet, so kann er dadurch, daß er das erste Geschäft genehmigt, nicht das Eigenthum oder Pfandrecht beseitigen, das er selbst begründet hat.

Dasselbe gilt z. B., wenn A im Namen des B ohne Vollmacht an C verkauft, B selbst an D verkauft und übergiebt und nachträglich den Verkauf an C genehmigt, oder wenn A sich ohne Vollmacht des B von dessen Schuldner C zahlen läßt, das Gezahlte bei ihm nach der Konkurseröffnung über C arrestirt wird, B nachträglich die Zahlung an A genehmigt. Das Beispiel Cosacks a. a. O. S. 234 zu 5 (der minderjährige A läßt auf sein Grundstück an erster Stelle für B, an zweiter für C ohne Genehmigung des Vormundes Hypothek eintragen, an dritter Stelle für D mit Genehmigung des Vormundes, der Vormund genehmigt nachträglich die Hypothek des C, dann die des B, die Reihenfolge [Rangverhältniß] soll D, C, B sein) ist unter § 184 Abs. 2 kaum zu bringen und die Entscheidung mit Rücksicht auf §§ 879, 880, 1168, 1169 sehr bedenklich. Vgl. zu §§ 879, 1169.

e. Auf nicht empfangsbedürftige Willenserklärungen, die der Genehmigung bedürfen, beziehen sich die §§ 182 ff. nicht. Zustimmung und Genehmigung sind in diesen Fällen auch nicht empfangsbedürftig, ihre Wirkung aber der Natur der Sache nach nicht anders zu bestimmen, als es in §§ 182, 183, 184 geschehen.

4. Auch der Nichteigenthümer kann sich verpflichten, Eigenthum zu übertragen oder eine Sache zu verpfänden, die ihm nicht gehört, aber er kann Eigenthum oder Gläubigerrecht nicht übertragen, das ihm nicht gehört, kein Pfandrecht oder anderes Recht an einer Sache begründen, die ihm nicht gehört. Positive Ausnahme macht das BGB. von diesem Satze zu Gunsten des Gutgläubigen bei Veräußerung und Verpfändung, Belastung beweglicher Sachen, §§ 932 ff., 1244, 1032, 1068, 1207, 1208, 1273, ferner bei Erwerb von Grundstücken und Rechten an solchen in den §§ 892, 893, 1138 (§§ 1140, 1185), 1155 (1158, 1159), ferner §§ 2366, 2367, §§ 407, 408, 793, 794, 797, 956, 957 u. a.

Abgesehen von diesen Fällen ist die Verfügung des Nichtberechtigten über einen Gegenstand wirksam, wenn sie mit Einwilligung des Berechtigten erfolgt, § 185 Abs. 1, was sich von selbst versteht, weil der an sich Nichtberechtigte in solchem Falle berechtigt verfügt, mag er im Namen des Berechtigten oder unter seinem Namen handeln, vorausgesetzt, daß ihm letzteres gestattet ist. l. 1 §§ 2, 3, D. 21, 3, l. 11 C. 8, 44. Nach § 185 Abs. 2 konvalescirt die unberechtigte Verfügung, wenn der Berechtigte sie nachträglich genehmigt; das ist Anwendung des § 184 und in diesem Falle wirkt die Genehmigung rückwärts im Sinne des § 184 Abs. 2. So konvalescirt die Verpfändung fremder Sache durch den Schuldner, oder die Verpfändung durch den Bevollmächtigten für eigene oder fremde Schuld, wenn der Eigenthümer sie genehmigt, ALR. I 20 §§ 65, 79. Positiven Rechts und übereinstimmend mit ALR. I 11 §§ 140–142; 15 §§ 8—10; 20 §§ 76—78 sind die weiteren Vorschriften des § 185 Abs. 2, daß die Verfügung konvalescirt, nicht blos wie nach Röm. R. die exc. rei vend. ac trad. oder doli begründet wird, wenn a) der Verfügende nachträglich den Gegenstand erwirbt; b) der vorher Berechtigte nachträglich Erbe des Verfügenden mit unbeschränkter Haftung, d. h. Erbe ohne Vorbehalt im Sinne des ALR. wird. l. 41 D. 13, 7. l. 22 D. 20, 1. l. 5 C. 8, 16.

Nach BGB. wird danach wie nach LR. das Pfandrecht an fremder Sache gültig, wenn der Verpfänder des Eigenthümers Erbe wird oder die Sache selbst erwirbt, z. B. die gemeinschaftliche Sache durch Theilung, oder der Eigenthümer des Verpfänders Erbe mit unbeschränkter Haftung wird, §§ 1993 ff., und der Erbe mit unbeschränkter Haftung kann die eigene Sache nicht vindiciren, die der Erblasser verkauft hat, auch wenn er das Eigenthum der Sache erst nachher erworben hat. Vgl. ObTr. 23 S. 316 (StrA. 7 S. 38). RG. 1 Nr. 170 Erk. b, StrA. 32 S. 136, RG. 1 Nr. 169 Erk. b, ObTr. 25 S. 118 das. (Der Sohn vindicirt eine Sache, die der Vater aus dem Vermögen der Mutter veräußert, nachdem er Erbe der Mutter und des Vaters geworden.) RG. 3 S. 249. Vgl. im Uebrigen zu §§ 985 ff. Nach Satz 2 Abs. 2 § 185 soll bei mehreren Verfügungen, die der Nichtberechtigte getroffen hat, der den Gegenstand nachträglich erwirbt oder von dem wahren Berechtigten beerbt wird, nur die frühere Verfügung wirksam werden. Der innere Grund dieser Vorschrift ist klar. Wenn A die Sache des B an C veräußert und durch const. poss. übergiebt, nachher in gleicher Weise an D, dann Erbe des B wird oder die Sache von B geschenkt erhält, so kann nur das Eigenthum des C konvalesciren, weil mit dieser Konvalescenz die Veräußerung an D als Veräußerung der Sache des C er=

scheint, zu der A nicht befugt. Dasselbe würde von einer Zwangsvollstreckung für einen Gläubiger des A gelten, während Zwangsvollstreckung für einen Gläubiger des B durch die Konvalescenz des Eigenthums von C nicht berührt werden, die Konvalescenz nur mit dem Recht des Gläubigers des B belastet eintreten könnte.

Nach § 362 Abs. 2 soll § 185 Anwendung finden auf Leistung zum Zweck der Erfüllung eines Schuldverhältnisses an einen Anderen, als den Gläubiger, d. h. die Leistung an den Nichtgläubiger, die an sich nicht als Erfüllung gelten kann, wirkt die Tilgung der geschuldeten Leistung, wenn der wahre Gläubiger die Leistung an den Dritten vorher oder nachher genehmigt, wenn er Erbe des Dritten ohne Beschränkung wird, oder der Leistungsempfänger die Forderung erwirbt (als Erbe des Gläubigers oder sonst).

Die Vorschrift des § 185 ist ebenso wie die entsprechende des früheren Rechtes zu Gunsten dessen bestimmt, an den der Gegenstand durch die Verfügung des Nichtberechtigten gelangt ist. Der von Cosack a. a. O. S. 175 unter c behandelte Fall der Verfügung eines Nichtberechtigten über ein Recht durch Kündigung fällt nicht unter § 185. Wenn A, der nicht Gläubiger oder nicht Vermiether ist, dem B als Schuldner oder Miether kündigt, so ist das ein rechtlich bedeutungsloser Akt. Die §§ 111, 180 kommen dabei nicht in Betracht. Vgl. oben S. 282. Der wahre Gläubiger oder Vermiether kann diesen nichts besagenden Akt nicht zum Nachtheil des Schuldners oder Miethers, der sich darauf nicht eingelassen, ihn mit Recht ignorirt hat, nachträglich durch Genehmigung wirksam machen. Ebenso wenig kann es Bedeutung haben, daß der Kündigende nachträglich Gläubiger, Vermiether — oder der Gläubiger, Vermiether Erbe des Kündigenden wird.

---

## 4. Abschnitt. Fristen. Termine.

**§ 186.** Für die in Gesetzen, gerichtlichen Verfügungen und Rechtsgeschäften enthaltenen Frist- und Terminsbestimmungen gelten die Auslegungsvorschriften der §§ 187 bis 193.

**§ 187.** Ist für den Anfang einer Frist ein Ereigniß oder ein in den Lauf eines Tages fallender Zeitpunkt maßgebend, so wird bei der Berechnung der Frist der Tag nicht mitgerechnet, in welchen das Ereigniß oder der Zeitpunkt fällt.

Ist der Beginn eines Tages der für den Anfang einer Frist maßgebende Zeitpunkt, so wird dieser Tag bei der Berechnung der Frist mitgerechnet. Das Gleiche gilt von dem Tage der Geburt bei der Berechnung des Lebensalters.

**§ 188.** Eine nach Tagen bestimmte Frist endigt mit dem Ablaufe des letzten Tages der Frist.

Eine Frist, die nach Wochen, nach Monaten oder nach einem mehrere Monate umfassenden Zeitraume — Jahr, halbes Jahr, Vierteljahr — bestimmt ist, endigt im Falle des § 187 Abs. 1 mit dem Ablaufe desjenigen Tages der letzten Woche oder des letzten Monats, welcher durch seine Benennung oder seine Zahl dem Tage entspricht, in den das Ereigniß oder der Zeitpunkt fällt, im Falle des § 187 Abs. 2 mit dem Ablaufe desjenigen Tages der letzten Woche oder des letzten Monats, welcher dem Tage vorhergeht, der durch seine Benennung oder seine Zahl dem Anfangstage der Frist entspricht.

Fehlt bei einer nach Monaten bestimmten Frist in dem letzten Monate der für ihren Ablauf maßgebende Tag, so endigt die Frist mit dem Ablaufe des letzten Tages dieses Monats.

**§ 189.** Unter einem halben Jahre wird eine Frist von sechs Monaten, unter einem Vierteljahre eine Frist von drei Monaten, unter einem halben Monat eine Frist von fünfzehn Tagen verstanden.

Ist eine Frist auf einen oder mehrere ganze Monate und einen halben Monat gestellt, so sind die fünfzehn Tage zuletzt zu zählen.

**§ 190.** Im Falle der Verlängerung einer Frist wird die neue Frist von dem Ablaufe der vorigen Frist an berechnet.

**§ 191.** Ist ein Zeitraum nach Monaten oder nach Jahren in dem Sinne bestimmt, daß er nicht zusammenhängend zu verlaufen braucht, so wird der Monat zu dreißig, das Jahr zu dreihundertfünfundsechzig Tagen gerechnet.

**§ 192.** Unter Anfang des Monats wird der erste, unter Mitte des Monats der fünfzehnte, unter Ende des Monats der letzte Tag des Monats verstanden.

**§ 193.** Ist an einem bestimmten Tage oder innerhalb einer Frist eine Willenserklärung abzugeben oder eine Leistung zu bewirken und fällt der bestimmte Tag oder der letzte Tag der Frist auf einen Sonntag oder einen am Erklärungs- oder Leistungsorte staatlich anerkannten allgemeinen Feiertag, so tritt an die Stelle des Sonntags oder des Feiertags der nächstfolgende Werktag.

---

**Fristen. Termine.** E. I §§ 147–153; II §§ 154–160; III §§ 182–188. ALR. I 3 §§ 45—49. SBGB. §§ 82–87. C. c. art. 1156, 1159, 2260, 2261. W. 1 §§ 102—104. D. P. 1 §§ 88 ff.; Pr. Pr. 2 § 69. Eccius 1 § 45. RE. 1 Nr. 48. Cr. 1 § 38. Endemann 1 § 59. Cosack 1 § 73.

1. Das BGB. enthält wie die sonstigen Reichsgesetze und viele Landesgesetze außer den Verjährungsfristen eine große Anzahl von Fristen (Zeiträumen) und Terminen (Zeitpunkt, Zeit, Zeitbestimmung, dies), die rechtlich von Bedeutung sind, weil mit ihrem Ablauf (Eintritt) Rechtshandlungen, Rechtsakte, richterliche Akte zulässig, wirksam, unwirksam werden (Kündigungsfristen), oder Rechtswirkungen, z. B. der Eigenthumserwerb bei Ersitzung und beim Funde, §§ 900, 937, 973, 981, die unbeschränkte Haftung der Erben nach Ablauf der Inventarfrist, § 1994, eintreten, oder Rechtswirkungen, Rechtsbefugnisse, Rechte erlöschen, ausgeschlossen werden. (Anfechtung, Widerspruch, Klage, Genehmigung, Ausschlagung, Gewährleistung, Widerruf, Rücktritt, Rückforderung, Vorkaufs- und Wiederkaufsrecht u. A.). Für alle diese gesetzlichen und für alle richterlichen und die durch Rechtsgeschäft (Vertrag, Stiftung, letztwillige Verfügung, einseitiges Rechtsgeschäft) bestimmten Fristen und Termine geben die §§ 186 ff. Auslegungsvorschriften, deren Geltung den Reichs- und Landesgesetzen gegenüber nach Art. 3, 32, 55 EG. zu beurtheilen ist, die aber im

Uebrigen der Disposition der Parteien unterliegen, d. h. einer abweichenden Bestimmung durch den Willen der Parteien zugänglich sind.

Das alte HGB. enthielt in den Art. 327—333 eine Reihe von Vorschriften behufs Bestimmung der Erfüllungszeit und Berechnung der Fristen für solche, die bis auf einzelne Punkte mit denen des BGB. übereinstimmen, für dieselben vorbildlich geworden sind. Das neue HGB. hat in § 359 davon nur beibehalten die Vorschrift, daß, wenn als Leistungszeit Frühjahr oder Herbst oder ein ähnlicher Zeitpunkt (z. B. Michaelis, Johannis, Ostern) bestimmt, im Zweifel der Handelsgebrauch des Leistungsortes entscheidet, und daß bei Vereinbarung einer Frist von acht Tagen im Zweifel darunter acht volle Tage zu verstehen, — Bestimmungen, die ebenso gut hätten fortbleiben können, nachdem das BGB. sie nicht aufgenommen. Im Uebrigen gelten die Bestimmungen der §§ 186 ff. auch für Handelssachen. Die WO. enthält Vorschriften über Erfüllungsfristen in Art. 30, 32 (Kalendertag, Anfang, Ende, Mitte des Monats als Erfüllungstag, Berechnung der Frist nach Sicht oder Dato), die mit dem BGB. übereinstimmen, und die Vorschrift in Art. 92, daß, wenn der Wechsel an einem Sonntag oder allgemeinen Feiertage verfällt, der nächste Werktag der Zahlungstag, und daß auch alle sonstigen Wechselakte einschließlich des Protestes nur an einem Werktage, bez. dem nächsten Werktage gefordert werden dürfen, wenn das Ende der Frist auf einen Sonntag oder allgemeinen Feiertag fällt. Nach Art. 41 Abs. 2 kommen bei Berechnung der Protestfrist überhaupt nur Werktage in Betracht. Diese Vorschriften sind durch das BGB. unberührt geblieben. Die §§ 199, 200 CPO. in der alten Fassung gaben für die Berechnung der richterlichen und gesetzlichen Fristen (Anfang, Fristen nach Tagen, Wochen, Monaten, Sonntag oder allgemeiner Feiertag als Ende der Frist) Normen, wie die Art. 328, 329 HGB. und Art. 32 WO. In der Fassung der CPO. durch das Ges. v. 17. Mai 1898 ist der § 199 gestrichen und durch § 222 Abs. 1 ersetzt.

Danach gelten für die Berechnung der Fristen die Vorschriften des BGB. Der Abs. 2 § 200 CPO. enthält für alle prozessualen Fristen, deren Ende auf einen Sonntag oder allgemeinen Feiertag fällt, den Grundsatz des § 193 des BGB. und der Abs. 3 die vom BGB. abweichende Vorschrift, daß bei Berechnung einer nach Stunden bestimmten Frist Sonntage und allgemeine Feiertage nicht mitgerechnet werden, ein Fall des tempus utile, der für prozessuale Frist noch in § 223 (201) CPO. (Gerichtsferien) vorkommt, im BGB. nur bei den Verjährungsfristen und bei einer Anzahl anderer Fristen. §§ 203—207, §§ 124, 2082, 2346, 1339, 1571, 1594, 1941, 2283 BGB. Nach § 17 des Ges. über die Angel. der freiw. Gerichtsb. v. 17. Mai 1898 (RGBl. S. 171, 189) gelten für die gesetzlichen und richterlichen Fristen dieses Gesetzes die Vorschriften des BGB., der § 193 für alle Fristen, auch wo es sich nicht um Willenserklärung oder Leistung handelt. Die StrPO. giebt in den §§ 42, 43 für die Fristberechnung dieselben Normen wie §§ 187, 188 Abs. 2. Unberührt bleiben §§ 67 Abs. 4, 70 Abs. 2 StGB., welche die Verjährung der Strafverfolgung und Strafvollstreckung abweichend von § 187 Abs. 1 BGB. mit dem Tage der Strafthat und der Rechtskraft des Urtheils beginnen lassen, d. h. diesen Tag mitrechnen.

2. Zu den Normen der §§ 187 ff. ist nur Folgendes zu bemerken:

**a.** Die gesetzliche Tageszeit ist die des RGes. v. 12. März 1893 (mittlere Tageszeit des 15. Grads östlicher Länge von Greenwich). Grundsätzlich wird nach §§ 187, 188 ein Zeitraum nur nach vollen Tagen berechnet, — computatio civilis — und in Uebereinstimmung mit dem gem. R. und der modernen Rechtsentwickelung der Tag nicht mitgerechnet, in welchen das Anfangsereigniß oder die Anfangsstunde fällt. Bei nach Tagen bestimmter Frist werden ohne Anrechnung des Anfangstages die Tage voll gerechnet, und die Frist endet mit dem Ablauf des letzten Tages. Bei Jahres-, Monats- und Wochenfristen wird gemäß § 188 Abs. 2 und ganz entsprechend dem Satz, daß der dies a quo nicht mitgezählt wird, ohne Zählung der einzelnen Tage nach der Kalenderzeit von Datum zu Datum gerechnet, die Frist endet auch hier mit dem Ablauf des letzten Tages. Code de comm. art. 132. Beides gilt nach § 187 Abs. 1, 2, § 188 dann nicht, wenn der Beginn eines Tages als Anfang der Frist gelten soll; dann wird dieser Tag als voller Tag gerechnet und bei Wochen-, Jahres-, Monatsfristen endet deshalb die Frist nicht mit dem dem Anfangsdatum entsprechenden Datum, sondern mit dem Ablauf des vorhergehenden Datums. Dieser Unterschied gilt jetzt auch für Handelssachen. Wird am 1. Januar ein Darlehn auf drei Monate gegeben, so ist es am 1. April zurückzuzahlen; wird aber eine Wohnung vom 1. Januar ab auf drei Monate vermiethet, so endet der Miethsvertrag am 31. März. Wo der Ausdruck so gewählt, daß es zweifelhaft, ob ein bestimmter Tag mitzurechnen, oder nicht, wird immer anzunehmen sein, daß die Frist als volle Frist gemeint ist. „Von heute in drei Tagen" ist regelmäßig so zu verstehen, daß heute und drei Tage frei sein sollen.

Der sog. Schalttag spielt nach BGB. überhaupt keine Rolle mehr; er kommt entweder als besonderer Tag in Betracht, oder es ist gleichgültig; ob das Jahr ein Schaltjahr oder der Monat ein Schaltmonat, § 188 Abs. 2, 3.

Für die Berechnung des Lebensalters schreibt § 187 Abs. 2 Satz 2 ausdrücklich vor, daß der Tag der Geburt voll mitberechnet wird, auch wenn z. B. die Geburt nur eine Minute vor Mitternacht vollendet ist, so daß der im Laufe des ersten Januar Geborene das erste Lebensjahr stets mit dem Ablauf des 31. Dezember vollendet hat. § 2 BGB. Weder für diesen noch für andere Fälle stellt aber das BGB. wie das R. R. und das ALR. in I 3 §§ 46, 47; 5 § 18 einen Rechtssatz dahin auf, daß dies coeptus pro completo habetur, wenn es sich um den Erwerb eines Rechtes oder einer Fähigkeit handelt, das Ende der vollen Frist immer abzuwarten ist, wenn es sich um Erfüllung einer Verbindlichkeit handelt. Nach BGB. tritt eine Verkürzung der Frist nie ein; sowohl Rechtserwerb (Ersitzung) wie Rechtsverlust setzen den vollen Fristablauf voraus.

Der durch § 187 Abs. 1 festgelegte Rechtssatz, daß der Tag nicht mitgezählt wird, in dessen Lauf das Ereigniß oder der Zeitpunkt fällt, durch den die Frist in Bewegung gesetzt wird, ist jetzt nicht blos in § 8 des Haftpflichtgesetzes, wo es schon im RG. 11 S. 44 zur Geltung gebracht, sondern z. B. auch in § 11 des Ges. v. 6. Juni 1870 über den Unterstützungswohnsitz und unbedenklich bei allen Verjährungsfristen der Reichs- und Landesgesetze anzuwenden, die nicht das klare Gegentheil sagen. In §§ 483, 485 BGB. ergiebt sich für die Gewährsfrist völlig klar, daß der Tag, an dem die Gefahr auf den Käufer übergeht, bei Berechnung der Frist nicht mitgezählt wird.

Ueber die Berechnung der Empfängnißzeit vgl. zu §§ 1592 Abs. 1, 1717 Abs. 2.

**b.** Gesetzliche Fristen von Stunden kennt das BGB. nicht. Richterliche und vertragsmäßige Fristen müssen in diesem Fall a momento ad momentum (naturaliter) berechnet werden. Vgl. CP. § 222 (200) Abs. 3; Verkehrsordnung für die Eisenbahnen Deutschlands v. 15. Nov. 1892 (RGBl. S. 923, 1895 S. 445, 1897 S. 779) §§ 63, 69. Im ALR. kommt die gesetzliche Frist von 24 Stunden in I 5 § 95,

9 § 139, 11 § 199, 21 § 345, II 8 § 1273 vor; grundsätzlich ist die Civilkomputation auch auf diese Frist angewendet. RE. 1 Nr. 48. Für vertragsmäßige Fristen kann dies als Willensmeinung der Parteien auch nach BGB. angenommen werden. Vgl. OHG. 12 S. 127, 129.

Ueber die Frist von acht Tagen, die im ALR. I 4 § 45; 9 § 31; 11 §§ 204, 224, 289 vorkommt und in dem PlPräj. 2632, ObTr. 31 S. 189 aus dem Sprachgebrauch des gewöhnlichen Lebens als Zeitraum von sieben Tagen verstanden ist, vgl. RE. 1 Nr. 48, Erk. 6 und die Anmerkung daselbst über die Entstehung dieses Sprachgebrauchs, — sagt das BGB. nichts, während § 359 Abs. 2 HGB. die vereinbarte Frist von acht Tagen im Zweifel als volle acht Tage interpretirt. Nach BGB. wird es unter Beachtung des Sprachgebrauchs, der z. B. auch in Frankreich im gemeinen Leben semaine, septimana und huitaine gleichbedeutend nimmt, auf den konkreten Fall ankommen. Der Verkehrssitte entspricht es, die Frist als sieben Tage zu rechnen, indem der Anfangstag in allen Fällen mitgerechnet wird und als achter Tag gilt.

c. In § 191 ist an Fälle zu denken, wo innerhalb eines längeren Zeitraumes als Monat oder Jahr ein Recht nur einen Monat oder ein Jahr ohne Zusammenhang ausgeübt werden darf oder eine Pflicht zu erfüllen ist. Ist eine Maschine auf ein Jahr zur Benutzung für drei Monate überlassen, so kann sie neunzig Tage benutzt werden; hat der Angestellte Anspruch auf Urlaub von einem Monat im Ganzen im Laufe eines Jahres, so kann er dreißig Tage dienstfreie Zeit beanspruchen; das Gleiche gilt, wenn der Reisende mit der Verpflichtung oder Berechtigung engagirt, im Jahre drei Monate auf Reisen zu gehen.

d. Endet die Frist, in der zu leisten oder eine Willenserklärung abzugeben, mit einem Sonntage oder allgemeinen Feiertage oder fällt der Erfüllungs- oder Erklärungstermin auf einen solchen Tag, so ist der nächstfolgende Werktag der Erfüllungs-, Erklärungstag. Damit und mit der Streichung des Art. 330 des alten HGB. im neuen HGB. ist die Unterscheidung zwischen Frist und Termin, wonach der nächstvorhergehende Werktag entschied, wenn die Frist (der Zeitraum) mit einem Sonn- oder Feiertage endete, aufgegeben. Vgl. WO. Art. 41, 92; CPO. § 220 (200) Abs. 2, 3; StrPO. § 43 Abs. 2. Ob der Anfang einer Frist auf einen Sonntag, oder ob ein solcher Tag in den Lauf einer Frist fällt, ist nach BGB. gleichgültig. Die Vorschrift, daß auch Willenserklärungen (z. B. Kündigung, Mahnung, Anfechtung) an einem Sonntag oder allgemeinen Feiertag nicht abgegeben oder angenommen werden sollen, ist vom Reichstag eingefügt. Die Folge ist, daß wenn spätestens am 14. Tage vor einem Termin gekündigt werden muß, und der 14. Tag ein Sonntag oder Feiertag ist, die Kündigung erst am nächsten Werktage zu erfolgen braucht, nicht am Werktage vorher erfolgen muß.

Der § 193 ist kein Verbotsgesetz und findet als Auslegungsregel natürlich da keine Anwendung, wo die Erfüllung an dem Sonn- oder Feiertage die allein dem Vertragsinhalte entsprechende Erfüllung ist, die Erfüllung am nächstfolgenden Werktage keine Erfüllung sein würde, wie bei Lieferungen, Leistungen, die nur für den bestimmten Tag Werth haben (Diner, Ausfahrt u. a.). Auch die Willenserklärung kann so beschaffen sein, daß es auf die prompte Innehaltung der Frist ankommt (Erklärung auf Offerte).

e. Die deutschrechtliche Frist von Jahr und Tag, ALR. I 3 § 49, ist dem BGB. ebenso unbekannt wie die unvordenkliche Zeit. Beide können nur auf den den Landesgesetzen vorbehaltenen Gebieten und soweit es sich um Rechtserwerb vor dem BGB. handelt, in Frage kommen. Darüber, daß grundsätzlich jede Frist als tempus continuum gerechnet, d. h. nicht beachtet wird, ob die Handlung in der Frist vorgenommen werden konnte, und die Ausnahmen vgl. unter 1.

---

## 5. Abschnitt. Verjährung.

**§ 194.** Das Recht, von einem Anderen ein Thun oder ein Unterlassen zu verlangen (Anspruch), unterliegt der Verjährung.

Der Anspruch aus einem familienrechtlichen Verhältniß unterliegt der Verjährung nicht, soweit er auf die Herstellung des dem Verhältniß entsprechenden Zustandes für die Zukunft gerichtet ist.

**§ 195.** Die regelmäßige Verjährungsfrist beträgt dreißig Jahre.

**§ 196.** In zwei Jahren verjähren die Ansprüche:

1. der Kaufleute, Fabrikanten, Handwerker und derjenigen, welche ein Kunstgewerbe betreiben, für Lieferung von Waaren, Ausführung von Arbeiten und Besorgung fremder Geschäfte, mit Einschluß der Auslagen, es sei denn, daß die Leistung für den Gewerbebetrieb des Schuldners erfolgt;
2. derjenigen, welche Land- oder Forstwirthschaft betreiben, für Lieferung von land- oder forstwirthschaftlichen Erzeugnissen, sofern die Lieferung zur Verwendung im Haushalte des Schuldners erfolgt;
3. der Eisenbahnunternehmungen, Frachtfuhrleute, Schiffer, Lohnkutscher und Boten wegen des Fahrgeldes, der Fracht, des Fuhr- und Botenlohns, mit Einschluß der Auslagen;
4. der Gastwirthe und derjenigen, welche Speisen oder Getränke gewerbsmäßig verabreichen, für Gewährung von Wohnung und Beköstigung sowie für andere den Gästen zur Befriedigung ihrer Bedürfnisse gewährte Leistungen, mit Einschluß der Auslagen;
5. derjenigen, welche Lotterieloose vertreiben, aus dem Vertriebe der Loose, es sei denn, daß die Loose zum Weitervertriebe geliefert werden;
6. derjenigen, welche bewegliche Sachen gewerbsmäßig vermiethen, wegen des Miethzinses;
7. derjenigen, welche, ohne zu den in Nr. 1 bezeichneten Personen zu gehören, die Besorgung fremder Geschäfte oder die Leistung von Diensten gewerbsmäßig betreiben, wegen der ihnen aus dem Gewerbebetriebe gebührenden Vergütungen, mit Einschluß der Auslagen;
8. derjenigen, welche im Privatdienste stehen, wegen des Gehalts, Lohnes oder anderer Dienstbezüge, mit Einschluß der Auslagen, sowie der Dienstberechtigten wegen der auf solche Ansprüche gewährten Vorschüsse;
9. der gewerblichen Arbeiter — Gesellen, Gehülfen, Lehrlinge, Fabrikarbeiter —, der Tagelöhner und Handarbeiter wegen des Lohnes

und anderer an Stelle oder als Theil des Lohnes vereinbarter Leistungen, mit Einschluß der Auslagen, sowie der Arbeitgeber wegen der auf solche Ansprüche gewährten Vorschüsse;

10. der Lehrherren und Lehrmeister wegen des Lehrgeldes und anderer im Lehrvertrage vereinbarter Leistungen sowie wegen der für die Lehrlinge bestrittenen Auslagen;

11. der öffentlichen Anstalten, welche dem Unterrichte, der Erziehung, Verpflegung oder Heilung dienen, sowie der Inhaber von Privatanstalten solcher Art für Gewährung von Unterricht, Verpflegung oder Heilung und für die damit zusammenhängenden Aufwendungen;

12. derjenigen, welche Personen zur Verpflegung oder zur Erziehung aufnehmen, für Leistungen und Aufwendungen der in Nr. 11 bezeichneten Art;

13. der öffentlichen Lehrer und der Privatlehrer wegen ihrer Honorare, die Ansprüche der öffentlichen Lehrer jedoch nicht, wenn sie auf Grund besonderer Einrichtungen gestundet sind;

14. der Aerzte, insbesondere auch der Wundärzte, Geburtshelfer, Zahnärzte und Thierärzte, sowie der Hebammen für ihre Dienstleistungen, mit Einschluß der Auslagen;

15. der Rechtsanwälte, Notare und Gerichtsvollzieher sowie aller Personen, die zur Besorgung gewisser Geschäfte öffentlich bestellt oder zugelassen sind, wegen ihrer Gebühren und Auslagen, soweit nicht diese zur Staatskasse fließen;

16. der Parteien wegen der ihren Rechtsanwälten geleisteten Vorschüsse;

17. der Zeugen und Sachverständigen wegen ihrer Gebühren und Auslagen.

Soweit die im Abs. 1 Nr. 1, 2, 5 bezeichneten Ansprüche nicht der Verjährung von zwei Jahren unterliegen, verjähren sie in vier Jahren.

§ **197**. In vier Jahren verjähren die Ansprüche auf Rückstände von Zinsen, mit Einschluß der als Zuschlag zu den Zinsen zum Zwecke allmählicher Tilgung des Kapitals zu entrichtenden Beträge, die Ansprüche auf Rückstände von Mieth- und Pachtzinsen, soweit sie nicht unter die Vorschrift des § 196 Abs. 1 Nr. 6 fallen, und die Ansprüche auf Rückstände von Renten, Auszugsleistungen, Besoldungen, Wartegeldern, Ruhegehalten, Unterhaltsbeiträgen und allen anderen regelmäßig wiederkehrenden Leistungen.

§ **198**. Die Verjährung beginnt mit der Entstehung des Anspruchs. Geht der Anspruch auf ein Unterlassen, so beginnt die Verjährung mit der Zuwiderhandlung.

§ **199**. Kann der Berechtigte die Leistung erst verlangen, wenn er dem Verpflichteten gekündigt hat, so beginnt die Verjährung mit dem Zeitpunkte, von welchem an die Kündigung zulässig ist. Hat der Verpflichtete die Leistung erst zu bewirken, wenn seit der Kündigung eine bestimmte Frist verstrichen ist, so wird der Beginn der Verjährung um die Dauer der Frist hinausgeschoben.

§ **200**. Hängt die Entstehung eines Anspruchs davon ab, daß der

Berechtigte von einem ihm zustehenden Anfechtungsrechte Gebrauch macht, so beginnt die Verjährung mit dem Zeitpunkte, von welchem an die Anfechtung zulässig ist. Dies gilt jedoch nicht, wenn die Anfechtung sich auf ein familienrechtliches Verhältniß bezieht.

**§ 201.** Die Verjährung der in den §§ 196, 197 bezeichneten Ansprüche beginnt mit dem Schlusse des Jahres, in welchem der nach den §§ 198 bis 200 maßgebende Zeitpunkt eintritt. Kann die Leistung erst nach dem Ablauf einer über diesen Zeitpunkt hinausreichenden Frist verlangt werden, so beginnt die Verjährung mit dem Schlusse des Jahres, in welchem die Frist abläuft.

**§ 202.** Die Verjährung ist gehemmt, solange die Leistung gestundet oder der Verpflichtete aus einem anderen Grunde vorübergehend zur Verweigerung der Leistung berechtigt ist.

Diese Vorschrift findet keine Anwendung auf die Einrede des Zurückbehaltungsrechts, des nicht erfüllten Vertrags, der mangelnden Sicherheitsleistung, der Vorausklage sowie auf die nach § 770 dem Bürgen und nach den §§ 2014, 2015 dem Erben zustehenden Einreden.

**§ 203.** Die Verjährung ist gehemmt, solange der Berechtigte durch Stillstand der Rechtspflege innerhalb der letzten sechs Monate der Verjährungsfrist an der Rechtsverfolgung verhindert ist.

Das Gleiche gilt, wenn eine solche Verhinderung in anderer Weise durch höhere Gewalt herbeigeführt wird.

**§ 204.** Die Verjährung von Ansprüchen zwischen Ehegatten ist gehemmt, solange die Ehe besteht. Das Gleiche gilt von Ansprüchen zwischen Eltern und Kindern während der Minderjährigkeit der Kinder und von Ansprüchen zwischen dem Vormund und dem Mündel während der Dauer des Vormundschaftsverhältnisses.

**§ 205.** Der Zeitraum, während dessen die Verjährung gehemmt ist, wird in die Verjährungsfrist nicht eingerechnet.

**§ 206.** Ist eine geschäftsunfähige oder in der Geschäftsfähigkeit beschränkte Person ohne gesetzlichen Vertreter, so wird die gegen sie laufende Verjährung nicht vor dem Ablaufe von sechs Monaten nach dem Zeitpunkte vollendet, in welchem die Person unbeschränkt geschäftsfähig wird oder der Mangel der Vertretung aufhört. Ist die Verjährungsfrist kürzer als sechs Monate, so tritt der für die Verjährung bestimmte Zeitraum an die Stelle der sechs Monate.

Diese Vorschriften finden keine Anwendung, soweit eine in der Geschäftsfähigkeit beschränkte Person prozeßfähig ist.

**§ 207.** Die Verjährung eines Anspruchs, der zu einem Nachlasse gehört oder sich gegen einen Nachlaß richtet, wird nicht vor dem Ablaufe von sechs Monaten nach dem Zeitpunkte vollendet, in welchem die Erbschaft von dem Erben angenommen oder der Konkurs über den Nachlaß eröffnet wird oder von welchem an der Anspruch von einem Vertreter oder gegen einen Vertreter geltend gemacht werden kann. Ist die Verjährungsfrist kürzer als sechs Monate, so tritt der für die Verjährung bestimmte Zeitraum an die Stelle der sechs Monate.

§ 208. Die Verjährung wird unterbrochen, wenn der Verpflichtete dem Berechtigten gegenüber den Anspruch durch Abschlagzahlung, Zinszahlung, Sicherheitsleistung oder in anderer Weise anerkennt.

§ 209. Die Verjährung wird unterbrochen, wenn der Berechtigte auf Befriedigung oder auf Feststellung des Anspruchs, auf Ertheilung der Vollstreckungsklausel oder auf Erlassung des Vollstreckungsurtheils Klage erhebt.

Der Erhebung der Klage stehen gleich:
1. die Zustellung eines Zahlungsbefehls im Mahnverfahren;
2. die Anmeldung des Anspruchs im Konkurse;
3. die Geltendmachung der Aufrechnung des Anspruchs im Prozesse;
4. die Streitverkündung in dem Prozesse, von dessen Ausgange der Anspruch abhängt;
5. die Vornahme einer Vollstreckungshandlung und, soweit die Zwangsvollstreckung den Gerichten oder anderen Behörden zugewiesen ist, die Stellung des Antrags auf Zwangsvollstreckung.

§ 210. Hängt die Zulässigkeit des Rechtswegs von der Vorentscheidung einer Behörde ab oder hat die Bestimmung des zuständigen Gerichts durch ein höheres Gericht zu erfolgen, so wird die Verjährung durch die Einreichung des Gesuchs an die Behörde oder das höhere Gericht in gleicher Weise wie durch Klagerhebung unterbrochen, wenn die Klage binnen drei Monaten nach der Erledigung des Gesuchs erhoben wird. Auf diese Frist finden die Vorschriften der §§ 203, 206, 207 entsprechende Anwendung.

§ 211. Die Unterbrechung durch Klagerhebung dauert fort, bis der Prozeß rechtskräftig entschieden oder anderweit erledigt ist.

Geräth der Prozeß in Folge einer Vereinbarung oder dadurch, daß er nicht betrieben wird, in Stillstand, so endigt die Unterbrechung mit der letzten Prozeßhandlung der Parteien oder des Gerichts. Die nach der Beendigung der Unterbrechung beginnende neue Verjährung wird dadurch, daß eine der Parteien den Prozeß weiter betreibt, in gleicher Weise wie durch Klagerhebung unterbrochen.

§ 212. Die Unterbrechung durch Klagerhebung gilt als nicht erfolgt, wenn die Klage zurückgenommen oder durch ein nicht in der Sache selbst entscheidendes Urtheil rechtskräftig abgewiesen wird.

Erhebt der Berechtigte binnen sechs Monaten von neuem Klage, so gilt die Verjährung als durch die Erhebung der ersten Klage unterbrochen. Auf diese Frist finden die Vorschriften der §§ 203, 206, 207 entsprechende Anwendung.

§ 213. Die Unterbrechung durch Zustellung eines Zahlungsbefehls im Mahnverfahren gilt als nicht erfolgt, wenn die Wirkungen der Rechtshängigkeit erlöschen.

§ 214. Die Unterbrechung durch Anmeldung im Konkurse dauert fort, bis der Konkurs beendigt ist.

Die Unterbrechung gilt als nicht erfolgt, wenn die Anmeldung zurückgenommen wird.

Wird bei der Beendigung des Konkurses für eine Forderung, die in Folge eines bei der Prüfung erhobenen Widerspruchs in Prozeß befangen ist, ein Betrag zurückbehalten, so dauert die Unterbrechung auch nach der Beendigung des Konkurses fort; das Ende der Unterbrechung bestimmt sich nach den Vorschriften des § 211.

§ **215**. Die Unterbrechung durch Geltendmachung der Aufrechnung im Prozeß oder durch Streitverkündung dauert fort, bis der Prozeß rechtskräftig entschieden oder anderweit erledigt ist; die Vorschriften des § 211 Abs. 2 finden Anwendung.

Die Unterbrechung gilt als nicht erfolgt, wenn nicht binnen sechs Monaten nach der Beendigung des Prozesses Klage auf Befriedigung oder Feststellung des Anspruchs erhoben wird. Auf diese Frist finden die Vorschriften der §§ 203, 206, 207 entsprechende Anwendung.

§ **216**. Die Unterbrechung durch Vornahme einer Vollstreckungshandlung gilt als nicht erfolgt, wenn die Vollstreckungsmaßregel auf Antrag des Berechtigten oder wegen Mangels der gesetzlichen Voraussetzungen aufgehoben wird.

Die Unterbrechung durch Stellung des Antrags auf Zwangsvollstreckung gilt als nicht erfolgt, wenn dem Antrage nicht stattgegeben oder der Antrag vor der Vornahme der Vollstreckungshandlung zurückgenommen oder die erwirkte Vollstreckungsmaßregel nach Abs. 1 aufgehoben wird.

§ **217**. Wird die Verjährung unterbrochen, so kommt die bis zur Unterbrechung verstrichene Zeit nicht in Betracht; eine neue Verjährung kann erst nach der Beendigung der Unterbrechung beginnen.

§ **218**. Ein rechtskräftig festgestellter Anspruch verjährt in dreißig Jahren, auch wenn er an sich einer kürzeren Verjährung unterliegt. Das Gleiche gilt von dem Anspruch aus einem vollstreckbaren Vergleich oder einer vollstreckbaren Urkunde sowie von einem Anspruche, welcher durch die im Konkurs erfolgte Feststellung vollstreckbar geworden ist.

Soweit sich die Feststellung auf regelmäßig wiederkehrende, erst künftig fällig werdende Leistungen bezieht, bewendet es bei der kürzeren Verjährungsfrist.

§ **219**. Als rechtskräftige Entscheidung im Sinne des § 211 Abs. 1 und des § 218 Abs. 1 gilt auch ein unter Vorbehalt ergangenes rechtskräftiges Urtheil.

§ **220**. Ist der Anspruch vor einem Schiedsgericht oder einem besonderen Gerichte, vor einem Verwaltungsgericht oder einer Verwaltungsbehörde geltend zu machen, so finden die Vorschriften der §§ 209 bis 213, 215, 216, 218, 219 entsprechende Anwendung.

Sind in dem Schiedsvertrage die Schiedsrichter nicht ernannt oder ist die Ernennung eines Schiedsrichters aus einem anderen Grunde erforderlich oder kann das Schiedsgericht erst nach der Erfüllung einer sonstigen Voraussetzung angerufen werden, so wird die Verjährung schon dadurch unterbrochen, daß der Berechtigte das zur Erledigung der Sache seinerseits Erforderliche vornimmt.

§ **221.** Gelangt eine Sache, in Ansehung deren ein dinglicher Anspruch besteht, durch Rechtsnachfolge in den Besitz eines Dritten, so kommt die während des Besitzes des Rechtsvorgängers verstrichene Verjährungszeit dem Rechtsnachfolger zu Statten.

§ **222.** Nach der Vollendung der Verjährung ist der Verpflichtete berechtigt, die Leistung zu verweigern.

Das zur Befriedigung eines verjährten Anspruchs Geleistete kann nicht zurückgefordert werden, auch wenn die Leistung in Unkenntniß der Verjährung bewirkt worden ist. Das Gleiche gilt von einem vertragsmäßigen Anerkenntnisse sowie einer Sicherheitsleistung des Verpflichteten.

§ **223.** Die Verjährung eines Anspruchs, für den eine Hypothek oder ein Pfandrecht besteht, hindert den Berechtigten nicht, seine Befriedigung aus dem verhafteten Gegenstande zu suchen.

Ist zur Sicherung eines Anspruchs ein Recht übertragen worden, so kann die Rückübertragung nicht auf Grund der Verjährung des Anspruchs gefordert werden.

Diese Vorschriften finden keine Anwendung bei der Verjährung von Ansprüchen auf Rückstände von Zinsen oder anderen wiederkehrenden Leistungen.

§ **224.** Mit dem Hauptanspruche verjährt der Anspruch auf die von ihm abhängenden Nebenleistungen, auch wenn die für diesen Anspruch geltende besondere Verjährung noch nicht vollendet ist.

§ **225.** Die Verjährung kann durch Rechtsgeschäft weder ausgeschlossen noch erschwert werden. Erleichterung der Verjährung, insbesondere Abkürzung der Verjährungsfrist, ist zulässig.

---

**Verjährung.** §§ 194—225. EGes. Art. 169. E. I §§ 154—185; II §§ 161 bis 190; III §§ 189—220. ALR. I 9 §§ 500 ff. SBGB. §§ 150—170, 210, 462, 674, 754; 923, 930, 946; 1016, 1017, 1018 (Verjährungsfristen); §§ 1034, 1035, 1063, 1397, 1404, 1522, 1559, 1948, 1998, 2291, 2342, 2616. PublV. v. 3. Januar 1863 §§ 8 ff. C. c. art. 2219—2281. W. 1 §§ 96, 102, 105—112, 116 ff.; D. P. 1 §§ 144—150; Pr. Pr. 1 §§ 163 ff. Eccius 1 §§ 46, 49, 51, 57, 60. RE. 1 Nr. 172—180 b. Grützmann 1 §§ 34 ff. Z=Cr. 1 §§ 137—149. Cr. 1 §§ 38, 42. Endemann 1 §§ 90—95. Cosack 1 §§ 74, 75.

I. 1. Die Verjährung ist ein Rechtsinstitut des rein positiven Rechts; es läßt eine ganz verschiedene Gestaltung zu. Nach seinen bekannten gesetzgeberischen, theils rechtspolitischen, theils wirthschaftlichen Motiven hat es zum Theil den Charakter publici juris. Aus dem BGB. gehört dahin die Vorschrift des § 225, daß die Verjährung, auch die kurze, durch Rechtsgeschäft weder ausgeschlossen, noch erschwert, wohl aber erleichtert, insbesondere die Frist abgekürzt werden kann, was selbstverständlich voraussetzt, daß die Verjährung überhaupt zugelassen ist; ein unverjährbarer Anspruch kann durch Vertrag nicht verjährbar gemacht werden. Dieser in der Hauptsache mit C. c. art. 2220, SBGB. § 152, und dem gem. R. übereinstimmende, vom ALR. I 9 §§ 565 ff. abweichende Grundsatz ist aber nicht rein durchgeführt. Nach §§ 477, 638 Abs. 2 kann durch Vertrag die Verjährungsfrist der Ansprüche aus der Gewährleistung ebenso verlängert werden, wie die Gewährsfrist, § 486. Vgl. auch §§ 524, 801 Abs. 3. Erschwert wird die Verjährung durch Abreden aller Art in Bezug auf Beginn, Hemmung, Unterbrechung, Frist, die bewirken sollen, daß die Verjährung später eintritt, als sie nach dem Gesetz eintreten würde, oder weniger wirkt, als das Gesetz will. Auch hier ist der Unterschied der Verjährungs- und der Erklärungsfristen sorgsam zu beachten. Es ist kein Vertrag über Verjährung, wenn die Kontrahenten, wie in Versicherungspolicen, bei Zeitkaufgeschäften, die Existenz des Rechts, Entstehung oder Verlust, an die Geltendmachung in einer Frist binden. Vgl. StrA. 64 S. 138, OHG. 5 S. 182, 186, RG. 4 S. 158, 19 S. 132. RE. 1 Nr. 172.

2. Im Uebrigen wird der Begriff der Verjährung bestimmt durch ihren Gegenstand und ihre Wirkung. Das Röm. R. schied bekanntlich plastisch: Erwerb von Eigenthum und Servituten durch usuc. und longi tempor. praescriptio, Ersitzung, von der Aufhebung der Servituten durch non usus und libertatis usuc. und der Klageverjährung. Dem ist das gem. R. und das SBGB. gefolgt, während das ALR. wie der C. c. unter den abstrakten Begriff der Verjährung, durch welche mittels Zeitablauf und unterlassene Rechtsausübung die Rechte verändert werden, sowohl die Ersitzung, wie non usus und Klageverjährung zusammenfaßten. Dabei blieb für das LR. unklar der zu Tag liegende, wenn auch nicht immer sofort erkennbare Unterschied zwischen Verjährungsfrist und den gesetzlichen oder vertragsmäßigen Präklusivfristen, an deren Innehaltung die Existenz eines Rechts, einer Befugniß geknüpft, oder durch die das Recht oder der Anspruch von vornherein nur beschränkt zur Entstehung gelangt. ObTr. 6 S. 393, 40 S. 7. RE. 1 Nr. 172. Die klare Scheidung beider Fristen ist für alle Rechte von Erheblichkeit, weil grundsätzlich die Vorschriften bei der Verjährung über Anfang, Hemmung, Unterbrechung, rechtsgeschäftliche Abrede, Einfluß der Minderjährigkeit, restitutio in integrum, auf Präklusivfristen unanwendbar sind. So muß z. B., wo die Existenz eines Rechts davon abhängig gemacht ist, daß es in bestimmter Frist

klagend geltend gemacht, die Klage in der Frist nicht nur erhoben, sondern auch verfolgt werden, Zurücknahme der Klage hat den Verlust des Rechts zur Folge; eine neue Klage gemäß § 212 Abs. 2 ist nicht Klage in der Frist und deshalb nutzlos.

Für das BGB. sind solche Kontroversen dadurch ausgeschlossen, daß es scharf und konsequent durch seinen Sprachgebrauch die echten Verjährungsfristen so deutlich von den Präklusiv- oder Erklärungsfristen scheidet, daß jeder Zweifel ausgeschlossen ist, auch wo es sich um Ansprüche handelt, die nach BGB. begriffsmäßig allein der Verjährung unterliegen. Hinzuweisen ist in dieser Beziehung z. B. auf die §§ 108 ff., 177, 283, 355, — auf die §§ 121, 124, 210, 212, 382, 561 Abs. 2, 703, 801, 861, 862, 864, 927, 1123, 1170, 1171, 1188, 1289, 1339, 1571, 1594, 1599, 1944, 1954, 1997, 2082, 2083, 2252. Daß bei einzelnen dieser Fristen, §§ 124, 212 Abs. 2, 215, 1002, 1599, 1944, 1997, 2082, u. a. Die Grundsätze, welche die §§ 203, 206, 207 für die Verjährungsfristen aufstellen, zur Anwendung kommen sollen, ändert ihre Natur als Präklusivfristen nicht.

Die Frage, ob Verjährungs- oder Präklusivfrist vorliegt, hat danach praktische Bedeutung nur noch für die Reichsgesetze außerhalb des BGB. und die unberührt gebliebenen Landesgesetze. Für diese Fälle bleibt zu beachten, daß Präklusivfrist nur da anzunehmen, wo Anfang oder Ende eines Anspruchs, eines Rechts durch die Frist begrenzt ist. Der Sinn und Zweck der Verjährung ist ein ganz anderer. Ueber die Ergebnisse der bisherigen Praxis vgl. RE. 1 Nr. 172.

3. Das BGB. scheidet plastisch wie das Röm. R. die extinktive Verjährung des Anspruchs von der (acquisitiven) Ersitzung, welche das BGB. bei beweglichen Sachen (Eigenthum und Nießbrauch), §§ 937 ff., 1033, an Grundstücken nur sehr beschränkt zuläßt, § 900. Non usus als Form der erlöschenden Verjährung, die nicht Klageverjährung, ist dem BGB. unbekannt wie die libertatis usucapio und die Ersitzung von Grundgerechtigkeiten. Vgl. RE. 3 Nr. 278. C. c. art. 617, 706, 2150. Vgl. aber zu § 1028. Gegenstand der Verjährung sind nach § 194 Abs. 1 die als Ansprüche bezeichneten selbständigen Rechte, von einem Anderen ein Thun oder Unterlassen zu verlangen. Alle solche Rechte setzen begriffsmäßig einen bestimmten Berechtigten und einen bestimmten Verpflichteten voraus, d. h. ein Schuldverhältniß, § 241. Bei obligatorischen Rechten, auch wo sie dinglich radicirt, ist der Verpflichtete durch den Schuldtitel, bei Rechten aus unerlaubten Handlungen durch die Handlung, bei Rechten aus dem Eigenthum, §§ 985 ff., und aus anderen absoluten Rechten, die an sich keinem bestimmten Verpflichteten, sondern Jedem gegenüber bestehen, durch den Thatbestand gegeben, der aus dem absoluten Recht einen Anspruch aus der Verletzung des Rechts gegen einen bestimmten Verpflichteten entstehen läßt, §§ 823, 985.

Nach BGB. ist es ganz unzweifelhaft, daß der Anspruch des wahren Eigenthümers auf Herausgabe gegen den besitzenden Nichteigenthümer ebenso der Verjährung unterliegt, wie der Erbschaftsanspruch des wahren Erben gegen den falschen Erben. Vgl. zu §§ 985 ff., 2018 ff. RE. 1 Nr. 178, 2 Nr. 254a S. 770. Auch die Ansprüche aus Eingriff in das Eigenthum ohne Besitzentziehung unterliegen der Verjährung, soweit sie nicht durch § 924 der Verjährung ausdrücklich entzogen sind, oder es sich um die durch EG. Art. 111 aufrecht erhaltenen Eigenthumsbeschränkungen im öffentlichen Interesse handelt. Vgl. z. B. ALR. I 8 §§ 65 ff., 125—131 u. a., RE. 1 Nr. 148, 153. So kann auch nach BGB. der Eigenthümer nach Ablauf der ordentlichen Verjährungsfrist nicht darauf klagen, daß der Nachbar die auf der Grenze stehende Gebäudewand, die sich im Laufe der Zeit ausgebaucht hat und in Folge dessen in den Luftraum des Anderen hinüberragt, lothrecht wiederherstelle. ObTr. 69 S. 90, RE. 1 Nr. 173 Erk. b. Nur das Eigenthum und die Rechte des Eigenthums können, so lange die Sache im Besitze des Eigenthümers, nicht verjähren. ALR. I 9 § 504. Vgl. unten die Erörterungen über die Wirkung der Verjährung. Die an sich werthlose Unterscheidung zwischen den res oder actus merae und non merae facultatis, ALR. I 9 §§ 505, 506; C. c. art. 2232; RE. 1 Nr. 173, hat für das BGB. gar keine Bedeutung.

**4.** Nicht Gegenstand der Verjährung sind nach § 194 Abs. 2 die Ansprüche aus familienrechtlichen Verhältnissen, soweit sie auf Befriedigung für die Zukunft gerichtet sind. Hierher gehört der Anspruch des Ehegatten auf Herstellung der ehelichen Gemeinschaft, § 1353, auf Gewährung des Unterhalts, §§ 1360, 1361 (1613), die Ansprüche aus dem ehelichen Güterrecht, die Ansprüche des Inhabers der elterlichen Gewalt gegen das Kind und umgekehrt und gegen Dritte aus dem Gewaltsverhältniß, z. B. § 1632; daß der Anspruch der Tochter auf Aussteuer, §§ 1620 ff., und § 1623 Satz 2 der Verjährung unterworfen, enthält eine Ausnahme, die ihren guten Grund hat. Unter § 194 Abs. 2 fallen ferner die Ansprüche aus der Unterhaltspflicht, §§ 1601 ff., die nach § 1613 für die Vergangenheit überhaupt nur ex mora bestehen, und insoweit der Verjährung unterliegen. § 197. Die Folge ist, daß der arme Vater Unterhalt vom Kinde für die Zukunft fordern kann, selbst wenn er dreißig Jahre der Unterstützung bedurft, sie aber nicht gefordert hat. Der Grund der Unverjährbarkeit dieser familienrechtlichen Ansprüche liegt in der sittlichen Natur der dem Anspruch korrespondirenden Pflicht und der Erwägung, daß so lange das familienrechtliche Verhältniß besteht, der Anspruch immer wieder von Neuem entsteht, die Pflicht nicht erlöschen kann.

Der Verjährung unterliegt ferner nicht, außer den bereits erwähnten in § 924 bezeichneten Ansprüchen aus dem Eigenthum, nach §§ 758, 2042 Abs. 3 der Anspruch auf Aufhebung der Gemeinschaft, insbesondere Theilung des Nachlasses, nach § 898 (§§ 1138, 1155, 1157, 1263) die Ansprüche auf Berichtigung des Grundbuchs (Schiffsregisters), wenn dessen Inhalt mit der wirklichen Rechtslage nicht im Einklang steht (Eintragung auf Grund von Simulation, Irrthum, Täuschung des Richters durch gefälschte Urkunde, u. a.), nach § 902 die Ansprüche aus Rechten, die im Grundbuch eingetragen oder vorgemerkt, mit Ausnahme der Ansprüche auf Rückstände von Zinsen und wiederkehrenden Leistungen (§§ 197, 223 Abs. 3) und die Ausnahme in § 1028.

Unverjährbar ist die Feststellungsklage, da sie keinen Anspruch auf Leistung verfolgt. Bedeutung hat der Satz nur für die Statusklagen. Klagen auf Feststellung verjährter Ansprüche scheitern von selbst regelmäßig in dem Mangel der Voraussetzung des § 256 (231) CPO.

Von Verjährung der Einrede kann nach BGB. nicht geredet werden. Macht sie einen verjährten Anspruch geltend, so fällt sie nach BGB. fort, nicht, weil sie verjährt oder obwohl sie nicht verjährt, sondern weil sie materiell unbegründet. Macht sie keinen Anspruch geltend, sondern leugnet sie die Entstehung des Anspruchs aus einem Thatbestande, der auch einen Anspruch begründen kann, ohne den Anspruch geltend zu machen, so steht Verjährung im Sinne des BGB. nie in Frage. So kann das Ausbleiben der Gegenleistung aus zweiseitigem Vertrage den Anspruch auf Leistung und Schadensersatz begründen, der der Verjährung unterliegt, aber die Einrede, daß die Klage auf Leistung unbegründet, weil die Gegenleistung ausgeblieben, kann nicht verjähren, weil durch solche Verjährung der Anspruch auf Leistung nicht begründet werden könnte. In einer Reihe von Fällen hat das BGB. die Aufrechterhaltung der Einreden solcher selbständigen Art ausdrücklich ausgesprochen. Vgl. §§ 478, 490 Abs. 2, 639, 821, 853 unter VI (Wirkung der Verjährung).

5. Ueber die Wirkung der Verjährung nach BGB. vgl. das Nähere unter VI. Nach diesen Wirkungen hat die Anspruchsverjährung des BGB. die Natur der Klageverjährung des gem. Rechts, insofern sie nur das wesentliche Element des Anspruchs (Recht, Forderung), die Verfolgbarkeit mittels Klage, beseitigt, für den Verpflichteten das Recht begründet, die Befriedigung des Anspruchs zu verweigern. Im alten HGB. Art. 146, 172, 349, 386, 408 und anderen Reichsgesetzen ist auch von Verjährung der Klage die Rede, in der WO. Art. 77 ff., 98 von Verjährung des Anspruchs, was für die wechselrechtliche Verjährung eine Berechtigung hat, da die Verjährung den Wechselanspruch bis auf den in Art. 83 WO. normirten Bereicherungsanspruch tilgt. In § 8 des Haftpflichtges. ist wieder von Verjährung der Forderung die Rede. Ein wesentlicher Unterschied wird durch die verschiedene Bezeichnung nicht begründet.

**II. Beginn der Verjährung.** actio nata. RE. 1 Nr. 177. 1. Nach § 198 beginnt die Verjährung mit der Entstehung des Anspruchs. Berechnet wird Anfang und Ende nach §§ 187, 188, 193 (Sonntag, Feiertag). Demnach beginnt regelmäßig die Frist mit dem Tage zu laufen, der demjenigen folgt, in dessen Lauf die Entstehung des Anspruchs fällt; ist der sich danach bestimmende Endtag ein Sonn- oder Feiertag, so endet die Frist mit dem nächstfolgenden Werktag. Der Fall des § 187 Abs. 2 wird selten vorliegen. Eine allgemeine Ausnahme von § 198 enthält für die kurzen Verjährungsfristen der §§ 196, 197 der § 201. Die Verjährung beginnt nicht mit Entstehung des Anspruchs, auch nicht mit Ablauf einer Leistungsfrist, sondern stets mit Ablauf des Jahres, in welches diese Termine fallen. Außerdem enthält das BGB. Specialvorschriften für den Beginn bei gewissen individuellen Ansprüchen in den §§ 477, 480, 490 (493), 558 Abs. 2, 638, 639, 801, 852, 1057, 1226, 1302, 1715 Abs. 3, 2287 Abs. 2, 2332. Specialvorschriften geben ferner von den Reichsgesetzen z. B. die WO. Art. 77—79.

2. Der Anspruch entsteht im Sinne des BGB., wie sich aus § 199 Satz 1 in Verbindung mit § 202 Abs. 1 ergiebt, nicht sobald die Befriedigung des Anspruchs verlangt werden kann, vgl. ALR. I 9 § 543, SBGB. § 158, C. c. art. 2257, sondern mit der Begründung des Gläubigerrechts; eine schiefe und inkorrekte, aber ungefährliche Konstruktion. Auch nach § 198 Satz 1 beginnt die Verjährung suspensiv bedingten oder im Sinne des § 163 an einen dies a quo gebundenen Anspruchs nicht vor Eintritt der Bedingung oder des dies, wie nach jedem Recht, weil vorher kein Gläubigerrecht besteht, das Befriedigung fordern kann. Vgl. zu §§ 158 ff. S. 233 unter II. Nicht anders liegt die Sache, wenn das Gläubigerrecht von Ausübung eines Rücktrittsrechtes abhängig ist; vor dem Rücktritt entsteht es ebenso wenig, wie das Recht aus dem Wiederkauf vor der Erklärung des Verkäufers, § 497. Vgl. §§ 355, 503, aus denen sich für das BGB. diese Auffassung, gegen die sonst Bedenken geltend gemacht werden können, ergiebt. Windscheid 1 § 107 Anm. 9.

Das BGB. bedurfte ausdrücklicher Vorschrift in Satz 2 § 198, daß die Verjährung des *Anspruchs auf ein Unterlassen*, z. B. des vertragsmäßigen Anspruchs darauf, daß der Nachbar auf seinem Grund und Boden überhaupt oder an bestimmter Stelle oder ein bestimmtes Gebäude (Schmiede) nicht baut, erst mit dem Bau, dem Zuwiderhandeln, beginnt. Der Satz ist nach der begrifflichen Natur der Verjährung keine Ausnahmebestimmung, da es in der begrifflichen Natur der Verjährung liegt, daß von ihr nicht die Rede sein kann, so lange der Anspruch befriedigt ist. OHG. 9 S. 114. *Der Anspruch auf Unterlassen ist aber befriedigt, so lange unterlassen wird.*

Darum kann auch der Anspruch aus dem Eigenthum nicht verjähren, so lange nicht das Eigenthum durch einen Dritten verletzt wird; ein Anspruch gegen einen bestimmten Verpflichteten entsteht erst mit solcher Verletzung; der Anspruch aus dem Eigenthum an *gestohlener* Sache verjährt deshalb mit dem Ablauf des Diebstahlstages, der aus dem Eigenthum an *verlorener* Sache nicht mit dem Verlust, sondern mit der Besitzergreifung durch einen Dritten und durch den nach §§ 973, 974 eintretenden Eigenthumserwerb des Finders, der das Eigenthum des Verlierenden selbst beseitigt. Darum wird auch in § 984 beim Schatz vorausgesetzt, *daß der Eigenthümer nicht mehr zu ermitteln*. Der Anspruch des Eigenthümers, der die Sache verborgen hat, und seiner Erben auf die Sache geht durch Verjährung nicht verloren, auch wenn sie ein Jahrhundert verborgen war.

Der § 199 entscheidet eine bekannte gemeinrechtliche Kontroverse. Bei Ansprüchen, deren Befriedigung erst *nach Kündigung* gefordert werden kann, besteht das Gläubigerrecht schon vor der Kündigung. Kann der Gläubiger jederzeit kündigen, so kann er jederzeit Befriedigung verlangen, die Verjährung beginnt deshalb mit der Begründung des Gläubigerrechts. Kann nur der Schuldner kündigen, so ist begrifflich der Beginn der Verjährung vor dieser Kündigung ausgeschlossen, weil der Gläubiger vorher Befriedigung nicht fordern kann. Für das BGB. ergiebt sich dasselbe auf einem Umwege durch die Vorschrift des § 202, *wonach die Verjährung so lange gehemmt ist, d. h. nicht beginnen kann, als der Schuldner zur Verweigerung der Leistung (Befriedigung) berechtigt ist*. Steht dem Gläubiger die Kündigung jederzeit so zu, daß er erst nach Ablauf einer Frist nach erfolgter Kündigung Befriedigung fordern kann, so kann er jederzeit Befriedigung nach Ablauf dieser Frist fordern, die Verjährung beginnt deshalb mit dem Ablauf dieser Frist, die von der Begründung des Gläubigerrechts zu rechnen. Kann der Gläubiger vor Ablauf einer bestimmten Frist nach der Begründung seines Rechts nicht kündigen, so kann er vor Ablauf dieser Frist Befriedigung nicht verlangen, die Verjährung beginnt deshalb erst mit Ablauf dieser Frist und wenn auch in diesem Falle die Befriedigung erst nach Ablauf einer Frist nach der Kündigung verlangt werden kann, beginnt die Verjährung erst mit dem Ablauf dieser weiteren Frist.

Alle diese Sätze ergeben sich aus der Natur der Verjährung für alle Fälle, in denen eine Kündigung gesetzlich oder vertragsmäßig erforderlich. Sie sind vor dem BGB. durch die Praxis des gem. und Preuß. Rechts ausgebildet. SBGB. § 1016; ObTr. 3 S. 165 (Pl.); RE. 1 Nr. 177 Erk. a, ObTr. 59 S. 1 (Anwendung auf die kurzen Verjährungsfristen, wenn über die Forderung Schuldschein mit Kündigungsfrist ausgestellt); ObTr. 80 S. 194 (gem. R.); OHG. 23 S. 232. Die Sätze sind jetzt durch § 199 festgelegt, nach welchem sie als Ausnahmevorschriften erscheinen, während sie sich in Wahrheit aus der Rechtsnatur der Verjährung ergeben.

Danach beginnt die Verjährung auf Rückzahlung eines Darlehns, das am

15. März 1900 auf Schuldschein gegen Kündigung mit sechs Monaten Frist gegeben, mit dem 16. September 1900 und endigt mit dem 15. September 1930. §§ 199, 187 Abs. 1, 188 Abs. 2. Ist die Kündigung vor dem 1. Juli 1903 unzulässig, so beginnt die Verjährung am 2. Januar 1904 (§ 193) und die Verjährung ist am 1. Juni 1934 abgelaufen. Ueber die Gestaltung der Sache bei Miethe und Pacht vgl. zu §§ 535 ff., 558 Abs. 3.

**3.** Aus anfechtbarem Rechtsgeschäft, vgl. zu §§ 142—144 oben S. 197, entsteht ein Anspruch auf Restitution dessen, was durch das Rechtsgeschäft in die Hände des Gegners gekommen. Die Befriedigung desselben kann sofort mit seiner Entstehung verlangt werden. Nach §§ 200 ff. ist die Unkenntniß des Berechtigten von seinem Anspruch kein Grund der Hemmung der Verjährung. Die präklusivischen Fristen des § 124 haben mit der Verjährung des Anspruchs nichts zu thun, sondern laufen neben der Verjährungsfrist; mit ihrem unbenutzten Ablauf ist der Anspruch überhaupt getilgt. Aus § 198 Satz 1 folgt, daß die Verjährung des Anspruchs mit dem Zeitpunkt des anfechtbaren Rechtsgeschäfts beginnt. Der § 200 spricht dies ausdrücklich aus. Von selbst versteht sich nach §§ 208 ff., daß die Anfechtungserklärung, § 143, diese Verjährung nicht unterbricht, und daß der Restitutionsanspruch nach seiner Natur als Vindikation oder Kondiktion nicht eher zu verjähren beginnen kann, als bis die früher erörterten Bedingungen des Beginns der Verjährung dieses Anspruchs vorhanden sind.

Hat A den B 1900 durch arglistige Täuschung zu einer Schenkung bestimmt und das Geschenkte erhalten, entdeckt B 1902 die Täuschung, erklärt die Anfechtung in der gesetzlichen Frist, erhebt den Anspruch auf Rückgabe aber erst 1931, so ist der Anspruch verjährt. Hat er die geschenkte Sache dem B erst 1910 übergeben, die Täuschung 1912 entdeckt, die Anfechtung rechtzeitig erklärt, so verjährt der Restitutionsanspruch erst 1940. Vgl. zu §§ 2078 ff. bei Anfechtung einer letztwilligen Verfügung.

Eine Ausnahme macht § 200 für Ansprüche aus Anfechtung in Bezug auf ein familienrechtliches Verhältniß. In Betracht kommen dabei die Ansprüche aus Anfechtung der Ehe, §§ 1331 ff., 1345 ff., der Ehelichkeit eines Kindes, §§ 1594 ff., der Annahme an Kindesstatt. Der Sinn der Ausnahme ist, daß die Verjährung der Ansprüche aus der Anfechtbarkeit nicht mit der Eheschließung, der Geburt des Kindes, der Annahme an Kindesstatt, sondern mit der Beseitigung der Ehe, in den beiden anderen Fällen mit der Kenntniß von dem Anfechtungsgrunde beginnt.

**4.** Für das BGB. besteht der Satz: toties praescribitur actioni nondum natae, quoties nativitas est in potestate creditoris nicht, so sicher auch das BGB. Rechtsverletzung für die actio nata nur bei den Ansprüchen aus absolutem Recht voraussetzt. Vgl. RG. 15 S. 179. Entw. I § 158 Abs. 3 stand auf anderem Standpunkt. Die §§ 199, 200 lassen sich nicht als Ausflüsse des Satzes auffassen. In beiden Fällen besteht ein aktives Gläubigerrecht, ebenso wie in dem Falle, wo eine Sache in Verwahrung gegeben, oder verliehen ist. Der Anspruch auf Rückgabe entsteht in diesem Falle mit der Hingabe, wenn sich nicht aus dem Rechtsverhältniß eine Einrede gegen die sofortige Rückgabe im Sinn § 202 ergiebt, dem Leiher z. B. die Sache zu bestimmtem künftigen (nicht zu sofortigem) Gebrauch geliehen ist.

Fraglich ist, ob § 198 Satz 1 auf den in ObTr. 69 S. 55, RE. 3 Nr. 278 Erk. a behandelten Fall anzuwenden. 1768 hatte A dem B eine Grundstücksparzelle verkauft und sich in dem Vertrage verpflichtet, ihm, wenn er in der Folge ein Haus auf der Parzelle aufbauen sollte, das Holz zum Aufbau aus der Herrschaft gratis zu verabfolgen. 1870 baute der Besitznachfolger des B und klagte gegen den Besitznachfolger des A auf Lieferung des Bauholzes. Wird hier unterstellt, daß der Vertrag die Besitznachfolger berechtigen und verpflichten sollte und berechtigt und verpflichtet hatte, oder auch, daß A eine persönliche Verpflichtung übernommen hatte und seine Erben belangt wurden, so fragt sich, ob die erhobene Einrede der Verjährung nach BGB. durchdringen würde. Das ist vom ObTr. aus denselben Gründen bejaht, auf denen die Entscheidung bezüglich der Verjährung kündbarer Forderungen beruht. Das Gläubigerrecht war durch den Vertrag begründet, seine Befriedigung konnte sofort gefordert werden, wenn der Berechtigte baute, der Bau war keine Bedingung, sondern eine den Inhalt der Leistung normirende Zweckbestimmung. Auf solche Fälle ist § 198 anwendbar.

**III. Hemmung der Verjährung.** §§ 202—207. 1. Nach § 205 wird in die Verjährungsfrist nicht eingerechnet der Zeitraum, während dessen die Verjährung gehemmt ist. Das bedeutet, daß die Verjährung so lange nicht beginnen kann, als ein Hemmungsgrund besteht, und daß sie ruht, nicht weiter läuft, wenn im Laufe der Verjährungszeit ein Hemmungsgrund eintritt, so lange dieser besteht; nach Fortfall des Hemmungsgrundes läuft die Verjährung weiter; sie wird vollendet, sobald die vor der Hemmung abgelaufene und die Zeit nach Fortfall der Hemmung die Verjährungsfrist erfüllt. Die Hemmungsgründe gelten natürlich auch für den Wiederbeginn der nach Unterbrechung neu beginnenden Verjährung.

Hemmungsgründe in diesem Sinne kennen alle Rechte. W. 1 § 109; ALR. I 9 §§ 512 ff., 515 ff.; RE. 1 Nr. 174, 175, 176; SBGB. § 154 ff.; C. c. art. 2251 bis 2259. Die Hindernisse sind theils faktischer, theils rechtlicher Natur; regelmäßig hemmen sie den Anfang, nicht den Lauf der Verjährung, agere non valenti non currit praescriptio, semel coepta currit. Für Minderjährige wird besondere Fürsorge durch restitutio in integr. gegen den Ablauf der Verjährung getroffen, die das ALR. I 9 §§ 531—534, 537—540 auch in einzelnen anderen Fällen zuläßt. Die Vorschriften des ALR. sollten die gemeinrechtliche Praxis näher bestimmen und ergänzen, gehen aber in dem Umfange der zugelassenen Hemmungsgründe weit über das Ziel hinaus. Als Hemmungsgründe sind außer der Minderjährigkeit statuirt: die Unbekanntschaft mit der Existenz des eigenen Rechts, Behinderung im Gebrauch oder in der Verfolgung des Rechts, Abwesenheit im Dienst des Staates, Gutsverpachtung, Krieg (nur für Militärpersonen), justitium, das persönliche Verhältniß zwischen Eheleuten, Eltern und Kindern, Vormund und Mündel, Versagung des rechtlichen Gehörs. Dabei entstanden zahlreiche Streitfragen, namentlich auch bezüglich der rest. in int. bei den kurzen Verjährungsfristen. Vgl. C. c. art. 2278.

2. Das BGB. hat die Lehre auf eine viel einfachere Grundlage gestellt, die Hemmungsgründe beschränkt, namentlich Abwesenheit, Unkenntniß des Rechts, Gutsverpachtung, Krieg als solchen, die Deliberationsfrist des Erben als Hemmungsgründe beseitigt, ebenso die rest. in int. Auch Minderjährigkeit ist kein Hemmungsgrund, § 206. Die §§ 202, 203, 204 enthalten die drei großen Klassen der Hemmungsgründe.

**a.** Die Klasse des § 202 — Hemmung durch Stundung oder sonstige Berechtigung des Verpflichteten zur vorübergehenden Verweigerung der Leistung, — ALR. I 9 §§ 516, 517; C. c. art. 2257, — hängt mit dem Grundsatz des § 198, daß die Verjährung mit der Entstehung des Anspruchs beginnt, zusammen. An sich folgt aus dem Begriff der Verjährung, daß sie so lange nicht beginnen kann, als Befriedigung nicht verlangt werden kann. Dem kann sich kein Verjährungsgesetz entziehen. SBGB. § 158. Der § 202 erreicht dies durch die Vorschrift, daß die Verjährung gehemmt wird, wenn die Leistung gestundet ist oder aus anderem Grunde vorübergehend verweigert werden kann. Stundung im § 202 ist Stundung durch den Begründungsakt, Bestimmung eines dies für die Erfüllung, nicht für die Entstehung des Anspruchs. So kann der Anspruch aus dem am 1. Januar zur Rückzahlung zum 1. Juli gegebenen Darlehn vor dem 1. Juli zu verjähren nicht beginnen. Bei dies für die Entstehung ist wie bei Suspensivbedingung actio nata nicht vorhanden. Stundung nach dem Beginn der Verjährung kann zur Unterbrechung führen, wenn die Stundung vom Verpflichteten nachgesucht und damit der Anspruch anerkannt wird. Aber unerfindlich ist, wie die einseitige Stundungserklärung des Gläubigers die Verjährung hemmen oder unterbrechen soll. Nur gesetzliches Moratorium, EG. z. CPO. § 14 Abs. 2 Nr. 4, kann Ruhen der Verjährung herbeiführen.

Aus anderem Grunde als Stundung vorübergehend zur Verweigerung der Leistung berechtigt ist der Verpflichtete entweder nach dem allgemeinen oder besonderen rechtlichen Inhalt des Vertrages oder auf Grund einer Einrede, die ihm das Gesetz giebt. Der § 202 Abs. 1 bezieht sich nicht bloß auf die aufschiebenden (dilatorischen) Einreden des BGB. (vgl. § 2014). Von solchen Einreden kennt das BGB. nur die Einrede des Zurückbehaltungsrechts, §§ 273, 274, 1000, das dem Verpflichteten das Recht giebt, seine Leistung zu verweigern, bis die ihm gebührende Leistung bewirkt wird, — des nicht erfüllten Vertrages, §§ 320, 321, 322, — der mangelnden Sicherheitsleistung, §§ 258, 273 Abs. 2, 321, 867, 1005, 2217 Abs. 2, — der Anfechtbarkeit und Aufrechenbarkeit der Hauptverbindlichkeit auf Seiten des Bürgen, § 770, — der Vorausklage, §§ 771, 773, — des Erben aus § 2014 gegen den Anspruch auf Befriedigung einer Nachlaßverbindlichkeit vor Ablauf von drei Monaten nach Annahme der Erbschaft, — des schwebenden Aufgebotsverfahrens aus § 2015 Abs. 1 gegen den Anspruch auf Befriedigung einer Nachlaßverbindlichkeit vor Beendigung des Aufgebotsverfahrens.

Alle diese Einreden sollen aber nach § 202 Abs. 2 die Verjährung gerade nicht hemmen. Das rechtfertigt sich für die Einreden des Zurückbehaltungsrechts, des nicht erfüllten Vertrages, der Vorausklage, weil der Berechtigte sich in die Lage versetzen kann und muß, seine Befriedigung verlangen zu können. Von den übrigen Einreden bestehen erhebliche Bedenken bezüglich der §§ 2014, 2015, die durch die Vorschrift des § 207 einigermaßen ausgeglichen werden. Für die Verjährung des Pflichttheilsanspruchs giebt § 2332 Abs. 3 die ausdrückliche rein positive Vorschrift, daß sie dadurch nicht gehemmt wird, daß der Anspruch erst nach der Ausschlagung der Erbschaft oder eines Vermächtnisses geltend gemacht werden kann.

Für den § 202 Abs. 1 bleiben hiernach nur die Fälle übrig, wo abgesehen von Stundung die Befriedigung des Anspruchs vertragsmäßig oder nach der Natur des Rechtsverhältnisses vor einem bestimmten Zeitpunkte nicht verlangt werden kann. Der Verleiher, der für eine bestimmte Reise verliehen, kann vor Ende der Reise, der Vermiether die vermiethete Sache vor Auflösung des Miethsverhältnisses, der Verpfänder vor Berichtigung der Pfandschuld die Sache nicht zurückfordern. Vorher kann nach § 202 Abs. 1 die Verjährung des Anspruchs auf Rückgabe nicht beginnen, l. 9 § 3

D. 13, 7; E. I § 163, so wenig wie die Verjährung kündbaren Anspruchs beginnen kann, bevor die Kündigungsfrist abgelaufen, § 199. Durch die Eröffnung des Konkurses wird die Verjährung nicht gehemmt (auch nicht unterbrochen). Nach Fortfall des Art. 122 HGB. durch Streichung in dem neuen HGB. gilt diese Regel jetzt auch dann, wenn über das Vermögen der offenen Handelsgesellschaft Konkurs eröffnet ist, für den Anspruch gegen die Gesellschafter. Vgl. RG. 5 S. 52, 35 S. 10. Anders, wenn Gesellschaftskonkurs und Konkurs über das Vermögen der Gesellschafter eröffnet ist. KonkO. § 212 (201). Nicht hierher gehört § 1958, wonach der Anspruch gegen einen Nachlaß vor Annahme der Erbschaft *gegen den Erben* gerichtlich nicht geltend gemacht werden kann. Im Sinne des § 1958 ist *der Erbe* noch nicht Schuldner, wohl aber der Nachlaß, und gegen diesen ist nach §§ 1960, 1961 den Anspruch geltend zu machen möglich. Der § 207 verhindert auch hier ungerechte Benachtheiligung des schuldlosen Berechtigten. Noch weniger kann von Anwendung des § 202 in den §§ 986, 1160 BGB. die Rede sein, in denen es sich um Voraussetzungen des Anspruchs selbst oder seiner prozessualer Geltendmachung handelt.

Die gemeinrechtliche, praktisch bedeutungslose Streitfrage, ob sonstige Einreden im weiteren Sinne und namentlich peremtorische Einreden im Sinne des BGB., durch welche die Geltendmachung eines Anspruchs *dauernd* ausgeschlossen wird, die Verjährung hemmen, ist durch § 202 BGB. beseitigt. Die Verjährung verliert nach ihrem Begriff ihre Bedeutung, wo die Befriedigung des Anspruchs nicht gefordert werden kann, weil er erloschen, oder weil ihm ein Gegenrecht entgegensteht, welches den Anspruch ausschließt, mag er verjährt sein oder nicht. Solche Gegenrechte sind theils rein negativer Natur, wie z. B. in §§ 478, 490, 821, 853, 1160, 1973, 1989, 1990 ff., theils mit einem Anspruch verbunden, wie in den §§ 813, 886, 1169, 1254. Daß die Existenz einer aufrechenbaren Gegenforderung die Verjährung nicht hemmt, E. I § 162 Abs. 3, ist nach § 388 selbstverständlich, da *diese Existenz* keine Einrede giebt oder die Hauptforderung mangelhaft macht, *sondern erst das Rechtsgeschäft der Aufrechnung die Existenz der Gegenforderung wirksam macht.* Ebenso selbstverständlich ist, daß die Verjährung eines Anspruchs dadurch nicht gehemmt ist, daß er *durch anfechtbares Rechtsgeschäft entstanden ist.*

**b.** Die Klasse des § 203 umfaßt die Fälle *thatsächlicher objektiver Verhinderung der Rechtsverfolgung durch Stillstand der Rechtspflege (justitium) oder höhere Gewalt.* Vgl. CPO. § 245 (222). Solch Hinderniß wirkt die Hemmung, das Ruhen der Verjährung aber nur, wenn *es innerhalb der letzten sechs Monate der Verjährungsfrist eintritt, so lange es dauert.* Das weicht vom gem., dem preuß. Recht, ALR. I 9 §§ 512 ff., 523, 528 und SBGB. § 157 sehr wesentlich ab. Vgl. auch E. I § 164. *Der Beginn der Verjährung* wird danach nur für Verjährungsfristen gehemmt, die kürzer als sechs Monate; bei anderen tritt Ruhen der *laufenden* Verjährung ein, sobald das Hinderniß bei dem Beginn der letzten sechs Monate der Frist oder im Laufe derselben besteht und so lange es fortdauert. Die Tage, während derer es besteht, werden bei Berechnung der Verjährungsfrist ausgeschieden, nicht mitgerechnet, und zwar jeder Tag ganz, in dessen Lauf das Hinderniß eingetreten, §§ 187, 188. Vgl. RG. 27, S. 78, 80.

Stillstand der Rechtspflege kann durch behördliche Anordnung eintreten, wie z. B. 1807 in Westpreußen, 1807 und 1813—1815 in Posen, StrA. 1 S. 281, auch durch Krieg, feindlichen Einbruch, Ueberschwemmung, Epidemieen herbeigeführt werden.

ALR. I 9 § 523; l. 3 C. 7, 35, l. 2 C. 7, 40, l. ult. C. 2, 35, l. 7 § 4 C. 7, 33; ObTr. 14 S. 365, 45 S. 97 (StrA. 40 S. 338) geben Beispiele. Gedacht ist dabei an einen mehr oder weniger allgemeinen Stillstand in einem größeren oder kleineren Gerichtsbezirk. Verhinderung durch Nichtbesetzung des Richteramts wird kaum je vorkommen.

Für die einzelne Person steht dem gleich, wenn sie durch äußere, außerhalb ihrer Person liegende Umstände verhindert, den Richter anzugehen. Das kann ohne Stillstand der Rechtspflege für den Bezirk eintreten, wenn sie von dem Sitze des Gerichts durch höhere Gewalt abgeschnitten ist, z. B. durch den Feind, tempus hostilitatis, durch Ueberschwemmung, durch Absperrmaßregeln, denen sie sich nicht entziehen kann, durch Unterbrechen der Kommunikation mit dem Richter anderer Art. Der Begriff der höheren Gewalt, den das BGB. auch sonst verwendet, — einmal in den zahlreichen Fällen, in denen es den § 203 für andere als Verjährungsfristen für anwendbar erklärt, §§ 124, 210, 212, 215, 802, 1002, 1339, 1571, 1594, 1599, 1944, 1954, 1997, 2082, 2283, 2340, und sodann in § 701 (receptum), § 1996 (Inventarfrist), — aber nicht definirt, ist hier durch die Gleichstellung mit dem Stillstand der Rechtspflege als Grund der Hinderung der Rechtsverfolgung sehr bestimmt von dem Zufall, Unfall, der die Person trifft, geschieden.

Von Verhinderung an der Rechtsverfolgung im Sinne § 203 Abs. 2 ist nicht zu reden, wenn die Person erkrankt, plötzlich stirbt, verhaftet wird, oder etwa auf dem Wege zum Richter am letzten Tage der Frist durch irgend einen Unfall aufgehalten wird. Durch solche Umstände wird die Rechtsverfolgung objektiv nicht gehindert, wie durch Rechtsstillstand, der den Richter der Partei unzugänglich macht. Soll der § 203 Abs. 2 nicht zu einer bedenklichen Ausdehnung führen, so muß der Begriff der höheren Gewalt, der kein absoluter, für alle Fälle, in denen er anzuwenden, gleichmäßiger ist, hier in dem obigen beschränkten Sinne genommen werden, in welchem er nur solche äußere, objektive, unabwendbare Ereignisse umfaßt, die für den Einzelnen oder mehrere Einzelne die Unmöglichkeit, den Richter anzugehen, in einer dem Rechtsstillstand analogen Weise herbeiführen, die Partei von dem Richter, den Richter von der Partei abschneiden.

Versagung des rechtlichen Gehörs, die ALR. I 9 § 528 dem Rechtsstillstand gleichstellt, ist ausgeschieden, weil sie in dem Sinne des ALR. (Versagung durch außerordentlichen Befehl) nicht mehr vorkommen kann.

Ebenso ist ALR. I 9 § 522 ausgeschieden, wonach gegen Militärpersonen, die des Krieges wegen ihr Standquartier verlassen müssen, vor beendetem Kriege oder Entlassung keine Verjährung anfangen kann. Für den Kriegsfall wird Vorsorge zu treffen sein wie durch das B-Ges. v. 21. Juli 1870 für den Feldzug 1870/71. Vgl. OHG. 11 S. 324. StrA. 94 S. 247.

**c.** Der Klasse des § 204, — ALR. I 9 §§ 524—526, SBGB. §§ 154—156, C. c. art. 2253, W. 1 § 109 Anm. 2 und 7, — liegt der Gedanke zu Grunde, daß es nicht angemessen, Ehegatten, Eltern und minderjährige Kinder, Vormund und Mündel zur Rechtsverfolgung gegen einander durch die Befürchtung zu zwingen, einen Anspruch durch Verjährung zu verlieren. Die Verjährung beginnt deshalb und läuft während der Dauer des Verhältnisses nicht, obwohl aus § 204 nicht folgt, daß die Rechtsverfolgung ausgeschlossen.

Der Grundsatz gilt für alle Verjährungsfristen, auch die kurzen. So beginnt die Verjährung von Zinsen, die der Ehegatte während der Ehe von dem anderen zu fordern hat, nach §§ 204, 201 erst mit dem letzten Dezember des Jahres, in welchem der Ehegatte stirbt, der sie schuldet. Ist die Ehe nichtig oder anfechtbar und für nichtig erklärt oder aufgelöst, §§ 1329, 1343, so kann die eingetretene Verjährung durch die Berufung auf den § 204 nicht beseitigt werden, es wird indessen zu fragen sein, ob dem Ehegatten, dem die Nichtigkeit oder Anfechtbarkeit unbekannt war, nicht die replica doli zusteht, SBGB. § 156 Satz 2, ohne deren Zulassung für den gutgläubigen Ehegatten grobe Härten entstehen können.

Auf Ansprüche zwischen Eltern und minderjährigen Kindern findet § 204 ohne Rücksicht darauf Anwendung, ob mit dem Pietätsverhältniß die elterliche Gewalt verbunden oder nicht, ob dieselbe aufgehoben war oder ruhte, das Kind einen Vormund oder Pfleger hatte, oder nicht. Das Gesetz stellt eine solche Scheidung nicht auf, findet deshalb auch in den Fällen der §§ 1680, 1765, 1699, 1704 Anwendung. Im Verhältniß von Mutter und Kind steht auch die Mutter zu dem unehelichen Kinde, § 1707, der Vater zu dem legitimirten unehelichen Kinde, §§ 1719, 1729, der Adoptirende zu dem Adoptirten, § 1757.

Ein Beispiel ist auch für das BGB. aus ObTr. 28 S. 75 (StrA. 13 S. 182) zu entnehmen. Aus Vertrag vom 4. Juli 1814 schuldete der 1849 verstorbene A dem B eine Summe verzinslich mit 6 Monat Kündigung. Im September 1826 starb B und setzte einen am 18. Dezbr. 1824 geborenen Sohn des A zum Erben ein. 1839 überließ A sein ganzes Vermögen dem C, der alle Schulden übernahm. Als A jun. Dezember 1852 gegen C auf Zahlung klagte, wendete dieser Verjährung ein. Nach BGB. hätte die Verjährung wie nach LR. am 5. Januar 1815 zu laufen begonnen, § 199, und wäre, da Zinsen nie gezahlt waren, an sich am 5. Januar 1845 vollendet gewesen. Aber von 1826, wo der minderjährige A jun. durch Erbgang Gläubiger seines Vaters wurde, bis 18. Dezbr. 1848, wo A jun. großjährig wurde, hätte nach BGB. die Verjährung geruht, so daß im Dezember 1852 die Verjährung, zu der noch 18 Jahre fehlten, die von 1848 ab zu rechnen, nicht abgelaufen gewesen wäre. Nach LR. ergab sich dasselbe mit Hülfe der Restitution, I 9 § 536. In dem Urtheil ist auch die Frage behandelt, ob die Verjährung ruht, weil der Schuldner als Nießbraucher der Forderung keine Zinsen zahlt. Dies ist verneint, wie es nach BGB. zu verneinen sein würde.

Wie Anspruch zwischen Vormund und Mündel ist nach § 1915 Abs. 1 auch der Anspruch zwischen Pfleger und Pflegebefohlenen zu behandeln. Nach ALR. I 9 § 526 hindert bestehende Vormundschaft nur die Berufung *des Vormundes* auf die Verjährung gegen Ansprüche des Mündels, nicht umgekehrt. Für das BGB. fällt dieser Unterschied fort. Vgl. auch zu § 206.

3. Den energischen Schutz, den das röm., gem., preuß. und französ. R. wie das SBGB. § 154, ALR. I 9 §§ 535—542, C. c. art. 2252 (2278), 1663, 1676, W. 1 § 109, — in größerem und geringerem Umfange den Unmündigen, Minderjährigen, Geisteskranken, Abwesenden, Taubstummen dadurch gewährte, daß es die Verjährung gegen sie nicht beginnen oder nicht laufen ließ, oder wenigstens dann, wenn sie ohne die geordnete gesetzliche Vertretung gelassen, die Verjährung ausschloß, oder Restitution gewährte, hat der § 206 auf eine völlig andere Grundlage gestellt. Berücksichtigt werden nur die nach den §§ 104, 106, 114 geschäftsunfähigen oder in der Geschäftsfähigkeit beschränkten Personen, *wenn sie ohne gesetzliche Vertreter sind*, und die Rücksicht geht *nicht* dahin, daß eine Verjährung gegen sie

nicht beginnt oder nicht läuft. Eine Verjährung kann gegen sie nur nicht vollendet werden, ablaufen, solange sie geschäftsunfähig, in der Geschäftsfähigkeit beschränkt und ohne gesetzlichen Vertreter. Die Verjährungsfrist wird vielmehr, wenn sie nach dem Gesetz länger als sechs Monate, von dem Zeitpunkt ab, wo der Anspruchsberechtigte geschäftsfähig wird oder der Mangel der Vertretung aufhört, um sechs Monate verlängert, wenn sie vorher abgelaufen oder in den sechs Monaten ablaufen würde, um die kürzere Verjährungsfrist, wenn diese nach dem Gesetz weniger als sechs Monat beträgt.

Nach Abs. 2 § 206 fällt die Begünstigung für prozeßfähige Personen insoweit fort, als sie prozeßfähig, §§ 112, 113, aus dem einleuchtenden Grunde, weil diese Personen insoweit der gesetzlichen Vertretung nicht bedürfen, CPO. § 52 Abs. 1. Hat A einen Zinsrückstand aus 1900 zu fordern, so verjährt der Anspruch nach §§ 197, 201 mit dem letzten Dezember 1904: Wird A aber 1903 geisteskrank, § 104 Nr. 2, und nach Entmündigung im Januar 1905 erst am 1. Februar 1905 unter Vormundschaft gestellt, so läuft die Verjährung des Zinsanspruchs erst am 2. August 1905 ab. Ist A sofort im Laufe des Jahres 1903 unter Vormundschaft gestellt, so wird der Lauf und der Ablauf der Verjährung überhaupt nicht berührt. Dasselbe ist der Fall, wenn die Verjährung an sich erst nach Ablauf der im § 206 geordneten sechs Monate ablaufen würde. Der Fall kann sich dadurch weiter kompliciren, daß der bestellte gesetzliche Vertreter vor Ablauf der Verjährungsfrist oder der verlängerten Frist wiederum fortfällt und die Bestellung des neuen sich verzögert. Dann beginnt eine neue sechsmonatige Frist von dieser Bestellung ab.

Der gesetzliche Vertreter des Kindes in elterlicher Gewalt kann durch Tod, Ruhen der Gewalt, §§ 1676, 1678, 1686, Entziehung der Vertretung, § 1630, und in den Fällen des § 1795 (1630) fortfallen. Dann findet § 206 Anwendung. Vgl. ObTr. 64 S. 187 (StrA. 78 S. 76). RE. 3 Nr. 332 Erk. a. (Fall des § 1909 Abs. 1 BGB.). Keine Bestimmung ist für den Fall getroffen, daß der ohne gesetzlichen Vertreter gebliebene Geschäftsunfähige oder in der Geschäftsfähigkeit Beschränkte stirbt, ohne daß vorher ein Vertreter bestellt. Klar scheint, daß die Verjährung, die abgelaufen sein würde, wenn er einen Vertreter gehabt hätte, nach § 206 aber nicht abgelaufen ist, nur gegen die Erben nicht als abgelaufen gelten kann. Der Anspruch muß als noch zum Nachlaß gehörig gelten und den Erben dabei § 207 zu statten kommen.

Zu beachten ist, daß abweichend vom ALR. I 9 §§ 540, 541 der Abwesende, der Taubstumme und der Gebrechliche, §§ 1910, 1911, nicht durch § 206 geschützt ist, und daß ebenso für Ansprüche gegen Personen, die eines gesetzlichen Vertreters bedürfen, aber ohne solchen geblieben sind, CPO. § 57 (55), der § 206 keinen Schutz gegen die Gefahr gewährt, daß die Verjährung abläuft, weil ein Vertreter nicht vorhanden ist.

4. Nach röm. und gem. R. ruhte die Verjährung der Ansprüche von Erbschaftsgläubigern während der Inventarfrist, in der der Erbe nach l. 22 § 11 C. 6, 30 nicht in Anspruch genommen werden durfte. Dem SBGB. fehlt solche Vorschrift. Nach ALR. I 9 §§ 386, 516 gilt die Deliberationsfrist der Erben als rechtliches Hinderniß für den Lauf der Verjährung zu Gunsten der Gläubiger der Erbschaft, nicht zu Gunsten der Erben des Gläubigers. ObTr. 74 S. 11, RG. 27 S. 78, 80. C. c. art. 2258, 2259 nehmen weder auf den Gläubiger des Nachlasses, noch auf den Erben des Gläubigers Rücksicht.

Das BGB. steht auch hier auf ganz abweichendem Standpunkt.

**a.** Nach § 1958 kann vor Annahme der Erbschaft gegen den Erben ein Nachlaßanspruch gerichtlich nicht geltend gemacht werden, aber ein vollstreckbarer Anspruch wird nach CPO. § 778 (692 b) in den Nachlaß vollstreckt, und gegen den Nachlaßpfleger kann immer geklagt werden, §§ 1960 Abs. 3, 1961. Nach den in § 202 Abs. 2 angezogenen §§ 2014, 2015 kann der Erbe auch nach Annahme der Erbschaft die Berichtigung einer Nachlaßverbindlichkeit bis zum Ablauf von drei Monaten nach Annahme der Erbschaft oder bis zu der früheren Inventarerrichtung bezw. bis zur Beendigung des Aufgebotsverfahrens verweigern, aber nach § 782 (696 a) CPO. hat dies nur beschränkte Bedeutung, nach § 202 Abs. 2 kann sich der Nachlaßgläubiger deshalb darauf nicht berufen, daß dem Erben die Einrede aus §§ 2014, 2015 zustehe.

Obwohl hiernach ein absolutes Hinderniß für den Nachlaßgläubiger in der Rechtsverfolgung nicht besteht, hat § 207 doch in gerechter und billiger Weise für den Nachlaßgläubiger Fürsorge getroffen, der namentlich bei kurzen Verjährungsfristen und bei Unbekanntheit oder Abwesenheit des Erben schwer geschädigt werden könnte, wenn die Verjährung unbeschränkt liefe.

Nach § 207 kann ähnlich wie in § 206 die Verjährung eines Anspruchs gegen einen Nachlaß nie vor Annahme der Erbschaft durch den Erben, Eröffnung des Nachlaßkonkurses oder Bestellung eines Vertreters des Nachlasses und vor Ablauf von sechs Monaten nach diesen Zeitmomenten ablaufen. Ist die Verjährungsfrist kürzer als sechs Monate, so wird diese volle kürzere Verjährungsfrist von den bezeichneten Zeitmomenten an gerechnet.

Die Vorschrift betrifft alle Ansprüche gegen einen Nachlaß, die vor dem Erbfall entstandenen, auch wenn sie vollstreckbar, und die durch den Erbfall entstandenen Ansprüche aus Pflichttheil, Auflage, Vermächtniß, §§ 1967, 1968, 2050, 2057, 2332.

Die Annahme der Erbschaft durch den Erben und die Eröffnung des Konkurses über den Nachlaß setzt die Frist des § 207 in Lauf, weil dem Berechtigten damit die ungehinderte, parate Möglichkeit der Rechtsverfolgung eröffnet ist. Dasselbe gilt, wenn der Nachlaß einen Vertreter erhalten hat, gegen den der Anspruch verfolgt werden kann, sei es durch Bestellung eines Nachlaßpflegers, sei es durch Ernennung eines Testamentsvollstreckers, sobald dieser das Amt angenommen hat, § 2197 ff., 2202 und soweit es sich um Ansprüche handelt, die gegen ihn geltend gemacht werden können, §§ 2211 ff., vgl. CPO. §§ 243 (220), 327 (293 e), 728 (665 a), 748 (670 o), 779 (693), 863 (754 f).

Im Uebrigen gilt das zu § 206 Gesagte.

**b.** In gleicher Weise sichert § 207 abweichend vom bisherigen Recht den Berechtigten gegen Benachtheiligung durch Ablauf der Verjährung von Ansprüchen des Nachlasses gegen Nachlaßschuldner. Gerechtfertigt wird dieser Schutz durch die Erwägung, daß mit dem Erbfall ein Schwebezustand eintritt, der unsicher läßt, wer der Berechtigte, §§ 1942–1944, und daß es billig ist, dem succedirenden Berechtigten bezw. dem Vertreter des Nachlasses eine gewisse Frist zur Information über die Nachlaßansprüche zu lassen; ohne dies könnte ohne jede Nachlässigkeit gutes Recht verloren gehen, wenn auch das Interesse des Verpflichteten dadurch unter Umständen sehr wesentlich in Mitleidenschaft gezogen werden kann. Die Frist wird hier durch die Annahme der Erbschaft, die Eröffnung des Konkurses und dadurch, daß der Nachlaß einen Vertreter erhält, aus demselben Grunde wie im Falle a in Lauf gesetzt.

5. Eine Specialvorschrift enthält § 2031 für den Fall, daß ein Lebender für todt erklärt oder sein Tod ohne Todeserklärung zu Unrecht angenommen ist. Vgl. das. Andere Specialvorschriften vgl. zu §§ 425, 429, 477 Abs. 4, 480, 490 (493, 515, 639).

**IV. Unterbrechung.** §§ 208—217. RE. 1 Nr. 178, 178a. Die Unterbrechung der Verjährung bewirkt wie bisher nicht ein Ruhen, sondern Austilgung der Verjährung für die Vergangenheit und Beginn einer neuen Verjährung nach Aufhören der Unterbrechung, § 217. In Betracht kommen die Mittel der Unterbrechung und ihre Dauer. In beiden Beziehungen bringt das BGB. zum Theil neues Recht, zum Theil entscheidet es alte Kontroversen.

1. Die Mittel der Unterbrechung ergeben sich aus den §§ 208, 209, 210 (220). Nicht unterbrochen wird danach die Verjährung durch Mahnung, außergerichtliche Aufforderung zur Leistung, ALR. I 9 § 561, C. c. art. 2244, durch Ladung zum Sühneversuch, CPO. § 510 (471), abweichend von C. c. art. 2245, — vgl. BGB. § 1571 Abs. 3, CPO. § 609 (571) für die Ehescheidungsklage — durch eine anderweite Geltendmachung des Anspruchs mit Ausnahme der Aufrechnung im Prozeß, § 209 Nr. 3, Protestation, Anmeldung einer Forderung zu den Nachlaßakten des Schuldners, §§ 1970 ff. Vormerkung, Arrest, einstweilige Verfügung wirken nicht weiter unterbrechend, als sie zu einer Sicherheit für den noch nicht verjährten Anspruch führen, §§ 223, 883 ff., CPO. §§ 916 (796) ff., 926, 936. Die Verjährung des Anspruchs auf Wandelung oder Minderung oder Schadensersatz wegen Mangels einer zugesicherten Eigenschaft, wird nach § 477 Abs. 2 (§§ 480, 490, 493, 639) durch den Antrag auf gerichtliche Beweisaufnahme zur Sicherung des Beweises bis zur Beendigung des Verfahrens, CPO. §§ 485 (447) ff., unterbrochen. Nach § 14 des Postges. vom 28. Oct. 1871 (RGBl. S. 347), vgl. EG. zur CPO. § 13 Nr. 4, wird die Verjährung der Ansprüche auf Entschädigung gegen die Postverwaltung durch Reklamation bei der zuständigen Postbehörde unterbrochen; die Unterbrechung hört mit dem Empfange abschlägiger Bescheidung auf. Preuß. Gerichtskostenges. vom 25. Juni 1895 § 13 (GS. S. 203).

Der Art. 80 WO., der bestimmte, daß die Wechselverjährung, Art. 77—79, nur durch Behändigung der Klage und nur in Bezug auf denjenigen unterbrochen wird, gegen den die Klage gerichtet, die vom Beklagten geschehene Streitverkündung aber die Stelle der Klage vertritt, ist durch Art. 8 unter 2 des EG. z. HGB. vom 10. Mai 1897 aufgehoben, so daß jetzt auch die Unterbrechung der Wechselverjährung lediglich nach dem BGB. zu beurtheilen ist. Nicht unterbrochen wird die Verjährung durch Wechsel in der Person des Gläubigers oder des Schuldners durch Universal- oder Singularsuccession. Für Ansprüche aus obligatorischen Schuldverhältnissen versteht sich dies von selbst und das BGB. sagt deshalb darüber auch nichts. Bei der Singularsuccession in die Schuld (Uebernahme) kann sich das dadurch anders gestalten, daß der Vertrag mit dem Gläubiger einen Akt der Unterbrechung durch Anerkenntniß in sich enthalten kann. Für dingliche Ansprüche, d. h. Ansprüche aus Eigenthum oder dinglichem Recht an einer Sache bestimmt § 221, daß wenn die Sache durch Rechtsnachfolge in den Besitz eines Dritten gelangt, die während des Besitzes des Rechtsvorgängers verstrichene Verjährungszeit dem Rechtsnachfolger zu Statten kommt.

Für den Erben, der nach § 857 nicht bloß in die Rechtsverhältnisse des Erblassers, sondern auch in den Besitz succedirt, würde der Satz des § 221 auch ohne ausdrückliche Vorschrift sich aus der successio in possessionem ergeben. Darum handelt es sich bei dem Singularsuccessor nicht; sein Besitz ist stets ein neuer selbständiger. **Aber wie nach § 943 bei der Ersitzung, wird sein Besitz zu seinen Gunsten für die Verjährung rechtlich als ununterbrochene Fortsetzung des Besitzes des Rechtsvorgängers behandelt: accessio possessionis, die mit der succ. i. p. nichts zu thun hat.** Vgl. PlPr. ObTr. 18 S. 3, RE. 1 Nr. 143 Erk. a. Seine innere Berechtigung hat das nur — und von Besitzerlangung durch Rechtsnachfolge ist nur zu reden — wenn der Besitz auf Grund eines Rechtsaktes erlangt wird, der juristische Succession in das Rechtsverhältniß an der Sache (Eigenthum, dingl. R.) begründet.

Das fehlt, wenn der Besitz vom Dritten ohne oder gegen den Willen des bisherigen Besitzers erlangt wird (Diebstahl, Unterschlagung, Raub, Betrug). In solchem Falle wird die gegen den bisherigen Besitzer laufende Verjährung z. B. des Eigenthumsanspruchs unterbrochen, weil gegen den neuen Besitzer ein neuer Anspruch auf Restitution entsteht; vgl. zu §§ 222—224 (Wirkung). Wenn der bisherige Besitzer den Besitz vom Diebe wiedererlangte, erlangte er den verlorenen Besitz von Neuem, aber nicht durch Rechtsnachfolge. Es rechtfertigt sich aber, den in § 940 Abs. 2 für die Ersitzung ausgesprochenen Gedanken auch hier anzuwenden. Danach gilt der ohne Willen verlorene Besitz, wenn er in Jahresfrist oder auf in dieser Frist erhobene Klage wiedererlangt ist, für die Ersitzung nicht als verloren, der so wiedererlangte Besitz vielmehr als ununterbrochene Fortsetzung des Besitzes zur Zeit des Verlustes.

Von Besitzerlangung durch Rechtsnachfolge ist ferner in den Fällen des abgeleiteten Besitzes nicht die Rede, § 868, weil der unmittelbare und mittelbare Besitz nebeneinander bestehen, der unmittelbare den mittelbaren nicht beseitigt, der Lauf der Verjährung des unberührt bleibenden Anspruchs nicht berührt werden kann. Vgl. CPO. § 325 (293 c), § 727 (665). BGB. §§ 986 Abs. 1, 1007 (Einrede der Verjährung Seitens des unmittelbaren Besitzers gegen die Vindikation und act. public.).

Von Rechtsnachfolge ist auch nicht zu reden, wenn der frühere Besitzer den auf Grund nichtigen oder auflösend bedingten Rechtsgeschäfts übertragenen Besitz nach Auflösung des Rechtsgeschäfts und Eintritt der Bedingung wiedererlangt. Aber der Eintritt der auflösenden Bedingung kann nach § 158 Abs. 2 Wirkungen nicht rückwärts aufheben, die durch das auflösend bedingte Rechtsgeschäft eingetreten sind. Gilt der auflösend bedingt Berechtigte als Rechtsnachfolger desjenigen, der die Sache unter auflösender Bedingung übertragen hat, gilt der bis Eintritt der auflösenden Bedingung Berechtigte als suspensiv bedingt Berechtigter, so fehlt es an jedem Anhalt dafür, daß die Verjährung eines dinglichen Anspruchs auf die Sache durch das resolutiv bedingte Rechtsgeschäft gehemmt oder unterbrochen werden könnte; ist sie vor dem Eintritt der Bedingung abgelaufen, so muß der Anspruch auf die Sache auch gegenüber dem neu eintretenden Besitzer als verjährt gelten, obwohl derselbe nicht Rechtsnachfolger ist, weil im Sinn des § 158 Abs. 2 das Rechtsverhältniß an der Sache (der Rechtszustand) in Folge des suspensiv bedingten Rechts als das frühere, d. h. als unverändert gilt.

Daraus folgt, daß auch der Anspruch als unverändert zu gelten hat. Die bei Eintritt der auflösenden Bedingung laufende Verjährung läuft deshalb weiter. Unterbrechung der Verjährung vor dem Eintritt der Bedingung gegen den, der damals der richtige Beklagte war, muß nothwendig die Verjährung des Anspruchs auch gegenüber dem bis zum Eintritt der Bedingung suspensiv bedingt Berechtigten bewirken, der erst nachher den Besitz erlangt, weil die Klage richtig erhoben und der

Anspruch gegen den suspensiv bedingt Berechtigten kein anderer ist. Daran wird dadurch nichts geändert, daß das Judikat gegen den vor Eintritt der auflösenden Bedingung richtig belangten Besitzer gegen den nachher eingetretenen neuen Besitzer nicht vollstreckbar, weil er nicht Rechtsnachfolger ist. Vgl. CPO. §§ 325, 326 (293c, 293d). Auch in anderen Fällen wirkt die Unterbrechung gegenüber dem Principalverpflichteten gegen den Eventualverpflichteten ohne daß das Judikat wirkt.

Bei Wiedererlangung des Besitzes in Folge Auflösung nichtigen Rechtsgeschäfts liegt die Sache nicht anders. Der wiedererlangte Besitz ist rechtlich als ununterbrochene Fortsetzung des alten Besitzes und die Sache so zu behandeln, als sei das nichtige Geschäft nicht dazwischen getreten, § 142. Auch in diesem Falle handelt es sich nicht um Anwendung des § 221 und Einrechnung einer früheren Besitzzeit, accessio poss., zu Gunsten des jetzigen Besitzers als Nachmanns, sondern um die ganz verschiedene Frage der Wirkung der Wiederherstellung eines früheren Rechtsverhältnisses, die aus § 221 nicht zu entscheiden ist. Vgl. Motive 1 S. 341 und Planck zu § 221 (zum Theil abweichend).

Zu den einzelnen Mitteln der Unterbrechung ist zu bemerken:

**a.** Anerkenntniß. § 208. ALR. I 9 § 562. SBGB. § 162. C. c. art. 2248. RE. 1 Nr. 178, 178a. Das ALR. fordert gegenseitiges Anerkenntniß; § 208 spricht vom Anerkenntniß dem Berechtigten gegenüber. Damit ist deutlich ausgedrückt, was auch nach LR. angenommen, daß Anerkenntniß in diesem Sinn nichts als eine formlose einseitige, ausdrückliche oder stillschweigende Willenserklärung des Schuldners dem Gläubiger gegenüber fordert, aus der zu erkennen, daß der Schulder die Schuld als bestehend ansieht. Es ist weder gerecht, noch billig, noch politisch, den Gläubiger zur gerichtlichen Verfolgung des Anspruchs zu zwingen, dessen Befriedigung der Schuldner nicht ablehnt. Auf demselben Standpunkt steht die gemeinrechtliche Praxis. l. 5 C. 8, 40; ObTr. 78 S. 267; StrA. 96 S. 336; RG. 15 S. 179, 181; StrA. 92 S. 56, 60. Vertragsmäßiges Anerkenntniß, constitutum, mit der Absicht, sich zu verpflichten, §§ 222 Abs. 2, 781, 782 ALR. I 9 § 564, wie es für wirksames Anerkenntniß verjährter Schuld gefordert wird, ist für die Unterbrechung nicht erforderlich. Anerkenntniß dem Berechtigten gegenüber liegt in der Abschlagszahlung, wenn sie erkennbar als Abschlag, der den Rest anerkennt, nicht zur Tilgung des Ganzen erfolgt, StrA. 34 S. 325, in theilweiser Annahme an Zahlungsstatt, in der Zinszahlung, falls die Zahlung als Zins erhellt, in Sicherheitsleistung, Pfandbestellung, diese hebt § 208 als Beispiele des Anerkenntnisses hervor. Zahlung, Sicherstellung durch einen Dritten hat als Anerkenntniß durch den Schuldner zu gelten, wenn sie in seinem Auftrag oder in Vollmacht erfolgt oder genehmigt wird. SBGB. § 1404 Satz 2. Zinszahlung durch den dinglichen Schuldner unterbricht allein nicht die Verjährung der persönlichen Klage.

Ebenso kann Schuldübernahme, die der Dritte mit dem Schuldner vereinbart, ohne daß der Schuldner dadurch befreit sein soll, §§ 415, 416, und selbst im Falle des § 414, wenn sie im Auftrage des Schuldners erfolgt, ein Anerkenntniß der Schuld Seitens des Verpflichteten dem Berechtigten gegenüber enthalten. Vgl. SBGB. § 1404. Auch bei Erfüllung durch den Verpflichteten muß erhellen, daß die Erfüllung als Erfüllung des erhobenen Anspruchs gewollt war. Das liegt z. B. nicht vor, wenn der durch einen Unfall im Betriebe Verletzte Anspruch auf lebenslängliche Rente erhebt, der Arbeitgeber dies ablehnt, ihn aber in Arbeit behält und Lohn für die Arbeit weiter zahlt, StrA. 72 S. 29, OHG. 9 S. 114. Anerkenntniß enthält Gesuch um Stundung, Ausstellung eines neuen Schuldscheins, Vergleich über die Schuld. Kein Anerkenntniß im Sinne § 208 ist Bekenntniß, daß die Schuld früher einmal bestanden, auch nicht das bedingte Versprechen, zu zahlen, oder das unbestimmte Inaussichtstellen, daß gezahlt werden solle. StrA. 73 S. 277. Anerkenntniß dem Berechtigten gegenüber fehlt, wenn nichts vorliegt, als daß die Erben des Schuldners bei der Nachlaßregulirung unter sich die Forderung als existirend bezeichnet haben, ObTr. 17 S. 123, RE. 1 Nr. 178 Erk. d, oder die Schuld Dritten gegenüber anerkannt ist, StrA. 35 S. 199, falls nicht die Erklärung für den Gläubiger bestimmt war. Von selbst versteht sich, daß solch Anerkenntniß nur von dem geschäftsfähigen Schuldner abgegeben werden kann.

Die Unterbrechung durch Anerkenntniß hört auf, sobald das Anerkenntniß erfolgt ist; seine Wirkung perpetuirt der Natur der Sache nach nicht weiter, wenn nicht besondere Umstände hinzutreten. Solche lagen z. B. vor in dem Falle Simon und v. Strampff, Rechtsspr. 1 S. 77, 86, wo der Fischereiberechtigte durch Wasser, das aus einer fiskalischen Eisenhütte in das Fischereiwasser geleitet, beschädigt, vom Fiskus 1802 die Entschädigungspflicht anerkannt war, die amtlichen Verhandlungen über den Betrag sich bis 1818 hinschleppten. Als der Fiskus der dann erhobenen Klage die Verjährung aus §§ 54, 55 I 6 ALR., Dekl. v. 31. März 1838 (BGB. § 852) entgegensetzte, ist die Einrede vom ObTr. mit einer sehr fraglichen Begründung verworfen. Im Ergebniß würde dem aber auch nach BGB. beizutreten sein, theils weil in den fortgesetzten Verhandlungen über den Betrag ein Perpetuiren des Anerkenntnisses zu finden, theils weil auch nach BGB. die replica doli gegen die Einrede der Verjährung wie bisher zuzulassen, wenn der Verpflichtete durch sein Verhalten den Berechtigten inducirt hat, die Klage auf Befriedigung nicht zu erheben. Vgl. l. 34 D. 4, 3. l. 16 D. 19, 5. RG. 19 S. 132, 135; 22 S. 201. BGB. § 242.

**b.** Die Klageerhebung, §§ 209 ff., die das stärkste Element des Anspruchs geltend macht, unterbricht die Verjährung nach allen Rechten; es ist gleich, ob die Klage auf Feststellung oder Befriedigung des Anspruchs geht. Die Klage auf Feststellung kommt als Unterbrechung natürlich nur in Frage, wo die Verjährung des Anspruchs läuft, was z. B. bei bedingten und betagten Ansprüchen nicht der Fall. Der Anspruch aus dem rechtskräftigen Judikat unterliegt der Verjährung nach §§ 218, 219, mag es vollstreckbar sein oder nicht; die Verjährung wird unterbrochen durch Erhebung der Klage auf Ertheilung der Vollstreckungsklausel, CPO. §§ 731, 796 (667, 704), und durch die Klage auf Erlaß des Vollstreckungsurtheils, die nach CPO. §§ 722 ff. (660 ff.) für die Zwangsvollstreckung aus dem Urtheil eines ausländischen Gerichts, und nach CPO. §§ 1042 ff. (868 ff.) für die Zwangsvollstreckung aus dem Schiedsspruch erforderlich. Nach § 220 gilt alles, was über dies Mittel der Unterbrechung, ihre Dauer und Wirkung bestimmt, ebenso für Ansprüche, die vor den ordentlichen Gerichten geltend zu machen, ebenso wie für die vor besonderen Gerichten, Schiedsgerichten, Verwaltungsgerichten, Verwaltungsbehörden geltend zu machenden. Der Begriff der Klageerhebung ergiebt sich aus CPO. §§ 207, 281, 500 Abs. 2, 510 Abs. 2 (§§ 190, 254, 461 Abs. 2, 471 Abs. 2). Vgl. EG. z. CPO. § 13 Abs. 3. In den Fällen des § 210 wird aus Billigkeitsgründen, die sich von selbst gebieten, die Wirkung der Klageerhebung auf den Zeitpunkt der Einreichung des Antrags auf die Vorentscheidung oder des Gesuchs um Bestimmung des zuständigen Gerichts, CPO. §§ 36, 37, zurückgezogen, vorausgesetzt, daß die Klage binnen drei Monaten präklusivischer Frist nach der Erledigung des Gesuchs erhoben wird. Vgl. § 490 (Frist). Das ist nur denkbar, wenn der Rechtsweg durch die Vorentscheidung der Behörde für zulässig erklärt, oder das zuständige Gericht durch das höhere Gericht bestimmt wird. In letzterem Falle folgt aus der Abweisung des Gesuchs nach CPO. §§ 36, 37 daß der Fall des § 210 nicht vorlag; die Verjährung ist also nicht unterbrochen.

Eine andere, ebenfalls auf gebotener Billigkeit beruhende Vorschrift giebt § 220 Abs. 2 für den Fall, daß der Anspruch vor einem Schiedsgericht geltend zu machen ist. Kann die Klage nicht ohne Weiteres vor dem Schiedsgericht erhoben werden, weil das Schiedsgericht erst zu konstituiren, CPO. §§ 1029 (855), 1045 (871), oder hängt das Angehen des Schiedsgerichts von der Erfüllung anderer Bedingungen ab, so soll jedes Handeln des Berechtigten die Verjährung unterbrechen, welches das zur Erledigung der Sache Erforderliche vornimmt, d. h. auf die Herbeiführung der entscheidenden Thätigkeit des Schiedsgerichts gerichtet ist. Was dazu erforderlich und genügt, kann nur konkret ermittelt werden, ebenso wird aus dem Schiedsvertrage und dem, was er über das Verfahren vorschreibt, zu ermitteln sein, wie die Klageerhebung zu erfolgen hat.

Sonst steht nach § 209 Abs. 2 der Klageerhebung gleich die Zustellung des Zahlungsbefehls im Mahnverfahren, CPO. §§ 688 ff. (628 ff.), die Anmeldung im Konkurse, KO. §§ 139 ff. (127), die Aufrechnung im Prozeß, die Streitverkündung in dem Prozeß, von dessen Ausgang der Anspruch, dessen Verjährung in Frage steht, abhängt, die Zwangsvollstreckung des Anspruchs. Damit ist theils altes Recht bestätigt, theils sind bisherige Kontroversen beseitigt. Entschieden ist die Streitfrage, ob die Zustellung des Zahlungsbefehls unterbricht; sie unterbricht jetzt auch die Wechselverjährung. RG. 14 S. 32, 39 S. 59. Entschieden ist die Streitfrage über die unterbrechende Wirkung der Aufrechnung im Prozeß und der Streitverkündung, Art. 80 WO. Altes Recht ist die Unterbrechung durch Anmeldung im Konkurse, KO. § 13 (alte Fassung; jetzt fortgefallen), EG. z. KO. § 3 Abs. 3, und die durch Vollstreckung, für die es nur an klarer Vorschrift fehlte. Da diese Unterbrechungsmittel der Klageerhebung gleichgestellt, gilt für die Voraussetzung ihrer Wirkung alles, was für die Klageerhebung gilt.

c. Die Klage unterbricht die Verjährung des Anspruchs, den sie geltend macht, und grundsätzlich nur für den, der ihn erhebt und gegen den, gegen den er erhoben, ihre Universal- und Singularsuccessoren, dies gilt für persönliche und dingliche Ansprüche. Vgl. §§ 221, 425, 439. Welchen Anspruch die Klage geltend macht, ist aus den Thatsachen, dem Hergange, den sie vorträgt, und aus dem Antrage, der den Gegenstand des Anspruchs ergiebt, zu entnehmen. Unterbrochen wird die Verjährung eines Anspruchs nur, wenn der wahre Berechtigte ihn gegen den wahren Verpflichteten geltend macht. Wer aus eigenem Recht klagt, ohne berechtigt zu sein und deshalb abgewiesen wird, kann sich auf Unterbrechung der Verjährung durch diese Klage nicht berufen, wenn er demnächst als Cessionar oder Erbe des Berechtigten klagt. Aber Klage des neg. gestor unterbricht, wenn die Prozeßführung genehmigt, CPO. § 89 (85), ebenso die des Prozeßunfähigen; wird in letzterem Falle die Klage abgewiesen, so wirkt neue Klage nach § 212 Abs. 2. Klage gegen den verstorbenen Schuldner unterbricht nicht die Verjährung gegen die Erben, Klage gegen den, der als Bevollmächtigter kontrahirt hat, nicht die Klage gegen den Machtgeber als wahren Schuldner, Klage gegen den falschen Erben oder Nichtbesitzer, nicht die Klage gegen den wahren Erben oder Besitzer. Ganz unhaltbar ist StrA. 3 S. 370, daß die Klage gegen den falschen Schuldner die Verjährung gegen den wahren unterbreche, wenn dem Kläger das Recht gegen den wahren unbekannt gewesen.

Klage gegen den Fiskus unterbricht, auch wenn sie gegen eine unrichtige fiskalische Station erhoben, die zur Vertretung im Prozeß nicht berechtigt, weil der wahre Schuldner belangt ist. Die Klage gegen die offene Handelsgesellschaft (Liquidator) unterbricht die Verjährung der Klage gegen den Gesellschafter (der nicht ausgeschieden), weil mit der Gesellschaft die Gesellschafter belangt werden. vgl. HGB. § 160 (Art. 118) aber die Klage gegen einen Gesammtschuldner unterbricht nicht die Verjährung gegen den anderen, und die Klage eines Gesammtgläubigers wirkt nicht zu Gunsten der anderen, §§ 425, 429, 432, SBGB. § 1035, noch weniger die Klage eines Gläubigers, der nur einen Theil fordern kann, wenn sie auf das Ganze gerichtet ist. Anders ALR. I 5 § 440; 9 §§ 575, 576, C. c. art. 1199, 1206, 2249. Die Klage gegen den Schuldner erhält die Klage gegen den Bürgen, §§ 771, 202, vgl. zu §§ 765 ff., 768, 773. Die Verjährung des Anspruchs auf die Zinsen einer durch Hypothek oder Pfand gesicherten Forderung wird gegen den dinglichen Schuldner nicht unterbrochen durch die Klage gegen den persönlichen Schuldner und ebensowenig umgekehrt. § 223 Abs. 3. Die persönliche Klage auf das Kapital hat für die dingliche Klage nach § 223 Abs. 1 überhaupt keine Bedeutung, ebenso wenig unterbricht aber auch die dingliche Klage gegen den dritten Pfandbesitzer die Klage gegen den persönlichen Schuldner. Vgl. zu §§ 1137, 1211 u. RE. 3 Nr. 288 S. 676 ff. Besondere Vorschriften enthält das GenossenschGesetz vom 1. Mai 1889 (RGBl. S. 55, RGBl. 1898 S. 810, Fassung der Bekanntm. v. 20. Mai 1898) §§ 123, 125 (117, 119).

Nach § 477 Abs. 3 unterbricht die Klage auf Wandelung, Minderung, Schadensersatz wegen Mangels einer zugesicherten Eigenschaft die Verjährung jedes dieser Ansprüche. Vgl. auch zu §§ 558 Abs. 3 (588 Abs. 2) 1057, 1093, 606, 1226. Dagegen unterbricht die Klage aus Darlehn nicht die Klage auf denselben Betrag als Kaufgeld und umgekehrt die Klage auf Kaufgeld nicht die aus der Bereicherung. Die Frage, ob eine erhobene Klage die Verjährung eines Anspruchs unterbrochen hat, kommt namentlich für die Anwendung des § 212 Abs. 2 in Betracht, und entscheidend ist dafür das Fundament der Klage, aus dem der individuelle Anspruch erkennbar sein muß, dessen Befriedigung gefordert. Nur für diesen individuellen Anspruch und das, was er fordert, unterbricht die Klage die Verjährung.

Daraus folgt, daß Theilklage die Verjährung nur für den geforderten Theil, nicht für den Rest unterbricht. Für den Zahlungsbefehl, die Anmeldung im Konkurse, KO. § 159 (147) und die Aufrechnung erscheint dies ganz klar, muß aber auch für die Klageerhebung gelten. Sicher kann die Klage auf Zahlung eines Kaufgelderrestes die Verjährung des später entdeckten Anspruchs auf einen weiteren Rest nicht unterbrechen, Str.A. 97 S. 210, RE. 1 Nr. 178a Erk. e zu §§ 570, 571 I 9 ALR., die bestimmen, daß durch Ausübung eines Theils des Rechts das ganze Recht erhalten wird, dagegen von mehreren Befugnissen aus demselben Rechtsgrunde die eine verjähren, die andere durch Nichtausübung erlöschen könne. Vgl. darüber ObTr. 17 S. 283, 74 S. 15, RG. 10 S. 104. Daß die Erhebung des Anspruchs auf Buße aus § 37 des Patentges. die Verjährung der Klage auf Entschädigung aus §§ 35, 39 des Patentges. nicht unterbricht, RG. 16 S. 6, ist auch nach BGB. sicher. Der Satz in RG. 22 S. 315, 318, daß die redhibitoria auf Rückzahlung des Kaufpreises den Anspruch auf Ersatz der Futterkosten nicht erhält, kann zwar nach § 488 BGB. nicht darauf gestützt werden, daß er ein selbständiger Anspruch, da er Theil des Wandelungs=

anspruchs, aber er gilt auch für das BGB., aus dem ein Rechtssatz, wie ihn § 570 I 9 ALR. aufstellt, nicht zu entnehmen ist.

Grundsätzlich unterbricht nach BGB. die Theilklage nicht die Verjährung des Anspruchs auf den Rest, so wenig wie die Klage auf Zinsen die Verjährung des Anspruchs auf das Kapital. Selbst der Vorbehalt des Anspruchs auf den Rest ist bedeutungslos. Es kann sich nur fragen, ob nicht auch nach BGB. der in RG. 34 S. 261, 39 S. 216 für eine besondere Gestaltung des Falls angenommene Satz aufrechtzuerhalten. Im ersten Fall war gegen den Spediteur Klage wegen Beschädigung des Guts erhoben, der Thatbestand und der Betrag des vollen Schadens in der Klage dargelegt, der Antrag auf einen Theil beschränkt, Widerklage auf Feststellung erhoben, daß überhaupt kein Anspruch bestehe, die Klage demnächst auf den vollen Betrag des Schadens erweitert. CPO. § 268 (240) Ziff. 2. Im zweiten Fall war Schadensersatz wegen doloser Empfehlung gefordert, der Betrag des vollen Schadens in der Klage beziffert, vorläufig die Zahlung nur eines Theilbetrages gefordert, der Schadensanspruch dem Grunde nach für berechtigt erkannt, die Klage dann auf den vollen Betrag erweitert. In beiden Fällen war die Verjährung durch die Klage unterbrochen, zur Zeit der Erweiterung der Klage abgelaufen. In beiden Fällen ist ausgesprochen, daß die Verjährung des ganzen Anspruchs durch die Klage unterbrochen. In beiden Fällen lag die Sache so, daß die Klage den ganzen Thatbestand darlegte und die Kontestation des ganzen Anspruchs erforderte, so daß die ratio des Rechtsinstituts der Verjährung, die darin liegt, daß der Verpflichtete gegen Geltendmachung veralteter Ansprüche und die Erschwerung seiner Vertheidigung gegen solche Ansprüche geschützt werden soll, und der Zweck der Verjährung fortfiel. Dieser Gesichtspunkt kann auch für das BGB. nicht abgewiesen werden. Machte die Klage nach Natur und Inhalt die Feststellung des ganzen Anspruchs erforderlich, so steht nichts entgegen, in ihr die Feststellungsklage für den ganzen Anspruch zu sehen und damit die Verjährung des ganzen Anspruchs unterbrechen zu lassen trotz der Beschränkung des Antrages auf einen ziffermäßigen Theil, wenn in dieser Beschränkung nicht der Verzicht auf den Rest zu finden. Bolze 12 Nr. 163, 20 Nr. 156. Jedenfalls steht nichts entgegen, dies für den Fall zulässiger Klageerweiterung, § 268 (240) CPO., anzunehmen; die erweiterte Klage ist im Sinne der CPO. keine andere, keine neue Klage. Vgl. auch § 212 Abs. 2. RG. 2 S. 9, 6 S. 33.

**d.** Zu den Unterbrechungsmitteln in § 209 Nr. 2, 3, 4, 5 ist nur noch zu bemerken: Für die Anmeldung im Konkurse bestimmt KO. § 139 (127) ausdrücklich als Erforderniß die Angabe des Betrages und des Grundes; wo der Grund oder der Betrag nicht klar ersichtlich, fällt die Wirkung der Unterbrechung fort, RG. 39 S. 37, und über den individualisirten Anspruch hinaus wirkt die Unterbrechung nie. Vgl. dazu §§ 144 (132), 145 (133). Ueber Unterbrechung durch Klage vor dem unzuständigen Gericht vgl. unter 2a. Die Aufrechnung im Prozeß, CPO. § 278 (251) kommt als Unterbrechungsmittel nur in Betracht, wenn die Wirkung der Aufrechnung, § 389, nicht eingetreten ist, und das ist nur denkbar, wenn die Aufrechnung nicht an erster, sondern an zweiter Stelle geltend gemacht und es deshalb oder weil der Klageanspruch durch Vergleich ohne Berücksichtigung der Gegenforderung erledigt, nicht zur Aufrechnung gekommen ist. Bei Judikat über die Aufrechnung kommt die Unterbrechung nicht in Betracht, weil es entweder zur Tilgung durch Aufrechnung führt oder zur Beseitigung der Gegenforderung, soweit sie aufgerechnet ist und aufgerechnet werden konnte, nie über den Betrag der Hauptforderung hinaus. CPO. § 322 (293). Ueber diesen Betrag hinaus wirkt die Unterbrechung nicht; z. B. wenn die Gegenforderung höher als die Hauptforderung, bewirkt die Aufrechnung für das Mehr keine Unterbrechung, weil insoweit von Aufrechnung nicht zu reden.

Die Streitverkündung, CPO. §§ 72—75 (69—72), deren unterbrechende Wirkung bisher streitig war, Präj. ObTr. 995, ObTr. 25 S. 325 (StrA. 9 S. 247), RG. 10 S. 290, 24 S. 209, hat als Unterbrechungsmittel nur Bedeutung, wo bei Streitverkünder gegen den Anderen einen Anspruch erheben zu können glaubt; nur für diesen Fall hat es eine Berechtigung, der Streitverkündung die Klageerhebung gleichzustellen. Sie unterbricht natürlich nur, wenn sie gemäß CPO. § 73 (70) durch eine Prozeßpartei erfolgt, dann aber ohne Unterschied, ob der Denuntiat seine Regreßverbindlichkeit anerkennt, was nur neue Unterbrechung bedeutet, oder nicht, beitritt oder nicht. Praktisch bedeutsam ist sie namentlich für den Wechselregreß, für den der aufgehobene Art. 80 WO. sie ausdrücklich anerkannte, und für sonstige Regreßansprüche, z. B. bei Gewährleistung (A verkauft ein Pferd an B, B dasselbe an C, C klagt mit der Wandelungsklage gegen B, B verkündet dem A den Streit, unterliegt gegen C, klagt gegen A; Verjährung der Wandelungsklage des B gegen A, §477, ist durch die Streitverkündung unterbrochen). Die Unterbrechung wirkt nur zwischen Denuntianten und Denuntiaten; ObTr. 29 S. 343 (A klagte gegen Postfiskus auf Ersatz, Fiskus denuncirt dem Posthalter, A wird gegen den Fiskus abgewiesen, klagt gegen den Posthalter. Verjährung des Anspruchs gegen den Posthalter nicht unterbrochen).

Der rechtskräftig festgestellte Anspruch, § 218, unterliegt der Verjährung, die regelmäßig mit der Rechtskraft beginnt, und nach § 209 Nr. 5 namentlich durch Vollstreckung unterbrochen wird, daneben natürlich auch durch Anmeldung im Konkurse und Aufrechnung unterbrochen werden kann. Was Vollstreckungshandlungen sind, wann sie zulässig und in welchen Fällen sie bei Gerichten oder anderen Behörden zu beantragen, der Antrag die Verjährung unterbricht, ergiebt sich aus CPO. §§ 704 (644), 794 (702), 808 (712) ff., 790 (699), 791 (700), 828 (729), 866, 867 (757b, 757c), 887 ff. (773), Ges. v. 24. März 1897 über Zwangsversteigerung 2c. von Grundstücken u. a. Bei der Vollstreckung aus vorläufig vollstreckbarem Titel kommt Unterbrechung nicht in Frage, weil die Verjährung vor der Rechtskraft nicht läuft; natürlich kann sie auch nach der Rechtskraft nicht laufen, so lange die Vollstreckung unterbrechend für die Verjährung wirkt.

2. Das Mittel der Unterbrechung wirkt seiner Art nach verschieden, aber grundsätzlich so lange, als es die Versäumniß in der Ausübung des Anspruchs aufhebt. So lange dauert die Unterbrechung; eher kann die neue Verjährung nicht beginnen. Die Vorschriften der §§ 211—216 darüber beseitigen mehrere alte Kontroversen.

**a.** Die Unterbrechung durch Klageerhebung dauert so lange, als die Parteien das thun, was zum Betriebe der Sache von ihnen geschehen kann und muß. ALR. I 9 § 554; RG. 32 S. 354. Erscheinen beide Parteien im Verhandlungstermin nicht oder erscheint eine von beiden nicht und stellt die andere keine Anträge, stellt die Partei sonst die zur Erledigung der Sache z. B. bei Verzicht, Anerkenntniß erforderlichen Anträge nicht, vereinbaren die Parteien, daß das Verfahren ruhen soll, CPO. §§ 251 (228), 330, 331 (295, 296), 306, 307 (277, 278), unterläßt die Partei bei Unterbrechung oder Aussetzung des Verfahrens oder der Verhandlung, §§ 148,

149 (139, 140), 239 ff. (217 ff.), die zur Fortsetzung der Sache erforderlichen Anträge, sobald sie dieselben stellen kann, so hört die Wirkung der Klageerhebung mit der letzten Handlung der Parteien oder des Gerichts auf, die Verjährung beginnt von neuem und wird erst wieder unterbrochen, wenn eine Partei die zum Weiterbetriebe der Sache erforderlichen Anträge stellt. Säumniß des Gerichts, das die Partei nicht verschuldet, hebt die Wirkung der Unterbrechung nicht auf, § 211 Abs. 2; ALR. I 9 § 555.

Zu beachten ist, daß abweichend von E. I § 174 Abs. 2 im Falle des Stillstands des Prozesses die Unterbrechung nicht mit dem Stillstand, sondern mit der letzten Partei- oder Gerichtshandlung aufhört. Die Vorschrift ist von sehr zweifelhaftem Werth. Erscheinen z. B. beide Parteien in einer mündlichen Verhandlung nicht, so beginnt die neue Verjährung nicht von dem Tage dieser mündlichen Verhandlung, sondern von dem der Ladung; im Aufrufen der Parteien kann eine Handlung des Gerichts doch nicht gefunden werden. Der angegebene Zweck der Vorschrift, einen festen Zeitpunkt der Beendigung der Unterbrechung zu gewinnen, ist in diesem Falle gewiß nicht erreicht. Bei Fristsetzung für Vornahme einer Prozeßhandlung ist es weder gerecht, noch billig, bei Nichtinnehaltung der Frist die neue Verjährung vom Gerichtsbeschluß laufen zu lassen. Bei Unterbrechung oder Aussetzung des Verfahrens auf unbestimmte Zeit, CPO. §§ 148, 149 (139, 140), 239, 245 (222), wird stets sorgsam zu prüfen sein, ob der Nichtbetrieb auf Säumniß der Partei beruht. Vgl. § 245 (222) CPO.; § 203 Abs. 1 BGB.

Wird der Prozeß zu Ende geführt und durch rechtskräftiges, wenn auch unter Vorbehalt ergangenes Urtheil, § 219, entschieden, enthält das Urtheil Entscheidung in der Sache selbst, so erledigt sich die Frage der Verjährung, wenn der Anspruch abgewiesen, und soweit der Anspruch zuerkannt, kommt nur noch die Verjährung des Judikatanspruchs in Betracht, §§ 218, 219. Ist ohne Entscheidung in der Sache selbst, d. h. ohne Entscheidung über Bestehen oder Nichtbestehen des Anspruchs, die Klage rechtskräftig abgewiesen, so soll nach § 212 Abs. 1 die Unterbrechung als nicht erfolgt gelten, nach Abs. 2 aber die Unterbrechung perpetuirt werden, wenn binnen sechs Monaten präklusivischer Frist, vgl. § 490 Abs. 2 (6 Wochen), auf welche die §§ 203, 206, 207 anzuwenden, von neuem Klage erhoben wird. Dasselbe soll gelten, wenn die Klage zurückgenommen, aber in der Frist von neuem erhoben wird. Mit beiden Vorschriften ist eine bekannte Kontroverse in angemessener Weise entschieden. Vgl. RG. 32 S. 354, 33 S. 394; ObTr. 56 S. 276; OHG. 3 S. 420, 23 S. 406; CPO. § 271 Abs. 3 (243); RE. 1 Nr. 178, 178a.

Die von neuem erhobene Klage darf selbstverständlich keine der zurückgenommenen gegenüber neue Klage sein. Für neue Klage mit anderem Grunde, anderem Betrage ließe sich die Perpetuirung der Unterbrechung durch die frühere nicht rechtfertigen. Ein nicht über den Anspruch selbst entscheidendes Urtheil ist denkbar bei Abweisung in der gewählten Prozeßart, CPO. §§ 597, 601 (560, 564), oder auf Grund prozeßhindernder Einreden im Sinne CPO. § 274 (247), z. B. wegen Unzuständigkeit, RG. 24 S. 199, und bei Abweisung angebrachtermaßen, RG. 5 S. 122, die nach der CPO. nicht vorkommen soll, aber vorkommen kann. Auch in diesen Fällen darf die von neuem erhobene Klage keine neue, sondern nur eine verbesserte sein. Vgl. oben unter 1c.

Ist die erste Klage wegen mangelnder Aktivlegitimation abgewiesen, so unterbricht sie die Verjährung des Anspruchs nicht, wenn in der Frist von neuem Klage auf Grund andrer Legitimation erhoben wird, ebenso wenig, wie wenn die zweite Klage aus anderem Fundament erhoben. So schon StrA. 21 S. 333, 46 S. 229, ObTr. 27 S. 318 (StrA. 11 S. 285), 79 S. 8. Von Abweisung angebrachtermaßen, verbesserter Klage und Anwendung des § 212 Abs. 2 wird immer nur die Rede sein können, wenn die erste Klage abgewiesen, weil sie thatsächlich nicht genügend begründet, oder die Thatsachen unter unrichtigen rechtlichen Gesichtspunkt gebracht oder die Klage aus dem richtigen rechtlichen Gesichtspunkt nicht genügend substantiirt, z. B. wenn bei Schadensersatzklage Art und Umfang des Schadens nicht ausreichend substantiirt, ObTr. 79 S. 8, oder wenn der wirklich Berechtigte geklagt, seine Legitimation aber nicht vollständig dargethan hat, StrA. 46 S. 229, wo die zum Erben eingesetzte Kirche vor Ertheilung der Allerhöchsten Genehmigung (Preuß. Ges. v. 23. Febr. 1870) geklagt hatte und nach Ertheilung derselben von neuem klagte. Vgl. auch ObTr. 52 S. 50, RE. 1 Nr. 178 Erk. a, StrA. 97, S. 326.

Die Verjährung gilt als durch die erste Klage unterbrochen; insoweit wirkt die Erhebung der zweiten Klage rückwärts. Ob sie auch in anderer Beziehung als Klageerhebung rückwärts wirkt, z. B. nach § 284 (Verzug), darüber ist ein allgemeiner Rechtssatz nicht aufzustellen.

b. Für die Unterbrechung durch Zustellung des Zahlungsbefehls im Mahnverfahren, RG. 14 S. 32, 24 S. 197, 39 S. 59, giebt § 213 nur eine dem § 212 Abs. 1 für die Unterbrechung durch Klageerhebung analoge Bestimmung, *nicht über die Dauer der Unterbrechung*: Nach der Zustellung des Zahlungsbefehls kann der Gläubiger innerhalb der gestellten Frist, die auch Zahlungsfrist für den Schuldner ist, zum Betriebe der Sache nichts thun, von Säumniß kann innerhalb dieser Frist nicht die Rede sein. Aber mit dem Ablauf der Frist muß der Gläubiger die Sache weiter betreiben; die Unterbrechung hört auf, die neue Verjährung beginnt und wird erst wieder durch das Gesuch auf Vollstreckbarkeitserklärung, CPO. § 699 (639) unterbrochen. Wird das Gesuch innerhalb der Verjährungsfrist *nicht* gestellt, so steht dem Anspruch *die Einrede der Verjährung* entgegen, § 222. Die Bestimmung in CPO. § 701 (641), daß der Zahlungsbefehl seine Kraft verliert und die Wirkungen der Rechtshängigkeit erlöschen, wenn das Gesuch nicht binnen 6 Monaten nach Ablauf der Frist gestellt wird, kann *in den Fällen, in denen die Verjährungsfrist eine kürzere, nicht dahin führen, die Verjährungsfrist zu verlängern*; eine Verjährung der Litispendenz im Sinne einer Verlängerung der ordentlichen Frist (von 30 auf 40 Jahre im röm. R.), wenn der angestellte Prozeß liegen bleibt, kennt das BGB. nicht. Vgl. BGB. § 490 Abs. 2, RG. 39 S. 59. Wird das Gesuch innerhalb der Verjährungsfrist und innerhalb der Frist des § 701 (641) CPO. gestellt, so wird die Verjährung wieder unterbrochen und diese Unterbrechung *dauert* bis zur Ertheilung oder Versagung des Vollstreckungsbefehls. Mit der Rechtskraft des Befehls beginnt die Verjährung aus § 218. Wird der Vollstreckungsbefehl rechtskräftig versagt, CPO. § 699 (639), oder das Gesuch auf Ertheilung nicht in der Frist des § 701 (641) CPO. gestellt, so gilt nach § 213 (CPO. § 701) die Unterbrechung der Verjährung nicht als erfolgt.

Ist gegen den Zahlungsbefehl Widerspruch erhoben, CPO. § 694 (634), so gilt der Anspruch als durch Zustellung des Zahlungsbefehls beim Amtsgericht durch Klage erhoben, wenn der Anspruch vor das Amtsgericht gehört, und mit der Benachrichtigung von dem erhobenen Widerspruch, spätestens mit Ablauf der Frist, beginnt die neue Verjährung, die nur dadurch unterbrochen wird, daß der Berechtigte die anhängige Klage betreibt. Für den Fall, daß die Sache vor das Landgericht gehört, bestimmt CPO. §§ 697, 700 (637, 640), daß binnen 6 Monaten präklusivischer Frist vom Tage der Benachrichtigung von Erhebung des Widerspruchs (Rechtskraft des den Einspruch zulassenden Urtheils) die Klage beim Landgericht zu erheben ist, widrigenfalls die Wirkungen der Rechtshängigkeit erlöschen. Auch in diesem Falle muß die Klage in der Verjährungsfrist erhoben werden, wenn diese kürzer als die Frist der §§ 697, 700. Mit Erhebung der Klage wird die Verjährung unterbrochen und die Dauer derselben ist nach §§ 211, 212 zu beurtheilen. Wird sie nicht erhoben, so gilt nach § 213 in Verbindung mit CPO. § 697 (637) die Verjährung durch Zustellung des Zahlungsbefehls überhaupt nicht als unterbrochen.

c. Ueber die Dauer der Unterbrechung durch Anmelduug zum Konkurse giebt § 214 klare Vorschrift, ohne zu unterscheiden, ob die Forderung bestritten oder nicht, zu der zu bemerken: Beendigt wird der Konkurs durch Beschluß des Gerichts nach der Schlußvertheilung, nach rechtskräftiger Bestätigung des Zwangsvergleichs, mit Zustimmung aller Gläubiger, wegen nicht entsprechender Masse. KonkO. §§ 163, 190, 202, 203, 204 (151, 175, 188, 189, 190). Mit der Beendigung beginnt die Säumniß wieder, wenn nicht der Fall des § 214 Abs. 3, KonkO. § 168 Nr. 1 (155 Nr. 1) vorliegt, für den naturgemäß § 211 so anzuwenden, wie für jeden Rechtsstreit nach Klageerhebung. Der Beschluß des Gerichts beendet den Konkurs, aber an diesen Beschluß kann das Ende der Unterbrechung, der Beginn der Säumniß und der neuen Verjährung nach der ratio des Verjährungsgesetzes nicht geknüpft werden. In die Außenwelt tritt der Beschluß erst durch die überall vorgeschriebene öffentliche Bekanntmachung, für deren Wirkung der § 76 Abs. 1, Satz 2, Abs. 3 (68) der KonkO. einen festen Termin angiebt. Bis dahin ist der Beschluß bei den Akten ein Internum des Gerichts. Die Frage, ob der Satz, daß die Anmeldung unterbricht, auch für den Fall gilt, daß der eröffnete Konkurs durch Beschluß auf die sofortige Beschwerde des Gemeinschuldners wieder aufgehoben wird, KonkO. §§ 109, 116 (101, 106c), hat geringe praktische Bedeutung, da in den meisten Fällen Anmeldungen noch nicht erfolgt sein werden, aber sie ist grundsätzlich zu bejahen, da es an genügendem Grund fehlt, der Anmeldung in diesem Falle die Wirkung der Unterbrechung zu versagen. Die Zurücknahme der Anmeldung würde nach § 209 Abs. 2 auch ohne die ausdrückliche Vorschrift in § 214 Abs. 2 die Wirkung der Unterbrechung tilgen.

d. Die Dauer der Unterbrechung durch Aufrechnung im Prozeß, § 215, kommt nur in Frage, wo es zur Aufrechnung nicht kommt. Kommt es zur Entscheidung über die Aufrechnung nicht, so gilt nach § 215 Abs. 2 die gleiche Vorschrift, wie sie § 212 Abs. 2 für den Klageanspruch giebt, und nach Abs. 1 § 215, der den § 211 Abs. 2 auf die Geltendmachung des Anspruchs durch Aufrechnung anwendet, liegt dem, der eine Gegenforderung im Prozeß so aufrechnet, daß sie nicht wie Zahlung wirkt, der Betrieb des Prozesses in gleichem Maße ob, wie dem Kläger, wenn er den Ablauf der Verjährung während des Prozesses verhindern will.

e. Für die Streitverkündung gilt nach § 215 Abs. 1 dasselbe. Damit ist eine Kontroverse entschieden, die namentlich darüber bestand, ob die Unterbrechung der Verjährung des Regreßanspruchs durch die Streitverkündung auch dann fortdauere, wenn der Denuntiat nicht assistire oder assistire, aber seine Regreßpflicht bestreite. Vgl. RE. 1 Nr. 178a Erk. a und die Bemerkungen dazu. Nach § 215 ist nicht mehr zweifelhaft, was auch ObTr. 78 S. 259 (StrA. 96 S. 328) angenommen, daß die Unterbrechung bis zur Rechtskraft der Entscheidung im Hauptprozeß oder der sonstigen Erledigung desselben dauert, mag der Denuntiat seine Verbindlichkeit anerkannt, assistirt haben oder nicht. In dem Falle des ObTr. hatte A im März 1873 ein Pferd an B verkauft, B an demselben Tage an C, bei dem es Tags darauf krepirt war. C klagte innerhalb der Frist des § 343 I 5 ALR. (6 Monate), BGB. § 490 Abs. 1, redhibitorisch gegen B, der dem A innerhalb der Frist den Streit verkündete. B wurde im September 1874 verurtheilt, erhob Klage gegen A im November 1874. Die Einrede der Verjährung ist verworfen, obwohl A seine Regreßpflicht bestritten hatte. Dasselbe würde nach BGB. anzunehmen sein, vorausgesetzt, daß die Frist des § 490 Abs. 2 innegehalten. Vgl. OHG. 16 S. 361 und 11 S. 287.

Die Partei, die den Streit verkündet, hat, wie bei der Aufrechnung für den Betrieb des Prozesses über den Hauptanspruch zu sorgen, § 215 Abs. 1, § 211 Abs. 2, eine billige und gerechte Vorschrift, da ohnedies der Regreßanspruch wie der Aufrechnungsanspruch unabsehbar hingezogen werden könnte. Die Frist in § 215 Abs. 2 ist nur anwendbar, wo die Verjährungsfrist des Regreßanspruchs eine kürzere; der § 490 Abs. 2 sieht diesen Fall ausdrücklich vor.

Zu § 216 ist nichts besonderes zu bemerken.

**3.** Mit dem Ende der Unterbrechung beginnt die neue Verjährung zu laufen. Ihre Frist ist die des Anspruchs, die der §§ 218, 219, wenn der Anspruch nach Unterbrechung der Verjährung rechtskräftig festgestellt ist. Eine Ausnahme von diesem Satz kennt das BGB. nicht. (Keine besondere Verjährungsfrist der Litispendenz.) Daß bei den kurzen Verjährungsfristen der §§ 196, 197 die neue Verjährung nach der Unterbrechung ebenso wie die ursprüngliche gemäß § 201 erst *mit dem Schluß des Jahres beginnt, in welchem die Unterbrechung geendet*, — *Cosack* § 74 S. 263 —, läßt sich aus § 217 nicht herleiten. Dazu hätte es einer Spezialvorschrift bedurft, wie sie z. B. § 13 des Preuß. Gerichtskostenges. v. 25. Juni 1895 enthält. Ein Hinderniß des Beginns, eine Hemmung der Verjährung im Sinne der §§ 202 ff., die allerdings auch auf die neue Verjährung nach der Unterbrechung anzuwenden, begründet der § 201 nicht. Für die kurzen Verjährungsfristen des Preuß. Ges. v. 31. März 1838, für die der § 5 des Ges. die gleiche Vorschrift wie § 202 des BGB. enthält, ist dieselbe Frage entstanden und durch das PlPr. ObTr. 47 S. 1 (StrA. 50 S. 8), RE. 1 Nr. 178a Erk. b, ebenfalls verneinend entschieden.

**V. Verjährungsfristen.** 1. Die ordentliche Verjährungsfrist ist, wie bisher, ALR. I 9 § 546, SBGB. §§ 150, 1016, l. 3 C. 7, 39, C. c. art. 2262, die von dreißig Jahren, die als solche nach §§ 218, 219 für alle judikatmäßig im Sinne dieser Vorschriften, vgl. zu §§ 218, 219, festgestellten Ansprüche eintritt, auch wenn sie vorher einer kürzeren Frist unterliegen. Längere Fristen, wie sie das röm. R. und z. B. das ALR. I 9 § 629 (44 Jahr) statuirte, kennt das BGB. nicht. Die Verjährung von 50 Jahren in ALR. I 9 §§ 655—659 ist durch das BGB. so wenig berührt, wie das Preuß. Ges. v. 18. Juni 1840 über die Verjährungsfrist bei öffentlichen Abgaben, die zu den Staatskassen fließen, vgl. Ges. vom 12. April 1882 (GS. S. 297), Preuß. Kommunalsteuerges. v. 14. Juli 1893 §§ 87, 88 (GS. S. 152), HGB. §§ 754 Nr. 2, 901, Binnenschifffahrtsges. § 117 Nr. 1, Flößereiges. § 30 Nr. 1, da es sich dabei um Ansprüche aus öffentlichem Recht handelt, auf die sich das BGB. nicht bezieht. Ferner sind außer den in den Reichsgesetzen, HGB., WO. u. a. bestimmten Verjährungsfristen unberührt geblieben die landesgesetzlichen Verjährungsvorschriften auf allen Gebieten, die dem Landesrecht vorbehalten sind. Nach EG. Art. 73, 80, 104 bleiben z. B. bestehen die Verjährungsfristen der Ansprüche der Kirchen, Geistlichen, Kirchenbeamten wegen der Gebühren für kirchliche Handlungen, der Ansprüche auf Nachzahlung der von Gerichten und anderen Behörden nicht eingeforderten, oder auf Erstattung zu viel gezahlter Kosten, Stempel, Porti, Gebühren, auf Wege- und Brückengelder und andere Verkehrsabgaben, die einer Privatperson nicht aus Verträgen oder anderen Privatrechtstiteln, sondern aus staatlicher Verleihung zustehen, vgl. ALR. II 14 § 26. Preuß. Ges. v. 31. März 1838 § 2 Nr. 1, 2, 6, 8. Preuß. Gerichtskostenges. v. 25. Juni 1895 §§ 13, 114, 115, 125. Preuß. Stempelsteuerges. v. 31. Juli 1895 § 27, Erbschaftssteuerges. v. 30. Mai 1873 (19. Mai 1891) § 50.

2. Kürzere Verjährungsfristen als 30 Jahr bestimmt das BGB. für zahlreiche bestimmte einzelne Ansprüche, so von 5 Jahren in § 638 (Gewährleistung bei Bauwerken), von 4 Jahren in § 804 (Anspruch aus in Verlust gegangenen Zins- und anderen Scheinen), in § 1715 (Entbindungs- u. a. Kosten), von 3 Jahren in den §§ 786 (Anweisung), 852 (Schadensersatz ex del.), 2287, 2288 (Anspruch des Vertragserben auf Restitution doloser Geschenke), 2332 (Pflichttheilsanspruch), von 2 Jahren in § 801 (Schuldverschreibung auf Inhaber nach Vorlegung, EG. Art. 174 Abs. 2), § 1302 (Verlöbnißansprüche), von 1 Jahr in §§ 477, 638 (Gewährleistung bei Grundstücken), 1623 (Aussteueranspruch), von 6 Monaten in § 477 (Gewährleistung), §§ 606, 558, 581 Abs. 2, 1057, 1093, 1226 (Ersatzansprüche, Ansprüche auf Beseitigung von Mängeln oder Wegnahme von Einrichtungen), von 6 Wochen in §§ 481, 490—492 (Viehmängel). Der gesetzgeberische Grund dieser kurzen Fristen ist durchgängig der, daß der Anspruch frisch und schnell zur Kontestation gebracht werden muß.

3. Für ganze Kategorien von Ansprüchen statuiren die §§ 196, 197 eine Verjährungsfrist von 2 und 4 Jahren. Diese Vorschriften schließen sich dem Pr. Ges. v. 31. März 1838, das zahlreiche Nachfolger in fast allen deutschen Rechtsgebieten gefunden hat, vgl. Haidlen, BGB. 1 S. 227 Anm. 2, dem C. c. art. 2271 ff., und SBGB. §§ 1017, 1018 an. Die Ansprüche in § 196, die im Allgemeinen denen im § 1 des Ges. v. 31. März 1838 entsprechen, haben das Gemeinsame, daß sie dem täglichen Kleinverkehr, dem Detailhandel gewisser Geschäfts- und Gewerbetreibenden, oder dem gemeinen, üblichen, bürgerlichen Geschäftsverkehr des Einzelnen mit gewissen Berufskreisen entspringen, regelmäßig entweder sofort oder in kurzer Frist beglichen zu werden pflegen, vielfach nicht einmal durch die Bücher des Geschäftstreibenden gehen, in den meisten Fällen urkundlich nicht fixirt werden, daß deshalb im Interesse beider Theile liegt, sie nach Ablauf einer längeren Frist nicht zum Gegenstand von Rechtsstreitigkeiten zu machen. Es ist für beide Theile unwirthschaftlich, sie längere Zeit im Rückstande zu lassen, und die kurze Verjährungsfrist kann dazu beitragen, den Geschäftstreibenden von langem Kreditiren abzuhalten, das für alle Betheiligten wirthschaftlich schädlich ist. Bestimmend ist hier die allgemeine rechtliche und wirthschaftliche Natur des Anspruchs.

Dieselbe wird dadurch nicht geändert, daß über die dem Anspruch entsprechende Schuld ein Schuldschein ausgestellt, in dem die Schuld gestundet, Verzinsung, Rückzahlung nach Kündigung versprochen wird. Dies ist in dem PlPr. ObTr. 59 S. 1, RE. 1 Nr. 80 Erk. b für das Ges. v. 31. März 1838 ausgesprochen und ausführlich begründet, und daran ist auch für das BGB., dem eine Vorschrift wie C. c. art. 2274 fehlt, festzuhalten. In dem Falle hatte A dem B über den Kaufpreis für Waaren, die 1846—1855 geliefert, 1856 einen Schuldschein ausgestellt, in dem die

Schuld anerkannt, Verzinsung, Rückzahlung nach Kündigung von drei Monaten versprochen war. Als 1865 auf Zahlung, ohne daß Kündigung erfolgt, geklagt wurde, hat das Plenum die Einrede der Verjährung aus § 1 Nr. 1 (BGB. § 196 Nr. 1, § 199) durchdringen lassen. Daran hat das ObTr. stets festgehalten.

Eine Ausnahme ist in ObTr. 67 S. 118 (StrA. 84 S. 249), RE. 3 Nr. 214 Erk. d, trotz ALR. I 11 § 867 in dem Falle gemacht, wo der Schuldschein über Schuld für Waaren dahin ausgestellt war, daß die Schuld bei dem Schuldner verzinslich und kündbar als Darlehn stehen bleiben solle. Nach BGB. § 607 Abs. 2 ist die Umwandlung einer Schuld in Darlehen in solcher Weise ausdrücklich zugelassen; dann fällt die Berufung auf die kurze Verjährungsfrist auch nach BGB. fort. Aehnlich hat StrA. 19 S. 274 die kurze Verjährung des Dienstlohns (§ 2 Nr. 3 Pr. Ges. v. 31. März 1838, BGB. § 196 Nr. 8) in einem Falle nicht durchgreifen lassen, wo in Folge Klage auf längere Rückstände ein außergerichtlicher schriftlicher Vergleich geschlossen war, in dem der Dienstknecht sich verpflichtete, die Klage zurückzunehmen, der Herr Zahlung in bestimmten Terminen versprach. Das Dienstverhältniß war beendet. Das ObTr. hat hier ausgeführt, daß durch den Vergleich das Dienstverhältniß als Fundament des Anspruchs fortgefallen, die Zurücknahme der Klage Gegenleistung geworden sei, nach deren Leistung sich der Herr auf die kurze Verjährung nicht berufen könne. Dies ist auch nach BGB. anzuerkennen, obgleich sonst die Anwendung der kurzen Frist in allen Fällen davon unabhängig ist, ob das Rechtsverhältniß, aus dem der Anspruch entstanden, fortdauert oder nicht.

Auch dadurch wird in der Natur des Anspruchs in allen Fällen des § 196 und § 197 nichts geändert, daß in Folge Verzugs an Stelle des ursprünglichen Leistungsinhalts das Interesse tritt, ObTr. 73 S. 211, oder daß er nach abgelaufener Verjährung vertragsmäßig anerkannt wird, auch nicht durch Eintragung, Pfandbestellung, § 223, auch nicht dadurch, daß an Stelle des Berechtigten oder Verpflichteten ein Andrer tritt, § 221. (Anspruch auf Erfüllung gegen den falsus procurator, § 179.) Auch wenn durch cessio legis ein andrer Berechtigter an Stelle des ursprünglichen tritt, wie z. B. in § 774 (Befriedigung des Gläubigers durch den Bürgen), §§ 1143, 1225 (Befriedigung des Hypotheken-, Pfandgläubigers durch den dritten Eigenthümer der Sache), §§ 1607 Abs. 2, 1709 Abs. 2 (Uebergang des Unterhaltungsanspruchs des unehelichen Kindes auf die Mutter, des Anspruchs des Unterhaltungsberechtigten auf den eventuell Verpflichteten, der ihn erfüllt), wird durch den Uebergang des Anspruchs allein dieser nicht geändert. Die Frage ist für das Preuß. R. namentlich in Fällen zur Sprache gekommen und nicht gleichmäßig entschieden, wo die Mutter oder ein Dritter das uneheliche Kind alimentirt hatte. BGB. § 1709 Abs. 2. RE. 1 Nr. 180 Erk. c, ObTr. 65 S. 274 (StrA. 83 S. 73), RE. 3 Nr. 260 Erk. e, RG. 32 S. 182 (Dienstlohn, versio in rem durch Dienstleistung). Für das BGB. ist an dem Satz, daß durch Berufung auf versio in rem die kurze Verjährung grundsätzlich nicht beseitigt wird, festzuhalten. Nur wird immer scharf zuzusehen sein, ob neben dem aus der Befriedigung des Berechtigten erworbenen Anspruch nicht Anspruch aus Auftrag oder Geschäftsführung ohne Auftrag vorliegt, wie das namentlich auch bei dem Bürgen aus Auftrag vorliegen kann. BGB. §§ 679, 683.

**4.** Wie § 1 Nr. 1 Abs. 2 des Pr. Ges. v. 31. März 1838, nimmt § 196 in Nr. 1, 2, 5 die dort der zweijährigen Verjährung unterworfenen Ansprüche aus und läßt (anders als jenes Gesetz) die Verjährung von 4 Jahren eintreten, wenn die

Leistung, aus der der Anspruch entstanden, zum Gewerbebetrieb des Schuldners erfolgt ist, was in Nr. 2 mittelbar dadurch ausgedrückt, daß als Voraussetzung der Verjährung von zwei Jahren die Lieferung zur Verwendung im Haushalt des Schuldners angegeben wird. Diese Voraussetzung hat der Schuldner, der sich auf die Verjährung beruft, — in Nr. 1 und 5 die Ausnahme, die Leistung für den Gewerbebetrieb der Gläubiger zu beweisen, der die Einrede der Verjährung abwenden will. In allen Fällen kommt nur die Bestimmung der Lieferung für den Mitkontrahenten in Betracht, StrA. 97 S. 210 (A liefert Kartoffeln an B, der sie an seinen Vater für dessen Brennerei giebt).

Gewerbebetrieb ist im Sinne der Gewerbe-O. zu nehmen als selbständige, auf Dauer berechnete, berufsmäßige Erwerbsthätigkeit zur Gewinnung, Erzeugung, Verarbeitung, Vertrieb von Gegenständen des Verkehrs und Bedürfnisses im Handwerks-, Fabrik-, Handelsbetrieb. Schriftstellerei ist so wenig Gewerbe in diesem Sinne wie der berufsmäßige Militärdienst, StrA. 41 S. 358, 36 S. 40, auch nicht der Lebensberuf des Landwirths, Forstwirths, Viehzüchters, Weinbauers, Gärtners (abgesehen vom Handelsgärtner), und der selbständige Betrieb fehlt z. B. bei der Sängerin, Tänzerin, Schauspielerin, die in fremdem Gewerbeunternehmen thätig, RG. 27 S. 259, 28 S. 278. Das land- oder forstwirthschaftliche Nebengewerbe (Brennerei, Brauerei, Schwelerei), HGB. § 3 Abs. 2, ist Gewerbebetrieb, auch der Bergbau, StrA. 50 S. 283 (Lieferung von Kupfergefäßen für Brennerei), 100 S. 353 (Bergwerksbetrieb).

Ob die Leistung für den Gewerbebetrieb erfolgt, ist konkret zu ermessen. Ob die Leistung für den Gewerbebetrieb verwendet wird, ist gleichgültig. Klar ist der Fall, wenn die Leistung zum Weitervertrieb, Nr. 5, erfolgt. Der Weitervertrieb kann unmittelbar oder mittelbar vorliegen, mittelbar bei Verwendung zu den Erzeugnissen des Gewerbes durch Be- oder Verarbeitung. Zum Gewerbebetrieb erfolgt die Leistung aber auch ohne Bestimmung zum Weitervertrieb, wenn die Leistung auch nur zu den Zwecken des Gewerbes erfolgt, zur Errichtung, Einrichtung, Verbrauch in demselben (Lieferung von Kohle zur Feuerung des Kessels u. a.) von Ausstattungsgegenständen für eine Restauration, Hotel, Fabrik, Werkstelle). StrA. 7 S. 248 (Lieferung von Eisentheilen zur Reparatur eines Mühlenwerks). RG. 5 S. 273 (Lieferung von Zeichnungen, Plänen, Anschlägen durch Maurermeister, Architekten für eine Fabrikanlage). Entscheidend für die Verlängerung der Verjährungsfrist bei Leistung zum Gewerbebetrieb ist der Gesichtspunkt, daß wer zum Gewerbebetrieb leistet, regelmäßig damit zu rechnen hat, daß erst der Gewerbebetrieb die Mittel zur Befriedigung liefert, sofortige oder baldige Befriedigung nicht so in der Natur der Sache liegt, wie bei Leistung zu den täglichen, gewöhnlichen Bedürfnissen des Detailkunden. Deshalb sind auch längere Kreditfristen im Verkehr der Gewerbetreibenden unter einander üblich. Für diesen Verkehr ist § 196 nicht berechnet. StrA. 7 S. 248.

Regelmäßig wird bei Leistung an den Gewerbetreibenden eine gewisse Vermuthung dafür sprechen, daß zum Gewerbebetrieb geleistet, RG. 5 S. 273, OHG. 14 S. 251 zu Art. 274 HGB. (§ 344 HGB.). Beachtenswerth aus der bisherigen Praxis bleibt StrA. 82 S. 322, RE. 1 Nr. 180a Erk. c, dem auch ein Urtheil des RG. v. 7. Dez. 1883 IV 340, 1883 gefolgt ist. Ein Zimmermeister hatte für einen eignen Hausbau Arbeiten und Materialien geliefert erhalten, und berief sich gegen die Klage auf § 1 Nr. 1 des Preuß. Ges. v. 31. März 1838 (BGB. § 196 Nr. 1).

Das ObTr. hat die Einrede der Verjährung zurückgewiesen, weil ein Zimmermeister, auch wenn er für sich und nicht spekulativ zum Verkauf baut, seine Gewerbe als Bauhandwerker ausübe, nicht als Bauherr oder Bauunternehmer erscheine, der Dritte, der ihm liefere, jedenfalls davon ausgehen dürfe, daß er einem Bauhandwerker für sein Gewerbe liefere. Die Entscheidung trifft ganz unbedenklich für die Fälle zu, wo der Bauhandwerker für sich, aber mit der Absicht baut, bei guter Gelegenheit zu verkaufen; auch wo dies nicht erweislich, wird der Leistende sich immer darauf berufen können, daß er zum Gewerbebetrieb geleistet, wenn das, was er geleistet, objektiv dem Gewerbebetrieb dient.

5. Ueber den Beginn der kurzen Verjährungsfristen der §§ 196, 197 giebt § 201 besondere Vorschrift wie § 5 des Preuß. Ges. v. 31. März 1838. Im Einzelnen ist noch zu bemerken:

**a.** Für § 196 Nr. 1 ist HGB. v. 10. Mai 1897 §§ 1 ff. zu beachten (Begriff des Kaufmanns). Die Fassung läßt keinen Zweifel mehr, daß darunter Ansprüche aus Werkverdingung, ObTr. 34 S. 97, 67 S. 142, ebenso fallen wie aus Kommission, Spedition, Fracht. Vgl. anders früher ObTr. 54 S. 245, RE. 1 Nr. 180b Erk. a, daß Kauf und Tausch gleichstehen, daß das Honorar des Künstlers für ein Kunstwerk (Bild, Statue) nicht hierher gehört, wohl aber der Anspruch des Photographen für Photographieen, der Kunstdruckereien, lithographischen Anstalten, daß die Gage eines Schauspielers nicht unter Nr. 1 fällt, sondern je nach den konkreten Umständen unter 8, oder z. B. bei den aus öffentlichen Mitteln unterhaltenen Unternehmungen unter § 197 (Besoldung), oder unter § 195.

Zweifel können darüber entstehen, wie der in ObTr. 34 S. 97 (StrA. 22 S. 63) und RG. 28 S. 232 behandelte Entreprise-Vertrag zu behandeln. In jenem Falle hatte ein Maurermeister den gesammten Reparaturbau einer Kirche nach Anschlag übernommen; zu dem Werk gehörten nicht bloß Maurerarbeiten, sondern auch Arbeiten und Lieferungen von Klempnern, Schlossern, Tischlern, Malern, Dachdeckern, Glasern, Töpfern u. a. Die Reparatur war 1838 ausgeführt, 1845 wurde ein Rest gefordert, der Klage die zweijährige Verjährung aus § 1 Nr. 1 Ges. v. 31. März 1838 (§ 196 Nr. 1 BGB.) entgegengesetzt, vom ObTr. aber verworfen. Im zweiten Falle handelte es sich um Vertrag über betriebsfähige Herstellung einer Eisenbahnstrecke und um Erdarbeiten, Geleise, Gebäude, Lokomotive, Wagen u. a. durch einen Generalunternehmer (Stroußberg). Die Einrede der Verjährung aus § 1 Nr. 1 a. a. O. ist ebenfalls verworfen. Solch Unternehmer kann Kaufmann sein, HGB. § 2.

Aber auch für das BGB. ist anzuerkennen; daß die Gründe der kurzen Verjährung für Verträge solcher Art nicht recht zutreffen. Das ObTr. legt Gewicht darauf, daß es bei Zulassung der kurzen Verjährung, die im ersten Falle die zweijährige, im Falle RG. 28 S. 232 jetzt nach § 196 Abs. 2 die vierjährige sein würde, dahin kommen kann, daß der Anspruch des Unternehmers verjährt, während die Ansprüche derjenigen, die ihm zu seinem Gewerbebetrieb geleistet, noch nicht verjähren. Aber dies Ergebniß liegt im Gesetz und wird oft eintreten, wenn der Gewerbetreibende seinen Detailkunden gegenüber nicht vigilant ist. Zu dem früheren Ergebniß ist für das BGB. nur zu gelangen, wenn man mit RG. 28 S. 232 annimmt, daß Inhalt und Natur des Entreprisevertrages, obwohl er an sich auf Herstellung eines Werks geht, ein andrer, als bei den im § 196 Nr. 1 in Betracht gezogenen Verträgen, weil der Inhalt der Leistung durch die Verbindung der Lieferungen, Leistungen, Arbeiten einer ganzen Reihe von Gewerbetreibenden, Handwerkern, Künstlern so charakterisirt, daß er unter § 196 Nr. 1 nicht gebracht werden kann, dessen Anwendung damit ausgeschlossen ist. Dabei ist nicht zu verkennen, daß die ordentliche Verjährungsfrist gerade in Fällen dieser Art zu großen Uebelständen führen kann, wie sich auch in dem Falle RG. 28 S. 232 bemerklich machte.

**b.** In § 196 Nr. 6 ist an Leihgelder für Bücher, Musikalien, Möbel, Zeitungen u. a. zu denken, in Nr. 7 an Mäkler, Agenten, Fremdenführer, Dienstmänner, Waschfrauen u. a., in Nr. 8 an Gesinde, Wirthschaftsbeamte aller Art (Haus- und Wirthschafts-Officianten in § 2 Nr. 3 des Pr. Ges. v. 31. März 1838), Handlungsgehülfen, Provisoren, Privatsekretäre, Bureaupersonal der Anwälte, Betriebsbeamte, Werkmeister, Techniker. GewO. §§ 133a ff. Vgl. RG. 37 S. 278 (Ziegelmeister); OHG. 9 S. 306, 11 S. 387; StrA. 59 S. 196. Zu den „Vergütungen" wird regelmäßig auch die Tantieme zu rechnen sein. OHG. 1 S. 194, RG. 24 S. 203. Zu beachten ist, daß ein Dienstverhältniß vorausgesetzt wird, in dem die Dienste durch Lohn abgefunden werden sollten, mag er durch Abrede festgestellt sein oder nicht, OHG. 9 S. 307, was z. B. in StrA. 23 S. 316 mit Recht nicht angenommen ist für die Hausdame eines Gutsbesitzers, und in StrA. 47 S. 202, RG. 32 S. 182 nicht in einem Falle, wo die Abgeltung durch Testament vorbehalten. Für Schiffsmannschaft und Floßmannschaft geben HGB. § 903 (Art. 908), Binnenschifffahrtsges. § 117 Flößereigesetz § 30, Vorschriften. Zu Nr. 9 vgl. GewO. §§ 105 ff.

**c.** Unter Nr. 11 fallen auch die Ansprüche der öffentlichen Krankenhäuser, aber immer nur Ansprüche privatrechtlicher Natur, also nicht z. B. der Anspruch auf Schulgeld der gemeinen Schulen., ALR. II 12 §§ 12 ff., 29 ff., der auf öffentlichem Recht beruht, noch weniger der Anspruch der Armenverbände auf Ersatz und Erstattung von Kosten, weil der Anspruch nicht auf einem durch die Aufnahme und Verpflegung begründeten privatrechtlichen Rechtsverhältniß wie bei freiwilliger Aufnahme, sondern auf der durch die gesetzliche Armenfürsorge als öffentliche Last bebegründeten Pflichterfüllung beruht. ObTr. 56 S. 76 (StrA. 61 S. 340). RGes. v. 6. Juni 1870 § 30a (Ges. v. 12. März 1894, RGBl. S. 262), EG. Art. 103.

**d.** Zu Nr. 13 vgl. wegen der Stundung für Preußen AKO. v. 5. Febr. 1844 (GS. S. 69) und v. 26. Sept. 1845 (GS. S. 681). In Nr. 14 handelt es sich nur um die Ansprüche approbirter Aerzte und Hebammen, nicht der Kurpfuscher und anderer Personen, die gleiche Dienste geleistet haben. Vgl. § 196 Nr. 7. Apotheker gehören zu den Kaufleuten. § 196 Nr. 1. Zu Nr. 15 vgl. GebO. für Gerichtsvollzieher v. 24. Juni 1878 § 24 Abs. 1 Nr. 2 und Abs. 2. Unter die Nummer fallen die im Pr. Ges. v. 31. März 1838 § 2 Nr. 2 erwähnten Ansprüche der bestellten Feldmesser, Auktionskommissarien, Taxatoren, Geometer, Markscheider, Schiffsvermesser, Gütervermesser u. a., während die Mäkler unter § 196 Nr. 1 fallen. Zu Nr. 16 vgl. RechtsanwO. § 32 Abs. 2 und zu Nr. 17 die unberührt gebliebene Vorschrift in § 16 der GebO. für Zeugen und Sachverständige vom 30. Juni 1878 (Ausschlußfrist von drei Monaten für die Anmeldung des Anspruchs).

Daß der in § 2 Nr. 7 des Pr. Ges. v. 31. März 1838 der kurzen Verjährung unterworfene Anspruch auf Erstattung der Prozeßkosten vom Gegner ganz ausgeschieden, ist bereits erwähnt.

**6. a.** In § 197 sind Zinsen ohne Unterschied von vorbedungenen und Verzugszinsen, vertragsmäßigen und gesetzlichen, abweichend vom Preuß. R., der Verjährung von vier Jahren unterworfen, so daß die Kontroverse des Preuß. R., ob bei Hinzutritt von Verzug auch die durch Verzug begründeten Mehrzinsen der kurzen Verjinsung unterliegen oder nicht, abgeschnitten ist. RE. 1 Nr. 180b Erk. b; RG. 16 S. 183. Daß es für die Verjährung in § 197 gleichgültig, ob das Recht auf die Zinsen und andere wiederkehrende Leistungen im Grundbuch eingetragen, folgt aus § 223 Abs. 3, § 902 Abs. 1 Satz 2. Unerheblich ist auch, ob der Zins nur einmal oder regelmäßig wiederkehrend zu zahlen. Dividenden sind nicht Zinsen. Bankges. v. 14. März 1875 § 24 (4 Jahr). RG. 9 S. 30. Ueber die Verjährung der Ansprüche aus Zins-, Renten-, Gewinnantheilscheinen von Schuldverschreibungen auf den Inhaber treffen die §§ 801 ff. Bestimmung. Wegen der Staatsschuldverschreibungen vgl. das. u. Art. 97, 98, 100—102 EG., RGes. v. 9. Nov. 1867 §§ 5, 8 (BGBl. S. 157) und v. 6. April 1870 § 5 (BGBl. S. 65).

**b.** Mieth- und Pachtzinsen, soweit es sich nicht um Miethe beweglicher Sachen handelt, § 196 Nr. 6, unterliegen der Verjährung wie der Zins, auch wenn sie nicht wiederkehrend, sondern nur einmal zu zahlen. Unter Renten sind Renten aller Art zu verstehen, Leibrenten §§ 759 ff., die Geldrenten in §§ 843 ff, 912—916, 1199, 1351, 1360, 1361, 1578, 1580, die Unterhaltsrenten in §§ 1601 ff., 1612, 1710, 1711, die zugleich Unterhaltsbeiträge sind, § 7 Haftpflichtges., die Renten bei Rentengütern der Rentenanstalten, aus Stiftungen, Fideikommiß, Lehen, Verträgen, die nicht Leibrentenverträge, vgl. StrA. 50 S. 230, 93 S. 327 (Schmiedegeld), 74 S. 52, 64 (Gewinngelder), auch die Amortisationsrenten u. a. Dazu treten die Auszugsleistungen, EG. Art. 96 zu §§ 1105 ff., RE. 2 Nr. 208. Von Rückständen an Unterhaltsrenten, Alimenten, wo solche überhaupt zu fordern sind, §§ 1613 und 1711, kann wie nach früherem Recht, ObTr. 44 S. 65, Erk. c RE. 1 Nr. 180, nur die Rede sein, wenn die Verpflichtung zu deren Zahlung in quali et quanto feststeht. Vgl. zu § 1711. Ueber den Einfluß judikatmäßiger Verurtheilung s. unten zu § 218 Abs. 2.

**c.** Unter Besoldung ist im Gegensatz zu Gehalt, Lohn, Dienstbezügen der Privatbediensteten, § 196 Nr. 8, nur das Diensteinkommen der in Art. 80, 81 EG., § 411 BGB. bezeichneten Personen im öffentlichen Dienst zu verstehen. Dasselbe gilt von den Wartegeldern und Ruhegehalten. Unterhaltsbeiträge sind außer den obenerwähnten Alimenten die Wittwen- und Waisengelder der RGes. v. 20. April 1881, 17. Juni 1887, 13. Juni 1895, Art. 48, 49, 51 EG., und der Landesgesetze, EG. Art. 55, und des RGes. vom 15. März 1886 (RGBl. S. 53), Pr. Ges. v. 18. Juni 1887 (GS. S. 282). Unter die allgemeine Kategorie der anderen, regelmäßig wiederkehrenden Leistungen fallen namentlich die Reallasten mannigfacher Art, z. B. Dezemrückstände, StrA. 46 S. 229.

**7.** Der rechtskräftig festgestellte Anspruch unterliegt stets der dreißigjährigen Verjährung, ein Grundsatz, der dem bisherigen Recht, Preuß. Ges. v. 31. März 1838 § 10, SBGB. § 169, auch der französ. Praxis entspricht und innerlich dadurch gerechtfertigt ist, daß mit der rechtskräftigen Feststellung alle die Gründe fortfallen, die im Interesse des Schuldners zu den kurzen Verjährungsfristen geführt haben. Durch die judikatmäßige Feststellung wird, wie im bisherigen Recht, die Berufung auf jede kürzere Verjährungsfrist ausgeschlossen, nicht bloß auf die der §§ 196, 197; die §§ 218, 219 treffen z. B. auch die Gewährleistungsansprüche, die Judikatobligation aus Wechseln, die der dreijährigen Verjährung nach § 852 unterliegenden Schadensersatzansprüche. Auch der Abs. 2 § 218 stellt nur einen Satz des bisherigen Rechts fest. Geht der Anspruch auf regelmäßig wiederkehrende Leistungen, so begründet das Judikat auf Leistung der rückständigen und der künftig fällig werdenden Leistungen die ordentliche Verjährung von dreißig Jahren aus dem Judikat nur für die zur Zeit des Judikats rückständigen Leistungen; es leuchtet ein, daß für künftig erst fällig werdende Leistungen, deren Verjährung noch nicht zu laufen begonnen, eine neue Verjährung nicht begründet werden kann, man müßte denn annehmen können, daß durch das Judikat der Anspruch selbst (durch Novation) geändert wird, was nach BGB. ebenso ausgeschlossen, wie nach bisherigem Recht. In ObTr. 43 S. 80 (StrA. 37 S. 279) war A durch Judikat von 1827 rechtskräftig verurtheilt, jährliche Alimente an sein uneheliches Kind bis 1840 zu zahlen, hatte bis 1830 regelmäßig gezahlt und wurde erst 1859 auf Zahlung der Alimente von 1830 bis 1840 verklagt. Die Klage ist auf Grund der Verjährung aus § 2 Nr. 5 des Ges. v. 31. März 1838 abgewiesen. Nach § 218 Abs. 2, § 197 BGB. würde die Klage ebenso abzuweisen sein. Vgl. RG. 1 Nr. 178a Erk. c, Präj. 2199, StrA. 59 S. 299, ObTr. 25 S. 392 (Lehnskanon). Vgl. zu §§ 1613, 1711.

Dies gilt für alle Fälle, in denen nach CPO. §§ 258, 259 (231 b, c) Klage auf künftige Leistung erhoben werden kann und wo es sich um wiederkehrende, rückständige und künftige Leistungen handelt, unterbricht die Klage auf Feststellung des Rechts auf die Leistung und das Judikat, welches das Recht feststellt, wohl die Verjährung der Rückstände, soweit sie noch nicht abgelaufen; spricht das Judikat aber nicht die Rückstände zu, so kann es auch für die Rückstande die kürzere Verjährung nicht ausschließen. ObTr. 38 S. 85, wo A aus einem Vertrage von 1795 von dem Schulzengutsbesitzer jährlich die Leistung von 8 Tonnen Bier zu fordern hatte, seit 1813 nicht geleistet war, 1837 ein Judikat erging, das feststellte, daß A berechtigt, die Leistung zu fordern, und erst 1856 auf die Rückstände von 1813 bis 1847 geklagt wurde. Die Einrede der Verjährung aus § 2 Nr. 5 des Ges. v. 31. März 1838 ist trotz § 10 das. durchgedrungen, weil ein Judikat für diese Rückstände nicht vorlag. Nach BGB. würde nicht anders zu entscheiden sein. Vgl. aber zu § 1711 BGB.

Dagegen begründet das Judikat auf Feststellung des Anspruchs, CPO. § 258 (231), z. B. auf Schadensersatz, nach §§ 218, 219 BGB. die dreißigjährige Verjährung an Stelle der dreijährigen, wenn auch das Judikat nur den Grund, nicht den Betrag feststellt. CPO. § 304 (276). Das ist schon in StrA. 32 S. 175 zu § 344 I 5 ALR. für Preuß. R. angenommen und nach § 218 Abs. 1 für das BGB. unbedenklich. Vgl. zu § 852.

Wann das Judikat rechtskräftig, ergiebt sich aus CPO. § 705 (645). Nach § 219 wirkt das rechtskräftige Judikat die 30jährige Verjährung auch dann, wenn es unter Vorbehalt ergangen (Urtheil im Urkunden- und Wechselprozeß, unter Vorbehalt von Einreden, der Aufrechnung). CPO. §§ 302 (274), 540 (502), 599 (562). Anfechtungs-Ges. v. 21. Juli 1879 § 10. Wird die auf Grund des Vorbehaltes rechtshängig bleibende Sache von dem einen oder anderen Theile im ordentlichen Ver-Verfahren betrieben, so unterbricht solch Betreiben die Verjährung aus § 218. Dem Judikat steht nach § 218 Abs. 1 gleich: der vollstreckbare Vergleich, CPO. § 510 Abs. 2 (471), § 794 Nr. 1, 2, (702 Nr. 1, 2), die vollstreckbare Urkunde, CPO. §§ 794 Nr. 5 (702 Nr. 5), 801 (706), die Feststellung im Konkurse, KonkO. §§ 145 Abs. 3 (133), 164 Abs. 2, 194 (179), 206 (192). Als rechtskräftig festgestellt hat außerdem zu gelten der Anspruch, für den ein definitiv vollstreckbarer Vollstreckungsbefehl erlangt, CPO. § 700 (640), § 794 Nr. 4 (702), und der Anspruch z. B. auf Erstattung der Kosten aus rechtskräftigem Festsetzungsbeschluß, der der in § 2 Nr. 7 des Preuß. Ges. v. 31. März 1838 geordneten kurzen Verjährung entzogen ist.

CPO. § 105 (99), § 794 Nr. 3 (702). Nach § 220 gelten die §§ 218, 219 auch für die Urtheile der Schiedsgerichte, Verwaltungsgerichte, Verwaltungsbehörden. Der Vergleich vor dem Schiedsgericht kann nach CPO. §§ 1040, 1042 (866, 868) dem Schiedsspruch nicht gleichgestellt werden.

**VI. Wirkung.** Nach ALR. Einl. § 109; I 9 §§ 501, 565; 6 § 54; 16 § 7, begründet die abgelaufene Verjährung die rechtliche Vermuthung, daß der Anspruch selbst getilgt. In I 9 §§ 568, 569 ist dem Berechtigten nur die schwer erweisliche replica doli vorbehalten, ObTr. 10 S. 197, RE. 1 Nr. 179, die wesentlich verschieden von der früher erwähnten, auch nach BGB. nicht auszuschließenden Replik, daß der Verpflichtete die Verjährung arglistig herbeigeführt habe. Vgl. RG. 32 S. 141 (gem. R.). Das BGB. läßt aus dem Ablauf der Verjährung in wesentlicher Uebereinstimmung mit dem gem. R., vgl. RG. 2 S. 158, 34 S. 158, SBGB. § 170 und dem französ. R., C. c. art. 2262 (vgl. aber art. 1234, 2275), eine ausschließende Einrede gegen den Anspruch auf die Leistung entstehen, § 222 Abs. 1 (E. I § 182, II § 187), die freilich ihre besondere Natur hat, aber die mißverständlich wohl auch für das gemeine Recht angenommene Berücksichtigung der bona fides, RG. 19 S. 140, ObTr. 35 S. 32, völlig beseitigt. Gegen den durch Urtheil festgestellten Anspruch ist sie gemäß CPO. § 767 (686) durch Klage geltend zu machen. Aus der Natur dieser Einrede folgt, daß auf sie verzichtet werden kann und der Richter anders als in den Fällen, in denen es sich um Erlöschen von Rechten durch Ablauf einer präklusivischen Frist handelt, die Verjährung nicht von Amtswegen zu berücksichtigen hat. Ebenso ObTr. 33 S. 459 für Preuß. R., C. c. art. 2223.

Es folgt daraus ferner, daß die Verjährung des Anspruches aus dinglichem Recht, soweit sie überhaupt zugelassen, das Recht selbst nicht zerstört, nur den Leistungsanspruch gegen den ausschließt, der sich auf die Verjährung berufen kann, d. h. gegen den, gegen den der Anspruch entstanden, § 198, und dessen Rechtsnachfolger, § 221, nicht aber gegen einen Dritten. So verjährt der Eigenthumsanspruch auf Herausgabe der gestohlenen Sache zwar gegen den Dieb in der Frist des § 195, aber die nach Ablauf der Verjährung vom Diebe verlorenen Sache kann der Eigenthümer vom Finder vindiciren, da sein Eigentum nicht verloren gegangen und der Finder sich auf § 221 nicht berufen kann. Vgl. Cosack a. a. O. § 74 S. 254, 255; l. 8 § 1 C. 30, 7. Von diesem Grundsatz macht eine Ausnahme der § 900, wonach das Eigenthum gegenüber dem Besitzenden und eingetragenen Nichteigenthümer durch Verjährung der Eigenthumsklage verloren gehen kann, ferner § 981 und § 1028 Abs. 1 Satz 3. Vgl. das. In Uebereinstimmung mit dem Grundsatz stehen dagegen die bereits berührten §§ 425, 429 (Verjährung der Gesammtforderung, der Forderung gegen Gesammtschuldner). In Uebereinstimmung mit dem Grundsatz, daß die Verjährung den Leistungsanspruch durch Einrede ausschließt, steht, daß nach § 224 mit dem Hauptanspruch auch der Anspruch auf die accessorischen Nebenleistungen (Zinsen, Früchte, Kosten, Provision) verjährt, d. h. auch diese Nebenleistungen verweigert werden können, da ein Recht auf solche ohne den Hauptanspruch, aus dem sie erwachsen, nicht bestehen kann. Deshalb fällt der accessorische Anspruch auf vertragsmäßige oder gesetzliche Zinsen fort, l. 26 C. 4, 32, OHG. 23 S. 232, wenn der Kapitalanspruch verjährt, auch wenn die Verjährung für den Zinsanspruch noch läuft, dessen Frist länger sein kann, als die für den Hauptanspruch. § 196, § 197. Der Indossant, der dafür einzustehen hat, daß der Acceptant zahlt, kann nicht mehr haften, wenn der Anspruch gegen den Acceptanten durch Verjährung erloschen, RG. 9 S. 22, so wenig wie der durch Verjährung befreite Schuldner dem Bürgen haften kann, der die verjährte Schuld zahlt, StrA. 12 S. 208. Darum fällt auch mit der Verjährung des Anspruchs gegen den Hauptschuldner der accessorische Anspruch gegen den Bürgen fort. Vgl. zu §§ 765 ff. Die Frage, ob ein Hauptanspruch, aus dem einzelne Leistungen als accessorische Nebenleistungen entspringen, vorliegt, oder ein sich in den einzelnen Leistungen wiederholender Anspruch, oder mehrere in den einzelnen Leistungen sich erneuernde selbständige Ansprüche, läßt sich nur konkret entscheiden. Vgl. Pl. Pr. ObTr. 13 S. 19 und zu § 852 sowie E. I §§ 160, 184 Abs. 2, die mit Recht gestrichen sind. Specielle Vorschriften, die in Zusammenhang mit § 224 zu bringen sind, enthalten die §§ 558 Abs. 3 (581 Abs. 2), 606, 1057 (1093), 1226. Danach verjährt mit dem Anspruch des Vermiethers (Verpächters), Verleihers, Verpfänders, Eigenthümers auf Rückgabe, Herausgabe der Sache, der Ersatzanspruch wegen Verschlechterung, Veränderung der Sache, und dasselbe muß für die Ansprüche aus § 488 mit der Verjährung der Wandlungsklage gelten.

Im Zusammenhang mit dem Grundsatz, daß die Verjährung mit dem stärksten Elemente des Anspruchs doch nicht den ganzen Anspruch zerstört, aber zugleich abweichend von der regelmäßigen Wirkung der ausschließenden Einrede, § 813, läßt das BGB. wie im Wesentlichen das gesammte bisherige Recht als Wirkung des verjährten Anspruchs, der insofern als naturalis obligatio bezeichnet werden kann, bestehen:

1. Die soluti retentio. Was zur Befriedigung des verjährten Anspruchs geleistet, kann nicht kondizirt werden, auch wenn in Unkenntniß der Verjährung geleistet, § 222 Abs. 2, § 813 Abs. 1 Satz 2. Im gem. und Preuß. R. ist dies streitig, RE. 3 S. 74, 75. Das Preuß. Ges. vom 24. Mai 1861 § 9 läßt die cond. irrthümlich gezahlter verjährter Abgaben ohne Unterschied zu.

2. Auch vertragsmäßiges Anerkenntniß und Sicherheitsleistung können nicht kondizirt werden, § 222 Abs. 2 Satz 2. Vertragsmäßiges Anerkenntniß ist mehr als das unterbrechende Anerkenntniß in § 208. Es erfordert, abweichend vom ALR. I 9 § 564, nach § 125, vgl. zu §§ 125 ff. oben S. 152, keine Form wie das Schuldanerkenntniß in § 781, aber nach §§ 145 ff. Einigung, Anbieten und Annahme. Dazu genügt aber, wenn der Gläubiger den Schuldner nach eingetretener Verjährung an die Leistung mahnt, der Schuldner um weitere Stundung bittet und Zahlung in Raten mit Zinsen verspricht, ObTr. 55 S. 34 (StrA. 60 S. 138), RE. 1 Nr. 179 Erk. b, Ausstellung und Annahme eines neuen Schuldscheins. Ob der Anerkennende die eingetretene Verjährung weiß, ist nach Abs. 2 Satz 1 § 222 auch hier unerheblich, was schon für Preuß. R. in RG. 30 S. 264 angenommen. Selbstverständlich ist, daß das Anerkenntniß nur den Anerkennenden und seine Universalsuccessoren verpflichtet, nicht den Singularsuccessor. SBGB. § 1404, ObTr. 21 S. 44. Mit der Sicherstellung wird regelmäßig ein Anerkenntniß des ganzen Anspruchs verbunden sein, sonst wirkt sie nicht weiter als nach § 223 Abs. 1.

Daß der Grundsatz des § 222 auf alle Verjährungsfristen, auch die kurzen und die der WO. und des HGB., anzuwenden, kann nicht mehr zweifelhaft sein. In StrA. 72 S. 210 hatte A einen Stein für seine Mühle geliefert erhalten, der unbrauchbar war, die redhib. versäumt, HGB. Art. 349 (jetzt BGB. § 477 Abs. 1), nach Ablauf der Verjährung aber mit dem Lieferanten verabredet, daß er den Stein vorläufig ausschärfen solle, damit die Mühle nicht stehen bleibe und dann einen neuen brauchbaren Stein erhalten solle. Durch diese Abrede würde auch nach BGB.

die Berufung auf die Verjährung gegen den Anspruch auf Lieferung des neuen Steins ausgeschlossen werden.

**3.** Nach §§ 1169, 1254 kann der Eigenthümer des Grundstücks, auf dem eine Hypothek eingetragen, Verzicht des Gläubigers auf die Hypothek, § 1168 Abs. 1, und der Verpfänder die Rückgabe des Faustpfandes verlangen, wenn ihm eine Einrede zusteht, durch welche die Geltendmachung der Hypothek, des Pfandrechts, dauernd ausgeschlossen. Nach § 223 Abs. 1, 2 steht die Verjährung des Anspruchs, für den Hypothek, Pfand, fiducia besteht, obwohl sie zur Verweigerung der Leistung mittelst Einrede berechtigt, der Geltendmachung des Anspruchs aus dem verhafteten Gegenstande nicht entgegen. Nur der Anspruch auf rückständige Zinsen und andere wiederkehrende Leistungen unterliegt der Verjährung der persönlichen Klage ohne Unterschied, ob Befriedigung vom Schuldner oder aus der Sache gefordert wird, § 223 Abs. 2. Das ist altes Recht. ALR. I 20 §§ 245—248, SBGB. §§ 181, 462 Preuß. Ges. v. 31. März 1838 § 2 Nr. 5. Durch die Eintragung und den Besitz des Pfandes oder des fiduciarisch übertragenen Rechts wird der Anspruch trotz der Verjährung der persönlichen Klage mit der Beschränkung erhalten, daß der Gläubiger seine Befriedigung nur aus der Sache, dem Recht fordern, der Verpflichtete vor der Befriedigung die Sache (Recht) nicht zurückfordern kann. Mit dieser Beschränkung ist also auch nach Verjährung des persönlichen Anspruchs gegen den Schuldner, der noch Eigenthümer des Pfandes, zu klagen und zu verurtheilen. Ist der Anspruch wegen des Kapitals verjährt, so können nach §§ 223 Abs. 3, 224 Zinsen auch aus der Sache nicht gefordert werden. Ebenso versteht es sich von selbst, daß bei Hypothek, Pfand, fiducia lediglich für Zinsen oder wiederkehrende Leistungen die Verjährung des persönlichen Anspruchs auch den Anspruch auf Löschung und Rückgabe begründet.

Keine Anwendung kann der § 223 finden, wenn der Anspruch nicht definitiv eingetragen, sondern durch Vormerkung gemäß §§ 883 ff. gesichert. Hier muß gemäß § 886 die Beseitigung der Vormerkung verlangt werden können, sobald der Anspruch verjährt, weil die Eintragung der Vormerkung den Anspruch nicht feststellt und nach seiner Verjährung die Feststellung nicht mehr erfolgen kann oder doch nutzlos ist, da die Verjährung die Umwandlung in ein definitives Recht ausschließt.

Der § 223 kann auch keine Anwendung finden auf Ansprüche, für die ein gesetzliches Pfandrecht ohne Besitz der Pfandsache oder Eintragung besteht, wie bei dem Pfandrecht des Vermiethers (Verpächters), des Schiffsgläubigers, HGB. §§ 755 (Art. 758), 901 (906), 902 (907), Binnenschiffahrtsges. v. 15. Juni 1895 §§ 102 ff., 117, 118, Flößereigesetz §§ 22, 28, 30. Ist der persönliche Anspruch verjährt, so fehlt es für das gesetzliche Pfandrecht am Grunde, und ist der dingliche Anspruch verjährt, so besteht entweder überhaupt kein Anspruch mehr, oder auch der persönliche ist verjährt, wenn er nicht besonders in der Verjährungsfrist erhoben ist. Vgl. RG. 36 S. 116 zu Art. 907 HGB. jetzt § 902 HGB.

**4.** Nach § 390 kann eine Forderung nicht aufgerechnet werden, der eine Einrede entgegensteht, aber nach Satz 2 § 390 schließt die Verjährung die Aufrechnung nicht aus, wenn die Gegenforderung noch nicht verjährt war, als sie der Forderung kompensabel gegenübertrat, weil angenommen wird, daß die Forderung damit aufgehoben. Auch dies ist altes Recht. RG. in Seuffert Archiv 40 Nr. 283, ALR. I 16 § 377, RG. 12 S. 254, ObTr. 81 S. 39. SBGB. § 992. Vgl. zu § 390. Dasselbe gilt nach § 490 Abs. 3 Satz 2 für die Aufrechnung des Anspruchs auf Schadensersatz wegen Viehmängel, ist aber in § 479 (§ 639) ebenso eingeschränkt wie im HGB. §§ 414 Abs. 3, 423, 439.

5. Auch in einer Reihe anderer Fälle kann ein verjährter Anspruch einredeweise geltend gemacht werden. So der verjährte Anspruch auf Wandlung oder Minderung in den §§ 478, 490 Abs. 2, 639. Behufs Abwehr des Anspruchs des Verkäufers (Werkmeisters) auf Bezahlung des Preises, in §§ 478, 639 mit einer Beschränkung, im § 490 bei Viehmängeln unbeschränkt. Damit ist eine gemeinrechtliche Kontroverse, OHG. 10 S. 339, ObTr. 80 S. 190, RG. 2 S. 158, in Uebereinstimmung mit ObTr. 1 S. 131 (Preuß. R.), RE. 1 Nr. 116 Erk. a, entschieden. Nach §§ 821, 853 steht die Verjährung des Anspruchs auf Befreiung von einer ohne Grund eingegangenen Verbindlichkeit oder Aufhebung einer durch unerlaubte Handlung, z. B. Betrug, erlangten Forderung der Geltendmachung der Einrede, daß die Erfüllung nicht gefordert werden könne, nicht entgegen.

6. Den Beweis der Verjährung hat der zu führen, der sich auf sie beruft. Wer anerkennen muß, daß ein Anspruch entstanden, hat nach allgemeinen Grundsätzen zu beweisen, daß er berechtigt, die Leistung zu verweigern, RG. 4 S. 236, OHG. 14 S. 257. Die Entstehung des Anspruchs und den Zeitpunkt derselben hat der Berechtigte zu beweisen; steht damit der Anfangstermin der Verjährung fest und ist die Verjährungsfrist von da abgelaufen, so ist der Beweis der Verjährung erfüllt. Hemmung, Unterbrechung hat als exceptionelle Thatsache der zu beweisen, der sich darauf beruft. StrA. 90 S. 278, 37 S. 175.

**VII. Oertliches und zeitliches Recht der Verjährung.** RE. (2. Aufl.) 1 S. 49, 67, 98.

1. Die kontroverse Frage der Bedeutung des Wechsels der Gesetzgebung über die Verjährung und des örtlichen Rechts der Verjährung hat der Art. 169 des EG. nur in ersterer Beziehung entschieden. Eine besondere Vorschrift giebt Art. 174 Abs. 2 für die Verjährung der Ansprüche aus Schuldverschreibungen auf den Inhaber, vgl. zu § 802, und der Art. 189 EG. Vgl. dort. Unberührt geblieben ist Art. II Patentges. v. 7. April 1891 zu § 28 des PatGes. In beiden Vorschriften handelt es sich um Präklusivfristen.

Aus Art. 169 EG. ergeben sich klar die Rechtssätze: 1. Die vor dem Inkrafttreten des BGB. nach dem früheren Recht vollendete Verjährung wird in allen Beziehungen, auch bezüglich der Wirkung, nach dem früheren Recht beurtheilt. 2. Jede zur Zeit des Inkrafttretens des BGB. laufende Verjährung ist den Vorschriften des BGB. unterworfen. Sie hört also auf zu laufen, wenn das BGB. die Verjährung nicht zuläßt. Modificirt ist der Satz durch die Bestimmung, daß a) Beginn, Hemmung, Unterbrechung für die Zeit vor dem BGB. sich nach dem früheren Rechte bestimmen; b) daß wenn die Verjährungsfrist des BGB. kürzer als die des früheren Rechts, sie erst vom Inkrafttreten des BGB. ab berechnet wird, wenn nicht zur Vollendung der laufenden Verjährungsfrist des bisherigen Rechts eine kürzere Frist genügt.

Der Satz 1 beruht auf dem allen Rechten gemeinsamen, aus der inneren Natur des Rechts folgenden Grundsatz von der nichtrückwirkenden Kraft der Gesetze. ALR. Einl. § 14. Die Sätze zu 2 sind rein positiver Natur, mit dem bisherigen Rechte bald übereinstimmend, bald abweichend. PublP. ALR. § 17. Preuß. Ges. v. 31. März 1838 § 7. SBGB. PublB. §§ 8 ff. C. c. art. 2281, RG. 39 S. 49, 24 S. 266, 12 S. 1, 4 S. 29, 21 S. 408. Sie sind an sich rationell, hängen aber mit der rechtlichen Natur des Anspruchs zusammen und verlieren ihre Berechtigung, wenn das neue Gesetz nicht bloß die Verjährung, sondern die Natur des Anspruchs ändert. Dann kann sich die volle Anwendung des neuen Verjährungsgesetzes oder dessen Nichtanwendung auf die laufende Verjährung rechtfertigen. Das wird zu beachten sein, wo die Anwendung des Art. 169 auf Ansprüche in Frage steht, die nicht durch das BGB. geregelt. Vgl. ObTr. 19 S. 260, RE. 1 Nr. 11 (12, 13, 14) Erk. f, RG. 1 S. 40, 20 S. 1, 21 S. 408 zu §§ 8, 9 des Haftpflichtges., die durch Art. 42 unt. III EG. ersetzt. Vgl. auch ObTr. 65 S. 189 zu Art. 146 HGB. (§ 133 HGB. v. 10. Mai 1897), ObTr. 78 S. 208, Bolze 15 Nr. 11 zu §§ 30, 31 Preuß. EnteignGes.

In Frage kann gezogen werden, ob der § 225, der die vertragsmäßige Ausschließung oder Erschwerung der Verjährung, insbesondere die Verlängerung der Frist verbietet, ALR. I 9 §§ 565—567, SBGB. § 152, C. c. art. 2220, auch auf Verträge anzuwenden, die vor dem BGB. geschlossen. Dies ist zu verneinen. Abgesehen davon, daß der Satz des § 225 nicht ausnahmslos ist, §§ 477, 638, 801, kann solche vertragsmäßige Bestimmung nicht nach Art. 169, sondern nur nach Art. 170 EG. beurtheilt werden. Art. 30 EG. trifft nicht zu.

2. Ueber die sehr kontroverse Frage des örtlichen Rechts der Verjährung sagt das EG. nichts. Vgl. E. II §§ 2242, 2243, 2244. Aus Art. 30 EG. und § 225 BGB. könnte geschlossen werden, daß ausländisches Gesetz, das die Ausschließung oder Erschwerung der Verjährung zuläßt, nicht anzuwenden, indessen unterliegt dies wesentlichen Bedenken, wenn man davon ausgeht, daß der Anspruch selbst durch die Verjährung ein Stück seiner Natur und seines Inhalts erhält. Es kommt deshalb Alles darauf an, über diesen Ausgangspunkt zu entscheiden, der bekanntlich der Hauptstreitpunkt ist. Sicher ist, daß die einmal abgelaufene Verjährung wie bei Wechsel der Gesetzgebung so auch bei Wechsel des Domizils oder der Staatsangehörigkeit des Schuldners unveränderliches Recht begründet. ObTr. 28 S. 70, StrA. 14 S. 191, RE. 1 (2. Aufl.) S. 98. Sicher erscheint ferner, daß wo das EG. die Beurtheilung eines bestimmten Rechtsverhältnisses nach deutschen Gesetzen vorschreibt, z. B. Art. 19, 20, auch die Verjährung der Ansprüche aus diesem Rechtsverhältniß nach dem BGB. zu beurtheilen ist. Im Falle des Art. 21 kann die Anwendung der Verjährungsvorschriften des BGB. begründet sein, auch wenn sonst das ausländische Gesetz anzuwenden. Dem hier ersichtlichen Standpunkt des BGB. entspricht es, die Verjährung jedenfalls nicht als prozessuales Institut zu behandeln und nicht stets die lex fori entscheiden zu lassen, wie dies für Preuß. R. vom ObTr. mit zum Theil sehr verwunderlichen Ergebnissen geschehen. Für das gem. und das rheinische Recht hat das ObTr. auch konstant den ganz anderen Grundsatz ausgesprochen, daß die Verjährung dem materiellen Recht angehöre, sich auf die Wirkung des Rechtsverhältnisses beziehe und deshalb nach dem Recht zu beurtheilen sei, dem das Rechtsverhältniß unterliege.

Auf demselben Standpunkt steht für gem., preuß. und rhein. R. das OHG. und das RG.; ObTr. 77 S. 77, 80; OHG. 22 S. 88, 23 S. 5; RG. 22 S. 31, 24 S. 112, 383, 389 u. a. Namentlich für die kürzeren Verjährungsfristen, die lediglich auf der Natur des Anspruchs beruhen, ist der Satz ganz unbedenklich, daß die Frage der Verjährung nach dem Recht zu beurtheilen, dem der Anspruch sonst unterliegt. Welchem Recht der Anspruch unterliegt, sagt das BGB. auch nicht. Aus Art. 12 ist nur indirekt zu entnehmen, daß der Anspruch aus unerlaubter Handlung nach dem Recht des Thatorts zu beurtheilen; bei unerlaubter Handlung die im Auslande begangen, soll ein weitergehender Anspruch als nach deutschem Recht begründet, im Inlande nicht geltend gemacht werden können. Dies wird auch auf die Einrede der Verjährung anzuwenden sein, wenn die Frist kürzer, als die des fremden Rechts. Vgl. RE. 1 S. 93, RG. 19 S. 382, 23 S. 305, 21 S. 236, 29 S. 98; OHG. 24 S. 83, Bolze 7 Nr. 26. Für Ansprüche aus Schuldverhältnissen anderer Art, namentlich die Ansprüche aus einseitigen und zweiseitigen Verträgen, ist bekanntlich die Frage, nach welchem örtlichen Recht sie zu beurtheilen, besonders kontrovers. Vgl. RE. 1 Nr. 17 (18, 19, 22). EBGB. § 11. Darüber ist zu §§ 241 ff. das Nähere zu vergleichen. Für die Verjährung wird immer festzuhalten sein, daß sie nach dem Recht zu beurtheilen, dem der konkrete Anspruch unterliegt. Vgl. RG. 2 S. 13, 7 S. 21, 6 S. 25 (Wechsel-Domicil); OHG. 22 S. 88; RG. 24 S. 112, 383, 391; 23 S. 31, Bolze 14 Nr. 5 (Verjährung des Anspruchs des Kommanditisten einer im Auslande domizilirten Gesellschaft gegen den persönlich haftenden Gesellschafter). Bolze 9 Nr. 6. Das Nähere kann nur bei den einzelnen Schuldverhältnissen erörtert werden.

---

## 6. Abschnitt. Ausübung der Rechte. Selbstvertheidigung. Selbsthülfe.

§ **226**. Die Ausübung eines Rechtes ist unzulässig, wenn sie nur den Zweck haben kann, einem Anderen Schaden zuzufügen.

§ **227**. Eine durch Nothwehr gebotene Handlung ist nicht widerrechtlich.

Nothwehr ist diejenige Vertheidigung, welche erforderlich ist, um einen gegenwärtigen rechtswidrigen Angriff von sich oder einem Anderen abzuwenden.

§ **228**. Wer eine fremde Sache beschädigt oder zerstört, um eine durch sie drohende Gefahr von sich oder einem Anderen abzuwenden, handelt nicht widerrechtlich, wenn die Beschädigung oder die Zerstörung zur Abwendung der Gefahr erforderlich ist und der Schaden nicht außer Verhältniß zu der Gefahr steht. Hat der Handelnde die Gefahr verschuldet, so ist er zum Schadensersatze verpflichtet.

§ **229**. Wer zum Zwecke der Selbsthülfe eine Sache wegnimmt, zerstört oder beschädigt oder wer zum Zwecke der Selbsthülfe einen Verpflichteten, welcher der Flucht verdächtig ist, festnimmt oder den Widerstand des Verpflichteten gegen eine Handlung, die dieser zu dulden verpflichtet ist, beseitigt, handelt nicht widerrechtlich, wenn obrigkeitliche Hülfe nicht rechtzeitig zu erlangen ist und ohne sofortiges Eingreifen die Gefahr besteht, daß die Verwirklichung des Anspruchs vereitelt oder wesentlich erschwert werde.

§ **230**. Die Selbsthülfe darf nicht weiter gehen, als zur Abwendung der Gefahr erforderlich ist.

Im Falle der Wegnahme von Sachen ist, sofern nicht Zwangsvollstreckung erwirkt wird, der dingliche Arrest zu beantragen.

Im Falle der Festnahme des Verpflichteten ist, sofern er nicht wieder in Freiheit gesetzt wird, der persönliche Sicherheitsarrest bei dem Amtsgerichte zu beantragen, in dessen Bezirke die Festnahme erfolgt ist; der Verpflichtete ist unverzüglich dem Gerichte vorzuführen.

Wird der Arrestantrag verzögert oder abgelehnt, so hat die Rückgabe der weggenommenen Sachen und die Freilassung des Festgenommenen unverzüglich zu erfolgen.

§ **231.** Wer eine der im § 229 bezeichneten Handlungen in der irrigen Annahme vornimmt, daß die für den Ausschluß der Widerrechtlichkeit erforderlichen Voraussetzungen vorhanden seien, ist dem anderen Theile zum Schadensersatze verpflichtet, auch wenn der Irrthum nicht auf Fahrlässigkeit beruht.

---

**Chikane, Nothwehr, Nothstand, Selbsthülfe.** Vgl. E. 1 §§ 186—189; II §§ 191 bis 195; III §§ 221—224. ALR. Einl. §§ 76—79, 87, 88, 94; I 7 §§ 142 ff.; 14 §§ 413—465; 11 § 1156; 6 §§ 37, 38; 8 §§ 26—28. SBGB. §§ 178—185 (Selbsthülfe). C. c. art. 657, 672 Abs. 3. W. 1 §§ 121, 122. D. P. 1 § 41⁷, 199⁴, 125. Pr. Pr. 1 §§ 122, 123. Eccius 1 § 49. Grützmann 1 §§ 47, 49, 50. Z-Cr. 2 § 414. Cr. 1 §§ 39, 40. Endemann 1 §§ 84—89. Cosack 1 §§ 77, 78.

**I.** Der § 226 ist von der Reichstagskommission in das BGB. gebracht und steht mit den §§ 227 ff. nicht im Zusammenhange. Neues Recht ist er nicht, l. 38 D. 6, 1, l. 1 § 12, l. 2 §§ 5, 9 D. 39, 3. Das ALR. spricht sehr bestimmt den Grundsatz aus, daß zwar der Berechtigte, der sein Recht in den gesetzmäßigen Schranken ausübt, den Schaden nicht zu ersetzen hat, der daraus für einen Anderen entsteht, z. B. bei der Jagdausübung durch Betreten bestellter Aecker, ObTr. 83 S. 185 RE. 1 Nr. 160 Erk. b, daß aber Niemand, wenn er sein Recht ohne Beschädigung eines Anderen ausüben kann, es in der Absicht, zu beschädigen, so ausüben darf, daß es schädlich wird, I 6 §§ 36, 37. Niemand soll namentlich sein Eigenthum zur Kränkung oder Beschädigung Anderer mißbrauchen, d. h. auch ohne direkten Eingriff in fremdes Eigenthum so gebrauchen, daß der Gebrauch nur die Kränkung eines Anderen zur Absicht haben kann, I 8 §§ 26—28. Die böswillige Rechtsausübung, Chikane, kann von keinem Recht geduldet werden, das auf dem idealen Standpunkt steht, daß summum jus nicht summa injuria werden darf und daß der formale Rechtsschutz nicht dem dienen darf, was materiell Unrecht ist, weil es dem sittlichen Gehalt des Rechts widerspricht. Der § 226 ist nur ein einzelner Ausfluß dieses allgemeinen, dem BGB. durchaus homogenen Standpunkts. Im Entw. III § 887 Abs. 2 war der Satz ALR. I 8 § 28 dahin ausgesprochen, daß eine Ausübung des Eigenthums unzulässig, die nur den Zweck haben könne, einem Anderen Schaden zuzufügen. Dies ist gestrichen, nachdem der allgemeine, gegen jede böswillige Rechtsausübung gerichtete Grundsatz des § 226 aufgenommen. Verwandt ist der Grundsatz mit dem Grundsatz des § 138 und den zahlreichen Vorschriften des BGB., in denen dem Handeln gegen Treu und Glauben der Rechtsschutz versagt wird, oder Fürsorge gegen unbillige oder mißbräuchliche Geltendmachung eines Rechts, einer Befugniß getroffen wird. Dahin gehören z. B. die §§ 904, 905, 906, 910 Abs. 2 und besonders der § 997 Abs. 2, insofern er das dem Besitzer gegen den Eigenthümer zustehende Recht, die mit der vindicirten und herauszugebenden

Sache verbundene eigene Sache abzutrennen und wegzunehmen, ausschließt, falls es für den Besitzer nutzlos ist oder — er entschädigt wird. Vgl. auch §§ 320 Abs. 2, 459 Satz 2, 634 und die sich gegen mißbräuchliche Anwendung formalen Rechts wendenden §§ 1353, 1354, 1357, 1358, 1379, 1447, 1456, 1666, 2028, 2217, 2287, 2288.

Verwandt ist der Grundsatz mit § 826 (Entw. III § 810), wonach zum Schadensersatz verpflichtet ist, wer in einer gegen die guten Sitten verstoßenden Weise einem Anderen vorsätzlich Schaden zufügt. Der § 226 findet Anwendung, auch wenn noch kein Schaden zugefügt ist, aber Schadenszufügung im Falle des § 226 fällt unter § 826. Zu beachten ist aber, daß § 226 für Schadenszufügung durch Ausübung eines Rechts den aus den darzulegenden Umständen zu entnehmenden Beweis fordert, daß die Ausübung objektiv nur den Zweck haben kann, zu schädigen. Damit wird der Gefahr einer mißbräuchlichen Anwendung des § 226 vorgebeugt. Vgl. zu § 826 und oben S. 181, 182 zu § 138 und S. 259 zu § 166. Bei Ausübung obligatorischer Rechte wird es kaum je zu einer Anwendung des § 226 kommen können; für sie genügt die vorsichtige Benutzung der exc. doli generalis, auf die bereits mehrfach hingewiesen ist, deren keine gesunde Rechtsprechung entbehren kann und der das BGB. durchaus nicht entgegensteht. Das Anwendungsgebiet des § 226 liegt auf dem Gebiet des Eigenthums und der dinglichen Rechte. Namentlich wird § 226 es möglich machen, den Nachbar gegen chikanöse Ausübung des Rechts des Eigenthümers, in suo zu thun, was ihm beliebt, § 903, zu schützen. Der mit Rücksicht auf § 226 gestrichene Abs. 2 § 886 Entw. III diente gerade diesem Zwecke.

**II.** Die §§ 227—231 ordnen die privatrechtliche Seite der Selbsthülfe durch Selbstvertheidigung gegen Angriff (Nothwehr) und der Selbsthülfe durch Sicherung eigenen Rechts.

**1.** Nachdem das StGB. § 53 bestimmt, daß eine strafbare Handlung nicht vorhanden, wenn die Handlung durch Nothwehr geboten, rechtfertigt sich für das Privatrecht der Satz, daß solche Handlung auch privatrechtlich nicht verantwortlich macht. Das BGB. spricht dies in § 227 dahin aus, daß durch Nothwehr gebotene Handlung nicht widerrechtlich. Solche Handlung macht deshalb weder schadensersatzpflichtig, noch hat sie die sonstigen Folgen unerlaubten Thuns, §§ 823, 254. Was z. B. als Ehescheidungsgrund gelten würde, gilt als solcher nicht, wenn es durch Nothwehr geboten. Für das SBGB. folgte dasselbe aus § 178; gemeinrechtlich ist es unbestrittener Rechtssatz, ebenso im Preuß. R., StrA. 96 S. 128, und im französ. R. Die Definition der Nothwehr stimmt wörtlich mit der in § 53 Abs. 2 StGB. überein; der Thatbestand ist derselbe für Strafrecht und Privatrecht. Wie im StGB. ist in § 227 an Nothwehr gegen Angriff durch eine Person auf die Person und deren Rechte zu denken; Idendität der Person des Angegriffenen und des Vertheidigers ist auch in § 227 nicht erfordert.

Vorausgesetzt ist nichts, als gegenwärtiger objektiv rechtswidriger Angriff. Solcher kann vorliegen, auch wenn der Angreifer subjektiv nicht verantwortlich zu machen, weil er wahnsinnig ist oder im Kindesalter steht, oder die erforderliche Einsicht nicht hat oder auf Befehl handelt, dem er gehorchen muß, oder sonst ohne eigenen Willen handelt. Wenn eine Gemeindebehörde unter Verkennung ihrer Befugnisse durch ihre Polizeiorgane Schritte vornehmen lassen wollte, um sich für ihre Vermögensrechte Befriedigung oder Sicherheit zu verschaffen, oder wenn ein

Gemeindevorstand dem Unternehmer einer Eisenbahn zum Zwecke von Vorarbeiten das Betreten von Gehöften gestatten wollte, bevor die Vorarbeiten von der zuständigen Bezirksbehörde genehmigt, § 5 Preuß. Enteignungsgesetz v. 11. Juni 1874, so würde Nothwehr dagegen gestattet sein. Nach §§ 858, 859 Abs. 1, 865, 866 BGB. darf sich der Besitzer verbotener Eigenmacht mit Gewalt erwehren. SBGB. § 181. Vgl. § 1029, 1090 Abs. 2. ALR. I 7 §§ 141—145. Das ist Nothwehr im Sinne § 227, und des § 53 StGB. Vgl. RG. 25 S. 145, 23 S. 273, 274.

Ueberschreiten der Nothwehr wird durch Abs. 1 § 227 nicht geschützt. Das BGB. enthält keine dem Abs. 3 § 53 StGB. entsprechende Vorschrift. Es rechtfertigt sich auch, den Thäter straflos zu lassen, der in Bestürzung, Furcht, Schrecken die Grenzen der Vertheidigung überschreitet, aber ihn privatrechtlich dafür außer Verantwortung zu lassen, erscheint nur gerechtfertigt unter der Voraussetzung des § 254 oder der §§ 827, 828, oder wenn Vorsatz oder Fahrlässigkeit zu verneinen. § 823. So schon RG. 21 S. 295. Ebenso ist der Fall zu beurtheilen, wenn rechtswidriger Angriff irrthümlich angenommmen wird, während es sich in Wahrheit z. B. um Scherz handelt (Ueberfall im Scherz). Auch hier wird für die privatrechtliche (wie für die strafrechtliche) Beurtheilung zu prüfen sein, ob und auf welcher Seite Fahrlässigkeit und überwiegende Fahrlässigkeit vorliegt.

Von Nothwehr kann begrifflich nur gegen den Angreifer die Rede sein. Daß ein Dritter auch nur für den Zweck der Notwehr unverschuldet Opfer tragen muß, ohne Entschädigung dafür zu erhalten, läßt sich weder aus dem BGB. noch aus den Grundsätzen der Billigkeit und der Gerechtigkeit herleiten. Wer z. B. um sich für die Nothwehr eine Waffe zu verschaffen, einen fremden Zaun einreißt, handelt nicht widerrechtlich, aber den Eigenthümer hat er zu entschädigen, § 904.

2. Der § 228 (vgl. Entw. I § 187, II §§ 192, 746) entscheidet die praktisch wichtige Frage der Selbstvertheidigung gegen Sachen. Vgl. besonders Endemann § 88. Ohne Vorgang ist diese Vorschrift nicht, l. 49 § 1 D. 9, 2; l. 7 § 4 D. 43, 24; l. 3 § 7 D. 47, 9; l. 14 pr. D. 19, 5 und eine Anwendung in dem einen gemeinrechtlichen Fall entscheidenden RG. 5 S. 161, wo ein Schiff an einer Stelle Anker geworfen, an der ein Telegraphenkabel lag, beim Lichten des Ankers dasselbe sich in den Drähten des Kabels fing, das Kabel mitnahm, das dann gekappt werden mußte, um das Schiff los zu machen. Im ALR. I 9 §§ 155—157 findet sich die, nach EG. Art. 69 unberührt gebliebene Vorschrift, daß gegen Anfall durch wilde Thiere, Hirsche, Schweine und anderes Wild, sich jeder selbst durch Tödtung derselben schützen darf. Eine prinzipielle Regelung der Frage fehlt ebenso wie im franz. R. Das SBGB. § 182 läßt die Vertheidigung von Person und Vermögen gegen Thiere, wenn nöthig, selbst durch Tödtung zu, wenn nicht besondere Berechtigung entgegensteht, und sagt im § 183, daß fremde Sachen, die der eigenen Schaden zufügen oder Gefahr drohen, oder ihren Gebrauch hindern, entfernt und wenn nöthig, selbst beschädigt und zerstört werden können.

Das BGB. stellt in § 228 den allgemeinen Grundsatz auf, daß eine fremde Sache, die Gefahr droht, von Jedem beschädigt oder zerstört werden darf, um die drohende Gefahr abzuwenden, sobald die Beschädigung oder Zerstörung erforderlich ist, um die Gefahr abzuwenden und der Schaden nicht außer Verhältniß zu der Gefahr steht. Unter diesen Voraussetzungen ist die Handlung nicht widerrechtlich, fällt also auch strafrechtlich nicht unter die §§ 303 bis 305 StGB. Nur die Verpflichtung zum Schadensersatz tritt ein, wenn der Handelnde die Gefahr verschuldet hat.

Der Thatbestand des § 228 kann als Nothwehr gegen fremde Sachen bezeichnet werden; richtiger ist es, um den Begriff der Nothwehr in § 227 rein zu erhalten, ihn als Nothstand zu bezeichnen, wobei nur zu beachten, daß der Begriff des Nothstandes in diesem Sinne ein anderer und weiterer als der des § 54 StGB., den das BGB. nicht aufgenommen hat und nicht behandelt, ein anderer und weiterer, insofern der § 54 StGB. Eingriff in fremde Sache straflos läßt, auch wenn diese nicht Gefahr drohen (Wegnahme von Sachen zur Rettung vor Verhungern), aber nur zur Rettung aus gegenwärtiger Gefahr für Leib oder Leben, während § 228 eine gefahrdrohende Sache voraussetzt, den Eingriff aber zur Beseitigung jeder Gefahr zuläßt.

Wesentlich verschieden von dem Fall des § 228 ist der Thatbestand des § 904, der auch einen Fall des Nothstandes darstellt, indem er unter Vorbehalt der Schadensersatzpflicht Eingriff in fremdes Eigenthum (Besitz) zur Abwendung einer gegenwärtigen Gefahr irgend welcher Art gestattet, vorausgesetzt nur, daß der Eingriff nothwendig und die Gefahr so, daß der Schaden, der dem Eigenthümer aus dem Eingriff droht, daneben nicht in Betracht kommt. Vgl. des Nähere zu § 904. Die Voraussetzungen für die Anwendung des § 228 sind:

**a.** Die Sache muß Gefahr drohen. Beispiele sind: ein Thier greift Menschen an, bricht in Gebäude, Gärten, Felder, Hofraum, ein und gefährdet dadurch oder dabei Leib, Leben, Eigenthum. Ein toller Hund, ein rotzkrankes Pferd, ist gefahrdrohend. Für jagdbares Wild, auf das an sich § 228 anwendbar, kommen nach EG. Art. 69 die Vorschriften der Landesjagdpolizeigesetze zur Anwendung, die regelmäßig das Tödten des Wildes zur Abwehr von Wildschaden nicht oder nur mit Ermächtigung der zuständigen Behörde gestatten. Vgl. § 23 Preuß. Jagdpolizeiges. v. 7. März 1850, § 16 Preuß. Wildschadengesetz v. 11. Juli 1891. Auf Vieh, welches nach den durch EG. Art. 89 aufrecht erhaltenen Landesges. der Pfändung unterliegt, findet § 228 an sich Anwendung, in den meisten Fällen wird aber die Tödtung zur Abwehr von Feldschaden nicht erforderlich sein. Dasselbe gilt für Tauben. Vgl. Art. 130 EG. Bienenschwärme, §§ 961 ff., können für Menschen und Sachen (andere Stöcke) gefährlich werden und sind gegen die Anwendung des § 228 nicht geschützt.

Außer Thieren kommen für § 228 leblose Sachen aller Art in Betracht, Bäume, die faul oder durch den Wind gelegt den Umsturz drohen, baufällige Gebäude, vgl. ALR. I 8 §§ 37 ff., die unberührt geblieben. Auch ein brennender Gebäudetheil kann Gefahr so drohen, daß das Zerstören des ganzen Gebäudes geboten sein kann, um größeren Schaden abzuwenden. Ein Beispiel giebt ferner der obige Fall RG. 5 S. 161, in dem auch nach BGB. die Schadensersatzklage gegen den Rheder abzuweisen sein würde.

Auf Verschulden des Eigenthümers der Sache kommt für § 228 nichts an. Vgl. §§ 834 ff, 836 ff. Die Sache wird gewissermaßen als der Schuldige behandelt.

**b.** Die Sache muß durch sich, ihre Beschaffenheit, ihren Zustand, die Gefahr drohen, nicht bloß, wie SBGB. § 183 zuläßt, den Gebrauch einer Sache hindern. In RG. 5 S. 161 lag eine solche Gebrauchshinderung allein nicht vor. Darum ist Cosack darin zuzustimmen, daß wenn durch Wolkenbruch die zu Recht bestehende Traufe dem Nachbar in gefahrdrohender Weise Wasser zuführt, der Nachbar sie zwar zerstören darf, im Nothstand nicht widerrechtlich handelt, aber nach § 904 dem Eigenthümer den Schaden zu ersetzen hat.

c. Die Beschädigung oder Zerstörung der Sache muß zur Abwendung der Gefahr erforderlich sein, und

d. der Schade, der von der Sache droht, darf nicht außer Verhältniß zu dem Schaden stehen, der aus ihrer Beschädigung oder Zerstörung entsteht. Beides kann nur konkret nach allen Umständen ermessen werden. Wer der Gefahr aus dem Wege gehen kann, darf nicht beschädigen oder zerstören; das darf auch nicht geschehen, wo Wegnehmen genügt. Ein werthvolles Stück Vieh darf nicht getödtet werden, wenn es einen Blumengarten betritt, oder Feld, Wiese, der Schade, den es anrichten kann, geringfügig und zu ersetzen ist.

Wo die Voraussetzungen des § 228 nicht vorliegen, und daß sie vorliegen, hat zu beweisen, wer sich auf § 228 beruft, ist die Handlung widerrechtlich und verpflichtet zum Schadensersatz nach §§ 823 ff. Ob sie auch strafrechtlich verantwortlich macht, ist nach dem StGB. zu beurtheilen.

e. Nach Satz 2 § 228 tritt Schadensersatzpflicht ein, auch wenn alle Voraussetzungen des § 228 vorliegen, die Handlung also nicht widerrechtlich ist, der Handelnde aber die Gefahr der Sache verschuldet hat. Solch Verschulden würde z. B. anzunehmen sein, wenn der Stier, der das Leben bedroht, von dem Bedrohten, der ihn tödtet, gereizt ist, wenn der Schiffer den Anker auswarf, obwohl er wußte, daß das Kabel an der Ankerstelle lag, wenn der Nachbar unvorsichtig den Baum untergraben und ihn dadurch zum Umlegen gebracht. Schadensersatzpflichtig wird aber nur der Handelnde, der schuldig ist, nicht der, der zur Abwendung der Gefahr gehandelt hat, ohne die Gefahr verschuldet zu haben. Jeder ist berechtigt, das Thier zu tödten, das fremdes Leben gefährdet, auch wenn ein Anderer es gereizt hat. In solchem Falle ist nur der Andere nach §§ 823 ff. ersatzpflichtig.

3. Die §§ 229—231 regeln die Selbsthülfe zur Durchführung und Sicherung eines Anspruchs in der Hauptsache von dem Gesichtspunkte aus, der dem gem. und preuß. R. und dem SBGB. zu Grunde liegt. l. 10 § 16 D. 42, 8; ALR. Einl. §§ 76—79; SBGB. §§ 179, 180, 185. Nur der Staat hat Recht und Pflicht, den Einzelnen zu schützen und ihm zu seinem Recht zu verhelfen; eine unerlaubte Handlung wird grundsätzlich dadurch nicht erlaubt, daß sie zum Zweck der Selbsthülfe ausgeübt wird. Nachdem die strafrechtlichen Bestimmungen gegen die Selbsthülfe, ALR. II 20 §§ 157 ff., 517 ff., (1115), l. 7 C. 8, 4, RG. 18 S. 218 durch das StGB. beseitigt, ist die privatrechtliche Normirung der Selbsthülfe für das Strafrecht von Bedeutung, weil Handlungen, die das Privatrecht zur Selbsthülfe zuläßt, auch strafrechtlich nicht als widerrechtlich erscheinen. Die allgemeine privatrechtliche Norm geben die §§ 229, 230. Nur wenn obrigkeitliche Hülfe nicht rechtzeitig zu erlangen und ohne eigenes sofortiges Eingreifen die Gefahr besteht, daß die Verwirklichung des Anspruchs vereitelt oder wesentlich erschwert werde, ist zum Zweck der Abwendung dieser Gefahr, aber nicht weiter, erlaubt und nicht widerrechtlich, eine Sache wegzunehmen, zu zerstören, zu beschädigen, den der Flucht verdächtigen Schuldner festzunehmen oder den Widerstand zu beseitigen, den der Verpflichtete einer Handlung entgegensetzt, die er zu dulden verpflichtet ist.

a. Damit sind die Voraussetzungen und die Mittel der Selbsthülfe genau abgegrenzt. Die Voraussetzungen der Selbsthülfe sind gegen das gem. und preuß.

R. weiter gezogen, insofern nicht erforderf, daß ein unwiderbringlicher, unersetzlicher Schaden ohne ihre Ausübung zu befürchten.

Als Mittel der Selbsthülfe ist Wegnahme, Beschädigung, Zerstörung von Sachen, Festnahme des fluchtverdächtigen Schuldners, was streitig war, RG. in Straff. 1 S. 193, Beseitigung seines Widerstandes gegen das, was er dulden muß, zugelassen, soweit es zur Abwendung der Gefahr erforderlich. Dem Schuldner auf der Flucht können auch die Vermögensstücke weggenommen werden, die er durch seine Flucht dem oder seinen Gläubigern entziehen will. Ohne die Voraussetzungen der Selbsthülfe (Nothwendigkeit des eigenen sofortigen Eingreifens zur Abwendung der Gefahr) darf der Gläubiger sich weder durch Wegnahme selbst befriedigen, noch den Schuldner durch Gewalt oder Drohung zur Befriedigung zwingen. Vgl. oben S. 142 ff. zu §§ 123, 124. Der fluchtverdächtige Schuldner darf festgenommen, aber nicht getödtet oder vorsätzlich verletzt werden; das würde nur in der Nothwehr gegen seinen Angriff nicht widerrechtlich sein; was der Verpflichtete gegen die in § 229 zugelassene Selbsthülfe thut, ist nie Nothwehr. Die Selbsthülfe darf nicht weiter gehen, als zur Abwendung der Gefahr erforderlich ist. Der Miether, der beim Einzuge die Wohnung geschlossen findet, darf die Thürschlösser durch einen Schlosser öffnen lassen, aber die Thüren nicht demoliren, wenn das Oeffnen möglich. Die sehr weitgefaßte Vorschrift darf weder dahin führen, daß die Tödtung des mit seinem Gelde flüchtigen Schuldners erlaubt, noch daß solche Tödtung erlaubt, um den passiven Widerstand des Verpflichteten zu brechen. Was für die Nothwehr durch die Rechtswidrigkeit des Angriffs sich rechtfertigt, rechtfertigt sich nicht ohne Weiteres für die Selbsthülfe. Der körperlich Schwache mag Andere zu seiner Hülfe hinzuziehen, aber zur tödtlichen Waffe greifen, um eine vielleicht geringfügige Forderung zu retten, oder ein Recht anderer Art zu sichern, erscheint im Sinne des BGB. nicht gerechtfertigt. Erforderlich ist, was objektiv erforderlich ist; das Verhältniß zwischen der Gefahr und dem Mittel der Selbsthülfe ist nicht wie in §§ 228, 904 im § 229 zum Ausdruck gebracht, liegt aber eingeschlossen in dem Satz des Absatz 1 § 229.

Dies ist auch aus Abs. 2, 3, 4 § 230 zu entnehmen, die gegen jeden Mißbrauch der Selbsthülfe gerichtet sind. Ist eine Sache weggenommen, so muß ohne Zögerung der Richter angegangen werden. Kann Zwangsvollstreckung beantragt werden, so muß sie beantragt werden; liegt kein Titel dafür vor, so muß der dingliche Arrest gemäß CPO. § 916 (796) in Antrag gebracht werden. Ist der fluchtverdächtige Schuldner festgenommen, so ist er unverzüglich dem zuständigen Amtsrichter vorzuführen und bei ihm der persönliche Sicherheitsarrest nach CPO. § 918 (798) zu beantragen. Damit wird eine schleunige Kognition des Richters darüber ermöglicht, ob die Selbsthülfe veranlaßt war. Der Berechtigte hat dem Richter ihre Voraussetzungen darzuthun. Wird das Angehen des Richters auch nur verzögert, so kann die Selbsthülfe dadurch allein zwar nicht zu einer widerrechtlichen That werden, aber sie wird erfolglos, da die Sache zurückgegeben, der Festgenommene freigelassen werden muß, § 230 Abs. 4. Außerdem ist der aus der Verzögerung der Rückgabe der Sache und der Freilassung entstandene Schaden zu ersetzen.

b. Im Begriff der Selbsthülfe scheint zu liegen, daß nur der dazu berechtigt, der sich selbst helfen muß, also der Anspruchsberechtigte, kein Dritter. Unbedenklich ist, daß der Berechtigte sich der Beihülfe Anderer bedienen kann. In dem unten zu erwähnenden § 860 ist sie auch einem Dritten, nicht Berechtigten, im Interesse des Berechtigten gestattet. **Unbedenklich scheint, sie auch dem gesetzlichen oder rechtsgeschäftlichen Vertreter des Berechtigten zu gestatten; er macht aus dem Recht der Vertretung die Rechte des Berechtigten geltend.** Fraglich erscheint, ob auch ohne Vertretungsmacht jeder Dritte im Interesse des Berechtigten handeln kann, z. B. ein Agent, der nicht vertretungsberechtigt — vgl. den Fall OHG. 2 S. 301 (der Wollagent verfolgt den flüchtigen Schuldner seines Hauses und nimmt ihm die Gelder ab). Entschieden ist die Frage nicht, ihre Verneinung aber nicht allgemein geboten. Der Gesichtspunkt der Geschäftsführung ohne Auftrag ist nach § 680 nicht abzulehnen. CPO. § 89 (85).

**c.** In einer Reihe von Specialvorschriften ist die Selbsthülfe ausdrücklich zugelassen. Nach § 561 (581) darf der Vermiether, Verpächter, nach § 704 der Gastwirth auch ohne Anrufen des Gerichts, d. h. auch dann, wenn die Hülfe des Gerichts (oder der Polizei) noch rechtzeitig zu erlangen, die Entfernung der seinem gesetzlichen Pfandrecht unterliegenden Sachen, soweit er ihr zu widersprechen befugt ist, § 560 Satz 2, verhindern, d. h. auch mit Gewalt verhindern, und sie in Besitz nehmen, wenn der Miether, Pächter, Gast auszieht.

Nach § 859 (860, 865) hat der Besitzer nicht bloß das Recht der Nothwehr gegen Angriffe auf seinen Besitz, sondern auch das Recht der Selbsthülfe, indem er die ihm widerrechtlich entzogene bewegliche Sache dem Thäter auf frischer That oder auf der Flucht mit Gewalt wieder abnehmen, ihn des Besitzes eines Grundstücks sofort nach der Entziehung entsetzen darf. Den ihm dabei entgegengesetzten Widerstand darf er nach § 229 beseitigen.

Nach § 910 darf der Eigenthümer eines Grundstücks eindringende Wurzeln und überhängende Zweige, wenn sie die Benutzung seines Grundstücks beeinträchtigten, abschneiden.

Nach § 962 darf der Eigenthümer eines Bienenschwarmes bei der Verfolgung desselben fremde Grundstücke betreten und leere Bienenstöcke öffnen und beschädigen. (Anders §§ 867, 1005.)

Nach § 1029 wird die Ausübung einer eingetragenen Grunddienstbarkeit (vgl. § 1090 u. EG. Art. 191) ebenso geschützt wie der körperliche Besitz nach § 859.

**d.** Für alle Fälle der Selbsthülfe, — vgl. zu den angeführten Specialvorschriften das Nähere — gilt der Satz des § 231: Die Handlung, die nicht widerrechtlich, wenn die Voraussetzungen der Selbsthülfe vorhanden, ist widerrechtlich ohne diese Voraussetzungen und verpflichtet zum Schadensersatz, auch wenn der Handelnde in Folge entschuldbaren Irrthums angenommen, die Voraussetzungen seien vorhanden und er in seinem guten Recht. Das ist einer der Fälle, in denen abweichend von dem Grundsatz des § 823 Schadensersatzpflicht ohne Verschulden eintritt.

Anzuwenden ist § 231, sowohl wenn eine der Voraussetzungen der Selbsthülfe (Anspruch, Gefahr, Flucht, Person des Verpflichteten) irrthümlich angenommen, als auch wenn irrthümlich über das erforderliche Maß hinausgegangen. § 230 Abs. 1. Auch der neg. gestor handelt auf seine Gefahr, wenn der Berechtigte nicht genehmigt, was in seinem Interesse zum Zwecke der Selbsthülfe geschehen ist.

4. Nicht geregelt hat das BGB. das altdeutschrechtliche Mittel der Selbsthülfe durch Privatpfändung. ALR. I 14 §§ 413 ff.; Preuß. Feld- u. Forstpolizeiges. v. 1. April 1880. RE. 2 Nr. 251, SBGB. §§ 488—494 u. a. Durch Art. 89 EG. sind diese Vorschriften, soweit sie die Pfändung von Sachen (nicht von

Personen) gestatten, einschließlich der Vorschriften über Pfand- und Ersatzgeld aufrecht erhalten. Vgl. zu Art. 89 EG. Die Festnahme von Personen ist deshalb auch auf diesem Gebiet nur nach Maßgabe der §§ 229 ff. BGB. gestattet.

---

## 7. Abschnitt. Sicherheitsleistung.

§ 232. Wer Sicherheit zu leisten hat, kann dies bewirken
durch Hinterlegung von Geld oder Werthpapieren,
durch Verpfändung von Forderungen, die in das Reichsschuldbuch oder in das Staatsschuldbuch eines Bundesstaats eingetragen sind,
durch Verpfändung beweglicher Sachen,
durch Bestellung von Hypotheken an inländischen Grundstücken,
durch Verpfändung von Forderungen, für die eine Hypothek an einem inländischen Grundstücke besteht, oder durch Verpfändung von Grundschulden oder Rentenschulden an inländischen Grundstücken.

Kann die Sicherheit nicht in dieser Weise geleistet werden, so ist die Stellung eines tauglichen Bürgen zulässig.

§ 233. Mit der Hinterlegung erwirbt der Berechtigte ein Pfandrecht an dem hinterlegten Gelde oder an den hinterlegten Werthpapieren und, wenn das Geld oder die Werthpapiere nach landesgesetzlicher Vorschrift in das Eigenthum des Fiskus oder der als Hinterlegungsstelle bestimmten Anstalt übergehen, ein Pfandrecht an der Forderung auf Rückerstattung.

§ 234. Werthpapiere sind zur Sicherheitsleistung nur geeignet, wenn sie auf den Inhaber lauten, einen Kurswerth haben und einer Gattung angehören, in der Mündelgeld angelegt werden darf. Den Inhaberpapieren stehen Orderpapiere gleich, die mit Blankoindossament versehen sind.

Mit den Werthpapieren sind die Zins-, Renten-, Gewinnantheil- und Erneuerungsscheine zu hinterlegen.

Mit Werthpapieren kann Sicherheit nur in Höhe von drei Viertheilen des Kurswerths geleistet werden.

§ 235. Wer durch Hinterlegung von Geld oder von Werthpapieren Sicherheit geleistet hat, ist berechtigt, das hinterlegte Geld gegen geeignete Werthpapiere, die hinterlegten Werthpapiere gegen andere geeignete Werthpapiere oder gegen Geld umzutauschen.

§ 236. Mit einer Buchforderung gegen das Reich oder gegen einen Bundesstaat kann Sicherheit nur in Höhe von drei Viertheilen des Kurswerths der Werthpapiere geleistet werden, deren Aushändigung der Gläubiger gegen Löschung seiner Forderung verlangen kann.

§ 237. Mit einer beweglichen Sache kann Sicherheit nur in Höhe von zwei Drittheilen des Schätzungswerths geleistet werden. Sachen, deren Verderb zu besorgen oder deren Aufbewahrung mit besonderen Schwierigkeiten verbunden ist, können zurückgewiesen werden.

§ 238. Eine Hypothekenforderung, eine Grundschuld oder eine

Rentenschuld ist zur Sicherheitsleistung nur geeignet, wenn sie den Voraussetzungen entspricht, unter denen am Orte der Sicherheitsleistung Mündelgeld in Hypothekenforderungen, Grundschulden oder Rentenschulden angelegt werden darf.

Eine Forderung, für die eine Sicherungshypothek besteht, ist zur Sicherheitsleistung nicht geeignet.

§ 239. Ein Bürge ist tauglich, wenn er ein der Höhe der zu leistenden Sicherheit angemessenes Vermögen besitzt und seinen allgemeinen Gerichtsstand im Inlande hat.

Die Bürgschaftserklärung muß den Verzicht auf die Einrede der Vorausklage enthalten.

§ 240. Wird die geleistete Sicherheit ohne Verschulden des Berechtigten unzureichend, so ist sie zu ergänzen oder anderweitige Sicherheit zu leisten.

---

**Sicherheitsleistung.** Entw. I §§ 199—205; II §§ 196—204; III §§ 226—234. ALR. I 14 §§ 178—199; 20 § 23; SBGB. §§ 136—138, 1935. C. c. art. 1961, 2018—2020, 2042, 2043, 602. W. 1 § 134. D. P. 1 § 167; Pr. Pr. 1 § 145; Eccius 1 § 48; Grützmann 1 § 54. Z-Cr. 1 § 133; 2 § 104; Cr. 1 § 40 III. Endemann 1 § 94; Cosack 1 § 77. —

Das BGB. bestimmt in einer Reihe von Fällen die Verpflichtung zur Leistung einer Sicherheit 1. zur Sicherung eines Gläubigers wegen seiner künftigen Befriedigung, §§ 52 Abs. 2, 321, 509, 648, 738, 775 Abs. 3, 843 ff., 1580, 1986; 2. zur Sicherung des Eigenthümers gegen Mißbrauch eines Rechts auf Nießbrauch, Verwaltung, Verfügung über Vermögen, auf Betreten eines Grundstücks zum Zweck Aufsuchens und Wegnehmens einer Sache, §§ 1039, 1051, 1067, 1391, 1525, 1550, 1668, 1670 ff., 1686, 1844, 1915, 2217, 2128, 258, 811, 867; 3. zum Zweck der Abwendung der Ausübung von Rechten in den §§ 273 Abs. 3, 562 (572, 590), 704, Fälle, wo die Ausübung des Rechts (Zurückbehaltungsrechts, Pfandrechts des Vermiethers, Verpächters) dem Verpflichteten unbequemer und nachtheiliger zu sein pflegt, als die Sicherheitsleistung, die Sicherheit aber einen vollständigen Ersatz für die Ausübung des Rechts selbst bietet. Fälle, wo wie bei der cautio damni infecti des Röm. R. die Sicherheitsleistung dazu bestimmt ist, für den, dem sie bestellt, e i n R e c h t z u b e g r ü n d e n, nicht ein Recht zu sichern, kennt das BGB. nicht. Von cautio d. inf. ist in § 908 nicht die Rede; die Pflicht zum Schadensersatz folgt aus dem Gesetz, §§ 836, 837, 838.

Andere Fälle der Sicherheitsleistung bietet die CPO. in § 89 (85), §§ 108 (101) ff.; und besonders in den Vorschriften, welche die Zwangsvollstreckung oder deren Einstellung, den Arrest, die einstweilige Verfügung gegen Sicherheitsleistung betreffen. §§ 707 (647), 719 (657), 713 (652), 715 (653 a), 717 (655) Abs. 2, 732 (668), 769 (688), 921 (801), 925 (805), 939 (818), 945 (822 a). Vgl. auch §§ 255 (230 b), 324 (293 b).

Nach § 78 (71) KonkO. kann das Gericht vom Konkursverwalter Sicherheit verlangen. Vgl. auch KonkO. § 54 (47). Das RGes. v. 24. März 1897 über die Zwangsverst. u. Zwangsverw. giebt namentlich in den §§ 67 ff. Vorschriften über Sicherheitsleistung durch den Bieter. Hier giebt § 69 wie § 108 (101) CPO. besondere Vorschrift über Höhe und Art der Sicherheit. Wo das Gesetz solche besondere

Vorschrift nicht enthält, und wo die Verpflichtung zur Sicherheitsleistung durch Rechtsgeschäft (Vertrag, letztw. Verfügung) begründet und das Rechtsgeschäft keine Bestimmung über die Art der Sicherheit enthält, geben die §§ 232 ff. allgemeine Normen über die Mittel der Sicherheitsleistung, §§ 232, 234, 236—239, über die rechtliche Bedeutung der Hinterlegung zur Sicherheit, § 233, über das Recht des Verpflichteten zum Umtausch bei Hinterlegung von Geld und Werthpapieren, und über die Verpflichtung zur Ergänzung oder Ersatz der Sicherheit, wenn sie ohne Verschulden des Berechtigtigten unzureichend geworden. Alle diese Vorschriften schließen sich wesentlich an bestehendes Recht an. Unberührt im Sinne Art. 3 EG. geblieben sind nach EG. Art. 90 die landesgesetzlichen Vorschriften über die Amtskautionen, vgl. Preuß. Ges. v. 25. März 1873, ALR. I 14 §§ 273 ff., nach Art. 91 die landesgesetzlichen Vorschriften über das Recht von Fiskus, öffentlich rechtlichen Körperschaften, Stiftungen, Anstalten auf Eintragung einer Sicherungshypothek. Vgl. auch EG. Art. 144—146 über das Hinterlegungswesen.

Im Einzelnen ist nur folgendes zu bemerken:

**1.** Das Mittel der Sicherheitsleistung durch Bürgschaft steht nach § 232 Abs. 2 an letzter Stelle so, daß es nur zulässig, wenn die Sicherheit auf andere Art nicht zu leisten. Ganz ausgeschlossen ist die Bürgschaft als Sicherheitsmittel in § 273 Abs. 3 (zur Abwendung der Ausübung des Zurückbehaltungsrechts) und in § 1218 Abs. 1 als Ersatz für Pfandsicherheit. Dasselbe gilt selbstverständlich, wo das Mittel der Sicherheit vertragsmäßig feststeht. Entw. I § 136 Abs. 2.

Im Uebrigen hat der Verpflichtete die Wahl zwischen den Mitteln, d. h. er hat die Befugniß, seine Verflichtung durch eines der gesetzlich zulässigen Mittel zu erfüllen. Unter die Alternativobligation im Sinne der §§ 262 ff. läßt sich diese Befugniß nicht bringen. In obligatione ist die Sicherheitsleistung, nicht alternativ die verschiedenen Mittel derselben; dieselben stellen nicht den geschuldeten Gegenstand dar; die Obligation zur Sicherheitsleistung ist eine einfache Obligation, die nur durch mehrere Mittel gelöst werden kann, die das Gesetz dem Schuldner zu Gebote stellt. Das ist alternative Befugniß. Dafür sprechen auch die §§ 235, 240. Es steht aber nichts im Wege, auf solche alternative Befugniß einzelne Sätze der Alternativobligation anzuwenden, insbesondere den § 264. Vgl. zu §§ 262 ff. Ueber die Vollstreckung des Urtheils auf Sicherheitsleistung vgl. CPO. §§ 887 (773) ff. Regelmäßig werden die Klagen allgemein auf Verurtheilung zu Sicherheitsleistung erhoben, deren Vollstreckung Schwierigkeiten und Weitläufigkeiten macht. Es steht nichts entgegen, bei einem Verpflichteten, der nur bestimmte Sicherungsmittel hat, den Anspruch auf Sicherung durch diese zu richten und ihm die Befugniß, andere zu substituiren, zu überlassen; die Befugniß muß nur im Urtheil ausgesprochen werden.

In § 843 Abs. 2 Satz 2, § 1668 Satz 2, § 1844 Abs. 1 Satz 2 ist die Wahl dem Verpflichteten nicht überlassen, sondern dem Richter überlassen, Art und Umfang der Sicherheit zu bestimmen, was sich durch die konkrete Sachlage rechtfertigt. Vgl. CPO. § 324 (293 b).

**2.** Die Sicherheitsleistung bewirkt in allen Fällen ein Recht für den, dem sie Sicherheit bestellt, sich an diese zu halten wie an ein Pfand. §§ 232, 233. Das Pfandrecht wird nach den allgemeinen Vorschriften begründet, §§ 1205 ff.; 1113 ff.; 1273 ff. Preuß. Ges. über das Staatsschuldbuch v. 20. Juli 1883, 12. April 1886, 8. Juni 1891; RGes. v. 31. Mai 1891 betr. das Reichsschuldbuch. Ges. über die freiw. Gerichtsb. § 188. Aus § 233 folgt, daß die §§ 372 ff. auf diesen Fall der

Hinterlegung nicht anwendbar sind. Für die Arrestkaution und die Sicherheit, die für die Vollstreckung eines für vorläufig vollstreckbar erklärten Urtheils bestellt ist, kommt jetzt in Betracht, daß nach § 717 (655) CPO. und § 945 (822a) CPO. derjenige, der das Urtheil oder den Arrest (einstweilige Verfügung) erwirkt hat, stets ohne Rücksicht auf Verschulden zum Ersatze des Schadens verpflichtet ist, der durch die Vollstreckung des Urtheils oder die Vollziehung der Anordnung entstanden ist; die Sicherheit ist Pfand für diese künftige unsichere Schadensforderung. Vgl. (früher anders) RG. 7 S. 380. Sie fällt in diesem wie in allen anderen Fällen fort und ist, wie jedes Pfand, zurückzugewähren, sobald feststeht, daß keine Forderung entstanden oder die entstandene Forderung getilgt ist.

3. Der Begriff der Werthpapiere, durch deren Hinterlegung Sicherheit zu bestellen, ergiebt sich aus § 234 insofern, als dadurch gefordert, daß die Papiere Kurswerth haben, Inhaber- oder Orderpapier und zur Anlegung von Mündelgeld geeignet sind. § 1807 Abs. 1 Nr. 2—4. Vgl. dazu noch § 1296. Wechsel und die sog. Legitimationspapiere (Sparkassenbücher, Policen) gehören danach zweifellos nicht dazu; Wechsel gehören auch nicht zu den beweglichen Sachen im Sinne des § 232 Abs. 1 Zeile 4. Verbriefte Forderungen sind nur Sicherheitsmittel, wenn sie dinglich radizirt, Hypotheken, Grund und Rentenschulden und der Voraussetzung in § 238, § 1807 Nr. 1 Abs. 2, entsprechen. Für Sicherheit durch Bestellung einer Hypothek, § 232 Abs. 1 Zeile 5, enthält der § 238 keine ausdrückliche Bestimmung. Solche Sicherheit kann ganz illusorisch sein, wenn das Grundstück an sich oder durch Belastung keine Sicherheit bietet; es muß deshalb angenommen werden, daß sie als Sicherheit nur anzunehmen, wenn die bestellte Hypothek als sicher anzusehen ist. § 1807 Abs. 2. Dann kann sie natürlich auch als Sicherungshypothek bestellt werden.

4. In welcher Höhe Sicherheit zu leisten, ist konkret nach dem zu ermessen, was zu sichern ist. Verschuldet der Berechtigte den Untergang oder die Verschlechterung der Sicherheit, z. B. beim Faustpfand, so hat er nach § 240 keinerlei Anspruch, sondern seinerseits den Schaden zu ersetzen. Thut er dar, daß die Verschlechterung oder der Untergang ohne sein Verschulden eingetreten, so kann er nach § 240 wie nach ALR. I 20 § 23 anderweite Sicherheit fordern, d. h. nach Wahl des Verpflichteten durch Ergänzung der alten geminderten oder durch Bestellung anderer Sicherheit. Entw. I § 205. Ob solche Verpflichtung auch besteht, wenn die Sicherheit auf Grund Rechtsgeschäft in bestimmter Art geleistet ist, ist nur konkret zu entscheiden. Vgl. §§ 1133—1135, 1217 ff.

5. Hinzuweisen ist schließlich noch darauf, daß die Einrede der mangelnden Sicherheitsleistung nach § 202 die Verjährung nicht hemmt, daß die Verjährung aber durch Sicherheitsleistung nach § 208 unterbrochen wird, und daß nach § 222 die wegen eines verjährten Anspruchs geleistete Sicherheit nicht zurückgefordert werden kann.

# Sachregister.

Die Zahlen bedeuten die Seiten.

## A.

## B.

# E.

## F.

## G.

## H.

## J.

## K.

## L.

## M.

## N.

## O.

## P.

## Q.



## R.

## S.

## T.

## U.

## V.

## W.

## Z.

Lippert & Co. (G. Pätz'sche Buchdr.), Naumburg a. S.

FSC
www.fsc.org
MIX
Papier | Fördert gute Waldnutzung
FSC® C083411

Kolibri 360 GmbH
Ferdinand-Jühlke-Straße 7
99095 Erfurt, Deutschland
produktsicherheit@kolibri360.de